国家出版基金项目
NATIONAL PUBLICATION FOUNDATION

國家出版基金項目

教育部哲學社會科學研究重大課題攻關項目

「十一五」國家重點圖書出版規劃項目·重大工程出版規劃

國家社會科學基金重大項目

北京大學「九八五工程」重點項目

儒藏

精華編二三二册

集部

儒藏

精華編

北京大學《儒藏》編纂與研究中心

《儒藏》精華編第二三二册

首席總編纂　季羡林

項目首席專家　湯一介

總　編　纂　湯一介　龐　樸　孫欽善　安平秋（按年齡排序）

本册主編　嚴佐之

《儒藏》精華編凡例

一、中國傳統文化以儒家思想爲中心。《儒藏》爲儒家經典和反映儒家思想、體現儒家經世做人原則的典籍的叢編。收書時限自先秦至清代結束。

二、《儒藏》精華編爲《儒藏》的一部分，選收《儒藏》中的精要書籍。

三、《儒藏》精華編所收書籍，包括傳世文獻和出土文獻。傳世文獻按《四庫全書總目》經史子集四部分類法分類，大類、小類基本參照《中國叢書綜録》和《中國古籍善本書目》，於個别處略作調整。凡單書已收入入選的個人叢書或全集者，僅存目録，並注明互見。出土文獻單列爲一個部類，原件以古文字書寫者一律收其釋文文本。韓國、日本、越南儒學者用漢文寫作的儒學著作，編爲海外文獻部類。

四、所收書籍的篇目卷次，一仍底本原貌，不選編，不改編，保持原書的完整性和獨立性。

五、對入選書籍進行簡要校勘。以對校爲主，確定内容完足、精確率高的版本爲底本，精選有校勘價值的版本爲校本。出校堅持少而精，以校正誤爲主，酌校異同。校記力求規範、精煉。

六、根據現行標點符號用法，結合古籍標點通例，進行規範化標點。專名號除書名號用角號（《》）外，其他一律省略。

七、對較長的篇章，根據文字内容，適當劃分段落。正文原已分段者，不作改動。千字以内的短文一般不分段。

八、各書卷端由整理者撰寫《校點説明》，簡要介紹作者生平、該書成書背景、主要内容及影響，以及整理時所確定的底本、校本（舉全稱後括注簡稱）及其他有關情況。重複出現的作者，其生平事蹟按出現順序前詳後略。

九、本書用繁體漢字豎排，小注一律排爲單行。

#《儒藏》精華編第二三二册

集部

晦庵先生朱文公文集卷第九十

墓　表

屏山先生劉公墓表

屏山先生劉公既没二十有一年，一日，其嗣子玶涕泣爲其故學者朱熹言曰：「玶不幸蚤孤，先人葬既不及銘，而墓道亦至今未克表，大懼不孝，獲戾幽明，亟欲建石琢辭，以覺於後。而惟先人不及用於世，其事業無得而稱，唯道德之懿，不可以不白，而知者又益鮮，未有所屬筆。獨吾子嘗學於先人，盍以所見聞者爲我書之？」熹竊伏原念所以得遊先生之門者，具有顛末，其於今日之誼，固不敢辭，而又有不敢不辭者。蓋先人疾病時，嘗顧語熹曰：「籍溪胡原仲、白水劉致中、屏山劉彦冲，此三人者，吾友也。其學皆有淵源，吾所敬畏。吾即死，汝往父事之，而惟其言之聽，則吾死不恨矣。」熹飲泣受言，不敢忘。既孤，則奉以告於三君子而稟學焉。時先生之兄侍郎公尤以收恤孤窮爲己任，以故熹獨得朝夕於先生之側，而先生亦不鄙其愚穉，所以教示期許，皆非常人之事。今乃幸得屬辭比事，以相兹役，顧恨弗獲，其何敢辭？惟是駑劣，老矣無聞，蓋未有以副先生疇昔之意，而慰吾父泉壤之思，其何能有以究闡幽微，信示久遠？此又熹之所以不敢不辭者，❶則起拜辭謝不敢當。而玶重以大誼要責，於是不得終辭，而輒論次其事如左方。

謹按建之劉氏至忠顯公始大，公以節死于靖康之難，而歸葬其鄉崇安縣拱辰山之南。今其墓西二十有五步少南有丘焉，則先生之所藏也。先生忠顯公之季子，諱子翬，而彦冲其字也。世系本末具刻於忠顯之賜碑，此不復著。

先生少負奇才，未冠遊太學，聲譽出等夷。以父任補承務郎，辟真定幕府。旋屬禍亂，忠顯公薨京師，先生痛憤家國非常之變，執喪過禮，哭墓三年。服除，通判興化軍事，秩滿，以最聞，詔還莅故官。先生始以哀毁致羸疾，至是自以不復堪吏責，遂丐閒局，主管武夷山冲佑觀以歸。世家屏山下潭溪之上，有園林水石之勝，於是俯仰其間，盡棄人間事，自號病翁。獨居一室，危坐或竟日夜，嗒然無一言。意有所得，則筆之於書，或詠歌焉以自適。間數日，輒一走拱辰墓下，瞻望裴回，涕泗嗚咽，或累日而後返。事繼母呂夫人盡誠敬，兄弟之間怡怡如也。侍郎公之子珙，幼開爽嗜學，先生愛且奇之，教以文行經業不少懈，而必使務其遠者大者。與胡、劉二先生爲道義交，相見講學外無一雜言。他所與遊亦皆海内知名士，靡不歎服深遠，自以爲不及，而先生之心未嘗少自足。雖聞常人有片言之善，無不從容咨叩，必竭兩端而後已。至族黨後生來問學者，則亦隨其器質，告語成就，終日無倦色。如是者蓋十有七年。四爲崇道祠官，累階右承議郎，享年四十有七，以

❶「敢」，浙本作「能」。

紹興十七年十有二月丙申卒。

始得疾，甚微，即入詣家廟，❶泣別母夫人前。徧以書告訣素所與往來者，召珙付以家事，指示葬處。中外孤遺，人人爲計久遠，昏宦舍業之，❷既已，則日與學者論説脩身求道之要，作訓戒數百言，彈琴賦詩，澹然如平日。熹時以童子侍疾，一日，請問先生平昔入道次第，先生欣然告之曰：「吾少未聞道，官莆田時，以疾病始接佛老子之徒，聞其所謂清浄寂滅者而心悦之，以爲道在是矣。比歸，讀吾書而有契焉，然後知吾道之大，其體用之全乃如此，抑吾於《易》得入德之門焉。所謂『不遠復』者，則吾之三字符也。佩服周旋，罔敢失墜。於是嘗作《復齋銘》、《聖傳論》，以見吾志。然吾忘吾言久矣，今乃相爲言之，汝尚勉哉。」熹頓首受教。居兩日而先生没。所著書、詩合爲文集二十卷。娶陸氏，封孺人，先先生十七年卒。無子，葬忠顯公墓東三十有五步，有先生所紀其家世德善刻焉。蓋先生不再聘，則以侍郎公之幼子玶爲後，今爲右脩職郎，實立此表。熹方爲次其文，而西府建安公亦以書來曰：「叔父之墓弗識，珙則與有責焉。」熹讀之，瞿然曰：「是乃吾之罪也。」乃亟起書石，而系以銘。銘曰：

神心惚恍，經緯萬方。孰握其機，而挈其綱？嗟惟先生，立德之本。既覺而存，復則不遠。亦曰于仕，我止我行。亦生而死，我安且寧。拱辰西南，有銘斯碣。嘉我後人，❸仰止遺烈。

❶「詣」，浙本作「謁」。
❷「宦」，原作「官」，據浙本改。
❸「我」，浙本作「與」。

朝奉劉公墓表

淳熙五年正月丙辰，朝奉郎、主管台州崇道觀劉公卒於豫章之私第。四月癸酉，嗣子孟容等奉其匶葬於臨江軍清江縣思賢鄉安陽里全塘之原。明年，孟容衰絰來見予廬山下，奉公族弟鄂州通守清之子澄之狀，泣而以告曰：「孟容之先人不幸不及從先生遊，而孟容顧得問學承教於左右。惟是先人之墓當有碣，而未有文以刻焉，敢介叔父以其狀爲請，惟先生幸哀怜之。」予與子澄故友善，今孟容來，又謹潔自好，學問有方，固知其故家遺業之傳爲有自來。讀其狀，又知公德性履行之詳如此，問之嘗識公者，皆如狀言不誣，則亦自恨其不幸而不及識公也。既乃爲序其事而銘之。

公諱龜年，字且老，其先從李氏朝京師，始自袁州臨江徙其籍開封府祥符縣魏陵鄉吴兒村，遂爲聞家。公之曾祖公非先生諱攽，以文學致大名，元祐中爲中書舍人卒。祖方，雄州防禦推官，贈右通奉大夫。父襄，右朝請大夫，贈朝議大夫。公以從祖奏爲將仕郎，又以大夫公奏爲從事郎，調峽州司户參軍。遭喪不赴，改臨安府錢塘縣主簿。歷道州軍事判官，改宣教郎、知常德府武陵縣事，通判沅州事，主管台州崇道觀。累階朝奉郎，賜服五品而卒。其爲人静重純篤，十三歲遭母吴夫人喪，哀慕如成人。從大夫公居番陽餘二十年，日以讀書作文爲事，無故未嘗出齋扉，鄰里或不識其面。大夫公性嚴，與人多忤。公左右承順唯謹，退而接其鄉黨族姻，又皆曲盡其情。以故其不能無憾於大夫公者，亦往往銷釋無復芥蔕，皆曰公之能子也。少時鋭意決科，稍不遇，即舍去。居常晦默，不自矜伐，謹嚴拘畏，無一毫自放繩墨之外。所居一日必葺，服器一物必整，盛夏衣冠襪履不暫釋。居閑亦必雞鳴而起，處闇室如對大賓，待童僕小人亦盡誠慤。所居之室，必書「謹獨」、「正心」字，揭之座右。

錢塘令爲赤縣，公爲主簿時，秦檜方用事，鄉黨姻舊或以文字見知登顯仕者，謂公曰：「盍亦求之？」公不應，退治簿書益謹。至他職事，亦多與貴要人接，公益自閉匿，以故得竟秦氏敗無所污，人以爲難。在道州，太守季公南壽深知公，既以政事文詞薦諸朝，比去，懷其餘章以授後守，曰：「判官賢而不求人知，恐君或失之也，故留此以竢，惟君留意。」後守許諾，及其去，又如之，公以是改官。

在武陵，遇民以寬，吏有罪則立治之，不少貸，然亦不求其過也。縣境田多荒，冒耕者衆，其健者與吏爲一，侵漁訴訟，展轉不止。公爲推窮本始，必見端緒而予奪之，訟爲少息。楚俗右鬼，其淫祀有曰「潘仙翁」者，歲時集會，摐金鼓，執戈矛，迎而祭之。公命尉杜師顔撤屋毁像，收其兵刃，罪其倡之者，衆然後定。縣十年不升降户等，賦役不均，咸以爲病。公始爲改造帳籍，民無異詞。部使者相與以其治行聞于朝，有旨記姓名中書，然公秩滿，則詣尚書銓注官以歸，卒不一見丞相也。沅並邊，蠻人侵掠無寧歲，公佐郡時，群獠大動，守懼求去。公攝其事，按邊防舊法，訪問財處，立爲條約，以授邊吏。明諭威禁而以無事鎮之，蠻果帖服。公佐州，常言長貳失和，多由下有勝心，以駕其上，故雖善意，亦或不得伸，惟盡吾所以事長官之禮，而行吾所以佐長官之義，則庶其見信矣。

晚見孟容從子澄學，聽其誦説而悦之，謂子澄曰：「君言之善，吾亦且將從事於此，顧恨晚矣。」一日，召諸子，告之曰：「觀星曆書，吾殆止此。汝曹勉旃，毋爲門户羞也。」因誡以誠實詳審、謹禮擇交、嚴分守、察細微數事，藹然皆長者之言。居二年而病，既病，猶扶掖以奉家祭。病革，孟容泣而誦其平日正心之訓，則微視而頷之。蓋其爲人始終之概如此。嗚呼，是亦可謂善信人矣！而其官不遂、壽不長又如此，其可悲夫！

公娶昌黎韓氏，生兩男子，孟容爲長，免喪舉進士，中其科，授迪功郎、新袁州分宜縣主簿；孟將以公遺澤補將仕郎。一女孟蓁，未行。予觀孟容固賢，而聞孟將亦好學，然則公世之興蓋未艾也，其又足以少慰也夫。其銘曰：

吁嗟劉公篤世休，道雖晚聞德蚤脩。長途方騁歲不留，志業有嗣無餘憂。清江之曲全塘幽，方趺圭首千千秋，過者視此式其丘。

按《會要》，臨江軍以筠州清江縣置，新喻自袁州，新淦自吉州來隸。而歐陽公作主客、集賢墓碑，皆云「吉州臨江人」，今狀又云「袁州臨江人」，恐有差誤，請更詳之。

環溪翁程君墓表❶

環溪翁，先君子韋齋先生之内弟程君

❶「環」，原作「韓」，據《新安文獻志》（文淵閣《四庫全書》本）卷八七改。下正文同。

也。諱鼎，❶字復亨，徽之婺源人。少孤，從先君子學於閩中，因得講聞一時儒先長者之餘論，而心悦之，抄綴誦習，晨夕不少懈。先君子愛其勤敏，於其歸，書六言以贈之，皆事親、脩身、爲學之要。君拜受其言以歸，益自樹立，務記覽，爲詞章，思所以大其門户者。❷然君爲人坦夷跌宕，不事脩飾，好讀左氏書，爲文輒傚其體，不能屈意用舉子尺度，以故久不利於場屋。家故貧，至君益困。中歲，奉親徙居窮山中，自號環溪翁。山田百畝，❸環堵蕭然，無以卒歲，而君處之泊如也。晚益不得志，因自放於杯酒間，酒酣，諷左氏書，雜以《國風》、《雅》、《頌》之篇。坐者聳然傾聽，其俯仰疾徐之間，頓挫抑揚，如有節族。至於放臣孤子、怨夫寡婦之辭，又未嘗不三復感慨而出涕流漣也。庸夫孺子從旁竊觀，時或笑而侮之，君瞀然不以爲意，蓋其中所抱負有不得騁者，故託此以自遣。至它行事，則其不合於理者固鮮矣。乾道元年，年五十九，以疾卒。後十年，君夫人胡氏亦没，遂合葬於懷金鄉福林冷水之原。❹

蓋新安、番陽、信安諸程，皆出梁鎮西將軍忠壯公靈洗，其家婺源者，又自歙之黄墩徙而來，譜牒具在。聞之先君子，忠壯公葬黄墩，其墓以石爲封，今尚在也。君家自其大父某始與鄉薦，❺父某亦以郡學上舍當貢京師，❻皆不幸蚤卒。至君學益勤，而其

---

❶「鼎」，原爲空格，據《新安文獻志》補。
❷「户」，原闕，據《新安文獻志》補。
❸「百」，《新安文獻志》作「數十」。
❹「林冷水」，《新安文獻志》作「臨里兑泉」。
❺「某」，《新安文獻志》作「翔」。
❻「某」，《新安文獻志》作「著」。

師友淵源所漸者益遠，顧亦不逢，以没其世。而有子曰洵，好學而敏於文，君奇愛之，曰：「是足以成吾志矣。」既又屢薦不第，今乃以特恩授信州文學，識者恨之。然洵故嘗從熹論爲學大要，意其所以成君之志者，在此而不在彼也。熹祖母，君之姑，因謂君叔父。幼從先君子在臨安時，時見君來，先君子或留與飲，君必盡醉，而論説衮衮，不能自休。既長，歸鄉里，又得拜君，而君辱教誨之。則君益以老矣，然得酒輒歌呼談噱，意氣猶不衰也。今又三十餘年，洵乃以書奉君學徒李君繒之狀，請表君墓。惟念始終，❶顧二父於今皆不可見，而熹與洵孤露之餘亦俱老大，乃流涕而書之。蓋以重歎君家之不遇，又惟潦倒，❷無以副君疇昔之意而自悲也。嗚呼，洵尚勉之哉！淳熙八年八月乙卯表姪具位朱熹述。❸

曹立之墓表

淳熙乙未歲，予送吕伯恭至信之鵝湖，而江西陸子壽及弟子静與劉子澄諸人皆來，相與講其所聞，甚樂。子壽昆弟於學者少所稱許，間獨爲予道餘干曹立之之爲人，且曰：「立之多得君所爲書，甚欲一見君與張敬夫也。」後五年，予守南康，立之果來。目其貌，耳其言，知其嘗從事於爲己之學，而信子壽昆弟之不予欺也。欲留與居，而立之有宿諾，不果。及予受代以去，而所請白鹿洞書院賜額，有旨施行如章，郡守吴郡

❶「惟」，《新安文獻志》作「慨」。

❷「惟」，《新安文獻志》作「予」。

❸「具位」，《新安文獻志》作「宣教郎、提舉江南西路常平茶鹽公事」。

錢侯子言以予之惓惓於是也，亟以書來，問孰可爲師者。予因以立之告，子言聞之，欣然具書禮，授使者走餘干，踵立之之門以請，而立之病不能行矣。十年二月辛亥，竟不起，年方三十有七。子静以書來相弔，具道立之將死，其言烱然在道，不少異於平日，相與深歎惜之。嗚呼，吾道之衰久矣！比年以來，敬夫、子壽、伯恭皆以盛年相繼淪謝，而後進之可冀以嗣事於方來者，亦多夭没，今又失吾立之，然則子静與予之相弔也，豈徒以遊好之私情也哉！

立之名建，其先自金陵來，徙家至立之八世矣。立之父諱天明，始爲儒。立之幼穎悟，日誦数千言，少長，知自刻厲，學古今文皆可觀。一日，得河南程氏書讀之，始知聖賢之學爲有在也，則慨然盡棄其所爲者，而大覃思於諸經。歷訪當世儒先有能明其道者，將就學焉。聞張敬夫講道湖湘，欲往見之，不能致。有告以沙隨程氏學古行高者，即往從之，得其指歸。既又聞陸氏兄弟獨以心之所得者爲學，其説有非文字言語之所及者，則又往受其學，久而若有得焉。子壽蓋深許之，而立之未敢以自足也，則又寓書以講於張氏。敬夫發書，亦喜曰：「是真可與共學矣。」然敬夫尋没，立之竟不得見。後至南康，乃盡得其遺文，以考其爲學始終之致，於是喟然歎曰：「吾平生於學無所聞而不究其歸者，而今而後乃有定論而不疑矣。」自是窮理益精，反躬益切，而於朋友講習之際，亦必以其所得者告之。蓋其書有曰：「學必貴於知道，而道非一聞可悟，一超可入也。循下學之則，加窮理之工，由淺而深，由近而遠，則庶乎其可矣。今必先期於一悟，而遂至於棄百事以趨之，則吾恐未悟之間，狼狽已甚，又況忽下趨高，未有幸而得之者耶！」此其晚歲用力之標的程度也。今歲元日，知病之不可爲矣，猶書其牖曰：「未死之前，不可自棄。」遷善改過，自是愈篤。死之日，起正衣冠，危坐如平日，語其弟廷曰：「吾雖甚病，而學益進，此心瑩潔，無復纖翳。如是而死，庶其可以言命矣。」語訖，就枕未安而没。嗚呼！立之雖不幸蚤死，不卒其志，然所以自樹立者至此，亦豈他人所及哉！

立之事親孝，菽水之養驩如也。愛其弟甚至，與相切磋，如嚴師友。姊嫁而卒，撫其孤以有成。與人交，敬而忠。苟心所未安，雖師説不曲從，必反復以歸於是而後已，其於予規正尤切也。視人有急難，周之必盡其力，雖貧病不計。榜其齋曰「無妄」，杜門終日，里巷有不識其面者。日用間自省，小有過差，即書之册。其討論經學有得，亦悉記之，及爲他文甚衆。病中，欲舉而焚之，廷弗忍。既没，而視諸篋，則已亡其半矣，乃哀自論定以來所作，得十餘卷，其他猶多可傳者，顧以立之遺意，弗敢出也。

立之嘗娶婦，不悦於姑，教之不從而去，故卒無子。至是，廷以母命，立宗人之子愿爲後。而葬立之萬春鄉栗田原先塋之右，且以立之遺文數篇，及其友成忠郎趙君伯域之狀，不遠數百里來請銘。予於立之相得雖晚，而知之深，望之厚，哀其死而屢出涕焉，其可以無從乎！然立之已葬，不及識于壙中，乃書其事，使以表于墓上。又系之曰：胡子有言，學欲博不欲雜，欲約不欲陋。信哉！如立之者，博而不雜，約而不陋，使天假之年，以盡其力，則斯道之傳，其庶幾乎！嗚呼，今短命而死矣，豈不可哀也哉！是歲五月乙酉新安朱熹述。

西山先生李公墓表

西山先生李公者，龜山先生楊文靖公之門人也。龜山既受學於河南程氏，歸以其説教授東南，一時學者翕然趨之。而龜山每告之曰：「唐虞以前，載籍未具，而當是之時，聖賢若彼其多也。晚周以來，下歷秦漢，以迄于今，文字之多，至不可以數計。然曠千百年，欲求一人如顔、曾者而不可得，則是道之所以傳，固不在於文字，而古之聖賢所以爲聖賢者，其用心必有在矣。」及李公請見於餘杭，則其告之亦曰：「學者當知古人之學何所用心，學之將以何用。若曰『孔門之學，仁而已』，則何爲而謂之仁？若曰『仁，人心也』，則何者而謂之人心耶？」李公受言，退求其説以進，愈投而愈不合，於是獨取《論語》、《孟子》之書而伏讀之，蚤夜不懈，十有八年，然後涣然若有得也。龜山蓋深許之，而公之語學者亦曰：「學者於經讀之又讀，而於其無味之處益致思焉，至於群疑並興，寢食不置，然後始當驟進耳。」龜山既没，後進多從之遊。後舉遺逸召對，卒官福建路安撫司主管機宜文字，而葬其鄉邵武軍光澤縣東黄嶺之原。學者共追號爲西山先生云。

公諱郁，字光祖，元祐黨人朝散郎深之子。母安仁縣君陳氏，贈諫議大夫陳忠肅公之女兄也。公幼不好弄，坐立必莊。少長，學於舅氏，陳公器之。踰冠，乃見龜山而請業焉。龜山一見奇之，即妻以女。既而以朝散公遺命，出爲叔父將仕郎庭之後。中間游大學，被鄉薦，皆不第。

紹興初，天子慨然有志中興大業，思得山林遺逸魁傑非常之材而用之。會遣御史朱異行郡國，詔俾搜訪以聞。異聞公名，使還以對，召對便殿，所陳皆當世大務，上爲改容傾聽，請退而留者再。詔以爲右迪功郎，尋除詳定一司敕令所删定官。未久，以憂去。用進書恩，特改承務郎。及免喪，會秦丞相檜已用事，公自度不能俯仰禄仕，遂築室邑之西山，往來讀書其間。家益窮空，人有不堪其憂者，公獨曠然不以爲意。然當世賢士大夫益高仰之，遷官者多引以自代。久之，起家佐閩帥幕府。人謂非公所宜處，而公不辭。既至，人謂公且不屑爲，而公治文書惟謹，日訪民情戚休利病，以告其長而罷行之。一日，帥用小人言，欲毁民居數十爲列肆，酤酒以牟利。公白其非便，帥不樂，頗見色詞，公即移病告老。帥悟慚謝，公爲强起。二十年七月壬辰，竟以疾卒，年六十有五矣。

公天資粹美，而涵養有方，其事上恭而有禮，其御下嚴而有恩。平居未嘗有惰容，誨人終日無倦色。自奉甚約，而事親極其厚，於所後尤兢兢致孝，服喪毁瘠如禮，治喪必誠信，至竭其貲不吝。兄階官杭州，罵賊死，公事寡嫂如母，教孤姪，遣遺女，皆如己子。其於世務人情、官政文法，下至行陣農圃之事，靡不究知，然竟不及用於世以没，識者恨之。所著書有《易傳》、《參同契》、《論孟遺稾》，及平生遺文合數十卷，藏于家。夫人楊氏，龜山先生第三女，有賢行，通經史大意，平居誨飭子孫，整齊内外，皆中禮法，後公十六年卒。子揆，承務郎，❶陳公誌於將仕

❶「承」，原作「成」，據浙本改。

之墓，所謂延孫者也，晚以德壽慶恩，補官而卒。女適同郡上官墨卿。孫男閎、闡、閌、闠，女適某人。閎於是以迪功郎爲全州州學教授，始將伐石以銘其墓，❶而來請文以識焉。

嗚呼，聖賢遠矣！然其所以立言垂訓，開示後學，其亦可謂至哉。顧自秦漢以來，道學不傳，儒者不知反己潛心，而一以記覽誦説爲事，是以有道君子深以爲憂，然亦未嘗遂以束書不讀，坐談空妙爲可以徼幸於有聞也。若龜山之所以教，與西山之所以學，其亦足以觀矣。予是以著之而并記其行事，後之君子尚有考也。淳熙十有二年秋八月己卯具位朱熹述。

太孺人邵氏墓表

金華時鎬既奉其母夫人邵氏之柩祔于循理鄉九里原先府君之墓，使其子源以永嘉葉適所爲行述及别記事實各一通來告曰：「先人之喪，先師東萊夫子幸與之銘，而吾子書之矣。今又以不孝罹大禍，間雖幸畢藏事，惟是幽堂之刻，所以垂永久者，未有所屬，敢介前惠，重拜以請。」予時病卧田間，起受其書讀之曰：

「夫人婺州金華縣人。曾祖瓊，祖悦，父之才。嫁其縣清江時君汝翼。時君世昌樂，而魁龙沉厚。方臘之亂，寇燔略空，君一一自建置，盡絶其前人。夫人能左右以敏，無荒事焉。家既成，時君遂用法度嚴内外，文學訓子孫，立信務與，稱重鄉閭。❷夫人又能奉承以恪，無逸志。時氏族良家巨，

❶「銘」，浙本作「表」。
❷「鄉」，原作「郡」，據浙本改。

子孫競於文，科舉上其名，人皆尊愛時君以及夫人。時君没，夫人亦將老矣，❶具呼家人與爲條約，親寫刻之屏，使合居有禮、綴食無專，以不忘時君之法。清江東南畦户數百，臨水而茇舍，時潦出其上，民往往棲木自救，有浮去者。夫人始命舟糗飯拯之，歲以爲常。豫蓄棺，告疫死者以斂，人懷其惠。晚遭太上皇帝、皇后慶壽恩，得封太孺人，加賜冠帔。淳熙十年七月庚寅卒，年七十有一。三子，鎬、錡、錝。二女，適劉晏、陳褒。孫澐、源、淇、演、溱、瀍、潚、潭、澡、㵳。孫女，其二適陳之望、汪叔貽，餘尚幼。曾孫榘、臬、杲；女莊、蕾。」

蓋葉君所叙云爾，其於夫人始終之際詳矣，而别記手書條約之詞。一曰子孫謹守家法，毋得違悖；二曰晨興鳴板，長幼詣影堂早參，次會中堂叙揖；三曰男女出入，財貨出納，僕妾增減，必稟家長；四曰凡爲子婦，毋得蓄私財；五曰女僕無故不許出中門，蒼頭毋得輒升堂室、入庖厨。則予於是有以知夫人之所以教者得齊家之要。至其又謂夫人天性儉質，不徇華靡，服御有常，未嘗追逐時好，有所變易。歲時奉祭甚謹，嘗以冬享割肉，手寒刀墜，諸婦請代而弗許也。毋何晚得末疾，歸省輒惓惓不忍去，比卒，年幾六十矣，猶蔬食以終喪。女兄孀居貧病，護視周悉，遇其子弟，恩意有加。時君篤於教子，一時髦俊多客其門，夫人日飭饌具，必躬臨之，雖勤劇無倦意。則予於是又有以見夫人之所以教者，蓋以其身，而不專在於言語之間也。

嗚呼，是可尚已！既以病不果銘，姑

❶「夫」，原作「天」，據浙本改。

記其實如此以授源，使歸刻石表墓上。淳熙十有二年冬十月戊辰新安朱熹撰。

董君景房墓表

番陽董君景房者，諱爲良，世家德興之海口。大父濬始仕，至宗正少卿。父元一，秀州司法參軍。君少有大志，嘗學於江山徐公誠叟先生之門，受其説而歸，益務求友講而脩焉。不數年，遂以文行聞於州鄉。再試禮部，不第，退處于家，讀書講學，不復以聲利榮達爲事。鄉人相與益高仰之，而君之學，蓋日進月益而未可量也。淳熙十一年九月，❶一旦得疾，卒，年甫五十有四。士友聞者，莫不哀之。蓋君爲人儻蕩無城府，家故饒給，兄弟始求分異，君力止之，不可，則盡聽其所擇，而獨取其所遺及故書數篋藏焉。既而兄弟或破其産，君極力資奉，不計有亡；死者葬之，而撫其孤焉。族姻鄉黨之貧無歸者衣食之，罷不能者教誨之，不幸而有急難者救護之，皆極勤懇。鬬訟之不决者，爲曉譬以義理，往往心服，失其所争而去。歲飢，姦民肆掠，物情大恐，君爲官畫策，以便宜發廩振貸，而密以兵掩其渠帥，寘于法，人賴以安。雅有當世之志，於官政民俗弛張之際，尤孜孜焉。嘗記其見聞思慮所及者，作《活國書》一編，其言質慤詳盡，不爲華靡，而所規畫，常以厚下固本爲先。識者韙之，恨其不得見於用也。

君娶周氏，子男二人，從起、從治。女六人，其三已適人，進士齊節、程矩、齊牧其壻也。君卒之明月，葬其里之黄栢原。沙

❶「年」，原作「月」，據浙本改。

隨先生程公可久雅知君，實銘其壙。而從起又以君友人太學生程端蒙之狀來請文，以表墓上。予故家君旁縣，頃歲還里中，君以所論經子諸説來見，别後又數以書來，有所問辨。時君猶有四方之志，予因以所聞古人爲己之説告之，而君不以其言爲非也。然則其可無詞？乃取程生狀，摭其可紀之大者，書以授從起，俾歸刻之。

嗚呼，君則已矣，而予言不没，則百世之下，於此尚有考也。淳熙丙午三月庚辰宣教郎、直徽猷閣、主管華州雲臺觀新安朱熹述。

令人羅氏墓表

故左司郎中張公之配曰令人羅氏，南劒州沙縣人。世爲縣望姓，家法嚴整。令人生二十有二年而歸張公，事姑羅恭人以孝謹聞，恭人愛之如己女。張公故貧，初仕，將遣其女弟而無資，令人悉出槖中裝以奉之，無吝色。事公二兄，旦暮率諸幼稚以次問起居，無一日闕禮。子姪就學歸沐，輒具湯餅，會諸娣姒男女，語次從容，問所學業，勞勉諸姪，以勵其子，油油如也。羅恭人嘗苦末疾。令人静夜必露香致禱，願損己壽，以延姑年。如是者數月，恭人疾頓平。而後三年，令人一旦暴卒，恭人哭之慟，至老念之不能忘，與人言必稱其孝，至於泣下。且歎曰：「不意吾兒失此内助之賢也。」令人性儉約謙下，好禮法，有識度。嫁時篋中有黲色絺衣，忌日輒被以奉祭，稱慰如儀。常所服禮衣、横帔如民間法，或告以張公且通朝籍，盍改用命服，令人曰：「此非拜恩，何敢服也？」卒以禮終。生以政和戊戌，卒以紹興癸酉，葬劍浦縣吴張氏大墓之左若干步。

後三十八年，嗣子士佺來訪予於臨漳，請銘左司公之墓。一日，復奉令人之事，涕泣以請，曰：「吾母之賢孝如此，而不幸蚤終。士佺兄弟生不及養，已負終天之痛矣，今又不能述其德善，以垂久遠，其何以見於地下！惟吾子哀之。」予不忍辭也，既受其書而讀之，因竊惟念孝愛和謹，婦道之常，世猶有難之者，而令人至委身以代姑死，守禮以終其身，是其賢於人也遠矣，其可以無傳也哉！因爲叙此，以表其墓。

令人生二男，士佺，今爲朝奉郎、通判融州事；其弟士僩，嘗爲修職郎、監藩葑酒庫以卒。四女，進士宗大同、謝舒、宣義郎陳善慶、文林郎黄東其婿也。紹熙二年二月日朱熹述。

程君正思墓表

士患不知學，知學矣，而知所擇之爲難；能擇矣，而勇足以行之，内不顧於己私，外不牽於俗習，此又難也。嗚呼，若番陽程君端蒙正思者，其所謂知所擇而能行之者歟！乃不及一試，而又無年以死，使人不得見其德業之所成就，是可哀已。

正思天資端慤，自幼已知自好，稍長，即能博求師友，以自開益，遂以詞藝名薦書。既乃見予於婺源，聞諸老先生所以教人之大指，退即慨然發憤，以求道修身爲己任。討論探索，功力兼人，雖其精微或未究極，而其固守力行之功，則已過人遠矣。始時，名下之字同於周、程，至是亟請其父而更焉。其居家事親，能開義理於幾微之際，多所感悟而不失其驩心。喪母，葬祭推本古經，以正流俗之謬，鄉人多以爲法。其在太學，儕輩類趨時好，不復知有聖賢之學。正思擇其可告語者，因事推誠，誨誘不倦，從而化者亦頗衆。然其爲人剛介，不苟合，聞人講學議政有所未安，輒造門辨質，或移書譬曉，必極其是非可否之分而後已。會大臣有樂豪縱而賤名檢者，見脩士即以邪氣目之，而又言於上曰：「是屬且能亡人之國。」於是學官承其風旨，因課試發策，❶直以王、程、蘇氏之學爲問，蓋將以其向背爲取舍。對者靡然，無敢正言其失，正思獨奮筆抗論，無所依違，而所以分别邪正之間，輕重淺深，又皆中理。雖竟以是無所合而歸，然其抑邪與正之助亦多矣。既歸，即以病不起，紹熙二年十一月一日也，享年四十有九，聞者莫不哀之。

方疾革時，手書來曰：「端蒙死不恨，恨不克終養而卒業於門耳。然已無可言，願先生自愛，蚤就群書，以竢來哲。世不我知，天豈亦不我知也哉！」予雅意正思任道勇而用志專，必能卒究精微之蘊，以廣斯道之傳者。遽讀其書，不覺失聲流涕，既而視其筆跡，謹好如常日，又知其間於死生之際如此，爲之痛惜，久而不能平也。

明年，正思之父將葬正思於其鄉之某處，使其二弟端臨、端本狀其事以來，請所以表其墓者。予按其言，正思曾祖宏，祖汝能，皆有鄉行。父昜，今以修職郎致仕，母俞氏。妻王氏，生一男，師聖；一女，適同縣董濬，而它則與予所聞者皆不異。又觀其言，正思自少謹信異常兒，大父將没，知

❶「發」，原作「廢」，據閩本、浙本改。

其可託，以一老婢諉焉。正思時年十四五，涕泣受命，護視勤懇，十有六年，始終無少懈。至是屬疾，雖病，尊親臨之，必冠巾乃敢見。將卒，悉屏婦女户外，戒治喪無用浮屠法，所以告二弟、朋友，皆人倫大法所繫，不雜它語。是皆宜書，因并前所論者書之，使碣墓上，後之君子，庶有考焉。淳熙三年秋九月乙亥新安朱熹述。

程君公才墓表

紹熙二年冬，番陽程君正思病且革，以書抵予告訣，且書其先大父府君之行事，而求識其墓。予既哀正思之力學任道而不幸蚤死，又知其大父之賢如此，而無所聞於後世，矧其將死，深悲之屬不在它人，是固不可以無言也。

按正思言，府君諱汝能，字公才，天資純篤，不由學問，而孝弟忠信自有以絶人者。父性嚴，府君事之順焉，於其行事有未安者，必以正諫；諫而不入，則退而謹伺之；意解，復諫，卒聽從乃已。母得末疾，三年衣不解帶，居不入室，時其起居飲食之節而躬致養焉，雖矢溲之役，不以累它人也。事兄謹甚，兄好飲佚遊，府君懼顯兄過，以貽親憂，委曲其間，彌縫甚至，卒以無間言。親没，析其産，兄欲善田宅，恣所取，無難色。平生口無惡言妄語，足迹不涉官府之門。居鄉接物，恂恂謹敕，不怒而人敬畏之。周人之急，必盡其力，雖或負之，不計也。鄉人有死而亡子者，治其喪甚飭，或欲没入其貲産，爲告官立後，至今不絶。處家慈愛而能嚴，子弟不敢爲纖芥非理事。今没三十年，鄉人行旅言之，猶有思慕出涕者。嗚呼！茲非夫子所謂十室之邑，忠信如己者乎？是乃三代之遺民，而非今世之士所能及也。使其得聞聖賢之教而講學以明之，其所至可量哉！

正思病亟，作書其詳如此，而字畫謹細如常時，且謂它行之懿，猶有不及書者。今問其家，得其世系，則番陽之程，皆祖梁忠壯公靈洗，唐乾符間有名維者，以金紫光禄大夫、海州鹽鐵使將兵討巢賊不利，始居饒州樂平之銀城，後徙新建，而地析爲德興縣，故今爲德興人。自鹽鐵十二世而生府君之父，諱宏，亦有鄉行，娶齊氏，生府君。府君娶□氏，生二子，曰晟，曰易。晟先卒，易今以修職郎致其事，而又有正思爲之子，意者程氏其將興乎。今正思雖不幸，而二弟亦知爲學，是固未可知也。乃書此碑，刻石墓左以竢。墓在□□鄉□里某處。晟之子曰端友，曰伯雲，易之子曰端誠，曰端蒙，曰端臨，曰端本。正思即端蒙也，予亦已别識其墓云。三年壬子秋九月丙子新安朱熹書。

安人王氏墓表

國子博士成都范君文叔以書致其母夫人之事於熹曰：「仲黼不天，蚤失先人之教，先夫人撫育成就，甚艱且勤。以及于茲，而葬不及銘，無以發其潛懿。吾心惄然不敢寧也，敢拜以請。」熹讀其書，既蹙然不敢當，又讀其狀，益惟文字之蕪淺，而無以信夫人之德於後世。顧文叔之賢，未及識面，而心已敬之，且其所以屬我者，又如此其重也，乃不敢辭，而按其狀，則簽書東川節度判官廳事盧君蹈之所述也。其言曰：

夫人成都華陽人，姓王氏。祖曰贈金紫光禄大夫，諱延，妣文安郡夫人勾龍氏。父曰左朝議大夫，諱輔，妣宜人何氏。夫人自幼以專静才明稱於其家，年甫笄，歸同郡范君諱灌。蓋范氏自蜀郡忠文公、中書榮國公徙居許、洛，至是始還故鄉。文獻未遠，子弟皆有典刑，非清門淑質，不易作對。夫人一踐其庭，禮容肅穆，纖悉中度。雖在房闥，禮敬自將，燕私之言，無一不可道於外者。范君始爲仙井監録事參軍，後以宣教郎知雅州盧山縣事。夫人居家儉約，不以出内細故累其君子。范君閲具獄，晨夜寒暑不少懈，夫人猶從旁從臾之曰：「毋憚淹晷之勞，而使彼負没世之冤也。」故范君爲吏以清白著，其治獄以平允稱，夫人蓋有助焉。

范君既從官，不復問生理，身後家事益落落，夫人慨然自力，以濟其艱。使二子得以盡力於學，繼踐世科，人以爲榮，而夫人不色喜，顧語之曰：「吾悲汝父之不及見也。雖然，汝家世以清德直道爲門閥，汝曹問學，宜知所本。仕不患不達，患無以稱耳。藜糗，吾能甘之，毋遽以三釜爲也。」二子以是益自厲於學，而仲黼杜門幾十年，不汲汲於進取，蜀人高其行。東游吴、楚，張敬夫、吕伯恭一見皆歎賞，具以其學告之。今在朝列，尊守所聞，不狥世習，而忠君愛國，悃款無已，識者皆倚重焉，此又夫人之教有以成之也。

初，范君仲兄洪雅君蚤卒無子，范君將以少子仲芸後之，未及而終。後六年，仲芸奏名南省，夫人大合族黨，申范君之命，以告于祖禰，而卒使奉其祀焉，聞者皆以爲難。洪雅之妻前已更嫁，至是乃卒，人以其服爲疑，夫人曰：「禮不爲嫁母服，而律有心喪三年之文，且是嘗爲洪雅配，得不爲芸母乎？」即日命仲芸服喪如律，聞者益以爲難。歲時典祀，身親蠲潔，待賓客，接宗姻，曲盡禮節，而御下一以慈恕。至其平居教詔子孫，援前言，質往行，又皆有本有末，蓋可書而誦也。卒於淳熙八年六月甲辰，葬於十三年八月丙申。墓在雙流縣宜城鄉曹池山，實從盧山君之兆。始，以夫封孺人，後以子贈安人，仲黼今以通直郎爲國子博士，兼皇姪許國公府教授。仲芸嘗以從政郎爲彭山令，而先卒。女五人，一適王晞孟，一適程師夔，一未行，餘皆夭。

嗚呼！夫人之所以相其夫而成其子者，盧君狀之詳矣，然猶事之常也。至其出少子以後仲父，既又使之服其所後嫁母之喪，則處變事而不失其權，有當世士大夫之所甚難而深愧焉者。嗚呼賢哉！兹其所以爲吾文叔之母也歟！嗚呼賢哉！紹熙三年玄黓困敦秋九月戊子具位朱熹述。

聘士劉公先生墓表

先生姓劉氏，建州崇安縣五夫里之白水人。其曾大父諱滋，起身農畝，以進士高第仕至尚書職方郎中，累贈開府儀同三司、吏部尚書；大父諱照，朝請郎，再世皆有清德，中歲即休官退處，以大耋終。父諱元振，始不仕，然亦以馴行稱。先生諱勉之，字致中，自幼强學，日誦数千言，耳目所接，一過不復忘。其爲文肆筆而成，滂沛閎闊，淩厲頓挫，儕輩少能及之。踰冠，以鄉舉詣太學。時蔡京用事，方禁士毋得挾元祐書，制師生收司連坐法，犯者罪至流徙。名爲一道德者，而寔以鉗天下之口。先生心獨知其非是，陰訪伊洛程氏之傳，得其書藏去。深夜，同舍生皆熟寐，乃始探篋解帙，下帷然膏，潛抄而默誦之。聞涪陵譙公天授嘗從程夫子遊，兼邃《易》學，適以事至京師，即往扣焉，盡得其學之本末。既而遂厭科舉之業，一日，棄録牒，揖諸生而歸。道南都，見元城劉忠定公；過毗陵，見龜山楊文靖公，皆請業焉。而劉公尤奇其材，留語數十日，告以平生行己立朝大節，以至方外之學，它人所不及聞者，無不傾盡。先生拜受其言，精思力行，朝夕不怠。久而若有得焉，則疇昔所聞，一言之善，融會貫通，皆爲己用，而其踐履日以莊篤。與籍溪胡公原仲、屏山劉公彦冲兩先生友善，日以講論切磋爲事。其於當世之務若不屑焉，而論説區處，鉅細顯微，皆有條理。亂後故山室廬荒頓，乃即建陽近郊蕭屯別墅，結草爲堂，讀書其中，力耕稼以自給，澹若無求於世，而一時賢士大夫莫不注心高仰之。中書舍人吕公居仁知之尤深，嘗以小詩問訊，有「老大多材，十年堅坐」之句，世傳以爲實録。

是時國家南渡幾十年，謀復中原，以攄宿憤，而未有一定之計。方且寤寐俊傑，與圖事功，吕公乃與同列曾公天游、李公似之、張公子猷三數人者，共列其行誼志業，以聞於朝。特詔詣闕，將行，屏山先生爲作《招劒》之文以祝之。其卒之亂曰：「寶劒徠，奉君王。撫四夷，定八荒。時乎時，毋深藏。」其所望於先生者蓋如此。既至，會秦丞相檜已顓國枋，爲其事非己出，不能平。時又方决屈己和戎之策，惡聞天下正論，意山林之士不顧利害，敢盡言觸忌諱，尤不欲使見天子談當世事，第令策試後省給札，俾上其對。先生知道不易行，即日謝病歸。杜門高卧十餘年，造養益熟，名聞益尊。故相趙忠簡公出鎮南州，道出里門，紆轡入謁，坐語移日，彌加歎重。然其去未幾，即遭讒竄海外以没。同時知先生者，亦皆廢錮不復用。於是先生竟不及一試於用而卒于家，享年五十有九。有志之士，莫不哀之，紹興十九年二月十日也。

先生學本爲己，而才周世用，臨事財處，不動聲氣。平居嚴敬自持，若不可犯，而接物之際，恂恂和悦，色笑可親。其臨財廉，一介不妄取。少時婦家富而無子，謀盡以貲産歸女氏，既謝不納，又擇其宗屬之賢者舉而畀之，使奉其先祀。其與人交，誠信懇惻。同里胡公明仲侍郎蚤出爲季父後，不自知其本親，鄉人多竊議之，而莫以告。先生獨爲移書，具陳本末所以然者。胡公感其言，爲數歸省，恩禮略備，議以少息。

熹之先君子蚤與先生遊相好，將没，深以後事爲寄，且戒熹往學焉。及棄諸孤，先生慨然爲經理其家事，而教誨熹如子姪，既又以其息女歸之。親舊羇貧，收恤扶助，亦皆曲盡恩意。學子造門，隨其材品，爲説聖賢教學門户，以及前言往行之懿，終日娓娓無倦色，自壯至老，如一日也。

娶連氏，無子，以從兄之子思温爲後。二女子，其長歸于我，次適朝奉郎范念德。思温亦無子，又以從弟之子澧後之。建州於今爲建寧府，先生墓在草堂涉溪西北七里所群玉鄉三桂里之學士原。其葬時不及銘，逮今且五十年，後生之及見先生者日加少，熹懼其益久而遂將無所考也，乃追記其世家學行之最，而伐石以表焉。慶元戊午正月己亥朔旦門人朝奉大夫致仕朱熹述。

晦庵先生朱文公文集卷第九十

侯官縣儒學訓導劉簮校

晦庵先生朱文公文集卷第九十一

墓誌銘

劉十九府君墓誌銘

熹年十四五時，以先君遺命，學於故聘士劉君先生。時幼且愚，未足以識其大者遠者，特觀於容貌詞氣之間，知其偉然，非今世之士也。既又獲見于先生之兄十九丈府君者，詞色俯仰，蓋與先生不異，而温厚謹良則又過之。因亦甚敬愛其爲人。及少長，而先生以女妻之，又得數往拜於府君之側。時府君老矣，然其持己接人，動有法度，危坐終日，無怠惰偃側之容。與人言，必依於孝弟忠信。至於治生處事之方、耕稼蠶績之務，亦皆纚纚有條理。間而及於先世遺事與夫鄉里故家舊俗之傳，則必顧而歎曰：「吾之不復見此也久矣夫！」熹於是退而每爲朋友道之，以爲前輩氣質淳厚、悃愊無華，而其謹於禮法，粲然有文又如此。蓋不惟其天資之美，抑亦昇平教化之餘澤，衣冠文物之遺風。其視今人誦書業文沾沾自喜，而輕儇浮惰反無以異於市井之人者，相去遠矣。如是三十餘年而府君卒，既葬，其子某狀其行以授熹，使爲之書以表于墓道。

熹按：府君諱某，字致端，建寧府崇安人。其曾大父職方郎中、贈開府儀同三司諱某，始以文學起家，歷典數州，皆有惠愛。大父朝請郎諱某，爲縣有所不得行其志，年未七十，即致其事以歸。父某，明經勵行，不仕以卒，而鄉人敬之。娶同郡余氏，讀書史，有智識，實生府君兄弟，國子祭酒翁公所爲志其墓者也。

府君於兄弟爲最長，自少則任家事，以故不及於學，而其孝愛恭敬、誠信敦篤，自有以過人者。家世清貧，至先府君時，食口益衆，府君經營織密而不失大體。蓋凡春秋晨夕之奉，婚喪燕勞之須，以至族姻黨友賀吉而弔凶，其厚薄往來之數，無不稱情而合禮者。先府君於是得以放情事外而遂其高，諸弟亦皆得以遊學四方、親師取友，各成就其器業。而聘君先生卓然傑立，遂爲一世之聞人，名立於不朽，實府君有以相之也。府君自少無外慕，晚歲足跡不出里門者數十年，其精神氣力老而不衰，登山臨水常翛然獨往，其所以自樂者，人不得而言也。年八十有五，以乾道癸巳正月□□□病卒于家，❶而葬於宅之西南數百步曰彭原者。府君娶信安祝氏，有賢行，前卒。子男某也。女適進士江之瑞。孫男潤，女三人。凡狀之所載如此，與熹前所竊論者實相發明。謹叙而并書之，且爲之銘。銘曰：

士學口耳，弗誠以身。既佻以儇，汙我冠紳。孰如丈人，庸信庸謹。詞無支葉，動有繩準。彭原之木，有翳其陰。我銘斯刻，以詔來今。

國録魏公墓誌銘❷

元履姓魏氏，舊名挺之，後更名掞之，

❶「□□□」，原爲空格。

❷「國録魏公墓誌銘」，淳熙本作「魏元履墓誌」。

則字子實。然其以元履聞也久，故稱者莫能易也。家建寧府建陽縣之招賢里，以儒學顯。其胄出遷徙之所繇，則故侍郎胡公寅已識於元履先君子之墓矣。

元履幼有大志，少長遊郡庠，事籍溪先生胡公憲，先生奇之。已而徧從鄉之儒先長者遊，間適四方，又盡交其先達名士，於是聞見日廣而聲稱日益大。嘗客衢守章傑家，會故相趙忠簡公薨海上，歸葬常山。傑雅怨趙公，又希秦檜意，逮繫其家人，劾治甚急。人畏其兇虐，無敢議者。元履獨慨然以書譙讓傑，長揖徑歸，傑亦不能害也。兩以鄉舉試禮部，皆不第。閩帥汪公應辰、建守陳公正同知其賢，相與論薦于朝，時相尼之，又不得召。後數歲，詔舉遺逸。部刺史芮公燁遂帥其寮與帥守六人者，共以元履行誼爲言，於是詔特徵之。元履辭謝不獲，則以布衣入見，極陳當世之務。大要勸上以修德業、正人心、養士氣爲恢復之本。上獎歎開納，勞問移時。明日，遂有詔賜同進士出身，授左迪功郎，守太學録。乾道四年十有二月也。異時學官不與諸生接，亦漫不省學事，徒養望自高而已。元履既就職，則日進諸生而教誨之。且視其居，有壞者，或幾壓焉，則請于朝，得緡錢四十萬以葺之。釋奠孔子祠，職當分獻先賢之從祀者，則先事白宰相：「王安石父子以邪説惑主聽，溺人心，馴致禍亂，不應祀典。而河南程氏兄弟唱明絶學，以幸來今，其功爲大，請言於上，廢安石父子勿祀，而追爵程氏兄弟，使從食。」不聽。它日又言：「太學之教，宜以德行經術爲先。其次尤當使之通習世務，以備官使。今壹以空言浮説取人，非是。」又不聽。至它政事，有係安危治亂之機，而宰相不能正、臺諫侍從不敢言者，亦無不抗疏盡言。以諫至三四，❶上不納，則移病杜門，❷以書質責宰相，語尤切。宰相雅知元履招徠之，至是始不能平。而元履前已數求去矣，遂以迎親予告使歸。行數日，罷爲台州州學教授。

元履自少則有志于當世，晚而遇主，謂可以行其學，然其仕不能半歲而不合以歸。間獨喟然嘆曰：「上恩深厚如此，而吾學不至，無以感悟報塞，吾罪大矣。」先是，嘗榜其書之室曰「艮齋」，至是日處其間，方將條理舊學，以益求其所未至，從遊之士稍有自遠來者，而不幸病不起矣。病革時，顧念君親，處理家事無一言之繆。其母視之，不巾不見也。戒其子毋以僧巫俗禮浼我，且以書召其友新安朱熹，至則盡以終事爲寄而訣。卒之日，實九年閏月壬戌，其年五十有八矣。娶同郡劉氏，徵士勉之之兄女，先十九年卒。繼室虞氏。子男二人：孝伯，國學進士；孝朋，尚幼。所爲文章若論議訓説合數十卷，藏于家。

元履於學無不講，而尤長於前代治亂廢興存亡之説，以至本朝故事之實，皆領略通貫，識其大者。平居論説，聽者悚然。居家謹喪祭，重禮法，恤親舊，雖貧不懈。從父有落南者，千里迎養，死葬如禮，而字其孤尤有恩。歲饑，爲粥以食餓者，而力請移粟於官，邑里賴焉。又嘗請督鄉人之不葬其親者，富予期，貧予費，而掩其無主後者以千數。爲文以戒生子而不舉者，所全活者亦甚衆。與人交尤盡情，嘉其善而救其

❶「諫」下，淳熙本有「疏」字。
❷「病」，淳熙本、浙本作「疾」。

失，如恐不及。後進以禮來者，苟有一長，必汲汲推挽成就之。其處心制行類如此。故嘗有病其爲人太過者，元履笑曰：「不猶愈於横目自營者耶？」至或呰其近名，則蹙然曰：「使夫人而皆避此嫌，則爲善之路絶矣。」此其學道愛人之本意也。嗚呼！使其老壽通達，舉而施之，則其所以及人者爲如何哉！孝伯將以七月己未奉其柩，葬所居之南不十里所謂長坂者，元履平生時所樂處也。予往蒞其卜，孝伯泣拜，奉嚴君士敦之狀以銘文爲請。予惟元履垂絶之言若有及此者，顧雖不能，不忍負也，則應曰諾。退視其狀不誣，因掇其大者序而銘之。銘曰：

謂天嗇之，則曷其材且志也？曰其德之，則又不年以位也，竟使抱其餘以没於地也！我銘以哀之，又以掩其隧也。

陳師德墓誌銘

自周衰，官失而民無常産，士不知學。或者務爲剽掠纂組之工以希名射利，蓋本出於俯仰寒餓之迫，有不獲已者。而其後或更以爲能焉，俗弊風訛，迭相夸尚，於是公卿子弟之才者，往往亦慕而爲之，無所於迫而徒取衒鬻之羞。顧反薄君恩、輕世禄，捐本學以從事於場屋無用之文，舉世競馳，恬不覺悟。而聖賢修己治人之方，國家禮義廉耻之教益泯泯矣。嗚呼，斯其爲弊也久矣！不有卓然高志遠識之士，其孰能有以反之哉！如吾師德者，蓋庶幾焉。而又不及就其志而疾病以死，其亦可哀也已。

師德，莆田人，姓陳氏，名定。丞相信安公之第三子也。母曰福國夫人聶氏。師德生秀異，自孩幼已有成人之度。年十二三，則已知古人爲己之學，而不屑爲舉子之文矣。一日，以公命，因予友括蒼吴君耕老以書來道其志而請業焉。予三復其辭而嘉之，然亦意其必已淫思力索於空幻恍惚之場也，則報之曰：「聖賢之學雖不可以淺意量，然學之者必自其近而易者始。」師德於是始欲因予言而反求之，既疲於宿昔思慮之苦而感疾殆矣。其後屢欲求見，且將徧求世之有道君子而師友之，竟以病不果行。且死，猶語其友方耒耕道，使言於予，以不及相見爲深恨。明年，其仲兄守師中見予於建陽，遂以耕道所狀行實一通屬予銘其竁。予不忍辭也。狀言：師德性至孝，事信安公及母夫人，曲盡愛敬，劑和烹飪必躬必親，左右周旋，不違義理，而未嘗失顔色，於兄弟尤友愛。以公奏授右承奉郎。娶同郡林氏，朝請郎一鳴之女。年二十有五，以淳熙甲午七月己亥卒。於其疾之革也，公、夫人往視之，謂曰：「死生有命，汝所知也。」師德拱手對曰：「戰戰兢兢，如臨深淵，如履薄冰。」又顧其兄，屬以問學修身之意，越夕而逝。公、夫人哭之哀，以其伯兄之子福孫後之，而葬之石泉祖塋之側。嗚呼！有如師德之志，而其行事可得而書者，止於如此，是不亦可哀也哉！然其所立，視世俗之學昧利辱身、得已而不已者，則既絶矣，夫豈不足以頗慰公、夫人之念與其兄弟朋友之思哉！予是以銘曰：

士孰不學？其方則殊。毫忽之差，有蹠其徒。卓哉若人，惟義之學。刻意劬躬，蹈履前覺。天不耆之，以駿其奔。淵冰免矣，志氣則存。石泉之瀕，于祔于宅。孰全其歸？視此幽刻。

何叔京墓碣銘❶

邵武之東，百里而近，七臺之麓，小溪之濱，有君子者，曰何君，名鎬，字叔京，予獲從之遊相好也。今年冬，過予於寒泉精舍。留止浹旬，歸而屬疾。既病，則手書來告訣，語不及私，獨以不獲終養卒學爲深念，❷而於當世之慮亦眷眷不忘也。時予别君甫踰月，發書驚歎失聲，亟走省焉。至則君已逝矣。既入哭盡哀，明日，君之親友門人以予至，皆復來會哭相弔，議語葬故。君嗣子琰亦衰絰杖出拜伏哭，固以銘墓爲請。

予惟君實以其死累我，今其子又哀以請如是，其何說之辭？則與諸來會者共訂君事，皆曰：君家臺溪且數世，❸世有隱德。至君皇考諱兑始仕，爲左朝奉郎、通判辰州事。娶陳氏、劉氏、林氏、鄧氏，皆封安人，而君劉出也。❹生孝謹有器識，既出就傅，暮歸則不復去親側。誦書日數千言，爲文敏而有思，趣尚高遠，識者奇之。辰州嘗受程氏《中庸》之學於故殿中侍御史東平馬公伸，服行不怠。又以其忠節事狀移書太史，忤秦檜，下吏竄南方。危死不悔，間復悉以其所聞者語君。君既受其說，則益務貫穿經史，取友四方，博考旁資以相參伍，蓋久而後有以自信之。於是一意操存，杜門終日，澹然若無所營者。至其論說古今，指陳得失，則又明白慷慨，可舉而行。平居崇德

❶「碣」，淳熙本作「誌」。
❷「獨」，淳熙本作「惟」；「獲」，淳熙本作「及」。
❸「君家臺溪且數世」，淳熙本作「君家邵武七臺之麓小溪之濱也」。
❹「劉」，淳熙本作「林」。

義，厲廉節，絶口未嘗及功利。至於收族恤孤，❶興事濟衆，則又懇惻憂勞，如己嗜欲。」❷言行相循，没身不懈。由此南州之爲程學者，始又知有馬氏之傳焉。始用辰州致仕恩補官，授泉州安溪主簿，未赴。鄧舅祚帥江西，辟掌書寫機宜文字。再調汀州上杭丞。數行縣事，❸專用寬簡爲治。白罷税外無名之賦，❹人便安之。部使者鄭君伯熊名好士，行部得君，喜甚。顧郡事爲不理，囚繫或累歲月不得釋，檄君佐其守。君入幕，悉取文書閲視，具得其所以然者，持白守決遣之，旬日皆盡。❺又以田税不均，貧弱受病，夙夜疚思，❻爲所以均之之説甚備。他所以彌縫補助者，亦盡其力。而守顧不悦，君即謝去。君事鄧安人素謹，其赴上杭也，安人以瘴毒爲憚。君不敢請，遂單行。至官，歲以公事一再歸省，每行輒不受俸。秩滿，計其月十有四，悉歸其券於有司。一時學士僚友高君學行，多師尊之，而當路鮮識之者。君固不求，亦不自悔，獨以年格循資調潭州善化令。將行而卒，年四十有八，淳熙乙未十有一月丁丑晦也。

君爲人清夷恬曠，廉直惠和，談經論事簡易條暢。所著書有《易》、《論語説》、史論、詩文數十卷，其言多可傳者。❼晚築書堂所居南坂上，名以高遠，用見己志。疾病，召子弟教戒，一以義理，終不及家人生

❶「至」，淳熙本作「唯」。
❷「則又懇惻憂勞如己嗜欲」，淳熙本作「爲無所愛其力而」。
❸「數」，淳熙本作「攝」。
❹「白」，淳熙本作「且」。
❺「日」，淳熙本作「月」。
❻「疚」，淳熙本作「究」。
❼「言多」，淳熙本作「間皆」。

産事。獨曰治喪以禮，勿用浮屠鬼教亂吾法而已。娶同郡李氏。其叔父郁學於龜山楊公，所謂西山先生者也。❶子男三人，❷琰爲長，次瓊、瑀，❸某女三人，❹長適吴大同，❺次馮棟，❻次未行也。諸君所論君行事如此，皆予所聞知。琰等葬君東碭之原，予既書其最納竁中，然間嘗竊目君學行可以司教育，論議可以陪獻納，而其心誠才實，又可以宣德澤而惠鰥寡，今乃僅得一縣令，而又不及試以死，此爲重可哀者。乃復敘次其詳，刻石表墓，且系以銘。銘曰：

清直而温，夷易而方。❼惟學不懈，厥猷以光。孰啓于家，而尼于邦？孰豐其粹，而嗇其長？帝罔弗衷，氣或交沴，❽既欽厥承，君則奚愧？莫尊匪德，莫久匪言。銘以相之，刻石墓門。

夫人吕氏墓誌銘

夫人姓吕氏，建寧府建陽縣長平里人。其先世於唐爲河東著姓，乾符中，有侍御史行立者避地，始家建陽。入宋餘百年，乃有顯人，而夫人之父希説亦進士中第，剛介不

❶「也」下，淳熙本有「奉君命無所違。將以明年某月日葬於臺溪東陽之原」凡二十一字。
❷「三人」二字，原脱，據淳熙本補。
❸「瓊瑀」，原作「某」，據淳熙本改。
❹「女三人」三字，原脱，據淳熙本補。
❺「長」下，原有「女」字，據淳熙本删。
❻「馮」，原作「馬」，據淳熙本、浙本、《文集》卷九四《知縣何公壙誌》改。
❼「易而」，淳熙本作「直以」。
❽「沴」下，淳熙本有「氣則靡定。惟欽厥承，斯得其正。君乎知此，既順且寧。何以昭之，幽竁其銘」凡二十八字。

苟合，晚乃爲劒浦令以卒。夫人生愿慤，不妄戲笑。未笄，失其母，劒浦俾治家事，撫弟妹如成人。尋以歸邵武饒君偉，事舅姑，甚得其懽心。餘年生子幹，甫晬而寡。夫人誓志秉節，毅然不可奪。無何，劒浦及皇舅漳州府君亦皆卒，而姑氏固前没。饒氏固清貧，諸叔妹皆幼稚，夫人以孀婦抱弱子，持守門户，奉承賓祭，和輯上下，内外靳靳無間言。其出内用度不以一錢自私，文簿整整，雖龠合分寸無所漏。少或遺亡，則爲之躊躇不懌者累日。指馭僕妾、接隣婦里嫗，咸有恩意。

幹幼時，愛之異甚，捧視湫沐，一不以委他人。及少長，遣就學，則程其術業，謹其出入交遊之際，未嘗輒借以顔色。幹亦孝謹敦實，能自力學問，見稱朋友間。中淳熙二年進士第，人謂夫人盛年苦節，以有斯子，今且享其報矣。始，夫人女弟爲劉氏婦，早卒。至是，其子崇之與幹偕選。夫人爲其母之不見，每及之，未嘗不悲嘆出涕。人又以是知夫人之薄於榮利而厚於孝慈也。幹調吉州吉水縣尉，將行，夫人屬微疾，一夕遂不起，聞者莫不哀之。歲丁酉秋七月十四日也，時年五十有六。明年，幹卜葬夫人於其鄉之思順里，而奉其友江州録事參軍游九思之狀來請銘。拜起，涕泗嗚咽不能言。予哀其志，亦雅聞夫人行實如游掾言，因删取其大者，叙而銘之曰：

皇皇后帝垂三綱，制婦繫夫陰統陽。盛衰脩夭初莫量，有繫弗改兹厥常。吁嗟夫人仁且莊，祗若帝訓篤不忘。疢煢艱棘廩欲僵，卒濟厥子後以昌。玉靈食墨此澗岡，納詞誄行告幽荒，❶山夷淵實無壞傷。

❶「誄」，原作「誅」，據浙本、天順本改。

特奏名李公墓誌銘

邵武軍光澤縣東里所有地曰烏洲，李氏世居之，爲郡著姓。其先有贈大理評事者諱鐸，始以文行知名鄉黨。生太常博士諱，始登進士第，卒贈朝請大夫。陳忠肅公賢之，稱其真率樂易，有古人之風。其仲子深，紹聖間以論斥時相之姦，與任公伯雨等俱入元祐籍。季曰處士濬，隱居不仕。而其葬也，右文殿修撰李公夔實銘之。蓋自其先世，所與交游姻好，盡一時知名士，故其子弟見聞開廓，趣尚高遠，不與世俗同。

若特奏府君諱某字得之者，則處士之長子也。少治《周禮》學，兼通《左氏春秋》，爲文簡古，不逐時好。弱冠遊太學，薦而不第。舍法行，當充貢，又不果行，竟以累試禮部恩奏名天府。❶將入奉廷對，前一日卒於臨安之客舍，實紹興五年八月十八日，年才五十有二。歸殯宅之東岡。三十二年，其子呂乃更卜兆于烏君山下獅子嶺之原，奉其柩而遷焉。淳熙六年，呂始見予廬阜之陽，如舊相識。一日，泣而言曰：「呂不孝，先人之没二十七年，而後克以禮葬。葬又十有九年矣，而未克識，將無以爲幽遠無窮之計。惟吾子幸而予之銘。」因出其親友崇陽大夫游君岦之狀以請。予辭謝不獲，乃次其事如右。

按狀又言，府君爲人事親孝謹，友愛其弟甚篤，之死不少衰。遇族黨有恩意，少有忿争，❷則爲居間極力平處，不令入官府。

❶「恩」，原作「思」，據浙本、天順本改。

❷「少」，浙本作「小」。

不幸死喪，則爲經理其家事而任其婚嫁之責。嘗有死上庠者，遣仲弟護其匶以歸。里人有以惡聲至者，未嘗與之較。至周其急，則輟衣食不顧也。諸弟嘗問善人之道，府君語之曰：「臨事而無陰據便利之心，斯可矣。」又嘗語人：「事有當爲，力雖未及，亦勉爲之。若必有餘而後爲，則終無時矣。」此其行身及物之本意也。平居方嚴，不妄戲笑，而遇事輒應，無所凝滯。從弟西山先生嘗面歎曰：「兄於答問若不經意，而受其言者反覆十思，終無以易，此非諸弟所能及也。」性尤敦厚質實，發言處事，不以幽顯物我爲間。樂聞人善而務掩其惡，所與交皆巨人長者，無不愛而敬之。縣嘗以民兵爲屬，府君爲制戰陳擊刺之法，而以時閱習之，甚可觀也。令欲以聞，❶冀爲府君得勳賞，府君笑謝去，不復有所預。時海内多虞，舉人有不能試禮部者，往往以恩直補官。人有謂府君盍自言者，府君不答。老之將至，婆娑丘林，吟諷書史，逌然自適，未嘗有不遇之歎也。嗚呼！予生晚，不及識府君，而游君不予欺也，則府君者，可謂好德有常之士矣。乃不得少見於用，以没其身，其亦可悲也夫！

夫人上官氏，朝議大夫合之女。繼室黄氏，曲江令銓之女。子男三人，呂爲長，次某，次某。女四人，游君與將仕郎高志旻、從政郎何鎬、保義郎上官賁其婿也。孫男女於今二十有六人。而呂之彊學既有聞，又教諸子皆有法，天之所以報府君者，其將在於此乎？乃爲之銘，使刻宰上以竢。其詞曰：

❶「令」，原作「今」，據浙本、天順本改。

利不自予，惟義之取。義則彊爲，惟仁之歸。孰長其源，不豐其委？斯丘斯藏，有起無墜。

金紫光禄大夫黄公墓誌銘

淳熙六年春正月，端明殿學士黄公寢疾于邵武故縣之私第。熹往問其起居，謁入，公正衣冠，舉扶起坐，顧中子瀚召熹入。至，則又扶以立，辱與揖讓爲禮，共坐食飲，恭謹不解如常時。卒食，又扶而起，涕泣爲熹言曰：「中也先考妣之藏久未克識，蓋不敢輕以屬人。今以累子，子其爲我成之。」熹頓首辭謝，不敢當，而公命之不置。熹懼以久勞公，則不敢辭而受命以出。歸，又以書辭，未報而公薨。諸子遣使來訃，且致遺命，以同郡李君呂之狀來。熹既哭公盡哀，且念今則無所於辭，乃考其狀而附以所聞，爲列其事曰：謹按右宣義郎致仕、贈金紫光禄大夫黄公諱崇，字彦高，其先光州固始人。十一世祖膺避地閩中，今爲邵武軍邵武縣人。曾祖宬有隱德，爲鄉里所尊。晚以子仕登朝，授太常丞以卒。故知制誥呂公夏卿實銘其墓。後以孫履爲尚書右丞，累贈司徒。祖汝臣，不仕。父豫，用右丞奏爲右承務郎，皆以孝謹聞於鄉黨。公自幼力學，日誦千言，人謂是且大其門矣。既長，承務公任以家事，於是無復進取意。既孤而貧，悉力治喪，不以累其昆弟，而所以爲禮者無不備，觀者歎息。母孫夫人春秋高，性嚴而多病。❶公致養勤劇，得其驩心。隣家有李永者，尚氣節，雅敬慕公。察公養

❶「病」，浙本作「疾」。

親之意有餘而力不足，請助公以經紀。公亦信之不疑，竭貲付之，一不問其出入，如是者十有五年。李衙公德，將死，感慨執公手曰：「子，吾父也。」公之兄客遊，以疫死，人無敢往視之者。公獨毅然告行，千里還柩，視其橐，得餘貲尚百餘萬，悉奉以歸其丘嫂，不以一毫自私。平居恭儉自守，不妄取予。至其教子擇師，雖輟衣食無所愛。由是二子皆舉進士，及公時取高科，以德業風概各有聞於當世。既又並登朝列，遇郊慶，奏公爲右宣義郎而致其事。公乘安車東西就養，二子皆孝謹篤至。諸孫滿前，晨夕所以奉養娛樂公者甚備，鄉黨榮之。紹興癸酉正月十九日，以疾卒于南劍州沙縣之寺舍，享年八十有一。其年十月，葬于九鑿先塋之次。娶建安游氏，先卒，亦以二子故追封孺人。一女，適貢士劉紀。

公卒時，端明公方以某官通判建州事，而季子章亦以某官知沙縣事。其後端明公被遇太上皇帝，擢館職、郎曹、史官，攝贊書命，兼司業、祭酒、侍講，歷工、吏、兵、禮部侍郎，又以府教授、給事中、兵部尚書事今上皇帝，侍讀禁中，正色立朝，聲烈甚茂。以顯謨、龍圖閣學士退老于家，天子又乞言焉，即拜端明殿學士。恩禮殊渥，而海內有識之士，亦莫不歸心焉。沙縣屢宰劇邑，有能稱。然不肯媚事權豪，後以御史中丞湯鵬舉薦入臺爲主簿，以又持論不阿而去。提舉福建路常平茶事知台州，所至聲績皆可紀。以是累贈公至金紫光禄大夫，夫人亦啓封本郡。而孫曾仕者又十餘人，然後鄉人知公所以遺其子孫者爲無窮也。李君又言：「吕以壻公孫女，嘗得拜公堂上。間竊窺觀公之爲人，望之儼然，即之温然，危坐竟日無惰容。雖遇臧獲，不妄言笑。自少至老如一日。」熹以是又知端明公之德之盛，所以没身於禮而不倦者爲有自來也。嗚呼，公其亦賢矣哉！敬爲作銘，銘曰：

司徒之德，浹于州鄉。矧其孫曾，弗俊以良？光禄之賢，克篤其慶。隱耀弗章，及子而盛。其盛伊何？學士尚書。介也英英，亦假節符。國慶所覃，逮其考廟。結紫垂黄，天子有詔。匪爵之貴，惟德之褒。保而弗墜，有積彌高。我思古人，恍其對接。承命作銘，用亶來葉。

建安郡夫人游氏墓誌銘

有宋建安郡夫人游氏，右宣義郎致仕、贈金紫光禄大夫邵武黄公諱崇之妻，而子端明殿學士諱中、台州史君諱章之所追爵也。世爲建州建陽縣長平里人，曾祖正卿、祖希古、父儀皆不仕而有隱德，鄉里推長者。夫人資静淑，族母阮氏以婦德爲女師，夫人幼嘗學焉，受班昭《女訓》，通其大義。至它組紃筆札之藝，皆不待刻意而能輒過人。早孤，其母鍾愛之，以歸大夫公。事舅姑，承祭祀勤肅不懈。舅喜賓客，佳辰令節，親舊滿門。夫人供饋唯謹，未嘗頃刻自逸而委勞於娣姒也。姑性嚴，諸婦侍旁，有二十年不命坐者。夫人獨能順適其意，盥櫛温凊，❶禮無違者。姑有疾，非夫人進藥不嘗。每因事指言以爲諸婦模楷。遭舅喪，大夫公素貧，昆弟相顧，謀鬻田以葬。夫人曰：「毋隳爾先業爲也。」退斥橐中裝

❶「凊」，原作「清」，據浙本、四庫本改。

以奉其役，以故大夫公得以不煩於衆而襄大事。大夫公爲人誠慤莊重，夫人以柔順堅正佐之，相敬如賓，謀無不協。其待遇族姻謙謹有禮，樂道其美而不喜聞其過。至其貧困，則賙之必盡其力。日誦《女訓》及它經言，以自箴警。亦頗信尚浮屠法，娠子則必端居静室，焚香讀儒佛書，不疾呼，不怒視，曰：「此古人胎教之法也。」故其子生皆賢材。而夫人所以教之者又甚至，稍能言，則寘膝上，授以詩書。少長，即爲迎師擇友，教詔諄悉。從兄御史先生學於河南程氏，行業淳懿，爲學者所宗。夫人每語諸子曰：「視乃舅而師法之，足以爲良士矣。」紹興壬子四月二十三日，以疾卒。病革，大夫公泣視之。夫人曰：「生死聚散，如夜旦然，何以戚戚爲哉？」於是年五十有六矣。二子皆舉進士，中其科，而端明公實以第二人賜第。其後侍從兩朝，出入二十餘年，忠言直節，老而益壯。退居于鄉，天子閔勞，以事嘗遣信使奉璽書就而問之。其忠孝大節固已偉然，而其言行之細又皆可紀，人以爲夫人之遺教也。台州嘗爲御史臺主簿，亦以治行精敏、議論慷慨有聞於時。二公前後凡□逢慶恩，❶得追榮其母至今封，里人榮之。一女，則貢士劉紀其壻也。卒之明年，葬于邵武縣石岐之原。大夫公嘗命台州狀其行，而未有所託銘。後四十有六年，端明公乃以命熹。其語具於大夫公之誌，此不著。獨按狀文，剟其大者書而銘之。銘曰：

長平之游，世有德人。弗耀于世，乃里其仁。女士攸宜，壼彝是式。配德娠賢，慶

❶「□」，原爲空格，明萬曆本作「遭」，四庫本作「累」。

餘善積。尚書刺史，之德之才。湯沐之封，本邦是開。煌煌命書，賁此玄宅。伐石篆辭，永世貽則。

端明殿學士黄公墓誌銘

公姓黄氏，諱中，字通老。其先有諱膺者，自光州固始縣入閩，始家邵武，至公間十有二世矣。公之曾大父汝臣，不仕。大父豫，假承務郎。父崇，贈金紫光禄大夫。母游氏，追封建安郡夫人。公生而穎悟端慤，少長受書，不過一再讀，退輒默然危坐竟日，問之則皆已成誦矣。未冠，從舅御史先生定夫愛其厚重，手書爲夫人賀。踰冠入太學，會京城失守，僞楚僭位號，公即日出居于外。既而邦昌果遣學官致僞詔藥物勞問諸生，公以前出，故獨無所汙。建炎再造，丞相潛善，公族祖父也。雅器重公，薦諸朝。詔補修職郎、御營使司幹辦公事。紹興五年舉進士，對策廷中，極論孝弟之意，冀以感動聖心。天子果異其言，擢置上第，名次舉首，授左文林郎、保寧軍節度推官。改宣義郎、主管南外敦宗院。代還，秦丞相檜方用事，察公意不附己，差通判建州事。罷外艱，服除，復差通判紹興府事。時公登第二十有餘年矣，轉徙外服，士友嘆其滯淹，而公處之泊如也。檜已死，公道稍開。上記公姓名，乃召以爲秘書省校書郎，兼實録院檢討官。遷著作佐郎，兼普安恩平郡王府教授，遷司封員外郎，兼權國子司業。滿歲，爲真。紹興二十八年，充賀金國生辰使。與賀正使、祕書少監沈介相先後。明年公還，獨言虜作治汴宫，役夫萬計，此必欲徙居以見迫，不可不早自爲計。時約和既久，中外解弛，無復戰守之備。上聞公言，矍然曰：「非但爲離宮耶？」公曰：「臣見其營表之目，宮寢悉備，此豈止爲離宮者？以臣度之，虜勢必南。虜南居汴，則壯士健馬不數日可至淮上。事勢已迫，惟陛下亟深圖之。」上是公言，而宰相皆不悦，顧詰公曰：「沈監之歸，屬耳不聞此言，公安得獨爲此？」殊不以爲意。踰月，公復往扣之，且曰：「即不以鄙言爲可信，請治其罪。」又皆憮然莫應，而右相湯思退怒甚，至以語侵公。公不爲動，已乃除沈吏部侍郎，而徙公祕書少監以抑之。公猶以邊備爲言，不聽，則請補外。上不許，曰：「黄某可謂恬退有守矣。」除起居郎，賜以鞍馬。非故事也。踰月，兼權中書舍人。顯仁太后崩，百官朝臨，將避辰日。公以非經，且引唐太宗哭張公謹事争之。已而卜殯日，適在權制釋服之外。有司議百官以吉服陪位，公又論之曰：「唐制，殯在易月之内，則曰百僚各服其服。啓殯在易月之外，則曰各服其初服。今殯雖過期，獨不得以啓殯例之而服其初服乎？且喪與其易寧戚，惟稽古定制，有以伸臣子之至情者，則幸甚。」尋差同知三十年貢舉，權工部侍郎，奏：「御前軍器所領屬中人，其調度程品，工部軍器監有不得而聞者，非祖宗正名建官之意。請得隸屬稽考。」不報。金人來賀天申節，充接伴使。故事，錫宴使者謝於庭中。至是辭以方暑，請拜宇下。公持不可，乃如故事。遂爲送伴使。還，又言聞虜日繕兵不休，且其重兵皆屯中州，宜有以待之。明年，兼侍講，又兼吏、兵部侍郎。會將有事于明堂，公請毋新幄帟，毋設四輅，以節浮費。詔從之。既而虜使復以天申來賀，方引見，遽以欽宗皇帝訃聞，且多出不遜語。諸公恇駭，❶不知所爲，至謂上不可以凶服見使者，欲俟其去乃發喪。公聞之，馳白宰相：「此國家大事，臣子至痛之節，一有失禮，謂天下後世何？且使人或問故，將何以對？」於是始議行禮。公又率諸同列請對，論决策用兵事。衆莫有同者，公乃獨陳備禦方略，且曰：「朝廷與仇虜通好，二十餘年之間，我未嘗一日言戰，虜未嘗一日忘戰。以我歲幣，啗彼士卒，我日益削，虜日益彊。今幸天褫其魄，使先墜言以警陛下，惟陛下亟加聖心焉。」蓋公自使還三年，每進對，未嘗不以兹事爲言。至是上始入其説，然不數月，而虜亮已擁衆渡淮矣。遷權禮部侍郎，入謝，因論淮西將士不用命，請擇大臣督諸軍。既而殿帥楊存中以御營使行，公又率同列論存中不可遣狀甚力。虜騎至江壖，朝臣震怖，争遣家逃匿，公獨晏然如平日。家人亦朝暮請行，公曰：「天子六宫在是，吾爲從臣，獨安適耶？」比虜退，唯公與左相陳魯公家在城中，衆皆慚服。於是車駕將撫師建康，而欽宗未祔廟，留守湯思退請省虞以速祔。公持不可，上納用焉。而議者猶謂凶服不可以即戎，上曰：「吾固以縞素詔中外矣。」卒從公言而行。月朔，留司百官當入臨，思退復議寢其禮，公又力争，得不罷。比作主，當瘞重，公又以初服請。右相朱倬不可，曰：「徽考大行有故事矣。」公曰：「此前日之誤，今正當改之耳。」倬因妄謂上意實然，臣子務爲恭順可也。公曰：「責難於君，乃爲恭耳。」虜既

❶「恇」，原作「惟」，據浙本、天順本改。《正訛補遺》作「懼」。

易主，明年，復遣使來通好，議者皆曰：「土地，實也；君臣，名也。先實後名，我之利也。」公又奏曰：「君臣之名既定，則實將從之，百世不易。若土地，❶則其得失取予非有定也，安得反謂之實而先之乎？」上然之，詔公去權號。會有詔問足食足兵之計，公以「量入爲出」爲對，且曰：「今天下財賦半入内帑，有司莫能計其盈虚，請悉以歸左藏。」且引唐楊炎告德宗語曰：「陛下仁聖，豈不能爲德宗之爲哉？」上亦善之，然未及行也。未幾，今天子受禪登極。公始蓋嘗與聞其議，至是自以舊學老臣，且察左右有以術數惑上聽者，首以堯、舜、禹、湯、文、武、周、孔所傳正心誠意、致知格物之説爲上敷陳甚悉。會詔給筆札侍臣論天下事，公既條上，且申前奏，極論内帑之弊。於是有詔，更以内藏激賞爲左藏南庫。明年，兼國子祭酒。詔以旱蝗星變，命近臣言闕政。公曰：「前給筆札，群臣悉已條對，今什未一二施行。夫言非難，行之爲難。願陛下力行而已，無以多言爲也。」已而有旨，自今太上皇后令皆以聖旨爲號。公以故典争之，不得。宰相建遣王之望使虜約和，公又論之，亦不從。俄兼給事中。明年，天申上壽，議者以欽宗服除，將復用樂。事下禮曹，公奏曰：「臣事君，猶子事父，《禮》親喪未葬不除服。《春秋》君弑賊不討，則雖葬不書，以明臣子之罪。况今欽宗實未葬也，而遽作樂，不亦失禮違經之甚乎！」退復以白宰相，且引永祐龍輴未返時事爲比。左相湯思退曰：「時已遣使奉迎，今則未也。」公曰：「此又誰之責耶？」右相張魏公亦

❶「若」，原作「者」，據閩本、天順本改。

曰：「今乃爲親之故，不得以前日比。」公曰：「太上皇帝於欽宗親弟昆，且常北面事之，有君臣之義，尤恐非所安也。」退具草，將復論之，詞益壯厲。尋有旨集議，而廟堂間遣禮官來偵公意。公出奏草示之，知公議正不可屈，乃寢。公在東臺不半歲，詔敕下者問理如何，未嘗顧己狥人，小有所屈。内侍李綽、徐紳、賈竑、梁珂遷官不應法，諫官劉度坐論近習龍大淵忤旨補郡，已複罷之，公壹不書讀，❶繳奏以聞，左右已深忌之。會復有旨賜安穆皇后家墳寺田，而僧遂奪取殿前選鋒軍所買丁禩田以自入，軍士以爲言。事下户部，尚書韓仲通以爲不可，而侍郎錢端禮觀望，獨奏予之。公復封上曰：「今若奉行前詔，則當以官田給賜，不當取諸軍家所買。若謂丁禩得之非道，軍家不應得買，則亦當還直取田，不當遽乾没也。」疏奏，群小相與益肆媒孽公，遂以特旨罷中書舍人。馬騏上疏留公，未報，而言事官尹穡希意投隙，詆公爲張公黨。騏後亦不能自堅，而公竟去國矣。明年，乾道改元，公年適七十，即移文所居邵武軍，引年告老。除集英殿修撰致仕，進敷文閣待制。久之，上亦寖悟，思公言，將復用之。五年，因御講筵，顧侍臣曰：❷「黄某老儒，今居何許？年幾何矣？筋力彊否？」於是召公赴闕。公辭謝不獲，明年乃起。公以老成宿望，直道正言，去國七年，至是復來，觀者如堵。入對内殿，問勞甚寵。時用事者方以權譎功利日肆欺罔，公因復以前奏正心誠意、致知格物者爲上精言之。又言：「比

❶《記疑補遺》：「讀」，疑當作「牘」。
❷「曰」，原作「力」，據浙本、天順本改。

年以來，言和者忘不共戴天之讎，固非久安之計；而言戰者徒爲無顧忌大言，又無必勝之策。必也暫與之和而亟爲之備，内修政理而外觀時變，則庶乎其可耳。」上皆聽納。以爲兵部尚書、兼侍讀。每當入直，上常先遣人候視，至則亟召入，坐語極從容。如是數月，月必一再見。公知無不言，其大者則迎請欽廟梓宫，罷天申錫宴也。初，公在禮部論止作樂事，公去踰年，卒用之，然猶未設宴也。至是，將錫宴，公奏申前説，且曰：「三綱五常，聖人所以維持天下之要道，須臾不可無也。欽宗梓宫遠在沙漠，爲臣子者未嘗以一言及之，獨不錫宴一事僅存，如魯告朔之餼羊爾。今又廢之，則三綱五常掃地盡矣，陛下將何以責天下臣子之不盡忠孝於君親哉？」已而詔遣中書舍人范成大使虜，以山陵爲請。公又奏曰：「陛下聖孝及此，天下幸甚。然置欽廟梓宫而不問，則有所未盡於人心。且雖夷狄之無君，其或以是而窺我矣。」上善其言而不及用，虜於是果肆嫚言，人乃服公論之正而識之早也。公又嘗奏請命有司作《乾道會計録》以制國用，罷去發運使及它民間利病、邊防得失數事。公前以不得其言而被讒以去，其復來也，將有以卒行其志，而上意鄉公亦益厚。至是不能卒歲，又以言不盡用，浩然有歸志。然猶未忍決求去也，乃陳十要道之説以獻曰：「用人而不自用者，治天下之要道也。以公議進退人材者，用人之要道也。察其正直納忠、阿諛順旨者，辨君子小人之要道也。廣開言路者，防壅蔽之要道也。考核事實者，聽言之要道也。量入爲出者，理財之要道也。精選監司者，理郡邑之要道也。痛懲贓吏者，恤民之要道也。求文武之臣面陳方略者，選將帥之要道也。稽考兵籍，省財之要道也。」言皆切中時病，每奏一篇上未嘗不稱善。公遂從容乞身以歸，詞旨堅確。上不能奪，乃除顯謨閣學士、提舉江州太平興國宫。入謝且辭，上意殊眷眷，内出犀帶、香茗爲賜。既歸，再疏告老，遂以龍圖閣學士致仕。淳熙元年，上意猶欲用公，以公篤老不敢召，則上手爲書，遣使詣公，訪以天下利害、朝政闕失。進職端明殿學士，且以銀絹將之。公受詔感激，拜疏以謝。略曰：「朝政之闕失多矣，其尤失者，君子在野，小人在位，政出多門，言路壅塞，廉恥道喪，貨賂公行也。天下之利害多矣，其尤害民者，官吏貪墨，賦斂煩重，財用匱竭，盜賊多有，獄訟不理，政以賄成也。臣願進君子，退小人，精選諸道部使者以察州縣，則朝政有經，民不告病矣。」公之復歸又十年，雖身安田里，老壽康寧，無復它念，然其心未嘗一日忘朝廷。間語及時事，或慷慨悲辛不能已，聞者蓋動心焉。然尚冀公之復起，而卒有以寤上心也。七年八月庚寅，❶竟以疾薨于家之正寢。先是，屬疾踰年，手草遺表，猶以山陵境土、欽廟梓宫爲言，而戒上以人主之職不可假之左右，言尤剴切，至是上之。上聞悲悼，朝野相弔。詔以正議大夫告其第。享年八十有五，累封江夏郡開國侯、食邑千五百户、實封百户。娶熊氏、詹氏，又娶詹氏，封淑人。三男：源，通直郎；瀚，承務郎；浩，從政郎。六女，承議郎倪治、通直郎吴應時、宣教郎謝源明、承事郎張鑄、承事郎陳景山

❶「庚寅」，原爲墨丁，據淳熙本、《宋史》本傳補。

其婿也。第三子及第二女皆夭，❶孫男七人，女五人。

公天性莊重，終日儼然，坐立有常處，未嘗傾側跛倚，語默有常節，未嘗戲言苟笑。它人視之若有所拘縶而不能頃刻安者，公獨泰然以終其身。雖在燕私，亦未嘗須臾變也。居家孝友篤至，夫婦相敬如賓。與人交，恭而信，淡而久，苟非其義，一介不取諸人，亦不以予人。少時貧窶，炊黍或不繼，而處之甚安。至其力所可致，則亦不使親與其憂也。晚歲宦達，而自奉簡薄不改於舊。惟祭祀則致豐潔，細大必身親之。仕州縣奉法循理，敦尚風教，在朝廷守經據正，思深慮遠，不爲激訐之言、表襮之行以矜己取名。然誠意所格，愈久而上下愈信服之。上雅敬重公，屢有大用意。而公卒不少貶以求合。上問進取，必謹對曰：「先自治。」問理財，必謹對曰：「量入爲出。」始終一説，未嘗少及功利。至於忠孝大節、敬終追遠之際，則深有所不能忘者。蓋自始對詔策已發其端，而痛夫欽廟梓宮之未返，則論之終身，至於垂絶之言不釋也。嗚呼悲夫！推公此心，可謂無歉於幽明，而其法戒之所存，雖與天壤相弊可也。尤恬於勢利，興廢之間，人莫見其喜慍之色。爲郡從事時，驗茶券有僞者，吏白公當受賞，公謝却之。罷惇宗而造朝也，臨安學官與試貢士，公以朝命攝其事。時見官外猶有缺員，用事者故以嘗公。已而試事畢，公即解印去。其人曰：「所攝黨缺員，盍亦自言以審之乎？」公竟不顧，用事者以是惡之。在王府時，龍大淵爲内知，已親幸。它教授或

❶「三」，原作「二」，據淳熙本、浙本改。

與過從觴詠，公獨未嘗與之坐，朝夕見則揖而退。其後它教授多蒙其力，公獨不徙官。爲司業時，芝草生武成廟，武學官吏請以聞，公不答，則陰圖以獻。宰相召長貳而詰之曰：「治世之瑞，抑而不奏，何耶？」祭酒周公綰未對，公指所畫對曰：「治世何用此爲？」周退語人曰：「黄公之言精切簡當，惜不使爲諫諍官也。」六和塔成，宰相命諸達官人寫釋氏《四十二章》之一刻之壁間，公謝不能，請至再，終不與。其不惑異端又如此。所居官人莫敢干以私，然公初未嘗有意固拒之也。蜀士有仕于朝者，同列多靳侮之，獨感公遇己厚，然公亦未嘗有意獨厚之也。尤喜薦士，王詹事十朋、張舍人震皆公所引。張忠獻公、劉太尉錡之復用，公力爲多。然未嘗以告人，諸公或不之知也。致事里居前後十五年，收死恤孤，振貧繼絶，蒙賴者衆，而公未嘗有自德之色。平居門無雜賓，邑里後生有來見者，躬與爲禮，如對大賓。諄諄教語，必依於孝弟忠信，未嘗以爵齒自高而有懈意惰容也。蓋公之爲人生質粹美，天下之物既無足以動於其心，其學於天下之義理，又皆不待問辨而已識其大者。若其誠意躬行，則又渾然不見其勉强之意。而謙厚慤實，尤以空言爲恥。以故當世鮮克知之。然親炙而有得焉，則未有不厭然心服者。嗚呼！所謂訥言敏行，實浮於名者，公其是與！明年將葬，嗣子源使其弟瀚狀公行事，❶屬熹以銘。熹辱公知顧甚厚，且嘗受命以識先大夫、先夫人之墓矣，不復敢辭，乃敬叙其事而銘之。公

❶「瀚」，原作「翰」，據淳熙本、浙本改。

墓在邵武縣仁澤鄉慶親里居第之北曰石歧原，❶葬以十二月初五日。其銘曰：

天下國家，孰匪當務？曷爲斯本？身則其處。事物之理，指數其窮。曷其大者？維孝與忠。我觀黄公，天畀淳則。植本自躬，有大其識。儼其若思，履衡蹈從。盛德之表，見于聲容。烝烝于家，懇懇于國。敬終厚遠，靡有遺貸。根深末茂，綱舉目隨。行滿當世，言爲寶龜。出入兩朝，初終一意。酬酢佑神，表裏一致。因而不究，❷君子惜之。勒銘幽宫，維以質之。

武經大夫趙公墓誌銘

公諱某，字夢周，有宋太宗皇帝之六世孫也。其曾大父某，大父某，皆爲開府儀同三司、贈太師，追王韓、成二國，事皆見國史。父某，舉進士中第，未及仕而卒，贈中奉大夫。公生睦親宅，以郊祀恩補成忠郎。少孤，能自植立，刻意爲學，欲以文字成名於世。遭亂轉徙，不克遂其志。年甫冠，調監常州宜興縣税。是時寇難未夷，道路艱棘，公治征算不以苛皦爲事，往來便之。在官獨居一室，日以讀書鼓琴爲事，一無他嗜。同寮莫測其所爲，至使人陰伺之，已乃信服。參知政事張公守亦知其賢，更以爲饒州永平監。舊法，課卒淘土取棄銅以益鑄用，數登萬斤，輒書勞受賞。前後相承，程董峻切，役者病之。公至，獨歎曰：「瘠人肥己，吾弗忍也。」亟罷去，而節他費以足

❶「慶親」、「石歧」，原爲墨丁，據淳熙本補。

❷「因」，浙本作「用」。

用。守董耘賢之，且愛其詞章，薦於朝，請爲易文資，不果去。居信之弋陽，一時名勝爭迎致館穀，且遣子弟從之遊。久之，自請爲祠官，得主管華州雲臺觀，始來居邵武。時中書舍人王洋知軍事，尤深禮敬，與酬唱往來，稱嘆不置。秩滿，爲建昌軍兵馬都監。郡守知其廉，帑藏出納悉以諉之。復監泉州軍郡使司糴事。❶公知前積蠹弊，歎曰：「踵是則吾固不能，正之則蒙其辜者必衆，吾豈爲禍始乎？」因力辭之。既而有求代其任者，果不免，聞者歎服。晚再爲福建路兵馬鈐轄，累官至武經大夫。行年七十有三，淳熙六年七月某日，以疾卒。公配恭人滿氏，某官中行之曾孫女。子男五人：善俊，朝議大夫、直龍圖閣、知廬州主管淮西安撫司公事；善佐，朝散郎、知常德府事；善儀，秉義郎；善任，承節郎；善傑，忠翊郎，而善任蚤卒。女七人，其二亦夭。❷其五人，則從政郎鄧祖攸、迪功郎楊珵、李絪、黄造、司馬藩其壻也。孫男女各二人，皆幼。明年，諸孤特奉公柩葬于邵武縣新屯西宅之原，而書其事狀如此，使人來請銘。熹雅聞公爲人恬淡寬博，自少以廉謹自將。平居未嘗有愠色，尤不喜言人過。以急難告者必周之，未嘗計有無也。生長太平公族間，不爲華靡之習。從宦所至，壹以仁恕惻怛爲心。雖勢卑不得盡行其志，然其隨事及物，亦足以見其胸中所存者。滿恭人有賢行，諸子皆以文學稱。而淮西、常德連中進士第，皆及公無恙時，被遇通顯，知名當世。公晚更得閒適，因不復問家

❶「軍」字，原脱，據浙本補。
❷「其二」二字，原脱，據浙本補。

事，顓用棋酒自娱而老壽以没。嗚呼，是亦可以無憾也夫！乃考其狀，叙而銘之。銘曰：

唯紓人之勞，寧卻己之進。豈曰己之廉，而速人以病？仁夫趙公，有罣其宫。我銘斯石，以詔其終。

夫人徐氏壙誌銘

夫人徐氏，温州瑞安縣人，世隱德不仕。夫人生柔順静正，父母愛之，擇所宜歸，以配郡人張君某。既歸，事舅姑盡禮。晨夕敬問衣服食飲寒燠之宜而節適之，舅姑未食不敢食，未寢不敢寢。姑性嚴重，事有不可其意，終日不懌，左右莫能近。夫人獨從容娱侍，所以開釋其意者萬方。俟其語笑復常，乃敢退。如是者十有八年，隣里親族覸之，不見其一日懈也。舅姑没，哀毁不勝哀。張君家故饒財，喜賓客。中歲少窶約，然不以屑意。朋舊過門，輒飭庖具饌，相與樂飲如故時。館客於家，至或旬月不厭。夫人節衣食以奉其費，無難色，不使張君知其有異於前也。佐張君教諸子，皆有文行。既而其長揚卿遂登進士第，仕州縣，以敦樸詳練爲諸公長者所知。張君由此亦以太上慶壽恩補承務郎而致其事。老壽家居，子孫滿前，鄉鄰以爲榮。而夫人已不及見久矣。蓋夫人以紹興二十六年十二月□□卒，享年五十有五。凡生三男三女，揚卿之弟曰振卿、曰□卿；女伯、季蚤卒，仲適成忠郎、監左藏西庫林鏞。孫男八人，女六人。卒後四年，乃克祔於先姑周氏之塋。又二十有五年，而揚卿以從致郎爲南康軍學教授，與予聯事相好也。一日，狀夫人之行以告曰：「揚卿之禄已不得逮其母，日夜痛于厥心。如又不能有以表其行實之懿於方來，則不孝之罪死有餘責。敢敬泣拜以請，夫子幸哀而予之銘，是使揚卿得以不死其親而免於戾也。」予辭謝不獲，而未及爲。明年去郡，揚卿又以書來請不置，乃序其事而銘之。其詞曰：

既孝既敬，又儉以勤。天曷報之？子秀而文。生短慶長，儲豐饗嗇。銘以訂之，百世其澤。

劉氏妹墓誌銘

新瀏陽丞建安劉君子翔彦集之妻吴郡朱氏者，先太史吏部府君之女，而熹之女弟也。爲人質實易良，自幼不見其有妄言慍色。生五年而失先君，❶先孺人愛之。年二十有一以歸劉氏，事皇舅大夫公禮敬飭備，下及旁側侍御，委曲逢將，尤有人所難者。大夫公没，佐彦集理家事，勤約不懈，撫教諸子，愛而有節。其逮下有恩意，門内之治雍如也。淳熙八年，年四十有三，二月乙未，以疾卒。子男二人，瑾、瑱，皆將仕郎。女二人，未嫁。彦集將以是歲十月辛酉藏其柩於崇安縣西三里大夫公塋左若干步，謂予曰：「子盍銘諸！」予寡兄弟，先君之遺女唯此妹。予既杜門山間，而妹亦幸不遠嫁，一歲中率再三見。其遠别惟從其家之官時爲然，然不一二歲輒歸，復相見。今其病死，而予適從吏役歸，則不復相見矣。獨與彦集相持大慟，而彦集又爲予道其將死時與家人訣别，付託兒女狀，尤使

❶「而」，原作「面」，據浙本改。

人不忍聞。嗚呼！孰謂吾妹而遽至此耶！老病且哀不能文，彊書此以識其壙，且爲銘曰：

哀哀吾弟，歸藏其丘。懿此遺德，後人之休。

邵武縣丞謝君墓碣銘

臨川有隱君子，曰溪堂先生謝君，名逸，字無逸，與其弟竹友先生名薖，字幼槃，俱學詩於黄太史氏，而以清介廉節有聞於時。然皆不遇以死，是以獨以其詩行於四方，而其行業之懿，則非其邑子有不得而詳焉，是可歎已。竹友之子曰敏行，字長訥，自號中隱居士，娶季氏，生子曰源，字資深，始以進士得官，爲文林郎、邵武軍邵武縣丞。且以慶恩，得封其母爲太安人，蓋將有以大其門者。而不幸以卒，識者莫不傷之。資深自幼日誦數千言，少長受經屬文，有聲庠塾間。士大夫之賢者來臨川，聞其名莫不延致而賓禮之。再試禮部中第，宰相以兩先生故，不使從吏部選，言於上，以爲建昌軍學教授。居官静重有守，然事有當爲，亦不憚改革也。嘗祠其鄉之賢者五人於學，以勸諸生，而故劉侍郎季高爲之記。秩滿，諸生相率狀其行治，扣漕臺請留之。使者知其賢，顧法不可，因相與薦之，得稍遷秩，復教授江州州學。未行，遭父喪。終制，調隆興府南昌縣丞。會李侍郎仁甫將漕江西，披輯舊聞，以脩一路圖經，於官屬中獨以資深爲可與於此者，又與諸使者共薦之。嘗行邑事歲餘，屬帥守以聚斂爲急，諸邑奉承唯謹，而資深獨無所屈，常歎曰：「迫貧民以奉上官，吾弗忍爲也。」帥守以是於資深獨不悦，而邑人深德之。既去，父兄子弟相與送之，數里不絶。帥守愧歎，亟以薦書追而與之。詣曹校考，當改京秩。會舉將有故不果，遂來邵武。當路者多知其賢，而常平使者宋君若水尤敬重之，又率同列交薦。章下而資深已病不起矣，時年五十有八，淳熙辛丑九月己丑也。

資深天資渾厚，人少見其喜怒。未第時，教學以奉甘旨。教撫弟妹而婚嫁之，鄉黨稱其孝友。家世清貧，獨有園廛數畝，中隱君既以其號榜之，至資深雖從官，然於生産亦不能有所增益，獨葺此園，築室其間，雜蒔花木蔬果桑竹，暇日挾册吟哦其間。雖飯疏飲水，不自知其有不足也。其詩秀潤和雅，有二祖風致。存者百餘篇，號《空齋詩藁》云。資深娶同郡黄氏，生三男五女。男曰樞、曰機、曰椿。女所適曰嚴享甫、曰饒祁，餘未有行也。資深在邵武時，嘗以檄書便道過我。予雅聞資深名，一見即知其長者。既去，遊武夷山水間，得予所結廬處，復留詩見屬。予以是又知其句律之妙可追前輩無慚也。顧未及酬而聞其訃，又以病不能往弔。今樞等既葬資深中隱君墓之側，而以書奉資深親友吴君炳若之狀來請銘。時予方病，欲謝不能，又念資深前日賦詩相屬之意，不可以終莫之償也，乃爲之銘。銘曰：

惟君家，世隱淪。載其德，之後人。君承之，勢欲振。塗未半，隕厥身。藏於斯，從隱君。陵爲谷，訂此文。

司農寺丞翁君墓碣銘

紹興中，宰相秦檜專柄用事，諸有故怨

及不附己者，皆誣以罪，竄嶺海。故相趙忠簡公用此死朱崖。天子哀之，還其柩，將葬衢州常山縣。郡將章傑，紹聖丞相惇諸孫，雅怨趙公當國時奉詔治惇罪，又希檜旨，陽以善意檄常山尉翁君蒙之護其喪。一日，下書翁君曰：「趙氏私爲酒以飲役夫，亟捕寘之法。」而陰使人喻意，使并搜取趙公平日知舊往來書疏，欲以敗趙氏，快私憾，且媚檜取美官。翁君不可，則啗以利，又不可，則脅以威，往反再三。翁君度傑意壯不但已，或更屬它吏，則事有不可爲者，即密告趙氏，夜取諸文書悉燒之，無片紙在。翌旦，乃往爲搜捕者，而以無所得告。傑怒，又廉知翁君女弟適故禮部侍郎胡公寅，實當時草詔罪狀惇者，益怒，乃誣翁君它罪劾之。會胡公弟寧爲尚書郎，具以其事白檜，檜亦悟爲傑所賣，下其事安撫使問狀，徙翁君官旁郡，趙氏亦竟得無它，而傑遂廢，不復用。當是時，天下莫不高翁君之誼，慕翁君之名而想見其爲人者。今天子即位，近臣乃以其事聞。上亟召見，嘉歎其節，改秩，再除中都官，皆以省員補外。晚乃歸爲司農寺丞，未幾而卒，聞者莫不哀之。

君字子功，世家建寧府崇安縣之白水村。大父彦深，宣和中爲祕書少監。梁師成欲一見之不可得，遂久不徙官。其後歷國子祭酒、太常少卿，以集英殿脩撰歸老于家。父㧑，文林郎、密州司士曹事，亦以文行知名，蚤卒。君以集英任補登仕郎，調右迪功郎、尉常山，移婺之蘭溪。更調明州司理參軍，以母喪不赴。主管吏部架閣文字，又以少母喪去官。改□□郎，監登聞鼓院。出爲江南東路安撫司主管機宜文字。當塗澇疫，君以檄按行，拯療極力，全活甚衆。除軍器監丞，又主江西安撫機宜文字。復值歲凶，君佐其府咨訪處畫，用力尤多。使襲公茂良與諸使者合言於朝，乃召丞大農。卒時年五十有二，淳熙元年二月十三日也。

君自幼卓犖不群，曹偶敬憚。而孝謹順悌，事集英及母兄無間言。兄没，撫其孤甚厚，嫁其女先己女，集英引年恩當及君子，君推以予從祖弟履之。家居不問有無，仕官不計升黜。至於周人之急，則亦不復知有難易多寡之擇，即有不逮，雖奔走乞貸勞辱不憚也。歷陽張晉彦以子孝祥被親擢冠多士故忤相檜意，逮繫廷尉。親舊畏禍及己，莫與通，求所以爲橐饘費者無所得。君聞之，獨慨然謁其兄，罄家貲，得白金百兩遺之。會檜死，事壹解。後張氏父子俱官達，以此德君，終其身不能忘。君與之遊，亦每規正其失，無所避，人兩賢之。在江西時，同寮劉氏子琦奔父喪，病疫甚殆，人莫敢視。君獨輿致其家，蚤暮躬治粥藥，琦得不死。它所爲類此人所難者甚衆，不勝紀。平居食客滿堂，莫非有求於君者，而君不之厭也。娶李氏，紹興史官彌正之女，先卒。無子，以從祖兄誠之之子槹年爲後。一女適修職郎王伸。君家自集英時有别業金陵，君即居之。既卒，遂葬江寧縣西北村，祔以李氏。後數年，君之甥豫章通守胡君大原狀君行事以來曰：「舅氏志未克申而不幸至此，其高節馴行有不可以弗識者。子盍識諸？吾且刻其墓上。」予婦家與君有連姻，得蚤從君游，相期甚厚。讀其書，爲出涕，不忍辭也。乃書其事而銘之。銘曰：

仁全故家，知折姦謀。勇蹈大難，賁育

其儔。偉哉若人，躬此達德。俛哉終身，❶靡有回遹。無曰斯丘，四尺之崇。忘私起懦，千載高風。

晦庵先生朱文公文集卷第九十一

侯官縣儒學訓導劉簮校

❶「哉」，閩本、浙本、天順本作「焉」。

晦庵先生朱文公文集卷第九十二

墓誌銘

岳州史君郭公墓碣銘

公姓郭氏，諱份，字仲質。其先自吉水徙新淦，曾祖亶、祖麾皆不仕，父彌約始仕，有能稱，至朝散郎以卒。誄其行者，皆當世達官名士。公幼沈敏，能自力學問。甫冠，中進士第，爲辰州、道州、南雄州州學教授，荆湖南路轉運司幹辦公事。湖南自軍興治戰艦，積材於場，久而腐敗，相承募丁卒守視不已。公白之臺，毁材爲薪，歲省衣糧萬計。官有羨緡數十萬，議欲獻諸朝，公曰：「此非可繼也。」使者爲止。醴陵有豪族，取民田以治居室，上流有古陂，輒徙之，田以蕪廢，訟數十年不息。公曰：「是不難辨。」以地比與圖視之，一訊而決，還陂於上流，溉田如初。用轉運使黄鈞等薦，得通判常德軍府事，賜緋衣銀魚。常德在湖北爲望郡，更二太守無善狀。公至，委曲扶持之。靖獠干紀，王師討之。公主督運，山行既艱，而水道經若水寨，遡流百餘里，尤險惡，漕幾不通。公命輕裝淺舟，水陸俱進，軍用不乏。師還，第功遷秩，擢守興國軍。至郡，承前守罪去之餘，帑庾空乏。北軍以廩假不時至，或群噪府下。公奏留上供萬斛以寬郡計，而申著令以戒有司。凡給俸賜，以下爲先，衆乃悦服。未久，以憂去。免喪，奏事闕下，即日除知岳州。又積年勞，轉朝散郎。還至豐城，暴得疾，卒於館舍，年五十有七。公娶李氏，再娶喬氏。男曰蒙，今爲迪功郎、新贛州瑞金縣東尉。女二人，長適彭浩，前卒。次未嫁。公性純儉，被服如寒儒。家人習慣，不知爲驕奢。居官斂晦，不爲赫赫之名，然所至爲上官所推舉。平時温温，不妄喜怒，及其遇事，破姦發伏，人亦不能回也。公最樂義，亦勇於有爲。有疏屬之女，受鬻于人。公聞之，遽投牒遺幣，贖而嫁之。鄉人有旅死者，公爲棺斂，歸其柩于家。有舊同僚之官，地遠，貧不能行，公爲裝遣之，雖靴袍巾幞之類畢具。周人之急皆此類。嘗因講「治道以義役」節目授其門人李伯賢，令推行之，自其鄉始。今江西諸郡義役，公實發之。嘗謂門人曰：「九重有規恢之志，而文武士不任其責。寬恤令屢下，而百姓無固結之心。北軍就食東南，布滿州縣，無以善其後。是三患也。」嘗因賜對，建言：「常德當夷獠出没之衝，比年復有茶寇之警，而屯兵財二百人，不足用以彈壓。湖北一道，北被邊，南控溪洞，多寇賊，而城壁皆不治，尤非所以備不虞者。請以荆鄂千人戍常德，而諸郡城惡者亟治之。」使又言：「獄者，人命所繫，故推吏賦禄厚，而受賕輒以重法論。至獄卒陰操木索笞箠輕重之權，慘虐尤甚，而今以無禄，故爲姦利者得從輕坐，甚亡謂。請詔有司議廩獄卒而重其法。義倉歲賑矜寡孤獨甚厚，然其惠偏於市井而不逮山谷，請即鄉落寺觀分置居養院，以活遠民之無告者。」蓋公雅有當世之志，而於吏事尤不苟。其所欲爲固不止數事，然即此而觀，亦足以見其所存矣。使究其用，當如何哉！

天資樂善，見當世德人莊士，必慕與遊。在長沙，善故張侍講敬夫，敬夫稱其靖端有守，數爲延譽諸公間。居鄉，厚今劉常州子澄，子弟皆從之學，有立志。公没，而蒙愈自力於爲善，嘗以田二頃爲義莊周貧族，人以爲猶用公平日之意也。公卒以淳熙某年某月某日，葬以九年正月乙酉，墓在吉水縣同水鄉赤石潭之原。蒙以子澄之狀來曰：「吾先君子甚高下風之義，顧不幸，不得卒其定交之願以死。蒙又不孝，無以慰其泉壤之思。唯是表墓之碣未有以書，敢介常州以請。吾子惠而許之，則爲有賜於吾先矣。」予聞其言而悲之，讀其事狀，又知公之爲人如此，亦恨前此之未始得從公遊也。既次其事，又作銘以系之。銘曰：

端而靖，足以有守。敬而敏，足以有爲。胡嗇於年，不卒其施？惟後有人，克堂厥基。我銘斯石，以詔無期。

宜人王氏墓誌銘

右朝請大夫任公諱賢臣之妻宜人王氏，明州慈谿縣人，故朝奉大夫、中書門下檢正諸房公事諱庭秀之女。年十七歸任氏。任氏世爲眉山人，後徙蔡州。靖康之亂，大夫公昆弟始奉其母，魏國太夫人犇走南渡，生理蕭然。宜人嫁時裝甚厚，盡捐以佐朝夕之用。事太夫人盡愛敬，甘旨無闕供。無故未嘗輒去左右，遇有疾，衣不解帶，粥藥嘗而後進。與大夫公相敬如賓，所以輔佐之者甚至。大夫公嘗通守武昌，久攝郡事。前例，攝事者受俸給與諸司問遺往來，皆如真太守。大夫公疑之，以語宜人。宜人曰：「異時貧甚，宜不聊生，亦且至今日矣。今幸粗足，何以是自汙爲哉？」大夫公以爲然，皆謝不取。大夫公歷守數郡，晚歲奉祠以歸。或以其精力未衰，猶可以復仕，而宜人深以止足爲戒，大夫公乃不行。宜人治家嚴而有法，歲時祭祀，先旬月戒具，至期齋肅，每事必親，雖疾亦强起，中饋酒食之事，蓋終身不以諉人。教飭子孫甚嚴，未嘗假以言色，而視其飲食、時其寒燠，皆有條理。遇下有恩意，然敝衣袴亦不妄與。既病，猶治家事不廢，中外肅然者十年。以淳熙九年十一月三日卒，享年□□□□。❶子男三人：璜，宣教郎、知江州德化縣事；玠，承務郎、知臨江軍清江縣事，皆先卒。璋，迪功郎、袁州萬載縣丞。女一人，適通直郎、通判容州程説之。孫男七人，❷希夷，舉進士，調迪功郎、建寧府浦城縣主簿；圖南，迪功郎、嚴州建德縣尉；斗南、應南、鵬南、摶南。女三人。璋、希夷將以十年七月□□奉宜人之柩葬於邵武軍邵武縣長樂之原，❸使其友方士繇述宜人閥閲事狀來請銘。予先君子嘗與大夫公昆弟游，義不可辭，而希夷、士繇又皆嘗來學，其言宜不妄。乃删取其大者而系以銘。銘曰：

奉饋高堂恭敬止，佐夫子治成厥美。肅如嚴君秉周禮，考終卜吉藏於此。土平川紆山崛起，長樂之樂詔孫子。

知南康軍石君墓誌銘

吾友石君子重諱某，其先世爲會稽新

❶「□□□□」，原爲空格。
❷《記疑》云：「七」，疑「六」之訛。
❸「□□」，原爲空格。

昌右族。曾大父諱某，不仕。大父諱某，避庚子之亂，始居台州臨海縣，後以遺逸召，授右迪功郎以没。父諱某，贈朝奉郎。母安人朱氏，太宜人陳氏。君幼端愨，警悟不群。年十二，即自知刻意爲學，晝夜不怠。年十八，擢進士第。丁外艱，服除，授左迪功郎、郴州桂陽縣主簿。會故參知政事李安簡公謫居郡下，性嚴重，不輕許可。一見君，深器重之，授館其家，日與論説前言往行，勵以致遠之業。常語人曰：「吾閲人多矣，未有石君比者。」

秩滿，循從事郎，❶調泉州同安縣丞。天旱民饑，縣白府，請得蠲歲租如故事。太守怒，檄君杖主吏。君移書太守曰：「杖一吏，細事耳，然其所繫則大。民今皇皇，無以爲命，縱不能救，忍復箠其口乎？」守怒未已，遣幕府官按驗，至則希守意，以爲不當蠲。君争益力，部使者聞之，因以其事諉君。君既行視歸，即揭牓喻民，蠲之什九，然後言府。且亟召鄉吏閉廨中，使鄉爲一榜，户列所蠲與其當輸之數。既成，立授里胥，使走揭於其所。於是上官不得變其説，鄉吏無所逞其姦，邑人便之。

改宣教郎，知常州武進縣事。民訟有數年不決者，君一訊立辨，雖姦民健猾者，亦皆驚服愧謝而去。它邑滯訟，多請屬君以決。郡守欲爲寓客治第而屬役於縣，其費且數十萬，君不可，曰：「吾爲天子牧民，豈爲若人治第者耶？且浚吾民之膏血以媚人，吾不忍也。」守怒，欲中以法，掇拾亡所得。會君有親嫌，法當兩易，君不顧，求罷徑歸。民數千人詣郡請留君，不可，則相

❶「循」，四庫本作「改」。

與伺守出遮道號訴，至有褫其襜帷者，守不能禁。君因更調南劒州尤溪縣待次，家食三年，雖貧不慼也。至官，吏以財匱請借民租，君不答，但日治稅籍，凡民逃絶而田入見户者，與鬻産而不能更其籍者，皆正之。又謹視其出内之際，要爲簡易以便民，而吏不得以容其姦。闤市之征亦損其數，於是官無苛擾，農商得職，租入以時，力役有序，至有爭先爲里正者。縣故窮僻，學校久廢，士寡見聞，不知所以爲學。君至，即命其友古田林用中來掌教事，而選邑子願學者充弟子員。始教之日，親率佐史宿賓客往臨之，因爲陳說聖賢教學，凡以爲脩己治人之資，而非如今之所謂者，聞者皆動心焉。自是以日一往，❶伐鼓升堂，問諸生進業次第，相與反復，以求義理至當之歸。員外諸生數十，或異邦之人，皆裹糧來就學。君視故學宮爲不稱，乃廣其規模，新其棟宇，市書萬卷，買田數百畝以充入之。既成，爲考古制，舉鄉飲酒禮以落之。於是士始知學而民俗亦變。君又摭其舊俗之不美者數事，爲文以訓飭之，民皆傳寫誦習焉。遠鄉有據險自豪，不輸租賦數十年，日與比鄉爲仇敵者，君爲榜以喻之，即斂手聽命，輸賦解仇，復與齊民齒。民王某者，有刑罪，具獄上府，吏以邀求不厭，欲致之死。君爭之不聽，則請自對獄，與吏辯，代民死，民乃得免。歲大疫，多治藥劑，分遣醫者散之村落，自爲詩以勸之，賴以活者甚衆。及代去，民或畫象祠之。監察御史陳公舉善聞其賢，薦之朝，而君自從吏部選授福建路安撫司幹辦公事以去。會丞相史公再入，薦

❶「以」，浙本、天順本作「五」。

一時名士數人，君復與焉。有旨召對，君辭不獲，乃入見。首陳人君之道與天同方，天心至公，故人君之心，不可以有一毫之私。因歷引時事以質之，言甚剴切。上皆然之，差監登聞檢院。未幾，除將作監主簿，尋改太常。居頃之，有所不樂，因謁告歸省，請得奉祠終養。除知南康軍事，將行而遭内艱。未終制，有詔舉材堪刺舉者。吏部尚書鄭公丙以君對，然君已不及聞矣。其卒以淳熙九年六月乙丑，享年五十有五，積官至朝散郎。

君爲人外和内剛，平居恂恂，如不能言者。而遇事立斷，毅然有不可犯之色。事繼母承順不違，兄弟之間怡怡如也。族黨有貧不能自活者，買田捐金以振業之。教其子與己子等，嫁孤女多得所歸。道遇棄子，募人母之，月有給焉。

其爲政一主於愛民，而憂國之心又甚切，於賢材之用舍、政令之得失，一有所聞，憂喜之誠形於言色，至或累日不解。然自處甚約，自律甚嚴，在州縣未嘗屈意上官，在朝廷未嘗造請當路。繇疏賤一旦見天子，盡言竭忠，未嘗少爲迂回避就之計。其爲學，自聘君朝奉時已傳其業，後更從舅氏太子詹事陳公良翰受書焉。聞人之善，必手記而心慕之。其人可見，雖少賤僻遠不憚。其與予遊，相好尤篤也。晚名其燕居之室曰克齋，讀書其間，没身不懈。後生執業就正者，皆賴君知所鄉，而君未嘗少自足也。此其志豈可量哉！

予前年守南康，朝廷以君與予善，除以爲代。予亦日夜望君至，冀得用疲甿學子爲寄，而君不果來。當年奉使浙東，聞新剡饑民轉入台境甚衆，亟以屬君。君即慨然以爲己任，其得免於饑凍捐瘠而歸者，蓋數百人。然其後予以事至台，則已不及見君而哭其殯矣。嗚呼悲夫！

君之配朱氏、劉氏、李氏，皆贈安人。姜氏，封安人。子男四人：繼微、繼喻、繼善、繼周。女五人：長適范籍，次許嫁商月卿，餘尚幼。君爲文明白徑切，似其爲人。然非有故，未嘗作。今有文集十卷，藏於家。所集《周易》《大學》《中庸解》又數十卷傳學者。繼微等將以十二月庚申葬君龍谷山雲溪先塋之側，使來請銘。時予已病，歸卧故山，念不得往而祖君之行也，乃叙其事而銘之。其詞曰：

予悲斯人之病，而莫與瘳也。悼斯學之孤，而莫與儔也。又哀君之有志，而久不醻也。時若可竢，而君不留也。龍谷之城，雲溪之宅，詔彼茫茫，不在斯刻。

榮國夫人管氏墓誌銘

故參知政事、會稽李安簡公之配曰榮國夫人，姓管氏。其先齊大夫敬仲，相桓公霸諸侯有功，世祀於齊。中徙秣陵，後避五季之亂，復徙處州龍泉縣，久未有顯者。及夫人之曾大父諱大忠，以子師仁同知樞密院事，贈太子少師，始爲郡著姓。樞密之弟師醇贈承事郎，生子時可，以明經飭行爲鄉里所宗，遠近受業之士甚衆。嘗有欲薦之朝者，謝而不許，竟不仕以卒。鄉人皆以「先生」稱之，後亦贈承事郎。夫人其季女也。生有淑德，族姻稱其婉嫕，李公聞而聘之。時公方以侍御史言事謫官，貧甚。夫人入門泰然，無纖芥不樂意。後公復爲時用，入參侍從，出殿藩維，遂登廟堂，位亞丞相，禄賜豐矣。而夫人處之以約，食飲居處，所以自奉者，不少異於前日也。從公守郡，輒戒家人無得買官下一物。在宣城時，巨盜猝至，攻圍甚急。公方悉力拒守，而夫人以免乳得疾，危甚，公以爲憂。夫人曰：「死生命也，公宜一意捍賊，無念我。」公壯其言，厲氣循城，賊爲解去。及公以忤秦檜謫嶺外，遂浮海南，居儋耳，久不得還。家留故里，日復窮空。夫人至斥賣簪珥以給用度，身不肉食者十餘年，而亦無甚戚戚也。檜憾公不釋，捕公子孟堅繫廷尉，誣以私史，遣吏索其家。或以告曰：「夫人亦且逮矣。」闔門恟懼。夫人獨夷然不爲動，曰：「禍福之來，非可避就，自是無愧斯已矣。」已而卒無它。

始，夫人嫁不及舅姑，以爲恨。歲時祠祀齋潔嚴敬，凡滌濯烹飪之事，必身親之，比老愈篤。諸子女多出元妃黄氏，夫人獨生二男二女，而撫愛均一，人無間言。公南遷時，二男者皆方數歲。夫人教之學，既冠，皆以文行稱。公及見之，喜曰：「吾自教之，亦不過如是耳。」待諸婦如己女，遇左右寬而有節，有所不及，務掩覆之。平居端莊静一，舉動有常度，内外親黨皆法象其賢。嘗從容語諸子曰：「凡人處心宜公，待物宜恕。吾雖不學，然於此若有得焉，行之終身，不敢一日忘也。」蓋李公平生以剛直聞，晚歲遭讒去國，投荒蹈海，九死不悔，而夫人之德所以配之者如此，亦可以無愧矣。累封縉雲郡夫人，以淳熙二年二月某日薨，享年七十有二。十月丙申，葬會稽縣太平鄉官漾之村。後以子孟珍請貤所遷官以益封，於是乎有榮國之贈。子男五人：孟博，左宣教郎、主管台州崇道觀；孟堅，右宣義郎、提舉淮東常平茶鹽公事；孟醇，不仕；皆先卒。孟珍，通直郎、權發遣江陰軍事；孟傳，從事郎、浙東提舉常平司幹辦公事。女五人：長適左朝散郎曹粹，次適登仕郎陳汝楫，次適進士陸權之，次適承直郎沈程，再適奉議郎章駒，次適朝奉大夫潘時，❶孫男八人：❷知常，從事郎，早卒；知微，從事郎；知言、知易，皆承務郎；知退、知孝、知和，皆未仕。女十一人，其四已適人。曾孫男女各一人，皆幼。

初，大理卿章貢曾公逢以女妻浙東從事，深知夫人行事之實。既爲之狀，將以請銘而未有所屬也。曾公卒，江陰使君乃以狀授熹。熹既晚出，又滯窮鄉，不及升堂盡敬以觀夫人門内之治，而曾公又先達也，初不敢當。顧先君子實嘗爲安簡公所知，則義又有不得辭者。敬爲之銘。銘曰：

婦德之美，維順以柔。有以幹之，其德乃脩。人曰夫人，匪慈則孝。我相其中，不可屈撓。貧安富節，執禮勝私。逢世之紛，蹈險若夷。維其堅剛，以一其度。俾易其艱，以燕以譽。惟公夫人，合德殊施。此内而安，彼外以危。要其所終，兩絶慚悔。匪篆匪辭，曷詔冥昧？

朝請大夫李公墓碣銘

右朝請大夫李公諱縝，字伯玉，濟州巨野人。故駕部郎中、贈太子少傅諱景山之曾孫，朝請大夫、贈少師諱瑑之孫，而參知政事、贈太師諱邴之嗣子也。公之家自少

❶「時」，原作「時」，據閩本、浙本、天順本改。
❷《記疑》云：「八」，疑「七」之訛。

傅之第四子樂静先生諱昭玘者學於高郵孫公覺、眉山蘇公軾之門，文甚高而廉静樂道，不求人知。仕元祐及建中靖國中，爲起居舍人。至太師公，遂以文字行中朝，有重名於政、宣之間。及參建炎大政，又以忠節爲詔所褎。退而老於江海之上餘二十年，當世益高仰之。公生有奇質，警悟絶人。年十二三時，賦《盆池》詩，有「疑與月相吞」之句。故相何㮚一見嗟賞。既長，益自植立，務記覽，爲詞章，其言奥雅靚深，有非一時文士所及者。而深自閉匿，惟恐人之或知也。性至孝，事太師公及母和國夫人，油油翼翼，無故未嘗輒去左右。雖近出數里，必取期以還。少以父任補承務郎，監南嶽廟，差充福建路轉運司幹辦公事，再除轉運司主管文字。公以去親遠，不欲行，太師公强遣之。至官，竟不一歲，兩易主管敦宗院以歸。未幾丁内外艱。服除，連丐宗官舊秩及爲崇道祠官，退處于家，不復有仕進意。蓋方是時，秦丞相檜當國，猜暴叵測，故家大族一罹飛語，無不糜碎。公雖棲遲冗散，猶懼不得脱，於是益務潛晦，息絶交遊，雖親戚少見其面。如是累年，人亦莫測其意也。買園居第之東，結廬種樹，翛然其間，自號萬如居士而爲之傳。其詞曰：「居士少知讀書，通訓詁，不能洽浹如當世儒者，然亦無所不讀。其於授受必以義，接物必以誠。逕情直行，不屑毁譽。雖仕宦連蹇不遂，視一時儕輩官尊禄厚而不肯一動其心。爲敦宗凡三十年，官不易而家益貧。常誦其先訓曰：『與其有求於人，曷若無欲於己；與其使人可賤，不若以賤自安。』以是當官及家居未嘗求人知，而人之知之者常出於意外。少慕阮思曠、尚子平之爲人，既孤，買宅東隙地僅五畝，爲屋數楹，植花數十本，竹百箇，而置常所閲書數十卷，朝夕徜徉於其間。雖金石絲竹之音，姬嬙環珥之飾，車馬旌旗之列，五鼎方丈之食不以易其樂。性懶甚，不喜爲文，酒酣興發，時爲詩以舒懷。至其得意，擊節慷慨，自以爲未後於古人。性謹密而胸次蕭然，無所適莫。顧不喜與俗子語，稠人廣坐，或終日不交一談。而藜杖幅巾，率然乘興訪高人勝士於閑暇時，談世外法，至或忘歸。間問祖師西來意旨，僅識其趣，不能悟解也。」其胸懷本趣蓋如此。然知公者猶以爲文不足而實有餘也。秦丞相死，衆賢稍稍登用。丞相陳魯公雅知公，推挽甚力而不能致，乃白以爲通判福州事，而公已病矣。連帥汪公應辰亦知公賢，禮敬之，且不欲煩以事。公曰：「食焉而怠其事，豈吾心哉？」力請得復奉祠以歸。居二年而卒，時年五十有六，隆興二年十二月某日也。公娶趙氏，寶文閣待制思誠之女。再娶馬氏，中大夫安仁之女，皆封宜人。子男二人：諫，承務郎，爽慧秀發，年甫十三而讀書作文有兼人之功，公奇愛之，不幸蚤卒。公哭之哀，久而不能平也。訥，今爲從事郎、福州長樂縣主簿。女四人，其壻右通直郎徐樗、文林郎劉琉、進士周庭實、承信郎陳時可。孫男一人，啓宗，將仕郎。始，公葬太師公泉州南安縣石鼓山，而指其北百餘步曰：「此吾之所歸也。」卒之明年三月某日，訥奉公柩藏焉。又集公所爲文十卷、《梅百詠》一編藏于家。熹之先君子大史公，嘗獲從太師公遊而辱知焉，及熹試吏泉之屬邑，又得拜公函丈。每白事府下，退輒詣公，公必爲置酒，留連竟日，論説古今，商略文字，皆極其趣。下至吏道物情，利病纖悉，亦無不盡。至於有所難言，則其悼歎閔惻之情，未嘗不鬱然見於眉睫之間。熹以是知公非真無意於世者，意公猶且進而有爲也。後三十年，再至温陵而拜公墓，則其木拱矣。俯仰今昔，爲之流涕。蓋不唯荒煙野草之悲，亦以重歎公之終不遇也。於是訥狀公行來請銘，熹不得辭，乃爲銘曰：

右史之德，冲靖淵默。太師之文，泆爲忠勳。公承厥家，克篤其慶。惟德與文，既積而盛。胡不逢遇，達于事功？浩其永歸，閟此幽宫。《萬如》之篇，公實自贊。銘以昭之，不遐有歎。

夫人虞氏墓誌銘

建陽縣崇政鄉百樂里有君子居焉，曰左宣教郎江君諱琦，❶字全叔，以學行有聞，所與遊多當世鉅人長者。没而徽猷閣直學士胡公寅實銘之。其夫人虞氏亦有賢德，後公四十有一年卒。其嗣子明將以淳熙甲辰二月庚申朔旦，葬于其居里普光之原，而使介子嗣奉書及承議郎同里賈君應之狀來請銘。予家建陽、崇安間，距夫人之居不百里，蚤得與夫人二子遊，因得講聞夫人之行事而竊高仰之，獨恨未及進拜堂下而夫人没。今乃幸得託名立石以詔後世，其何敢辭？

夫人諱道永，字無盡，本劉氏女，其父處士某同産有適虞君163者，❷自夫人之幼而愛之，携以歸鞠虞氏，因冒其姓。少長聰明，識義理，不樂爲世俗華靡事。往來兩

❶「君」，閩本、浙本、天順本作「公」。

❷「某」，閩本、浙本、天順本作「棐」。

家，愛敬曲盡，恩義兩得，兩家父母皆憐之，擇其配以歸江公。入門時，舅姑年皆甚高，禮法峻整，諸婦少得當其意者。獨夫人左右奉承，禮無違者。凡調胹烹飪之事，既躬服其勞，而薪火之節，亦必謹候視，務爲敏給，以稱微指。既進饋，則又退屏側立，踧踖以聽，唯恐小不中度。至或陰儲它饌，以備更索。雖在亂離顛沛乏絶之中，亦必多方營致，不使有纖芥不滿之意。皇舅朝奉公年九十餘，每語人曰：「是善事我。」其居家、事夫、教子皆有法度，閨門之内，肅然以莊，雍然以和。江公性剛直，居官遇事有可否，必極力論辨，人有過失，至面質責之。夫人視其或過甚者，輒從容諷解，江公敬焉。江公没時，諸子皆幼。夫人年甫四十，以禮法自將，持守門户，教督諸子，親授經訓。歲時薦享，細大必親。江公從官時，先疇之入，悉兄弟衣食無所問。既没，夫人命諸子悉推與之，且别其籍曰：「此前人之志也。」虞君老且失子，夫人歸養益謹。送其終，哀戚甚，蓋不沐浴、不鹽酪者三年，且爲之選於宗人以奉祀而歸其貲産。江公女兄適人，既老且貧，夫人迎以歸，厚其養給，禮敬飭備，十五六年不少懈。既又爲之室其子焉。聞人之善，如出諸己，見人疾病困窮，閔惻調護唯恐不及。性喜觀書，讀《易》《論語》得其大意。下至練養醫藥，卜筮數術，無不通曉。平居處事詳練縝密，與人言，必依於孝弟忠信。詞甚簡而理無不足。族姻内外咸高其行，服其言，有疑必就咨焉。事有難平者，衆口方讙呶不解，有告曰「夫人之言如是」，則往往翕然以定。晚學浮圖法，一旦脱然若有會於心者，即屏簪珥，卻酒肉，布衣蔬食以終其身。遭淳熙慶壽恩，當得封。諸子言於有司，將上其事。夫人聞之曰：「吾已棄人間事，何以此爲？且命而不謝，是爲欺君，吾敢安乎？」竟留其狀不復上。九年，歲在壬寅，夫人年八十矣。一日，語諸子曰：「我將行矣。」諸子驚，遽呼醫進藥，皆揮去曰：「毋勞我。」蓋甘寢六日而没，三月十五日也。子男四人：曰涣、曰明、曰紹、曰嗣。涣、紹早卒，明、嗣皆以文行知名，嘗以選士貢京師。孫男五人，女四人。賈君所狀夫人之行如此，大抵予所逮聞也。

蓋嘗竊謂夫人資稟高明，器宇恢廓，凜然有烈丈夫之操。使其生於治古禮義隆洽之時，❶習聞姆師之誦，❷以盡夫人倫物理之精微，則其所以自立於世者詎止於此？然今以其所就而論之，則爲子孝，爲婦順，爲妻正，爲母慈，嗇於奉而豐於施，厚於義而薄於財，於人之所以爲人者，亦幾可以無憾，是則可不謂賢乎哉！而世或以佛學稱之，亦淺乎其爲言矣。爲之銘曰：

士誦聖賢，以没其世。孰不有聞，鮮克身詣。豈如夫人，弗學而知。知之所至，其行亦隨。俾究而窮，曷内而外？藉令不然，亦寡其悔。彼幽者禪，此明者天。有如不信，訂此豐鐫！

篤行趙君彦遠墓碣銘

淳熙四年冬十有二月戊寅，崇道趙公善應卒于餘干私第之正寢。明年，葬縣東北華林岡。後六年，今少傅福國陳公乃大

❶「洽」，原作「治」，據浙本、天順本改。
❷「誦」，浙本作「訓」。

書其碣之首曰：「皇宋篤行趙君彦遠之墓。」於是趙公嗣子汝愚方以敷文閣待制知福州，充福建路安撫使，涕泣手疏，使人奉其書及故荆州牧張侯栻、鄂州守羅君願所序行實若狀兩通，致之新安朱熹曰：「請得銘而刻于下方。」❶熹竊惟念平日所聞太宗皇帝之元子漢恭憲王，實以至德高行爲宋太伯，後世雖屬籍疏遠，爵秩寖微，然猶多法象其賢者。蓋歷七世而得公，則又以孝友仁厚、被服儒雅，克篤于家而聞于邦，卓然爲宗室儀表。雖士大夫之賢而有禮者，皆自以爲不及。益教其子移孝爲忠，對策庭中，無所諱避。天子異之，擢以爲天下第一。後歷館閣侍從，奉使典州，皆以風節惠愛有聞於時。然天下不以賢其子，而曰子直之能爲此，嗟乃其父之教也。嗚呼，其真可謂篤行君子者矣！陳公之目之也，豈虚也哉！是法宜銘。顧陳公書法之嚴，已足傳世，而熹愚賤，又所不當得爲。既禮辭不獲命，則敬考其書而悉次第之。

蓋公之曾大父曰開府儀同三司、建寧軍節度使、建國公仲企者，恭憲王之曾孫也。實生東頭供奉官士慮，供奉生成忠郎不求，成忠娶濟陽晁氏，生公。公生於政和戊戌，卒時年六十。自建炎初補承信郎，八遷至脩武郎。歷監秀州崇德、饒州餘干、安仁縣、景德鎮之酒税，潭州南嶽廟，江南西路兵馬都監，主管台州崇道觀。卒後五年，汝愚逢宗祀恩，始更贈爲通直郎。❷公資純篤孝謹，少時父病，訪醫行禱，暑不解帶。遭喪，不内勺飲。既殯，居廬歠粥；既葬，

❶「于」，浙本作「諸」。

❷「更」，浙本、天順本作「改」。

乃食菜果；終喪，比御猶弗入也。事母益兢兢致養，嘗以寒夜遠歸，從者將扣門，公遽止之曰：「無恐吾母爲也。」露坐達旦，門啓而入。以母畏雷，夜或聞雷，必按衣走其所，視門隙有光，則扣而入，否則屏立以待。官薄食貧，諸弟未製衣不敢製，已製矣，未服不敢服。雖一瓜果，必相待共嘗之。諸妹遠嫁者，極力致之，相與娱侍親側。内外諸孫合貴賤且百口，菜羹疏食，恩意均洽，人無間言。從姊妹之遠而貧者，亦以令分俸給之。

遭母喪，時年五十有五矣。始侍疾時，嘗刺血和藥以進。至是哭泣嘔血，毁瘠柴立，終日俯首柩旁。聞雷猶起，側立垂涕。凡食之可於口者，不必酒肉；衣之適於體者，不必華采；聲之悦於耳者，不必音樂，皆弗忍以身接。雖其哭泣有時，而哀痛之心無時忘也。三年之外，生朝必哭于廟。有欲爲禮者，號泣向之。其後累年，言每及親，猶未嘗不揮涕。晉陵尤袤延之見而歎曰：「古君子也。」父以肺疾終，終身不忍以諸肺爲羞。母生歲直卯，謂兔卯神，亦終身不食也。墓户有不能事其母者，觀公之爲，惕然悔悟，遂以孝稱。識度超曠，不計有無，平居自奉甚約，而汲汲然惟以愛人及物爲事。故人許珪死，家貧，女無所歸，公即聘以爲次子婦。嘗與台人蔣彝者同僚，後至其鄉，首問之，則死久矣。貧不克葬，而子亦謀食于外，即往哭之，還其子，予貲使葬。它若是者不勝紀。道見病者必收養，躬爲煮藥。比瘉，或解衣遺之。歲饑，設器於庭，每食先舍其半，家人繼之，則取以濟饑者。其用心之微密，至於夏不去草，冬不破壞，懼百蟲之游且蟄者失其所也。爲人謙和坦易，與人語惟恐失詞色。至誼有不可，則奮然無所顧。雖以公族疏遠留落江湖，而憂國之深，如在廊廟。聞當世進一善人，行一善政，則喜不自勝；聞遠近或水旱，則憂見顔色。辛巳江淮之警，爲流涕不食者數日。同僚有會飲者，公獨悵然北望曰：「此豈諸君樂飲時耶！」衆爲失色罷去。好讀書，所藏至三萬卷。所著有《唐書録遺》三十卷、《幸庵見聞録》三卷、《台州勸諭婚葬文》一卷。居家不設條約，於子弟無所程督，而躬行之實所漸漬而興起者甚衆。居常稱曰：「欲學聖賢，當消客氣，洒掃應對，是其入處也。」汝愚從屬籍冠多士，國朝故事所未有。人爲公喜，而公處之如平時。及聞其入館，適與莆田林光朝謙之同舍，然後喜可知也。於其守上饒而來迎也，故不往。一日，呼二田夫肩輿潛入其境，訪問民情，閲信宿，意無所忤，因稍進至近郊，人始知之。其爲人大略如此。顧宗室之在右列者，例不得爲要官，故其事業無以見於世。至其潛德隱行與其志念之精微，則人又有不得而言者。嗚呼，其真可謂篤行君子矣！陳公之目之也豈虚也哉！其配令人李氏，丞相文正公七世孫，家號西李，司馬公所謂能守先法，久而不衰者也。方承平時，宫宅婚姻皆勳侯貴戚，公父子獨再世娶儒家。令人明達剛果，居家以孝聞。既嫁，事姑如母，嘗刲股以愈其疾。公罷崇德歸時，晁夫人尚無恙。篋有餘金，將出以獻，而探之不獲，蓋令人已奉而致之姑矣。服飾之具，擇其新美以奉公諸妹，而躬取其故敝者。公既勤其家，不名一錢，❶而令人安

❶「名」，原作「吝」，據浙本、天順本改。

貧自力，所以成公之志爲多。先公十二年卒，葬縣西雕峰，距公墓三十里所。子男四人：汝愚，既爲時名卿；次汝拙，承信郎；汝魯，保義郎；汝恩，未仕。亦皆斤斤謹質，能守其家法。女三人，長適宣教郎逄維石，次適將仕郎路希傅，季未行也。孫男十二人，女七人。而其長曰崇憲，亦舉進士，中其科云。熹聞公之名蓋久，而不及識，居常以爲恨。今乃獲敘德美以贊誄事，而附於陳公所書之石，則既幸甚。然每讀行實之書，而於吕伯恭氏之言，又未嘗不廢卷太息也。因頗采其意，銘以系焉。銘曰：

漢邸之別，去本而支。心融迹泯，世莫予知。建土分封，再世弗振。逮公而顯，匪爵其仁。孝不老衰，惠不約弛。忠不遠忘，以畀厥子。篤行之表，華林之皋。惟其不愧，日遠彌高。嗟爾後人，益謹毋怠。出者難工，德友所戒。

迪功郎致仕王君墓碣銘

淳熙十有一年秋八月，迪功郎致仕番陽王君彦暉卒。冬十月，葬其家山先塋之右。既卒哭，其子安墨衰絰，走謁予於崇安潭溪之上，❶拜泣且言曰：「安不天，往歲失吾母，東萊先生既不鄙辱而銘之，今重不幸而失吾父，則東萊亦既没矣。兄弟聚謀，大懼不朽之託無所於歸，敢使安也介東萊之文以爲重，而謀於下執事。惟吾子之有以哀之也。」予以病衰，久廢筆硯，四方知舊文字之屬所拒者無慮數十家。既以例謝不

❶「崇」，原作「建」，據文義及《正訛》改。按，潭溪爲朱熹舊居之地，在崇安縣五夫里。

能，而視安之來，布衣蔬食，重趼十舍，踰越險阻，蒙犯霜雪，所以不死其親之意，有非人所及者，不忍使之徒手而歸也。且吾伯恭父之病矣，而亦既銘其母焉，我其得辭之耶？則應曰：「諾。」於是安乃出其友安遠節度掌書記章洙之狀以視予。曰：王氏唐末避地，始爲饒州德興人。中有名申甫者，以能雅歌，補郡博士弟子員。晚歲教授縣東三十里所曰柘溪者，樂其山水之勝，卻諸生歲時脯脩而易其地以居焉。生四子，其仲曰錢，隱居自放，里人高之。其後子孫益蕃昌，遂盡有柘溪地，人因以里名其家。錢生之純，之純生居立。君，居立之子也，字子充。少孤，自植立，以勤儉持家。娶程氏，生四男子：曰賓、曰安、曰憲、曰宗，皆教之學，斥家貲爲市書史、聘師儒。日釀黍爲具，博延四方名士，使與之接，雖殫貨詘力不計。既而安業獨先就，鄉里父兄賢之，多遣子弟從之遊。郡有司亦以其程試應書再送禮部，未第。會天子奉觴德壽宮，勞賜耆老，而君夫婦皆以安故，相先後得官封。君卒時，年七十有二，四子皆儼然服儒冠。獨兩女前卒，而孫男女已十有四人矣。

君性脩潔，嚴重不苟。所至必拂拭正席乃坐，及將去，猶徘徊周視乃行。生平謹禮，比老益虔。鄉鄰慶弔必先，雖幼賤必躬造。族姻有喪，戒門內毋食肉，以屬親疏，爲日久近有差。輕財好施，樂成人之美。人有未善，苟知之必告，雖以賈憎不自悔，更爲竊歎如己憂。其嫁姜氏二女事，則伯恭父已書之程氏之墓矣。蓋君之志而其室有以相之也。予雖不及識王君，然既嘉其子之能脩身以幸於先生君子也，又哀其能始終勤劇以覬顯其親於無窮也，而既諾之矣。今又觀於王君之行事如此，蓋亦庶乎孔子所謂十室之忠信者。是以三復其書而歎息焉，因輯其事而詩之，俾歸刻墓上，既以表王君之德，而又申伯恭父之遺意，以厲其後之人。其詩曰：

鹿鳴先生詩禮傳，荒此柘溪祀邈綿。逮君教子子能賢，千里丐我銘君阡。至哉我友授子言，皇皇業業無窮年。眇思所屬非華軒，有能力此榮其先。

通判恭州江君墓誌銘

君諱介，字邦直，姓江氏。曾大父時，大父夢符，父衍，世居徽之婺源，未有仕者。至君始居饒之德興，以鄉舉中第，至通朝籍，而贈其父宣教郎，遂爲德興人。君少穎悟，年十五六治舉子業，鄉先生亟稱之，君不自多。一日，讀程子書，至水清性善之說，喟然太息。視平日所學，不過爲利禄，有不足爲者。亟走謁衢州徐先生誠叟，以書道其所志而請業焉。徐讀書，喜謂其徒曰：「此可與共學矣。」居數年而歸，更以其說授學者，多所興起。初仕迪功郎、興國軍司户參軍。先是，受俸米者率倍其券，君獨不取，其予人也亦然。郡將試以難事，又皆從容以決，遂以廉吏薦之。陞從事郎，調隆興府進賢令。將行，會天旱民飢，度比至官且不及事，亟移文喻民廣殖牟麥。民知君之愛己也，聞其且至，争相扶擕，拜迎馬首。既至，不暇燕饗，倍道趨府，極陳所以拯救之策甚備。富民舒氏當出穀餘萬斛以糶，而自請以緡錢輸府，冀得免糶規賞。君争之力，帥守龔公茂良不悦，而君執議愈堅。龔公始悟，從君計。而君不俟報，已先喻舒氏出其穀矣。視飢民尤困憊者，收養療治，賴以全活者甚衆。既而旁邑官吏多以救飢受賞，或喻君盍自言。君曰：「民飢而令食之，猶子飢而母乳之也，敢幸賞乎？」會詔蠲民田半租，君白部使者程公大昌曰：「常時輸租，雖合勺之畸，亦必使就盈數。今若但減其半，則全户輸一升者，名減五合，而實猶輸一升也。❶若自全户三升以下悉蠲之，則貧民被實惠矣。」程公以君語聞，詔從之。程公喜，舉酒屬君曰：「君宰百里而惠加一路，可謂仁人之言矣。」君始至官，有旨新沿道廐置。時民方飢瘁，聞是令下，欲相率逃去。君喻以不得已之故，且爲率溫户金，伐道旁木，徹廢佛屋，以助其役。民喜趨事，而執牽者亦便安之。未幾，密院又頒新圖，漕臺趣使改爲甚亟。君言：「前役未既，後役復興，民且不堪。況廣西之馬歲不過三十綱，綱不過五十疋，新圖乃度爲容二百四十疋者，亦何爲乎？且馬之息耗，在芻秣之盈虛。今不察兵吏之盜其廩，而必病民以豐其屋，尤非分之所安也。」使者是其言，縣得罷役，而旁邑亦有賴以免者。天子以連歲旱飢，詔吏敕民脩築陂塘以爲之備。吏惰不供而畏罪以希賞，至有未嘗一施畚鍤，而以訖事告者。君獨出入阡陌，推上德意，喻民以利害之實，而身勸督之。民感君誠意，作治如法。後雖惡歲，猶得半稔。君又深以獄事爲己憂，籍逃田，收其租爲繫囚食飲醫藥之費。言於憲臺，而刻其事於石。暇日延見學子，教以孝弟忠信，亹亹不倦。且祠唐故隱者崔君於學，以風勵之。改宣教郎、知興國軍永興縣事。

❶「實」，原作「亦」，據閩本、浙本、天順本改。

君舊爲郡掾，習知其俗。到官，移書諸臺，爲陳五事：一曰税重之弊，二曰准衣之弊，三曰續起上供之弊，四曰累年不放水旱之弊，五曰魚池榷税之弊。其言明白懇切，覽者動心，然卒無有能行之者。盜劫民尹惠政家，殺其奴而逸。尉恐負課，脅惠政，使自誣爲殺奴者。知君不可欺，賂吏移鞫軍獄。君條其可疑者九事，毅然以去留争之，惠政乃得免。永興田多水少，君以水種豐凶不可期，則兼課陸種，立賞勸募，父老傳誦，至於感泣。天申錫宴，舊例百物皆取之民，吏緣爲姦，費且數倍。君白太守和市予直，民甚便之。郡當通衢，使客接踵而力役不均，有一歲而數役者，有終身不一行者。君至，始爲籍以均之。他所以便民者，多此類也。

轉奉議郎、四川總領司主管文字。總領主餉大軍，平時未嘗與民事。至是，東川大饑，君言於其長太府卿李公昌圖，請得庫之羡錢往賑之。李公以爲然，得緡錢五十四萬以行。漕米勸分，極力拯救。既又盡蠲被災郡縣田租，而以所賫官錢代輸。水浮陸走，衝冒暑暍，至感疾以歸。而果、合、昌、普、廣安數郡之民，争繪像立祠以報其德。金州民千餘家，以負茶租逮繫笞箠十餘年，不得釋，君一旦白除之，無不鼓舞感泣而去。遂寧守李公燾聞之，以書遺君曰：「公兩邑之政，可比古之循吏。而見於文字者，又皆如絲麻穀粟之有用於世。今來佐饋軍，而幕府施設有忠厚之稱，蓋賢者之助多矣。」秩滿將歸，而諸使者留之，使從外銓調補通判恭州事。非其志也，因以檄書至武昌，已事而歸。舟次江陵，則不幸而以疾卒矣。卒時年五十八，淳熙十年十二月二十一日也。

君爲人誠慤敦重，不妄言笑。意所與合，開心見誠；即與異趣，雖對之終日，如未嘗有人。少時貧窶，裋褐不完，而處之怡然，不妄以一毫取諸人也。喪親，毁瘠甚。事兄，敬愛有過人者。自奉省約，而周贍族姻甚厚。徐先生之喪，爲位以哭。遇諱日，爲却酒肉以報。居官廉直，不可屈撓，孜孜焉以愛民爲事。興利除害，如己嗜欲。至於身之利害，則未嘗有毫髮顧藉意也。於上官有所不合，争辨反復，詞旨慷慨。始雖小忤，然以其發於誠心，卒多聽納，或遂爲知己。如龔公，尤相愛重，還朝欲薦之，迫銓法當試邑，不果。君於聽訟折獄，察見底蘊，而風喻開誘，卒多歸於仁恕。所治兩邑，獄空皆歲餘。它日道出其竟，民老稚相携持羅拜道周，有屑涕扶輿而不去者，送之或越竟而後反。君爲文不務雕刻，而辨説縱横，詞氣卓犖，曲盡事理。有《玉汝堂集》藏於家。君之配孺人胡氏。子男四人：元恭、仲恭、叔恭、懿恭。女二人，其壻舒竦、汪升之也。

君卒之明年，元恭等乃克以君柩還里中。又明年二月壬戌，遂反葬於婺源瀛山大田之原。元恭以予之與君善也，使君門人程端蒙狀其行事，來拜泣請銘。其事皆予素所聞者，且哀君之命止於此，而不得盡其用，以厚其澤於吾民也。爲之銘曰：

學以爲己，仕以爲人。廉直不撓，有志必伸。惠滿一同，溢于四鄰。士飽餘功，野殍懷仁。才雄氣剛，一言萬鈞。退省其私，嗛嗛恂恂。宜登天朝，正色垂紳。嬰鱗折角，卒惠我民。云胡不弔，隕于中身？欲考其德，訂此墓文。

從事郎監潭州南嶽廟劉君墓誌銘

淳熙十二年夏六月二十三日，從事郎、監潭州南嶽廟建安劉君平甫卒于家。予往哭之再三，其兄子學雅與諸孤學古等遂以墓銘爲請。予初嘗受學于平甫先君子之門，因得與平甫相長大。其後平甫諸兄遊宦四方，平甫多家居不從，以故予於平甫又獨得久相與，於今四十有餘年矣。然予長平甫八九歲，又以勞悴早衰，而平甫優游彊健，雖少年有不及。豈意今乃反哭平甫而遂銘其藏哉！顧與平甫遊最久，而知之深莫如予者，不忍辭也。

平甫名玶，建之崇安縣人。屏山先生諱子翬之子，而贈太師文安忠顯公之孫也。忠顯公以忠義死國，著名靖康、建炎之間，國史有傳。生三子，長曰寶文閣直學士、贈少傅諱子羽，而屏山先生其季也。少嘗一仕，爲莆陽郡丞。秩滿，即稱疾奉祠以歸，樂道著書，十有七年而卒，其書皆傳世。平甫以少傅公幼子爲之後，補官餘三十年，亦未嘗一日仕州縣。雖其邂逅不遭，事有適相似者，抑其家法之傳亦有自也。蓋平甫自始仕即爲南嶽祠官，嘗調諸路提點坑冶鑄錢司幹辦公事、福建路安撫司準備差遣，皆未及赴而以省員罷。最後從兄忠肅公强使出爲注官，得邵武軍司户參軍，則平甫山林之趣已成，不能俛首從吏役矣。亦會忠肅公薨，平甫遂決長往之計，力請諸公，復得爲祠官，超然自放以殁其身。蓋其年少時氣甚豪，自再直廢省，即自知其不偶。而先廬屏山之下，前帶潭溪，館宇靚深，竹樹蒙密，顧而樂之，不忍去也。因以暇日廣其觀游，種木疏泉，上下澗谷，竟日不厭。自以爲退隱于家，兼農圃漁樵之役，而隨緣閱世，復善脩身，又庶幾古人日損日益之意，則自名其室曰七者之寮，而刻文壁間以志其目。中葬其妻武夷東南十里許，即預卜壽藏其旁。因山田闢臺館，以達于溪上，良辰勝日，往來兩山之間，弦琴觴酒，屬客賦詩，其樂雖與人同，而其習聞先君子之遺風餘韻，與夫當世之儒先長者之雅致，泯然有以會於其心而適於其身，至於不知爵禄之可懷、勢利之可悦，則人有所不能及也。天資孝友，事世母慶國夫人及忠肅公甚謹，服其喪皆過禮。嗣主家政，聚族衆多而法度修整，恩意均洽。少有逸才，而不肯事舉子業，賦詩甚敏而工，然亦未嘗深留意也。爲人簡易跌宕，衣冠食飲取具無所擇，而蒐輯先世遺文軼事纖悉無遺。聚書教子，校讐課督，皆有程品。爲州縣董社倉斂散，爲帥司賑貧民舉子者，詢究利病，鈎校簿書，其夙夜之勤，居官者有不及，鄉人德之。而論者於是乃知平甫非漠然無意於世者，於其死也，莫不哀之，以爲使得試用，所立當何如也！平甫娶同郡范氏，直秘閣如圭之女，無子，而撫愛諸子如己出。事慶國夫人孝愛尤篤，苟可以已其疾，雖體膚無所愛也，先平甫十六年卒。平甫有六男七女：學古，迪功郎、泉州同安縣主簿；學博，將仕郎；學圃，尚幼；而學正、學箕、學稼皆出爲諸兄後；其次女亦嫁而夭云。平甫卒時，年四十八，葬以是歲十二月十二日，墓在范夫人塋東十有八步。其銘曰：

嗚呼平甫！寧其材之不信，而不忍其志之詘也。寧其躬之不燕，而不忘其鄉之恤也。幔亭之南，其川漪淪，岡嶒崒也。生樂其遊，死銘其丘，彌百世而不殁也！

贛州趙使君墓碣銘

淳熙十二年十一月某日，知贛州軍州事、朝請郎趙公某卒於官。明年二月某日，歸葬所居邵武軍城西南樵嵐山。其友沅州呂使君勝己實銘其行内壙中，而其弟善傑以書來曰：「仲兄之志，蓋常欲有以自見於當世，今不幸蚤死，未有以償其平日之願。士友之相知者，莫不痛之。其所以告諸幽者，既雖幸有沅州之文矣，而所以表其墓上，使百世之下過者讀之而想見其爲人，則未有託也。仲氏蚤從張荆州遊，而晚交於子，子其哀之。」予發書慨然曰：「吾交於佐卿固久，而自其守贛，知之始深。今其弟以是爲屬，其何可辭！」

蓋始佐卿赴鎮時，嘗以書來問政所宜先，予以所聞告之。佐卿至官未幾，往來者稱其政不容口。久之，乃來告曰：「鄉所聞者，至是訪之皆如言，既一二罷行之矣。顧所以病吾民者，猶不止於是也，如某事，如某事。吾代而歸，將以告於上而革之，則一方永久之利也。」予聞之喜甚，蓋不獨爲佐卿喜，又爲贛人喜也。然未久而聞佐卿之訃，則又爲之悲歎出涕而不能已。佐卿素彊健，至是暴得疾，頃刻遂不可救。州人聞之，驚怖啼號。❶老稚相扶攜，走哭府下，皆失聲。退，相與畫其象而祠之。嗚呼，是豈人力之可爲者耶！因考呂使君所記，則曰：公六世祖商恭靖王某，❷我宋太宗皇帝

❶「怖」，閩本作「悕」，浙本作「怖」。
❷「某」，《宋史》（中華書局標點本）卷二四五《宗室》二作「元份」。

之第四子也。❶曾祖仲□，開府儀同三司、贈太師，追封成王。祖士訔，舉進士中第，未仕而卒。父不衰，武經郎、福建兵馬鈐轄，贈朝散郎。母滿氏，太碩人。鈐轄公恬淡寡欲，太碩人名家子，有賢行，閨門肅穆，爲士大夫所稱。公天資闓爽好學，遊庠序有聲名，同業者皆自以爲不及。以宗室子試有司，連中其科。初補承節郎，改授左承務郎、知南劍州將樂縣丞，簽書武安軍判官廳公事。差通判鎮江府，未赴，改知泰州，徙知常德府，以家難不行。及是爲贛州踰年，年甫五十有二而遂以卒。嗚呼，是可哀已！其佐湖南軍時，帥張公孝祥深知之，沈公介亦奇其材，遂與轉運副使黄公鈞合章薦之。爲郡奉法愛民，以勤儉自約飭，不妄費公家一錢。干請無所應，雖有挾而至者，不爲動也。在贛遇旱，禱祠賑貸必盡其力。節遊宴，罷土木，勸民藝麥瀦水，寬諸縣逋負，損市人酒課，人甚便之。常時，州郡別以使臣掌牙兵，公罷之而歸其職於兵官，責以嚴紀律、謹訓練。未幾，營部肅然，吏士皆可用，鮮犯禁者。舉吏必先寒畯，權貴請屬皆置不問，吏服其公。於是州人相率以其治行數十言於使者之臺。公聞，亟喻止之，曰：「太守德薄政荒，不能布宣聖天子寬大之詔，使旱至此。父老不以爲有罪，則已幸矣，何善之可稱？父老其亟歸教子弟，孝於親，弟於長，忍小忿，敦大信，使太守之政爲能善其俗者，則父老之賜厚矣。天暑道遠，毋苦父老爲也。」聞者感歎，益相告戒毋違公令。在長沙，從張敬夫遊，受其學以歸。其後待次遭憂，閒居累年，尋

❶「四」，原爲墨丁，據《宋史》卷二四五《宗室》二補。

繹舊聞，講習不倦，而尤究心於《易》。築室所居之南，朝夕讀書其間，疏泉種樹，有以自樂。其於進退得失之際，有未數數然者，人亦不意其壽之不永，而遂葬於此也。初娶王氏，福建安撫參議康功之女。再娶黄氏，湖南轉運判官洧之女。皆先卒。子男一人：汝掖，尚幼。公没三年，太碩人故康寧，而伯氏龍閣公數典巨藩，亦以寬惠見紀。蓋其家法傳有自云。予惟公之志雖未克大施於時，而二邦之政所以及人者已廣。以其地遠，且無門人故吏之記，故不得書。其與予書諭贛事者，❶又逸不存，而不得附見以俟後之君子，則予於此不獨爲公恨之，又爲贛人恨也。爲書其事，使以刻於其碣，且爲之銘。銘曰：

於皇上聖，哀此下民。吏壅其流，澤唫以屯。惟時若人，有聞于古。肆其所臨，霶若膏雨。章貢之間，禾黍油油。公胡遽歸，樵嵐之丘？我銘其阡，用勸來者。毋以惠文，易此章甫。

郭德誼墓銘

東陽郭君德誼之墓，新安朱熹銘之。其詞曰：

才百夫之特，而身不階於一命。志四方之遠，而行不出乎一鄉。然而子弟服師儒之訓，州閭識孫弟之方。霍然其變豪俠之窟，煥乎其闢禮義之場。是則其思，百世而長。勿替繩之，有永彌昌。

❶《記疑》云：「諭」疑「論」之訛。

夫人許氏墓碣銘

夫人許氏，其先太岳之後。在三代爲姜姓，國於陳、鄭之間，其後子孫居高陽者爲望族。中徙丹陽，又徙永嘉，至唐末，❶有令瓌者仕江左，爲集賢院學士，貶山陽令，謫居建州關隸鎮，因家所謂梧桐村者。關隸今爲政和縣，而梧桐之許特盛。其散漫四出者，無慮數百家，猶以天祐、保大譜牒相傳，世次尚可考也。

夫人父名𩾣，娶同郡丘氏。丘亦儒門令族，故夫人生而静淑，治絲枲鍼縷皆過人。生十九年，嫁邑士黄君朝佐，嫁八年而卒。嘗生一女，失之。又生一男，曰石，纔二歲而夫人屬疾，自度且不起，指以屬其姑曰：「新婦即死，願以是兒爲託。然教之必嚴，勿以其無母而厚於慈也。使其幸而有立，則新婦爲不亡矣。」既而石長，遊太學，有聲稱，遂擢進士甲科以歸。中外長老始相與傳誦夫人臨絶之言，而歎其識之遠也。夫人始葬屋山之東，遭亂不保，再遷，得某鄉某里延福僧舍之左。石嘗教授某州學，又教授敦宗院，丞紹興之上虞。年甫若干，以末疾致其事，自從政郎特遷通直郎，賜緋衣銀魚，以還故里。予一日過之，見其病雖廢而神氣不衰，出故鄂州教授吴君特所狀夫人世系行實一通，泣語予曰：「石生不幸，不及識吾母，無以解終身之憂。猶冀行身不辱，有以卒顯吾親於無窮也。今病若此，恐又不克其志。且墓道之銘未立，吾子其有以哀之。」語未既，復感慨嗚咽，泣數行

❶「末」，原作「宋」，據閩本、浙本、天順本改。

下。予亦悲不能仰視，亟許諾，受書而出，不忍無以慰其心也。乃序而銘之。銘曰：

夫人系家出高陽，世祀有牒存餘唐。睆化罔怛音琅琅，教而弗愛後以昌。賢乎孝哉遠弗忘，我最其實崇斯岡。

潘氏婦墓誌銘

新海門尉金華潘友恭以書來曰：「友恭少受室于穀熟之王氏，於今十有五年矣。與之俱從家君以適南海，而不幸疾病以没。二親哭之，過時而哀，友恭亦不自勝其悲也。惟王氏婦自居家時事親孝，親愛之。年十有九而嫁，移所以事親者事舅姑，舅姑亦愛之。處娣姒長幼之間，肅穆無間言。御下寬而有節，爲人簡静莊重，恭儉信實。於婦功不少懈，然不務爲纂組華靡之習。所以謹嫌微、安貧約，又有人所難者。喜讀《論語》《大學》《中庸》《孟子》諸書，略通大義。每語人曰：『吾嘗自省終日之間，承上接下幸無一失，然後得以退休而少安。』此意日新而未已也。淳熙丙午某月某日卒，年甫三十有三。今將以其柩歸葬會稽上虞之徐山，惟先生幸哀而與之銘，則猶足以少慰也。王氏曾祖甡，光禄大夫。祖令洙，朝議大夫。父琮，奉議郎。母孺人潘氏。王氏歸友恭，生子曰履孫，用家君奏補將仕郎，年十有三矣。」

予昔從友恭尊君湖南公遊，見其施於官者治；友恭兄弟皆來學，見其飭於身者嚴；履孫七歲，侍立王父之旁見其視聽專一而進趨有度。今讀友恭之書而以是質之，知其婦之賢不疑也。爲之最其語而銘之曰：

越江之潯，徐山之阜。孰藏斯丘？恭

叔之婦。匪婦則然，是實良友。我銘畀之，百世其久。

宣教郎方君墓誌銘

予始仕，爲泉州同安主簿，得莆田方君德明而代之。一見傾倒，如舊相識。既去，聲問往來無虚月。間以其詩遺予，語亦清麗奥博，非常人所及也。予後數以檄書往來莆中，君必爲予置酒，留連款曲。其後數年，予以病不能事，奉祠里中，而君來爲建獄掾，又得相見，握手道舊，如平生歡。又二十年而予復以事至莆，則君塚上之木已拱矣。其子注來見，且爲予泣，出君州里世系官閥之狀一通，請銘君墓。予固悲君之不遇，而又歎交舊之零落，蓋凡三十餘年之間，而同安寮友所繼所同無一人在，則不忍辭，而受其書以歸。顧以病未及作，而注數使來請，其詞益悲。乃出其書而叙之。

蓋方氏之先有諱某者，始家莆田，六子官皆通顯。❶遂爲郡著姓。君其第五子，禮部郎中仁達之八世孫也。父諱□，母林氏。君諱士端，少苦學，年十八以鄉薦試南省，不利。益務記覽，不顓爲舉子業。以授室宗邸補登仕郎，試吏部，復高選，授右迪功郎，調主同安簿。攝尉得盜，當受賞，棄不顧，遂爲建寧府左司理參軍。改宣教郎，知福州福清縣事。福清故號難治，令多以罪去。君始至，慨然以公勤自勵曰：「是豈不可爲哉！」然不一歲，竟亦以公事免。君不戚戚，歸家日治具，召賓友飲酒賦詩以相娱樂。後雖以恩得還舊秩，而君已無復仕宦

❶「官」，閩本、浙本作「宦」。

意矣。❶乾道六年閏月八日，遂以疾卒，年四十五。夫人濮國趙氏，武略大夫士𧸖之女，後君三年亦卒。淳熙乙未，乃得合葬於楓嶺三山之原。子男三人：注、清、汪，皆業進士,而清嘗以承節郎試禮部,與汪皆蚤卒。女四人，其婿林瓘、林叔子、鄭鐸，季未行也。孫男女各四人，皆幼。嗚呼！君之才不後人而仕竟不偶，既退而休矣，又不得永終壽考，以遂其優游閒適之願，是可悲夫。爲之銘曰：

猗君之才，足以自奮。仕而不遭，樂亦無悶。乘除有數，奚又不年？尚覆來者，百世之延！

晦庵先生朱文公文集卷第九十二

侯官縣儒學訓導劉簪校

❶「宦」，原作「官」，據閩本、浙本、天順本改。

晦庵先生朱文公文集卷第九十三

墓誌銘

女巳埋銘

朱氏女，生癸巳。因以名，叔其字。父晦翁，母劉氏。生四年，呱失恃。十有五，適笄珥。趙聘入，奄然逝。哀汝生，婉而慧。雖未學，得翁意。臨絶言，孝友悌。從母藏，亦其志。父汝銘，母汝視。汝有知，尚無畏。宋淳熙，歲丁未。月終辜，壬寅識。

江君清卿墓誌銘

淳熙十有四年春二月庚午，鶴山江君清卿卒。冬十有一月庚申，葬于其里少東夏嶺之原。前期，其弟嗣以書致今臨江通守賈侯應之狀來請銘。予幸蚤得從清卿游，然家居相距百餘里，不得旦暮相與切磋琢磨，以究其學也。然每一相見，則心愈益敬愛之。及聞其死，以病未克赴弔，至是乃輿疾而往哭之。入其門，望其几筵像設，見其子甚幼，纍然服喪，撫其匶於西廂，不自知其慟也。歸乃發賈侯之狀，又附以予所知者而具論之。

君諱明，清卿其字也。世家建陽縣北樂里。曾大父諱測，以學行教鄉黨，仕止將作監主簿，而贈官至太中大夫。大父諱立，左朝奉郎，以吏治循良受知於司馬文正公。父諱琦，左宣教郎、永州州學教授。覃思《春秋》之學，龜山先生楊公見其書而稱之，尤以文學行義知名當世。娶同縣虞氏而生清卿焉。清卿生有異禀，書過目輒成誦，作文操筆立成，皆有思致。見者驚歎，以爲江氏有子矣。以童子見張魏公，即開口論天下事，儼然如成人，公亦奇之。年十七遭外憂，執喪如禮。既冠，益從諸長老遊。讀書問學，探討不倦，而不肯輕爲論説。持守踐行，造次必以規矩，而不務過爲崖異斬絶之行。其接物薰然以和，然亦未嘗苟然有所阿狥，鄉人無不悦而親之，然其恬曠虚遠之懷，安靖篤實之操，誠於中而形於外者，人亦望而敬之，不敢有以加也。始，教授公無恙時，嘗欲盡以先世遺業奉其兄，未及而卒。清卿卒成其志，自處雖約，不以爲慮。母夫人有賢行，自寡居即布衣疏食以終身，及春秋高，遂抱羸疾。清卿左右奉養無違。既没，葬祭如法。父同産有適人而老且貧者，迎養周給，以立其家，始終不懈。鄉人有死於遠宧者，❶爲之糾合親故，還其喪而窆之。有以昆弟訟其先人之遺澤，而累歲不决者，喻以恩義之重，一言而解。蓋其志行之所以信於人者，非一日也。嘗以進士試禮部，不合而歸，遂無復有進取之念。而獨於脩身進德益孳孳焉，不以歲年之晚、疾病之侵而少有自安之意也。始亦嘗有意爲浮圖學，至是乃喟然曰：「徒亂人耳。」卒時年六十有二，篋無完衣以斂，而一子宗老才七歲。鄉人無問親疏賢否，哭之皆出涕，退而相與咨嗟悼歎者無異詞也。妻吴氏，先

❶「宧」，原作「官」，據閩本、浙本、浙本改。

卒。二女，適翁益、李懷祖。其遺文十餘卷，藏於家。嗚呼！君家比三世，以儒學起家從宦，❶而皆不大顯，至君而學益明，行益脩，人曰是必且爲世用而有以大其門矣，而又不位不年以没于地，於是人莫不以是疑於造物之理而爲君惜之。予獨有以知君之志，其所以爲欣戚者，有不在是也。然則文卿之託銘於予也，豈不有以也哉！銘曰：

不同乎今人者君之樂，不及乎古人者君之憂。蓋其所樂者人以爲戚，而其所憂者我以爲休。銘焉不慙，子孫是收。

轉運判官黄公墓碣銘❷

公諱洧，字清臣，姓黄氏，建寧府人。其先世相傳自光州固始入閩，居建陽之水東，後徙甌寧之演平。曾祖執矩。祖伯堅，贈承議郎。父鋭，朝請郎、提點江、淮、荆、浙、福建、廣南坑冶公事。公以遺廕補官，調筠州高安尉。時江西群盜充斥，王師討捕相繼。❸公以射士爲大軍前行，數與賊遇。已事，例受薄賞，不復以功自言，論者多之。郡獄治盜，詞有白金若干藏某處，❹檄公取之。得金數倍，從者請私其餘。公不可，悉以送官，人服其廉。秩滿，授興化軍司理參軍。問事既得其情，即復告以法所當得之罪，且問：「若此寧有冤乎？」必反復無異詞，已乃具獄上府。以是凡公所

❶「宦」，原作「官」，據浙本改。

❷「轉」上，淳熙本有「荆湖南路」四字。「碣」下，淳熙本無「銘」字。

❸「師」，原作「帥」，據浙本改。

❹「若干」，淳熙本作「百兩」。

鞫，雖重辟皆合爪扣顙，自以不冤。軍院官謂公曰：「兩獄一也，即有移鞫，幸勿爲異，吾亦不敢自異於公也。」公愀然曰：「事惟其是而已，況司獄人命所繫，吾固不敢以徇公，公亦安得以徇我乎？自今理院所移有不當者，幸公改之，勿以爲嫌也。」部使者私欲出一重囚，公持不可，乃因行部慮問釋之。公白太守，復致之獄，而竟按其罪。太守汪公待舉以是賢公，待遇有加，一郡之事，必咨而後行。公亦益爲盡力，境内稱治。監紹興府錢清鹽場，改宣教郎、知福州候官縣，治以寬簡，先教後刑。訟者反復曉譬之，或失所争而去。民争先爲里正曰：「官無賦歛，里無盗賊，吏不敢嘂號村落間，此時不可失也。」母夫人江氏故家福州，❶族黨衆盛，歲時往來，親親之意甚厚，而無一人敢以私事爲請者。簽書平海軍節度判官廳公事，郡守辛公次膺、鄧公柞、范公如圭皆當世賢大夫，咸委重焉。秩滿造朝，給事中黄公祖舜薦公材堪治劇，清可律貪，欲留官中都。公辭母老，求通判福州以歸。未上，而太夫人物故，❷執喪哀毁，治葬勤劇。家益窮空，當路有欲周之者，顧非其義，不取。陳正獻公時在從班，應詔舉公可奉使典州。喪畢，除知南雄州。❸郡小，用度不饒，舊常法外重贖以取資，且榷酒酤、增税

❶「夫」，淳熙本作「太碩」。
❷「夫」，淳熙本作「碩」。
❸「州」下，淳熙本有「遵近制入奏，論今日郡縣長吏不惇教化，不理獄訟，而上下一以財賦爲急，民不堪命。若不降詔戒厲，非重本愛民之道。時朝廷議役法，公又論不必議改法，當申明法意，止以煙火盗賊責里正。至於催私代納、追呼應辦悉行禁止，則可免民産破蕩。玉音嘉奬，有『卿熟於民事，更留意勿忽』之語。既之任」一百一十五字。

栅，民告病矣，而官用猶不足。公至，一切罷之，人以便安，而郡亦未嘗乏事也。州故與建、饒、贛州代輸坑冶司歲貢白金各若干兩，故事，皆取於民以辦。公請以郡大小爲差。詔悉蠲之，郡人賴焉。改廣南東路提舉市舶。帥守市賈胡香不償直，公舉法移州，帥愧且懼，亟召歸之。更爲轉運判官，廣學租，禮名士，益勸諸生以學。番禺令近在帥守諸司治所，肆意爲姦，無按舉者。公素聞之，至是誨厲之，不能改，乃捕其吏屬劾之。一夕而獄具，奏上閲實，抵罪以去。其餘不循法度以病民者，隨罪大小，以次繩治。於是一路肅然，官吏始知有法守矣。市人困於官估丐奪之擾，公爲移書一路，罷官估，除市籍，百賈得職，物價爲平。復上奏請均其法於諸路，詔施行之。丁籍久失開收，口賦之逋均及鄰伍，流亡日衆。公選吏分行，覈其實而除之，一路所蠲，凡十有五萬口，流冗浸復。瀕海蜑户數萬，生理至微，亦有役於州縣，公悉免之。按行所部，雖烟瘴荒遠無所憚。訪問疾苦，伸理寃抑，不可勝計。革外銓匿闕狥私之弊，人無怨言。江浙歲飢，有旨發二廣義倉米航海詣永嘉。往時嘗有此役，吏並緣以擾民而米不時達。公處之有方，且并西道所發轉致之，不越月而至永嘉者八萬斛。永嘉之人焚香迎拜步下曰：「此廣東運使活我也。」史正志爲發運使，專以括取諸道羨錢爲己功，諸道承風聽命不暇。公曰：「嶺外貧薄，安得視它路？」財予緡錢千數。正志怒，欲陷公以罪，有以公爲人告者，乃已。改使荆湖南路，首論：「諸州以租米餽荆、鄂、襄陽諸軍，地里之遠近不同，則運載之費出於民者宜有多寡。今諸州不能前知所當詣，因悉以遠地爲準而取其費。如潭州歲輸三十萬斛，則税外當歲輸錢十萬緡，民力安得不重困？謂宜詔總領所前期下諸州，使知所當詣，而隨其遠近以收運費，庶以少蘇民力。」異時郡縣預借民田租税及它非法取民，如茶租、如甲札、如户帖、如乳香、如茶引之屬者，壹禁絶之，官吏或奏抵罪。檄州縣勸民益廣陂塘，貸以金穀，不越月而所脩復以萬計，詔頒諸道以爲法。會有訴耒陽令程資忠貪殘不法，❶事敗而逸者，又有訴胥吏挾私枉法，黥配士人者。公以屬吏，則其事乃連提舉常平官胡仰貨賂關通。證驗明白，公不得已，具以上聞。仰黨援衆，反得美遷而去。公力不勝，獄囚久不決，尋以被旨按行諸郡。入春陵界，聞郴、桂飢民相聚剽劫，即日還車，披山通道，不一二日而至郴州。問賊所巢，乘夜深入。群盗不意公來之速，相顧駭愕，一夕潰去。公又召其酋豪，譬以禍福而慰安其餘衆，檄州運米，躬視賑給，遂以無事。兩郡之民德公之爲，悉畫其象生祠之。還臺未幾，一日得疾，遂卒。積官朝散郎，享年六十有二，淳熙元年五月十七日也。❷久之，臺臣乃有論胡仰姦狀者，於是仰抵罪，而公言始信。

公早孤，事母孝，持身廉介謹密，輕財重義。貧苦乏絶，有人所不能堪者，而處之泰然。益以暇日誦書史，從當世賢人君子遊，孜孜焉問所以脩己治人之術，一時先達

❶ 「忠」下，淳熙本有「嘗道薄咼」四字。

❷ 「淳熙」，原作「乾道」，據淳熙本改。「十七日」，淳熙本作「壬寅」。按上文言及史正志爲發運使事，據《宋史・孝宗紀》二，史正志任發運使在乾道六年三月，此謂黄洧卒於乾道元年，顯誤。

無不推重器許之。爲人内剛外和，❶接物謙卑，雖童隸無所忽。人有片善，稱之不容口。至論天下事，有不可其意者，則未嘗有所假借也。居官聽斷，分別枉直，詳審愜當。雖累歲不決之訟，案牘如山，一閱盡得其情。平居未嘗少自暇逸，雖疾病不謁告。與家人言，亦必依於孝弟忠信。久宦不遂，❷益以廉直自將。晚雖小試，然亦未究其用而忽焉以没。死之日，家無餘財，還其鄉，妻孥無所託宿，士大夫之賢者，莫不傷之。

葬所居慈善鄉豐樂里下原之陽。娶李氏，文定公孫，朝散大夫、知建寧府佩之女，封安人。❸予男四人：概，今爲文林郎、監文思院門；格，鄉貢進士；次棫；次梲。女七人，長適福州鄭農卿，❹次同郡張伯愈，❺次適朝請郎、知贛州軍州事趙善佐；❻次尚幼。❼而某與張、趙氏女皆早卒。孫男九人，孫女一人。概等以公之與予善也，狀其事來請銘。予自少從公遊，察公始終表裏，殆所謂俯仰無愧怍者。又按公官第七品，❽當立碣。乃叙其事而系以詩，使刻寘公墓上，以示公之子孫與凡鄉人之從宦者，使知有所畏慕而興起云。其詩曰：❾

嗟若黄公，懷瑾握瑜。半生下僚，坦其舒舒。晚使于南，志則少攄。乃其清剛，之

❶「和」，淳熙本作「柔」。
❷「宦」，原作「官」，據淳熙本、浙本改。
❸「安」，淳熙本作「太恭」。
❹「福州鄭農卿」五字，原脱，據淳熙本補。
❺「次」，原脱，據淳熙本補。
❻「軍州」二字，原脱，據淳熙本補。
❼「尚幼」，淳熙本作「四人在室」。
❽「第」，淳熙本作「正」。
❾「其」，淳熙本無。

死弗渝。威讋權豪，澤流鰥孤。而其永歸，柩靡所廬。故山北東，有坎其墟。我最其蹟，圭首方趺。咨爾後人，毋迷厥初。過者考德，亦式其車！

朝散黃公墓誌銘

始予試吏泉之同安，聞旁邑永春有賢令尹曰黃公。公廉强介，察見微隱，吏不能欺而民不忍欺。它縣民有冤訟，率請諉公以決。其條教科指，操驗稽決，人皆傳誦以爲法。間嘗以檄書案事涉其境，道傍小民稱説令尹不容口。其禁令要束，大抵皆敦禮義、厚風俗，戢吏姦、恤民隱之意。其言明白簡切，其達之也，遠近幽隱無不暨焉。過門入謁，則公方危坐堂上，閲學官弟子程課，廷中闃然無人聲。問公所以爲此者，公不鄙，告語甚悉。恨所案事有程，不得久留聽公語也。泉之士大夫爲予言，永春自故司諫江公民表爲令，❶有善政，民稱思之，以爲無能繼者。今黃君節守殆無愧江公，❷而吏事精密有過之者。予既罷歸，聞近臣有薦公者，天子擢以爲監察御史，謂公得以行其志矣。未幾，聞其以病去，竟不復起，識者恨之。後十餘年，屏居里中，有書生來請受學，思苦業精，久而益篤。問其出，則公之季子也。一日，出其兄東之書與其母之外弟、今提舉廣東市舶江君文叔之狀，泣而請曰：「先君子幸相與有一日之舊，敢請銘以賁其幽。」予不得辭也。

公諱瑀，字德藻。其先世居福州長樂

❶「諫」，原作「課」，據閩本、浙本、天順本改。
❷「殆」，原作「始」，據浙本、天順本改。

縣青山下，後乃徙家郡城之東，爲閩縣人六世矣。曾祖徽、祖時皆不仕。父南仲，七試禮部不偶，以公故贈朝奉郎，而妣陳氏亦封太安人。公中紹興八年進士第，初任爲饒州司户參軍。提點鑄錢官欲市冶工餘糧以規贏利，强公高其估。公不可，則怒欲中以法，而求其罪無所得，乃更欲薦之。公謝不受。歲旱，郡檄視屬縣民田當免租者。公請免之什九，而行它縣者以什一告。太守洪忠宣公以爲疑，却公所上文書，俾更之。公曰：「官可罷，此不可易。且吾已聞之諸使者矣。」既而洪公使視諸縣，則公所行縣民獨無流徙，乃復善公所爲而薦之。罷官貧甚，與一力徒步以歸。更調湖北轉運司主管帳司，使者向公伯奮一日謂公曰：「人皆求薦，君獨未嘗一言，何也？」即袖中出奏牘，上公可親民者，且以「心源淵静，夷險一操」目之。公於是改官，而人亦以賢向公焉。及來永春，承寇亂蠹弊之餘，田萊多荒，民力凋瘁。公至，首蠲其宿負。民有鬻業而税籍不除者，悉釐正之。其文書或不具，則履畝而均其税。於是豪民無得幸免，而貧弱以蘇。民輸賦或後期，不使吏與其間，獨揭其姓名於市，爲之期日，而聞者相先以至。間不一歲，流庸盡復，賦入再倍其初。公又痛以廉儉自約飭，凡例所當得公廨錢悉輸之官。到罷挈家，法當計傭受直，亦不取。至於燕遊饋送之費，又皆一切屏絶。而鈎考出内，則必以身親之，吏無所容其姦。於是廪有餘粟，庫有餘錢。乃視民所病，凡前日無名之賦可罷者，如浮鹽錢之屬，皆罷之。不可者，如上供銀，亦爲損其虚估之直。宗子米則以它錢代輸，一歲至數百萬。左翼軍自漳徙屯郡下，當治營屋。

郡分以屬縣，它縣征調輸載，民不勝擾，公獨出庫錢，僦工徒，取竹木，具陶瓦，而分寓便舟以往，爲屋餘千間而邑人不之知也。里正舊以誅求破産，❶前後相屬，當役者畏避百方，惟恐不得脱，至是乃有投牒争先爲之者。嘗有寡婦負租而逃，公寬其期以召之，來則使之傭織於人，以漸償所負。又嘗有請鬻牛以輸負租者，公閔然曰：「奈何使汝失一歲之計？今春姑以丐汝，秋成而輸未晚也。」其人欣然聽命，及期果如約。❷蓋其及民之大者既已周浹，而於其細者又皆曲盡如此。獨豪宗大姓侵刻細民，則捕劾窮治之無少貸。他所聽斷，發擿隱伏，人以爲神，而卒亦歸於仁恕也。大治學館，闢其衢路，斥去喧雜，作亭其前，而刻詞以厲學者，語意甚偉。延擇脩士，課試以時，士子上謁者接之於學。講學之外，一豪之私不敢及也。有儒冠而以博訟者，爲設席聽事之旁，課以《論》、《孟》。通者罷歸，否者呼其父兄懲以二物，由是俗爲一變。始至，款謁群祀，以文告曰：「令有昏墨，神其殛之。」視社稷祠壇隤敝甚，即命改爲，而又植以名木，至今人猶指以思公，名之曰「御史林」。遭旱，出俸錢，具牲酒，躬走群望，窮極幽險，不以勞爲憚，雨爲立應。愚民奉佛，往往私立塔廟，僧以是得雜處市里間，亂倫敗俗，爲良民患。公按律令盡撤之，且禁僧無得復居外，宿弊頓革。丞有女病，若有物憑之者。巫曰：「故邏卒某也，死而役於城隍之神，實爲祟。」公怒曰：「是安敢然？」杖其土偶而投之溪流，女病即愈。始

❶ 「産」，原作「屋」，據閩本、浙本、天順本改。
❷ 「果」，原作「畢」，據閩本、浙本、天順本改。

時縣人頗神事之，巫史因託以爲妖，至是乃息云。以郡守諸司薦，去爲兩浙轉運司幹辦公事。有獻鬻公田之策者，檄公視之，歷諸郡，盡得其多寡輕重不均之弊。還，極言其非便，且曰：「公田歲入若干，而畜牧芻藁取具焉。今一旦鬻之，計其獲不過數歲之入，自是以往，能無横斂於民乎？」貴將楊存中請地以廣其營，實規爲觀游，以奉權幸。公又以檄往視，還曰：「營卒若干人，度地若干畝而足。今所請地且數倍，若從其請，是壞民田廬、冢墓不知其幾，而獨爲存中結驩於一幸臣也，不可予。」卒皆罷之。權秀州華亭縣事，歲惡民饑，❶公白常平使者，請發廩以賑焉。使者以當俟奏報難之，公曰：「民命在朝夕，苟可以生之，雖重得罪不悔。」退即發常平廩粟之在縣者，全活萬計，而使者亦不能有以罪也。吏部侍郎汪公應辰、侍御史汪公澈交章薦公材中御史，除御史臺檢法官。未幾，擢監察御史，而公已病矣。告滿請外，除江南東路提點刑獄公事。未行，徙轉運副使。視事旬日，改知漳州。旋丁内艱，免喪，請就閑養疾，得主管台州崇道觀。乾道四年八月二日卒，年六十。官自左迪功郎七遷至朝散郎。即其年十一月庚申，葬懷安縣靈山鄉長箕山。

公娶葉氏，中奉大夫大任之女，封安人。五男子：杲，亦以進士選官至宣教郎、江南西路提點刑獄司檢法官，後公十二年卒；東，從政郎、南劍州沙縣丞；查、榦，皆業進士；栒亦蚤卒。二女子，長適承議郎、江淮湖廣路總領司幹辦公事任文茂，次適

❶「事歲」，原作「歲事」，據閩本、浙本、天順本乙。

奉議郎、知泉州同安縣余元一。而榦即來學請銘者也。

公資剛介，自少即刻苦自厲。家貧，鬻麯於市而挾書隨之。苟非其義，雖寒且饑，不可得而衣食也。閩俗多火葬，公遭父喪，親黨憐其貧，喻使從俗。公哀號不答，盡鬻家人衣具，卒葬以禮。事母兢兢，唯恐少傷其意，即有譴責，未嘗敢自辯數也。自奉簡薄而於奉親極其厚，至於兄弟族姻之間周貧振乏，亦無所愛其力。官番陽時，有邑子爲糾掾，以職事不相中，尋以憂去。公極力調護之，其人初不敢以此望公，涕泣慚謝。爲舉子時，書皆手寫成誦。爲文不追時好，爲吏一心營職。其清苦之操，非人所堪，而聰明仁愛所以惠於民者，亦非人之所能及也。平生一以直道自任，未嘗小降色辭以希薦寵。爲御史時，嘗病甚，臨安守趙公子潚亦以廉節著，被旨視公家事，見其篋櫝蕭然，衣無兼副，俯仰歎息者久之。卒之日，家亡餘財。凡此皆人之所甚難而公之所甚易，人固多能言之，顧其中猶有大於此者，不幸未試，而人亦莫之知也。蓋公在臺時，與殿中侍御史杜公莘老雅相好，每以節義相勸勉。一日，杜以公疾來問訊，連呼不應，乃大呼曰：「吾今日擊去王繼先矣。」公矍然起坐曰：「君能任職，吾不病矣。」探枕中片紙示之，乃疏繼先罪狀甚悉。繼先者，以醫得幸，罪惡盈溢，公意蓋有待也。居無何，杜以論宦者張去爲不效求去。❶公就與別，喟然太息曰：「君厚自愛，吾亦從此逝矣。」即日上疏請去。以此視公之志，豈但

❶「宦」，原作「官」，據浙本、《宋史》卷四六九《張去爲傳》改。

欲爲其所已爲者而止哉！是宜伐石刻辭以告後世之君子。乃爲之序其事而銘之。銘曰：

我觀黄公，古人之風。其剛方而潔廉者義之操，其慈愛而惠利者仁之功。其仁雖僅得施於十室之聚，其義則未及折乎百王之鋒。❶遽抱其餘以息乎此，尚有以啓厥後於無窮。

承事郎致仕潘公墓誌銘

維潘氏世居括蒼之竹溪，已號著姓，後徙金華，益爲聞家。君之曾大父諱某，贈右朝議大夫。大父諱某，始以儒學起家，仕至左朝奉大夫。父某，以右朝散郎致仕，累贈大中大夫。君諱景憲，字叔度，幼穎悟，日誦數萬言。年九歲，以童子貢京師，通念十三書，説六經大義，作三體字，詔許特試禮部，且賜束帛。後入太學，益自刻厲，一時學官如汪公應辰、芮公燁、王公十朋皆推重焉。擢隆興元年進士第，調荆門軍學教授。不行，請爲南嶽祠官。秩滿，宰相知君之賢，欲留以爲中都官。君獨力請太平州學教授遠次以歸。宰相問其故，君曰：「本無宦情，以汲汲於一官，政欲以慰親望耳。今二親俱老，得遠次，尚可日從容於其側，它非所望。」宰相歎息，以爲不可及。君與東萊吕祖謙伯恭父同年而齒長，聞其論説行身探道之意，慨然感悟，遂棄所學而學焉。既而遭太中公之喪，廬於墓者三年，毁瘠骨立，未嘗見齒，寢興食飲，皆以古禮爲節。服除，遂不復仕。日遊吕氏之門，躬執弟子

❶「王」，閩本、浙本、天順本作「壬」。

之禮，誦《詩》讀《書》，旁貫史氏，下至于兹，靡不該覽，而尤於程氏之《易》爲盡心焉。至它書史，考訂蒐輯，日有程課，鉛黄朱墨，未嘗去手。爲人峭直耿介，與世俗少所合。而事親從兄，友愛諸弟，怡愉肅穆，人無間言。家本富樂，躬率儉素，布衣蔬食，一室翛然。其枯槁淡薄，有人所不可堪者，而君處之甚安。以是中外化服，不敢爲纖芥浮靡事。族黨皆慕尚之，而君自視欿然常若不足也。始嘗學浮屠説，既而學於吕氏，晚再悼亡，因葬金華之葉山，而虚其中以自處，築室其旁，取「朝聞夕死」之意，命之曰「可菴」。暇日往而遊焉，復取舊書讀之，悠然自得，不知儒、釋之有間也。買田儲書，以待四方之學者。又嘗取建寧社倉法，出私穀數百斛，歲時斂散。自葉山以至太中公故居大墓之下，各爲一社，期歲廣之，及九而止。予嘗爲記其事，然亦未及盡如其志也。

君既無當世之願，士友知其心者，如韓尚書元吉、張左司栻、曾卿逢、鄭卿伯熊，皆愛敬之，而不敢有推挽意。獨曾侍郎逮嘗引以自代。頃年，諸大夫薦天下士之賢者三十餘人於周丞相，君姓名亦在數中，而丞相不能用，蓋諸公或未始識君，而君亦漠然無所問。人或扣之，乃獨喟然以曾、鄭兩卿爲知己，人莫測其意也。紹熙庚戌，君之子自覺以進士試禮部中選。君聞之曰：「此足以代我矣。」即自列於有司，❶請致其事。遂請，得改京秩。命甫下，而君已卒矣。是歲六月己亥也。

君先娶邢氏，故龍泉主簿邦直之女。

❶「自」，原作「目」，據浙本改。

繼室朱氏，其父翌新仲，紹興間爲中書舍人。子男二人：長即自覺，其次自晦。女三人：長適朱埜，次適蘇彪，次適邢文郁。孫男二：曰問學、問禮。蓋自覺嘗調蕭山主簿，而彪今爲臨海主簿。君卒時年五十七，病不伏枕，比終猶斂襟端坐而没，語未嘗及其私也。自覺將以十月丁酉葬君葉山之藏，而以書來屬予銘。予始因伯恭父以識君，志同氣合，遂結婚姻之好。往年以江西使事入奏，舟過蘭溪。蘭溪距金華不百里，金華親故往往來相勞問。獨君以書來曰：「甚願一見，以慰離索。然子今日之行名爲召客，吾是以不果來也。」比以口語罷歸，君又以詩來，若曰：「子今幾過七里灘矣，可以已乎，其未耶？」予不能答，而嘗以是愧其爲人。乃爲之銘，銘曰：

介剛之節，爲世玉雪。退省其私，敬順怡悦。却掃耽書，貶身訪道。忘食與憂，以遂于老。昔本不出，今復何歸？異世同心，子平孝威。葉山之陽，上盈下坎。我銘不亡，君則奚憾！

左司張公墓誌銘

公姓張氏，諱維，字振綱，一字仲欽，南劍州劍浦人。世以長者好施予聞於鄉。曾祖某、祖某、父某皆不仕，而父以公故贈朝議大夫，母羅氏亦贈恭人。公弱不喜弄，自力於學。朝議公知其有立，常撫而誨之曰：「貴仕不足言，要當以清白大吾家耳。」未冠而孤，羅恭人躬服儉素而悉力以奉公學。中紹興八年進士第，調賀州司理參軍。不行，徙汀州軍事推官。事有不可，未嘗不力争，郡以故鮮敗事。盜起屬邑，附從萬衆，抄掠三郡之境。公護巡尉兵會大軍討平之，身履巢窟，撫其餘衆而歸。第功當爲第一，而賞不及，公不以爲意也。秩滿，更爲漳州龍溪丞。改左宣教郎、知福州閩縣。首定差役條約，貲倍者半其停年，民以爲便。然以公政不苛，多欲及公時爲之，無争承者。❶已而制下，更定役法，適與公所議合，今遂定著令云。官募丁匠舟楫於民無度而不均，公與民約，一歲丁匠之役不過三日，舟别若干爲甲，甲直旬日滿，則縱之唯所適。縣賦故多取具於僧坊，公爲區畫，使其徒自相督，僧得無吏卒之擾而輸益辦，今亦爲例。僧歲以荔子餉州縣，公一謝卻曰：「豈可以口腹易吾操耶？」積餐錢數十萬，義不自取。會淫潦敗官舍，匠役或過前約，悉取以僦之曰：「毋使吾失信於民也。」民服其公而愛其廉，號之曰「張太清」。見御史家以訟奪僧田，公當受代矣，趣吏具案閲之，以田予僧而去。御史怒，思有以中傷之，求其過，纖芥無所得，乃已。以便親自請，得主管崇道觀以歸。會陳正獻公知建康府，辟公通判府事，事無大小悉委。又遣攝守當塗，吏戢而民安之。朝廷亦知其治行，擢以爲廣南西路提點刑獄公事。自虜再通好，公每謂符離之役失於輕舉，而人心終不以爲非；四郡之棄急於休息，而人心終不以爲是。先嘗告執事者，宜將順正救，使上意於起居食息不替坐薪嘗膽之誠，俻明政事，使人心曉然知朝廷未忘中原。及對，遂以立志開上心，且引益之所以戒舜者爲言，以謂今日正當汲汲以自治，不可狃於小康，便謂太平，語甚切。上曰：「朕何敢

❶《記疑》云：「無」字疑誤。

望舜？」公對曰：「有爲者亦若是，願陛下加之意而已。」上嘉納之，且俾察部内守令臧否以聞。公到部，按行周偏郡縣。南薄瘴海，陳船欲渡，吏卒扣頭更諫，公不顧。半濟風作，舟師震駭，公又不爲動。所至邊氓歎嗷，❶以爲百年未始見使者旌節，官吏有望風解印綬去者。還臺，條上件臧否若干人，即日施行，且著爲令。未滿歲，就除直祕閣、知静江府，主管經略安撫司公事。

公爲政平易近民，拊循周洽。間召長老從容與語，授以教條，使轉相告戒。禁吏妄賦，奏減經總之額。滯訟或數歲不決者，取故牘，置便坐，暇日躬閲視，予奪咸得其情，民以便安。而治軍甚嚴，有暴横若亡匿者，立命誅斬亡所貸。使者得盗百數，檻致之府，欲盡殺之。公爲區别，誅其渠率數人，餘悉遣去。郡學庳下，諸生議徙它處，咸以故始安郡治爲宜，而久爲浮屠氏之室矣，至是遺火，燔燒略盡。公取其地以爲學，使者惑異教，陰沮止之，不得，至箝以禍福，公又不聽，乃卒就功，而益之田以繼廪食，學者用勸。禱祠不於釋、老房祀，始至，按故典新社稷、風雨、雷師壇壝，月遣官屬潔除，爲圖以著其兆域，陳脩登降之位甚飭。水旱輒齊宿致禱，無不立應。南丹猺莫氏以賂結永樂王氏，藉兵以逐其兄而自立。既立而背其約，王氏以兵攻之。莫氏困急，請輸並塞田及銀冶税場以乞師，寮屬皆以爲受之便。公曰：「莫、王連兵，正坐貪此爾，又將以啗我耶？矧國家爲夷夏宗主，屬國不奉條約，正當以義詰之，顧反以利而動，彼且有以窺我矣。」於是遣一小校

❶「歎」，浙本作「歡」。

持檄喻之，二酋頓顙受命，❶即日釋兵去。莫氏前此數爲邊患，至是帖服，自請導羅殿馬以報國恩。又遣子弟效名馬爲公壽，公受而歸之郡廐，且厚遣之。或告昭州故盜甘文誠者謀叛去郡，紿而縛之，欲致之死。公察其非辜，撫而遣之。未幾，象郡傜反，使者欲調兵逐捕，公曰：「以官兵入箐歷險，與猿猱角勝負，非計也。」遣裨校戍山口，且文告之。傜曰：「前年殺凌鐵，往年殺王宣，今年又殺甘文誠，是非從若招者耶？誰敢聽命！」公遣文誠示之，則皆大喜，亟遣子入謝罪。江湖游民並海趨漁鹽，所過或掠爲盜，急之則黨益合，朝廷以爲憂，至遣荆州軍屯守之。公奏創效用軍五百人，悉募儔輩爲之，陰銷盜本，且賴其用，悉上還荆州兵。帥司舊以回易備邊，法久浸弊。公至，始爲經理均節。初年錢不過四千萬，季年乃以累萬萬計。其後數年，再平劇賊，皆以效用取勝而軍無乏興，皆公力也。朝廷知公可用，屢擬除代而難其人，乃進直徽猷閣，留鎮五年。上方謀北略，移軍建康，使者護作屯營不如指，❷士卒暴露。乃召公爲江南東路計度轉運副使，趣入面對，奬公治績，且屬以營屯事。公更營高燥以違淫潦，屋凡二萬三千間，先爲一間於治舍，用是計徒庸，慮材用，令役賦功，僂指而定。前使者苟於就事，榦植脆撓，衣以織葦，費二萬萬。公易以瓦，深廣堅緻於前而費半之。府司分作它營，以情屬軍中，先以辦聞，屬吏欲效之。公曰：「一椽未集，是亦欺君，吾不能也。」會軍帥亦與公議不相

❶「頓」，原作「頔」，據浙本改。
❷「護」，原作「謀」，據浙本、天順本改。

中，密白公稽緩，遣近璫持詔詰責。公以狀對，上大喜曰：「朕固料張某必辨此。」遣再獎諭，就加祕閣脩撰，以寵其勞。江東歲和糴以備儲積，先是嘗糴三十萬，或以予直太高而損其半。公力争不能止，至是復以命公，而詔問所以經畫狀，且曰：「監前失，毋傷民。」公即條奏曰：「前事之失，民以陛下爲不知，故獨歸其怨於有司。今既知之，乃曰姑以爲鑒而不能償，則天下將有以空言疑明詔者矣。且江上糴貴於吴中，而其直反下，陛下一視同仁，何愛十數萬緡而獨使江上之民觖望乎？」諸司餉遺一不受，有不可却者別儲之，積至三百餘萬。會和糴有未償之直而失於上聞者，即以丐之。尋召入奏事，因訪軍務得失。時頻年調諸郡兵團教帥府，公言：「南方兵宜安静，不當數調發以摇人心。江東團教五閲月，費緡錢且二千萬，❶諸道計不減此。宜擇將分兵戍諸州，俾就閲習，以息大費，折姦萌，使廟堂之議得專意以圖北方。」又言：「兵無奇不足以取勝。今兵雖多，未必人人皆勇。宜詔諸將精擇驍鋭，别籍而厚養之，以備緩急之用。」上深然之，留爲尚書左司郎中。遇事有未便，輒詣都坐白。或甚曰：「瑣瑣辨切非朝官體。」公曰：「都司助調鼎，實幾微所關。若視吏籤擬，即涉筆書，不置可否，安用我輩邪？」居月餘，丁内艱。初對，因及西南徼外夷落，道里廣袤，上令爲圖以進。至是圖成，未上而去。服除召見，乃奏之。序言周公戒成王立政勿以憸人，惟吉士然後可以詰戎兵，陟禹蹟，服海表。言蓋有指，意切而辭不迫，識者知其忠藎。明

❶「千」，閩本作「十」。

年，除司農少卿，❶奏：「諸道糧綱歲凡百數，用官舟者多負，而雇商船者不虧。蓋商人自愛其舟，故不爲姦。櫂卒率募遊手，衣食於官，無所顧藉，歲率虧三萬斛。細民勺聚撮累以輸公上，而一歲之間輒捐三萬斛以惠姦，豈不甚可惜哉？且運脚與租同輸，官不僦運，運脚之利州郡私之，侵漏之失大農任之，孰若惜運脚以僦商船之爲便乎？」復爲左司郎中。熙、豐行義倉法，獨不及南方。公守桂，嘗以爲請，不報。至是歲適荐饑，朝廷方講荒政，公又以爲言，乃得請。兼領贍軍酒笐，不盡其利而課入大增，歲羨緡百餘萬。會課當遷官，公辭不獲命，方請貤之其屬，會執政有罷去者，讒者意公其與也，又知公屢與權幸忤，因摭他事論去之。先時公已結廬延平溪南山水之間，疏泉發石，號曰「盤澗」。至是徜徉其間，縱觀古書以自娱。尤玩意於《春秋》，謂經有貶而無褒，傳者未盡得聖人意，方且緒正其説而未竟也。既而有知公去國之所以然者，爲請祠官之禄，得主管武夷山冲佑觀。公不欲受，逡巡數月，乃拜命。秩滿踰年，不復請，期以明年七十致仕，未及而卒，淳熙八年六月癸亥也。始時桂人爲公生立祠，至是聞喪，相與哭於其下。後有賢牧守如李公浩、張公栻，多視公時行事以爲法。而刑獄使者鄭公丙閲其決事故牘，歎曰：「此判不可移，端如南山矣。」其爲名流所推伏蓋如此云。累階朝請大夫。

娶羅氏，再娶宗氏，皆封恭人。子士佺，今爲朝奉郎、通判融州事。次士僴，嘗以修職郎監潘葑酒庫而卒。又次士佡，修

❶「農」，原作「晨」，據浙本改。

職郎、常德府司户參軍。士儼，承信郎。女適進士宗大同、謝舒、宣義郎陳善慶、文林郎黄東。所爲文有《盤澗集》若干卷，奏議若干卷。士佺等葬公太平鄉天竺里大篔簹蟠龍山之原，而以故右司郎中何侯萬之狀來請銘。予嘗一見公於閩縣，後不復相值，然公之行事則皆接於耳目，知狀爲不誣矣。何侯又謂公姿稟端裕，不見喜愠。家無姬媵，禄稍以班族里。平居接物甚夷，剞劂之節，遇事乃見。意謂當然，怨怒不避也。中不自快，顯寵不願也。歙歷中外，聲績藹然，爲朝廷所嘉重獎寵者固以此。然天子知之，士論與之，卒不能與世合，不大見於設施者，抑亦以此歟？在江東時，銜命獎諭者皆寵昵信臣、力足以進退人者，公無所私媚。再還朝也，嬖近知上意向公，遣所親道上所稱賞語，且致願見之意。或勸一見即近用，公義不往。計臣斡利，以羨餘獻者往往見謂材，被進用。執政數語公以酒羨課獻内帑，公笑而不答。退曰：「一錢盡公家物，朝廷欲用當自取之，吾寧以獻自媒邪？」天官虚席，上閲班簿，謂執政曰：「張某資歷高，宣勞久。」且將用公。公於内外既兩無所諧附，竟莫有爲助者。遡公所守，與世相違如是，則夫難合而不盡用者，公已逆處懸斷於胸中久矣，不足爲公憾。此又爲知公之深者。予以是益恨前日之不獲蚤自附於交遊也。而士佺從予亡友張敬夫宦學有聞，❶驗其操執器能，信其有似公者，乃悉序次其語而銘之。銘曰：

張公廉正蚤發聞，聰明仁愛又敏文。中歲仗鉞西南奔，百蠻震讋民懷恩。入掾

❶「宦」，原作「官」，據浙本改。

宰府贊經綸，因事納諷忠且勤。一朝翩然謝垢氛，演仙仙去孰與群？篔簹之臯水清淪，佳城鬱鬱芘仍昆，我銘不滅公長存。

運判宋公墓誌銘

公諱若水，字子淵，成都府雙流縣人。其先唐相文貞公裔孫旦，以給事中從僖宗入蜀，遂家眉之彭山。生五子，散居成都、卬、蜀之間，號五房宋氏，雙流其一也。公之曾大父右言、大父傑、父維皆不仕。其父以公故累贈奉議郎，母蹇氏亦贈安人。公自幼即知刻苦爲學，邑之賢令如任公淵、李公燾皆愛其文行，屈輩行與交。及將就舉，有欲移公試漕臺者。公曰：「欺君誣祖，吾不忍也。」卒從州舉試外省，得奏名，對策廷中，切直無所避。考官不説，猶以冠乙科，授左迪功郎、嘉州龍遊縣主簿。未上，丁外艱。更調龍州仁壽縣主簿，監永康軍青城縣味江鎮税，兼合同場。先時茶禁甚急而私販益多，商算甚重而歲額反耗。公至，弛禁薄征而舊弊頓革，課入大增。或勸獻其贏以規賞，公曰：「獨不爲後人計耶？」歲旱，民爭水泉之利，群聚相毆擊，且欲爲亂。公單馬喻之，皆釋仗聽命。公又爲禱於靈湫，一夕不雨而水溢，溝澮皆湔，❶焦槁以蘇，物情乃安。明年荐饑，民又相聚剽掠以求食，有期以某日掠鎮民某氏者。公召諸豪語曰：「饑民求食，此易與耳。私販之徒負勇玩法，一與之合，非小變也。今能出力以致其黨，使爲一境之衛，不唯足以銷其姦心，饑民知吾有備，亦憚不敢進。此一舉而

❶「湔」，浙本、天順本作「滿」。

兩得也。」諸豪皆應曰諾，悉出金幣，椎牛釃酒，召致其徒，雜於居民保伍之間，日以兵狗于市。公亦帶劍躍馬其間，衆皆畏服，而饑民遂不敢犯。且曰：「是嘗爲我禱湫出泉者，吾當謹避之耳。」鎮故無學，公爲作孔子廟，考古制器，率諸生行釋奠禮，延師儒，躬講説，士子競勸。制帥汪公暨諸使者聞其賢，争薦之，移知神泉縣。始至，承廢弛之餘，首罷追胥之擾，但以幅紙書負租，與民爲期，無敢後者。不數日，盡償前令宿逋。爲言州家，使得善去。邑産黄雀，歲供諸司至以百萬計。公請罷之，民用不擾而物生亦遂，至今爲法。諸司知其治行，徙知嘉州犍爲縣。神泉民相率留之，不能奪也。公於二邑皆治其學校，如味江所爲。民有訟者，躬以義理恩意辨告諄悉，皆大感悦，無復犯者。其尤無良不聽令，敢以武斷病齊民者，乃捕劾之，上獄于州，罪至流徙。於是閭里正清，善良皆得其所。改宣教郎、幹辨諸司糧料院，擢太常寺主簿。齊宿必虔，濯溉必潔，同列愧歎，以爲非所及。新繁故有藝祖神御，蜀帥請改築宫于成都。事下太常，公聞其且將大興土木，窮極侈麗，使民不得安，爲處駁議，❶事乃得寢。遷國子監丞，再入太常爲博士，轉而爲丞，兼吏部考功郎官，改兵部，除祕書丞，復兼吏部。三館將以故事爲暴書會，而上方閔雨，避殿降食。公爲官長言：「君父焦勞如此，而臣子相與燕樂，誠有不自安者。」官長是其言，白罷之。以旱故，詔館職條上闕政。公爲書數萬言，歷數當時刑賞之繆，以爲是所以干陰陽之和者。宰相聞之怒，出公提

❶《記疑》云：此句疑有誤。

舉江東常平等事。上稱公誠實，俾移福建。閩俗故多不舉子，公與帥司合議，按律令，嚴保伍，爲所以禁防誨誘之具甚悉，全活者衆。汀州遠且多盜，又名瘴鄉，常時使者按行多避不往。至是群盜甫平，死傷横道，疫癘大作，又非常歲之比。公獨慨然引車深入，煮藥自隨，親問病者飲之。民爲盜所攻劫與能捍禦奮擊以助官軍有勞效者，皆弛其租。汀民大喜，人人知戴公德。建陽招賢里故常别貯常平米數千斛，凶歲發以賑民，本隱士魏君掞之所爲，而歲久陳腐，出納不時，反以病民。有以版曹所下社倉法告者，公喜，立爲移書，更屬鄉人士君子歲斂散之，一方尤賴其利。除湖南提點刑獄公事，建人老稚邀遮戀慕，至竟日不得發。湖南尤多盜，皆晝伏豪民家，抵夜輒出，以故發不時得。公至，申明保伍之令，使相收司。盜無所容，至有扣頭車下，請得召保，復歸農業者。公皆撫而遣之。又檄諸郡精閱禁旅，按行所過，察視激犒如法。月調諸縣弓兵，校其藝而誅賞之。由是皆樂爲用，盜發輒得。奏獄官毋得兼攝它職，又條七事以申儆之。於議法尤兢兢焉，每論死刑，必齊戒露香，要質于天，然後敢決。決日輒罷燕設，所以致其欽恤之意者，無不盡也。屬郡大札，遣吏挾醫載藥馳以救之。衡山浮户有與土人不相中者，詣闕言：「衡山國之壽嶽，祠城東故有溪，並城南出。後或鑿城北址，導水使西，不能無斷地脉。請築山決水，使復故道。」下公平奏，公言：「水西出歲久，故道皆爲民居。今欲東之，則是數百家者不無蕩析離居之苦。且壽嶽之云，無所經見。就如其言，則國家中興，慈皇壽考，皆在西流之後，尤不宜妄有改作。」事乃得已。衡州故有石鼓書院，墟廢亦久。前使者潘侯畤始復營之，公成其終，爲增置弟子員，以永嘉戴溪爲之師，割田置書，教養如法。又知處士劉某之賢，與郡守劉清之交章論薦，詔特補官。於是學者乃知公好賢尚德之意，不獨爲科舉計也。被旨攝帥事，飛虎軍素驕悍，白晝掠人，吏不敢問。公一以軍律繩之，賞信罰必，士民以是得安其居，而軍吏亦皆悦服。會久不雨，請禱過勤，遂得疾。改除江南西路轉運判官，而江西是歲亦大旱，下車首問荒政所宜，發廩勸分，蠲租乞米，以次施行。其奏請者亦多報可。又行帥事，事益叢委，公自力不少休。家人有諫止者，皆麾而却之，遂以大病。然夙興，猶視事如常時。夜過中，遂不起，淳熙十五年二月甲子也，年五十有八。方病革時，民相率爲公禳禬無不至，晨夕走府門，偵起居狀。及卒，皆縞素弔哭。行日，號泣挽車，哀送數十里不絶。湖南吏民聞之，有千里來赴義者。

蓋公資稟醇厚，隆於孝友，處内外族姻、長少存没之間，不見其少有遺恨。❶爲學勤恪不懈，既脱場屋，益玩意於聖賢義理之學。近自周、程、張、馬之言以達于經，吟諷辨説，未嘗虚口。推以及人，一以仁愛惠利爲心，聞善即行，如恐不及。故所臨涖，士民愛戴，見於風謡，非一時諛説空言也。其在朝廷，據經守正，不爲苟合，雅爲虞雍公所知。其爲之言，不過用人材、嚴守備，以俟敵人之釁而已。嘗因輪對，請戒群下懷私立異、迎合紛更之弊，損宗戚歲時賜予、貴臣給使宣借、百司吏禄之費，及減織

❶「恨」，浙本、閩本、天順本作「憾」。

甸房緡，以惠貧弱，上皆稱善。公因極論恢復大計，反覆數百言。上益喜，顧曰：「即當相與赴功名之會耳。」事下有司，不得盡施行，而房緡之惠遂及於天下。他議貢舉銓注之屬，又皆廣恩優老、革薄從厚之意。而其應詔言事，則直指宰相挾私罔上之失無所避，雖以是不得久於朝廷，不悔也。壽皇知公深，嘗語近臣：「斯人乃朕於奏對間得之。」其在湖南，蓋嘗有召用意。宰相猶以前忿尼之，❶識者恨焉。而爲文汪洋融液，務極事情。晚歲乃更造約。尤好讀《易》，嘗夢有問《易》之一經孰爲門户者，應曰：「陰陽兩畫，❷非《易》門户也耶？」其精詣純熟蓋如此。所著書有經解五卷，《書小傳》十卷，史論十卷，古今詩百卷，雜著三十卷，奏議五卷。

前安人張氏，蜀之故家漢御史綱之後，歷千餘年而譜牒可考不紊。安人性賢孝，讀書史，善筆札，通古今，識義理，而不肯爲詞章。父岐嘗宰永康，頗以嚴治。安人每陳古誼以諫。既歸公，事舅謹敬，奉祀莊肅，和叔妹有禮，遇族黨有恩。舅喪，悉力佐公辦治如法，人以爲難。公居閒久，上官有欲使攝局者，安人不懌，曰：「吾之貲尚足以支伏臘，狥禄從人，得無隳素志乎？」公善其言，爲謝不往。其方直之操，士夫或有愧焉，不但爲婦人之賢而已。先公十九年卒。後安人宇文氏，宣教郎隲之女。子男三人：之源、之潤、之汪，皆嗜學而有文。女一人，適熊應，早卒。皆張出也。之源等以十六年十二月某甲子，葬公及張安人於

❶「猶」，原脱，據閩本、浙本、天順本補。

❷「畫」，原作「書」，據浙本、天順本改。

成都縣楊侯鄉癸山先墓之次，遣人來建安請銘，踰年乃達。而予適有臨漳之役，使者以書還。明年復來，則值予哭子悲甚，言不能文。顧與公相得晚而相知深，其爲社倉、書院，皆嘗爲記述，又重之源兄弟之請，越數千里，連歲再至而不倦也，勉爲之銘，以致吾意。銘曰：

資之厚兮學之博，退循循兮進諤諤。三方一節思無斁，九原歸卧不可作。我銘其居詔冥漠，欲知斯人視斯石。

太孺人陳氏墓誌銘

太孺人陳氏，建陽縣三桂里人。父安世，强學博聞，嘗立義齋縣南，從而學者甚衆。娶何氏，生太孺人。年十有七，歸同里周君。周君爲人寬和樂易，不以家人生産爲事。太孺人佐以勤敏，持家儉而有法。訓督諸子甚嚴，至待姻黨，遇鄰曲，則又咸有恩意。少時喪其親，哀慕不懈。及嫁，亦不逮舅姑，而歲時烝享，執事必親。訖事，常嗚咽流涕。晚好浮屠法，得其大指，遂不復問家事。惡衣菲食逾二十年，而憂人之憂，賑其厄窮病苦，雖極力不倦。中子舉進士，登王官，再逢慶恩，周君得以承奉郎致仕，太孺人後以宗祀霈澤，亦錫今號。鄉人榮之，而太孺人所以自處者不少異於平日也。紹熙元年三月某日，以疾卒于家。卒時精爽不亂，享年六十有八。

周君名誼，字少賈，前五年卒，加贈至通直郎。三男子：明佐、明仲、明作。明仲嘗以承議郎差知邵武軍光澤縣事，讀書處事精敏絶人，所至未可量也。女五人，其壻陳錞、蕭思濟、程必顯、陳浏，而季未行。孫男二人：巽亨、震亨。女三人，尚幼。明年某月某日，諸子葬太孺人縣西新嶺天湖之陽，東望周君廣平山之墓才數百步。明仲以銘來請，予雅知之不得辭也。銘曰：

母之賢，足以成其子；子之賢，足以顯其親。西嶺之阡，百世而新。我其銘之，以相後人。

宜人丁氏墓誌銘

濠州使君劉侯仲光以書來曰：「惟吾考妣皆有賢行，而禄壽不配其德。仲光既不幸蚤孤，又不能勉進德業，以求無負於明訓，徒賴遺澤，得階末第，從宦積勞，至叨郡寄。禄賜豐厚，足以飽妻孥、飫童僕，而慈顏永隔，不及少伸區區烏鳥之養，每一痛念，不如無生。獨幸累年以來數逢國家大慶，累贈皇考至朝散大夫，皇妣至宜人，尚有以少慰人子罔極之思者。而先宜人之銘久未克立，自念老矣，或遂泯没而無聞，則後生小子將不復知前人立家本末，重此不孝，且無以見先人於地下。惟吾子幸哀而與之銘，則仲光知免矣。敢泣血再拜以請。」余讀其書不能終篇，爲涕下不自禁。時方卧病田間，氣息奄奄，筆研廢棄久矣。然感其意，不忍辭也，乃考其事狀而次第之。

宜人姓丁氏，世爲永嘉大姓，以積善好施聞於鄉。父諱瑜，尤長者。兄弟皆以進士官州縣，練達有能名。宜人早歸同郡劉君諱某，字元默，而劉君之爲人亦誠實無表襮，樂善愛士，起居有常，雖甚暑不袒裼，❶

❶「甚」，浙本作「盛」。

家無蒲博之具。喜賙人急，遇下有恩。然其居家嚴，未明而起，内外井井。教子弟尤有法，而宜人配之無遺德焉。始入門時，舅姑皆亡恙，晨昏無違禮。内睦娣姒，謀嫁諸姑，外接親戚，輯鄰里，恩義俱稱，重輕有則，於是翕然稱爲賢婦。久之，舅病痱，宜人侍養尤勤，羹非手調不進，舅亦非宜人所進不嘗也。姑爲比丘尼，與宜人年相近。姑病迎歸，與共卧起，扶掖飲食，終歲忘勞。姑每感涕，謂曰：「病愈當終身事汝如母。」臨没，又謂曰：「即死，當報汝地下。幸復爲人，願爲汝子孫以事汝。」姻舊間有過失，輒爲曉譬諄復，甚或垂涕泣而道之，聞者感悟遷革乃已。劉氏與同里胡氏有舊好，宜人遇之恩意尤篤，胡氏長老至今以爲言。里人有子好讀書，欲爲儒而父難之。其母以告，宜人既好喻之，又資以金錢，使與其子俱試大學，以遂其志。其人後常以語人，且歎息曰：「今人不復有此風矣。」大夫公既嚴於教子，宜人又能彌縫其間。教諸女以身爲法，自未笄時，已令夙興，備盥櫛、奉藥餌。夜嘗躬視扃鐍、灑煬竈，輒令持燭行前。既笄，則教之酒漿烹飪蓋藏之事，祭祀賓客之奉，且戒之曰：「爾曹毋厭吾言，異日當蒙其力耳。」以故諸子皆以文行稱，而女適人者亦能持其家。某年某月日以疾卒，年四十有九。葬于某縣某鄉某里。子男三人：長曰昭，入太學，被薦，未第而卒；次曰某，亦早世；其季即仲光，今以朝散大夫權發遣濠州軍州事。女五人，嫁周氏、葉氏、潘氏，餘未行而卒。孫三人，曰邇，曰適，曰遲。曾孫七人，曰仁實、仁近、仁守、仁及、仁任、仁愿、仁履也。濠州行篤厚，早以文學吏治著美稱。仕於朝且通顯，一旦求遠郡去，有挽而留之者弗顧也。士大夫莫不高其廉静而服其明識，不知其母之賢，所以資之者如此其遠也。然則宜人之行其可以不銘？銘曰：

順尊卑，睦媦黨。力豈多？惠能廣。勤夙宵，謹微細。男敏學，女恭饋。賁幽壤，疊閔書。季之賢，慕有餘。銜深悲，考潛德。授我銘，詔無斁。

宜人黄氏墓誌銘

宜人黄氏，今宣義郎致仕陳君衡之配也。世爲福州候官人。曾祖紹、祖遷、父仲文皆不仕。宜人性淳質，不解世俗機事，數見欺不自悔。既嫁，事舅姑夙夜唯謹，相其夫理家事甚飭，躬勤儉以衣食，撫教諸子甚恩。故諸子皆得以自力於學，而仲氏遂以進士中第，補婺州户掾。宜人見其閲具獄，必戒曰：「人命至重，毋使有冤。」聞當笞人，必戒曰：「輕之，毋使重傷。」見其被檄考貢士，必戒曰：「詳之，毋忘汝爲舉子時也。」初好佛書，讀誦拜跪，終日忘倦。一旦忽屏不事，曰：「不在是也，無愧心足矣。」以慶壽恩三錫至今號。紹熙二年七月乙卯卒，年□□。❶子男六人：孔夙，嘗貢于鄉；孔碩，文林郎、處州州學教授；孔易，亦嘗預貢籍；孔時，先八年没。女五人，長壻潘子修，蚤世。次適脩職郎、泉州司户參軍趙彦夔。季尚幼。而二男二女皆夭。孫男四人，女一人，而女亦夭。諸子以宣義君之命，將以明年某月某日，葬宜人某縣某鄉某里某處，而孔夙、孔碩皆嘗從予遊，狀其行

❶「□□」，原爲空格。

事如此，來請銘。不得辭也。其銘曰：

有婦之德，爲母之則。無愧其心，反此真宅。

迪功郎致仕董公墓誌銘

君諱琦，字順之，饒州德興人。董爲德興著姓，世有登儒科者。君之曾大父□，❶左朝奉郎、太醫令。大父林，❷右從政郎、處州縉雲縣令。比兩世皆以才稱。父陸始不仕，而亦以氣節聞。君生有英氣，務爲倜儻可喜事，不肯踐繩約。縉雲君憂其過，名之曰執柔，而字以順之，曰：「以是爲爾韋絃之戒。」君佩服唯謹，及更今名，而猶以舊字行，示不敢忘也。年二十五，始從鄉先生韓溪程公受《春秋》學。程公命設几案，日與對誦《春秋左氏》及近世胡氏《傳》，時時爲說大義，稍以禮法開之。君自是寖若有省，痛自刻厲，雖益以風義自許，而不復事少年豪習矣。義役法行，首出田粟倡之，事以時定，里人賴之。嘗卜壽藏，既得吉，而所知有貧不克葬者，舉以畀之無吝色。少嘗從程君倜及其弟舟學，二君没久，遇其子若孫，恩意不少衰。其好義多此類。晚得諸公《家祭禮》，讀之曰：「是固可勉。」自是歲時祀饗，齋潔灌薦，跪起如法，比老不倦。既絶意進取，漸屏家務，即所居旁雜藝花木蔬果以自娱。客至，開尊命酌，劇談終日。間及世事，而處其是非成敗，則雖老於朝市者不逮也。淳熙十三年，❸天子奉觴德壽

❶「□」，原爲空格。
❷「林」，浙本作「材」。
❸「三」，原作「二」，據閩本、浙本、天順本改。

宫，推恩耆老，以子銖故，授迪功郎致仕。紹熙三年八月庚寅，以疾終，年七十有六。

蓋君爲人精悍，議論貴決白，不爲摸稜含胡態。有所喜怒，若茹物不下，必吐出迺已。然已過則夷然，未嘗宿怨。人或待以横逆，往往更結以恩意，使自愧悔。以是士之賢者愛之，其不肖者傾事之。及其卒也，皆傷之。少嘗讀《馬援傳》，慨然慕之。既涉世不偶，又頗聞先生長者餘論，乃更折節爲儒生，自力於善，識之者謂其視疇昔猶兩人也。嗟夫！天下平治，士無功名，才否一區，之死無聲，昔人嘗恨之。如君者，使少有所遇合，以其才頡頏一世，可量哉！娶周氏、李氏，皆前卒。子男四人：鎬、銖、錫、鎡。女三人，嫁余梓、程徹、王中。皆周出也。而鎬、鎡及程氏女亦前卒。孫男三人，女二人。明年，銖將葬君湖山之原，以周氏祔，且屬新吉州録事參軍程洵允夫狀君行如此，來請銘。予不及識君，而韓溪先生者，先君子之内弟，允夫即其子也。銖又來學，故聞君之行事爲詳，其可辭？始君自恨知學晚，教子甚力，故諸子多材，而鎬、銖皆舉進士。銖尤好學自立，庶能成君志者。銘曰：

才之良，氣之剛，有求必予義之方。能不試，老其鄉，嗚呼歸哉此其藏！

晦庵先生朱文公文集卷第九十三

侯官縣儒學訓導劉簪校

晦庵先生朱文公文集卷第九十四

墓誌銘

直顯謨閣潘公墓誌銘

公諱畤，字德鄜，姓潘氏，婺州金華縣人。曾大父諱宗簡，大父贈中奉大夫諱祖仁。父贈通奉大夫諱良佐，始以儒學教授，諸弟皆從受學，而中書公良貴遂以清直致大名。公生穎悟，少長，莊重如成人。既孤，中書公愛而收教之，欲使後己。公以親没無所受命辭，乃任以爲登仕郎。爲娶李莊簡公女。李公亦器許焉。初調袁州分宜主簿，躬校簿書，蚤夜寒暑不少懈，田里賴以安。監臨安府造船場，部使者以爲能，多屬以事，皆迎刃立解，且不以上官喜怒爲向背。御史杜莘老聞而賢之，欲引以爲屬，會去不果。公亦未嘗求薦，而當路争知之，改通直郎。宰相欲留官中都，公固求奉祠以去。已而差提轄雜買務、雜賣場，嚴禁防，謹次第，大官要人無敢干以私。皇城邏卒挾恃干紀，公按致其罪不少貸。人爲公危之，然公以廉白自將，其黨雖怨之，卒無以報也。終更，宰相又欲留之，不可，遂出知興化軍。莆俗險健多訟，公至，究其利病施置之方，爲科條以屬吏，簡易嚴密，無所偏倚，郡以大治。時即學宫召諸生而教飭之，遂無敢以事至廷中者。女官道士託妖妄求敕賜以表其居，挾簽樞張説書屬公上其事。

公不可，説復喻意部使者以撼公。公卒不爲動。歲旱，禱雨不應。公慮獄有冤，亟往訊焉，果得二人，破械遣之而歸其獄於吏。車未及旋，大雨立至。郡故有洋城、陳霸二斗門及木蘭陂，溉田數萬頃，歲久廢壞。公爲興築，壯固牢實，民至今詠歌之。適歲荐饑，募客舟予錢博糴而寬其期。❶人始莫喻其意，既而糴者得以其間往返一再，然後及期，則糴價久已自平，而民不饑矣。人始服公爲有謀也。請蠲歲輸丁米錢千萬，久之未報，輒移屬縣緩其輸。漕司不悦，督愈峻。公訴於朝，竟得罷乃已。召還賜對，公言：「郡縣者，朝廷之根本，而百姓又郡縣之根本也。今不計州縣之事力，而一切取辦，又不擇人材之能否，而輕以畀之，欲本固而邦寧，其可得乎？」上善其言，欲留以爲郎，而公有所不樂，力請外，乃除提舉兩浙西路常平茶鹽公事。至則罷中都餽餉之不如法者，豪貴已多不悦。而平江庫錢失漏，守因是誣富室以取償，一郡大擾，有死者。公檄罷之，守以是怨，陰以禁兵給白直而訹它司上其事。公坐削一官，移江西，未行，又移江東。入境，發贓吏一人，故相有爲請者，不聽，竟按逐之，列城震聳。行部所過，延見父老，使縣别爲輩，以次召問所疾苦及吏治得失。戒州縣毋得除舍館，飾供張，鈐鍵吏卒，所過肅然。父老歎息，以爲未始有也。池守趙粹中恣横不法，遞卒廪給不時，有盗發邊奏，竄匿名書以訴者，詔以屬郡。粹中恐怒，捕繫卒汪清，訊治强服，亟奏誅之。刑獄使者丁時發過郡，聞其冤，取具獄閲之，將發其事。粹中遣其屬突

❶「博」，原作「傅」，據浙本改。

入傳舍，即几間奪去，嫚罵陵折，一郡大駭。公時出按旁縣，馳歸，與時發共劾之。會時發改使湖北，事久不報，而公繩之愈急。章三上，遂與俱罷。後得真竄書者，朝廷始罪粹中而恤清家。尋復起公提舉荆湖北路常平茶鹽事。入奏，爲上言：「比年户部調度不繼，督賦苛急，監司州縣希意避罪，不暇復以百姓爲心。下失人和，上干天變，其原在此。願詔有司悉蠲州縣民間舊逋，而内出禁錢，以補上供之缺。其招衛卒、除戎器，皆許留經總制錢以充費，不則且止，以俟他年。更詔大臣選官置局，考校紹興以來出内之會，參互省齎，繼續補助，爲經久計。常使户部支計有餘，則州縣寬而民力紓，和氣應矣。」上聞公言，歎息稱善，且曰：「朕於户部應副多矣，民間逋租，内藏積久亦已蠲放，卿言州縣擾民之事，朕亦聞之，蓋所謂黄紙放、白紙催者。若已蠲之而又責於户部，此誠何益？正當一一與補還耳。」因諭所以寄任之意甚悉。宰相猶欲留公典選，公力辭之部。承水旱之餘，教喻懲戢，安集賑救，曲盡其力。民又病疫，則遣醫視療，家至而日課之，以其死生多寡爲殿最，由是全活者衆。俗喜焚尸，公敕諸縣各治叢冢，焚者有禁，民莫敢犯。湖北多陂澤，❶官不障，故使貧民得漁其間，賴以食者甚衆。既而或以輸租自占而顓其利，則民固已病之。至是議者請復增租，而吏緣爲姦，盡斥貧民所漁以給富家，失業狼狽者不可計。公爲申明其法，悉以還之。未幾，改南路提點刑獄公事。將行，猶爲條奏本道荒政數十事，詔悉施行。行之日，士民自言

❶「北」下，浙本有「故」字。

諸司，乞留公者以千數。出境，猶遮道攀戀，涕泣不肯去。有盜殺人，而誣指賈人梁晚四爲罪首，論當殊死。前後七推具伏，録問輒不承。最後至公親鞫，則方盜殺人之時，晚四實在他所。參驗行由印曆，晷刻不差，乃得其冤狀，即理出之，而劾官吏失入者。上大喜，可公奏，下諸路以爲法。又奏：「新法獄經再鞫，詞或少異，必取初鞫官吏承伏而并按之，追逮往返。或淹旬歲，再鞫官憚於留滯，雖或有冤，亦弗敢白。以此獄少平反，枉濫者衆。請得復用舊法。」上亦可之。除直祕閣、知廣州，兼主管廣南東路經略安撫司公事。將行，猶奏郴州用度不足，多横賦以供軍，馴致巨寇，前後非一。請下漕司通融補助，以息後患。廣東地接郴、桂、汀、贛之境，四州之民歲一踰嶺貿易，折閲即相聚爲盜，大群至數千人。公入境，適捕得渠帥八人，即斬以狥，曰：「三日而去者，吏不得格，期外不去，復捕如初。」於是皆散。有梁氏兄弟者，招納亡命，前後殺人無數，而掠其貲以致富。交通州縣，吏不敢詰，民患苦之，號爲「四彪」。公擒捕誅殺，汙瀦其居，它盜望風破膽。❶大奚山斗入海中，寇攘所聚，雖良民亦以漁鹽爲命，急之則散入賊中，不可禁，所從來久。至是，新置都鹽使者鋭欲禁之，檄水軍逐捕。公曰：「水軍專受帥府節度，非它司可得而調也。且争小利，起大盜，將誰使任其責耶？」卒拒法不爲發。良民既得少安，乃陰募其酋豪，使以捕賊自效。由是盜發輒得，有功者爲奏補官，鬭死即官其子，而重責其坐視不赴救者。官屬不幸死者，厚賻

❶「它」，原作「宅」，據浙本、天順本改。

遺歸，存没老稚無一人流落。如是者三十餘家。士族女失身非類，贖而歸之。上聞公究心獄事，詔特轉朝議大夫，進直徽猷閣、知潭州，安撫湖南。復值凶歲，精禜禱，廣咨詢，蠲税租，弛逋負，民得小康，饑不爲害。飛虎軍驕横不可制，有恃醉挾刃傷人者，案軍法誅之，於是帖服無敢犯。明年召還，以疾辭，進直顯謨閣、知太平州，未上。又明年，除尚書左司郎中，竟辭不就。乃申太平之命，未行而以疾卒，享年六十有三。累官中大夫，爵金華縣開國男，食邑三百户。

其配李氏，諱孟琰，字文靚，孝友聰明，識趣高遠。莊簡公南遷時，年未及笄，已能刻苦自厲，甘忍貧薄，周恤親黨，雖凶事無所憚。既歸公，諸妹多未行，奩具所須，推予不少靳。奉祭祀必誠敬，事公以義，衣必親製，食必親嘗，藥必親煮。從公居官，未嘗問外事、買市物，而門内之治雖細必親，條理精密，如嚴官府。每罷官治裝，皆一日辦。警敏絶人而不爲苛察，治家嚴整而御下有恩。縫紉必精，澣濯必潔，而不爲組繡華靡。與公言，未嘗以爵秩進退爲欣戚，其教諸子亦然，有識高之。累封令人，後公三年卒。子男友端、友恭，皆力學有志操。友端嘗以進士高選，今俱爲從事郎。女友松，嫁太常寺主簿史彌遠。孫男履孫，將仕郎。女二人，皆幼。友端等葬公紹興府上虞縣永豐鄉張澳之原，以令人祔。

公少從中書公學，長壻李氏，又得莊簡公爲依歸，中年遊張敬夫、吕伯恭間，切劘不倦。晚歲讀書，厲志彌篤。自爲小官，即以治行有聞。治郡先教化，而訟獄期會無不謹；務施舍，而出納纖細無所遺。興利除害，皆有成績。爲部使者，廢置不避權門，糾劾不憚大吏。咨詢撫摩，無隱不達。至典方面，養威持重，務大體，不細苛。精擇丞史，隨才授任。治民訓兵，禁姦除暴，無一不可法者。蓋嘗自謂：「吾之爲治，主於寬而不使有寬名，輔以嚴而不使有嚴迹。唯其綱維總攝而脉絡通流，是以坐走百吏而我常無爲也。」有所弛張，必先究見利病本末，然後出令。恥爲姑息小惠以掠虚譽。每言：「欲寬民力，先恤州縣；州縣足，則科斂自息而田里安矣。」謂榷酤茶鹽非古法，不忍盡以律令從事。於犴獄尤兢兢，然亦未嘗縱釋有罪也。所至必問人材，興學校。潭州嶽麓、衡之石鼓，皆一新之，學者用勸。薦士唯公論是與，不私親故，不受請囑。有所薦，輒閉閤草奏敕，吏莫敢言。雖被薦者，亦事下然後知。伯恭聞而嘆曰：「潘公薦士，可謂盡善盡美矣。」所部水旱盜賊，無巨細必以聞；以祥瑞告，則抑而不省。其愛民如子，馭吏如童僕，接寮屬如朋友，惜官帑如私財，治公事如家事。事有不便於文法，輒身任之，不以累其下。是以人争爲盡力，所至稱治。近世士大夫間，號精吏道，有科指，而寬猛適宜、大小中度者，無出其右。其持身尤謹飭，言笑有常度。其仕進不即人而人即之，然有小嫌，輒避不處。曾覿貧賤時，嘗以詩文見。及貴，絶不與通。使人來致慇懃，輒不報，以書請事，亦不從。歸自江東，環堵蕭然，彈琴讀書，有以自適，未嘗一與諸公貴人通聲問。晚歲召還，蓋將有以處之，而公病矣。亦會有謀傾宰相者陰尼之，遂竟不獲究其用，論者莫不歎息，而公處之超然。少喜學書，得歐、顔楷法，勁挺嚴密，如其爲人。雅不信浮屠詭異之説，嘗著《石橋録》以斥其妄。喪祭不狥流俗，平居無所嗜好。既病，神明不衰，起居莊敬如常時，顧諸子，誦曾子易簀時語而絶。是則世之所以知公者，猶未足以議其方也。熹從公遊雖不久，然相知爲最深，友端等又來學，故於其葬來請銘，不得辭也。銘曰：

士患不學，學患不行。口榮心悴，❶物重身輕。偉歟潘公，夙有奇尚。蹈履密微，老益堅壯。湖清海謐，❷百辟儀之。歸歟僊矣，道固委蛇。唯其德學，知者蓋鮮。我銘其幽，以告悠遠。

敷文閣直學士李公墓誌銘

公諱椿，字壽翁，洛州永年縣人。❸曾祖安、祖泰皆不仕。父升進士起家，爲吏以廉正稱，累官朝奉郎，贈大中大夫。母楊氏、趙氏、張氏，皆贈碩人。靖康之難，汴都不守，大中公以衛父見傷，父子偕卒。公年尚少，藁殯佛屋，深竄而詳識之。奉母南走湖嶺間，備嘗艱窘而竭力以養，母子相慈孝，人不知其趙出也。用遺澤補官，調潭州衡山尉。擿姦發伏，人不能欺。決事問理如何，不爲勢奪。再調桂陽監司理參軍，盜發臨武，將尉縛六十餘人以獻。公辨理之，才六人抵死，它所活亦甚衆。以數争獄事失守意，求去不獲。守悟，乃更相知。建復臨武縣，盜以不作者二十年。徙衡州軍事判官，守與部使者交惡，公諫止之，不聽。

❶「心」，原作「身」，據閩本、浙本、天順本改。
❷「謐」，原作「謚」，據閩本、浙本改。
❸「洛」，原作「洛」，據浙本、天順本改。

後闔郡坐劾去，公獨免。邵民有告兩人爲盜者，郡得其一，將寘之法，而囚家訴冤。公被檄鞫之，使召告者，則無其人。問其同徒，則已斃於路矣。閱故牘，則斃者是夕乃在他州，有左驗，囚乃得釋。徙寧國軍節度推官。豪民執僞券取陳氏田，陳父子斃于獄，妻又將斃矣。公辨其僞，奪田歸陳氏。虜亮將渝平，亟白守將修城壁、葺軍械、料民兵甚整，人恃以安。張忠獻公節制兩淮軍馬，辟準備差遣。及拜宣撫都督，皆以自隨。蓋公始見胡文定公，退與其諸子遊，從容言曰：「椿願天下之人，無不唯是之求耳。」胡公聞而異之。其子仁仲後見公所論富川六事，亦謂有經濟才。張公知之，故取以爲屬。諉以經畫淮甸事，公爲奔走兩路，綏集流民，布置屯兵，察廬、壽軍情，相視山水寨險要，凡四五反，詳審精密，所助爲多。

它如謂督府當鎮無爲，請制戰車以易拒馬之屬，未及行者尚衆。至於事有不可，則固未嘗爲苟同也。宣司訖事，議請第賞官屬。公曰：「今未有功而遽求賞，已非所宜。且先將佐則無以勸士卒，溥及之則無以待有功，皆不便。」張公然之，爲止不上。後諸將有以北討之議聞者，事下督府，將從之。公在外，亟奏記張公曰：「復讎討賊，天下之大義也。然必正名定分、養威觀釁而後可圖。今議不出於督府而出於諸將，則已爲輿尸之凶矣。况藩籬不固，儲備不豐，將多而非才，兵弱而未練，節制未允，議論不定，雖得其地，不能守也。」書未入而師已行，則又言曰：「大將勇而無謀，願授成算，俾進退可觀，毋損威重。」既而果無功，張公悔之。一日，喟然歎實材之難得，公徐對曰：「十室之邑，必有忠信，天下之大，豈可厚誣？誠欲致之，唯不惡逆耳而甘遜志，則庶乎其肯來矣。」張公復拜右相，公知事不可爲，勸之去。明年春，又出視師，公曰：「小人之黨已勝而公無故去廟堂，此必危。」復申前議甚苦。張公心是之，而自以宗臣任天下之重，不忍決去計也。未幾，果罷。公出幕府，得監登聞鼓院。在職數月，有所不樂，請通判廉州以歸。未上，召對，首請復廣西州縣運鹽而罷折税、和糴、招糴之擾，二請無汰去軍中百戰之士以壯軍勢、寬郡縣，三請以墾田爲課最，而更賦法，改禄令，多以穀帛，少以錢，皆當上意。除知鄂州，再對，請令墾荒田者三分其租，三年乃增其一，三增而畢輸。請罷經總制錢，悉爲上供，一其帳目以省吏姦。上可其墾田説。至鄂行之，復户數千，曠土大辟。鄂地重而守權輕，賦薄而用廣。公交際以誠，調度從約，未幾，遽振而贏。嚴火備，禁姦盜，皆有方畧。軍民之争，一決以法，主將悦服。移廣南西路提點刑獄公事。廣西舊遊，習其民情之欲惡，有所更革，不戒而孚。官吏有罪，免之而已，無所窮治。未竟之獄，一以輕平，所縱釋數十百人。盛夏按行，慮問諄悉。退閲文書，一夕千紙。奏罷發運司所復昭州金坑，請禁仕海南者無得市土物，事皆施行。移荆湖南路轉運判官，俾入奏事。行及近甸，時宰忌之，促使道之部。適歲大侵，官配民備賑糶，❶民争糴，米踴貴，復抑米價，商船不來。公至，損配數，除米估，人用不飢。奏請蠲歲糴代發二分米，出緡錢權楮幣，和糴米宜用市直，毋使太賤傷民，

❶「糶」，原作「糴」，據浙本、天順本改。

人以爲便。自爲少吏時，❶已病監司行部從吏卒擾州縣。至是當出，輒前戒吏具州縣所當問事目以行，而罷諸常從者，所至州取吏卒使令。凡以例致饋，一不受。自是人多效其所爲，言事者亦請下諸道以爲法。召爲吏部員外郎，復論廣西鹽法。上是其説，俾條施行之目以上，遂改法焉。其後二十年間，法雖屢變，而折苗、和糴、招糴之擾竟罷，民賴以安。除樞密院檢詳諸房文字，❷小吏持南丹莫氏表來，請於宜州市馬，因簽書張説以聞。公語説：「邕遠宜近，人孰不知？其前日故遷其塗，豈無意哉？況今莫氏方横，乃欲爲之除道而擅以互市之饒，誤矣。小吏妄作，將啓邊釁，請論如法。」説又議諸郡招軍，宜立法以課殿最。公語之曰：「贛、吉、建、劍等州民衆俗悍，雖多募不難致。淮、漢、荆、湖凋弊未復，若限以額，恐有抑捽之擾。」積二事忤説，説怒，語人曰：「吾乃無一可耶？」公聞之求去，上問知之，亟令慰喻安職。未幾説免，乃遷公左司員外郎，密裨國論，深抑吏姦，號爲稱職。嘗言：「三衙御前之兵有用，當益；諸州廂禁兵無用，當銷。銷之之術，死亡勿補，二十年之後，無復無用之兵矣。它時寧壹，以御前兵分屯諸州可也。」始，公在督府，嘗建軍民雜耕之策，既而詳其利病，乃欲盡捐以予諸軍，使歲分半卒以耕而益其食。至是亦爲上言甚悉。尋復請外，除直龍圖、知隆興、江南西路安撫。避祖諱，改荆湖南路轉運副使。至未一月，移都大提舉四川茶馬，俄復歸故官。建請十三事，

❶「少」，四庫本作「小」。
❷「檢」，原作「驗」，據閩本、浙本、天順本改。

同日報可。大者減桂陽軍月樁錢歲萬二千緡，而損民税折銀之直，民刻石紀之。免户部配鬻乳香，諸路併得免，訖今不復配。衡嶽廟火，公言：「廟洊火，天寔厭其非制，請毋復屋而築壇以望，用遵禮典，省財力。」不報。茶寇作，帥以失律免，公攝其事。時江西兵已集，寇勢窘，謀復南走。公亟收散亡分守要害，寇不能越，故江西得蹙而擒之。姦民有規聚徒應賊者，公募土豪捕其魁桀誅之，餘悉散走。事平，請於朝，歲分卒戍産茶處，盗以益衰。又言：「茶商買券於官而復市茶於園户，與鹽商買券而即受鹽於官者殊科。今一其賈，是以茶商獨困而私販多，歲額不敷而民被擾，甚則鬭敓攻劫爲群盗，前日之事亦可驗矣。請損其直以便事。」而有司吝出納，乃析小券，以一爲六，實無所損而重以煩費，人益病焉。召還，見上，首論軍政之弊曰：「屬者鄂渚大軍三千，捕茶寇數百，亡失過半。小寇尚爾，如大敵何？臣嘗求其故矣，大抵將不得人，馭衆無術，廩食既薄，又苦侵漁；老成習戰之士，一以疲老被汰，則挈其强壯子弟以去，軍中唯有抑勒寄招之人，又皆不習戰陳而不可用。至於待遇，復不均壹，使吾老舊之卒，自傷其不及歸正之人，而歸正者，又自以爲待之不如俘虜之厚也。誠亟圖之，反此數者，則軍聲振而國勢張矣。」因復力陳茶法之弊，乃得頗增鹽數，而公意未已也。政府白擬司農少卿，上自用公爲正卿。京師月須米十四萬五千石，而省倉之儲多不能過兩月。公請給南庫錢以足歲糴之數，又糴洪、吉、潭、衡軍食之餘及鄂商舡，并取江西、湖南諸寄積米，自三總領所送輸以達中都，常使及二百萬石，爲一歲備。久之不行，公以不得其職求去，不獲，又以白宰相曰：「今豐儲倉、南上庫皆移東就西以眩主聽，而使朝廷、户部自分彼此，告借索還，有同市道。願革而正之。凡百政事，各付攸司，委任而責其成，則名正而實舉矣。」臨安擇守，公在議中。執政或謂公於人無委曲，上曰：「正欲得如此人。」遂兼權臨安府事。守比非其人，日走權門、奉約束耳，民事悉付吏手，吏得徇勢爲姦。公既視事，親閲文書，躬自予決，要人請囑，一無所聽。府故以宧者爲承受公事，❶守至例謁之。公不往，怒，因喻旨故遷延以相沮傷。公白政府無所用承受，請罷之。市有火近巨璫所居舍，怒不專捄護，遣兩卒喧厲公所。公奏其狀，下兩卒大理獄。大理觀望，覆逮府吏卒，公即家居自劾。詔杖兩卒，釋府吏卒勿問。僧倚豪貴，立私宇至百數，會有以姦穢事覺抵罪者，因悉以令没入之，而逐僧還所隸事。在府三月，竟以權倖不便亟解去，而民至今稱之。公在朝，遇事輒言，執政故不悦。及是轉對，又言：「《易》以九居五、六居二爲當位，而詞多艱；以六居五、九居二爲不當位，而詞多吉。蓋君以剛健爲體，而虚中爲用；臣以柔順爲體，而剛中爲用。君誠以虚中行其剛健，臣誠以剛中守其柔順，則上下交而其志同矣。陛下得虚中之道，以行剛健之德矣。而在廷之臣，未見其能以剛中守柔順而事陛下者也。願觀象玩詞，求剛中之臣，遠柔佞之士，以應經義，起治功。」由是執政滋不悦，沮公茶議，使不得行。公益論事自若，久之求去，復除江南西路轉運副使。陛辭，上曰：「卿未可遠去。」

❶「宧」，原作「宦」，據浙本改。

改知婺州，進祕閣修撰。上意猶欲留公，而公亟言軍政敝，武備弱，必誤事，不合旨，乃之郡。居數月，郡以大治。會詔市牛筋五千斤，公奏一牛之筋才四兩，今必求此，是欲屠二萬牛也。上悟，爲收前詔，且思公前言，召以爲吏部侍郎。公又爲上言：「民貧多盜，非國之福。願詔中外有司各條所部冗費可省者以聞。」上善之，而亦不果行也。在吏部，與吏史約，予奪命士所陳身計，當悉疏著令，堅定其可否乃行。既行，而有遺若未允者重坐，吏以此不能肆其姦。秀邸館客特注州掾，公言其人未試，且銜待次人，請更受員外，置不簽書公事。執政建議欲有所私而託以吏部所啓，公言是事雖小，所關則大，請究治。上嘉納焉。上親慮囚，命公與知閤門事張掄次比其事以聞。掄自以官承宣使，欲列名公右。公不可，白之丞相，亦右掄。公奏言：「臣固知承宣使序權侍郎上，但使事以閤門副侍郎耳，故所被旨臣實先掄，唯陛下財幸。」上不直掄，罷之。公以上常獨檻機務而群臣偷安苟免，乃按《易》象爲上言：「乾首坤腹，而六子之卦各象其事，故聖賢之訓皆以君爲元首，臣爲腹心、股肱、耳目、喉舌，各有攸主。今君勞臣逸，非治之體。且使出令用人或有未善，則過歸於上而政亂於下。願觀《易》卦之象，體乾剛健，而使腹心、股肱、耳目、喉舌之臣各任其職，且察臣下有遊近習之門者，嚴禁絶之，而益以公道用人，名節取士，則士風振而人材出矣。」一時弊事，如衛兵壞僧廬、掠都市而朝廷不深治，言事官彈劾不勝去職，而取從風聞者坐黥隸，軍中結邏卒開鋪以摇主將，皆極言之。又建白凡選監司若大郡守，宜使侍從集都堂，公舉所知，而宰相拔其尤者以聞，皆切治體。又請凡應輸義米者，皆置倉鄉社以藏，而凶歲還以予之，亦便於事。然皆不得行，獨衡州監牧諸軍回易竟罷，如公言。又嘗抗言：「往者閹寺之盛，卒階靖康、明受之變。今復盛矣，請抑制之，不使寖長。官置蠶室，限其進子之數。官高者使補外，而門禁宫戒之外，它毋得有所預。嚴士大夫兵將官與之交通之禁，則上下俱安而禍變潛弭矣。」上聞「靖康、明受」語，嚬蹙久之，曰：「幼亦聞此。」因納疏袖中以入。最後極言邊備不可以不豫，如欲保淮，則楚州、盱眙、❶昭信、濠梁、渦口、花靨、正陽、光州皆不可以不守。如欲保江，則高郵、六合、瓦梁、濡須、巢湖、北峽亦要地也。其形勢之緩急，兵力之多寡，計策之利鈍，皆歷陳之，如指諸掌。又論應城四達之衝，宜屯一軍以爲襄陽近援。荆南兵戍襄陽，宜徙其家屬營江南，毋使爲虜所襲。以病請祠，不許，面請益力，乃除集英殿脩撰、知寧國府。數日，改太平州，賜尚方珍劑以遺焉。當塗重地，蓋以一面爲寄。公因自請以時行視圩埠，有機事得以密疏直達，上皆從之。既至，力圖上流之備，請選募横江水軍千人，以爲濡須、東關、采石聲援。采石水軍舟多卒少，宜以步卒之半爲水戰之用，使可舟可陸，往來巢湖，爲必保濡須之計。而凡沿江津渡，宜使皆隸南岸。比來和州利商算，輒穿支港以内舟，首尾皆屬之江，此爲自隳天險。邊民盜虜馬，或爲它盜來歸者，有司不問，甚或賞以勸之，皆不便。上納其言，亟命塞港，它亦頗施行。居年餘，年六十九，即上章請

❶「眙」，原作「貽」，據浙本、天順本改。

老。上初惜其去，三請，乃許以敷文閣待制致仕。越再歲，上以湖南兵役之餘，公私困敝，上下恫疑，思有以鎮安之，謂公重厚可倚，復起公以顯謨閣待制、知潭州、荆湖南路安撫使，私禮免繫帥銜以避家諱。公雅無復出意，再辭不獲，乃勉起。至無幾何，悴者蘇，疑者釋，氣象一切如盛時。復税酒法，人以爲便。前此官市民物不予直者，悉爲償之。斗酒千錢，不妄用，故人賓客薄少周助率以私錢。州宅火，徐葺之，不調一夫而復其舊。諸縣有羡賦，州竭取之，縣以不可爲。公歸其半曰：「歲饑用不足，少須之，當悉歸矣。」歲旱，賑廩勸分，蠲租十一萬，給常平米二萬，糶又數萬，民以不流死。飛虎軍新立，或以爲非便。公曰：「長沙一都會，控阨湖嶺，鎮撫蠻傜，而二十年間大盗三起，何可無一軍？且已費縣官緡錢四十二萬，民財力不可計，何可廢耶？亦在馭之而已。」異論乃息。郴民輸租，吏所加賦幾再倍，力請裁之，三去其一，民以小寬。前在兩州，再言配法之弊，請使凡應配者，秖坐加役流法，髡鉗居作，三年而免，毋或黥涅，使得自新。免竄逸，免遞送，廣至恩，召和氣。至是，計長沙一歲所遞配卒千二百五十餘人，復申其説。朝廷爲下其事，而議者狃常，或笑以爲迂，不能革也。未滿歲，復告歸，進敷文閣直學士致仕。朝拜命，夕登舟，歸老衡陽故居野塘之上。淳熙十年十一月旦日薨，享年七十有三。公生十有五年，避地南來，貧無以爲養，不得專力於學。年三十，始學《易》。兩鞫郡獄，須慮問者累旬不至，因得晝夜研考，乃若有得，遂樂玩而没身焉。其言於朝廷，措諸行事，無適而不於是也。尤惡佛老邪説，在臨安被詔擇靈隱寺主，因復于上曰：「天地變化，萬物終始，君臣、父子、夫婦之道，性命之理、死生之故、鬼神之情狀，《易》盡之矣，曷爲求之他？」他時僧或宣對後苑，復疏其失，請崇先王之道，正人倫之本，漸汰游惰，歸復農桑。其在當塗，申法禁，戢誑誘，出教喻民，語極諄悉。至是病革，題詩一章，以示諸子，沐浴正衣巾而逝。人以是益知公之於《易》非徒誦説而已也。公莊重簡淡，嶷然有守，泊然無欲，喜怒不形見於色，故人不可得而親疏。而中夷易平直，廉不近名，介不絶物，應事存心，悉主於厚。平生未嘗失節於權倖，然非有意以矯厲爲高也。在六院時，淵、覿寵方盛，同舍日走其門，公恥之，自引去。晚登從列，覿已位使相，竟不往謁。它一二輩職事所及輒與忤，又嘗爲上指言其姦。其徒相與聚而訕公，有言太尉獨不奈李某何者，其人復之曰：「誠無奈其不顧官職何耳。」賴上知公深，屢歎其樸直，故小人無以行其計。公於中外鉅細，知無不言，其尤致意焉者，邊備、軍制、賦法、禄令、茶鹽、屯田、經總制錢、揀汰、歸正、配法也。蓋自少日親罹兵難，復歷邊事，盡悴州縣，乃登使守，乃踐省寺，於大小之務，皆身履而心喻焉，非如它人剽聞掠説而藉口嘗試者也。其從違忤合，雖不可常，然持其見終身不易，言之懇懇，至於四三。其才通，其識遠，不阿主好，不詭時譽，無書生之輕，俗吏之陋。其所緼畜使得宣究，斯世其庶乎！

公娶龐氏，早没。繼室以韓氏，有賢行，夫婦相敬如賓。皆贈令人。男二人：毅夫，承務郎，後公三年卒；正夫，宣義郎、廣南西路提舉常平司幹辦公事。女二人，長適朝散郎、提舉荆湖南路常平茶鹽公事臨川吴鎰，次適邯鄲劉仝。孫男八人：大有、大來，皆修職郎；大謙，迪功郎；大用、大臨、大鼎、大觀、大鼐未仕。女二人，尚幼。公居家有常度，不惰替，亦不嚴厲，約不戚，豐不泰，終身一致。在官儉而法，官燭不入中門，家人不用公家供張。初臨有新帟幕，必撤而藏之，存以迎新。去之日，不私一物焉，家至今無有敝帷。蓋凡例所饋餉私不應法之入，率積之公帑，以供公不應法之用。餘則委置而去。門内化之，落然清素。素篤風誼，嘗僚章貢李燮，死于安陸，有女棄民間，公贖而育之，韓令人愛之如己子，以歸士族。初仕，亦嘗從衆投上官爵里狀，心怵然不寧，自是不干請。嘗獲盗委曲，可以被賞，置之弗問。既循資，則曰：「吾老於職官耳。」年五十有二，乃改京秩，自是出爲時用。然未嘗忘歸志，未始携家入中都，亦不至畿郡。仕五十年，上爲人主敬信，下爲士大夫尊慕，無纖謗微累。出入中外數四，其入也皆以特召，其出也皆以力請。年至亟歸，不得已而勉起，起又竟歸，以終素志而没。出處之義，特爲全盡。以是年閏十一月十一日，葬于衡州花光寺之山後二里，與韓令人同穴。以葬日迫不及識，而吴鎰狀公行大略如此。後十年，正夫乃以其銘見屬。熹不足以銘公，然熟公聞望蓋久，中間一再通書，荷公見予良厚。今又得吴狀及公平生議奏讀之，觀其行身如履繩蹈矩，無一事之不合於理；論事如絲麻穀粟，無一言之不適於用；而其忠厚純篤之氣，又有藹然溢於行事言語之外者，未嘗不廢書三歎而悚然心服也。乃最其事而系以銘。銘曰：

《大易》之緼，微妙不窮。孰窺其表，而測其衷？懿彼李公，心潛躬詣。逮其渙然，隱顯一致。進矢于廷，退諗于私。迎知失得，不假蓍龜。閔天越民，忠君及國。在古有評，曰庶常吉。胡不百年，以究其施？長言鼓缶，奄昃其離。衡山之陽，非其故土。窆而弗銘，曷詔終古。?

滕君希尹墓誌銘

君姓滕氏，諱洙，字希尹，世家徽之婺源，蓋莫詳其始所自來。中間有見故翰林學士達道者，扣之，乃知與東陽之族同原，而亦不能言其遷徙合散之所由也。君曾祖谷、祖爲、父恂皆不仕，而叔父愷蚤以文學論議有聞於時，起進士，官信之户掾以卒，士友惜之。君幼聞家學緒餘，長從鄉先生俞君宋祐及一二知名士遊，益務記覽，其蓄甚富，爲舉子文亦精緻有程度。而數以不偶，即棄去不復爲，獨教諸子爲學，而不專爲場屋計。平居厲以篤志力行之訓甚悉，及二子登科從仕，則又時時爲道平日閭里間所聞，見情僞失得之變，以開曉風切之，以故二子皆以能自樹立，有聲州縣間。晚得末疾，猶手抄孔、孟言仁梗概一編，日夕玩誦，而又大書「躬自厚而薄責於人」之語於壁以自警。其好學檢身，雖老不倦如此。病革，却醫藥，手書「死生有命，富貴在天」兩言，以示諸子而卒，紹熙四年七月二十七日也，年六十有五。夫人胡氏，有賢行，前君一年卒。五男子：璘，從政郎、鄂州州學教授；珙，迪功郎、寧國府旌德縣主簿；瓘、理皆業進士；璓，前卒。二女子，嫁進士程萬頃、程櫄之。孫男七、女四。君爲人恭儉質實，遇人無少長，俛首接語，如見大賓。凡世所謂少年豪習、饒樂放縱事，未嘗一接於身。自奉甚薄，終身如一日，不以豐約易其度。居家事親誠心孝愛，委巷之禮、薄俗之態，雖於强之，不忍爲也。兩逢慶壽恩，或勸增年以應格，君不可。或問之，則曰：「欺君而受爵，亦何榮之有哉！」有士族女，未亂落倡家，君謀贖之。倡儈知君貧，立僞券，高其直以難之，君未有以爲策也。會璘預薦書，郡致金錢若干，爲勸駕禮，盡以予倡，得女嫁之，不復詰其僞。縣宰張安中賢之，爲書其牒以表焉。君之爲人大抵如此。嗚呼，是亦可謂善人君子矣！然其志與材，既不得少自見於當世，其壽命又不得究於高年，獨諸子既能順承其志，而又將有以顯揚之，則人或以是爲天之報施果不繆也。璘等將以明年五月二十四日，合葬君、夫人於萬安鄉龍陂四牡之原，使珙奉吉州録事參軍程君洵之狀以來請銘。余以疾病久衰謝不能，而珙請益堅，余竊哀之，乃爲次其事而銘之。銘曰：

行之躬，學之力。積之豐，施之嗇。謂天夢夢，請視斯刻。

承務郎李公墓誌銘

乾道六年，成都府路轉運判官、權安撫司事趙公説、知漢州事余時言，共以州人李君之行義聞於朝，未報。而四川宣撫使王炎、安撫使薛良朋、轉運副使王璠、判官趙不憂相繼表上，孝宗皇帝聞而嘉之，乃九年閏正月丁酉制曰：「務穡勸分，❶有司之爲

❶「穡」，原作「穑」，據閩本、浙本、天順本改。

政；發廩賑乏，仁者之用心。爾以布衣，居于下士，因年饑之不足，動義概以有聞。屢出私藏，多所全活。與計偕而已老，從官牒則徒勞。勉服官榮，歸教鄉里。可特授迪功郎致仕。」里之人高君之行而飽其惠，既相與嗟歎而詠歌之。君没之後十有七年，其孫寅仲入祕書省佐著作，會進史得增秩，因請貤以及君。於是又詔特贈承務郎，人以是益知君積善之報爲未艾也。又後數年，著作君乃自其家使人以書，致君行述一通於予，請以是銘君之墓。予故未得交君父子間，又以病廢書久，欲謝不能。而惟閩、蜀相望數千里，著作君乃近舍其鄉之先生君子而遠以屬我，是其可以虚辱哉！乃最其書之言曰：君諱發，字浩然，其先隴西人。唐明皇帝逃難入蜀，過漢小留，其近屬之從行者因或家焉，君其後也。世居什邡縣邕順鄉，後徙長原。曾祖保榮、祖有質、父世通皆隱不仕。君資禀高邁，自少俶儻不群。讀書有大志，傲睨塲屋，謂功名可立致。以鄉貢入辟廱，補内舍。久之，未第。宦者梁師成方貴幸，士之不得志者，類資以得官，或以是怵君，君正色拒之。京師被圍，疏陳大計，不報，即棄録牒，歸養于家。其先府君晚厭人事，常獨居一室，家務一以諉君。君節衣縮食，瘠己以崇養。買書闢館，迎脩士以教子孫。而於忠孝立身之大義，尤致意焉，不專爲覓舉干禄計也。親疾，療治不遺力，雖毁傷無所憚。免喪既久，語及親猶泣下，廬墓側再踰歲。弟没亡子，遺腹生一女，婦服未竟，輒謀私其槖以行。君以義正之，❶其家愧恨，欲以危法中

❶「正」，《正訛》改作「止」。

君。君不爲屈，吏又偏主其詞，而卒不能有以污也。已而撫其遺女如己生，且厚資之以歸名族，無纖芥餘憾。自其少日生理未裕之時，以至于老而豐殖，推財讓産，恤孤懷幼，賙人之急，自兄弟族黨以及于疏遠之無告者，無不必盡其力，而退無自多之色。平生折券棄責不勝計。里人有鬬訟者，就以求直，聞其言，皆失所争而去。其微至於病者予藥石、産者給薪米亦久不懈。❶歲旱，犯烈日徒步數十里，爲鄉人致禱，雨爲立應，人尤德之。歲或不登，輒爲食以食餓者，自春徂冬，日以千數。乾道戊子，民饑甚，官爲振廩勸分，而就食君家者日至三四萬人。明年，流庸未復而荒政已罷，民愈困弊，數百里間，扶老携幼、挈釜束薪而以君爲歸者，其衆又倍於前。蓋君之爲此，自紹興之丙辰至此三十餘年，歲以爲常，所出捐不知其若干斛，所全活不知其幾何人矣。及是而惠益廣，績愈茂，以故州郡及諸使者始上其事而蒙顯賞焉。君初不欲，而不能止也。既起拜命，因摘詔語，牓其所居爲義概之堂，曰：「姑以示吾之子孫，使之無忘聖朝所以褒勸之意，而益勉於及人也。」蓋於是時，君之年七十有七矣。明年，屬疾且革，猶顧左右，問今日所飯凡幾人。既没，所活餓人過其門者，無不流涕也。嗣子巘既葬君其鄉古魁之原，又次君行事如此，而論其概曰：君才雖高，而動以繩墨自守。凡有所爲，必問禮律如何，其中退然如不勝衣者。唯於義之所在，則奮然以身先之，雖壓以公卿之勢弗奪也。臨大患難，瀕死而氣不少沮。季子以言事得罪，至徙嶺表，君

❶「米」，原作「末」，據浙本改。

不爲動。與人交，開心見誠，不逆其詐。尤謹然諾，不爲利回。人有小善，稱之不容口，不則必面折之，而亦不復留胸中也。故從之遊者，莫不愛敬而嚴憚之。或者至以俠名歸之，蓋不知世之以武犯禁者，正君所深恥也。雖無官守之責，而聞四方水旱疾疫，輒憂見言色。論天下事激昂慷慨，利害曉然，聽者忘倦。故相魏國張忠獻公雅知君，書疏往來，未嘗不稱歎其賢。張公都督征討，君移書爲陳量力慮勝之戒甚切。嗚呼！君之爲人如此，使及强盛之年得用其力於當世，則其所立，宜必有大過人者。今既不獲施用，而其餘功，猶足以活千萬人之死命。雖其存没，幸嘗再被寵褒，然天之所報君者，豈若是而休耶？君卒之歲，淳熙甲午二月丙寅，葬以辛丑五月之壬寅。君夫人同郡楊氏，先卒。二子：議以累舉得官著作，陞朝籍，累封宣教郎致仕，賜緋魚袋；竑中進士第，至宣教郎，後公數年皆卒。一女適朝散大夫、知嘉州王种。孫男五人：寅仲爲長；次賓仲；次康，早世；次憲仲；次寘仲。寅仲賢而有文辭，今爲奉議郎、知普州。所以篤君之慶於無窮者，將於是乎在。予雖不及識君，而於君之事無所疑者，獨以行述爲可信。又讀義概諸詩，而全蜀名士無不在焉，益知行述之果不誣也。乃悉論次而系以銘。銘曰：

德而不才，德匪其德。才而不德，乃才之賊。賢哉若人，抱道隱居。振廩之功，日活萬夫。茂實既騰，帝偉其績。命服命書，于以往錫。既寵于堂，又賁于幽。惟是聞孫，益鴻厥休。我銘其藏，千古不泐。義概之名，永世無斁！

宣教郎致仕陳公墓誌銘

君姓陳氏，諱衡，字公權。曾祖確、祖□、父□皆不仕，世爲福州候官縣人。及君之生，質直嚴重，謹然諾，寡言笑，飲食起居有常度，寒暑不易。危坐終日，對妻子未嘗見齒。雖嚴于家，而與鄉人處，則斂退樂易，唯恐失色於人。虚懷待物，不疑人欺，遭詐取直無愠。責逋於人，愧若己負，以故不能治生而安於貧。嘗曰：「吾不怨人，亦莫余怨；不侮人，亦莫余侮也。」中歲益貧，迺闔門以教子爲事。奉養靳靳，而資其子使從師友講學，至解衣無吝色。起居晨夜，必以身率之，其勤約人所不堪，而君處之裕如也。已而諸子舉進士有名，仲子孔碩登科，從官所涖多可紀。❶人意其繩約少寬，而君訓飭彌厲，未嘗假以言色。其平居，所以告語之者隨事不同，而要其歸，必出於守道循理、愛人及物之意。孔碩爲邵武宰，方以聰明慈愛，甚得其民，而君遽以疾終于寺舍。❷市里聞之，無不失聲嘆吒，如悲親戚，紹熙五年十二月丙寅也。平生不喜僧道巫覡誑誘之説，及病，遺戒悉擯不用。蓋其天資有過人者，故雖未嘗問學，而卒能有以自拔於流俗乃如此。初以慶壽恩授某官致仕，既再遇登極及明堂恩，累階宣教郎，賜五品服。娶同郡黄氏，封宜人，先卒，而葬于閩清縣賀恩里大將之原。至是孔夙等將奉公柩以合焉，亟以書來曰：「諸孤不孝，荐遭閔凶。前日先生既嘗幸哀而賜之銘

❶「官」，浙本作「宦」。

❷「君」，原作「居」，據閩本、浙本、天順本改。

矣，今而闕焉，是使孔夙兄弟無以見先人於地下也。敢泣以請，惟先生憐之。」時予方以負罪杜門俟譴，不敢復近筆硯，爲辭章。然讀其狀，於中若有愧焉，因竊叙而銘之。其子孫男女已具前志，此不復出。銘曰：

言之出，不踰閾。行之長，不滿鄉。人莫我尤，我豈人憂？載此餘驩，以適其丘。吾淺之爲丈夫者，又安能窺其際而涉其流乎。

范直閣墓記

宋故左朝散郎、直秘閣、主管台州崇道觀范公諱如圭，字伯達。曾大父履謙，妣阮氏。大父補之，妣李氏、童氏。父舜舉，從事郎，累贈左朝議大夫。妣胡氏，繼葉氏，俱贈恭人。大父以上世家建州建陽縣之由原，先大夫始居漳濱，遂爲荆門軍當陽縣人。以崇寧元年玄黓敦牂九月己丑巳時，生於舅氏胡文定公荆南學官廨中，既孤自奮，從文定公受《春秋》學。舉進士，建炎二年對策廷中，語切直。張和公時爲考官，第爲首選，同列不可，於是以乙科賜及第，授從事郎、武安軍節度推官，以母喪解職。服除，從外舅葉公辟，爲江南東路安撫司書寫機宜文字。召試館職，除祕書省正字，兼史館校勘如故。紹興十年春，謁告如荆門，遷奉先大夫、恭人之柩歸葬建陽。始，公在館數陳論時政，與宰相意不合，至是遂請奉祠，差主管台州崇道觀。秩滿，輒復請，由是歷十載，三爲祠官。十九年，添差通判邵州。秩滿，差通判荆南府，賜緋。二十七年，召赴行在。上殿，直祕閣、提舉江南西路常平茶鹽公事。歲餘，除利州路提點刑獄公事。在道上書論宗社大計，有人所難言者。會有目疾，辭得不行，差主管崇道觀。二十九年秋，起知泉州。十月到郡，革弊抑强，人方受其賜，而貴勢不以爲便，俄有旨與宮觀，理作自陳。越明年正月，始被命，即日罷歸。四月受敕，復爲主管崇道觀，而公已病矣。六月乙丑，卒于邵武軍寓居之正寢，享年五十有九，而是歲紹興三十年上章執徐也。公娶葉氏，右文殿修撰宗諤之女，封安人。子男三人：長念祖，右迪功郎，次念德，次念兹。念兹後公十八日而亡，年十有七矣。女二人，長適右承務郎折知常，次適登仕郎劉玶。孫男四人，女一人，皆尚幼。其年九月甲申，諸孤奉公喪歸葬建陽縣渭曲山。謹次公姓系、爵里、始終梗概納諸壙中以識。若經術、行誼出處之詳，則將請于先生君子深知公者，刻辭墓左，以明示後世云。從表姪、左迪功郎、監潭州南嶽廟朱熹謹記。

皇考左承議郎守尚書吏部員外郎兼史館校勘朱府君遷墓記❶

先府君諱松，字喬年，姓朱氏，徽州婺源人。曾祖諱振，祖諱絢，妣皆汪氏。考諱森，妣程氏。三世皆不仕，考妣以府君故贈承事郎、孺人。府君生於紹聖四年閏二月戊申，性至孝，有高志大節，落筆語輒驚人。政和八年，以同上舍出身授迪功郎、建州政和縣尉。承事公卒，貧不能歸，因葬其邑，而遊官往來閩中。始從龜山楊氏門人爲《大學》、《中庸》之學，調南劍州尤溪縣尉，監泉州石井鎮税，循左從政郎。紹興四年

❶「朱」，浙本無。

召試，除祕書省正字。丁内艱，服除，召對，改宣教郎，除祕書省校書郎。遷著作佐郎、尚書度支員外郎兼史館校勘。歷司勳、吏部兩曹，皆領史職如故。以史勞轉奉議郎，以年勞轉承議郎。丞相趙忠簡公、張忠獻公皆深知府君，未及用而去，秦檜以是忌之。而府君又方率同列，極論和戎不便，檜益怒，出府君知饒州。未赴請間，❶差主管台州崇道觀。以十三年三月辛亥，卒于建州城南之寓舍，年四十有七。所爲文有《韋齋集》十二卷。娶同郡祝氏，處士確之女，封孺人，後二十七年卒。男熹，嘗爲左迪功郎、差充樞密院編修官。女嫁右迪功郎、長汀縣主簿劉子翔。孫男塾、埜、在，女巽、兑皆幼。初，府君將没，欲葬崇安之五夫。卒之明年，遂窆其里靈梵院側。時熹幼未更事，卜地不詳。❷既懼體魄之不獲其安，乃以乾道六年七月五日，遷于里之白水鵝子峰下。熹攀慕號殞，痛貫心骨。重惟先君既不得信其志以没，而熹又無所肖似，不能有以顯揚萬分，敢次叙姓系、官閥、志業梗概，刻而揜諸幽，且將請文作者，以表其隧。昊天罔極，嗚呼痛哉！

尚書吏部員外郎朱君孺人祝氏壙誌❸

先妣孺人祝氏，徽州歙縣人。其先爲州大姓，父諱確，始業儒，有高行。娶同郡喻氏，以元符三年七月庚午生孺人。性仁厚端淑，年十有八，歸于我先君諱松，字喬

❶「未」，原作「去」，據閩本、浙本、天順本改。
❷「詳」，《正訛》改作「祥」。
❸「尚書吏部員外郎朱君」九字，浙本無。「孺」上，浙本有「先妣」二字。

年，姓朱氏。逮事舅姑，孝謹篤至，有人所難能者。以先君校中祕書賜令號。及先君卒，熹年才十有四。孺人辛勤撫教，俾知所向。不幸既長而愚，不適世用，貧病困蹙，人所不堪，而孺人處之怡然。乾道五年九月戊午卒，年七十。生三男，伯仲皆夭，熹其季也。嘗爲左迪功郎、差充樞密院編脩官。一女，適右迪功郎、長汀縣主簿劉子翔。孫男塾、埜、在，女巽、兑皆幼。越明年正月癸酉，葬于建寧府建陽縣後山天湖之陽，東北距先君白水之兆百里而遠。不孝子熹號慕隕絶，敢竊記壙中如此。昊天罔極，嗚呼痛哉！❶

知縣何公壙誌

君姓何氏，諱鎬，字叔京，邵武軍邵武縣人。父諱兑，左朝奉郎。母陳氏、劉氏、林氏、鄧氏，皆封安人，而君劉出也。以朝奉公致事恩補將仕郎，更授右迪功郎、泉州安溪縣主簿。辟江南西路安撫司書寫機宜文字，調汀州上杭縣丞，陞從政郎、潭州善化縣令。未上，以淳熙二年十一月丁丑晦卒于家，年四十有八。娶同郡李氏。子男三人：琰、某、某。❷女三人，長壻吳大同，次馮棟，季未行也。

君天資夷曠，廉静寡欲，有過人者。始，朝奉公學於故殿院東平馬公伸，受河南程氏《中庸》之説，篤信力行，没身不怠。而君又得其傳，培殖從容，克篤前烈。佐邑有惠愛，著書數萬言。琰等將以四年三月某日，葬君臺溪東碭之原，其友新安朱熹爲識

❶「嗚」，原作「鳴」，據浙本改。

❷上「某」，淳熙本作「璒」。下「某」，淳熙本作「瑀」。

壙中如此，且將叙次其詳，以表于墓上云。

劉樞密墓記代劉平父

公諱珙，字恭父，姓劉氏，世爲建寧府崇安縣人。曾祖諱民先，故任承事郎，累贈太子太保。妣黄氏，彭城郡夫人。祖諱韐，故任資政殿學士，銀青光禄大夫，謚忠顯，累贈太師。妣李氏，秦國夫人。繼吕氏，韓國夫人。父諱子羽，故任右朝議大夫，充徽猷閣待制，累贈少傅。妣熊氏，福國夫人。繼卓氏，慶國夫人。公生於宣和四年二月十日卯時。建炎三年，以忠顯公致仕恩補承務郎。紹興十二年，中進士第，調紹興府在城都税務。未赴，改監潭州南嶽廟。十五年，差主管西外敦宗院。十六年，磨勘轉承事郎。十月，丁少傅公憂，服未除，而韓國夫人薨，公以嫡孫承重。二十一年，服除，差諸王宫大小學教授。❶二十四年四月，權祕書省校勘書籍官，又權禮部郎官。六月，權中書舍人。十二月，磨勘轉宣教郎。二十五年五月，罷。二十六年，差主管台州崇道觀。二十八年，召赴行在，除大宗正丞，未赴。二十九年，磨勘轉奉議郎，改祕書丞。三十年，兼權吏部郎官。四月，除吏部員外郎，改監察御史。十月，復爲吏部員外郎。三十一年正月，兼權祕書少監。六月，除起居舍人。九月，兼權中書舍人。十月，兼權直學士院，從車駕幸建康。三十二年三月，除中書舍人，賜紫金魚袋。五月，正兼直學士院。八月，以扈從恩轉承議郎。今上登極，覃恩轉朝奉郎。借朝議大

❶「王」，原作「三」，據浙本改。

夫、禮部尚書奉使大金。上以公辟置官屬公當，特賜御札奬諭。時始議與金人爲敵國之禮未決，以故未出疆而復。隆興元年二月，磨勘轉朝散郎。十一月，除集英殿修撰，知泉州，未赴。二年二月，改衢州。乾道元年三月，除敷文閣待制、知潭州、荆湖南路安撫使。以平郴賊李金功，賜御札奬諭，又除敷文閣直學士。三年正月，召赴行在。八月到闕，除翰林學士、知制誥，兼侍讀。以郊祀恩，封建安縣開國男，食邑三百户。十一月，除中大夫，同知樞密院事。四年七月，兼參知政事。八月，除端明殿學士，在外宫觀。改知隆興府、江南西路安撫使。五年四月，除資政殿學士、知荆南府、荆湖北路安撫使。六月，被旨措置荆襄邊面。六年九月，丁慶國夫人憂。七年三月，起復同知樞密院事，進封開國伯，加食邑四百户、實封一百户。公再辭不允，又除荆襄宣撫使，依舊同知樞密院事。差内侍省内侍殿頭徐偁賜以御札，宣押奏事。公又四辭，乃得終喪。八年十二月，服除，除知潭州、荆湖南路安撫使。進爵、加食邑、實封如前。九年三月，赴闕奏事，進大學士以行。淳熙二年正月，除知建康府、江南東路安撫使，兼行宫留守。未幾，復以恩徙封彭城郡開國侯，加食邑三百户。七月，以脩城功轉一官，公辭不受。十月，又以津發禁軍教閲轉一官，許回受。三年三月，以慶壽恩，加食邑三百户、實封一百户。六月，又轉太中大夫。七月，以賑濟事畢賜詔奬諭。十一月，又賜御札、鞍馬、器物。四年三月，以居守績效顯著，除觀文殿學士。四月，以三年郊祀恩，加食邑三百户。五年閏六月，以疾再請奉祠，❶不允，遂乞致仕。詔遣内侍省西頭供奉官陸彦禮、宣押翰林醫痊診御脉周昭，眂治公疾。未至，七月三日薨，享年五十有七。轉通議大夫致仕，贈光禄大夫，輟視朝一日，詔建康府應副人夫津發，又詔建寧府應辦葬事，身後恩數，令有司具條取旨。

公娶吕氏，兵部尚書祉之女，追封新定郡夫人。繼室韓氏，魏國忠獻公之元孫，追封新興夫人。又娶其女弟，追封淑人。子男二人：曰學雅，承務郎；曰學裘，尚幼。女二人，長適將仕郎吕欽，公所任也。次在室。卜以六年二月乙巳，葬於甌寧縣慈善鄉豐樂里顯揚妙湛禪寺之南，從公志也。坪惟公平生大節顯於朝廷，傳於海内，固已不待夫記述而傳矣。然其謀猷行治曲折精微之際，則又有不可不詳載以俟後世者。方將討論撰次而請銘於作者，顧又未及就篇而葬日已迫，謹略叙公始終閥閲如右，刻而納諸壙中。它所欲論著者，尚見於隧道之碑云。從弟從事郎坪涕泣叙次。

丁復之墓記

復之名堯，姓丁氏，建寧府崇安縣上梅里人。父名愛，母某氏。復之爲人篤厚慈良，深有志於爲己之學。從予遊數年，不幸早死，朋友莫不哀之。有子二人：曰某、某。淳熙十有二年冬十有一月□日卒，□月□日，其父葬之某處。友人蔡君季通實相其事。新安朱熹記。

❶「祠」，原作「伺」，據閩本、浙本、天順本改。

亡嗣子壙記

宋朱塾，字受之，其先徽州婺源人。❶大父諱松，紹興史官也。父熹，今爲鴻慶祠官。母劉氏，聘士勉之之女。塾於紹興癸酉七月丁酉生，紹熙辛亥正月癸酉卒。娶潘氏，生二男：長曰鎮，次恩老。四女：歸、昭、接滿、鎮滿，皆夭。明年十有一月甲申，葬大同北麓上實天湖。其父爲之志。嗚呼痛哉！

陳君廉夫壙誌

陳廉夫，名址，莆田人，故少師、觀文殿大學士、贈太保魏國正獻公之孫，今朝請大夫、新提舉福建路市舶寔師是之子。厚重明敏，自幼即有志於學，正獻公奇愛之。用致仕恩，奏授承奉郎，轉承事郎，差監鎮江府户部大軍倉。未赴，丁母憂，再調監泉州南安縣鹽税。慶元三年七月二十有二日卒，享年二十有八。娶兵部侍郎岳公霖之女，女子一人。師是將以慶元四年十一月三日祔廉夫龍汲山正獻公大墳之右。以其嘗學於余也，使來謁銘。余以老病久廢筆札，亦悲廉夫之賢而不克就其志也，不能文，姑記其實，請刻石納壙中。十月己卯既望新安朱熹記。

晦庵先生朱文公文集卷第九十四

侯官縣儒學訓導劉簪校

❶「其」，原作「具」，據浙本、天順本改。

晦庵先生朱文公文集卷第九十五上

行狀

少師保信軍節度使魏國公致仕贈太保張公行狀上

本貫漢州綿竹縣仁賢鄉武都里。曾祖文矩，故不仕，贈太師、沂國公。妣沂國夫人楊氏。祖紘，❶故任殿中丞致仕，贈太師、冀國公。妣冀國夫人趙氏、王氏。父咸，故任宣德郎，贈太師、雍國公。妣秦國夫人計氏。

公諱浚，字德遠，本唐宰相張九齡弟節度使九臯之後。自九臯徙家長安，生子抗，抗生仲方，仲方生孟常，孟常生克勤，克勤生縟，縟生紀，紀生璘，即公五世祖。仕僖宗時爲國子祭酒，從幸蜀，因居成都，壽百有二十歲。長子庭堅，以蔭爲符寶郎，後不仕。符寶之子即沂公也。沂公蚤世，夫人楊氏携三子徙綿竹依外家，遂爲綿竹人。長子即冀公也。冀公幼慷慨有大志，不肯屑屑爲舉子業，於書無所不通。慶曆元年，詔舉茂才異等，近臣魚公周詢以公文五十篇應詔，召試祕閣報聞。時西鄙方用兵，魚公謂公曰：「天子以西事未寧，宵旰求賢，惟恐不及，子其可在草野乎？僕當復率賢公卿共薦論，不敢隱也。」遂與程公戡以公

❶「紘」，浙本、天順本作「紭」。

《慶曆禦戎策》三十篇上。公之策大抵謂：「唐之所患，節鎮兵盛；今之所患，中原兵弱。邊鄙有警，無以禦敵，良由四方藩境無調習之甲兵，無親信之士卒，兵以衆合，將以位充，行陣部伍都無倫理，何異敺市人而戰？古者兵出不踰時，今五年矣，民困財匱，點科不息，生盜賊心，後患未可量也。可不速有改更，圖所以爲靖民威敵久遠之計乎？今當以陝西四路、河北三路、河東一路割兵屬將，公選其人，不拘官品，爲置文臣通曉者二人爲軍謀，而使各得自辟其屬，丁壯之目、財賦之用悉付之，勿使中官擾其事，勿使小人分其權。而通置采訪使二員，分部八路，提其綱領，糾其姦非。如轉運、提刑、運判、監軍可悉罷去，庶幾事權歸一，戎虜可遏而人民可蘇也。」有旨下國子監詳定以聞。召試西掖。張公方平奏公論議優長，天子嘉之，授將作監主簿，實二年之冬，事載國史。程公尤器重公，及帥涇原，辟公掌機宜事。移高陽，復辟焉。改秩知雷州。時黎人擾朱崖，朝命委公自四明遣兵數百，浮海道往鎮海隅。公至，不鄙其民，撫綏安静，寇亦旋息。除管幹都進奏院。公年踰六十，即浩然思歸，致其事。自號希白先生，築希白堂，一時賢公卿皆爲賦詩。公親教授雍公，雍公字君悦，中元豐二年進士第，歷官州縣。職事之外，覃思載籍，諸子百氏之説無不貫穿，而折衷於六經，其爲文辭奇偉條暢。元祐三年，自華州學官以近臣舉應賢良方正能直言極諫科，奏篇爲天下第一。比閣試，乃報罷。時太皇太后垂簾，哲宗未親庶政，自宰相、百執事皆選用名彦，更張前日王安石政事之弊，排斥異議，沮抑邊功。公念明時難遇而内有所懷，思以補報，既不得對，無路上達。宰相呂汲公大防方貴重用事，公作時議上之，大略謂今民和時雍，守成求助，而戒飭警懼不可以忽。况大憂未艾，深患未弭，博禍未去。所謂大憂，戢兵之説也；所謂深患，差役之説也；所謂博禍，行法之説也。戢兵之説，其憂有三：有損勢耗財之憂，有沮軍擾民之憂，有滋敵玩兵之憂。差役之説，其患有三：有貧富不均之患，有州縣勞擾之患，有簿書侵撓之患。而二者之本則在朝廷，惟朝廷之上去私意、公是非、明可否，一本於大中至正，法之可行，無問於新之與舊，議之可用，無問於今之與昔，除目前之害，消冥冥之變，則所謂大憂者可轉而爲樂，所謂深患者可轉而爲安，所謂博禍者可轉而爲福，今日之治，斯可維持於永世矣。汲公不納，而識者歎公先見之明且遠云。公歸又六年，復召試，考官以公文辭傑出，置高等。宰相章惇覽其策不以元祐爲非，且及廟堂用私意等事，無所回互，甚不悦。數日，公往謝之，惇嘻笑曰：「賢良一日之間萬餘言，筆鋒真可畏！」因授宣德郎、簽書劒南西川節度判官廳公事。人爲公不滿意，而公處之恬然。惇於是奏罷賢良方正科而更置宏詞科。初，祖宗立制舉，招延天下英俊，俾陳時政闕失。天子虚己而聽，得士爲多。自熙寧六年用事大臣惡人議己，始令進士御試用策而罷制科。司馬丞相輔元祐初政，以求言爲先務，遂復置焉。至是惇惡雍公辭直，又廢之而立詞科。詞科之文，如表、章、贊、頌、記、序之屬，皆習爲佞諛者，以佞辭易直諫，蠹壞士心，馴致禍亂，而人不知其廢置之源蓋在此也。

公晚得異夢，若有告者曰：「天命爾子

名德，作宰相。」未幾而公生，故字之曰德遠云。公生四年而雍公没，太夫人年二十有五，父母欲嫁之，誓而弗許。勤苦鞠育公，能言即教誦雍公文，能記事即告以雍公言行，無頃刻令去左右。故公雖幼，而視必端，行必直，坐不欹，言不詐，親族鄉黨見者皆稱爲大器。年十六入郡學，講誦不間蚤夜。同輩笑語喧譁，若弗聞者，未嘗一窺市門。教授蘇元老嘆曰：「張氏盛德，乃有是子。吾觀其文無虚浮語，致遠未可量也。」甫冠，與計偕入上庠。太夫人送之，拊其背而泣曰：「門户寒苦，賴爾立。當朝夕以爾祖爾父之業爲念。」凡數十條，書之策以授公。公去親側，常若在旁，無一言一動不遵太夫人之教。京師紛華，每時節游觀，同舍皆出，公獨在。蓬州老儒有嚴賡者，時亦遊太學，見公之爲，咨嗟愛重。賡嘗學《易》有得，遂以乾坤之説授公。公中政和八年進士第。知樞密院鄧洵仁，蜀人也，與雍公有雅舊，謂公來見，當處以編修官，公竟不答。調山南府士曹參軍以歸，奉版輿之官。山南大府事夥，帥重公才識，悉以委焉。公爲區處，細大各有條理。治獄明審，務盡其情。至狴犴木索，沐浴食飲亦必躬涖之，寒暑不廢，以故軍民歸心，訟于庭者，皆願得下士曹治。其受輸盡去舊弊，使民得自執權槪，人又便之。公事罷歸，即對太夫人讀書，至夜分乃寐。故同寮之賢者莫不親之，其不肖者亦往往革面憚公，不敢爲非。蒲中孫偉奇父，名士也，時過府與帥飲，至夜分，帥命繼酒於公所，公謂其使曰：「此爲何時？而欲發鑰取酒酣飲乎？郡人其謂何？某不敢也。」復命，帥未應，奇父整冠拱手曰：「公有賢屬如此，某罪人也。」問公姓名志之，即登車而去。又兼權成固縣事，秩滿，郡人遮道送者以千計，畫公像持以送公者至百餘。轉運使歎曰：「爲小官得人之情如此，使得志於時，又當如何耶？」調褒城令，辟熙河路察訪司幹辦公事。到官，偏行邊壘，覽觀山川形勢。時猶有舊戍守將，公悉召，與握手飲酒，問以祖宗以來守邊舊法及軍陣方略之宜，盡得其實。故公起自疏遠，一旦當樞筦之任，悉通知边事本末，蓋自此也。有旨以夏人争地界事委察訪司，命其屬往視分畫。公以十數騎直抵界上所謂陽關者，夏人始張旗幟騎乘於谷中，意不可測。及見公開誠，遂數語而定。改秩至京師，調恭州司録以歸。會靖康改元，尚書右丞何㮚薦公，同胡寅召審察。先是，㮚以中丞論事罷去，寓居鄭州。公調官歸過鄭，念㮚亦蜀人，粗有時望，因見之，告以國事阽危，宜益自重，思經濟之圖，無爲淺露。㮚心重公，及執政，首薦焉。公到闕，聞㮚益輕儇，浸失人望，初見即以劄子規之，辭切厲。㮚不悦，不復使對，止除太常寺主簿。未幾而虜至城下，公在京師，獨與開封府判官趙鼎、虞部郎中宋齊愈、校書郎胡寅爲至交，寢食行止未嘗相舍，所講論皆前輩問學之方與所以濟時之策。時淵聖皇帝召涪陵處士譙定至京師，將處以諫職。定以言不用力辭，杜門不出。公往候見至再三，定開關延入。公問所得於前輩者，定告公但當熟讀《論語》。公自是益潛心於聖人之微言。二聖出城，公以職事在南薫門，有燕人姓韓者仕虜爲要官，往來南薫，稔識公面。一日，謂公曰：「大人輩虜人呼貴酋爲大人。以京城之人不肯盡出金帛，翌日當洗城。」指城一角曰：「至時吾立大皂旗于此，爾來立旗下，庶可免。」公笑謂之曰：「公宜爲大人輩言，京師之人若盡死，金帛誰從而得乎？」姓韓人喜，若有得色。他日復值之，謂公曰：「比日以爾言説諸大人，已罷洗城之議矣。」此事世莫知也。逆臣張邦昌乘時竊僭，公逃太學中，聞光堯壽聖太上皇帝即位南京，星夜馳赴。至即除樞密院編修官，改虞部員外郎。會上以初履寳位，登壇告天，公攝太常少卿導引。上見公進止雍容静重，心重之，即欲大用。詰朝以語宰執，時中書侍郎黄潛善嘗在興元，知公治績，因稱述焉。上簡記，他日除公殿中侍御史。先是，宰相李綱以私意論諫議大夫宋齊愈腰斬。公與齊愈素善，知齊愈死非其罪，謂上初立，綱以私意殺侍從，典刑不當，有傷新政，恐失人心。既入臺，首論綱，罷之。駕幸東南，道途倉卒，後軍統制韓世忠所部軍人劫掠作過，逼逐左正言盧臣中墜水死。公以雖在艱難擾攘中，豈可廢法如此，即奏劾世忠擅離軍伍，致使師行無紀，士卒散逸爲變，乞正其罰。有旨從贖，公重論奏，及乞追捕散逸爲變者。上爲奪世忠觀察使，上下始肅然，知有國法。至維揚，即勸上無忘二帝北狩，常念中原，汲汲然脩德去弊以振紀綱。每奏事，上未嘗不從容再三問勞，泛及爲治之方，輒至日昃。公所論專自人主之身以及近習、内侍、戚里，以爲正天下之本在此。乃奏崇、觀以來，濫授官資，乞盡釐正，戚里邢焕、孟忠厚不當居侍從，宜换右職；駙馬潘正夫不待扈從，先來維揚，請治其罪；内侍李致道誤國爲深，不當引赦叙復；尚書董耘獨以藩邸恩夤緣通顯，宜即退閑，皆蒙采納。時以藩邸舊宫錫號升暘，至維揚，内侍占官寺爲之。公奏：

「方時艱難，行幸所至，豈宜爲此以重失人心？此必從行官吏欲假威福，妄興事端，借御前之號，爲奉己之私耳。乞行罷止。」上從之。遷侍御史，賜五品服。公感上知眷，益思效忠。時車駕久駐維揚，人物繁聚而朝廷無一定規摹，上下頗觖望。公奏：「近日軍民論議紛然，彼得藉口爲説者，蓋二帝遠在沙漠，而陛下乃與六宫端居于此，何怪人之竊議。願明降睿旨，以車駕不爲久住維揚之計曉諭軍民，仍乞朝廷早措置六宫定居之地，然後陛下以一身巡幸四方，規恢遠圖，上以慰九廟之心，下以副軍民之望。」他日奏事，上謂公曰：「朕於直言容受不諱，近有河北武臣上書，不知朝廷事體，詆毁朕躬，亦不加罪。」公請以所得聖語布告中外，激勸言者，庶幾有補於國。上嘉納焉。又奏：「中原，天下之根本也；朝廷，中原之根本也。本之不摇，事乃可定。願降詔旨，敕東京留守司略葺大内及關、❶陝、襄、鄧等處，常切準備車駕巡幸，及以今來行在所止不爲久居之計，庶幾内外和悦，各思奮勵以圖報國。」宰相浸不悦。又論御營使司屬猥衆，俸給獨厚，資格超越而未嘗舉其職，乞行沙汰，使僥倖者無以得志，法行自近，軍氣必振。又論無謂虜不能來，當汲汲修備治軍，常若寇至，遂大咈黄潛善等意。公以孀母在遠乞外補，除集英殿修撰，知興元府。公已登舟，候朝辭，有旨除禮部侍郎，日下供職。召對便殿，上慰劳宣諭曰：「卿在臺中知無不言，言無不盡。朕將有爲，政如欲一飛沖天而無羽翼者。卿爲朕留，當專任用張慤及卿。」公頓首泣謝，不

❶「關」，原作「開」，據浙本改。

敢言去。愨時爲中書侍郎，未幾而卒。上一日復謂公曰：「郭三益可與卿共事。」未幾而三益亦卒。公念虜騎必至，而廟堂晏然，殊不爲備，率同列力爲宰相言之。潛善及汪伯彦笑且不信。公常以疾在告，獨上眷遇益深，除公御營參贊軍事，撥魯珏、楊周等所部兵，令同吕頤浩教習所謂長兵者。公親往點閲，籍其鄉貫、年齒與所習藝能。復被旨同頤浩於江淮措置。未幾，虜騎自天長逼近郊，公從駕渡江。至平江，朝議東幸，詔朱勝非留吴門禦賊。問誰當佐勝非，左右莫應。公獨慷慨願留，遂以本職同節制平江府、常、秀州、江陰軍軍馬，車駕遂東。時建炎三年二月八日也。公行平江四境，規度可控扼虜所來道，決水溉田爲限，立烽堠，召土豪與議。時禁衛班直及諸軍潰歸無慮數萬衆，乏食，所至焚劫。一夕，知府事湯東野蒼黄見公曰：「城四外焚廬舍，火光並起，奈何？」公笑曰：「此必潰軍之歸，正當招集。」問府藏銀絹有幾，即白勝非便宜出黄牓及旗于門，❶以聖旨招集，支賜銀絹各若干，令結甲而入，且令市人廣造食物以俟。頃之，潰兵皆以次入，既得賜，又市食，無敢譁者。明日，令依所結甲出盤門，赴行在所，違者斬。如是數日不絶，而公舊所教習長兵至者亦近三千人。二十日，朱勝非召赴行在，公獨節制。三月八日，東野忽復遽告公，聞有赦至。公慮時方艱難，事變莫測，命東野先遣親信官馳至前路，發封以告。少頃，東野馳來曰：「事變矣，乃明受赦也。」袖以示公。時府中軍民已知有赦，公謂東野令登譙門，宣有旨犒設

❶「白」，原作「曰」，據浙本改。

諸軍一次，内外乃定。九日，有自杭持苗傅、劉正彦檄文來者。公慟哭，念王室禍變如此，戴天履地，大義所存。雖平江兵少力單，而逆順勢殊，豈復强弱利害之足較？便當唱率忠義，舉師復辟，誅討叛賊，以濟艱難。雖孀母在遠，身無嗣繼，而義有所不可已也。亟召東野及提點刑獄趙哲至，喻之，且激以忠義。二人感激願助，因祕其事，夜召哲以防江爲名，盡調浙西弓兵，令東野密治財計。十日，得省劄，召公赴行在。時承宣使張俊領萬人自中塗還，公遣問之，乃云傅等敕俊交割所總人馬，赴秦鳳路總管任。公念上遇俊厚，而俊純實，可謀大事，急使東野啓城撫諭諸軍。俊立詣公所，公獨留俊，握手語曰：「太尉知皇帝遜位之由否？此蓋傅、正彦欲危社稷。」語未終，泣下交頤，俊亦大哭曰：「有辛永宗者來自杭，備爲俊言。適徧喻將校輩，且當詣張侍郎求決。侍郎忠孝，必有處置。」公慮俊意未確，復再三感動之。俊曰：「只在侍郎。若官家别有它虞，何所容身？」公應曰：「某處置已定，當即日起兵問罪。」俊大喜，且拜曰：「更須侍郎濟以機權，莫令驚動官家。」公給俊軍衣糧并及其家，皆大悦。公召辛永宗問傅、正彦所與謀爲誰，曰：「歸朝官王鈞甫、馬柔吉。」舊聞侍郎嘗識鈞甫等，請以書先離間之。」是夜，公發書約吕頤浩、劉光世兵來會。時頤浩節制建業，光世領兵鎮江，公慮書不達，復遣人賫蠟丸從間道往。公已再被赴行在之命，知爲傅等姦謀，而兵未集，未欲誦言，戒東野、哲各密奏虜未退，靳賽數萬衆窺平江，若張某朝就道，恐夕敗事。公亦奏：「張俊驟回，平江人情震讋，臣不少留，恐生事。」因命俊遣精兵二千扼吴江而奏曰：「俊兵在平江者多，臣故分屯，以殺其勢。」蓋懼傅、正彦覺勤王之謀，先出不意，遣兵直擣平江故也。十一日，附遞發奏：「臣伏覩三月五日睿聖皇帝親筆：『朕即位以來，强敵侵凌，遠至淮甸，其意專以朕躬爲言。朕恐其興兵不已，枉害生靈，畏天順人，退避大位。』臣伏讀再四，不覺涕泣。臣竊以國家禍難至此，皆臣等不能悉心圖事，補報朝廷，致使土地侵削，人民困苦，上負睿聖之恩，下失天下之望。今睿聖皇帝以不忍生靈之故避位求和，臣獨有一説，不敢不具陳其詳。臣竊以當今外難未寧，内寇竊起，正人主憂勞自任，馬上求治之時。恐太母以柔静之身，皇帝以冲幼之質，端居深處，責任臣寮，萬一强敵侵凌，不肯悔禍，則二百年宗廟社稷之基拱手而遂亡矣。臣愚不避萬死，伏願太母陛下、皇帝陛下特軫宸慮，祈請睿聖念祖宗付託之重，思二帝屬望之勤，不憚勤勞，親總要務，據形勢之地，求自治之計，抑去徽名，用柔敵國，然後太母陛下、皇帝陛下監國于中，撫靖江左，如此則國家大計自爲得之。如以臣言爲然，乞行下有司，令率文武百寮祈請施行。」貼黄：「臣契勘，伏覩睿聖皇帝方春秋鼎盛，而遽爾退避大位，恐天下四方聞之不無疑惑，萬一别生它虞，更乞睿斷，詳酌施行。」并具因依申尚書省，「伏望朝廷率文武百官力賜祈請」，及具咨目報苗傅、劉正彦：「某久病無聊，日思趨赴行在，緣靳賽人馬過平江，平江之人各不安居，守貳日夕相守，不容出城。朝夕事畢，即便登途。邇者睿聖皇帝以不忍生靈塗炭之故避位求和，足見聖心仁愛之誠。然當此多難，人主馬上圖治之時，若睿聖謙冲退避，上無以副宗廟之寄，次無以慰父兄之望，下無以厭四海之心。某曩備員言官日，竊見睿聖皇帝聰明英斷，意欲有爲，止緣小大臣寮誤國至此。某叨竊侍從，蓋亦誤國之人，迺至過江，事出倉卒。向使將相有人，睿聖豈肯輕發？今太母垂簾，皇帝嗣位，而睿聖乃退避別宮，若不力請，俾聖意必回，與太母分憂同患，共濟艱難，中興之業未易可圖。❶二公苟不身任此事，人其謂何？當念祖宗二百年涵養之舊，今所恃以存亡，惟睿聖皇帝。況皇帝天資仁厚，從諫如流，願勉爲之，再三懇請，睿聖宜無不允也。」又與柔吉、鈞甫書曰：「此事當責在二公。」是日，公再被促赴行在之命。有進士馮轓者，後更名康國。與公爲太學之舊，來平江相從。公察轓慷慨氣義人也，夜四鼓，呼轓具道所以，且云：「已具奏及移書，今若得一人往面悉此意，大善。」轓激厲請行，詰朝即就道。是日，再以書促頤浩、光世報所處分次序。十三日，以所奏檢報諸路，復督頤浩、光世速選精鋭來會平江，而張俊再被赴秦州指揮，且命陳思恭總其兵。思恭知逆順，信用公言，奏不敢交俊兵。十四日，公被命除禮部尚書，將帶人馬疾速赴行在。公復奏不可離平江狀。十五日，傅、正彦遣俱重賫詔書撫諭，且來吴江代張俊。公召重至平江，重初桀驁，以祕計恐之，重逃避。既而公得請兼領俊兵。有報韓世忠海船到常熟岸者，俊喜曰：「世忠來，事辦矣。」即白公。公以書招之，世忠得書號慟。十八日，見公于平江，相對慟哭。世忠曰：「某願與張俊身任之。」偶甄援自杭來，詭稱睿

❶「業」，原作「宗」，據浙本、天順本改。

聖面令促諸軍。公使徧諭俊、世忠，及至鎮江，喻光世及部曲等，衆皆號慟。十九日，馮轓至自杭，傅、正彦答公書皆不情語，柔吉、鈞甫亦以書來。是日，頤浩、光世報軍行。二十日，公大犒俊、世忠將士，令世忠奏以兵歸行在，而密戒世忠急至秀據糧道，候大軍至。酒五行，公親呼諸將校至前，厲聲問曰：「今日之舉，孰順孰逆？」衆皆曰：「我順賊逆。」公復厲聲曰：「若某此事違天悖人，可取某頭歸苗傅等。聞傅等以觀察使及金鉅萬求某，得某者可即日富貴。不然，一有退縮，按以軍法。」衆感憤應諾。世忠軍自平江舟行不絕者三十里，軍勢甚振。是時逆黨傳聞，已自震懾，有改圖之意矣。公又恐賊急邀車駕入海道，先遣官屬措置召募海船，亦甚集。二十一日，復遣馮轓以書行，且令轓居中幾事相應。會得傅等書云：「朝廷以右丞待侍郎，伊尹、周公之任，非侍郎其誰當之？」公不勝忠憤，度傅等已覺公義兵動，而我兵勢既已立，遂因遞報之，其略云：「自古言涉不順謂之指斥乘輿，事涉不遜謂之震驚宫闕。是以見君輅馬，必加禮而致恭，蓋不如是，無以肅名分、杜僭亂也。廢立之事，非常之變，謂之大逆不道。大逆不道者，族矣。凡爲人臣者，握兵在手，遂可以責君之細故而議廢立，自古豈有是理者哉？今建炎皇帝春秋鼎盛，不聞失德于天下，一旦遜位，豈所宜聞？自處已定，雖死無悔。嗚呼！天佑我宋，所以保衞皇帝者歷歷可數。出質則虜人欽畏而不敢拘，奉使則百姓謳歌而有所屬。天之所與，誰能廢之？況祖宗在天之靈豈不昭昭，借使事正而或有不測，猶愈於終爲不義不忠之人而得罪於天下後世也。」傅等得書怒，遣赤心軍及王淵舊部精鋭盡駐臨平，而韓世忠之軍已扼秀州矣。公作蠟丸帛書云：「不得驚動聖駕。」募人賫付主兵官左言以下八人及知臨安府康允之，皆達。又作手牓遣人間道曉諭臨安居民曰：「訪聞前日睿聖皇帝遜位，軍民掩泣，各不聊生，足見軍民忠義之情。」世忠既抵秀州，稱病，日令將士造雲梯，脩弓矢器械。傅、正彦震駭，亟除世忠、俊節度使，指揮略云：「世忠、俊深曉内禪大義，不受張某詿誤。」二人皆不受命。傅、正彦又令朝廷降指揮謫公，其詞曰：「張某陰有邪謀，欲危社稷，責授黄州團練副使，郴州安置。仍令平江差兵級防送，經由行在赴貶所。」二十四日，頤浩以兵至，公迓且勉之，握手嚱嘘。頤浩亦曰：「事不諧，不過赤族。」翌日，光世亦至。二十七日，傳檄内外，辭曰：「宋有天下垂二百年，太祖、太宗開基創業，真宗、仁宗德澤在民，列聖相傳，人心未厭。昨因内侍童貫首開邊禍，遂致虜騎歷歲侵淩。逆臣苗傅躬犬彘不食之資，取鯨鯢必戮之罪，乃因艱難之際，敢爲廢立之謀；劉正彦以孺子狂生，同惡共濟，自除節鉞，專擅殺生。仰惟建炎皇帝憂勤恭儉，志在愛民，聞亂登門，再三慰喻，而傅等陳兵列刃，凶燄彌天，逼脅至尊，蒼黄遜位，語言狂悖，所不忍聞。大臣和解而不從，兵衛皆至於掩泣。詔書所至，遠近痛心。駭戾人情，孰不憤怒！況傅等揭牓闤市，自稱曰余，祖宗諱名，曾不回避，迹其本意，實有包藏。今者吕頤浩因金陵之師，劉光世引部曲之衆，張某治兵於平江，韓世忠、張俊、馬彦溥各領精鋭，辛道宗、陳思恭總率舟師，湯東野、周杞扼據衝要，趙哲調集民兵，劉誨、李迨餽餉芻糧，楊可輔等參議軍事，并一行將佐官屬等，同時進兵，以討元惡。師次秀州，四方響應。用祈請建炎皇帝亟復大位，以順人心。今檄諸路州軍官吏軍民等，當念祖宗涵養之恩，思君父幽廢之辱，各奮忠義，共濟多艱。所有朝廷見行文字，並是傅等僞命，及專擅改元，即不得施行。敢有違戾，天下共誅之！」二十八日，張俊、光世相繼行，聞行在已有復辟之議矣。初，公遣馮轓授以計策，傅、正彦聞平江之師將至，甚憂恐，轓知可動，即以大義白宰相朱勝非曰：「張侍郎之意，蓋以國步艱難，政當馬上治之。主上盛年，乃傳位襁褓之子，聽斷不出簾帷，天下恐有不測之變。縱主上謙虚，固執内禪之論，此猶有一説焉。主上受淵聖詔，爲天下兵馬大元帥，今日當以淵聖爲主，睿聖稱皇太弟，依舊天下兵馬大元帥，嗣聖當易稱皇太姪。太母垂簾聽政，大元帥治兵征伐于外，此最爲得策。」勝非令轓與二人議，轓反覆告之，傅、正彦有許意，遂與同議都堂。轓同傅、正彦、鈞甫四人並引見，太后勞問曰：「卿等皆忠義之臣。」轓遂奏曲折。議定，乞賜傅、正彦鐵券，詔宣百官，少頃畢集。宣詔云：「二十五日，苗傅、劉正彦等四人上殿奏事，奉聖旨，睿聖皇帝宜稱皇太弟，依舊康王、天下兵馬大元帥。皇帝宜稱皇太姪。」百官退詣睿聖宫，上御殿引見傅、正彦，詞色粹然，問劳有加。傅等出宫，以手加額曰：「不意聖天子度量如此。」既而傅、正彦歸軍，逆黨張逵曰：「趙氏安，苗氏危矣。」王世脩尤大悖，三鼓詣勝非府變其事，復欲改正嗣皇依舊，而睿聖之名止稱處分天下兵馬重事，勝非不能奪。轓次日力爭，勝非云：「勿與較，其實一也。」轓遂歸，而勤王之師已悉至秀州。三十日，公被命同知樞密院，亦不受。四月二日，公次秀州，奉復辟手詔，而傅等大兵屯臨平，公進發。三日，次臨平，世忠當前，俊次之，光世又次之。逆黨立旗招喻世忠等，世忠與戰，軍小却。世忠親揮刃突前曰：「今日不爲官家面上帶幾箭者斬之！」衆争奮，賊黨苗翊等大敗，傅、正彦相繼逃遁。是夕，皇帝聖旨除公知樞密院事。翌日，公與頤浩等入内朝見，伏地待罪泣，上再三慰勞，❶宣喻云：「曩在睿聖，兩宫幾不相通。一日，朕方啜羹，小黄門直趨前傳太母之命，曰『張浚早來不得已安置郴州』，朕不覺覆羹于手，今其迹尚存。自念卿既被責，此事誰任？」公嗚咽奏：「臣蒙陛下眷遇之厚，久歷臺省，不能補助，致虜騎憑凌，禍變竊發。臣之罪大，敢復論功？」上再三稱歎，獨留公，引入後殿，過宫庭。上宣喻：「隆祐皇太后知卿忠義，欲一識卿面目，適垂簾見卿自庭下過矣。」公惶恐，頓首謝。上屬意欲倚公爲相，公辭晚進，不敢當。蓋公意以關陝爲中興根本，欲請行矣。上曰：「顧無以見朕意。」解所服玉帶，命内侍覆去龍飾，賜公曰：「此祖宗御府所寶也。」公重辭元樞之命，詔書曰：「卿以小宗伯之職贊天營之事，乃能總合諸師，來赴行在之急，俾姦宄不敢輒肆。❷威聲既振，妖孽宵奔，致朝廷於安平無事之地，卿之功大矣。宜勿復辭。」傅、正彦既敗走，與死黨直趨閩中。公命世忠以精兵追之，並縛于建州，檻至行在所。及其黨左言、張逵、王世脩等，伏法建

❶「上」，原作「下」，據浙本、天順本改。
❷「宄」，原作「究」，據天順本改。

康市。

初，公起義兵，❶行次嘉禾，❷一夕坐至夜分，外間警備亦甚嚴，忽有刺客至前，腰間出文書，乃傅、正彦遣來賊公，賞格甚盛。公顧左右皆鼾睡，見其辭色不遽，問：「爾欲何如？」對曰：「某河北人，粗知逆順，豈以身爲賊用者？況侍郎精忠大節感通神明，某又安忍害侍郎耶？❸特見備禦未至，恐後有來者，故來相報耳。」公下執其手問姓名，曰：「某粗讀書，若言姓名，是徼後利。顧有母在河北，今徑歸矣。」遂拂衣而去，其超捷若神。公翌日取嘉禾死罪囚斬以徇曰：「此苗傅等刺客也。」❹後亦無它。公私識其人狀貌，物色之，終不遇云。盜薛慶嘯聚淮甸，兵至數萬，附者日衆。公以密邇行闕，一有滋蔓，爲患不細，且聞慶等無所係屬，欲歸公麾下，請往示大信以招撫之。渡江而靳賽等率兵降，❺遂徑至高郵，入慶壘，從行者不及百人。出黄牓示以朝廷恩意，慶感服再拜。始，公入賊壘，外間不聞公信，浮言胥動，頤浩等遽罷公樞筦。及聞公訖事還，上歎息，即日趣公歸，且詔就職。公辭，上撫勞再四，復親書御製《中和堂》詩賜公，有曰：「願同越勾踐，焦思先吾身。」其卒章曰：「高風動君子，屬意種、蠡臣。」仍題其後曰：「卿看畢可密藏，恐好議者以朕屬意篇什也。」其眷待如此。公素念國家艱危以來，措置首尾失當，若欲致中興，必自關陝始。又恐虜或先入陝陷蜀，則

❶「兵」，浙本、天順本作「師」。
❷「次」，浙本作「在」。
❸「郎」，原作「即」，據浙本、四庫本改。
❹「等」，浙本作「幾」。
❺「等」，浙本作「幾」。

東南不復能自保，遂慷慨請行。詔以公充川陝宣撫處置使，便宜黜陟。賜親筆詔書曰：「朕嗣承大統，遭時多艱，夙夜以思，未知攸濟。正賴中外有位悉力自效，共拯艱危。❶今遣知樞密院事張某往喻密旨，黜陟之典，得以便宜施行。卿等其念祖宗積累之勤，勉人臣忠義之節，以身徇國，無貽名教之羞，同德一心，共建隆興之業，當有茂賞，以答殊勳。」公行有日矣，會御營平寇將軍范瓊來赴行在。瓊自靖康圍城與女真通，及京城破，逼脅后妃及淵聖太子宗室入虜中，又乘勢剽略爲亂，左右張邦昌，爲之從衛，罪狀非一。至是聞二凶伏誅，始自豫章擁衆入朝。既陛對，恃其衆盛，悖傲無禮，多所邀求，且乞貸傅、正彦逆黨左言等死。公奏大略云：「瓊大逆不道，罪冠三千之辟。呼吸群兇，布在列郡，以待竊發。若不乘時顯戮，則國法不正，且它日必有王敦、蘇峻之患。臣任樞筦之寄，今者被命奉使川陝，啓行有日，迺心踟蹰。若不盡言，乞伸典憲，死且不瞑。」上深然之，公獨與權樞密院檢詳文字劉子羽密謀，夜召子羽及選密院謹飭吏數輩，作文書劄榜皆備，鎖吏于府中。翌早，公赴都堂，召瓊議事。瓊從兵溢塗巷，意象自若。坐定，公數瓊罪，瓊愕眙，命縛送大理寺。子羽已張榜于省門外，親以聖旨撫勞瓊衆曰：「聖旨罪止瓊，餘皆御前軍也，無所預。」衆頓刃應喏。瓊論死，兵分隸神武軍。自靖康後，紀綱不振，王室陵夷。公首倡大義，率諸將誅傅、正彦，乘輿返正，復論正瓊罪，而後國法立，人心服。自武夫悍卒、小兒竈婦、深山窮

❶「艱」，浙本、天順本作「傾」。

谷、裔夷絶域皆聞公名，盎然歸仰忠義之感，實自此也。公辟子羽參議軍事，遂西行。獨念上孤立東南，朝廷根本之計未定，蚤夜深思，苟有所見，不敢不納忠，以身在外而不言也。嘗奏曰：「前日餘杭二兇鼓亂，彼豈真惡内侍哉，當此艱危，人情易揺，欲爲不順，借此以鼓惑衆聽耳。然在我者有隙可指，其事乃作。願陛下謹之察之，於細微未萌之事每切致意，使姦逆無以窺吾間。」又曰：「臣累具奏，謂前此大臣不肯身任國事，意謂事苟差失，衆言交攻，取禍必大。惟因循度日，萬一得罪而去，亦不過謂庸繆，落職領祠而已。此風誤國有素，願陛下臨朝之際，不匿厥指，與大臣決議，繼自今必使身任其責，脱或敗事，誅罰無赦。」又奏曰：「聽言之難，自古記之。《書》稱先王之盛有曰：『侍御僕從，罔匪正人。』夫僕從之微也，而亦必嚴擇，蓋其朝夕在君側，浸潤膚受，言爲易入。苟使小人得售，將何所不至？夫小人進讒説以快其私，經營窺測，投隙伺間，固不正名其事、顯斥其人也。或因獻談諧之説，或假託市井之論，夤緣附會，其端甚微。人君一或忽之，則忠賢去國，億兆離心，其禍有不可勝言矣。臣謂欲盡聽言之道，莫若親君子而遠小人。不然，雖有過人之聰明，而朝夕所狎近者既皆非類，漸漬以入，其能無過聽之失乎？」又奏曰：「自古大有爲之君，未有不體乾剛健而能成其志者也。《易》曰：『天行健，君子以自强不息。』人君法天，莫大於此。少康氏有田一成，有衆一旅，而夏后之業復振，蓋其經營越四十年。向使其間一萌退縮之意，則王業無自而興矣。漢高帝困於鴻門，屏於巴蜀，敗於滎陽京索間，屢挫而愈不屈，終滅項氏以啓漢基。此二君者，豈非剛健不息而卒能配天乎？今日禍變可謂極矣，意者天將開中興之基，在陛下體乾之剛，身任天下而已。❶願陛下以至公至誠存心，惻怛哀矜，思天下之所以困窮，生民之所以塗炭，自反自咎，身任其責，便佞之惑耳者去之，美麗之悦目者遠之，以至於衣服飲食，亦惟菲薄之務，淡然漠然，視天下無足以動吾心者，而專以宗社生靈爲念。苟言之非有益於宗社生靈者弗言也，苟思之非有益於宗社生靈者弗思也，持之以堅，行之以久，乾乾不息，則上可以動天，下可以格人。由近及遠，由内及外，民雖至愚，豈不感化？少康、漢祖之事業又何難哉？臣於陛下分則君臣，情則父子，故雖遠去天威，而區區愛君之心，不敢不思所以自效。」上手書賜公曰：「卿自離闕，曾未幾時，奇畫深規、忠言讜論著之簡牘，已三上矣。虚懷領覽，嘉歎不忘。」時渡江大赦，獨李綱以言者論列，貶海外不放還。公論奏逆黨如吴幵、莫儔顧反得生歸，綱雖輕疏，亦嘗爲國任事，乃不得叙，天下謂何？上用公奏，綱得内徙。始，公嘗論綱罪，至是獨爲伸理，其用心公明，無私好惡類如此云。

公自七月離行在，經歷長江，上及襄漢，與帥守監司議儲蓄之宜以待臨幸。先是，上問公大計。公請身任陝蜀之事，置司秦川，而乞别委大臣韓世忠鎮淮東，令吕頤浩扈駕來武昌，張俊、劉光世等從行，與秦川首尾相應。朝廷議既定，公行。未及武昌，而江浙士夫摇動頤浩，遂變初議。公以十月二十三日抵興元，奏曰：「竊見漢中實

❶ 「任」，浙本、天順本作「率」。

天下形勢之地，臣頃侍帷幄，親聞玉音，謂號令中原，必基於此。臣所以不憚萬里，捐軀自效，庶幾奉承聖意之萬一。謹於興元理財積粟，以待巡幸。願陛下鑾輿早爲西行之謀，前控六路之師，後據兩川之粟，左通荆襄之財，右出秦隴之馬，天下大勢，斯可定矣。」始，公未至，虜已陷鄜延，鄜延帥郭浩寄治德順軍。虜驍將婁宿孛堇於九月二十九日引大軍渡渭河，犯永興，知軍郭琰遁去。虜兵四掠，而諸帥方互結仇怨，不肯相援，人心皇皇。公到才旬日，即出行關陝，復奏請早決西來之期，以係天下心。至陝，訪問風俗，罷斥姦贓，而尤以搜攬豪傑爲先務，一時氣義拳勇之士争集麾下。吴玠及其弟璘素負才略，求見公，願自試。公與語，奇之。時玠方修武郎，璘尚副尉，公奬予，不次擢用，命玠爲統制，璘領帳前親兵，皆感激，誓以死報。諸帥亦惕息聽命。會諜報虜將寇東南，公即命諸將整軍向虜，使婁宿不得下。已而虜果大入，寇江淮，車駕浮海東征。四年二月，公以虜勢未退，治兵入衛。未至襄漢，遇德音，知虜既北歸矣，乃復還關陝。奏曰：「陛下果有意於中興之功，非幸關陝不可。願先幸鄂渚，臣當糾率將士奉迎鑾輿，永爲定都大計。」又奏曰：「臣竊惟國家不競，患難荐臻，夷虜憑凌，海宇騰沸。二聖久征於遠塞，皇輿未復於中原。而敵國交兵，方興未艾。郡邑半陷於賊手，黎元悉困於塗泥。自古禍亂所鍾，罕有若此之比。必欲昊穹悔禍，甿庶獲安，自非君臣之間更相勉勵，痛心嘗膽，修德著誠，大誅姦邪，頓革風俗，親君子，遠小人，去讒佞，屏聲色，簡嗜慾，崇節儉，則曷以上應天變，下懷民心？四海黔黎，殊未有休息之日也。若昔黄帝遭蚩尤之亂，大禹罹洪水之災，卒能平夷，終歸安治者，正以君臣上下苦心勞形，杜邪枉之門，開公正之道，天人響應，遐邇協謀，故能平難平之寇，成不世之績。」上手書報公以虜退屻狀，且曰：「卿受命而西，大恢遠略，布朝廷之惠意，得將士之歡心。積粟練兵，興利除害，去取皆當，黜陟惟公。而又雅志本朝，嘉猷屢告。眷惟忠懇，實副倚毗。」是月，虜大酋粘罕復益二萬騎，聲言必取環慶路。公率諸將極力捍禦，虜勢屢挫，生擒女真及招降契丹燕人甚衆。時聞兀朮猶在淮西，公懼其復擾東南，使車駕不得安息，事幾有不可測者，即謀爲牽制之舉。始公陛辭，上命公三年而後用師進取。至是上亦以虜欲萃兵寇東南，御筆命公宜以時進兵，分道由同州、鄜延以擣虜虛。公遂决策治兵，移檄河東問罪。八月十三日，收復永興軍。虜大恐，急調大酋兀朮等由京西路星夜來陜右，以九月二十間與粘罕等會，而五路之師亦以二十四日至耀州富平大戰。涇原帥劉錡身率將士先薄虜陣，自辰至未，殺獲頗衆。會環慶帥趙哲擅離所部，哲軍將校望見塵起驚遁，而諸軍亦退舍。公斬哲以狥，退保興州。時陜右兵散，各歸本路宣撫司，獨親兵實從官屬。有獻議退保夔州者，公堅駐不動，以扼虜衝，獨參議劉子羽毅然與公意合。迺劾異議者，遣子羽出關召諸將，收散亡。將士知宣司在興州，皆相率會子羽于秦亭，凡十餘萬。公哀死問傷，録善咎己，人心悦焉。迺命吴玠聚涇原兵，據高扼險于鳳翔之和尚原，守大散關，斷賊來路。命關師古等聚熙、河兵於岷州大潭一帶，命孫渥、賈世方等聚涇原鳳翔兵於階、成、鳳三州以固蜀口。虜見備禦已定，輕兵至輒敗，不敢近。公上疏待罪，上手書報公曰：「卿便宜收合夷散，養鋭待時，但能據險堅壁，謹守要害，既以保固四州之地，又能牽制南下之師，則惟卿之賴。」公奉詔，益厲諸將嚴備待虜。紹興改元五月，虜酋烏魯却統大兵來攻和尚原，吴玠乘險擊之，虜敗走。三日間，連戰輒勝，虜逗留山谷，人馬死亡十之四。八月，粘罕在陝西病篤，召諸大酋，謂曰：「吾自入中國，未嘗有敢嬰吾鋒者。獨張樞密與我抗，我在猶不能取蜀，爾曹宜息此意，但務自保而已。」兀朮出而怒曰：「是謂我不能耶？」粘罕死，即合兵來寇。九月，親攻和尚原。吴玠及其弟璘與合戰，出奇邀擊，大破之，俘馘酋領及甲兵以萬計。兀朮僅以身免，亟自髡鬚髯，狼狽遁歸，得其麾蓋等。自虜入中國，其敗衂未嘗如此也。先是，上以公奉使陝右，捍禦大敵，制加公通奉大夫。公念自靖康中召赴京師，更歷變故，出身爲國，違去太夫人色養於兹七年，乃奏迎太夫人自廣漢來閬中版輿就養。又思所以悦母意，遂乞以通奉恩命特封外祖父母。優詔許焉。二年，上謂公未至西方時，虜已陸梁，蹂踐關陝。及引師而歸，勢誠不敵。而保護衝要，連挫大敵，蜀賴以全。聚兵至十五萬，勤勞備至，制加公檢校少保，定國軍節度使，賜手書曰：「朕非敢决取秦穆之效，而卿自脩孟明之政，是用夙夜歎嘉。今遣内侍任源往宣旨。」源歸，公附奏謝，且密奏曰：「天下之事每當謹微，一失於初，末不可救。夫莫顯者，微也。常情謂爲微而忽之，明智以其著而謹之。唐玄宗惑女色而致禄山之禍，憲宗任内侍而啓晚唐之禍，其初二君之心皆以爲微而不加察也。孰知其貽害之烈至此哉？願陛下於事之微每深察焉，則天下幸甚。」是歲，公亦遣兄滉及官屬奏事行在所，上喜，恩意有加。公在關陜凡三年，以新集之軍當方張之虜，蚤夜勤勞，親加訓輯，其規模經畫，皆爲遠大恢復之計。以劉子羽爲上賓，子羽忠義慷慨，有才略，諸將歸心。任趙開爲都轉運使，開善理財，治茶鹽酒法，方用兵，調度百出而民不加賦。擢吴玠爲大將，守鳳翔。玠每戰輒勝，虜不敢近。而西北遺民聞公威德，歸附日衆，於是全蜀按堵，且以形勢牽制東南，江淮亦賴以安。然公承制黜陟，悉本至公，雖鄉黨親舊無一毫假借，於是士大夫有求於宣司而不得者，始紛然起謗議於東南矣。有將軍曲端者，建炎中任副總管，逼逐帥臣王庶，奪其印，又方命不受節制。富平之役，張忠彦等降虜，皆端腹心，實知其情。公送獄論端死，而謗者謂公殺端及趙哲爲無辜，且任劉子羽、趙開、吴玠爲非是，朝廷疑之。三年春，遂遣王似來副公。公聞即求去，且論吴玠、劉子羽有功於蜀，不應一旦以似加其上。公雖累乞去，而以負荷國事至重，未嘗少忘警備。會虜大酋撒离喝及劉豫叛黨聚大兵自金商入寇，公命嚴爲清野之計，分兵據險，前後撓之。虜至三泉，掠無所得，乏食，狼狽引遁。大軍躡之，人馬死曳滿道，所喪亡不減鳳翔時。是時公累論奏王似不可任，而似與宰相吕頤浩有鄉里親戚之舊，頤浩不悦。又或告朱勝非以公唱義平江時嘗有斬勝非語，勝非陰肆謗毁，詔公赴行在。公力求外祠，章至十數上，上弗許。四年二月，至行在。御史中丞辛丙嘗知潭州，公在陜時，調丙發潭兵赴湖北，丙怯懦不能遣，反鼓唱軍士，幾致生變。公奏劾丙，且令提刑司取勘，丙憾。至是遂率同列劾公，誣以危語。始，公在陝，嘗以秦州舊驛秦川館爲學舍，以待河東、陝西失職來歸之士，給以衣食，令一人年長者主之。又新復州郡乞鑄印，請於朝廷，往返動經歲，恐失事機，即用便宜指揮鑄以給之，然後以聞。而丙謂公設祕閣以崇儒，擬尚方而鑄印。公初被命還闕，❶奏歸上冢，取道東蜀夔峽，庶幾安遠近之心。而吕頤浩又以書來言，若一離川陝，事有意外，誰任其責？宜以事實告上，萬一欲尚留宣司，當爲開陳如請，公不顧也。而丙反謂公不肯出蜀，意有他圖。公恐懼，亟以頤浩書進呈。上始愕然，即詔宣押奏事。公竟移疾待罪，而論者亦不已。六月，遂以本官提舉臨安府洞霄宫，福州居住。公知虜既釋川陝之患，必將復萃師東南，不敢以得罪遠去而不言。且是時朝廷已盛講和好之議，乃具奏曰：「臣竊觀此虜情狀，專以和議誤我，亦云久矣。彼勢蹙即言和，勢盛即復肆，前後一轍，請姑以近事明之。紹興三年秋，粘罕有親寇蜀之意，先遣王倫還朝，且致勤懇。蓋懼朝廷大兵乘彼虚隙，又其爲劉豫之計，至委曲周悉也。自後九月，余覩作難，前謀遂寢。至十二月，余覩之難稍息，則復大集番漢之衆，徑造梁、洋。是時朝廷已遣潘致堯出使矣。次年二月，虜困饒風，進退未皇。先是，朝廷開都督府，議遣韓世忠直抵泗上，虜實畏之。於四月遣致堯還。其辭婉順，欲邀大臣共議，此非無所忌憚而然也。梁、洋之寇未能出境，至五月而後得歸，既狼狽

❶「被」，原作「彼」，據浙本、天順本改。

矣，而世忠大兵尋復輟行。虜之氣力固已復蘇，而叛豫之心亦云舒緩，所以前日使人之來，求請不一，故爲難從之事也。竊惟此虜傾我社稷，壞我陵寢，迫我二帝，驅我宗室百官，自謂怨隙至深，其朝夕謀我者不遺餘力矣。況劉豫介然處於其中，勢不兩立，必求援於虜。借使暫和，心實未已。數年之内，指摘他故，豈無用兵之辭？而我將士率多中原之人，謂和議既定，不復進取，將解體思歸矣。若謂今日不得已而與之通使爲陛下之權，敵亦固能用權也。願陛下蚤夜深思，益爲備具，處將士家屬於積粟至安之地，使出爲戰守者無返顧奔散之憂；精擇奇才以撫川陝之師，使積年戍邊者無懈惰懷望之意；江淮、川陝互爲牽制，斥遠和議，用定大業。臣奉使川陝，竊見主兵官除吴玠、王彦、關師古累經拔擢，備見可任外，其餘人才尚衆，謹開具如左：吴璘、楊政可統大兵，田晟可總一路，王宗尹、王喜、王彦可爲統制。」後皆有聲，時服公知人。既至，闔門以書史自娱。是歲九月，劉豫之子麟果引虜大兵繇數路入寇，騰言侮慢，上下恟懼。上思公前言之驗，罷宰相朱勝非，而參知政事趙鼎亦建請車駕幸平江，召公任事，遂以資政殿學士提舉萬壽觀，兼侍讀召，不許辭免，日下起發。手書賜公曰：「卿去國累月，未嘗弭忘，考言詢事，簡在朕心。想卿志在王室，益紆籌策，毋庸固辭，便可就道，夙夜造朝，嘉謀嘉猷，佇公入告。」金書疾置，絡繹於道，公即日行，中途條具戰守之宜甚悉。且乞先遣岳飛渡江入淮西張聲勢，以牽制虜大兵在淮東者。以十一月十四日入見，玉音撫勞，加於疇昔。

即日復除公知樞密院事。公奏曰：「人道所先，惟忠與孝；一虧於己，覆載不容。自昔懷姦欺君，妬賢賣國，當時閭巷細民，莫不深怨嫉憤，恨不食其肉者。至若一心事上，守正盡忠，雖天下後世，皆知企慕稱歎，思見其人焉。蓋理義人心之所同，故好惡不期而自定。臣以區區淺薄之質，幼被家訓，粗知義方，平居立身，以此自負。偶緣遭遇，寖獲使令。陛下任之太專，待之過厚，而有怨於臣者攻毁之備至，有求於臣者責望之或深。上賴聖智，保全微蹤。臣奉使無狀，豈不自知？至於加臣於大惡之名，陷臣於不義之地，隳臣子百世之節，貽孀親萬里之憂，言之嗚咽，痛憤無已。今陛下察其情僞，保庇孤忠，許以入侍，旋擢樞筦，在臣毁首碎身，無以論報。然而公議之所劾，訓詞之所戒，傳之天下，副在史官，臣復何顔敢玷近列？」上親書詔曰：「張浚愛君憂國，出於誠心。頃屬多艱，首唱大義，固有功於王室，仍雅志於中原。謂關中據天下之上游，未有舍此而能興起者，乘虜百勝之後，慨然請行。究所施爲，無愧人臣之義；論其成敗，是亦兵家之常。矧權重一方，愛憎易致；遠在千里，疑似難明。然則道路怨謗之言，與夫臺諫風聞之誤，蓋無足怪。比復召浚，置之宥密，而觀浚恐懼怵惕，如不自安，尚慮中外或有所未察歟？夫使盡忠竭節之臣，懷明哲保身之戒，朕甚愧焉！可令學士院降詔，出牓朝堂。」時太史局占明年當日食正旦，公奏曰：「臣聞太史推測天象，以來年正月之旦日有食之。臣竊惟天之愛人君，必示以災變，使之恐懼修省，勉求爲治。人主修德畏天，則天心眷佑，享國無窮。如其怠忽不省，歸之時數，禍有不可勝言者矣。然而應天之道在實不在文，當求之於心，考之於行，心有未至者勉之，行有不善者改之，如天之無不公，如天之無不容，如天之至誠無私而不失其信，則何憂乎治道之不興，何患乎賢才之不至哉！」公既受命，即日赴江上視師。時大酋兀朮擁兵十萬于維揚，朝廷先遣魏良臣、王繪奉使軍前。還，夜與公逮于中塗，公問以虜事及大酋問答。良臣、繪謂虜有長平之衆，且喻良臣等當以建州以南王爾家，爲小國，索銀絹犒軍，其數千萬。又約韓世忠剋日過江決戰。公密奏：「使人爲虜恐怵，朝廷切不可以其言而動，及不須令更往軍前，恐我之虚實反爲虜得。」上然之。公遂疾驅臨江，召大帥韓世忠、張俊、劉光世與議，且勞其軍。將士見公來，勇氣十倍。既部分諸將，遂留鎮江節度之。令韓世忠移書兀朮，爲言張樞密已在鎮江。初，虜諜報公得罪遠貶，故悉力來寇。至是，兀朮問世忠所遣麾下王愈：「吾聞張樞密貶嶺外，何得已在此？」愈出公所下文書，兀朮見公書押色動，即强言約日當戰。公再遣愈以世忠書往問戰期，愈回一日，而虜宵遁，士馬乏食，狼狽死者相屬。遣諸將追擊，所俘獲甚衆。上遣内侍趣公赴行在所。五年二月十二日宣制，除公宣奉大夫、尚書右僕射、同中書門下平章事兼知樞密院事，都督諸路軍馬，而趙鼎除左僕射。先是，公在川陝，念上繼嗣未立，以紹興元年八月十五日上奏曰：「臣荷陛下恩德之厚，事有干於宗廟社稷大計，臣知而不言，誰敢爲陛下言者？惟陛下察其用心，貸以萬死。臣恭惟陛下自即位以來，念兩宫倚託之重，夙夜憂勤，不近聲色，不事玩好，是宜天地感格，祖宗垂祐，受福無窮，決致中興。臣之區區，亦冀依日月之末光，獲保終年，少效補報。臣竊見西漢之制，人君即位，首建儲嗣，所以固基本，屬人心。臣願陛下特詔大臣講明故事，❶仍先擇宗室之賢，優禮厚養，以爲藩屏。」至是入謝，復陳：「宗社大計，❷莫先儲嗣。雖陛下聖德昭格，春秋方盛，必生聖子，惟所以系天下之心，不可不早定議。」上首肯久之，乃云：「宮中見養二人，長者藝祖之後，年九歲，不久當令就學。」公出見趙鼎都堂，相與仰歎聖德久之。自是與鼎益相勉厲，同志協謀，以爲爲治之要，必以正本澄源爲先務。誠能陳善閉邪，使人君無過舉，則國勢尊安，醜虜自服。是以進見之際，於塞倖門，抑近習尤諄切致意焉。嘗奏曰：「王者以百姓爲心，修德立政，惟務治其在我，則大邦畏其力，小邦懷其德，天下捨我將安歸哉？固不僥倖於近績也。仰惟陛下躬不世之資，當行王者之事，以大有爲。正心以正朝廷，正朝廷以正百官，正百官以正萬民，國勢既隆，强虜自服，天下自歸。」因書王朴《平邊策》以獻，上嘉納焉。又奏：「臣昨奉清光，竊見陛下於君子小人之際反覆詳究，退自慶幸，以爲治道之本，莫大夫辨君子小人之分。聖意孜孜于此，宗社生靈之福也。昔唐李德裕言於武宗曰：『邪正二者，勢不相容。正人指邪人爲邪，邪人亦指正人爲邪，人主辨之甚難。臣以爲正人如松栢，特立不倚，邪人如藤蘿，非附他物不能自起。』臣嘗推類而言之，君子小人見矣。大抵不私其身，慨然以天下百姓爲心，

❶「特」，原作「時」，據浙本、天順本改。
❷「計」，原作「訃」，據浙本、天順本改。

此君子也；謀身之計甚密，而天下百姓之利害，我不顧焉，此小人也。志在於爲道，不求名而名自歸之，此君子也；志在於爲利，掠虛美，邀浮譽，此小人也。其言之剛正不撓，無所阿狥，此君子也；辭氣柔佞，切切然伺候人主之意於眉目顔色之間，此小人也。樂道人之善，惡稱人之惡，此君子也；人之有善，必攻其所未至而掩之，人之有過，則欣喜自得如獲至寶，旁引曲借，必欲開陳於人主之前，此小人也。難進易退，此君子也；叨冒爵禄，蔑無廉恥，此小人也。臣嘗以此而求之君子小人之分，庶幾其可以概見矣。小人在位，則同於己者譽之以爲君子，異於己者排之以爲小人，不顧公議，不恤治亂，不畏天地鬼神。是以自崇、觀以來以至今日，有異於己者而稱其爲君子乎？臣以爲必無之也。彼其專爲進身自營之計，故好惡不公，以至於忘身忘家，亂天下而莫之悔。惟陛下親學問，節嗜欲，清明其躬，以臨照百官，則君子小人之情狀又何隱焉？」上還臨安，公留相府。未閲月，復出江上勞軍。至鎮江，召韓世忠親喻上旨，使舉軍前屯楚州以撼山東。世忠欣然受命，即日舉軍渡江。公至建康撫張俊軍，至太平州撫劉光世軍，軍士無不踴躍思奮。時巨寇楊么據洞庭重湖，朝廷屢命將討之，不克。公念建康東南都會，而洞庭實據上流，今寇日滋，壅遏漕運，格塞形勢，爲腹心害，不先去之，無以立國。然寇阻重湖，春夏則耕耘，秋冬水落則收糧于湖寨，載老小于泊中，而盡驅其衆四出爲暴。前日朝廷反謂夏多水潦，屢以冬用師，故寇得併力而我不得志。今乘其怠，盛夏討之，彼衆既散，一旦合之，固已疲於奔命，又不得守其田畝，禾稼蹂踐，則有秋冬絶食之憂，黨與必携，可招來也。雖已命岳飛往，而兵將未必諭此意，或逞兵殺戮，❶則失勝算，傷國體。遂具奏請行，上許焉。公在道，念國家任事不顧身者常遇禍，而畏避崇虚譽者常獲福，以爲國之大患，奏曰：「今未有疾於此，正在膏肓，庸醫畏縮，方且戒以勿吐勿下，姑進參苓而安養之，雖終至於必死，主人猶以爲愛己也。乃若良醫進剖胸洗腸之術，旁觀駭愕，指以爲狂。至其疾良已，尚不免於輕試之謗。自古掠美附衆者得譽常多，而骨鯁當權者負謗常重。澶淵之役，寇準決策親征，功存社稷。事定之後，姦臣乃謂其輕棄萬乘。今合天下之力，以誅天下之不義，雖湯武復生，亦必出此。而顧乃爲恐懼顧慮之計，何由而事功可集哉？」蓋公所以自任者始終如此，故每因事爲上言之。

行至醴陵，獄犴數百人，盡楊么遣爲間探者，帥席益傳至遠縣囚之。公召問，盡釋其縛，給以文書，俾分示諸寨曰：「爾今既不得保田畝，秋冬必乏食，且餒死矣。不若早降，即赦爾死。」數百人讙呼而往。五月十一日至潭州，於是賊寨首領黄誠、周倫先請受約束。然誠等屢嘗殺招安使命，猶自疑不安。公遣岳飛分兵屯鼎、澧、益陽，壓以兵勢，其黨大恐，相繼約日來降，丁壯至五六萬，❷老弱不下二十萬。公一切以誠信撫之。六月，湖寇盡平，乃更易郡縣姦贓吏，宣布寛恩。上手書賜公曰：「覽奏，知

❶「逞」，原作「退」，據浙本、天順本改。

❷「六」，原作「九」，據浙本、天順本改。《記疑》云：「九」疑「十」之訛。

湖寇已平。非卿孜孜憂國，不憚勤勞，誰能寬朕憂？顧奏到之日，中外歡賀，萬口一詞，以謂上流既定，則川、陜、荆、襄形勢接連，事力增倍。天其以中興之功付之卿乎！」於是公奏遣岳飛之軍屯荆、襄，圖中原，遂率官屬吏兵泛洞庭而下。時重湖連年舟楫不通，公舟始行，風日清夷，父老歎息，以爲變殘賊呻吟之區爲和氣也。始，公定議令韓世忠屯承楚，於高郵作家計。及公出征而廷議中變，公復請去。上悟，優詔從公初計。公既兩發儲嗣之議，至是聞建資善堂，皇子出就傅，喜不自勝，以爲當以擇師傅爲先。遂具奏，薦起居郎朱震、祕閣修撰范冲可任訓導之選。公雖在外，常以内治爲憂，每有見輒入奏。其一謂：「自昔人君命相，與之講論天下大計，次第而施行之，故日積月累，成效可必。譬之營室，先度基阯，次定規模，付諸匠者，以責其實。一有不合，安可輕委？自建炎以來，陛下選用大臣，未知責以何事，而大臣進説於陛下，未知何以奉詔。臣但見一相之入，引進親舊，報讎復怨，以行其私意而已。欲望國家之治安，其可得乎？」其二謂：「祖宗置臺諫，本慮夫軍民之利害、人才之善惡、官吏之能否，廟堂不能盡見而周知，臺諫得以風聞而論列。不幸大臣不得其人，則臺諫力争明辨以去之耳。今乃不然，陰肆揣摩，公爲反覆，或伺候人主之意，或密結大臣之私，捃摭細故，以示其公。人主不可以不察也。」其三謂：「祖宗時，郎曹之選非累歷親民不以授，自臺閣而爲守貳者十嘗七八，蓋使之更歷世故，諳曉民情，養成其材，以備任使。今則不然，事口記者可至言官，弄文采者皆升館職，日進月遷，驟竊要位。一居京局，視州縣爲冗官。故有爲大臣而不知民情之休戚、財用之盈虚、軍政之始末者，有爲侍從而不知州縣所宜施行者，况責以任天下大計哉！」上嘉納焉。公自岳、鄂轉淮西、東，諸將大議防秋之宜，直至承楚，僞境震動。上念公久勞于外，遣中使賜手書促歸，制除公金紫光禄大夫。公力辭至四五乃許。特封公母計氏秦國夫人，賜公兄滉紫章服及五品服二人，官公親屬兩人。公以十月十一日至行在，上勞問曰：「卿暑行甚勞，然湖湘群盜既就招撫，以成朕不殺之仁，卿之功也。」公頓首謝曰：「陛下誤知使當重任，故臣得效愚計。」上親書《周易》否、泰卦以賜焉。公奏：「自古小人傾陷君子，莫不以朋黨爲言。夫君子引其類而進，志在於天下國家而已。其道同，故其所趨向亦同，曾何朋黨之有？惟小人則不然，更相推引，本圖利禄，詭詐之蹤，莫可跡究。或故爲小異以彌縫其事，或内外符合以信實其言。人主於此何所决擇而可哉？則亦在夫原其用心而已矣。臣嘗考《泰》之初九『拔茅茹以其彙，征』，而《象》以爲『志在外』，蓋言其志在天下國家，非爲身故也。《否》之初九『拔茅茹以其彙，貞』，而《象》以爲『志在君』，則君子連類而退，蓋將以行善道而未始忘憂國愛君之心焉。觀二爻之義而考其用心，則朋黨之論可以不攻而自破矣。臣又觀否、泰之理，起於人君一心之微，而利害及於天下百姓。方其一念之正，其畫爲陽，泰自是而起矣；一念之不正，其畫爲陰，否自是而起矣。然而泰之上六，三陰已盡，復變爲陽，則小人在外而泰之所由以生焉。當今時適艱難，民墜塗炭，陛下若能日新其德，正厥心於上，臣知其將可以致泰矣。異時天道悔禍，幸而康寧，則願陛下常思其否焉。」上嘗召公獨對便殿，問所宜爲。公退奏曰：「臣竊惟二帝皇族遠處沙漠，憂憤無聊與夫輕侮受辱，可想而見也。尚忍言之哉！臣嘗屈指計之，如此者蓋三千晝夜矣。虎狼用意，實欲摧折而消磨之也。雖然，此尚以陛下總師于南耳。異時或一有差跌，其禍可勝言乎？今事雖有可爲之幾，理未有先勝之道。蓋兵家之事，不在交鋒援戰然後勝負可分，要在得天下之心，則士氣百倍，虜叛歸服。雖然，是豈可以聲音笑貌爲哉？心念之間，一毫有差，四海共知。今使天下之人，皆曰吾君孝弟之心須臾不忘，寢食之間父兄在念，當思共爲陛下雪讎矣。皆曰吾君之朝君子在位，小人屏去，侍御僕從罔匪正人，譖說不行，邪言不入，市井之談不聞，道義之益日至，則内外安心，各服其職，而有才智者悉思盡其力矣。皆曰吾君棄珠玉，絶弄好，輕犬馬，賤刀劍，金帛之賞不以予幸，惟以予功，則上下知勸矣。以至吾君言動舉措俱合禮法，至誠不倦，上格於天，則望教化之可行矣。如是則將帥之心日以壯，士卒之心日以奮，天下百姓之心日以歸。夷狄雖號荒服，然非至若禽獸也。聞陛下之盛德，知中國之理直，則氣折志喪，小大雖異，戰必不力，衆必不同，則陛下何爲而不可成乎？或有不然，疑似之説毫髮著見，天下之人口不敢言而心敢怒，異日事乖勢去，禍亂立作，如覆水之不可救也。蓋隙見於此則心生於彼，不易之道，自古爲君之難，非特今日也。一言之失，一行之非，或失色於人，或失禮於人，或一小人在側，便足以致禍致難，起戎起兵。前日明受之變，大逆之徒陳兵闕下，旁引他辭，其監不遠也。爲人上者，其可不兢畏戒懼耶！」其警戒深切如此。上皆嘉納，且命公以所見聞置策來上。公承命條列以進，號《中興備覽》，凡四十一篇。立國之本，用兵行師之道，君子小人之情狀，駕馭將帥之方，均節財用之宜，聽言之要，待近習之道，以至既往之得失，郡縣之利病，莫不備具。上深嘉歎，置之坐隅。六年正月，上謂公曰：「朕每以事幾難明，專意精思，或達旦不寐。」公奏曰：「陛下以多難之際，兩宫幽處，一有差失，存亡所系，慮之誠是也。然臣嘗聞之，聽雜則易惑，多畏則易移。以易惑之心行易移之事，終歸於無成而已。是以自昔君人者修己正心，惟使仰不愧于天，俯不怍於人，持剛健之志，洪果毅之實，爲所當爲，曾不它恤。陛下聰明睿知，灼知古今，苟大義所在，斷以力行，夫何往而不濟乎？臣願萬機之暇保養天和，澄静心氣，庶幾利害紛來不至疑惑，以福天下，以建中興。」

公以虜勢未衰，而叛臣劉豫復據中原，爲謀叵測，不敢皇寧處于朝，奏請親行邊塞，部分諸將，以觀機會。上許焉，即張榜聲豫僭逆之罪，以是月中旬啓行。公謂：「楚、漢交兵之際，漢駐兵殽、澠間，❶則楚不敢越境而西。蓋大軍在前，雖有它岐捷徑，敵人畏我之議其後，不敢踰越而深入也。故太原未陷，則粘罕之兵不復濟河，亦以此耳。論者多以前後空闕，虜出它道爲憂，曾不議其糧食所自來，師徒所自歸。不然，必環數千里之地盡以兵守之，然後爲可安乎？」既以此告于上，又以此言於同列，惟

❶「澠」，浙本作「涵」。

上深以公言爲然。至江上，會諸帥議事，命韓世忠據承楚以圖淮陽，命劉光世屯合淝以招北軍，命張俊練兵建康，進屯盱眙，命楊沂中領精兵爲後翼佐俊，命岳飛進屯襄陽以窺中原。形勢既立，國威大振。上遣使賜公御書《裴度傳》以示至意。公於諸將中尤稱韓世忠之忠勇，岳飛之沉鷙，可倚以大事。世忠在楚州時入僞地，叛賊頗聚兵。世忠渡淮擊敗之，直引兵至淮陽而還，士氣百倍。上手賜書公曰：「世忠既捷，整軍還屯，進退合宜，中外忻悦。每患世忠發憤直前，奮身不顧，今乃審擇利便，不失事機，亦卿指授之方。卿宜明審虚實，徐爲後圖，或遣岳飛一窺陳蔡，使賊支吾不暇，以逸待勞。」時飛母死，扶護葬廬山。公乞御筆敦趣其行，飛奉詔歸屯。公身任輔相，雖督軍在外，朝廷有大差除，不容不預議。而孟庾除知樞密院，及高世則除節度使，皆不知始末。具奏，以爲如此則臣不當在相位。上親筆喻指焉。公以東南形勢莫重建康，實爲中興根本。且人主居此，則北望中原，常懷憤惕，不敢自暇自逸。臨安僻居一隅，内則易生安肆，外則不足以號召遠近，係中原之心。奏請車駕以秋冬臨建康撫三軍，以圖恢復。公又渡江遍撫淮上諸屯，屬方盛暑，公不憚勞，人人感悦。時防秋不遠，公以方略諭諸帥，大抵先圖自守以致其師，而乘幾擊之。六月，制加公食邑、食實封。時公所遣人自燕山回，知徽宗皇帝不豫，又聞欽宗皇帝所貽虜酋書，奏曰：「臣近得此信，不勝臣子痛切憤激之情。仰惟陛下處天子之尊，遭父兄之變，聖懷惻怛，勤切于中，固不止坐薪嘗膽也。臣願陛下至誠剛健，勉强有爲，成敗利害，在所不恤。彼藉姑息之論，納小忠之説者，爲一己妻孥計耳。使天有志於中興，陛下奮然決爲，躬冒矢石，事無不濟。使天無意乎中興，陛下雖過爲計慮，以圖一身之安，曾何補於事乎？但當盡其在我，一聽天命而已。况夫孝弟可以格天，仁厚可以得民，推此心行之，臣見其福，不見其禍也。」七月，有詔促公入覲。八月至行在，時張俊軍已進屯盱眙，三帥鼎立，而岳飛遣兵入僞地，直至蔡州，焚其積聚，時有俘獲。公力陳建康之行爲不可緩，朝論同者極鮮，惟上斷然不疑。車駕以九月一日進發，逮至平江，公又請先往江上。諜報叛賊劉豫及其姪猊挾虜來寇，公奏虜疲於奔命，決不能悉大衆復來，此必皆豫兵。公既行，而邊遽不一，大將張俊、劉光世皆張大賊勢，爭請益兵，自趙鼎而下，莫不恟懼。至欲移盱眙之屯，退合淝之師，召岳飛盡以兵東下。公獨以爲不然，以書戒俊、光世曰：「賊豫之兵以逆犯順，若不盡勦，何以立國？平日亦安用養兵爲？今日之事，有進擊無退保。」時楊沂中爲張俊軍統制，公令沂中往屯濠梁，且使謂之曰：「上待統制厚，宜及時立大功，取節鉞。或有差跌，某不敢私。」諸將悚懼聽命。公至江上，知來爲寇者實劉麟兄弟，豫封麟淮西王，兵凡六萬人。寇已渡淮南，涉壽春，逼合淝。公調度既已定矣，而張俊請益兵之書日上，劉光世亦欲引兵退保。劉豫又令鄉兵僞胡服，於河南諸州十百爲群，由此間者皆言處處有虜騎。趙鼎及簽書樞密院事折彦質惑之，移書抵公至七八，堅欲飛兵速下。又擬條畫項目，乞上親書付公。大略欲俊、光世、沂中等退師善還，爲保江之計，不必守前議。公奏：「俊等渡江則無淮南，而長江之險與虜共矣。淮南之屯正所以屏蔽大江，向若叛賊得據淮西，因糧就運，以爲家計，江南其可保乎？陛下其能復遣諸將渡江擊賊乎？淮西之寇，正當合兵掩擊，令士氣益振，可保必勝。若一有退意，則大事去矣。又岳飛一動，則襄漢有警，復何所制？願陛下勿專制于中，使諸將不敢觀望。」上手書報公曰：「朕近以邊防所疑事咨問於卿，今覽卿奏，措置方略、審料敵情條理明甚，俾朕釋然，無復憂顧。非卿識慮高遠，出人意表，何以臻此？」是時内則廟堂，外則諸將，人人畏怯，務爲退避自全之計。雖公遠策之忠始終不貳，然握兵在外，間隙易生，向非主上見幾之明，不惑群議，則諸將必引而南，大勢傾矣。及奉此詔，異議乃息，而諸將亦始爲固守計。既而賊大張聲勢於淮東，阻韓世忠承楚之兵不敢進，楊沂中亦以十月四日抵濠州。公聞光世已舍廬州而南，淮西人情恟動，星夜疾馳至采石，遣諭光世之衆曰：「有一人渡江，即斬以狥。」光世聞公來采石，大恐，即復駐軍，與沂中接連相應。劉猊分麟兵之半來攻沂中。是月十日，沂中大破猊於藕塘，降殺無遺。猊僅以身免，麟拔寨遁走，虜獲甚衆，得糧舟四百餘艘。於是公奏車駕宜乘時早幸江上，上賜手書曰：「賊豫阻兵，梟雛犯順，夾淮而陣，侵壽及濠，卿獎率師徒，分布要害，臨敵益壯，仗義直前，箕張翼舒，風馳電掃，遂使凶渠宵遁，同惡自焚，覩草木以成兵，委溝壑而不顧。昔周瑜赤壁之舉，談笑而成；謝安淝上之師，指揮而定。得賢之效，與古何殊？寤寐忠勤，不忘嘉歎。」公奏曰：「逆雛遠遁，尚稽授首之期；金寇方强，未見息戈之日。臣之罪大，何所逃刑？願陛下念十年留滯之非，歎雙馭還歸之晚，儻爲民而勞己，當有神以相身。無使自謀擇利之言，得惑至高無私之聽。」又上奏以「賊臣遁者輒入邊塞，今雖勝捷，而渠魁遁去，殺戮雖衆，亦吾赤子。致彼操戈而輕犯，由臣武備之弗嚴。願賜顯黜，以允公議」。上深嘉歎焉。有旨：「都督府隨行官吏、軍兵諸色人等備見勤勞，可令張某等第保奏。」公奏：「馳驅盡瘁，職所當然，賞或濫加，士將解體。乞上保奏戰功，庶可旌勸軍士。」又遣内侍賜公古端石硯、筆、墨、刀劍、犀甲，且召公還。及至平江，隨班朝見，上曰：「却賊之功，盡出右相之力。」於是趙鼎惶懼乞去。方公未至平江時，鼎等已議回蹕臨安。公入見之次日，具奏曰：「昨日獲聞聖訓，惟是車駕進止一事利害至大。蓋天下之事不唱則不起，不爲則不成。今四海之心孰不思戀王室？虜叛相結，脅之以威，雖有智勇，無由展竭。三歲之間，賴陛下一再進撫，士氣從之而稍振，民心因之而稍回。正當示之以形勢，庶幾乎激忠起懦，而三四大帥者，亦不敢懷偷安苟且之心。夫天下者，陛下之天下也。陛下不自致力以爲之先，臣懼被堅執鋭、履危犯險者皆有解體之意。今日之事，存亡安危所自以分。六飛儻還，則有識解體，内外離心，日復一日，終以削弱。異時復欲下巡幸詔書，誰能深信而不疑者？何哉？彼知朝廷姑以此爲避地之計，實無意於圖回天下故也。論者不過曰萬一秋冬有警，車駕難於遠避。夫軍旅同心，將士用命，扼淮而戰，破敵有餘。況陛下親臨大江，氣當百倍。苟士不效力，人有離心，陛下雖過自爲計，將容足於何地乎？

又不過曰當秋而進，士有戰心，及春而還，絶彼窺伺。爲此論者，特可紓一時之急，應倉卒之警。使年年爲之，人皆習熟，謂我不競，當有怨望，難乎其立國矣。又不過曰賊占上流，順舟而下，變故不測。夫襄漢我所有也，賊舟何自而來？使虜叛事力有餘，果然淩犯，水陸偕進，自上而濟，陛下雖深處臨安，亦能以安乎？矧惟陛下負四海之重責，有爲而未成，天下猶矜憐而歸心於陛下；不爲而坐待其盡，其爲禍可勝言耶！要須剛大志氣，恢廓度量，以拯救天下爲心，仰不愧於天，俯不怍於人，度事而爲，審時而動，先謀自治，利而誘之，致而破之，何難而不可濟？今臣侍陛下以還歸，在臣之謀，無所任責，臣亦得計矣。而爲陛下國家計，則爲不忠。是以披心腹、露肝膽，反復一二言之。惟陛下詳教而曲諭焉，庶幾君臣之間得盡其道，不貽萬世之悔。」上翻然從公計。十二月，趙鼎出知紹興府，專委任公。公謂親民之官治道所急，而比年以來内重外輕，祖宗之法盡廢。流落于外者，終身不獲用；經營于内者，積歲得美官。又官于朝者，不歷民事，利害不明，詔令之行，職事之舉，豈能中理？民多被其害。遂條具以聞：郡守、監司有治狀，任滿除郎。郎曹資淺，未經民事之人，秩滿除監司、郡守。令中書省、御史臺籍記姓名，回日較其治效，優加擢用。治民無聞者，與閑慢差遣。館職未歷民事者，除通判、郡守，殿最如前，仍乞降詔。又以災異，奏復賢良方正科，❶上皆從之。七年正月，上以公去冬卻敵之功，制除特進。公懇辭再四。先是，十二月

❶「奏」，原作「奉」，據閩本、浙本、天順本改。

以禄令成書加金紫光禄大夫。公辭不得，即求回授兄滉。至是，上謂公曰：「卿每有遷除，辭之甚力，恐於君臣之義有未安也。」公乃奉命。

晦庵先生朱文公文集卷第九十五卷上

侯官縣儒學訓導劉簪校

晦庵先生朱文公文集卷第九十五下

行狀

少師保信軍節度使魏國公致仕贈太保張公行狀下

公與趙鼎當國時，議徽宗在沙漠，當遣信通問，遂遣問安使何蘇等行。是年正月二十五日，蘇歸，報徽宗皇帝、寧德皇后相繼上僊。上號慟擗踊，哀不自勝。公奏：「天子之孝，與士庶不同。必也仰思所以承宗廟、奉社稷者。今梓宮未返，天下塗炭，至讎深恥，亘古所無。陛下揮涕而起，斂髮而趨，一怒以安天下之民，臣猶以爲晚也。」數日後求奏事，深陳國家禍難，涕泣不能興，因乞降詔諭中外。上命公具草以進，親書付外。其詞曰：「朕以不敏不明，託於士民之上，勉求治道，思濟多艱。而上帝降罰，禍延于我有家，天地崩裂，諱問遠至。嗚呼！朕負終身之戚，懷無窮之恨。凡我臣庶，尚忍聞之乎！今朕所賴以宏濟大業，在兵與民。惟爾小大文武之臣，早夜孜孜，思所以治兵恤民，輔朕不逮。皇天后土，實照臨之。無或自暇，不恤朕憂。」又以公請，命諸大將率三軍發哀成服，中外感動。公退，又具奏待罪曰：「仰惟陛下時遇艱難，身當險阻，圖回事業，寢食不遑。所以思慕兩宮，憂勞百姓，未嘗一日忘也。臣以至愚，獲遭任用，在諸臣先。每因從容語及北狩事，聖情惻怛，淚必數行。臣感慨自期，顧殲虜讎。十年之間，親養闕然，爰及妻孥，莫之私顧，其意亦欲遂陛下孝養之志，❶拯生民塗炭之難，則臣之事親保家，庶幾得矣。昊天不弔，禍變忽生，使陛下抱無窮之痛，積罔極之思，哀復何言？罪將誰執？載念昔者陝蜀之行，陛下丁寧告戒，且曰：我有大隙于虜，刷此至恥，惟臣是屬。而臣終隳成功，使賊無憚。況以沙漠之墟，食飲憂慮，兩宮處此，違豫固宜。今日之禍，端自臣致。尚叨近輔，實愧心顏。伏願明賜罷黜，亟正典刑，仰以慰上皇在天之靈，俯以息四海怨怒之氣。」上降詔，起公視事。公再上疏待罪，不獲請。車駕以二十七日發平江，三月十一日至建康。時公總領中外之政，會車駕巡幸，又值國恤，幾事叢委，公以一身任之，至誠惻怛，上下感動，人情賴公以安。每對，必深言讎恥之大，反復再三，上未嘗不改容流涕。上方厲精克己，務自損節，戒飭宮庭內侍等，無敢少有越度者。事無巨細，必以咨公。賜諸將詔旨，往往命公擬進，未嘗易一字。四方有災異，公必以聞，祥瑞則皆抑不奏。知果州宇文彬、通判龐信孺進嘉禾九穗，並鐫秩放罷，而四方皆知朝廷好惡所在矣。四月，公行淮西，撫喻諸屯，築廬州城，治東西關，且申防秋備。自公來東南，太夫人留蜀。及再入政府，遣人迎侍。太夫人安于蜀，未即出。上爲降旨，召公兄滉，俾迎侍而來，又遣內侍胡宗回往喻意。五月始達建康，而公亦自淮西歸。上疊遣中使勞問太夫人，賜予稠疊。公戴星而出，經處國事，至

❶「志」，原作「至」，據浙本、天順本改。

暮入侍色養，委曲奉承，中外觀感歆慕，傳相告語，以爲美談。自公與趙鼎在相位，以招來賢才爲急務，從列要津，多一時之望，百執事奔走效職，不敢自營，人號爲「小元祐」。而公尤未嘗以恩澤私親戚，仲兄滉，上知其賢，累欲加以異恩，公輒辭。及賜進士第，後省官繳駁，公非惟不加忤，且奏不當以臣故沮後省公議。外舅宇文時中，政和中爲郎，出守大藩，舊已寓直，萬里召赴，僅進職知湖州。舅氏計有功，久在幕府，得直徽猷閣，公止，乞就祕閣，人服其公。公以人主當務講學以爲脩身致治之本，薦河南門人尹焞宜在講筵，有旨趣赴闕。會旱災，且自太夫人以次闔門悉卧病，公力求去，至再四不得。方車駕在平江時，公歸自江上，奏劉光世握兵數萬，無復紀律，沈酣酒色，不恤國事，語以恢復，意氣怫然，宜賜罷斥，用警將帥。上然之，罷光世，而以其兵盡屬督府。公命參謀、兵部尚書吕祉往廬州節制，公又自往勞之，人情協附，上下帖然。而樞密使秦檜、知樞密院事沈與求意以握兵爲督府之嫌，奏乞置武帥。臺諫觀望，繼有請，乃以王德爲都統制，即軍中取酈瓊副之。公歸，以爲不然，奏論之，而瓊等亦與德有舊怨，與其下八人列狀訴御史臺。乃命張俊爲宣撫使，楊沂中、劉錡爲制置判官以撫之。此軍自聞王德爲帥，往往懷疑，而酈瓊遂陰有異志，唱摇其間。八月八日，瓊等舉軍叛，執吕祉以行，欲渡淮歸劉豫。祉不肯渡，詈瓊等，碎齒折首以死。公遂引咎，力求去位。上不得留，因問可代者。公辭不對。上曰：「秦檜何如？」公曰：「近與共事，始知其暗。」上曰：「然則用趙鼎。」遂令公擬批召鼎。既出，檜謂公必薦己，就閤子與公語良久，上遣人促進所擬文字，檜始錯愕而出。後反謂鼎：「上召公，而張丞相遲留，至上使人促，始進入。」檜之交諜類此。公本以檜靖康中建議立趙氏，不畏死，有力量，可與天下事，而一時仁賢薦檜尤力，公遂推引。既同朝，始覺其顧望包藏，故臨行因上問及之。

先是，公遣人賫手榜入僞地云：「劉豫本以書生被遇太上皇帝，曾居言路。主上嗣極，擢守鄉郡。當山東之要衝，任濟南之委寄。眷禮殊厚，責望至深。俄聞率衆以請降，旋乃失身而據位。諒亦迫於畏死，姑務偷生。如能誘致金人，使之疲弊，精兵健馬，漸次消磨，兹誠報國之良圖，亦爾爲臣之後效。更須愛惜民力，勿使傷殘。儻或永懷異心，自致顯戮。豈惟皇天后土有所不容，抑恐義士忠臣終懷憤疾。」金虜用事者見此榜，已疑豫。八月，豫聞王師欲北向，遣韓元英告于虜，謂：「南寇張某總領烏合之兵，或逼宿亳，或窺陳蔡，或出襄陽，增修器甲，趣辦軍裝，其志不小。先起制人，後起制於人，欲乞兵同舉。」虜得此報，謂豫真欲困己，益疑之。會瓊等叛去，公復多遣間，散持蠟書故遺之。大抵謂豫已相結約，故遣瓊等降，而豫又乞兵于虜。十月，虜副元帥兀朮徑領兵來廢豫。惜其機會之來，公已去位矣。蓋公以九月五日得請，授觀文殿大學士、提舉江州太平興國宮。左司諫王縉奏乞留公，即日補外。都官郎中趙令衿繼上疏，亦罷去。而御史中丞周祕、殿中侍御史石公揆、右正言李誼，交章詆公未已。旋落職，以朝奉大夫、祕書少監分司西京，永州居住。於是趙鼎復當國，而車駕自江上還臨安矣。

公出任國事，每以不得從容盡子職爲念。及既去國，太夫人以公退處，欣然從之。八年二月，抵永，左右侍旁，凡所以順承親意者，無不曲盡。太夫人安之，不知其爲遷謫也。然公自以爲上遇我厚，雖流離遠屏，亦未嘗一念不在朝廷。作草堂旁近，以奉版輿遊歷，命以「三省」，爲文紀之曰：「予作堂于寓止客館之東隅，僅庇風雨，取曾子『三省』之目以名之。其省謂何？思吾之忠於君、孝於親、修於己者恐或未至也。士大夫學聖人之道，當求所以通天人之際。予之三省，將有進於斯，而愧其未能也。」則公之所深省而自得者遠矣。

是歲，秦檜已得政，始決屈己和戎之議。九年正月，詔書至永。公伏讀恐懼，寢食不安，移書參知政事孫近，大略曰：「魯仲連不尊秦爲帝，且云連寧有蹈東海而死，蓋知帝秦之禍遲發而大。況我至讎深隙，迺欲脩好而幸目前少安乎？異時歲幣求增而不已，使命絡繹以來臨，以至更立妃后，變置大臣，起罷兵之議，建入覲之謀，皆或有之矣。某是以伏讀詔書，不覺戰汗。幸公深思，密以啓沃。」又聞故人李光自洪州召入政府，復以此意移書抵之。懷不自已，又具劄子以奏曰：「恭覩詔書之頒，再三伏讀，通夕不寐。今日事之虚實姑未論，借令虜中有故，上下分離，天屬盡歸，河南遂復，我必德其厚賜，謹守信誓。將來人情益解，士氣漸消，彼或内變既平，指瑕造隙，肆無厭之欲，發難從之請，其將何詞以對？顧事理可憂，有甚於此者。陛下焦心勞慮，積意兵政，精誠感格，將士漸孚。一旦北面事虜，聽其號令，遊談之士取功於一時，忠勳之臣置身於無用，小大將帥，孰不解體？

陛下且欲經理河南而有之，臣知其無與赴功而共守者矣。今從約之遽，肆赦之速，用世儒之常説，答猾虜之詭秘，措置失緒，不勝寒心。願陛下思宗社之計，圖恢復之實，逼之以大勢，庶乎國家可得而立。臣罪戾之餘，一意養親，深不欲論天下事。顧惟利害至大至重，不忍緘默，以負陛下之知。惟陛下留意。」

二月，以大霈復宣奉大夫，提舉臨安府洞霄宫，任便居住。公復具劄子曰：「竊惟今日事勢，處古今之至難，一言以斷之，在陛下强勉圖事而已。陛下進而有爲，則其權在我，且順天下之心。間雖齟齬，終有莫大之福。陛下退而不爲，則其權在敵，且拂天下之心。今雖幸安，後將有莫大之憂。外夫在彼者情不可保，在我者心不可失。外狥敵國，内罹實害，智者所不爲也。仰惟聖慈深計審慮，茂圖大業，永福元元。」又自作謝表云：「敢不專精道學，黽勉身修。求以事親，方謹晨昏之養；庶幾報國，敢忘藥石之規！」視此，則公許國之忠爲如何哉！居旬日，又具劄子曰：「自陛下回駐臨安，甫閲歲時，聖心之所經營，朝論之所商確，專意和議，庶幾休息，莫不幸其將成矣。臣嘗不寐以思，❶屈指而計，虜人與我讎讐之深，設心措意，果欲存吾之國乎？抑願其委靡而遂亡也？臣意其力弱未暇，姑借和以怠我之心。勢盛有餘，將求故以乘吾之隙。理既甚明，事又易見，然則紛紛異議可端拱而决矣。料虜上策，還梓宫，復母后，輿地來歸，不失前約，結歡篤好，以怠我師。遲之數年，兵無戰意，然後遣一介之使，持

❶「寐」，浙本作「寢」。

意外之詔，假如變置大臣，更立妃后，將何以塞請？虜出中策，則必重邀求，責微禮，❶失約爽信。近在期年，中原之地，將有所付，如梁武之立北魏王顥者，尚庶幾於前。虜出下策，怒而興師，直臨江表。勢似可愕，而天下之亂，或從此而定矣。」是月，復資政殿大學士、知福州兼福建路安撫大使。公以太夫人念鄉，不欲東去，力辭至再三。

四月，公奏前論講和事未蒙開納，❷又具劄子曰：「竊惟陛下建炎初載，嘗歷大艱，天意至深，益彰聖德。前事不忘，後事之鑑。伏願亟收人心，務振士氣，權勢專制，操縱自我。外之醜虜，曷發敢侮之謀？❸內之群帥，益堅盡節之志。天下國家，我所自定，宋之社稷，永永無窮。夫理有近利，亦有深憂。有天下者，當審機會、度人情、斷大義，持柄握權，不以與敵。腐儒寡能遠見，事至而悔，將何及焉？況夫今日事機尚可，因權適變，速於救藥。惟望聖慈斷以無疑，則天下幸甚！」八月，聞虜遣使來，以詔諭爲名，則又具奏曰：「臣近者累輸瞽説，仰瀆聖明，誠以憂君過慮，不能自息。竊惟天下之事，有置必有廢，有與必有奪。虜以詔諭爲名，持廢置與奪之大柄。且其蓄謀起慮，欲以沮人心、奪士氣而坐傾吾國。臣之所憂，不但目前也。劉先主曰，濟大事以人心爲本。此存亡之大計。願陛下考臣前後所奏，留神毋忽焉。」

福州之命既累辭不獲，公念時事多虞，惟在近或可以補報萬一，遂受命而東。九

❶「微」，原作「徽」，據浙本改。

❷「奏」，浙本作「念」。

❸「侮」，原作「梅」，據浙本改。

月，至閩中。閩素號健訟難治，公謂人心一也，正由臨民者先有逆詐億不信之心，是以不能感格。入境，一切諭以義理，飭守令誠意民事，令鄉里長老知書者，率勸後生及彊悍者無爲鄉黨羞，民皆感仰。每出，觀者至升屋登木如堵牆。十年正月，上遣中使撫問，公附奏謝，且曰：「願陛下全養精神，剛大志氣，惟果惟斷，見幾見微，察彊弱於言辭之際，轉禍福於談笑之間，無使噬臍，爲天下笑。」時虜中變盟約，復取河南。公奏曰：「臣竊念自群下決回鑾之議，國勢不振，事機之會失者再三。向使虜出上策，還梓宮，歸兩殿，供須一無所請，宗族隨而盡南，則我德虜必深，和議不拔，人心懈怠，國勢寖微。異時釁端卒發，何以支持？臣知天下非陛下之有矣。今幸上天警悟，虜懷反復，士氣尚可作，人心尚可回。願因權制變，轉禍爲福，用天下之英才，據天下之要勢，奪敵之心，振我之氣。措置一定，大勳可集。臣又有臆見，當燕山新復，朝廷恃郭藥師爲固。一旦醜虜敗盟，藥師先叛，何則？賣國無耻之人，本無它長，難與共事。願陛下每以爲鑑，制御於早無忽。」繼聞淮上有警，連以邊計奏知，又條畫海道舟船利害。上嘉公之忠，遣中使獎諭。公時大治海舟至千艘，爲直指山東之計，以俟朝命。在郡細大之務，必躬必親，人人感悦，和氣薰然，訟事清簡。山海之寇招捕無餘，間引秀士與之講論，閩人化之。

十一年三月，劉錡大破兀朮于順昌。錡本晚出，公一見關陝，奇之，即付以事任，錡亦感慨自立。公歸，薦之上，謂錡才識諸將莫及。而一時輩流嫉其材能出己右，百計沮遏。公既平湖寇，即薦知岳州。已而召赴行在，左右扶持，付以王彥軍，且擢爲騎帥。至是，錡竟以所部成大功。方欲進兵乘虜虚，而檜召錡還矣。錡還朝，上見之，首曰：「張某可謂知人。」檜遣郎官蓋諒來諷公，使附其議，當即引公爲樞密使。公答檜書，歷言和不可成，虜不可縱，且面爲諒言。諒歸，檜怒。時幕將等歸自虜，朝廷復遣劉光遠等奉使，而公亦力請祠奉親矣。十一月，除檢校少傅、崇信節度使，充萬壽觀使，免奉朝請。去福之日，軍民送者咨嗟號泣，相屬於道。公以蜀遠朝廷，不欲徑歸，遂奉太夫人寓長沙。十二年，太母鑾輅來歸，制封公和國公，具劄子以賀，且曰：「與或爲取，安必慮危。夫惟務農而彊兵，乃可立國而禦侮。願勤聖慮，終究遠圖。」公恐太夫人念歸，乃即長沙城之南爲屋六十楹，以奉色養，太夫人安焉。築堂牓曰「盡心」，親爲之記，大意欲益求所以盡心於君親者。居間玩意六經，考諸史治亂得失，益思前事之機微，憂時之志，一飯未嘗忘也。檜既外交仇讎，罔上自肆，惡嫉正論，諱言兵事，自以爲時已太平，日爲浮文侈靡，愚弄天下，獨忌公甚。中丞万俟卨希檜旨，論公卜宅僭擬，至倣五鳳建樓，上不以爲然。檜遣朝士吴秉信以使事至湖南，❶有所案驗，且以官爵誘之。秉信造公，見其居不過中人常産可辦，不覺歎息，反密以檜意告公而歸，且奏其實。檜黜秉信。十六年，公念檜欺君誤國，使災異數見，彗出西方，欲力論時事，以悟上意。又念太夫人年高，言之必致禍，恐不能堪。太夫人覺公形瘠，問故。公具言所以，太夫人誦先雍公紹聖

❶「遣」，原作「遺」，據浙本、天順本改。

初對方正策之詞曰：「臣寧言而死于斧鉞，不忍不言而負陛下。」至再至三，公意遂決。乃言曰：「臣聞受非常之恩者，圖非常之報；拯焚溺之急者，乏徐緩之音。竊惟當今事勢，譬如養成大疽於頭目心腹之間，不決不止。決遲則禍大而難測，決速則禍輕而易治。惟陛下謀之於心，斷之以獨，謹察情僞，豫備倉卒。猶之奕棋，分據要害，審思詳處，使在我有不可犯之勢，庶幾社稷有安全之理。不然，日復一日，後將噬臍，異時以國與敵者反歸罪正議。此臣所以食不下咽，不能一夕安也。儻非陛下聖德在人，獲天地之祐，承祖宗之慶，有以照察其心，臣亦何所逃罪？」事下三省，檜大怒。時公又以天申節手寫《尚書·無逸》篇具劄子爲賀，曰：「臣嘗潛心聖人之經，有可以取必於天，膺大福，獲大壽，決然無疑者，輒輸丹誠，爲陛下獻。臣伏考周公《無逸》篇，商王中宗『嚴恭寅畏，天命自度，治民祇懼，不敢荒寧』，高宗『嘉靖商邦，至於小大，無時或怨』，周文王『自朝至於日中昃，不遑暇食，用咸和萬民』，『不敢盤于遊田，以庶邦惟正之供』。三君者，非獨身享安榮，而有國長久，後世莫加焉。商自祖甲之後立王，『生則逸，不知稼穡之艱難，不聞小人之勞，惟耽樂之從』，是以『罔或克壽，或十年』，『或五六年，或四三年』。天道昭然，其應如響。古之聖人，以一身莅天下，惠澤四海，無不如意，未嘗少有憂懼退怯之懷。凡以天道可必，吾無愧歉于心而已。臣不勝臣子祝頌之誠，願陛下兢兢業業，勉之又勉，永堅此心，以奉天道。天之所以報吾君者，宜如何哉！」七月，檜命臺諫論公，章四上。上以特進、提舉江州太平興國宮，連州居住。

樊川周勣者，氣義人也，自公貶永，即來相從。公帥福唐，辟爲屬。公來長沙，勣亦從居焉。檜累書招勣不得，恨之，乃謂公與勣誹謗時事，亦削勣官，竄封州。公被命即行，自夫人以下皆留侍，獨挈子姪往。太夫人送之，曰：「汝無愧矣，勉讀聖人書，無以家爲念。」公至貶所，月一再遣人至太夫人所。日夕讀《易》，精思大旨，述之於編，親教授其子栻。連爲州，景物甚勝，暇即策杖遊歷。連人愛重公，争持肴果以迎，所至必爲曲留終日。時檜益肆凶焰，遷謫者不絶于道，四方觀望。公處之恬然，形氣益充實，太夫人亦安居長沙。公在連作《四德銘》以示其人曰：「忠則順天，孝則生福，勤則業進，儉則心逸。」連人相與鑱之於石，家傳人誦焉。己巳歲，嶺南瘴疫大作，日色晝昏。官于連者，自太守而下死凡數人，郡人無不被疾，哭聲連巷，鄉落至有絶爨者。公和藥拯之，病者來請，日至千餘人。惟公家下至僕厮無一人告病，過者咨歎，莫不以爲天相忠誠也。居連凡四年，二十年九月，移永州。湖湘之人見公歸，喜甚，争出迎。望見公所養勝前，退皆歎息相賀。公遣人迎太夫人，以次年四月至永，母子相見，彊健如初。永舊所嘗居，人情尤相安，而公兄徽猷公遽以疾終。方公官于朝及在貶，徽猷公常留太夫人左右，悦適其意，太夫人鍾愛之。至是，悲惻殆不能爲懷，雖公解釋備至，太夫人亦年高多疾矣。蓋公去國至是幾二十年，退然自脩，若無能者。而天下士無賢不肖，莫不傾心，武夫健將言公者咨嗟太息，至小兒婦女，亦知天下有張都督也。虜人憚公尤甚，歲時使至虜中，其主必問公安在。方約和時，誓書有「不得輒更易大臣」之語，蓋懼公復用云。

至是，秦檜寵位既極，老病日侵，鄙夫患失之心無所不至，無君之迹顯然著見。意欲先剪除海内賢士大夫，然後肆其所爲。尤憚公爲正論宗主，使己不得安，欲亟加害，命臺臣王珉、徐嘉輩有所彈劾，語必及公。至彈知洪州張宗元文，始謂公國賊，必欲殺之。有張柄者，嘗奏請令檜乘金根車，其死黨也，即擢知潭州。汪召錫者，娶檜兄女，嘗告訐趙令衿，遣爲湖南提舉官，俾共圖公。又使張常先治張宗元獄，株連及公。以爲未足，又捕趙鼎子汾下大理獄，備極慘酷，考掠無全膚，令自誣與公及李光、胡寅等謀大逆。凡一時賢士五十三人，檜所惡者，皆與獄上。會檜病篤，不能書判以死，時紹興二十有五年也。上始復親庶務，先勒檜子熺致仕，盡斥群兇，公迹稍安，而太夫人遽薨。有旨復公職觀文殿大學士，除判洪州，公已在苫塊矣。哀苦扶護，以治命當歸葬雍公之兆，奏請俟命長沙。獨念天下事二十年爲檜所敗壞，人心士氣委靡銷鑠，政事無綱，邊備蕩弛，幸其一旦隕斃，當汲汲惟新令圖，而未見所以慰人望者。且聞頑顔亮簒立，勢已驕豪，必將妄舉，可爲寒心。自惟大臣義同休戚，不敢以居喪爲嫌。五月，具劄子曰：「臣夙負大罪，自謂必死瘴癘之地。仰惟陛下優容之，矜憐之，保全之，死骨復生，盡出聖神之造。自今以往，皆已死之日，而陛下實生之。臣今雖居苫塊中，安敢恝然遂忘陛下恩德，且顧惜一己而默不出一言，庶幾有補萬一哉？惟陛下察其用心，恕之而已。臣聞自昔忠臣事君，莫不欲其主之聖，莫不欲其主之名顯日月，功蓋宇宙。彼知夫國家安榮，則其身亦與有安榮，故犯顔逆指而不敢辭也。姦臣不然，惟利是圖，不復它恤。導君於非，使重失天下之心，而陰肆其邪志。始則曲意媚順，而欺蔽人主之聰明，終則專事擅權，而潛移生殺之大柄。跡其包藏，有不可勝言者矣。然而身滅國亡，❶族覆世絶，見於史册，歷歷可攷。天下後世視之，曾犬豕之不若。彼誠果何所利耶？惜乎至愚而莫之思也。日者陛下法乾之剛而用以沉潛，施設中幾，天下四夷孰不畏服？是臣可言之秋也。臣疏遠，不復預聞朝廷幾事，而伏自思念，今日事勢極矣，陛下將拱手而聽其自然乎？抑將外存其名而博謀密計，求所以爲長久歟？臣誠過慮，以爲自此數年之後，民力益竭，財用益乏，士卒益老，人心益離，忠臣烈將淪亡殆盡，内憂外患相仍而起，陛下將何以爲策？方祖宗盛時，嘗與虜通和，惟力敵勢均，而國家取兵於西北，取財於天下，文武之才世不乏人，是故得以持久。而百四十年之後，靖康大變，事出不意，禍亂之大，亘古所無。論者猶恨夫恃和爲安而不自治之失。今天下幾何？譬之中人之家，盗據其堂，安居飽食其閒，而朝夕陰伺吾隙，一日之間，其舍我乎？然則陛下不可不深思力圖於此時也。或謂虜嘗有弑立之舉，夫弑立之人，天地所不容，人情所甚惡。誠能任賢選能，脩德立政，斷然爲吾之所當爲，口不絶和，而實以勢臨之，彼必有瓦解之憂。借使虜不量度，輕爲舉動，第堅壁清野以持之，明示逆順，其衆自離，虜之危亡可立而待。何則？人心必不肯附逆而忘順。假之五七年，而虜之君臣

❶「身」，浙本作「家」。「國」，天順本作「家」。

之分定，彼國有人得柄用事，雖有賢智，莫知爲陛下計矣。願陛下精思審謀，無忘朝夕，無使真有噬臍之歎。夫約和衰弱之時，謂不能久，而彊虜之變荐生於內，是天贊陛下。違天不祥，陛下其承之。臣聞人主之俯仰天地間，所以自立其身者，不過忠、孝二字。此天下之大義，不可須臾少忽也。❶而臣行負神明，孤苦餘生，親養已無所施矣。事有大義所當爲者，不過盡忠於陛下。顧雖頭目手足有可捐棄而爲陛下用者，所不當顧惜。而況親逢聖明，極力保全，恩德至大，使臣有懷私顧己、匿情慮禍之心，則是陛下不負臣，臣實負陛下，天地鬼神，其肯容之哉！是以不顧嫌疑，不避鼎鑊，不恤讒毁，爲陛下陳之。陛下勿謂軍民之心爲可忽，忠良之言爲可棄。夫治天下譬如槃水，一決而潰，有不可收拾者矣。陛下其念之哉！臣行年六十，死亡無日，非若紛紛互持和戰之説，惟恐其説之不勝而身之不獲用，貪目前之得，忽久遠之圖。臣知爲陛下國家計耳。陛下安榮，臣亦預有安榮，臣之自謀，亦豈有不審耶？幸未即隕，得終禮制。陛下不以臣爲愚而卒棄之，願陛下許臣居嚴、婺間，優游養痾，爲陛下謀畫心腹之臣，以畢愚盡忠，庶幾有補萬一，臣之志願足矣。惟陛下廓乾坤之度，以精求天下之賢，無忘祖宗國家之恥、父兄宗族之讎，盛德大業，昭著後世，臣猶幸及見之。」

繼被朝命，以太夫人之喪歸蜀。八月，行至荆南，會以星變詔求直言。公念虜數年間勢決求釁用兵，吾方溺於宴安，謂虜可信，蕩然無備，沈該、万俟卨據相位，尤不厭

❶「須臾」，浙本、天順本作「斯須」。

天下望，朝廷益輕。顧伏在苦塊，經歷險阻，死亡無日，不得爲上終言之，懷不自安，乃復奏曰：「臣受陛下更生大恩，今至憂迫身，涉險萬里，常恐一旦死填溝壑，終無以仰報萬一。思以展盡所懷，瞑目無憾。臣嘗病世儒牽於戰和異同之説，而不知實爲一事；或者竊儒爲姦，不知經史之心，切切焉利禄是圖，而有以欺惑陛下之聽也；又其甚，則大姦大惡挾虜懷貳，以自封殖其家，簧鼓曲説，愚弄天下，敢畢陳之。臣聞天地之大德曰生，而天地生物之功，本於秋冬。蓋非嚴凝之於秋冬，則無以敷榮之於春夏。然則秋冬之嚴凝，乃生物之基也。在《萃》之象曰：『除戎器，戒不虞。』《泰》之九二爻辭曰：『包荒用馮河。』泰、萃之世，聖人謹於武備如此，謂不如是不足以生物而行其心也。況時方艱難，而可忽略不省，啓大禍于後，反謂是爲得哉！若夫一時之和，則亦聖賢生利天下之權矣。商湯事葛矣，而終滅葛，《書》曰『湯一征，自葛始』。周太王避狄矣，築室于岐，未幾謀以却敵，《詩》曰『乃立冢土，戎醜攸行』。文王事昆夷矣，卒伐之，《詩》曰『昆夷駾矣，維其喙矣』。越勾踐事吴矣，坐薪嘗膽，竟以破吴，《越語》曰『越十年生聚，而十年教訓』。彼皆翕之乎始而張之乎終，汲汲乎德政修立而以生利爲心，未嘗恃和爲安，自樂其身而已也。漢高祖與項羽和，羽歸太公呂后，割鴻溝以西爲漢，東爲楚。良、平進言：『今楚兵罷食盡，釋而弗擊，是養虎自遺患也。』漢王從之，卒成大業。漢文帝與匈奴和，曾無間歲之寧。漢文全有天下，可謂和以息民。❶方是

❶「可謂」，浙本、天順本作「謂可」。

時，百姓猶不免侵凌之苦。至武帝始一大征伐之，其後單于來朝，漢三百年間用以無事。唐太宗初定天下，有渭上之盟，未幾，李靖之徒深入沙漠之地，犁其庭，係其酋，海内始安焉。兹豈非以和爲權而亦得之哉？若夫石晉之有天下則不然，取之非其道，謀之非其人。桑維翰始終於和，其言曰：『願訓農習戰，養兵息民，俟國無内憂，民有餘力，觀釁而動，動無不成。』若有深謀者。然考其君臣所爲，名實不孚于上下。朝廷之上，專務姑息，賞罰失章，施設繆戾，權移於下，政私於上，無名之獻，莫知紀極。一時用事方鎮之臣，往往昏于酒色，厚于賦斂，果于誅戮，以害于百姓，朝廷莫知所以御之。所謂訓農習戰，養兵息民，略無實事。維翰所陳，殆爲空言，姑欲信其當時必和之説，以偷安竊位而已。契丹窺見其心，謂晉無人，須求凌侮，日甚一日。後嗣不勝其忿，始用景延廣之議，僥倖以戰，而不知其荒淫怠傲失德非一日，天下之心已離，天下之勢已去，天下之財已匱。延廣不學，不知行聖賢之權，亟思所以復其心，立其勢，彊其國，急於兵戰之争，事窮勢極，數萬之師，無一夫爲之發矢北向者，至今爲天下嗤笑。言君臣委靡不振、服役夷狄者，必曰石晉云。仰惟陛下聰明聖智，孝心純一，即位以來，簡用實才，虜人聞風而畏之，於是有議和之事。陛下以太母爲重，且幸徽宗皇帝梓宫之亟還，和之權也。不幸用事之臣貪天之功，肆意利欲，乃欲剪除忠良，以聽命於虜，而陰蓄其邪心。方國家閒暇之時，怠傲是圖，德政俱廢，而專於異己之去，意果安在哉！夫虜日夕所願望者，欲我之忠良淪没耳，欲我之盡失天下之心耳，欲我之將士解體，其氣不復振作耳，欲我之懷於宴安以甘于酖毒耳。前日用事者一切狥其所甚欲而畢爲之，不幾乎與虜爲地歟？身死之日，天下酌酒相慶，不約而同。下至田夫野老，莫不以手加額。其背天逆人，不忠于君，而天下之心重惡之如此。且彼曾不思虜之於我，其愛之而和乎？其有餘力而肯和乎？其國中亦有掣肘之虞而和乎？其欲圖之於後而和乎？臣謂虜有大讎大怨，不可復合，譬夫一葉之分。今日之和，必其酋帥携離，人心睽異，姑爲此舉，以息目前。而圖回江淮以去除後患之心，其中未嘗一日忘也。惜夫昏庸姦賊之人，豢於富貴，闒於政事，曾無尺寸之效以上報於國家，毫髮之惠以下及於百姓，分列黨與，布在要郡，聚斂珍貨，獨厚私室，爲身謀，爲子孫謀，而不知爲陛下謀，不知爲國家天下謀，坐失事機者二十餘年，誤陛下社稷大事。有識之士，誰不痛心！且夫賢才不用，政事不修，形勢不立，而專欲責成受命於虜，適足以啓輕侮之心而正墮其計中。魯仲連所謂『彼將有所予奪，梁王安得晏然乎』，而甚可痛恨者也。敵國之人何自而畏？敵國之心何自而服？敵國之難何自而成？遲以歲月，百姓離心，將士喪氣，亦危亡而已矣。臣願陛下鑒石晉之敗而法商湯、周太王、文王之心，用越勾踐之謀，考唐、漢四君之事，以保圖社稷。深思大計，復人心，張國勢，立政事，以觀機會。未絶其和，而遣一介之使，與之分别曲直逆順之理，事必有成。臣不孝之身，親養已絶，含毒忍死，其亡無日，徒能爲陛下言之而已。又伏思祖宗之德在天下至大至厚，太平之治多歷年所，三代盛時，有不能及。恭惟皇帝陛下禀乾剛之資，輔以緝熙之學，何爲而不成？何治而不致？願陛下充其志氣，擴其聰明，必使清明在躬，如太虚然。惟是之從，以選賢才，以修德政，以大基業，天下幸甚！」又以所著《否泰卦解義》進之，奏曰：「臣往待罪相位，陛下賜臣親書《周易》否、泰二卦辭。其後臣謫居連山，益遠天日，葵傾之心，不能自已。遇朔望，必取再拜伏讀。竊不自揆，爲二卦訓釋。久欲獻之，以備乙鑒，而負罪積畏，無路上達。今謹繕寫，昧死以進。顧坐井之見，豈足以仰補萬一？惟臣子愛君之誠，則不能自已焉。竊惟《易》謹君子小人之辨，而二卦則其效之尤深切著明者也。其事則本諸一心，惟陛下留神。」上付前奏三省，宰執沈該、万俟卨、湯思退等見之大怒，以爲虜初未有釁，歲時通問，不翅如膠漆，而公所奏，乃若禍在年歲者，或笑以爲狂。臺諫湯鵬舉、凌哲聞之，章疏交上，謂公方歸蜀，恐摇動遠方。有旨復令永州居住，候服闋日取旨。

公自扶護西歸，抵綿竹，即卜日治太夫人葬，附雍公之兆。賓客紛至，自朝及夕，哭泣應接不少倦。子姪交諫尊年不宜致毁，而公孝誠自天，不能已也。太夫人既葬十日而謫命至，且有朝旨，促迫甚急。公即日就道。服闋得旨，落職，以本官奉祠，居永。公自爲表謝曰：「念君臣雖分於異勢，而利害實係於同舟。」其憂國之誠拳拳不捨蓋如此云。公自是不復接賓客，日紬繹《易》、《春秋》、《論》、《孟》，各爲之説，夜則閲司馬氏《通鑑》。如是者又四年，而宇文夫人亦終焉。自庚辰秋冬，朝廷頗聞虜有異志，公卿大夫下至軍民無不内懷岌岌，日願公還相位，表疏不絶。三十一年春，有旨令公湖南路任便居住。時臨安積陰，命下之日，廓然清明，上下欣悦。公歸至潭。五月，奉欽宗諱，號慟至不能食。又聞虜有嫚書，不勝痛憤，上奏曰：「孝慈皇帝訃自北來，又聞逆虜兵動，凡爲臣子，孰不痛憤？臣往叨任使，孤負眷知。主憂臣辱，主辱臣死，無所逃罪。臣又度今日虜勢決無但已，九月十月之間，必有所向。願陛下與大臣計議，早定必守必戰之策，上安社稷。」未幾而亮兵大入，中外震動。十月，復公觀文殿大學士、判潭州。時虜騎跳梁兩淮，王權兵潰，劉錡引歸鎮江，兩淮之人奔迸南來，沿江百姓荷檐而立。遂改命公判建康府、兼行宫留守，金書疾置，敦促甚遽。長沙在遠，傳聞不一，人人危懼。公被命明日即首途，曰：「吾君方憂危，臣子之職，戴星而趨，猶恐其緩。」至岳陽，遇大雪，亟買小舟，冒風濤，泛長江而下，且欲經歷諸屯，慰接將士。未至鄂，有士大夫自江東來者云：「虜焚北采石，煙炎漲天，南岸人不復可立，公毋庸進也。」公愀然曰：「某被命，即携二子來，正欲赴君父之急。今無所問，惟直前求乘輿所在耳。」長江是時無一舟行，獨公以小舟徑下，遭大風幾殆。北岸又近虜兵，從者憂惴甚，公不少顧。過池陽，聞亮被殺，然餘衆猶二萬屯和州。李顯忠兵在沙上，公渡江往勞，以建康激賞犒之。一軍見公，以爲從天而下，歡呼增氣。虜諜報惴恐，一二日遁去。顯忠乘士氣鋭追之，多所俘獲。公至建康，奏乞車駕早來臨幸。聞已進發，乃督官屬治具，不半月而辦，風采隱然，軍民恃以安。上至建康，公迎見道左。衛士見公，至以手加額，無不喜公復用，而悲公久處瘴癘，形容之瘠也。車駕入行宫，首引公見，問勞再四。公頓首謝上更生骨肉之賜，且曰：「方秦檜盛時，非陛下力賜保全，無此身矣。」上亦爲之慘然，曰：「檜之爲人，既忌且妬。」後六日，再引對，公奏：「國家譬如人之一身，必元氣充實，然後邪不能干。朝廷，元氣也。今邪氣得以干犯，必是元氣之弱，或汗或下，邪氣固暫退，然元氣不壯，邪再干之，恐難勝任。用人才、修政事、治甲兵、惜財用，此皆壯元氣之道。」上改容開納。時車駕將還臨安，欲付公以江淮之事。已而中止，更留御營宿衞使楊存中俾專措置。臨發，復引公對。公奏：「陛下當京城阽危之際，毅然請使不測之虜，後復受任開元帥府，以孤軍當虜鋒。當是時，不知陛下之心還知有禍福生死否？」上曰：「朕爾時一心家國，豈知有禍福？豈知有死生？」對曰：「是心乃天心也。願陛下試反此心而擴充之，何畏乎虜賊！」上首肯焉，且勞公曰：「朕待卿如骨肉，卿在此，朕無北顧之憂矣。卿久在謫籍，聞甚清貧，郊祀合得奏薦及封邑當盡以還卿。」繼遣内侍賜公黄金及象筦筆，公皇恐不敢辭。秦檜二十年間所以譖公者無所不至，有臣子所不忍聞者。獨賴上主張，不至死地。至是上見公辭和氣平，無淹滯之歎，而温乎忠愛之誠，爲之感動，對輔臣嘉美再三。

車駕既還，或有勸公求去者。公念舊臣它無在者，而國家多虞之際，人心尤以己之去就爲安危，不忍舍而遠去。日治府事，細大必親。時虜騎雖去，人情未安，朝廷賴公屹然增重。兩淮之兵渡江歸息，而奔走瘡痍之餘，重以疫癘，自三衙諸軍皆留建康，死者日數十人。公親爲分課醫工，置曆診候，自帥司給藥餌及它費，遣官屬監示。至日暮，公親視曆，考其勤惰得失而賞罰之，全活甚衆。四月，楊存中罷。公被旨兼措置兩淮，繼兼節制建康、鎮江府、江、池州、江陰軍駐屯軍馬。時虜以十萬衆圍海州甚急，鎮江都統制張子蓋提兵在淮上，欲前救。聞當受公節制，士氣十倍。而公受命之日，亦即爲書抵子蓋，勉以功名，令出奇乘虜弊。子蓋率兵力戰，大破虜衆，得脱歸者無幾。公謂去歲淮上諸軍奏功例不以實，有功者擯不録，而庖人厮役悉沾濫賞，輕名器，耗財用，亂紀綱，使軍士不復知所勸激。奏：「今海州上功當有以深革其弊，使可爲後法。」於是令諸大將戰勝則命統制官以下至旗頭押擁隊公共保明，限三日申。稍有繆僞，重寘典憲。公德威表著，❶將士望風畏愛。至是復總兵權，當軍政二十年廢弛之後，問疾痛，恤勞苦，撫孤遺，禁刻剥，勉將士俾知忠順，於是人人勉勵，慨然有趨事赴功之志。公念軍籍日益凋寡，中原之人久困腥羶，思慕我宋，欲因兹時，乘虜事力未彊，頓兵淮甸要處，以招集忠義來歸之人，内以壯軍勢，實曠土，外以讋虜情、系人心。奏曰：「虜人退兵之後，士馬物故幾半，飲馬長江之志固未敢萌也。而用事群酋人各有心，日夜備具，似有欲窺淮甸之謀。先事預圖，理不可緩。我之甲兵，方之西北之士，所存無幾，而又去歲捍禦大敵，傷折逃亡，繼以病死十亦四五，馬固同之。以今歲事力比量酌度，夫人而知其爲弱也。議者或欲弭兵息民以治，在我此説近是也。誠恐虜之圖事未肯但已，一旦倉卒，何以待

❶「表」，浙本、天順本作「素」。

之？又况補集將士，必資西北之人，能戰忍苦，方爲可仗。然則乘機及時，内堅守備，外疑敵心，左牽右制，使之首尾奔趨，人情摇動，斯爲成算，不可忽也。淮甸要處，我不先圖，異日彊虜起侮渡淮，先據形勢，則事有難處者矣。」又奏曰：「臣體訪得東北今歲蝗蟲大作，米價踴貴，中原之人極艱於食。欲乞朝廷或撥米糧，❶或錢物，付臣措置，招來吾人。人心既歸，虜勢自屈。」公又以淮楚之人自古可用，乘其困擾之後，當收以爲兵，又奏曰：「兩淮之人素稱彊力，而淮北義兵尤爲忠勁，困於虜毒亦已甚矣，讎虜欲報之心，蓋未嘗一日忘也。特部分未嚴，器甲不備，雖有赤心，不能成事。自彊虜恣爲殘虐，十室九空，皇皇夾淮，各無所歸。臣恐一旦姦夫鼓率，千百爲群，别致生事。謂可因其憤嫉無聊之心而招集之，欲置御前萬弩營，募民彊壯、年十八以上、四十五以下堪充弩手之人，並不刺臂面，以御前彊弩效用爲名，各給文帖，書寫鄉貫、居住之處及顔貌、年甲、姓名，令五人結一保，兩保爲一甲，十甲爲一隊，遞相委保，有功同賞，有罪同罰，於建康府置營寨安泊。」詔皆從公請。公即下令曰：「兩淮比年累被荼毒，父子兄弟夫婦殺傷虜掠，不能相保。今議爲必守之計，復恥雪怨，人心所同。有願充者，宜相率應募。至於淮北，久被塗炭，素懷忠義，欲報國恩，亦當來歸，共建勳業。」於是兩淮之人欣然願就，率皆彊勇可用。公親訓撫之，又奏差陳敏爲統制。敏起微賤，聲迹未振。公擢於困廢中，感激盡力圖報，未幾成軍。方召募之初，浮言鼓

❶「或」，浙本補版作「多」。

動，欲敗成績。數月間，來應者不絶，衆論始定。公謂虜長於騎，我長於步，制步莫如弩，衛弩莫如車，乃令敏專制弩治車。又謂三國以後，自北窺南，未有不由清河、渦口兩道以舟運糧。蓋淮北廣衍，糧舟不出於淮，則懼清野無所得，有坐困之勢。於是東屯盱眙、楚、泗以振清河，西屯濠、壽以扼渦、潁，大兵進臨，聲勢連接，人心畢歸，精兵可集。即具奏言之。又乞多募福建海船，由東海以窺登、萊，由清河窺淮陽。有旨下福建選募。張子蓋自鎮江來謁，公與之語，見其智識過人，謀慮精審，與圖規取山東之計。奏子蓋才勇而性剛氣直，願優容之。且乞益以精甲，資以財用，俾屯江淮，❶措置招來。

會今上即位，公首奏建康行宮當罷工役華采之事，據今所營，足備臨幸。有詔從之。上自藩邸熟聞公德望，臨朝之初，顧問大臣，咨嗟歎息。首召公赴行在，賜公手書曰：「朕初膺付託，以眇然一身，當萬幾之繁，夙夜祗懼，未知攸濟。公爲元老，被遇太上皇帝禮遇之久，群臣莫及。宜有嘉謀至計，輔朕初政。方今邊疆未靖，備禦之道實難遥度。思一見公，面議其當，使了然如在目中。繄公是望，公其疾驅，副朕至意。」公奏曰：「臣敢不以前日恪事太上皇帝之心事陛下。惟一其志，有隕無二。」遂就道。未至國門，敦促再四，至即引見。上見公，改容體貌曰：❷「久聞公名，今朝廷所恃惟公。」命内侍賜公坐，降問再四。公奏：「人主以務學爲先。人主之學本於一心，一心合天，何事不濟？所謂天者，天下之公理

❶「江淮」，浙本、天順本作「淮上」。
❷「體」，原作「禮」，據浙本、天順本改。

而已。人主惟嗜慾私溺有以亂之，失其公理。故必須兢兢業業，朝夕自持，使清明在躬，惟是之從，則賞罰舉措無有不當，人心自歸，醜虜自服。」上竦然曰：「當不忘相公之言。」公又奏：「今日便當如創業之初，宜每事以藝祖爲法，自一身一家始，以率天下。」公見上天錫英武，每言及兩朝北狩，八陵廢隔，兆民塗炭，讎恥之大，感痛形於詞色，因力陳和議之非，勸上堅志以圖事。制除公少傅、江淮東西路宣撫使，節制建康、鎮江府、江、池州、江陰軍屯駐軍馬，進封魏國公。太上皇退處德壽宮，群臣希得進見，獨再引公，見輒移時。以秋防復往江上，留臨安旬日，中使問賜飲食等不絕，禮遇冠一時。

公舟行出國門，見蝗自北來，飛長數里，即具奏曰：「災異之起，必有所因。陛下即位之初，憂勞庶政，豈容有此？伏願益修欽畏，以答天心。抑天之愛陛下，殆將有以警勉於初，助成聖德也。更乞延見近臣，咨問時政，必使惠澤實及軍民。」先是，公謂新政以人才爲急，人才以剛正爲先，因疏當今小大之臣有經挫折而不撓，論事切直者凡十數人薦於上，且乞以閒暇時數引賢者自近，賜以從容，庶幾啓沃之間有所廣益。復薦陳俊卿、汪應辰可爲宣撫判官，有旨差俊卿。又奏前國子司業王大寶可備勸講論思，上遂命召大寶。公至江上，復奏曰：「直言不聞，非國之福。自秦檜用事，二十年間，誣以它罪，賊殺忠良，不知幾何人。願下明詔，以太上之意條具往以直言獲罪之人，各加恩施。其誣之以事而身已淪没，許本家開析事因，經朝廷雪訴，庶幾冤憤之氣得申今日。」又奏乞盡天下之公議以用天下之才，時洪邁、張掄使虜回，見公於鎮江，具言初到虜中，鎖之寓館，不與飲食，令於表中換「陪臣」字。公奏：「虜主恃彊，彈壓諸國。今日之事，惟修德立政，寢食之間無忘此讎，上慰天心，下從人欲，不當復遣使以重前失。」翰林學士史浩建議，欲築瓜洲采石城，上下公議。公謂：「今臨淮要地俱未措置，高郵巢縣家計亦復未立，而乃欲驅兵卒但於江干建築城堡，豈不示虜削弱，失兩淮之心，墮將士之氣？或有緩急，誰肯守兩淮者？不若先城泗州便。」上以公言爲然。浩已爲參知政事，力主初議，其餘公所措置，浩輒不以爲是。公以張子蓋可任，使鎮淮上，圖山東，而子蓋所陳，浩輒沮抑百端，至下堂劄詰責，又深遏海州之賞。公方招來山東之人，至者雲集，而浩不肯應副錢糧，且謂不當接納以自困。公奏乞上幸建康，而浩專欲爲懷安計。公治舟楫于東海，所圖甚遠，而浩輒令散遣。凡公所爲，動皆乖異，黨與唱和，實繁有徒。子蓋西人，負氣竟以成疾。公遣官屬勞問不絕，且乞上親喻之。上賜手書撫存備至，而子蓋卒不起，山東前所結約者皆失望。浩遣其腹心司農寺丞史正志來建康，專欲沮招納事。公論奏曰：「竊惟國家自南渡以來，兵勢單弱，賴陝西及東北之人不忘本朝，率衆歸附，以數萬計。臣自爲御營參贊，目所親見，後之良將精兵，往往皆當時歸正人也。三十餘年，扞禦力戰，國勢以安。今一旦遽欲絕之，事有大不可者。此令一下，中原之人以吾有棄絕之意，必盡失其心，一也。人心既失，變爲寇讎，內則爲虜用，外則爲我寇，二也。今日處分既出聖意，將見淮北之人無復渡淮歸我者，人迹既絕，彼之動息無自而知，間探之類孰爲而遣？三也。中原之人本吾赤子，今陷於虜者三十餘年，日夜望歸，如赤子之仰父母。今有脱身而來者，父母拒户棄絶之，不得衣食，於天理人情皆所未順，四也。自往歲用兵，大軍以奔疲疾疫死亡十之四五。陛下慨念及此，命諸將再行招募。若淮北之人不復再渡，所募之卒何自而充？五也。尋常諸軍招江淛一卒之費不下百緡，而其人柔脆，多不堪用。若非取軍淮北，則軍旅之勢日以削弱，六也。若果絶之，人心一失，大事去矣。國家所系，人心爲本。惟陛下恢廓聖度，同符天地，信順獲佑，其理必然。」上見之感悟，事得不罷。正志又受浩旨，聚兩路監司守臣往瓜洲相度築壘事。及見公，恃其口辯，欲爲浩遊説。公折大義，正志乃愧恐不敢言。將行，公復謂之曰：「歸致意史參政，秦檜主和，終致誤國。參政得君，無蹈覆轍。」浩聞之悚然。時浩已遣使使虜，報登寶位。公奏：「陛下初立，方欲圖回恢復，而遽聞遣使，懼天下解體。前日洪邁虜中供伏事狀，尋聞虜酋備坐告喻嶺北諸國。虜借我和議之名，以迫脅諸國類如此，願毋遣。」浩竟遣之，然虜計已行，亦竟責舊禮不納也。十一月，有旨召宣撫判官陳俊卿及公子栻赴行在。公附俊卿等奏曰：「今日之事，非大駕親臨建康，則决不能盡革宿弊，一新令圖，鼓軍民之氣，動中原之心。臣自太上時，已爲此謀。蓋江南形勢實在於此，舍而不爲，未見其策。」又奏曰：「漢文帝初立，有司請早建太子，以尊宗廟，其爲天下國家計甚遠。願陛下留意焉。」公於九月中嘗具奏，以謂：「近聞吴璘之兵在德順曾未幾月，與虜大戰，不可不爲之深思也。使此虜得志於西，則氣焰必熾，脅制蕃漢，聚兵邊陲，迫我臣屬，事固難處。今持久不決，有大利害存焉。儻坐視不問，貽憂異時，非計之得也。當令兩淮之師虎視淮壖，用觀其變，而遣舟師自海道摇山東，及多遣忠義結約中原，疑惑此虜，使有左顧右眄之慮。而德順之師知我有牽制之勢，❶將士當亦賈勇自奮。」至是復令俊卿等力言之。時浩已發詔，命璘棄德順。蓋浩志專欲亟和，以自爲功，謂德順既棄，則非徒璘無能爲，亦固撓公之謀矣。上見俊卿等，問公動静飲食顔貌，曰：「朕倚公如長城，不容浮言摇奪。」時上已有欲幸建康之意矣，而浩殊不以爲然。上遣内侍黄保躬賜公鞍馬手書曰：「卿以元勳，特爲重望，慨風塵之未静，仗忠義以親行。首固邊防，徐謀開拓，俾朕居尊，無復軫慮。緬思忠赤，益用歎嘉。」俊卿等歸，公知車駕來

建康之期尚緩，深慮有失機會，復具奏曰：「人心向背，興亡以分。建康之行，一日有一日之功。願仰稽天道，俯徇衆情，亟定行期，以慰中外之望。」時契丹酋窩斡亦起兵攻虜，爲虜所滅，其黨奔潰。驍將蕭鷓巴、耶律适里自海道來降。公以爲女真一國之兵，其數有限，向來獨以彊力迫脅中國之民及諸國之人爲用，是以兵盛莫敵。今當招納吾民，厚撫諸國，則女真之心自生疑惑，中原諸國莫爲其用，虜可亡也。奏乞厚撫鷓巴等。上從之，詔公擬官賞施行，仍賜手書勞公曰：「卿以文武全才，副朕倚毗，宣威塞垣，厥功益茂。夷虜來歸，中外帖然。今賜卿貂帽等。」時虜以十萬衆屯河南，多張聲勢，欲窺兩淮。公以大兵屯盱、泗、濠、廬，虜

❶「牽」，原作「奉」，據浙本、天順本改。

不敢動，但移牒三省、密院及移書宣撫司，虛爲大言，欲索海、泗、唐、鄧、商州及歲幣等。公奏此皆詭詐，不當爲之動，卒以無事。

隆興元年正月九日，制除公樞密使、都督建康、鎮江府、江、池州、江陰軍屯駐軍馬，且命即日開府視事。始，公命諸將築泗州兩城，至是而畢，隱然爲邊塞重鎮。時虜將萬户蒲察徒穆及僞知泗州大周仁以兵五千屯虹縣，都統蕭琦以萬餘人屯靈壁，積糧修城，遣間不絶。公謂至秋必爲邊患，當及時掃蕩。若破兩城，則淮泗可奠枕也。且蕭琦素有歸我之意，累遣親信至宣撫司。會主管殿前司李顯忠、建康都統制邵宏淵亦獻擣二邑之策，公具以奏上。上手書報可。三月，召公赴行在。公中道具奏曰：「今之議者，孰不持戰守之説。其下則欲復遵舊轍，重講前好。以臣觀之，戰守之説是也。然而戰守之道，本於廟勝。君天下者誠能正身以正朝廷，正朝廷以正百官，正百官以正萬民，用之戰則克，用之守則固，理有決然者矣。今德政未洽于人心，宿弊未革于天下，揆之廟算，深有可疑。臣願陛下發乾剛，奮獨斷，於旬月之間，大布德章，一新内外，盡循太祖、太宗之法，使南北之人知有大治于後。人心既孚，士氣必振，于以戰守，何往不濟？」既至，復伸前説。上再三歎美，謂公當先圖兩城，邊患既紓，弊以次革。乃命李顯忠出濠州趨靈壁，邵宏淵出泗州趨虹縣，而令參議馮方隨往犒勞。公亦自往臨之。將行，念軍事利鈍難必，恐或小跌，傷上有爲之心，謂諸葛亮建興六年所上奏其言明切，曲盡事機，乞上置之坐右，嘗觀覽焉。又出旗牓軍前曰：「面奉聖旨：大軍所至，務要秋毫不擾，專以慰安百姓爲事。敢有行一不義、殺一不辜，達於聽聞，朕所不赦。」公渡江，聞李顯忠至靈壁，而蕭琦中悔，以衆來拒。顯忠大破之，琦所將萬五千人降殺殆盡。邵宏淵亦進圍虹縣，顯忠會之，徒穆、周仁窮蹙，率其衆降，亦以萬數。公又遣戚方將舟師趨淮陽，慮顯忠輕敵深進，則親帥官屬前駐盱眙，幾便近得以指呼。顯忠追蕭琦至宿州近城，❶琦與家屬及千户頭領等百餘人降，遂直抵城下。虜僞元帥者遣二萬餘人來戰，大破之。進攻城，將士蟻附而上，遂克之，中原震動，歸附日至。上手書曰：「近日邊報，中外鼓舞。數十年來，無此克捷。」公以盛夏人疲，急召顯忠等還師，而上亦戒諸將以持重。皆未達，僞副元帥紇石烈志寧率大兵至，顯忠等恃勝不復入城，但於城外列陣以待，士卒頗疲矣。僞帥令於陣前打話，謂：「爾若破我，當盡歸河南之地。」既戰，虜兵引却。❷明日復來戰，❸我師小不利，統制官有遁歸者，軍心頗摇。顯忠等率兵入城，虜衆進攻城，復殺傷而退。居數日，得諜者報，虜大兵將至，顯忠等信之，夜引歸，虜亦不能追也。時虜名酋勇將降執系道，精甲破亡不翅三倍，是後不復能爲靈壁、虹縣之屯矣。方初退師，公在盱眙，去宿不四百里，浮言洶動，傳虜且至。官屬中有懷檄以歸者，亦有請公亟南轅者。公不答，遂北渡淮，入泗州城。軍士歸者勞而撫之，視瘡痍，拯疾病，存録死事，旌有功，人情胥悦。凡數日，上下始知虜初無一騎過宿者，人心始定。

---

❶「追」，原作「虜」，據浙本、天順本改。

❷「虜」字，原脱，據浙本、閩本、天順本補。

❸「來」，浙本、閩本、天順本均無。

時公獨與子栻留盱眙幾月，俾將士悉歸憩而後還維揚，具奏待罪。上手書撫勞，公復奏曰：「今日之事，明罰爲本。而罰之所行，當自臣始。」上手書報曰：「卿屢待罪，欲罰自卿始。卿此言至公，豈不感格？朕委任卿，未嘗少變，卿不可以此介意。正賴卿經畫，他人豈能副卿？」有旨降授特進，更爲江淮宣撫使。宿師之還，士大夫素主和議者乘時抵巇，非議百出。上又賜手書曰：「今日邊事尤倚卿爲重，卿不可以畏人言而懷猶豫。前日舉事之初，朕與卿獨任此事。今日亦須朕與卿終任此事，切不可先啓欲和之言。」又荐遣内侍勞公，於是公又第都統制官以下，乞以次行罰。時朝廷建遣楊存中以御營使行江上守備，首途有日。公謂命令不一，將士觀望，或敗國事，身死無益，遂論奏之。上即日詔存中毋行。

公留真、揚，大飭兩淮守備，命魏勝守海州，陳敏守泗州，戚方守濠州，郭振守六合，治高郵、巢縣兩城爲大兵家計，修滁州關山以扼虜衝，聚水軍淮陰，馬軍壽春、廬州。大抵虜人來攻泗州，則糧道回遠，城中兵二萬餘足以守，乘其弊足以勝。如其出奇自淮西來，則清野堅壁，使無所掠。既不得進，合兵攻之，可大破也。然是時師退未幾，人不自保，公命栻往建康挈家屬來維揚，衆情大安。兩淮郡縣悉增葺屋宇，人物熙熙，以至鄉落亦皆成聚。上復召栻奏事，公附奏曰：「自古大有爲之君，必有心腹之臣相與協謀同志，以成治功，不容秋毫之間，然後上下響應影從，事克有濟。如伊尹之於湯，太公之於周，其次管夷吾之於齊，諸葛亮之於蜀，書傳所載，始終可考。不然，作舍道邊，何自而成？而况安危禍福之幾，其應不遠，可不畏哉！今邊隅粗定，軍旅粗整，虜以傷敗之故，其勢未能爲竭國之舉。而臣以孤蹤，跋前疐後，動輒掣肘，陛下將安所用之？願深惟國計，精選天下岩穴之賢，付以中外大柄，任之專，信之篤，如前數君所爲，謀出於一，不使小臣得以陰間，不使異議得以輕摇，先内後外，以圖恢復，庶幾日積月著，太平可期。載惟陛下當至艱至難之時，遇自古未嘗有之彊敵，若非君臣相與爲一，朝夕圖回，不較利鈍，終期有成，誠恐歲月易流，後悔難追，甚可痛惜也。臣老且病，望陛下矜憐，賜以骸骨，使之待罪山林，無令出處狼狽，取笑天下後世。」上覽奏，謂栻曰：「雖乞去之章日至，朕決不許。朕待魏公有加，終不爲浮議所惑。」公聞之，不敢復有請。時上對近臣未嘗名公，獨曰魏公，每遣使來，必令視公飲食多寡、肥瘠何如，其眷禮如此。八月，有旨復公都督之號。虜都元帥僕散忠義與志寧並貽書三省、密院，索四郡及歲幣等。且云：「今兹治兵，決在農隙。」以恐脅我。公奏：「虜力彊則來，力弱則止，初不在夫和與不和之間。使其有隙可乘，有機可投，雖使人接踵于道，卑辭厚禮無所不至，亦莫足以遏其鋒也。今僞帥書蓋知江南之士欲和者衆，離間吾心腹，撓亂吾成謀，坐收全功，以肆其忿毒于後。惟陛下深察之。臣誠過慮，竊恐腐儒之論不知大計，遂爲真和。曾不知三數年之後，虜馬日蕃，人心益定，我之將士解體怠惰，方是時，何以枝梧？然今日内治未立，人多懷私，只貴謀身，不思爲國，軍民之弊，漠不加意。不求之此而區區於末，恐無益也。」時朝廷欲謝却歸正人，已至者悉加禁切，且不欲公多遣間諜，恐生邊釁。公奏曰：「自昔創業中興之君，圖回天下，初非有夙任之將、素養之兵、舊撫之民爲之用也。考其施設，事非一端。或取之群盗，或得之降虜，或以夷狄攻夷狄，莫不虛懷大度，仰憑天道，俯順人心，以成大功。後世仁德之不孚，措置之失宜，馴致降人多有背叛。此非徒人事之謬，蓋亦天命之不歸也。今陛下紹隆祖宗，方務恢復，乃於降者而首疑之，則左右前後與夫今日軍旅之衆，孰不可疑？而况它日進撫中原，必先招徠，事乃可濟。若處之失當，反激其怒，它日人自爲敵。計之出此，豈不誤哉？陛下將有經營四海之心，推誠待人，如天如日，豈比固陋之士，姑爲保身之謀，獨無天命之可信哉！」又奏：「虜之於我，有不戴天之讎，挾詐肆欺，不遺餘力。自宣和、靖康以來，專以和議撓亂國家，反覆詭秘，略無一實。今敗盟如此，而朝廷尚蹈覆轍，號爲信義，恐生兵隙，臣所未喻也。昔宋襄公謂君子不重傷，不禽二毛，而卒敗於楚，得無類是乎。」時湯思退爲右相，思退本檜死黨，尤急於求和，遂遣盧仲賢、李栻持書報虜，並借職事官以往。公又奏：「仲賢小人多妄，不可委信。」上因其辭，戒勿許四郡，而宰執則令仲賢等許之無傷。栻至境，託故不行，獨仲賢往。僕散忠義懼之以威，仲賢遂鼠伏拱手，狀稱歸當稟命許四郡，願持書復來。仲賢見公，謬稱虜有數十萬之衆近邊，若不速許四郡，今冬必入寇，我無以當其鋒。且公重臣，不宜在江外，當亟渡江。公知仲賢爲虜所脅，即謂之曰：「某在此邊備已飭，借使虜來，當力破之。况探報日至，虜之屯河南者不過十萬，計議得無爲虜游説耶？」栻復被旨令入奏。公命栻奏仲賢辱國無狀，但所謀事，未知有無出朝廷之意，臣實不預此議。栻至，上即召見，首問仲賢事。栻具奏其狀，且曰：「仲賢不可不明正其罰，朝廷與爲表裏，不可不察。」上怒，下仲賢大理寺。思退等惶懼，反謂仲賢能説虜削去君臣之禮，止以叔姪相往來爲有功，百端救之，至與左相陳康伯等叩頭殿上乞去。上不悦，猶鐫仲賢官。思退及其黨懼，益大唱和議，建遣王之望、龍大淵爲通問使副。公在遠，争不能得。見諸軍惶惑，歸正人尤不自安，即出牓諸軍，謂虜人妄有邀索，如輒敢渡淮，當約日決戰。朝廷聞公出此牓，皆大恐，獨上以爲然。公又奏曰：「伏聞朝廷遣使甚亟，思慮反復，實不遑寧。伏念臣頃居謫籍幾二十年，流離困苦，加以憂患，狼狽萬狀。所以養愛此身，不敢即死，亦以臣子大義，負不戴天之深讎，終幸一朝得伸素志，瞑目無憾。幸遇陛下龍飛之始，英武奮發，慨然有澄清天下之志。臣是敢受任而不辭。今將士人情日以振作，而虜寇作於内，師老於外，少稽時月，形勢畢見。載惟此虜若勢力有餘，内無掣肘，則秋冬之交必引兵長驅，要我以和，何求不成？而乃遣書約期，勢實畏怯，其狀甚露。縱令敢以偏師深入，自淮西來，爲我則利，爲彼非福。蓋三百里之内，野無芻粟，扼以不戰，又何能爲，而直爲此急急也？重念臣衰老多病，所見所爲迂闊寡合。自度賦分單薄，無以勝任國事，方欲俟歲晚力求休退。惟臣所愛者，陛下之聖德聞於天下，有有爲之時。❶惟臣所憂者，夷狄之姦計得以肆行，而後悔何及！不然，

❶ 下「有」字，浙本作「可」。

臣年餘幾何？豈不欲姑就安逸以畢此身，而固爲異同於今日也？」又奏：「今歲守備甚嚴，❶自秋涉冬，初無一事。向若虜不貽我以書，固自若也。不幸因虜以一介持書慢我，而朝廷怱遽遣人，自招紛紛。緣此内外之情各不懷安，於國體所係甚大。今兹使行，事體尤重，豈宜更復草草？惟此虜若必欲侵凌我，雖懇請百拜，有不可遏；如其不能，亦何由而動？況專幸寇讎之不我侵，急急然徒爲懇免苟安之計，臣之所未諭也。」上賜手書諭意，將以首相待公。公奏力辭。未幾，遂召公赴行在奏事。公初議答虜書事，以爲但當輕遣一介往觀其情僞而爲之所。至是，乃聞朝廷遣之望等。十一月二十五日，行至鎮江，上奏曰：「近者竊承朝廷已定遣使之議，臣身在外，初不預聞。竊惟徽宗、欽宗不幸不反，亘古非常之巨變，凡在臣庶，不如無生。而八陵久隔，赤子塗炭，國家於虜，大義若何？況逆亮憑陵，移書侮嫚，邀求大臣，坐索壤地，其事近在前歲。今議者不務力爲自彊之計，而因虜帥一貽書，遽遣朝士奔走麾下，再貽書，欲遣侍從近臣趨風聽命，復將裒吾民之膏血以奉讎人，用猶子之禮以事讎人，欺陛下以款之之名，而爲和之之實。其説固曰吾將款之而修吾兵政。不知使命一遣，歲幣一出，國書一正，將士褫氣，忠義解體，人心憤怨，何兵政之可修？又不過曰吾將款之而理吾財用，不知今雖遣使而兵不可省，備不可撤，重以歲幣之費，虜使之來，復有它須，何財用之可理？此可見欺陛下以款之之名，實欲行其宿志也。彼方惟黨與之

❶「甚」，浙本、天順本作「粗」。

是立，惟家室之是顧，惟富貴之是貪，豈復以國事爲心哉？況兩朝鑾輿之望已絶，宗室近親流落虜廷，戕賊殆盡，猶欲與之結和，不知於天理安否？臣實痛之。臣年老多病，所論與朝廷略不相合，豈可蒙恥更造班列，以重敗其素節？且陛下廟堂之上，豈容狂妄不合之臣濫厠其間？臣雖至愚，亦誠不忍與今日力主和議之臣並立於朝。伏乞早降指揮，罷臣機政。臣見力疾至前路秀州，聽候指揮。」上賜手書曰：「覽卿奏，欲在秀州候指揮，甚非朕所望也。卿忠誠爲國，天下共知，和議事專竢卿到，面盡曲折。卿宜速來。」繼遣内侍甘澤賜公手書曰：「卿赴召入覲，何爲中道遽欲引嫌自陳？軍國大事，正要卿同心叶濟。已差甘澤宣卿，宜體朕意，疾速前來。」公以上意厚甚，不敢固辭，復上奏曰：「臣竊聞道路之言，謂今兹議和非陛下本心，事有不得已者。詢之士大夫，多以爲然。惟臣昔嘗力陳和之不可，爲秦檜所擠，瀕死者屢。賴太上皇帝保全覆護，獲有餘生。今日之議，臣以國事至大，不敢愛身，力爲陛下敷陳，不知陛下終能主張之否？又有事之大者，人才混殽，風俗陵夷，綱紀久弛，上下偷安，巨細積弊，内治自彊未見端緒。若力圖所以革之，一繩以公，不恤浮議，則怨謗之言投隙伺間，巧爲傷中，事必無成。若因循不革，日復一日，何以爲國？國政不立，何以禦寇？不知陛下能力斷於中，果行於外，君臣一心，無間可乘，以濟此艱難之業否？❶臣是以食不遑味，寢不遑處，拳拳憂心，有如皦日。思所以爲陛下計、爲社稷

❶「艱」，原作「疑」，據浙本、天順本改。

計，須臾不敢忽也。不然，臣年老數奇，粗知學道，豈敢叨踰榮寵，竊位於朝，以負陛下社稷哉！臣到闕日，願賜清閒之燕，俾盡區區。度其是否，使之進退有據，不違其道。不勝幸甚！」既至入見，上首諭公以欲專委任之意，公復力陳和議之失。上爲止誓書，留使人，而令通書官胡昉、楊由義先往諭虜帥以四郡不可割之意。於是之望、大淵待命境上，而上與公密謀，若虜帥必欲得四郡，當遂追還使人，罷和議事。十二月二十二日，制拜公尚書右僕射、同中書門下平章事兼樞密使都督如故。而思退亦轉左僕射。上諭當直學士錢周才以注意在公，故思退雖爲左相，而公恩遇獨隆。每奏事，上輒留公與語，又時召栻入對，賜公御書《聖主得賢臣頌》。思退等素忌公，至是益甚。公既入輔，首奏當旁招仁賢，共濟國事。上令條具，公奏虞允文、陳俊卿、汪應辰、王十朋、張闡可備執政，劉珙、王大寶、杜莘老宜即召還，胡銓可備風憲，張孝祥可付事任，馬時行、任盡言、馮方皆可備近臣，朝士中林栗、王秬、莫冲、張宋卿議論據正，可任臺諫，皆一時選也。公自太上時，即建議當駐蹕建康，以圖恢復。上初即位，公入對，又首言之。及總師江淮，每申前說。至是復力言於上曰：「今不幸建康，則宿弊不可革，人心不可回，王業不可成。且秦檜二十年在臨安，爲燕安酖毒之計，豈可不舍去之而新是圖？大抵今日凡事皆當如藝祖創業時，務從省約，而專以治軍恤民爲務，庶國有瘳。不然，日復一日，未見其可。」上深感悟。通書官胡昉等至宿州，僕散忠義以不許四郡之故，械繫迫脅。昉等不屈，忠義計窮，更禮而歸之。上聞之，亟召栻語之故，令諭公曰：「和議之不成，天也，事當歸一也。」始議以四月進幸建康。公又奏當詔之望等還，上批出曰：「王之望、龍大淵并一行禮物並回。」思退等大駭，更約翌日面奏。及至漏舍，思退等競執前說。公折以正論，輒屈。是日三月朔旦，上當詣德壽宮，未登輦，召宰執議事。思退及參知政事周葵、同知樞密院洪遵叩頭力爭，上怒，聲色頗厲。及自德壽宮回，復批出曰：「追回之望等劄子宜速進入。」適詣德壽宮，太上皇帝亦深怒：「此虜無禮，卿等不可專主和議，恐取議於天下。」思退等懼，遂以劄子進入，發金字遞行。公奏胡昉等能不爲虜屈，當加賞。而向者盧仲賢擅以國家境土許寇與讎，宜有重罰。有旨：「仲賢除名勒停，編管郴州。」又奏：「宜牓示諸軍，諭以僕散忠義械繫使人，加以無禮，使各奮忠義，勉勵待敵，趨赴功名。庶幾諸軍知曲在虜，且知和議不成，激昂增氣。」上令都督以此旨降牓兩淮、❶荆、襄、川、陜，數日之間，號令一新，中外軍民皆仰上英斷。思退計窮，復奏力主和議，且請上以宗社大計奏禀太上皇帝而後從事。上親批其後，降付三省曰：「虜無禮如此，卿猶欲言和，今日虜勢非秦檜時比，卿之議論，秦檜之不若。」故事，宰相日一人啓御封。是日適公當啓，啓畢，即轉示思退。思退大駭，藏去。先是，上既決幸建康之議，思退等初不與聞。後奏事上前，語屢屈，因請曰：「和議不成，虜至何以待之？」上曰：「朕已決幸建康。」思退等失色。及又見批語，乃陽爲皇恐乞祠狀，而陰與其黨謀爲傾陷之計，蹤跡詭祕，

❶ 「都督」，浙本、天順本作「督府」。

人不得盡知也。居數日，俄有旨命公按視江淮。公知一日出外，姦人必得肆意，然趣行之旨屢下，而事之成敗，則又有非人力所能爲者，乃行。既出國門，思退遂與右正言尹穡通謀，日夜汲汲益求所以間公者。公未抵鎮江，道遇王之望等還，見之望力主和議，因密奏之。而思退等亦相與陰謀，謂不毁守備則公不可去，和不可成，乃令之望等盛毁守備，一無以恃者。❶又陰以官爵諷諸將，令入文字，稱虜盛彊，爲畏怯語。而穡專主其議，百計毁公。蓋公受任江淮兩年有半，念國家多虞，醜虜未靖，憂恐計度，❷寢不遑安，食不遑味，祁寒盛暑，勞撫將士，接納降人，講論軍務，未嘗少倦，少年精力有不能及，而公忠義奮激，曾不以爲勞。諸軍感悦，有不待號令而從者。計所招來山東、淮北忠義之士，實建康、鎮江兩軍，凡萬二千餘人，萬弩營所招淮南彊壯及江西群盗又萬餘人，陳敏統之，以守泗州。淮南軍士知泗爲兩淮要塞，皆願以死守，至挈父母妻子往焉。要地如海、泗、高郵、巢、和、六合等皆已成築，其可因水爲險處，皆積水爲櫃，增置江淮戰艦，諸軍弓矢器械悉備。兩年冬，虜屯重兵十萬于河南，爲虚聲，脅和至再至三，皆有約日决戰之語。泗州將士日望虜至成大功，而虜亦知吾備禦甚設，卒不敢動，反爲防我計。及是，公又以宰相來撫諸軍，將士無不踴躍思奮，軍聲大振。虜聞公來，亦檄宿州之兵歸南京，沿邊清野以俟。淮北歸正者日來不絶，山東豪傑悉遣人來受節度。公曉之曰：「淮北、山東之人

❶ 「以」，浙本、天順本作「可」。
❷ 「恐」，浙本、天順本作「思」。

慕戀國恩，厭苦虐政，保據山險，抗拒賊兵，于今累年。首領冒難遠來，備述爾等忠勤，爲之惻痛。已具奏皇帝，記録汝等姓名。將來大兵進討，則掎角爲援，晝驚夜劫，抄絶糧道。如是賊兵深入，便當連跨城邑，痛勦賊徒。勳績儻成，節鉞分茅，皆所不吝。但當觀時量力，無或輕動，反墮賊計。今本朝厲兵秣馬，以俟天時，汝等亦宜訓習，以待王師之至。」公又以蕭琦乃契丹四軍大王之孫，沉勇有謀，欲令琦盡統契丹降衆，且以檄喻契丹，大意謂本朝與契丹有兄弟之好，不幸姦臣誤兩國，皆被女真之禍。今契丹不祀，皇帝無日不念此。爾能結約相應，本朝當敦存亡繼絶之義。虜人益懼，遂爲間書，鏤板摹印，散之境上，類後周所以間斛律明月之意。督府參議官馮方立朝有直聲，臨事不避難，遍行兩淮，築治城壘，最爲勞勩。思退等以其效力尤多，尤惡之，使禧論方不當築城費財，凡再章而方罷。又論公所費國用不貲，公奏，計督府遣間探，給官吏等，二年半之費，實不及三十萬緡。其餘爲修城造舟、除器招軍等用。上出公奏，思退、禧議屈，於是始謀更造它事撼公。殿前後軍統制張深守泗有勞，軍士安之。俄有旨放罷，而以趙密之子廓代之。公至淮東，詢問知狀，奏留深，而禧指公此事爲拒命跋扈。思退等又相與謀，上眷公厚，必未肯遽罷公，但先罷都督，則公自當引去。禧奏論如思退計，而公自聞馮方罷，已上奏乞罷督府。詔從公請，而公亦封章力求還政矣。禧連疏詆公愈力。左司諫陳良翰奏，如公忠勤，人望所屬，不當使去國。上謂良翰：「本無此事，且當今人材孰有踰魏公者？卿宜遍喻侍從臺諫，使知朕此意。」侍御史周操素同良翰議，至是争論甚力。然是時公留平江虎丘，致仕之章已八上矣。上察公懇誠，欲全其去。四月二十有二日，制除公少師、保信軍節度使判福州，而思退等遂決棄地求和之議。且命宣諭司及統領司磨治督府文書錢物，吹毛求疵，卒不可得，乃已。公力辭恩命，上不許，至五六，除醴泉觀使。公雖去國，不敢以嫌故有隱，奏尹穡姦邪，必誤國事，又奏勸上務學親賢。故舊門生或勸公當勿復問時事，後雖有召命，亦無庸起。公慨然語之曰：「君臣之義，無所逃于天地之間。況吾荷兩朝厚恩，久尸重任，今雖去國，猶日望上心感悟。苟有所見，安忍不言？上復欲用某，某當即日就道，敢以老病爲辭？如公等言，復何心哉！」聞者聳然。公以連年疲勞，比得退休，已覺衰薾。且畏暑，未能遂還長沙。行次餘干，假宗室趙公頊之居而寓止焉。所居之南有書室，公名之曰「養正」，而爲之銘曰：「天下之動，以正而一。正本我有，養之斯吉。❶道通天地，萬化流出。精思力行，無忘朝夕。」日讀《易》，更定前説，且曰：「庶幾未死，於學有進也。」又取《易》象題坐右曰：「謹言語，節飲食。致命遂志，反身修德。」親舊來訪者，輒與講論古道，終日不倦，蓋其心純一，無出處動静之間如此。孟秋既望，公薦享祖考，既奠而跌。公起，歎曰：「吾大命不遠矣。」手書家事付兩子，且定祭祀昏喪之禮，俾遵守，曰：「喪禮不必用浮屠氏。」且曰：「吾嘗相國家，不能恢復中原，盡雪祖宗之恥，不欲歸葬先人墓左。即死，葬我衡山足矣。」及仲秋二十日，

❶「斯」，原作「斯」，據浙本改。

猶爲饒守王十朋作《不欺室銘》，有曰：「泛觀萬物，心則惟一。如何須臾，有欺暗室？君子敬義，不忘栗栗。」至二十有二日，始寢疾。二十八日，疾病。日晡時，命子栻等坐于前，問：「國家得無棄四郡乎？」且命作奏乞致仕。日暮，命婦女悉去，夜分而薨。先是，六月末有大星隕于趙氏居養正堂之北，光芒若晝，趙氏一家盡驚。翌日，得公書欲來寓居云。訃聞，上震悼，輟視朝兩日。有旨贈公太保。栻等不敢違公志，扶護還潭州。以是歲十一月辛亥葬于衡山縣南嶽之陰豐林鄉龍塘之原。

公自幼即有濟時之志，未嘗觀無益之書，未嘗爲無益之文，孜孜然求士尚友，講論當世之故。聞四方利病休戚，輒書之册，至一介之賤，亦曲加詢訪。在京城中，親見二帝北狩，皇族係虜，生民塗炭，誓不與虜俱存。委質艱難之際，事有危疑，它人方畏避退縮，則挺然以身任之，不以死生動其心。南渡以來，士大夫往往唱爲和説，其賢者則不過爲保守江南之計。夷狄制命，率獸逼人，莫知其爲大變。公獨毅然以虜未滅爲己責，必欲正人心、雪讎耻、復守宇、振遺黎，顛沛百罹，志踰金石。晚復際遇，主義益堅，雖天嗇其功，使公困於讒慝之口，不得卒就其志，然而表著天心，扶持人紀，使天下之人曉然復知中國之所以異於夷狄，人類之所以異於禽獸者，而得其秉彝之正，則其功烈之盛，亦豈可勝言哉！公論事上前，務盡道理，期於聽從，不爲苟激。其在官守，事無細大，必以身親，視國事如家事，視民疾苦如在己身，至誠懇惻，貫徹上下。平生四被謫命，處炎方幾二紀，拳拳念君之心，遠而彌篤。見朝廷一舉措之善，則喜溢詞色；一事不厭，則憂思終夕不寐。嘗曰「事君者必此心純一而後能有感格」，蓋其忠義自壯至老，或用或舍，未嘗有斯須之間也。事太夫人先意承志，婉愉順適，曲盡其心，奉養恭恪，寒暑不渝。家人婦子見公身率，莫敢不敬。或時遠去侍側，每覺意緒不佳，則曰：「太夫人得無有疾乎？」遣人候問，則其日果太夫人服藥也。太夫人方嚴，或顏色不和，則公拱立左右，踧踖若無所容。俟太夫人意舒，乃敢安。蓋自膝下至白首如一日。太夫人既没，見素所服用之物，未嘗不泣下，起敬起孝，孝誠篤至。上自宫禁，下至閭閻，無不咨嗟歎息。縉紳軍民聞風而興起慕用，與夫愧悔改行者，不可勝計也。於兄徽猷公友弟篤至，教養其子與己子不少異。置義莊以贍宗族之貧者，以至母族喪葬婚嫁，亦皆取給焉。歲時祭祀，必預戒小大，使各嚴恪。滌牲治具，必親涖焉。及祭，肅乎如祖考臨之。時節嘗新，必先薦于廟而後敢食。器皿擇精潔者備薦享，不以它用。素能飲酒，至斗餘。及貶連山，太夫人曰：「南方地熱，宜省酒。」即不敢飲。及再見太夫人，命之飲乃飲，遂終身不踰三酌。於器用取具，不問美惡，平生無玩好，視天下之物泊然，無足以動其心者。燕處飲食，皆有常度，雖在閨門，無戲語，無惰容。未嘗偏倚而坐，未嘗疾呼遽行，言必有教，動必有法。盛德日新，至老無息。及在餘干，未寢疾間，温恭朝夕，無絲毫倦怠意。絶筆二銘，于今讀之，猶能使人悚然起敬。則公之心雖未易以言語形容，然於此亦可以少見其幾矣。蓋其天資粹美，涵養深厚，以至於德成而行尊，非强勉所能及也。公之學一本天理，尤深於《易》、《春秋》、《論》、《孟》。嘗論《易》數曰：「易有太極，是生兩儀。太極一也，兩儀三之也。分爲二，而七、八、九、六之數五十有五，此天地之中數也。何以知其然？蓋一、三、五、七、九合爲天數，而天數不過五；二、四、六、八、十合爲地數，而地數不過五。天地奇耦，合之爲十，揔之爲五十有五。自然之數，皆不離乎中，中故變，變故其道不窮。聖人神而明之，用數之中，故消息盈虚之妙、闔闢變化之幾，皆在於我而動静莫違焉，中其至矣。」又嘗論剛柔之義示子姪曰：「君道主剛，而其動也用柔，故乾動則爲坤矣；臣道主柔，而其動也用剛，故坤動則爲乾矣。故夫必欲遠聲色，必欲去小人，必欲配帝王，必欲定社稷，必欲安民人，必欲服四夷，乾之剛也，君則之於内而主斷也。至於禮臣下，下賢才，撫四鄰，愛百姓，恤孤寡，虚心取善，舍己從人，其動莫非柔矣。不敢唱始，不敢先事，謹禮法，循分守，安進退，守職業，坤之柔也，臣得之於内而有承者也。至於犯顔敢争，捐軀盡節，可以託六尺之孤，可以寄千里之命，可殺不可辱，可困而不可使爲不義，守忠義之大訓，弭患難於當年，斷大計、定大疑，正色立朝，華夷讋服，其動莫非剛矣。故夫善觀《易》者，必觀夫剛柔之中而究其所以用，則六十四卦三百八十四爻之或得或失，或悔或吝，❶或吉或凶，可以類推矣。不知剛柔之用，不可言《易》也。」胡銓求公序其所著《春秋傳》者，公告之曰：「《春秋》所書，莫非人事章章者。作之於心，見之於事，應之於天，毫釐不差。夫子叙四時，稱

❶ 上「或」字，原作「成」，據浙本、天順本改。

天王，以謂順天則治，生物之功于是興；逆天則亂，生物之功于是息。爲千萬世訓至明也。故一言以斷《春秋》之義，曰天理而已矣。嗚呼！使王知有天，則諸侯知有王，大夫知有諸侯，陪臣知有大夫，馴致之理，得之自然，禍難孰爲而作哉？蓋王者知有天而畏之，言行必信，政教必立，喜怒必公，用舍必當，黜陟必明，賞罰必行。彼列國諸侯雖曰彊大，敢違天不恭，以重拂天下之心而自取誅滅耶？周道既衰，王之不王，不能正身行禮，奉承天心，以大明賞罰於天下。《春秋》爲是作，以我褒貶，代天賞罰，庶幾善者勸、惡者懼，亂臣賊子易慮變志，不復接踵于後，天地之大德，始獲均被萬物。聖人先天心法之要，蔑有著於此書者矣。」公於本朝大臣最重李文靖公，謂近三代氣象。又以寇忠愍、富文忠、范文正之事爲可法，嘗曰：「萊公自澶淵還，恥於城下之盟，益勸上修德立政，既不獲用，乃有東封西祀之説。鄭公使虜還，以和議爲恥，以自治爲急務，而不受樞庭之賞。文正自西鄙入參大政，勸仁祖開天章閣，俾大臣條時務，大修政事。文正所具二十條，無非要切，然亦不克施。使三公獲盡其猷爲，則王業必不至二百年而中微也。異時歸老山林，當作三賢堂於弊廬之側，庶幾朝夕想像，如見其人。」豈三公所爲，適有契于公心也與？每訓諸子及門人曰：「學以禮爲本，禮以敬爲先。」又曰：「學者當清明其心，默存聖賢氣象，久久自有見處。」見人有一善，爲之喜見辭色。子姪輩言動小不中理，則對之愀然不樂。人自感動。公初娶楊國夫人樂氏，旬日被命召，即造朝。及爲侍從，或以公盛年，勸買妾。公曰：「國事如此，太夫人在遠，吾何心及此？」遂終身不置妾。再娶蜀國夫人宇文氏，賢明淑順，與公同志。事太夫人盡禮，鷄初鳴，已冠帔立寢前，俟太夫人寐覺。夜則俟太夫人寢，至息勻寐安乃去。食飲湯藥，一一親之。太夫人常曰：「吾兒孝，天賜賢婦，以成其心。」内外宗族敬仰無間言，起居飲食，亦皆如公有常度不渝，相對如賓。公方貴，未嘗言及宇文氏私門，每訓諸子曰：「吾朝夕兢兢，履地如履冰，惟恐一言之失，一事之差。」蓋其德誠足以配公焉。先公五年薨，葬衡山，與公同兆異穴。生子男二人：長栻，右承務郎、直祕閣；次杓，右承奉郎。公奏議務坦明，不爲虚辭，率口誦，令子姪書之，皆根於心，不易一字。有《紹興奏議》、《隆興奏議》各十卷，《論語解》四卷，《易解》并《雜記》共十卷，《春秋解》六卷，《中庸解》一卷，《詩書禮解》三卷，《文集》十卷。惟公忠貫日月，孝通神明，盛德鄰於生禀，奥學妙於心通。勳存王室，澤在生民，威震四夷，名垂永世。平生言行，非編録可紀。謹掇其大略，以備獻于君父，下之史官，傳之無窮，且將以求當世立言之君子述焉。謹狀。乾道三年十月日，左迪功郎、特差監潭州南嶽廟朱熹狀。

晦庵先生朱文公文集卷第九十五下

侯官縣儒學訓導劉簪校

晦庵先生朱文公文集卷第九十六

行狀

少師觀文殿大學士致仕魏國公贈太師謚正獻陳公行狀❶

本貫興化軍莆田縣感德鄉胡公里。曾祖贈太師、沂國公。妣黃氏，贈徐國夫人。祖贈太師、蜀國公。妣李氏，贈蜀國夫人。父贈太師、冀國公。妣黃氏，贈越國夫人；卓氏，贈冀國夫人。

公諱俊卿，字應求，其先世蓋出潁川。晉永嘉之亂，太尉廣陵郡公準之孫，西中郎將逵南遷泉江，❷始爲閩人。其居莆田者歷唐、五季，而太尉十九世孫真、二十二世孫嶠、沆始斑斑見於碑碣。然世遠，不可得而詳矣。公之家自沂公以來，皆以好施周急聞於鄉里。公生而莊重，不妄言笑，七八歲自知爲學。❸冀公薨，執喪如成人。少長益自刻厲。紹興八年，以鄉舉試禮部，知舉朱公震、張公致遠得其文讀之，歎曰：「公輔器也。」將寘首選，而同列有異議者，乃屈居其次。授左文林郎、泉州觀察推官。服勤職業，不以科第自高。同寮宴集，常謝不往。一日，郡中失火，太守汪公藻走視之，

❶ 此題，浙本目録作「丞相魏國陳正獻公行狀」。
❷ 「江」，浙本補版作「州」。
❸ 「歲自」，浙本補版作「自出」。

則諸掾屬方相從飲某所，而公之輿卒亦或假之以行。於是例以後至被詰責，公亦唯唯摧謝。已而汪公廉知其實，始召公慰諭，且問其故。公曰：「某也不能止同寮之行，而又資其僕御，亦安得爲無過？且是時公方盛怒，某也其忍幸於自解而重人之罪乎？」汪公歎服，以爲不可及。秩滿，改宣義郎。故事，第二人再調即爲館學清官。是時秦丞相檜用事，察公意不附己，乃以爲南外睦宗院教授。終更造朝，中塗心悸，夜不得眠。公曰：「吾它日未嘗如此，意者吾親其不康乎？」翌日馳歸，則冀國夫人果以是日屬疾矣。遭喪，服除，添差通判南劒州。未行而檜死，乃以秘書省校書郎召。在館歲餘，非時未嘗一詣東西府。時今天子方爲普安郡王，高宗命宰相擇可輔導者，宰相爭欲置其所善。高宗不可，命擇館職端厚静重者爲之，乃以公對。除著作佐郎，兼普安郡王府教授，尋遷著作郎。在邸二年，講説常傳經義以規戒，言簡理精。以王好鞠戲，誦韓愈之言以諫，王敬納之。王左右親吏故多與諸府寮狎，公獨正色出入，未嘗私交一談。

歷司勳禮部員外郎，樞密院檢詳諸房文字，除監察御史。始，公嘗與國子監丞朱倬隣居，朝夕往來。及倬爲言事官，公一賀之，遂不復往，倬以是敬公。既還中司，欲薦以爲御史而先以告，公力辭之。後數月，汪徹爲殿中侍御史，乃密以公名進。命下，然後謝公曰：「恐公復辭，不敢告也。」俄遷殿中侍御史，首爲上言人主以兼聽爲美，而存心必本於至公。人臣以不欺爲忠，而論事必達於大體。反復推明，引今附古，詞指温厚，而正直之氣凛然不可犯，上固異之。

又論：「御下之道，惟恩與威，不可偏廢。今主兵之官率無遠慮，惟事驕侈，其志不過聚斂以肥家，其術不過交結以固寵。其所以侵漁百姓、刻剥軍士、陵駕州縣、輕侮朝廷者無所不至，而任事者未嘗一誰何之，則將不知有威矣。養兵之費月計百萬，而虚籍太半，不可稽考。軍士疲於私使，困於回易，大率以奉主將之私，而所得衣糧隨手尅盡，羸瘦單薄，有可憐之色，而主將恬不之恤，則士不知有恩矣。陛下誠有以抑將之驕而警其惰，作士之氣而收其心，則紀綱正而號令行，三軍之士，孰不感戴上恩而效死以報國者哉？」上亦稱善再三。公遂劾奏韓仲通本以獄事附秦檜，冤陷無辜。今檜黨盡逐而仲通獨全，何以懲惡？劉寶總戎京口，紀律不嚴，哀斂特甚，朝命分兵屯戍，輒拒不遣，亦不可不治。於是二人皆抵罪，公論快之。宰相湯思退秉政無狀，公論沸騰。會冬無雲而雷，公與同列共奏論之。同列争掎摭苛細，公曰：「宰相上不當天心，下不厭人望，是固當罷，何以它爲？」乃獨奏言思退文藝有餘而器識淺暗，不足以任天下之重。詔罷思退，以大學士奉外祠。同列復議，請褫其職。公曰：「事貴適中而已。思退非有大罪，特以不堪宰相而罷之，則祖宗時免相恩禮未可殺也。且思退雖不才，然視沈該不有間乎？今該猶以大學士家居，而思退顧不得，則執法之地所以議賞罰者偏矣。」遂不復論。

金虜自燕徙汴，謀遂入寇，中外震恐。而楊存中久握兵柄，尤以裒斂交結得幸，士卒嗟怨。三十一年春正月既望，大雷雹，已而雨雪凝沍，旬日不解。公引《春秋》所書雷雪之變，且言：「當時兩異相距八日，其變有漸，聖人猶謹而書之。矧今一日並見，其異甚矣。蓋雷雹，陽也；雨雪，陰也。雷而復雪，是陽不能制陰，陰桀得作，出而爲物害也。以類推之，是爲夷狄將陵中國，臣下將竊威權之象。所以應之，恐非虛文常禮所能及也。今虜勢駸駸，蓋已可見，備禦之計未知所出，而大將官保傅、摠兵戎、殖貨財，事交結、奪民利、壞軍政，其力足以奔走死士，其威足以杜塞衆口，道塗仄目，中外切齒久矣。養之不已，將有指大於股之患，此最不可不深慮。至於開言路、用人望、別能否、正紀綱、信號令、廣惠澤，亦所以應天消變之術而不可緩者。惟陛下并留聖意。」因遂劾奏存中罪狀，語益切。天子爲罷存中，奪其兵。公又言：「去冬無雲而雷，今春已雷而雪，間者日闇無光而淫雨不止，前日又有地震之異。變不虛生，實應人事。豈賢才有未用而賞罰有未當歟？備禦有未脩而賦斂有未節歟？近習有撓權而大臣無任責者歟？左右阿諛者衆而忠讜之論不聞歟？何嘉氣之不應也。傳曰『聽之不聰，厥罰常寒』，願下求言之詔，以審政事之闕，而深詔大臣念咎引慝，以答天戒。」又言：「部使者多不舉職，請令自今臺諫論列一道，歲中四人以上，臺司檢舉，議罪以聞。」又言：「近世例以小廉曲謹、文采醞藉取人，而於識量深沈、智略慷慨之士未有以爲意者。所以多士盈庭，❶而臨事嘗有乏才之歎。謂宜廣收博采，舍短録長，用之繩墨之外，責以事業之成，勿拘小節，勿課

❶「多」，原作「名」，據浙本改。

近效，庶其有得，以濟時用。」會詔以災異數見，❶令臺諫侍從條上計策。公言：「虜人窺伺，其意不測，而兩淮之藩籬未固，荆襄之聲援不接。宜擇近臣有威望者，盡護荆襄諸將之兵而假以它用，陰遣間使往來江上，密問諸將計策，或令各遣腹心赴堂禀議，使諸大臣從容延問，詰難往復，以盡其情，參酌去取，以定其論，庶幾緩急内外相應，不失事機。其它則選練犒賜以作士氣，擇吏蠲賦以輯鄉兵，脩城築壘以嚴保障，亦事之不可緩者。而總其大要，則在朝廷處置得宜，有以服人心者。而推其大本，則又在陛下益堅睿斷，先定規模，無以憂疑自爲退沮而已。」又言：「命令之出，不可不審；内外之任，不可不均。」又言：「今日之急，在節財用，而冗官妄費，實爲今日財用之大蠹。且如添差、總管、鈐轄，一郡或不下十數人，月俸大者百萬，小者不下五六十萬，公使人從費又倍之。其間又有連爲數任而不替者，有更歷數州而不已者。宗戚生朝賜物，尚依承平舊例，外命婦亦請内命婦俸給。有旨罷敕局，而或兩年不罷。有旨減吏員，而三省、密院、御史臺不減。大禮浮費，以巨億計：樂工五百人，教習百日，食錢至二萬緡，修輿服器仗，不過增飾，而户、工兩房兩部，將作、軍器兩監，文思、車輅兩院，以至儀仗等庫官吏添給食錢，日五六百者不知幾人，自四月朔以至禮成，爲錢不知幾許。大率一有興爲，無問大小，稍有關涉行遣文書一字以上，無不支食錢者。而一歲之中，無慮以十數。凡若此類，乞令後省取索，立限裁損。而陛下以身先之，始自宫

❶「詔」，原作「語」，據浙本改。

掖，如竇元、慶曆、熙寧故事，則邦用足、民力寬而人心不患於不服矣。」又言：「諸州將兵例供私役，教閱不時，緩急不堪倚仗。故今諸州往往有大軍留屯，皆截上供以給其費。宜詔有大軍處即令將兵通共教閱，無大軍處即令旁近大軍分遣將吏就州教之，勸以厚賞，禁其私役。異時習熟，則所屯大軍漸可抽回，以省截留之費。」是時，虜人侵軼之勢已形，而江淮備禦之方未講，大小惴惴，莫敢發言。公又力言宜蚤置統帥，使擇間探、遠斥堠、謹烽火、修城池，以待其變。而當是時，莫有堪其選者。中興舊臣，唯張忠獻公獨無恙，而方困於讒口，謫居湖湘，中外物情翕然屬之，❶上心益以爲疑，不肯用也。公乃上疏曰：「竊惟今日事勢，可謂危且迫矣。而竊聞之軍民士夫之論，則皆曰張浚素懷忠義，兼資文武，且諳軍旅之事，可當閫外之寄。臣素不識浚，且亦聞其爲人，意廣才疏，其初雖有勤王之節，安蜀之功，然陷陝服、散淮師，其敗事亦不少。特其許國之忠，白首不渝。今居謫籍，杜門念咎，未嘗不追悔前非，老而練事，殆非復前日浚矣。今事勢危迫如此，而在廷之臣，又未有能過之者，雖有射鉤斬袪之仇，猶當置而不問，況浚嘗爲陛下腹心之臣，初未嘗有此隙乎？竊聞譖者言其陰有異志，又以放棄之久，疑沮益深，若付以權，恐漸難制。臣請有以明其不然。夫浚之所以得人心、伏士論者，爲其有忠義之素心也。若其有此，則人將去之，誰復與爲變乎？臣願陛下察其讒誣，略加辨白，且與除一近郡，以係人心，庶幾緩急之際可以相及。」疏入，未

❶ 「屬」，浙本作「歸」。

報，因請對，力言之。上意乃悟，首肯久之。内侍張去爲陰沮用兵之策，且陳避狄之計。公遂抗言：「去爲竊弄威權，虧損聖德，今復沮撓成算，請按軍法斬之，以作士氣。」上愕然曰：「卿可謂仁者之勇矣。」明日，除權兵部侍郎。後數月，竟用張公守建康如公策。既而邊報益急，王師始北渡江，屯據要害，而用兵之意猶未決也。公言：「今守禦略備，士氣亦振，以此待敵，何慮不勝？若得虜人便離巢穴，送死而來，則中原塗炭之民與其種類怨叛之衆，争欲起而圖之者何可勝數？但以吾之重兵與之相持，而别遣鋭師，分出間道以擣其虚，則虜之成禽必矣。臣之所慮，猶恐其知吾有備，❶僞爲甘言，復以和議誤我耳。然彼或出此，而吾能益嚴備禦之計，修築營壘，大開屯田，以爲久駐之基，俟其退歸巢穴，然後姑與之和，此則猶爲中策。但恐淺謀之士苟於目前，更勸陛下受其甘言，反以今日之計爲非是，而遂斂兵增幣，❷墮其計中，則爲無策而大事去矣。」虜兵尋果渡淮，公受詔措置浙西水軍，李寶因之，遂有膠西之捷。公因勸上進幸建康，號令諸將，指授方略。上然其計，戒嚴未發而虜軍自亂，殺其主亮而歸。詔公措置淮東堡寨屯田，公行所過，勞來安集，流逋稍復舊業。虜中更立新酋，遣使來申舊好。朝廷方議酬答之宜，而議者或謂得故疆者，❸實利也；正名分者，虚名也。朝著多附其説。❹公聞之，亟上奏曰：「陛下前日和戎之計，蓋非得已，今此使來，正

❶「猶」，浙本、天順本作「獨」。
❷「幣」，原作「弊」，據閩本、浙本改。
❸「謂」，浙本作「曰」。
❹「著」，浙本作「者」。

審事機、正名分之日也。若以得故疆爲實利，則得之而未必能守，是亦虛名而已。豈若因此先正名分，名分一正，則雖未能即復中原，遽謁陵廟，然亦足以作頹墮之氣，慰神靈之心。矧今虜人挫衄之餘，急於自定，汲汲求和，情亦可見。是豈能復以彊大之勢取必於我，如前日之爲哉？當此機會，臣以爲非獨名分可正，而歲幣亦當可減。惟在朝廷先定規模，有以俟之，則復中原、謁陵廟，亦不足以爲難也。」公又以爲和好果成，尤不可以無備，因陳選將練兵之策，并圖上兩淮戍守屯田事宜，所以爲保江之計者甚悉。又請戒諸將申嚴逃叛之法，毋得互相招誘。又請擇文臣有膽畧者，以爲諸將參佐，使察軍政、除宿弊，因習戎務，以儲將材。又言：「淮北流民自相剽略，吏不能禁。宜加區别，撫其柔良而收其暴桀者，畜之軍中，束以紀律。至於虜中形勢，彼雖或能言之，然皆務爲可喜之言以冀投合，不可輕信。而吾之虛實險易，彼皆得之，則又不可以不爲之防。大抵但當益增屯兵，多遣間諜，以俟得其情狀之實，然後乘其機會，量力以應之耳。」今天子受禪，公入對，陳戒懇切，且言：「今日之事，固當以嚴守備、練將卒、戒貪暴、省浮費、信賞罰、抑僥倖爲急。❶然此事也，非事之本也。清心寡欲，屏遠便佞，使姦聲亂色不留聰明，淫詞詖行不接心術，則庶乎用志專而見理明，功業可就而邪正可分矣。」又言：「爲國之要有三，曰用人，曰賞功，曰罰罪。而所以行之者一，曰至公而已。故古人善爲國者，賢不以讎而棄，愚不以親而用，賞不以遠而

❶「僥」，原作「撓」，據浙本、四庫本改。

遺，罰不以近而免。蓋不敢以一己之私，廢天下之公也。若以生殺予奪人莫予違，而惟好惡喜怒之私是狥，則不惟示天下以不廣，而其偏黨反側之害於政事，亦且無不至矣。昔太祖皇帝坐太寧宮，使闢重門而直視之曰：『此如我心，少有邪曲，人必見之。』此陛下家學也，願留聖意，以幸天下。」七月，遷中書舍人，尋以本職充江淮東、西路宣撫判官，兼權建康府事。時上初即位，慨然有復境土、雪讎恥之志，方屬張忠獻公以閫外之事，顧在廷無可使佐之者，以公忠義奮發而沈静有謀，故有是命。公力辭建康，不允，乃辟材吏通判府事，分理民政，而獨與張公協規并力，大飭邊備。是時蜀漢之兵北征秦隴，雖頗略定城邑，而勝負久不決。公爲張公言，請襲虜以分其勢，張公然之。公因上奏曰：「吴璘孤軍深入，而虜人悉衆拒戰，兩軍殺傷雖畧相當，然久而不決，則危道也。兩淮戰士今雖且當固守，然事勢已急，豈可不爲牽制之舉？臣竊以爲莫若分遣舟師，出其不意，直擣山東，中原豪傑宜有應者，則彼必還西師以自救，而璘得乘勝以定關中。❶我又及其未至，長驅深入，潰其腹心，不世之功可一旦而立也。若其有備，回颿轉柂，信宿可還，彼亦將如我何哉？此不唯救急之計，實因敵制勝之一奇，不可失也。」奏入，會朝廷有力主和議者，已詔璘班師，而公計遂不行，識者恨之。

公又極論軍中虚籍冗占，擺鋪營田差借之弊，且請戒諸將毋得以回易資饋餉、結權要。十一月，召入奏事。既對，遣中使面賜金帶。會給從臣筆札，條上時弊。公陳

❶「勝」，《正譌》改作「勢」。

十事，一曰定規模，二曰振紀綱，三曰勵風俗，四曰明賞罰，五曰重名器，六曰遵祖宗之法，七曰杜邪枉之門，八曰裁任子之恩，九曰限改官之數，十曰蠲無名之賦。其杜邪枉之説曰：「比年以來，左右近習稍有以名聞於外者，士夫奔走趨附，將帥納賂買官，遠近相傳，道路以目。願深察而痛懲之，無使或爲聖德之累也。」隆興改元，都督府建改參贊軍事。力辭建康得免，别除禮部侍郎領職。張公初謀大舉北征，公以爲不若養威觀釁，俟萬全而後動，張公從之。會諜報虜多聚糧邊邑，諸將以爲如此則其勢秋高必來，不可當。不若先其未動，舉兵擊之，以破散其業。張公又以爲然，乃請於朝而出師焉。幕府次盱眙，大將李顯忠、邵宏淵連下虹縣、靈壁，遂將乘勝長驅。公曰：「盛暑興師，深入敵國，皆兵家所忌，宜亟還。不然，師老力疲，遇敵恐不可用也。」張公然之，亟以檄召顯忠班師，則顯忠等已進破宿州，而虜大發河南之兵以來矣。顯忠身出鏖戰城下，殺傷過當，會夜，兩軍不相聞知，各驚潰去。而道路流言，以爲官軍失亡數萬，賊且乘勝南來。素主和議者，又侈其説以摇衆心。公從張公駐兵不動，潰兵聞之，稍稍來歸。計其實所亡失數千人，張公檄公亟入奏，且勸上勿爲浮議所摇。公見上，具道其事，且曰：「勝負兵家常事，願勿以小衄而沮大計。」上曰：「朕任魏公不改也。」張公抗章待罪，公亦奏請從坐，上不得已，詔皆貶秩兩等。湯思退復相，公以嘗論思退請罷，不許。諫官尹穡陰附思退，建議罷張公都督使，復以宣撫使治揚州。公上疏曰：「朝廷果以浚爲不可用，則罷之而更屬賢將可也。若猶欲責其後效，則貶官示罰，亦古法也。今乃使之去都督甚重之權，居揚州必死之地，凡所奏請，臺諫又從而沮之，如此則人情觀望，無不解體。浚方爲賊餌之不暇，尚何後效之圖哉？且浚近晝兩淮備禦之計，惟保險清野，可挫賊鋒，陛下既許之矣。今議者之言乃如此，雖浚即以家行，有死無避，然浚負天下重望，一有蹉跌，人情震駭，臣恐江上之事，將有不可測者。議者但知惡浚而欲殺之，乃不復爲宗社計，此陛下所宜自憂也。願下詔書戒敕中外，相與協濟，使浚得以畢力自效，贖其往愆。如度其終不可用，則請先治臣阿黨之罪而後改圖，無使浚它日復誤使令，而臣亦得不言之罪也。」疏上，未報，公又奏言：「陛下必以浚爲不可復用，則請速詔中外，别求智勇可代浚者而拔用之，不然，則幸且勿加沮撓，使得支吾，畢此殘歲。」詞益懇切。上覽奏感悟，即詔張公復開督府，卒召相之。然不數月，竟爲思退、穡等所擠，遣出視師，遂不復返。而公亦累章請罪，明年五月，乃除寶文閣待制、知泉州。復以自請，提舉江州太平興國宫。及思退貶死，上乃思公言，而太學生數百人伏闕下拜疏請起公。詔復命知泉州，未至，召赴闕。以乾道元年正月入對，上撫勞再三。公引歐陽脩、司馬光之言，極論朋黨之弊，以爲：「紹聖、崇、觀以來，此説肆行，實基靖康之亂。近歲宰相罷黜，則其所用之人，不問賢否，一切屏棄。此鈎黨之漸，非國家之福也。願詔大臣，一以大公至正爲心，並用恩仇，兼忘物我，唯才是任，毋恤其它，則植壞群散而人人得以自效矣。」又奏：「虜騎既退，兩淮屯田似不可緩。前此行之而不見效，其失在於任人不久而責效太速耳。爲今之計，莫若擇二大將，使以建康、鎮江之軍分屯兩淮，而就兼一路之帥。使擇軍中裨將，各以所領分屯沿邊諸州，而就兼一州之守。境内財賦得自用，以爲屋廬耕牧之費，或募新軍，或取舊人之不入隊者，授田使耕，不盡其利，則人争趨之，遲以數年，而成效可睹矣。」又勸上察群情之所甚欲者行之，所甚惡者去之，捐其所甚愛，謹其所可戒，審真僞，辨忠邪，從諫任賢，以格天心，以作士氣，庶幾戎狄畏威，不敢侵侮。除吏部侍郎，尋兼侍讀，同修國史。嘗言：「本朝之治，惟仁宗爲最盛。願陛下治心脩身之道，專以仁宗爲法，而立政任人之際，必稽成憲而行，則慶曆、嘉祐之治不難致也。」又言：「今日積弊千條萬端，朝廷非不知之，而不能革者，蓋大臣受任不專，用事不久，不能以一身當衆怨，而風俗頽弊，人各有心，上所建立有不便於己者，則興訛造訕，百計傾摇，必罷之而後已。願詔大臣力任此責，合群議而討論之，力行堅守，必冀有成，則風俗變而紀綱立矣。」又言：「人才者，國家之命脉也。而論人才者，又當以氣節爲主。祖宗盛時，作成涵養，名公巨人傑立角出，争以氣節相高。頃自蔡京、秦檜用事以來，摧喪既略盡矣。太上更化之初，力救其弊，而士狃見聞，未能盡革。臣願陛下深以爲念。氣節之士雖有小過，猶當容之；佞邪之人雖甚有才，猶當察之，庶幾有以作新人才，興起頽弊。」於是上顧公甚厚，蓋有意於大用矣。會錢端禮起戚里秉政，駸駸入相，館閣之士相與上疏斥之，皆爲端禮所逐。工部侍郎王弗陰附端禮，建爲國是之説，以助其勢。公抗疏力詆其非，且爲上言：「本朝無以戚屬爲宰相者，今若此，懼不可爲子孫法。」上以爲然。端禮聞之，密遣門下士語公曰：「聞兩宮皆許相已，即相，當引公共政。」公不答，退而終日不樂，謂所親曰：「此言奚爲至於我哉！」翌日，進讀《寶訓》，適及外戚事，公又極言：「本朝家法，外戚不預政，最有深意。陛下所宜謹守，無使天下後世有以此議聖德者。」上首肯久之。端禮之客亟馳報之，端禮由是深忌公，諷使求去。除寶文閣直學士、知漳州，改建寧府。中書舍人閻安中封還詞頭，力請留公。命復下，安中不能力争，然亦竟得罪以去，而端禮卒不相。時右正言龔茂良方以排擊近習黜守建而未上，公言：「茂良前以言事補郡，且臣故交，今往奪之，於義有不安者。」不得請，乃之官。在郡期年，治以寬簡，省節厨傳，官無浮費。然人服其清，亦莫之毁也。

三年，執政請徙公帥江東，上稱公鯁亮，俾召赴闕。既至，入對，上諭公曰：「卿前去國，蓋有譖卿者。卿今日無一語自辨，朕益服卿厚德也。」乃授吏部尚書。入謝之日，奏曰：「銓綜事有成法，臣固當謹守。第愚淺之見或有不及，願陛下時警敕之。蓋君臣之分雖嚴，而情不可以不通。」上曰：「卿言是也。朕或有過，卿亦當盡言。」公曰：「唐太宗唯能導人使諫，所以致正觀之治。今陛下導臣使諫，臣敢不奉詔？」上曰：「朕每讀太宗事，未嘗不慕之。觀德宗之忌刻，不樂受言，亦未嘗不鄙之也。」公對曰：「聖言及此，天下幸甚！」遂從容爲上言：「今日人材衰少，士氣不振，若必求全責備而後用之，則遺賢多矣。要當君臣一意，公聽並觀，略人細過而取其大節，去己私意而徇夫至公，則人材彬彬，出爲時用矣。」又言：「爲政而不行，甚者必改而更化，此先儒之格言也。然臣竊以爲一時之敝政可更，而祖宗之成法不可改也。就所當更，亦必計之審，議之熟，然後可更。既已更之，則當守之不變，而不可以屢更也。」又言：「州縣之間，號爲能吏者，往往務爲急刻，專以趣辦財賦爲功，而視撫字聽斷爲不急。其間又有聚斂以爲羨餘之獻者，增市征則害商賈，督逋賦則病農民，甚或侵移常賦，貽患後人。朝廷不察，反謂有才。願有以深戒戢之，則天下之幸也。」時上猶未能屏鞠戲，又將遊獵白石。公上疏力諫，至引漢威靈，唐敬、穆及司馬相如之言以爲戒。後數日入對，上迎謂公曰：「前日之奏，備見忠讜。朕決意用卿矣。」公再拜謝。上曰：「朕在藩邸，已知卿爲忠臣矣。」

十二月，受詔館北使，遂拜同知樞密院事，兼參知政事。首薦陳良翰、林栗、劉朔等五人恬退有守，可爲侍從臺諫之儲。時龍大淵、曾覿以舊恩竊寵，士大夫頗出其門，言事者語或及之，往往獲罪。及公館客，大淵爲副，公見外，未嘗與交一言。大淵造門納謁，亦謝不見。至是中書舍人洪邁來見，語公曰：「人言鄭聞當除右史，某當除某官，信乎？」公曰：「不知也，公獨何自得之？」邁以淵、覿告。公明日至漏舍，語諸公曰：「外議久指此兩人漏洩省中語，而未嘗得其實狀，故前此言者，雖多而不能入。今幸得此，不可以不聞。」諸公皆以爲然。入奏事畢，公乃獨進，具以邁語質於上前，曰：「臣不知平日此等除目兩人實與聞乎，抑其密伺聖意而播之於外，以竊弄陛下威福之權也？」上曰：「朕何嘗謀及此輩？必竊聽而得之。卿言甚忠，當爲卿逐之。」

公再拜謝，退未及門，已有旨出二人於外矣。中外快之，至或舉酒相賀云。一日出省還第，有斂馬道周而不避者。公問爲誰，曰戚里某官也。公遣直省吏白二相：此輕侮朝廷，不可不治。即使詰之，且具以聞。上怒曰：「朕在藩邸時，出逢相車，未嘗不避。此輩乃敢爾耶！」明日，以白高宗，下臨安府捕繫其從者，重坐之。知樞密院事虞允文入謝德壽宮，高宗語之曰：「卿與陳俊卿同在樞府，俊卿極方正，非如它人面從而退有後言也。」

公以兩淮藩籬未固，言於上曰：「備邊經久之計，不過屯田積粟，增陴濬隍，訓卒練兵，以爲不可犯之基而已。然今日任人之弊，大抵太拘，而邊郡爲尤病。」謂：「宜廣求人才，勿間文武，使陳所見，與定規模，悉如太祖皇帝所以遇李漢超、馬仁瑀輩者，分之以兵，使自爲守，饒之以財，使自爲用。仍詔臺諫略其細過，使倜儻之人得以行其志而自效。諸使唯鹽司爲不可廢，自餘皆可且罷，而間遣使循行諸郡，按閱稽考，以行賞罰。數年之後，守備必固，敵人知之，自不敢犯。萬一有之，亦可責諸將以必守，而無異時望風奔潰之虞矣。荆襄諸郡亦宜放此，大率不過得十數材力任事之人，便可集事。唯陛下留意圖之。」虜使來庭，公以故事押宴，使者致私覿，其狀花書而不名。公使却之，掌儀懼，白公恐生事。公使語之曰：「今日豈當用辛巳前故事耶？」使者詞屈，乃問公爵里甚悉，而易狀書名以遣曰：「特爲陳公屈耳。」自是遂爲例云。虜又移書邊吏，取前所俘虜人。上顧輔臣，議所以應之者。公曰：「此不可以力爭，而可以理勝。虜方淫侈，安有遠謀？設欲用兵，亦不必假此爲詞。今當且如常時，泛然報云已下諸處根刷，俟至三四，然後報以諸處所申皆無其人，或是軍前一時殺戮，或是後來節次死亡。且誓書之文，俘虜、叛亡自是兩事。俘虜發過已多，叛亡自不應遣。且如本朝兩淮之民，昨來上國兩次俘略亡慮數萬，本朝未嘗以爲言者，誠恐破壞和議，使兩國邊境之民皆不得安也。如其不聽，或至交兵，則曲直之勢，勝負有所在矣。」從臣有怯懦，爭言不可不予者，議久未決。公復上奏曰：「虜知此輩皆在軍中，故遣官臨境，揭牓招諭，欲以搖我人心，冀或有變，而以兵乘其隙，此計深矣。今留不遣，彼必藉此以起兵端。然臣竊料彼無信義，專恃暴彊，盡發亦來，不發亦來，初不以吾之從違爲作輟也。但發之，則吾國中先自紛紛，而彼乘其弊，其禍甚速。不發，則其侵軼尚在一二年後，吾但堅壁勿戰，絶其糧道，彼亦安能持久？況兵之勝負，亦有天理。今我直彼曲，安能逆知其必不能勝而遽爲此怱怱乎？」沈介守上饒，以上供負課罷郡鐫秩，公爭以爲不可。鎮江軍帥戚方刻剥役使，軍士嗟怨，言者及之。公奏外議內臣中有主方者，上曰：「朕亦聞之。方罪固不可貸，亦當并治左右素主方者，以警其餘。」即詔罷方，而以內侍陳瑤、李宗回付大理，究其賄狀。又諭輔臣，以建康劉源亦嘗有賂於近習，方思有以易之。今欲且遣王抃至彼，檢察姦弊，留數月而後歸，庶幾新帥之來，不至循習。公奏曰：「今但遴選主將，則宿弊當自革矣。」上曰：「政患未得其人耳。」公曰：「苟未得人，更宜精擇。既已委之，則當信任。今未得其人而已先疑之，似非朝廷所以待將帥之體。況軍中積弊，不在乎它，特患交結之風未革，所以有裒尅自營之事。今陛下既赫然罪其尤者，而又并及譽阿之人，中外之情莫不震慴，何事於此而後可以除宿弊乎？且軍中財賦所以激勸將士，但主帥不以自私，則其它當一切聽之。今檢柅苛細，動有拘礙，則誰復敢出意繩墨之外，爲國家立大事乎？況朝廷所以待將帥者如此，使有氣節者爲之心先不服，❶其勢必將復得姦猾之徒，則其巧思百出，敝隨日滋，又安得而盡防耶？今不慮此，而欲獨任一介單車之使以察之，政使得人，猶失體而無益。況不得人，則其弊又將不在將帥，而在此人矣。」上納公言，罷抃不遣。虜使來賀會慶節，上壽在郊禮散齋之內，不當用樂。公請令館伴以禮諭之，而議者慮其生事，多請權用樂者。公又奏請：❷「必不得已，則上壽之日，設樂而宣旨罷之。及宴使客，然後復用，庶幾事天之誠得以自盡，而所以禮使人者亦不爲薄，彼自當悅服矣。」上可公奏，且曰：「宴殿雖進御酒，亦毋用樂。惟於使人乃用之耳。」諸公顧以爲紫宸上壽，乃使客之禮，固執前議。公又不可，獨奏言曰：「適奉詔旨，有以見聖學高明，過古帝王遠甚，臣敢不奉詔。然猶竊謂更當先令館伴，以初議喻使人，再三不從，乃用今詔，則於禮爲盡，而彼亦無詞。不可遽鄙夷之，而遂自爲失禮以狥之也。」蔣芾猶守前說，公争愈力，上顧公曰：「可即諭閤門行之。」公退，復爲奏曰：「彼初未嘗必欲用樂，我乃望風希意而自欲用之，彼必笑我以敵國之臣而虧事天之禮，它時輕侮，何

❶「先」，浙本作「必」。
❷「又」，浙本作「乃」。

所不至？此尤不可不留聖慮。」上嘉納焉。既而上以當郊有雷震之異，内出手詔戒飭大臣，宰相葉顒、魏杞坐免。公亦俟罪，不獲命。越數日，遂除參知政事。公辭謝不得已就職。言於上曰：「執政之臣，惟當爲陛下進賢退不肖，使百官各任其職，至於細務，宜歸有司者。自此當日有以省之，庶幾中書之務稍清，而臣等得以悉力於其當務之急。」上甚然之。一日，審察吏部所注知縣有老不任事者，公判令吏部改注。吏白例當奏知，公曰：「此豈足以勞聖聽？明日取旨，自今此等請勿以聞。」上可其奏。時有以四明銀礦獻者，上命守臣詢究，且將召冶工即禁中鍛之。公奏曰：「陛下留神庶務，克勤小物至於如此，天下幸甚。然不務帝王之大，而屑屑乎有司之細，臣恐有識者有以窺陛下也。况彼懼其言之不副，則其鑿山愈深，役民愈衆，而百姓將有受其害者，又不可以不慮乎！夫天地之産，其出無窮。若愛惜撙節，常如今日，則數年之後自當沛然。但願民安歲稔，國家所少者豈財之謂哉？請直以其事付之明州，使收其贏餘，以佐國用，則亦不至於甚擾民矣。」從臣梁克家、莫濟俱求外補，公奏二人皆賢，其去可惜，蓋近列中有以騰口交鬭致二人之不安者。於是遂與同列劾奏洪邁姦險讒佞，不宜在人主左右，罷斥之。七月，宰相蔣芾以憂去，公遂獨持政柄，尋兼知樞密院事。即言於上曰：「臣自叨執政之列，每見三省、密院被内降指揮，苟有愚見，必皆密奏，多蒙開納，爲之中止。然比及如此，已爲後時。今以參預首員奉行政令，欲乞自今内降恩澤有未允公議者，容臣卷藏，不示同列，即時繳奏，或次日面納。」上曰：「卿能如是，朕復何憂？」每勸上親忠直，納諫諍，抑僥倖，肅紀綱，講明軍政，寬恤民力。用人之際，隨才任使，未嘗求備。異時統兵官不見執政，無以別其能否。公日召三數人，從容與語，察其材智所堪而密記之，以備選用。減福建鈔鹽歲額，罷江西和糴、廣西折米鹽錢，且蠲諸道累歲逋負金穀錢帛，以巨億計。

當是時，上於公言多所聽用，大抵政事頗歸中書矣。既而龍大淵死，上憐曾覿，欲召之。公曰：「自陛下出此兩人，中外無不稱誦聖德。今若復召，必大失天下望，臣請得先罷去。」上納公言，遂止不召。殿前指揮使王琪，被旨按視兩淮城壁還，薦和州教授劉甄夫，上命召之。公與同列請其所自，上曰：「王琪稱其有才。」公曰：「琪薦兵將官乃其職，教官有才，何預琪事？」上曰：「卿等可召問之。」公退，召琪責之，琪惶恐不知所對。會揚州奏昨琪傳旨增築州城，❶今已訖事。公請於上，則初未嘗有是命也。公曰：「若爾，即琪爲詐傳聖旨，此非小利害也。容臣等熟議以聞。」退至殿廬，遣吏召琪詰之。琪叩頭汗下。公亟草奏言曰：「王琪妄傳聖訓，移檄邊臣增修城壁，此事係國家大利害、朝廷大紀綱，而陛下之大號令也。人主機務至繁，天下情僞百出，豈智力所能一一防閑？所恃紀綱、號令、賞罰耳。今琪所犯如此，考其案牘及所置對，前後牴牾，姦僞明審。此而可詐，則亦何所不可爲也哉？臣等不勝大懼。謹按律文，詐爲制書者絞。惟陛下奮發英斷，早賜處

❶「傳」字，原無；「旨」下，原衍「可」字，據閩本、浙本、天順本補刪。

分。」於是有旨削珙官而罷之。先是，禁中密旨直下諸軍者，朝廷多不與聞。有禁官張方者，以某事發覺，公方與同列奏請，自今有司承受御筆處分事宜，並須申朝廷奏審方得施行，未報。至是，因珙事復以爲言，上乃悦而從之。事下兩日，則又有旨收還前命。公語同列曰：「反汗如此，必關牒至内，諸司有不樂者，相與爲之耳。」即具奏曰：「三省密院，所以行陛下詔命也。百司庶府，所以行朝廷號令也。詔命必出於陛下，號令必由於朝廷，所以謹出納而杜姦欺也。祖宗成憲，著在令甲。比年以來，漸至墮紊。臣等昨以張方之事輒有奏陳，及此踰月，又因王珙姦妄之故，陛下赫然震怒，然後降出，聖慮亦已審矣，聖斷亦已明矣。中外傳聞，莫不歎服。而昨日陛下諭臣等曰：『禁中欲取一飲一食，必待申審，豈不留滯？』而今又有此指揮。夫臣等所慮者，命令之大，如令三衙發兵，則密院不可不知；令户部取財，則三省不可不知耳。豈有此宫禁細微之事哉？況朝廷乃陛下之朝廷，臣等偶得備數其間，出内陛下命令耳。凡事奏審，乃欲取決於陛下，臣等非敢欲專之也。況此特申嚴舊制，亦非創立新條。而已行復收，中外惶惑，且將因循觀望，并舊法而廢之，爲後日無窮之害，則臣等之罪大矣。或恐小人因此疑似，陰以微言上激雷霆之怒，更望聖明深賜體察。」翌日面奏，上色甚温，顧謂公曰：「朕豈以小人之言而疑卿等耶？」同知樞密院事劉珙進對語切，遂忤上意。既退，御筆除珙端明殿學士，在外宫觀。公即藏去，密具奏言：「前日奏劄，臣實草定，珙與王炎略更一兩字，即以投進。以爲有罪，則臣當先罷。若幸寬之，則珙之除命臣未敢奉詔也。」明日，復申前説，且曰：「陛下即位以來，容納諫諍，體貌大臣，皆盛德事。今珙乃以小事忤旨而獲罪如此，臣恐自此大臣皆以阿諛順指爲持祿固位之計，非國之福也。」上色悔久之。公又言：「珙正直有才略，肯任怨，臣所不及。願且留之。」上曰：「業已行之，不欲改也。」公曰：「珙無罪而去，當與大藩，以全進退之禮。」上然之，乃以珙爲江西帥。公退，又自劾草奏抵突被命稽留之罪。上手札留之，公請不已。上曰：「卿必欲去，朕當勉從。然亦且在四明或平江，一兩月復來可也。」公以平江繁劇辭，上使自擇兩浙近地，公因以四明爲請，上乃許之。公退，即家居俟命，而翌日上更遣中使，召公入奏事，迎謂之曰：「朕昨思之，卿不可去。且諫官陳良祐亦奏留卿，是非獨朕所不可，公議亦不以爲可也。卿其勉爲朕留。」公請益堅，上曰：「卿雖百請，朕必不從也。」公退，復上疏。上親書其後曰：「卿之忠實，朕素簡知，而辭位無名，婁留愈懇，公論所協，宜勿再陳。」公遂不敢復請。越數日，上喻且相公。公懇避再三，上竟不許。遂以乾道四年十月，制授尚書右僕射、同中書門下平章事兼樞密使。

公爲相，以用人爲己任，所除吏皆一時選。尤抑奔競，奬廉退，或才可用而資歷尚淺，即密薦於上，退未嘗以語人。有忽被召對，改秩除用而不知所自者。每接朝士及牧守來自遠方者，必問以時政得失、人才賢否。見給舍必勉之曰：「朝廷政令，安得每事盡善？主上從諫如流，公等意有未安，勿憚舉職，朝廷唯是之從，初不以爲忤也。」又以兩淮備禦未設，民無固志，萬一寇至，倉卒渡兵，恐不及事，奏於揚州、和州各屯三萬人，預爲家計。仍籍民家三丁者取其一，以爲義兵，授之弓弩，教之戰陳。農隙之日，給以兩月之食，聚而教之。沿江諸郡亦用其法。諸將渡江，則使之城守，以備禦緩急，且以陰制州兵頡頏之患。其兩淮諸郡守臣，但當擇才，不當復論文武，計資歷。捐以財賦，許辟官吏，略其小過，責其成功。要使大兵屯要害必争之地，待敵至而決戰，使民兵各守其城，相爲掎角，以壯聲勢。而又言於上曰：「國家養兵甚費，募兵甚難，惟有此策可保邊面，可壯軍勢。而樂因循、憚改作之人，皆以擾民爲詞，天下之事欲成其大，安能無小擾？但守臣得人，公心體國，不憚勞苦，善加拊循，則教習有方，自不至大擾矣。」上意亦以爲然，詔即行之。然竟爲衆論所持，公尋亦去位，不能及其成也。邊民侍旺擁衆來歸，北虜移文取索。公以爲但可説諭令其北歸，不可捕遣以快彼意。上意猶欲粗遣百十以塞其意，公曰：「粗遣一二，以失其心，❶使懷憤怨。而虜知其然，求索必不遽已，竊料兵端必起於此。是始欲兩全，而終不免於兩失之也。此事本末曲雖在我，然彼亦豈得爲直？若且悠悠勿遣，彼必虞我有備，未敢遽動。萬一不免用兵，却可全山東歸正之心，士氣自倍矣。」於是卒從公計。一日，御札依祖宗舊制，復置武臣提刑，公言：「此職自景德以來置復不常，今用文臣一員，亦無闕事。員外添置，徒爲煩費無益也。」乃止。時虞允文宣撫四川，公薦其才堪宰相，上即召允文爲樞密使。至拜公左相，遂以允文爲右

❶「以」，浙本、天順本作「已」。

相，乾道五年八月也。允文既相，建議遣使金國，以陵寢爲請。公既面陳以爲未可，復手疏曰：「陵寢幽隔，誠臣子之痛憤。然在今日，彼方以本朝意在用兵，多方爲備，若更爲此以速之，彼或先動，則吾之事力未辦，不知何以待之？况使者既行，中外疑惑，果得所請，猶爲有名；苟或未從，殊失國體。且天下之人，亦以爲陛下舍其大而圖其細也。若欲必遣，則俟侍旺事定，或因遣使賀正，令王抃偕行，先與彼之館伴者議之，或令因見虜主，面陳此意。彼若許遣，則有必從之理。若其不許，則願陛下深謀遠慮，舍其小而圖其大。它時恢復故疆，陵寢固在度内，今日爲之，則是慕虚名而受實害，臣竊爲陛下危之。」上感公言，事得少緩。既而上御弧矢，有弦激之虞。公以不能先事陳戒，深自克責，密疏言曰：陛下經月不御外朝，口語籍籍。由臣輔相無狀，不能先事開陳，以致驚動聖躬，虧損盛德，非細事也。前日已嘗面奏俟罪，聖體未寧，未敢復請。然區區之愚，不敢不先言之，冀或有以感寤宸衷，則臣歸死司敗，無復憾矣。臣聞自昔人主處富貴崇高之極，志得意滿，道不足以制欲，則游畋、聲色、車服、宮室不能無所偏溺，而不得爲全德之君。陛下憂勤恭儉，清浄寡欲，凡前世英主所不能免者，一切屏絶。顧於騎射之末，猶有未能忘者。臣知陛下非有所樂乎此也，蓋神武之略，志圖恢復，故俯而從事於此，以閲武備，以激士氣耳。然誠如此，臣亦竊以爲過矣。夫弧矢之利，雖聖人所以威天下，然本非帝王所當親御也。一劍之任，吴起且羞爲之，而况萬乘之主乎？趙王好劍，而莊周説以天子之劍；楚王好弋，而莊辛説以王霸之弋。陛下既有志於武功，誠能任智謀之士以爲腹心，仗武猛之材以爲爪牙，明賞罰以鼓士卒，恢信義以懷歸附，則英聲義烈不出尊俎之間，而敵人固已逡巡震疊於千萬里之遠矣，尚何待區區馳射於百步之間哉？太祖皇帝深卻手撾之獻，蓋有見於此矣。又況陛下承祖宗積累之休，膺太上皇付託之重，一身之動静，宗社生靈之休戚繫焉。可不自重，以爲天下無窮之計乎？今者之事，尚賴天地祖宗密垂覆佑，即獲痊愈。使其萬一有甚於此，則貽太上之憂念，駭四方之觀聽，雖誅左右執射之人，亦何益乎？故臣願陛下常以今日之事，永爲後來之戒，不惟志之聖心，而又書之盤杅，銘之几杖，不使須臾忘之，則天下幸甚。且古之命大臣者，使之朝夕納誨以輔德，繩愆糾繆以格非，欲其有以正君之過於未形，而不使著見於外也。唐太宗臂鷹將獵，見魏證而遽止；憲宗蓬萊之遊，憚李絳而不行，此其效也。臣人微望輕，無二子骨鯁强諫之節，致陛下過舉，彰聞於外。今誅將及身而後乃言，亦何補於既往之咎哉？雖然，懲羹者必吹於虀，傷桃者或戒於李。弓矢之技，人所常習而易精，然猶不免今日之患，況毬鞠之戲，本無益於用武，而激射之虞、銜橛之變，又有甚於弓矢者乎？間者陛下頗亦好之，臣婁獻言，未蒙省録。今兹之失，乃天之仁愛陛下，示以警懼，使因其小而戒其大，誠宗社無疆之福也。陛下誠以弦斷之變思之，則向之盛氣馳騁於奔踶擊逐之間，無所蹉跌，蓋亦幸矣，豈不爲之寒心哉？太祖皇帝嘗以墜馬之故而罷獵，又以乘醉之誤而戒飲。遷善改過，不俟旋踵，此子孫帝王萬世之大訓也。臣願陛下克己厲行，一以太祖爲法，罷毬鞠之會，屏騎射之習，謹威儀之節，玩經典之訓，則盛德輝光，將日新於天下，而前日之過，何傷日月之明哉！既而曾覿官滿當代，公度其必將復入，預請以浙東總管處之。上曰：「覿意似不欲爲此官。」公曰：「前此陛下去此兩人，中外無不歎仰盛德。今外間往往竊議，以謂覿必復來。願陛下且捐私恩，以伸公議。」上稱善久之。已而又以墨詔進覿官，公復持不可，曰：「必爾，亦當有名。」會當賀金國正旦，乃請以覿爲副。還奏，因以例遷其官，而竟申浙東之命。覿猶遲徊不去，公戒閤門趣覿即日朝辭，覿怏怏而去。樞密承旨張説欲爲親戚求官，憚公不敢言。會公在告，請於右相，得之。公聞敕已出，詰吏留之。説皇恐詣公謝，右相亦愧甚，然猶爲之請。公卒不與，説以是亦深怨公。

永陽郡王居廣欲爲其客求嶽祠，先使人伺公意。公曰：「它官則不可，嶽祠無傷也。」然居廣憚公嚴正，卒不敢啓口。吏部尚書汪應辰舉李垕應制科，有旨召試。權中書舍人林機言垕詞業未經後省平奏，且獨試非故事。公奏元祐中謝悰亦獨試，機蓋爲人所使耳。上喻公詰之，乃機與諫官施元之密謀，以是沮應辰，而對上又不以實。公因極論其姦，遂詔暴二人朋比交通之狀而罷之，中外稱快。然應辰竟以與右相議事不合，求去。公奏應辰剛毅正直，士望所屬，當有以留其行者，因遂數薦應辰可以執政。上初然之，而後竟出應辰守平江。自是上意益向允文，而公亦數求去矣。明年，允文復申前議。一日，上以手札諭公曰：「朕痛念祖宗陵寢淪於腥羶者四十餘年，今欲遣使往請，卿意以爲如何？」公奏曰：

「陛下焦勞萬機，日不暇給，痛念陵寢，思復故疆，臣雖疲駑，豈不知激昂憤切，仰贊聖謨，庶雪國恥？然性質頑滯，於國家大事每欲計其萬全，不敢輕爲嘗試之舉。是以前者留班面奏，欲俟一二年間，彼之疑心稍息，吾之事力稍充，乃可遣使。往返之間又一二年，彼必怒而以兵臨我，然後徐起而應之，以逸待勞。此古人所謂應兵，其勝十可六七。兹又仰承聖問，臣之所見不過如此，不敢改詞以迎合意指，不敢依違以規免罪戾，不敢僥倖以上誤國事，惟陛下察之。」繼即杜門上疏，以必去爲請。三上乃許，遂以觀文殿大學士知福州，兼福建路安撫使。陛辭，猶勸上遠佞親賢，修政事以攘夷狄，泛使未宜輕遣。然公既去，允文遂遣使，竟不獲其要領。而曾覿亦召還，遂建節旄，歷使相以躋保傅，而士大夫莫有敢言者矣。

公至福州，政尚寬厚而嚴於治盜。明年，定海水賊倪郎侵軼閩廣，海道騷然。公召統領官鄭慶授以方略，慶頗逗留，以風爲解。公植旗於庭，視其所鄉。慶知公不可欺，晝夜窮追，悉遂禽捕，海道以清。上嘉其功，特遷銀青光禄大夫，力辭不許。始公任政，建言選人嶽廟無事得禄，又理考任陞改，此太僥倖，且非祖宗舊法，奏請革之，人以爲當。而權貴多不悦，扇爲浮論，游説萬方。公持之不變，衆亦自定。略計一歲可省冒濫改官者三十員。至是，不悦者幸公去，卒奏改之。公猶抗疏辨理，然事已行，不及止也。簽書節度判官事尚大伸以事忤提點刑獄鄭興裔，興裔廉得其罪，以語公。公即以屬吏驗問，未竟，憲屬張位擅呼獄吏喻以意旨。公劾奏位，并大伸罷黜之。興裔勢大沮，皇恐，託它事出按旁郡以避公。興

轉運判官陳峴建議改行鈔鹽法，公移書宰執曰：「福建鹽法與淮浙不同，蓋淮浙之鹽行八九路八十餘州，地廣數千里，食之者衆，販之者多，百貨可通，故其利甚博。福建八州，下四州瀕海，已爲出鹽之鄉，惟汀、邵、劍、建四州可售，而地狹人貧，土無重貨，非可以它路比也。且四州每歲舊額，當運鹽千三百萬斤，而實運僅及九百餘萬，蓋食鹽之民有限，其勢不可以復增也。然漕司以此歲得三十餘萬緡，而四州二十餘縣供給上下百費，皆取於此，二三十年以來，州縣稍無科擾，百姓亦各安便，此則官自鬻鹽，亦不爲不利矣。今欲改行鈔法，比於它路，且於額外更責以增鬻取贏，而又陰奪州縣歲計，以充其數，此不可之大者也。而或謂官鹽不行，由私販之不禁。今若稍嚴，必倍其利。此知其一而不知其二者。❶福建民貧，上四州尤甚，性復强悍，輕生喜亂。農桑之外，多利私販，百十爲群，操持兵仗，官不能禁。託名魚鱅，量收税錢而已。貧民既有此路可以自給，則不至輕於爲非，官司又得此錢，亦足少助經費。今欲改行鈔法，已奪州縣歲計，又欲嚴禁私販，必虧税務常額。而貧民無業，又將起而爲盜。夫州縣闕用，則必横斂農民；税務既虧，則必重征商旅；盜賊既起，則未知所增三十萬緡之入，其足以償調兵之費否也。將來官鈔或滯不行，則必科下州縣，州縣無策，必至抑配民户。本以利民而反擾之，此恐皆非變法之本意也。欲望朝廷更下有司熟議，或令建議之人一以身任其責，必有以見其決然可行者然後行之，則庶乎其不悞

❶「而」字，原脱，據閩本、浙本、天順本補。

也。」當時諸公不能用，然鈔法果不行。又明年，力請閑，遂以提舉臨安府洞霄宫歸第。敝屋數楹，湫隘特甚，怡然不以屑意。淳熙二年，再命知福州，辭不得請，乃行。民習其政，不勞而治。始至，帑藏空竭，公節省浮費，用亦不乏。會有旨盡發本路海船及揀中禁軍、土軍，公奏曰：「陛下厲精爲治，約己利民，至於軍須之用，亦無取之民者，獨於海舟尚籍民力，蓋不獲已。然自頃邊事既息，率三分調一以備守禦，非有緩急不盡發也，此意亦已厚矣。今乃但以教閱之故，而使三番併發，彼不當番者，既已遠出，豈能遽歸？則必徒使其家有追逮係累之擾。至於⿰木奄師、水手，其技素習，初不待教。但其平日類皆轉移執事，今固不容拘以名籍，則又安知今日所教，必爲異時所用之人哉？何補於事而煩擾如此？且去歲朝廷疑州郡有所隱漏，遣黄飛英點集，拘留年半，始得放散，商賈固已失業。今而併發，寧不重困？略計本路所發五百七十艘，用⿰木奄師、水手萬四千人，留屯五月，犒設借請，朝廷費經總制錢六十餘萬緡，米六七萬餘碩，衣裝器甲與夫州縣之費又不在是。推此一路以觀兩浙，則其費又當倍之矣。又況民力不可不惜，大衆不可輕動，無事而發，玩習爲常，一旦有急，或反誤事。曷若盡以教閱付之州縣，或令且發一番，當亦未至闕事。而船户既蒙優恤，異時或有緩急，雖赴湯蹈火，亦不避矣。其揀中禁軍已行起發，但本路帶山瀕海，民俗獷悍，私販寇盜所在有之，全賴土軍控制之力。向來戚世明銜命揀選，但欲數多，未嘗精擇。福州十三寨，合千九百人，而揀中者已千七百餘人，所餘逐寨不過十人。今若將揀中人盡行起發，則州縣表裏空虛，姦民得計，其害有不可勝言者。欲乞許留其半，以備緩急。」詔皆施行如章。公又嘗奏：「本路上四州軍及江西、湖北諸郡豪猾之民，多由衣食不充，相結爲盜，盤據險阻，官軍多不能制。近者茶寇雖平，其類尚多有之，與其縱使爲盜，不若籠以爲兵。謂宜專委逐路帥憲，選閒居官員有方略者，及土豪有信義者，毋拘以文，使風喻此曹，令各以其技自獻，官爲格試，收而籍之。或刺其手，置寨教閱，厚其衣糧，拔其尤異，補轉資級，因事立功，更加優賞。或有小寇，責之收捕，決可討平。異時或欲起發，亦必感奮爲用。此銷盜賊、嚴武備、固根本之一策也。」既而州境大旱，失火延境，且有星隕地震之異。公悉以其事上聞，且曰：「一夕之間，變異兩見，臣愚不學，莫原休咎之端，惟劇震恐。竊計陛下必欲聞之，不敢不奏。」上感其言。適州校有部綱至行在所者，❶上忽召入，問公治行甚悉。即降親札撫勞，賜以帶、笏、香、藥甚厚。

三年，太上皇帝聖壽七十，頒慶宇內。公以紹興從官特轉金紫光禄大夫。四年，復累章告歸。上欲許之，而難其代，爲遲回累日，乃除特進、提舉洞霄宫。五年五月，起判隆興府。未視事，改判建康府、江南東路安撫使兼行宫留守，且詔赴闕奏事。既至，都人聚觀，無不咨嗟，喜公之將復用也。入對垂拱殿，上爲改容加敬，命坐賜茶，宣問款至。公因從容言曰：「擇將當由公選。臣聞諸將多以賄賂交結而得之，如此大壞軍政。」上曰：「大將交結，恐或因仍。如統

❶「行」字，原脱，據《正訛》補。

領官以下，皆朕親選。前日鄭鑑亦有是説，朕再三諭以無是事矣。」鑑，公壻也，故上語及之。公即奏曰：「臣在遠，亦聞鑑以小臣輒論朝廷事。陛下和顏聽納，中外莫不仰服聖明從諫之美。然諸將交結之弊，則陛下不可以不察。蓋主兵者得之不以材能而以貨賂，則其下不服，必致誤事。」上曰：「誠然。」公又奏曰：「陛下選用人材，當辨邪正，然又必由朝廷，乃合公論。如聞曾覿、王抃招權納賂，薦進人才，而皆以中批行之。外間口語籍籍，恩盡歸於此輩，謗獨萃於陛下，此非宗社之福也。」上曰：「小小差遣，或勉徇之。至於近上差除，此輩豈敢干預？」公曰：「此輩未必敢於陛下之前明有論薦，或恐探知聖意而傳報於外耳。大抵禁中事外間無不聞，皆此曹所爲，大非美事，願嚴加戒約。」上亦然之。公又奏曰：「比來出令多不審，隨即變更。祖宗故事固不能守，而陛下初政，力去弊事，可以爲後世法者，今亦不能守矣。」上問何事，公曰：「如未銓試不得注官，未歷任不許堂除之類，今皆以内降放行矣。」上曰：「此誠一時不思之過。」公又奏曰：「贓吏最可惡，比亦有已經勘結而直降内批改正者。如此，天下何所懲勸？」上曰：「恐無此事。」公曰：「臣知其人，但事已往，不欲斥其姓名耳。此皆左右害政之大者，陛下不可不每事加察，防其微漸。」上曰：「卿言甚當。朕若知之，決不容也。」既退，上遣中使賜金器、犀帶、香茶。明日朝辭，上曰：「卿遠來得相見，氣貌不減往時，今年幾何矣？」公對曰：「犬馬之齒六十有六矣。」上曰：「極清健可喜也。」公因奏曰：「臣去國九年，重入脩門，見都下穀賤物平，人情安帖，惟是士大夫風俗大變。」上曰：「何也？」公曰：「向來士夫奔覿、抃之門，十才一二，尚畏人知。今則公然趍附，十已七八，不復有顧忌矣。人才進退由於私門，大非朝廷美事。」上曰：「抃則不敢，覿雖時或有請，朕亦多抑之。自今不復從矣。」公曰：「陛下之言雖如此，其如外間喧傳某人由某人之薦，某人出某人之門，此曹聲勢既長，臺諫侍從往往多出其門，頤指如意，朝廷亦唯命是聽，無敢爲陛下言者。天下靡靡，風俗日趍敗壞，奈何？臣昨所奏將帥賄賂交結，又爲特甚，不惟士大夫言之，雖軍伍使臣、朝廷胥史，下至走卒，亦能言之，獨陛下以爲無有。臣恐小人姦計百端，巧爲彌縫，使陛下獨不悟，此不可不深察而嚴禁也。陛下信任此曹，壞朝廷之紀綱，廢有司之法令，敗天下之風俗，累陛下之聖德，臣實痛之。願陛下勿忘臣此四言者，常留聖慮，則天下幸甚！」上曰：「卿到建康，見兵將有如此者，一一奏來。」公又奏：「諸路監司亦望精擇，須稍諳練、有風采之人乃可用。若膏粱子弟，未更民政，權要子姪親故，率皆負勢妄作，爲一路之害。」上因語及人材，問公識某人否。公對曰：「臣素知之，今日正當得此等人布之朝列，則所謂猛虎在山，藜藿不采，汲黯在朝，淮南寢謀者也。願陛下留意。」上爲沈思久之。上初欲爲公設宴，會小疾不果，乃命二府飲餞于浙江亭。

公去建康，至是蓋十五年。父老喜公之來，所至相聚以百數，焚香迎拜，如見親戚。公爲政平易寬簡，悉罷無名之賦。府有軍屯，異時多爲民害。公爲出令，犯者當取旨以軍法從事，諸軍肅然。行宫扃鑰别以宦者主之，留守待之如部使者禮。時節按行殿中，則宦者置酒自坐東偏，而留守顧爲客，甚或邀去就飲其家。公悉罷之，宦者浸不樂，而不能害也。建康距淮南一水間，每聞邊面利害，無不言。嘗奏：「北界群盜百餘，焚掠淮陰，殺人篡囚，執縛官吏。此由跳河盜馬之徒有以啓之，請加嚴禁，而於沿淮諸縣量增戍兵以防之。其自北方來歸者，則慰諭而勿受也。」又奏：「密院昨下諸郡造甲，自有程限，而諸郡爭先希賞，不無追集之擾。乞行戒喻，以安農業。且自頃罷兵，至今十五六年，諸軍造甲當已足用，而御前軍器所甲匠又凡三千五百人，若以百工爲一具，則以歲計之，今不啻十四五萬具矣。行宫之甲見管四萬，今諸郡所造計亦不下三萬。欲望試加檢括，苟可足用，即逐州常年合納甲葉鐵炭之類，或可間年量與裁減，亦寬民力之一事也。」又奏：「日者陛下深念諸軍有口衆而稟假不足以自贍者，特降緡錢，三總領司各付以二十萬，俾之回易，歲取息錢五分以爲優給，甚大惠也。然商賈之利不過什一，今以總所之權，奉朝命、用禁令而責五分之息，其勢必至於盡籠商賈之利，陰奪場務之課，使道塗嗟怨，公私困竭。而淮西總司歲以十萬緡者散之兩軍，多者不過兩千，少或僅得千錢。以朝廷黄牓措置，使此曹終歲仰望，而所得不過如此。得者既未足爲惠，而不得者又有怨言，甚無謂也。請亟罷之，而歲捐交子三十萬於一司，以其半給諸軍之口衆者，以其半大閲而激犒之。不惟名正惠周，亦可少振士氣，而數路細民商旅受賜又不貲矣。」是時御前多行白劄子，率用左右私人賫送，而迎送饋遺體同王人。至是，樞密承旨王抃遣所親以劄來，吏白故事，公悉罷之。因上奏曰：「號令出於人主，行於朝廷，布於中外，古今之所同也。間有軍國機密文字或御前批降，則用寶行下，此所以示信而防僞也。今乃直以白劄傳旨，處分事宜於數百里之外，則臣不知其可矣。其間亦有初非甚密之事，自可付之省部。今用白劄雖無甚害，然白劄既信於天下，則它時緩急或有支降錢物、調發軍馬、處置邊防，干國家大利害事，其間豈能保其無僞？若嚴重知體之人必須奏審，則往來之間，或失事機；若庸懦無識之人即便施行，則真僞不分，豈不悞事？況衹稟文字只付差來人，或令回申元承受處，到之與否，不可得知，此於事體尤爲非便。惟陛下察而改之。」上爲手札奬諭，愧謝其意。

公尋上章請致其事，❶答詔不允。上又出手札付三省，除公少保，加恩判建康府如故。宣制之日，亦上所自定，蓋異禮也。公力辭，以爲曾公亮嘗言司空非賞勞之官，卒不受拜。今之少保，即昔之司空也。況又無勞，❷其敢受乎？上手札敦諭，至於再三，公乃受命。時江東諸郡皆旱，而南康、❸廣德爲尤甚。上詔公預講荒政，公奏曰：「薄征緩刑，已責勸分之屬，不敢不勉。亦已揭牓招誘米商，嚴戒場務，毋得征税。但恐未到之間，民已流散，不可復收。欲乞於本路諸州朝廷樁積數内借米三十萬碩，穀二十萬碩，分給州縣賑糶。而又繼以常平之粟，仍先揭牓諭之，使細民不至流移，富家不敢閉糴，商旅不敢邀價。」又奏乞除放淳熙四年夏秋逋賦，權罷淮東和糴，倚閣畸

❶「尋」，原作「等」，據閩本、浙本、天順本改。
❷「又」，原作「受」，據閩本、浙本、天順本改。
❸「康」字，原脱，據閩本、浙本、天順本補。

零夏税，申明納粟賞格，上多從之。惟所借椿積米穀，前後三奏，詞甚懇激，而廟堂有不樂公者，才得三萬斛。人皆爲公憂，而公處畫有方，船粟四集，境内帖然，民無流徙，咸仰公德焉。八年正月，復上告老之章，累詔不允，而公請益堅。二月，除醴泉觀使，進封申國公。將歸，薦本道守今耿秉等五人，皆以次擢用。九年正月，公之年已七十矣。元日，即謝醴泉之俸，復上疏申前請，凡表五上。上又手批其奏卻之。是歲親祠，召公陪位。公力辭，又三表懇請告休。不獲，即爲手札以請。上不得已，詔以少傅致仕，進封福國公。有司以法當給全俸，公按富文忠公故事，獨受少傅之禄，餘悉歸之。十一年十月七日，上以公生朝，遣使賜手詔、金器、香藥。十二年，又詔公陪祀南郊，且以增太上尊號，來歲當行慶壽之禮，上喻宰臣曰：「陳丞相久不相見，宜趣其來。若赴陪祠不及，❶亦可赴慶壽。且是禮之行，尤以元老在廷爲重也。」公拜疏辭行，上復手札催促，書其末曰「付陳少傅」而不名也。公竟懇辭。慶典告成，册拜少師，進封魏國公。公辭避再四乃受。十三年十一月屬疾，二十一日疾革。夜半，手書一紙示諸子曰：「予病，恐不能自還。生死大數，無足悲者。白屋起家，致身三少。報國無功，叨榮有靦。獲死牖下，尚復何云？遺表只謝聖恩，無得祈求恩澤。死之後百日入葬，不用僧道追薦等事。吾欲以身率薄俗，汝等不可違也。無功無德，無得立碑請謚。汝等力學善爲人，惟忠惟孝，可報國家。此外無可祝。」命婦女出寢門，顧謂中

❶「祠」，《正訛》改作「祀」。

子守曰：「遺表惟以選用忠良、恢復竟土爲請可也。」翌旦，整冠斂衽，神氣静定，安卧而薨。先是，郡之鎮山壺峰大石崩墜，聲聞數里。是日，地復大震，鄉人異之。公生二十有六年而仕，仕三十年而相，相二年而去，去十三年而老，老三年而薨。薨之年，蓋七十有四矣。上聞其喪，對輔臣嗟悼久之，再輟視朝，贈太保，令本路轉運司給葬事。後數月，有旨賜謚，遂以靖共其位、文賢有成二法謚公曰「正獻」，而以制可告於第。

公孝友忠敬，得於天資。爲人清嚴好禮，終日無惰容。雖疾病，見子孫必衣冠。胸懷坦然，遇人無少長，一以誠實。一言之出，終身可復。平居恂恂，言若不出諸口，而在朝廷危言正色，分别邪正，排斥權要，無所顧避。論事上前，指切時病，如請起張忠獻公，乞斬張去爲，按逐龍、曾，議復奏審，及極論近習弄權納賂、鬻賣將帥之弊，皆卓犖奇偉，爲天下安危治亂之所繫。一時上意雖未即開納，公必懇請再三。然心平理順，色温氣和，無激訐近名之意，上多悦而從之。處國家顧大體，務持重，不爲幸勝苟得之計。在中書尤以愛惜名器、裁抑僥倖爲事，故小人多不樂。而聖主獨深知之，是以居外積年，眷禮彌厚，歲時錫賚存問不絶。年六十七，即告老于朝，上所以留之甚至，且婁稱其忠誠不欺，爲當今賢相。公子守嘗以宗正寺簿奏事殿中，上顧問公甚厚。陪祠之召，❶蓋將有所咨訪，而公病不能行，天下有志之士至今恨之，然非爲公私恨也。公性寬洪簡淡，無私喜怒。於天

❶「祠」，《正訛》改作「祀」。

下士泛然若無所親疏，而好賢之心實篤於内。於一時人材薦達甚衆，然皆不以語人。有如熹之不肖，公前後蓋嘗三薦之。而赴建康時，對語尤切。然熹皆莫之知也。雅善故端明殿學士汪公應辰、敷文學士李公燾，嘗曰：「吾待罪宰相，所以幸無過舉者，二公之力也。」❶於人無所怨惡，錢端禮嘗沮公，洪邁亦與公不合，至入相，皆以名藩大郡處之。治郡崇尚風教，民有骨肉之訟，親以義理反覆譬之，争者亦悔悟感泣而去。所至，民必相率爲生祠，且立碑以頌公德。公聞之，亟命禁止而碎其碑。平居自奉甚約，言談舉止不改鄉閭之舊，食不過一肉，而衣或二十餘年不易。晚歲築第，不爲華侈，僮使不過數人，皆謹愿忠朴，門庭闃然，過者或不知其爲公相家也。俸賜入門，多以施與，撫愛宗族，恩意甚備。内外緦功之喪，必素服以終月數。在官不受饋遺，建康諸司例有月餉，公不欲異衆，别儲之以周貧士之往來者。將去，所餘幾萬緡，悉歸之公帑。於外物澹然無所好，獨喜觀書史，疾病猶不釋卷。其學一以聖賢爲法，於浮屠、老子之説未嘗過而問也。嘗有詩曰：「吾方蹈丘軻，未暇師粲可。」此足以見其志矣。有遺文二十卷、奏議二十卷。娶聶氏，封唐國夫人。子男五人：寔，朝奉郎、通判泉州事；守，承議郎、權發遣漳州事；定，承奉郎，有志於學而蚤卒，熹嘗銘其墓以哀之；宓、宿，皆承事郎。女四人，長適進士黄洧，次適故著作佐郎鄭鑑，再適太常少卿羅點，次適奉議郎、通判漳州事梁億，幼未行。孫男四人：垕，承務郎，址、坦皆承奉郎，塾未

❶「二」，原作「一」，據閩本、天順本改。

官。孫女六人，長許嫁修職郎、泉州司户趙善綽，餘幼。

初，公歸自金陵，即預爲棺衾。嘗遊鄉縣之保豐里龍汲山妙寂僧舍，愛其山水，相羊久之，命作壽藏。既薨，諸孤悉遵遺戒，惟百日而窆，懼於不懷，則以十五年七月二日奉公之柩葬焉。謂熹蚤蒙公知，晚歲尤篤，授以《家傳》，使最其迹以告于太史氏。熹不得辭，直書其事如右，以俟采擇。謹狀。淳熙十五年十二月日朝奉郎、直寶文閣、主管西京嵩山崇福宫朱熹狀。

晦庵先生朱文公文集卷第九十六

侯官縣儒學訓導劉簪校

晦庵先生朱文公文集卷第九十七

行　狀

觀文殿學士大中大夫知建康軍府事兼管内勸農使充江南東路安撫使馬步軍都總管營田使兼行宮留守彭城郡開國侯食邑一千六百户食實封二百户賜紫金魚袋贈光禄大夫劉公行狀❶代平父作

本貫建寧府崇安縣開耀鄉五夫里。曾祖民先，故任承事郎，累贈太子太保。妣黄氏，彭城郡夫人。祖韐，故任資政殿學士、銀青光禄大夫，謚忠顯，累贈太師。妣李氏，秦國夫人。繼吕氏，韓國夫人。父子羽，故任右朝議大夫、充徽猷閣待制，累贈少傅。妣熊氏，福國夫人。繼卓氏，慶國夫人。

公諱珙，字共父，其先蓋長安人。唐末避地入閩，遂爲建人。六世至忠顯公，仕始通貴。靖康中守真定有功，京城失守，虜人得之，欲以爲將相，義不辱而死。少傅公紹興初佐川陝宣撫使軍事，保障梁、益，爲中興名臣。公其長子也，生有奇質，英晤絶人。少長，從季父屏山先生受書，知刻苦自厲。屬文敏有思致，一時鄉先生皆歎以爲不可及。始以忠顯公死節恩補承務郎，舉進士一上，中紹興十二年乙科，調監紹興府

❶ 此篇題前淳熙本有「宋故」二字。

都稅務。請監潭州南嶽廟以歸，杜門讀經史書，討論纂述，益務其遠且大者。秩滿，差主管西外敦宗院。未赴，遭外艱，既禫而韓國夫人薨，持重終喪。除諸王宮大小學教授，權祕書省校勘書籍官，禮部郎官，中書舍人。時秦丞相當國用事，一日，微示風旨，欲爲其父作謚。以公不亟奉行也，怒，風言者論去之。踰年，秦丞相死，乃得主管台州崇道觀。召爲大宗正丞，未就職，改祕書丞，兼權吏部郎官，即真。尋除監察御史，避薦者，復還故官。

公前在銓曹時，苦吏爲姦，思有以制之。一日，命張幕設案於庭，置令式其中，使選集者得出入繙閱，與吏辯，吏無得藏其巧，人甚便之。間攝侍郎，引選人改官班，占對詳敏，天子悦焉。且聞其能檢柅吏姦，故因其引嫌，復委以選事，兼權祕書少監。遷起居舍人，兼權中書舍人。會金虜渝盟，天子震怒，將悉鋭師北向，以雪讎耻，復土疆。一時詔檄多出公手，詞氣激烈，聞者感奮，或至泣下。御史杜莘老既擊侍醫王繼先逐之，又論宦者張去爲，遂以忤旨左降。公不草制，奏留之，莘老得不去。從車駕視師建康，兼權直學士院。既而車駕將還臨安，江淮軍務未有所付。張忠獻公方典留鑰，衆望屬之，而詔乃以楊存中爲宣撫使，中外大失望。公不書録黄，奏論其不可。上怒顧宰相曰：「劉珙之父爲張浚所知，其爲此奏，意專爲浚地耳。」宰相召公喻旨，且曰：「再繳累且及張公。」公曰：「珙爲國家計，故不暇爲張公謀。若爲張公謀，則不爲是以累之矣。」命再下，執奏如初，存中命乃寢。未幾，真除中書舍人，直學士院。召入草制，立建王爲皇太子。今上皇帝既即位，詔公借禮部尚書使金國。是時南北甫罷兵，始爲鈞敵之禮，虜意不可測。公受命慷慨，不復問家事。入辭母夫人，戒家人悉裘葛兼副以行，曰：「藉令不死，歸未可期也。」副使某者，以選置官屬不公抵罪，上以公辟召無所私，手札褒諭之。尋以議禮不決，未出疆而還。然公於是時固以其死許國矣。

在掖垣凡三年，事有不便者，知無不言。嘗有詔問足食足兵之策，公以擇將帥、核軍實爲對甚悉。會有太白經天、旱暵飛蝗之變，詔復問近臣闕政，公又奏曰：「太白，兵象也；旱蝗，蝥氣也。今仇虜窺覦，哆然未厭，而國家因仍縱弛，有賞無罰，諸將專事刻剥，以媚權倖、取官爵，士卒怨之，有甚於仇敵者。且輿土未復，地狹民貧，而費用日滋，征求日廣，爲監司者不恤郡，爲郡者不恤縣，爲縣者不恤民，至或重爲貪虐，以肆其心，則百姓之苦於官吏，亦不異於士卒之仇將帥也。然則天人相與之際，夫豈偶然而已哉！欲救其失，唯當信賞必罰，以肅將帥之心；痛懲刻剥，以固士卒之志；節浮冗，練軍實，精擇郡守，誅鉏贓吏，以厚吾民之生。而是數者之得失，則又係乎人主之心誠與不誠耳。陛下審能擴恭儉日新之德，屏馳騁無益之戲，登崇俊良，斥遠邪佞，常使日用之間，有以養吾之誠而無害焉，則夫數者固將有所依以立，而災異之變庶乎其可銷矣。」間又嘗爲上言：「應敵無一定之謀，而彊國有不易之策。今曰和、曰戰、曰守者，皆應敵之計，因事制宜，不可膠於一説者也。若夫不易之策，則必講明自治之術，博詢救弊之原，毋事虚文，專責實效，使政事脩舉，國勢日彊，然後三者之權在我，唯所用之，無不如志。今議者自紛紛於末流，❶而於其本末有言者，臣竊爲陛下憂之。」上皆納焉。故將田師中死，其家請以没入王繼先園第爲賜，詔許之。公以師中久竊兵柄，無尺寸功，貪饕刻剥，爲國家斂士卒之怨，不當予。方爲繳奏以聞，而其家復以請。公以録黄稽程被詰，亟奏俟罪而持之愈力，於是乃不果賜。有迪功郎李珂者，以關通近習得補官，而自奏求爲督府掾。詔除已下，公奏曰：「珂名品至卑，不繇召見，敢以劄子非分祈恩，非所以嚴堂陛之勢，杜邪枉之門也。且今邊陲大計方倚督府爲重，官屬尤當審擇。如珂小人，非惟不堪此選，政恐或能妄作，以沮撓其事機也。」奏上，改除珂樞密院編修官。公論執益堅，乃罷之。然亦竟以數直諫，不得久居中，而宰相亦有陰忌公者。

隆興元年冬，除集英殿修撰、知泉州。明年，改衢州。始至，委事僚屬，一無所問。人以公未更治民，意其懵於事，或不屑爲者。既乃一旦悉取而自爲之，辨察精明，區處的當，群下斂手，不能有所爲，人始大服。先是，吏員猥衆，公視員外置者悉罷之。受租米輒使民自操量概，其發鈔銷簿，亦皆有法，人甚便之。會湖南旱飢，官吏不之恤，而郴州宜章縣方抑民市乳香，期會峻迫。有李金者，乘衆怒奮起爲亂，衆餘萬人，南逾嶺徼，分道犯英、韶、連、廣、德慶、肇慶、封、梧、賀州之境，旁入道州、桂陽軍，殺掠萬計。州縣不知所爲，至斂民間金帛賂之以免，由是賊勢日盛。而帥守監司更共蔽匿，不以實聞。賊遂犯宜章，陷桂陽，聲震

❶「自」，淳熙本作「日」。

遠近，朝廷憂之。以公爲敷文閣待制、知潭州、荆湖南路安撫使。是歲乾道元年也。公以五月入境，則賊衆已數萬人矣。公聲言發郡縣兵討擊，且檄鄰道謹斥堠，守隘塞，聽期會，而亟以實奏，請下荆襄發卒奔命。又度此章下，❶或已歷旬時，失幾會，則移書制置使沈介曰：「請毋須報而亟遣以來，擅興之罪，吾自當之，不敢以累公也。」介爲遣兵，詔亦報如公請，然皆未有至者，賊勢愈盛。而湘陰縣橋口鎮群盜劉花三、李無對者又竊發，距城郭僅六十里，人情益震。公亟簡州之役兵，得三百人，使部將趙彦帥之，合巡尉兵以行。下令戕舟發梁，募有生得盜者錢若干，得其首者錢若干，凡盜所挾贓，無多少悉給捕者。不數日，彦等擒捕三十餘人，公悉以便宜誅之，梟首於市。餘益走，❷多溺死，其散入墟落者，又爲村民縛以送府，又悉誅之。奏將尉有功者，皆被賞，於是威聲大振，吏士用命，人心少安。六月，制置使所遣遊奕軍統制田寶乃以千人至。居數日，鄂州水軍統制楊欽又以千五百人至。公知其暑行疲怠，悉爲發夫迎之數程之外，代其任負以行。軍士固已歡呼感激，及至撫勞犒賜，又皆豐飫過望，諸軍益喜，盡死力。欽，故群盜楊么部曲，公知其可用，檄諸軍皆受節度，使率其衆，鼓行而前。下令境中凡軍民討捕有功者，皆以率受賞，其賊所誘脅，能相捕斬以詣吏者，亦除罪受賞有差。是月晦，田寶大敗李金於郴州城下，追奔二十餘里，殺獲甚衆。七月，楊欽敗賊黨田政、尹寬等於桂陽。鄂

❶「此」，淳熙本作「比」。
❷「益」，淳熙本作「盗」。

將谷青、王翌又各以二千人至。公遣扼宜章大路，以分賊勢，通糧道。而欽連戰破賊，遂入宜章。八月，鏖龍岡下，賊兵數萬，自辰至申，官軍稍却。欽被髮大呼，策馬横衝之。賊分爲兩，其前列精兵殲焉，餘皆遁走。進至莽山，賊徒曹彦、黄拱遂執李金與其腹心黄谷以降。欽因窮追深入，盡誅其酋豪，而其支黨脅從者尚衆，皆竄入山谷間。公喻欽等卻兵，而使人賫牓，聽其自詣，則皆相率聽命。歲盡師還，李金、黄谷等數十人皆伏誅。其降者，公皆稱詔給據納兵，復故田宅蓋以千數。曹彦、黄拱皆奏補官而厚撫之。既乃第録諸將功狀列上，又盡得其實，不以一毫有所私。上嘉歎再三，詔以爲敷文閣直學士，且賜璽書曰：「近世書生但務清談，經綸實才蓋未之見，朕以是每有東晉之憂，今卿既誅群盜，而功狀詳實，諸將優劣、破賊先後歷歷可觀，甚副朕意。卿其益勉之哉！」賊地既定，境内正清，公乃喟然歎曰：「吾豈樂殺人哉！向者軍興，令不可以不肅。而今而後，庶有以亮吾心矣。吾豈樂殺人哉！」自是一意於撫摩之政，且爲請於朝曰：「今欲懲既往之失，銷未形之患，莫若擇守宰，寬賦斂，以安吾民而已。不此之圖，一李金死，一李金生，臣恐湖南自是無寧歲也。」奏留鄂兵戍郴、桂，而益廣蒐募，以補忠義親兵之缺，厚其恩意，嚴其紀律，而時訓習焉。於是湖南隱然爲重鎮，方地數千里，外户不閉，商旅野宿焉。潭州故有嶽麓書院，真廟特賜以敕額，給田與書，經亂蕪廢。公一新之，養士數十人，延禮修士彪君居正使爲之長，而屬其友廣漢張侯栻敬夫時往遊焉。與論《大學》次第，以開其學者於公私義利之間，聞者風動。

三年召還，見上首論獨斷雖英主之能事，然必合衆智而質之以至公，然後有以合乎天理人心之正而事無不成。若棄僉謀、徇私見而有獨御區宇之心焉，則適所以蔽其四達之明，而左右私昵之臣，將有乘之以干天下之公議者矣。又論税絹退剥、羨餘和糴之弊，又論州郡禁軍紀律不明，驕惰自恣，宜遴選武臣之奮行伍、習戎事者使爲將副，而貴游子弟、閤門國信、五房出職之輩不得與焉，則州郡之軍政庶乎其可脩矣。上然其言，以爲翰林學士、知制誥兼侍讀。間復從容言於上曰：「世儒多病漢高帝不悦學，輕儒生，臣竊獨以爲高帝之聰明英偉，其所不悦，特腐儒之俗學耳。誠使當世之士有以聖王之學告之，臣知其必將竦然敬信，而其功烈之所就，不止於是而已矣。蓋天下之事無窮，而應事之綱在我，唯其移於耳目、動於意氣而私欲萌焉，則其綱必弛而無以應夫事物之變。是以古之聖王無不學，而其學也必求多聞，必師古訓，蓋將以明理正心而立萬事之綱也。此綱既立，則雖事物之來千變萬化，而在我常整整而不紊矣。惜乎當是之時，學絶道喪，未有以是告高帝者。」上亟稱善。是歲小不登，公請亟詔監司郡守先事條畫來年荒政所宜，不者亦使任其無他。又奏州兵營伍教戰之法甚備。上由是益知公學問精深，忠義慷慨，可任大事。十一月，擢拜中大夫、同知樞密院事。公辭謝不獲，乃就職。因進言曰：「汪應辰、陳良翰、張栻學行材能皆臣所不逮，而栻窮探聖微，曉暢軍務，曩幸破賊，栻謀爲多。願陛下亟召用之。」上可其奏，以次登用焉。公以西府本兵柄，於諸將之能否不可以不周知，乃自諸管軍統制官下至裨佐，日召三數人從容與語，得其材用所宜，輒筆識之，以待選用。一日，上顧輔臣圖議恢復。公奏曰：「復讎雪恥，誠今日之先務。然非内脩政事，有十年之功，臣恐未易可動也。」同列有進而言者曰：「機會之來，間不容髮，奈何拘此曠日彌久之計？且漢之高、光皆起匹夫，不數年而取天下，又安得所謂十年脩政之功哉？」公曰：「高、光唯起匹夫也，故以其身蹈不測之危而無所顧。陛下躬受太上皇帝祖宗二百年宗社之寄，其輕重之勢，豈兩君比哉？臣竊以爲自古中興之君，陛下所當法者，惟周宣王而已。宣王之事見於《詩》者，始則側身脩行以格天心，中則任賢使能以脩政事而已。其終至於外攘戎狄，以復文武之境土，則其積累之功至此，自有不能已者，非一旦率然僥倖之所爲也。」上以公言爲然。

四年七月，詔兼參知政事。公方與一二同列夙夜悉心竭力，益圖所以叙進人材，寬養民力，討理軍政，務以成上意之所欲爲者，蓋除福建鈔鹽歲額二萬萬，罷江西和糴及廣西折米鹽錢，又蠲累年逋負金錢穀帛巨億計。而公尤以輔成上德、振肅朝綱、抑僥倖、奬廉退爲己任，進則盡言無隱，退亦未嘗輕以詞色假人。苟清議之所不與，不以親故而有所私也。以是近倖仄目，而流俗亦多不悦公者。先是，潛邸使臣龍大淵、❶曾覿者憑恃舊恩，暴起富貴，公論不平者累年。上一日發癰，逐去之。未幾而大淵死，上顧憐覿，欲還之。公力陳其不可，且曰：「此曹奴隸耳，憐之則厚賜之可也。今引以

❶「臣」下，淳熙本有「有」字。

自近而賓友接之，至使得以與聞機事，進退人才，則臣懼非所以增盛德之光華，飭治朝之綱紀也。」上納公言，爲止不召。殿前指揮使王琪謁告至淮上還，密薦和州教授劉甄夫。上諭執政召之，諸公相問，莫有知其所自來者。公曰：「薦士，吾徒之責，可不知耶？」明日，請曰：「此人名微位下，陛下何自知之？」上以琪告。公又請其所以薦，上曰：「卿自問之。」公退，坐堂上，呼吏作頭引追之。琪至，公詰其故，授牘使對。琪恐懼，不能置辭。久之，公乃叱使責戒勵狀而去。無何，楊守來言，前琪過郡，稱受密旨，增所築新城若干尺。諸公請之，初未嘗有是命也。公既與諸公合奏，請其罪罷之，因奏：「自今聖旨不經三省密院者，所下之官，皆請俟奏審乃得行。」上欣然從之。公即從密院移中外諸官府，而內侍省與焉。明日，忽復有旨，前奏審事勿行。因諭諸公：「即如此，則或須一飲食，亦必奏審乃得邪？」公即以藝祖熏籠事對。退，又與諸公合奏言曰：「朝廷者，陛下之朝廷；命令者，陛下之命令。臣等偶得備數其間，典司出納而已，非敢有所專也。今方舉行舊典，以正紀綱，而已出復收，中外惶惑，竊恐小人有因疑似，微以姦言上激雷霆之怒者。願陛下察之。」上不悅，曰：「朕豈以小人之言而疑卿等者耶？」時諸公雖更進懇請，而公言尤激切，故獨罷公爲端明殿學士、在外宮觀，改知隆興府、江南西路安撫使。公入辭，猶以開廣言路、講明聖學、敦本節用、虛己任賢、斥遠佞邪、選將撫軍數事爲獻。上蹵然曰：「卿雖去國，不忘忠言，而材又非他人所及，行召卿矣。」

隆興承前帥刻剥之後，場務皆增新額，

而輸租更用方斛，視省量率多斗餘。公首罷之。屬邑奉新有復出税錢三十五萬有奇、租六百二十八石攤配諸鄉，多有視正税且什四，歲久困不能輸，相率逃去，田畝榛蕪。所攤固不可得，而失正税又數倍，公奏蠲之。又除二税合零租米暗耗吏役足錢之弊。人或爲公憂不足，公量入爲出，用度未嘗乏也。暇日咨訪賓僚，講求利病，率常一二延見，使得從容各盡所懷，以故下情宣通，舉無過事，而其人之器識短長亦無所隱。訟訴有久不決者，取其案牘藏之。旬日，輒召會官屬之賢可委者合坐堂上，人付一二事，使平決之，有司供具飲食如法。至暮，白所予奪而退。其大事則公先閲視，默有所處，然後參衆説以決焉，以故多得其情，無不厭服。

明年，除資政殿學士，知荊南、湖北路安撫使。始至，條上荊襄兵少財匱之狀，詔即諉公措置。公因行視襄鄂兵屯，並邊形勢，盡得其實以聞。凡圖回役使、詭名虚籍之弊與夫部伍教習之法，有不善者，皆奏罷之。先是，荊南兵戍襄陽者，累年不得歸，❶父子至不相識。公奏爲半年番休之法，春夏三軍，秋冬四軍，更迭往來，軍士感悦。荊襄故有民兵，皆農家子，敦樸豪勇，❷又有土著常産，自愛惜。且居近邊，知虜情，輕戰鬭。比稍墮廢，公更爲簡閲，寬其取丁之數，貧者弛其賦役，隨鄉團結，以七十五人爲隊，隊有長，四隊爲部，❸部有將。縣置總首都副各一人，當教則郡爲選官訓練，已事

❶「累」，原作「系」，據淳熙本、閩本、浙本、天順本改。
❷「敦」，原作「教」，據閩本、浙本、天順本改。
❸「部」，原作「步」，據淳熙本、閩本、浙本改。

而罷之。至於資糧械器，皆爲處畫，各有條理。撫循犒賞，歲費錢一萬萬，而不以一介有取於民也。

明年，遭内艱。又明年，起復同知樞密院事、荆襄宣撫使。遣中使奉璽書即喪次宣押奏事。其書曰：「朕以荆襄上流，宿師尤重，欲以軍民之寄付卿，其任重矣。奪情臨民，國有常典。况吾大臣，義當體國，毋以家事辭王事也。」公六上奏，辭不肯起，引經據禮，詞甚切至。最後言曰：「三年通喪，先王因人情而節文之。三代以來，未之有改。至於漢儒，乃有金革無避之説，此固已爲先王之罪人矣。然尚有可諉者，則曰魯公伯禽有爲爲之也。今以陛下威靈，邊陲幸無犬吠之警，臣乃欲冒金革之名，以私利禄之實，不亦又爲漢儒之罪人乎？且孝之與忠，豈有二致？事君事親，初無兩心。使親喪而可奪，則他日所以事君者可知矣。❶况陛下方以天下奉兩宫之驩，而以衰絰不祥之人篚迹二三大臣之間，殆非所以全孝治之美。且使仇虜聞之，亦必以爲中國乏材乃至於此，而敢肆其輕侮。此臣所以受恩感激，反覆慮思而卒不敢起也。抑陛下之詔臣，則有曰義當體國者矣，臣其敢噤無一言以塞明詔哉？」乃手疏別奏以聞，其略曰：「天下之事，有其實而不露其形者，無所爲而不成；無其實而先示其形者，無所爲而不敗。今德未加脩，賢不得用，賦斂日重，民不聊生，將帥方割士卒以事苞苴，士卒方飢寒窮苦而生怨謗，凡吾所以自治而爲恢復之實者，大抵闊略如此，而乃外招歸正之人，内移禁衛之卒，規算未立，手

❶「者」字，原脱，據淳熙本補。

足先露，其勢適足以速禍而致寇，臣不知爲此議者，將何以待之也。且荆襄，四支也；朝廷，腹心元氣也。誠使朝廷設施得宜，元氣充實，則犂庭掃穴，在反掌間耳，何荆襄之足慮？如其不然，則荆襄雖得臣輩百人悉心經理，顧亦何足恃哉？以今而慮，臣恐恢復之功未易可圖，而意外立至之憂將有不可勝言者。惟陛下圖之。」上納其言，爲寢前詔。八年免喪，乃復除知潭州、安撫湖南。過闕見上，言曰：「人君能得天下之心，然後可以立天下之事；能循天下之理，然後可以得天下之心。然非至誠虚己，兼聽並觀，使在我者空洞清明而無一豪物欲之蔽，亦未有能循天下之理者也。」因引其意以傳時事，言甚切至。上加勞再三，進職資政殿大學士以行。湖南公舊鎮，威惠之在人者久而愈深，及是再至，蓋有不待教令而孚者。而公所以自律者愈嚴，所以撫民者愈寬，以是人愈畏服而敬愛之。會安南貢馴象，所過發夫，一縣至二千人，除道路，毁屋廬，數路騷動。公奏曰：「象之用於郊祀，不見於經。驅而遠之，則有若周公之典。且使吾中國之疲民困於遠夷之野獸，豈仁聖之所忍爲也哉？」歲旱，公亟遣官吏行視，蠲放田租。聞郴、道、桂陽民飢，則檄轉運、常平司移粟賑之。且慮山谷姦民乘時竊發，則又遣將益兵戍守，遂以無事。一旦茶盜數千人入境，❶疆吏以告，公曰：「此非必死之寇，緩之則散而求生，急之則聚而致死。」乃處處揭榜，喻以自新，聲言大兵且至，令屬州縣具數千人之食，盜果散去，獨餘五百許人。公乃遣兵，戒曰：「來

❶「盜」，原作「鹽」，據《正訛》依《劉珙神道碑》改。

毋亟戰，去毋窮追，毋遏其塗，不去者乃擊之耳。」於是盜之存者無幾，進兵擊之，盡擒以歸。公獨奏誅首惡數人，餘悉以隸諸軍。明年，盜之餘黨賴文政等復入境，後帥曰：「此前日養寇罪也，吾必盡誅之。」盜聞其言，悉力死戰。既勦湖南軍，遂入江西，侵擾數州，官軍數敗，將吏死者數十人，爲費以數萬計。於是人乃服公爲有謀也。

淳熙二年，除知建康府、江南東路安撫使、行宫留守。始至，孔目吏有爲姦利稔惡數十年者，杖而黥之，一郡稱快。會歲水旱，高下田皆不收。公首奏倚閣下三等户夏税，爲錢六千萬、紬絹二千疋、綿三千兩。分遣官吏行田，蠲正租米十三萬七千八百斛，雜折米又二萬八千七百斛，豆草蕟茭布租稱是。又奏下漕司遣吏行屬州，視其所蠲租頗未盡者，悉以與民。又奏禁上流税米遏糴，❶違者劾治如法。即在他路，亦願得以名聞，請其罪。詔從之。得商人米三百萬斛，貸樁管及總司錢合三萬萬，遣官糴米上江，又得十四萬九千斛。又奏禁州縣毋得督舊逋，以重困飢民。借常平米付圩户堤塞缺漏，籍農民當賑貸者若干户，十口以上一斛，六口以上八斗，❷五口以下六斗；客户當賑濟者若干户，五口以上五斗，四口以下三斗。又運米村落，從本價賑糴，合十餘萬斛，而貸者卒亦不取償焉。置局府中，以通判府事趙善珏、觀察推官王以寧、前蘄州教授李宗思、新楚州教授劉煒領之，而分遣群屬循行境中，窮山僻壤，無所

❶「上」，原作「止」，據《正訛》、《宋史》本傳改。
❷「六」，《正訛》改作「八」。

不到。公又憊心疲精，廣詢博訪，夙夜不少懈。凡官吏奉行之不謹，民間冤苦之無告，幽隱纖悉，無不畢聞。縣給印曆，親書所聞，告諭獎詰，絡繹於道，無不切中事宜者。蓋本之以誠意，輔之以賞罰，是以人人爭效其力，如辦己事。起是年九月，盡明年四月，闔境數十萬人無一人捐瘠流徙者。上嘉其績，賜書褒喻焉。公治財寬於民而急於吏，二稅之入，所以禁其漁取、察其蠹弊者甚悉。自累鎮所施行，每益加詳。至是人被其澤尤深。凡屬縣所負課不能償者，悉以丐之，而禁其非法病民者。至於蠲租振廩，其費又數十巨萬，而軍吏糧賜皆隨月遺給，無不暨者。被旨甓城，面文以萬計者數千，用錢八千萬，米千五百斛，而役不及民。又償前帥所負內庫錢三萬。上積公勞效，賜手札勞獎，賚以鞍馬器物甚厚。府學四十年不葺，弊甚。公一新之，以明道程公先生嘗主上元簿，即學祠之。❶且刻陳忠肅公《責沈》之文於壁，以示學者。建康大軍所屯，盜賊常竄迹尺籍中，吏不能禁。公耳目跡捕，每發輒得，繩以重典，盜皆相戒遁去，市里晏然，道無拾遺者。明年，進觀文殿學士。五年閏月屬疾，再請奉祠，未報，則請致仕。上意公疾病，亟遣中使挾侍醫以來。公亦知疾不可爲，不復得見上矣，即草遺奏千餘言，首引恭、顯、伾、文以爲近習用事之戒，且言：「今以腹心耳目寄之此曹，故士大夫倚之以媒其身，將帥倚之以飢其軍，牧守倚之以賊其民，朝綱以紊，士氣以索，民心以離，咎皆在是。願亟加屏遠，以幸天下。若群臣之賢，臣所知者，則唯陳

❶「祠」，原作「伺」，據浙本、天順本改。

俊卿忠良確實，可以任重致遠；張栻學問醇正，可以拾遺補闕。願陛下亟召用之，則衆賢彙進而群小黜伏矣。」既又手書屬敬夫及其故友新安朱熹仲晦父及從弟玶，皆以國恩未報，國恥未雪爲言，然後以家事爲寄。七月甲子疾革，命取前所草奏封上之，遂以是日薨于府寺之正寢，享年五十有五。訃聞，上爲震悼，始從公請，轉通議大夫致仕，贈光禄大夫，輟視朝一日。詔建康府致其喪，建寧府給葬事。公娶吕氏，兵部尚書祉之女，贈新定郡夫人。繼韓氏，贈新興郡夫人。又娶其季，贈淑人，皆魏國忠獻公四世孫也。二男子：學雅，承務郎；學裘，承奉郎。二女，長適將仕郎吕欽，幼未行。六年二月乙巳，葬于甌寧縣慈善鄉豐樂里新歷之原，公所命也。

公爲人機鑒精明，議論英發，遇事立斷，其威不可犯。而居家極孝慈，事繼母慶國夫人禮敬飭備。遭喪時年逾五十，執禮盡哀，以致毁得疾，幾殆。友愛諸弟，晚歲彌篤。歲時祭祀，酌古今禮而敬以行之。内外功緦之戚，必素服以終月數。在官爲罷燕樂，聞同寮有喪者亦如之。福國夫人蚤薨，公哀慕無以自致，出疆侍祠。再當得任子恩，欲奏官其内弟，輒不遂，竟三奏然後得之。所治有骨肉之訟，皆召至前，喻以恩意，責以義理，反覆詳盡，至或深自引咎，詞意懇切，聞者悔悟感泣，往往失其所争而去。遺命治喪毋用浮屠法。平居樂取人善，不啻如己出。與張敬夫、朱仲晦父游，久而益敬信之。居官樂受盡言，事小失中，雖下吏言之，無不立改，以是得南豐曾撙於湖南幕府，厚遇之。公去，撙爲後帥所惡，誣奏奪其官。公在建康，力爲辨理得伸，而要路有忌公者奏却之，蓋其意不在撙也。公不悔，遇撙益厚。在朝廷危言正色，直前無所避，其忠義奮發，不以死生動其心，蓋得乎家世之傳。而論事之際，務在審密持重，不肯爲僥倖嘗試之舉。其侍上語，每及恢復大計，必以脩政事、固根本爲先。辭起，復手疏盡發當時用事者大言不顧、罔上誤國之姦。大臣蓋不悦，而上獨深察其忠。其在方鎮愛民戢吏，平訟獄，理財用，治軍旅，除盗賊，皆有科指，而尤以敦教化、厲風俗爲急務。蓋其生質雖高，聞譽雖蚤，而德成望尊，尤在晚節。故天子知之久而益深，增秩賜金，勞問狎至，蓋將有意復用之也。士大夫之賢者，平日固多豫附，其不能無私意異説者，晚亦相與歸重。及聞其喪，無賢不肖，莫不慘然相弔，恨國家失此洪毅忠壯、忘身憂國之臣也。所臨數鎮，民愛之如父母。聞訃，有罷市巷哭者。至於諸軍將吏，外暨夷狄，則於公家威名義烈服習蓋久，莫不想聞其風采。軍士固敬愛之，而虜諜者至荆襄，亦每詗今劉公於延康爲何屬也。延康蓋忠顯公舊官云。公自少即以文學知名於時，及登朝廷入禁掖，論思潤色，當世尤稱其得體。而平居未嘗輒爲無用之文，間有應酬之作，隨輒棄去。後省駁議，又多削藁，故今存於家者文集八卷，奏議十卷，内外制二十卷而已。然公之所以自立於不朽者，有不在於空言也。玶謹按令甲，考公品秩，實應誄行易名之典，其姓名事迹又當得書信史以示來世，故敢狀其鄉里世系、歷官行事之實如右，以告于太常考功，并移太史氏。而其事關國體軍機之重者，猶弗敢盡著，尋第録别上。謹狀。淳熙九年四月日從弟從事郎玶狀。

籍溪先生胡公行狀

先生諱憲，字原仲，姓胡氏，建州崇安人。故侍讀南陽文定公從父兄之子也。祖聳、父淳，皆不仕。先生生而沈静端慤，不妄言笑。稍長，從文定公學，始聞河南程氏之説，尋以鄉貢入太學。會元祐學有禁，乃獨與鄉人白水劉君致中陰誦而竊講焉。既又學《易》於涪陵處士譙公天授，久未有得。天授曰：「是固當然。蓋心爲物漬，故不能有見。唯學乃可明耳。」先生於是喟然歎曰：「所謂學者，非克己功夫也耶？」自是一意下學，不求人知。一旦揖諸生，歸隱于故山，非其道義，一毫不取於人，力田賣藥，以奉其親。文定公稱其有隱君子之操，而鄉人士子慕從之遊，日以益衆，一時賢士大夫聞其名者，亦皆注心高仰之。於是從臣折公彦質、范公冲、朱公震、劉公子羽、吕公祉、本中共以先生行義聞於朝，詔特徵之。先生以母老辭。既而折公入西府，又言於上，促召愈急。❶先生辭益固，乃授左迪功郎，添差建州州學教授。先生猶不欲起，郡守魏公矼爲遣行義諸生入里致詔，且爲手書陳大義，開譬甚力。先生不得已，乃出拜命。

既就職，日進諸生而告之以古人爲己之學，聞者始而笑，中而疑，久而觀於先生所以脩身，所以事親，所以接人，無一不如所言，於是翕然尊信悦服，而先生猶以爲未足也。郡人程君元以馴行稱，龔君何以廉節著，皆迎致之，俾參學政。於是教日益

❶「促」，原作「浞」，據浙本、四庫本改。

乎，士日益化。秩滿，復留者再，蓋七年不徙官。而太夫人年益高，不樂居官舍，求得監南嶽廟以歸。居累年，閒嘗一爲福建路安撫司準備差遣。帥守大鬻鹽，私販者雖銖兩必重坐。先生爲陳法義，請寬之。而帥守顧不悦，先生於是有去意。久之，復請奉祠以歸。是時秦檜用事，天地閉塞幾二十年，先生亦已泊然無復當世之念。及檜死，群賢稍復進用，白以先生爲大理司直。未行，改秘書省正字。人謂先生必不復起，而先生一辭即受，雖門人弟子莫不疑之。到館下累月，又默默無一言，人益以爲怪。會次當奏事殿中而病不能朝，即草疏言：「虜人大治汴京宫室，勢必敗盟。今元臣宿將惟張浚、劉錡在，而中外有識皆謂虜果南牧，非此兩人莫能當。惟陛下亟起而用之，臣死不恨矣。」時二公皆爲積毁所傷，上意有未釋然者。論者雖或頗以爲説，然未敢斥然正言之也。至先生始獨極意顯言，無所顧避。疏入，即求去，諸公留之不得。上亦感其言，以爲左宣教郎、主管崇道觀使，歸而食其禄。於是向之疑者，乃始愧歎心服，而繼其説者亦益衆。以故二公卒召用，而先生則以病不起矣。紹興三十二年四月十二日也，享年七十有七。明年，葬於建陽縣東田里。先生兩娶劉氏，皆白水先生之女弟。又娶嚴氏。子男一人，愉，蚤世。女一人，適進士詹炳。孫男親仁，治進士業。

先生質本恬澹而培養深固，平居危坐植立，時然後言。望之枵然如槁木之枝，而即之温然，雖當倉卒，不見其有疾言遽色。人或犯之，未嘗較也。其讀書不務多爲訓説，獨嘗纂《論語》説數十家，復抄取其要，附以己説，與它文草藁藏于家。先生所與同志唯白水先生，既與俱隱，又得屏山劉公彦冲先生而與之遊，更相切磨，以就其學。而熹之先君子亦晚而定交焉。既病且没，遂因以屬其子。故熹於三君子之門皆嘗得供洒掃之役，而其事先生爲最久。先生葬時，親仁尚幼，不克銘。乃今屬熹，使狀其行，將以請於當世之君子。熹不敢辭，謹件如右，以俟采擇。謹狀。淳熙五年七月日門人宣教郎、主管台州崇道觀朱熹狀。

皇考左承議郎守尚書吏部員外郎兼史館校勘累贈通議大夫朱公行狀❶

本貫徽州婺源縣萬年鄉松巖里。曾祖振，故不仕。妣汪氏。❷祖絢，故不仕。妣汪氏。父森，故贈承事郎。妣程氏，贈孺人。

公諱松，字喬年，以紹聖四年閏二月戊申生於邑里之居第。未冠，繇郡學貢京師。以政和八年同上舍出身，授迪功郎、建州政和縣尉。丁外艱，服除，更調南劒州尤溪縣尉，監泉州石井鎮。紹興四年召試館職，除祕書省正字，循左從政郎。丁内艱，服除，召對，改左宣教郎，除祕書省校書郎。遷著作佐郎、尚書度支員外郎兼史館校勘。歷司勳、吏部兩曹，兼領史職如故。與脩《哲宗實録》，書成，轉奉議郎。以年勞轉承議郎，出知饒州。未上，請閒，得主管台州崇道觀。滿秩再請，命下而卒。紹興十三年三月二十四日辛亥也。

❶ 此篇，浙本在卷九十八。

❷ 《正訛》云：曾祖妣汪氏下，一本有「繼汪氏」三字。

公生有俊才，自爲兒童時，出語已驚人。少長，遊學校，爲舉子文，即清新灑落，無當時陳腐卑弱之氣。及去場屋，始放意爲詩文。其詩初亦不事雕飾，而天然秀發，格力閑暇，超然有出塵之趣。遠近傳誦，至聞京師，一時前輩以詩鳴者，往往未識其面而已交口譽之。其文汪洋放肆，不見涯涘，如川之方至而奔騰蹙沓，渾浩流轉，頃刻萬變，不可名狀，人亦少能及之。然公未嘗以是而自喜，一日喟然顧而歎曰：「是則昌矣，如去道愈遠何？」則又發憤折節，益取六經諸史百氏之書，伏而讀之，以求天下國家興亡理亂之變，與夫一時君子所以應時合變先後本末之序，期於有以發爲論議，措之事業，如賈長沙、陸宣公之爲者。既又得浦城蕭公顗子莊、劒浦羅公從彦仲素而與之遊，則聞龜山楊氏所傳河洛之學，獨得古先聖賢不傳之遺意，於是益自刻厲，痛刮浮華，以趨本實。日誦《大學》、《中庸》之書，以用力於致知誠意之地。自謂卞急害道，因取古人「佩韋」之義以名其齋，蚤夜其間，以自警飭。繇是向之所得於觀考者，益有以自信而守之愈堅，故嘗稱曰：「士之所志，其分在於義利之間兩端而已。然其發甚微而其流甚遠，譬之射焉，失豪釐於機括之間，則差尋丈於百步之外矣。」又嘗以謂：「父子主恩，君臣主義，是爲天下之大戒，無所逃於天地之間。如人食息呼吸於元氣之中，一息之不屬，理必至於斃。是以自昔聖賢立法垂訓，所以維持防範於其間者，未嘗一日而少忘，其意豈特爲目前之慮而已哉！」是時宣和之季，士之干世至是已無可言者矣。

旋屬靖康之變，中朝蕩覆。公在尤溪，

方與同寮燕集，忽有以北狩之問來諗者。❶公聞震駭，投袂而起，大慟幾絶。既而建炎再造，王室漂摇，未有所定。寇賊縱横，道路梗塞，固不暇於博求幽遠，以盡一世人材之用。而公抱負經奇，尤恥自售以求聞達，以是困於塵埃卑辱、鋒鏑擾攘之中，逃寄假攝以養其親，十有餘年。以至下從筭商之役於嶺海魚鰕無人之境，則已無復有當世意矣。

會詔出御史胡公世將撫喻東南，公乃因謁見而説之曰：「古之爲天下國家者，必有一定之計，以爲子孫萬世之業，未有俯仰依違，苟度朝夕，曾不爲終歲之備而可以爲國者也。今日廟堂之議，固必有所謂一定之計矣，然未知其但欲襟憑江漢，控引荆吴以保東南而已乎？抑當克復神州，汛掃陵闕，據中原而撫三河也？蓋嘗聞之，不取關中，中原不可復；不取荆淮，東南不可保。唐唯不失關中，故更三亡不失舊物。而吴孫氏東攻新城，西攻襄漢，乃所以保建業。其後桓温、劉裕雖能以江漢舟艫西入河渭，然既得之而不能守，則亦僅足以保東南而已。然則天下之大勢可知已。今進既不能以六師之重通道荆襄，循漢沔以赴興元，結連拓跋，控引五路，東嚮以圖中原；退又不能移蹕建康，治兵訓武，北争荆淮，以爲固守之計。而但蹙處一方，費日月於道塗，前不能有尺寸之利，後又無所保以爲安，未知漂漂者竟何如耶？」胡公奇其言，壯其策，歸即以聞於朝。而泉守資政殿學士謝公克家隨亦露章薦公學行之懿，不宜

❶「公在尤溪」至「來諗者」，《正訛》引徐樹銘新本、祠堂本作「公時在制，一日方與客語，忽有以北狩音問來諗者」。

滯筦庫，於是乃得召試。而發策者以中興事業之難易後先爲問，公即對言：「自古謀國有得失，而成功無難易。蓋天下國家有至計，而國勢之强弱、兵力之盛衰、土地之開蹙不與焉。唯能順人心，任賢才，正綱紀，則天下之事將無難之不易。惟上之人惜時愛日而亟圖之。」反覆馳騁，辯説縱横，出入古今，證驗精博，日未昳，奏篇已上，累數千言而文不加點，高宗覽而異焉。趙忠簡公方以元樞受詔，西督川陝荆襄軍事，欲奏取公爲屬，會太夫人屬疾不果。既遂遭喪以歸，而趙公卒，亦不果行也。再召入對，時上已用張忠獻公之策，進次建康，指授諸將，計日大舉以復中原，國勢亦小振矣。公始進見，欲堅上意，以遂中興之業，即奏言曰：「陛下以聖哲之資，撫艱難之運，側身焦思，累年于兹。而民困兵弱，虜僞侵淩，戡定之勳久而未集。意者陛下殆當抗聖志於高明，而輔之以睿智日躋之學，垂精延訪，蚤夜汲汲，以求宗廟社稷經遠持久之計；申明紀律，崇奬節義，而又以民心爲基本，忠良爲腹心，則臣有以知虜僞之不足憂，而恢復大功指日可冀矣。」因論自古中興之君，唯漢之光武勤勞不怠，身濟大業，可以爲法。晉之元帝、唐之肅宗志趣卑近，功烈不終，可以爲戒。反覆切至，而猶慮夫計畫之間或未精審，無以服衆心而成大功也，則又言曰：「人主操大權以御一世，必有所以處此者有以切中於理，然後足以深服天下之心，是以無爲而不成。今萬機之務，決於早朝侍立逡巡之頃，未有以博盡謀謨之益，使其必當事理，以服人心。謂宜略放唐朝廷英坐論之制，仰稽仁祖天章給札之規，延訪群臣，博求至計，然後揔攬參訂，以次施行。則政令之出，上下厭服，天下之事無所爲而不成矣。」顧又嘗病士溺於俗學，而不明君臣之大義，是以處於成敗之間者，常有苟生自恕之心，而缺於舍生取義之節，將使三綱淪墜，而有國家者無所恃以爲安，則又奏言：「宜鑒既往之失，深以明人倫、勵名節爲先務，而又博求魁磊骨鯁、沈正不回之士，寘之朝廷，使之平居無事，正色立朝，則姦萌逆節銷伏於冥冥之中。一朝有緩急，則奮不顧身以抗大難，亦足以禦危辱凌暴之侮，則庶幾乎神器尊嚴而基祚强固矣。」上悦其言，而於光武、晉、唐之論尤所嘉歎。明日，以喻輔臣，且論元帝、肅宗之失，而尤以元帝區區僅保江左，略無規取中原之志爲誚。乃詔改公京秩，仍典校中秘書。則當是之時，聖志所存亦可見矣。不幸適有淮西殺將叛兵之變，中外恫疑，異議蠭起，張公至爲解相印去，而國論遂變，至欲盡撤兩淮之戍，還建康以自衛。公深以爲不可，因率同列拜疏言曰：「淮淝東南之屏蔽，昔人之所百戰而必争者。今皆幸爲我有，而無故捐之以資敵，非計之得也。若彼乘吾之卻，長驅以來，不信宿而至江津，人心一摇，則建康雖有甲卒十萬，亦將無所施矣。且其新民累歲安集，亦既有緒。今乃一朝而棄之，使其老稚狼狽而南來，丁壯忿憾而北去，其失人心以貽後患，抑又甚焉。即以宿衛單寡，必行今策，則願毋庸盡撤，而使合肥、盱眙兩戍所留各不下三萬人，則亦足以固吾圉而折虜衝矣。」疏奏不省。而劉豫果數求援於虜以乘吾隙，議者方以爲憂，而虜反忌豫强將不可制，一旦執而廢之，遂不暇以我爲事。不然，則亦殆矣。自是之後，廟算低回，上下解弛，北伐之謀日以益衰，顧望中原，坐失機會。而明年，車駕遂還臨安矣。

御史中丞常公同薦公恬尚有守，可任大事，因復召對。公即抗言：「當今國論不過兩端，喜進取之謀者，既以行險妄動而及於敗；爲待時之説者，又以玩日愒歲而至於媮。二者不能相通，而常憧於一偏，是以成功不可見而均受其弊。故臣嘗謂能自治以觀釁，則是二者通爲一説而無所偏廢。蓋能夙夜憂勞，率厲衆志，則未嘗不待時而不至於媮；審知彼己，必順天道，則未嘗不進取而不及於敗。謀人之國者，誠能如是以求逞於讎敵而有不得志者，臣不信也。然臣竊迹近事，則夫往年江上之捷，日者僞劉之廢，中原之釁可謂大矣。而吾終未肯求所逞，豈非以行險妄動爲不可以不戒，而於吾所以自治其國家者，將益求其至歟？今日之勢，雖未至於危機交急，亦可謂迫矣。謂宜斷自聖志，深思昔人愛日之義，憂勞庶政，無少怠忽。凡事之故常，非天下所以安危存亡者，悉歸之有司，而日與輔相大臣一心戮力，明禮義，正綱紀，除弊政，振媮俗，撫循凋瘵之民，淬勵士大夫而責之職業，凡以求吾所以自治者，然後謹察四方之釁，投隙而起，安受其燼，以致天地之殛，則雖有智者，亦不知爲敵謀矣。」

初，劉光世守淮西，御軍無法，而寇至輒謀引避。既正其罪而奪之兵矣，尋有叛兵之變，廟議反謂由罷光世使然，更慰藉而寵秩之。張俊守盱眙，方撤戍時，猶命分兵留屯，而俊不受命，悉衆以歸，朝廷亦不能詰。公於是又言：「陛下有爲之志未嘗少衰，而天下之事每每病於不立，使中興之烈未有卓然可見之效，臣竊不勝憂憤。而深惟其故，以爲陛下誠能並進忠賢，修明紀律，懲陵夷委靡之禍，革姑息苟且之政，深詔大臣，號令所出，必務合於天下之正義，而毋恤匹夫狗私之怨，則威令必振，國勢安强。雖桀驁之虜，亦將斂衽而退聽，尚何病於事之不立哉？」上亦不以爲忤，特命除郎，兼畀史筆。而常公猶以爲此非所爲薦論之本意，再論上前，言甚懇至。然事已行，不及改也。公至史院，會方刊修蔡卞所撰《哲宗實録》，而宣仁附傳實公所分，所以辨明誣謗、分别邪正者，於體爲尤重。而公考訂精密，直筆無隱，論者美之。其後顧亦不免頗爲他官所竄易，是以讀者猶有憾焉。既而虜人亟遣使來請和，趙公以議小不合亦罷去，而秦丞相檜始顓政事，遂決屈己和戎之議矣。虜使名稱既不遜，而所責奉承之禮又有大可駭者，於是衆心共怒，軍士至洶洶欲爲變，夜或揭通衢，指檜爲虜諜。都人洶懼，一時忠智之士競起而争之，公亦亟與史院同舍胡公珵、凌公景夏、常公明、范公如圭五六人者，合辭抗疏言曰：「虜人方據中原，吞噬未厭，何憂何懼而一旦幡然與我和哉？蓋其紐於荐食之威，動輒得志，而我甚易恐，故常喜爲和之説以侮我。又慮我訓兵積粟，畜鋭俟時，而事有不可知者，故不得不爲和之説以撓我耳。蓋虜人和使即秦之衡人，兵家用之百勝之術也。六國不悟衡人割地之無饜以亡其國，今國家不悟虜使請和之得策，其禍亦豈可勝言哉！而執事者顧方以爲吾爲梓宫母后淵聖天屬之故，遂不復顧祖宗社稷二百年付託之重而輕從之，使彼得濟其不遜無稽之謀而藉躪以逞，將焉避之哉？昔楚、漢相持之際，項羽常置太公俎上，而約高祖以降矣。使爲高祖者信其詐謀而遽爲之屈，則自其一身且無處所，尚何太公之可還哉！唯其不信不屈，而日夜思所以圖楚者，以故卒能蹙羽鴻溝之上，使其兵疲食盡、勢窮力屈而太公自歸。此其計之得失，亦足以觀矣。」其言之切如此，蓋出公與諸公之意，而成於胡公之手。檜雖持其議不少變，然虜人狂謀因是亦有不得盡逞者，論者莫不壯之。然自是之後，邊備遂弛，士氣益衰，而興復之謀上下皆以爲諱，正墮公等所憂撓我之計。檜顧自以爲得上心，始謀以次盡逐諸異議者，公因是亦數自求引去。而參知政事李莊簡公又嘗欲引以寘近班，以是檜尤忌之，固留不許。及虜使再至，獨許歸我河南地。公因輪對，又言：「陛下踐艱難之運十年于茲，雖有大有爲之志，而於天下國家所以經遠持久之計，多有所未暇者。今者天啓戎心，畫地數千里以歸于我，此雖異時之變未可以豫知，意者天其以禮悔禍，使陛下間於憂虞，而大有爲之志將有所使，❶此萬世一時也。然天下之事每病於難立者，正以嚮一夫獨見之言而略衆口異同之論，是以謀始太鋭而用計有未詳也。願考漢廷雜議之法，自今發政造事，陛下既與大臣謀謨於上，又令卿士大夫有忠慮者，亦得以自竭于下，然後揔攬群策而裁處其中，將舉天下之事，惟陛下之所欲爲而無不成矣。」此於前日講和之議，猶欲三致意焉。又念國步日艱，人心未服，而天子無自將之兵，諸道無典戎幹方之實，二三大將人擁重兵，强不可令，事蓋有不可知者，則又數數建言，宜復武舉，責實用，必其洞曉韜鈐、長

❶「使」，《正訛》改作「伸」。

於綏御者，以儲將帥之才。下州郡選驍勇悉送行在，以補周衛之缺。精擇帥守，使蒐卒乘，以壯藩維之勢。亦皆當世之急務，久長之至計，反復惓惓，不能自已。其於請建大學、明大倫，以倡節義之風而厲苟媮之習，則又平日之所深慮而每言之，所謂如人食息呼吸於元氣之中，一息之不屬，理必至於斃焉者，非若後來諸人承望風旨，但以課試文墨爲粉飾太平之具而已也。然而國是已定，言無所入，由是公之求去愈力，而檜之怒公愈甚。十年春，遂使言者論公獨以懷異自賢，陽爲辭遜爲罪，而出之外郡。然公去未幾，而虜果敗盟，復奪我河南地，悉其鋭師，數道大入，如公所謂未可豫知者。於是中外大震，檜亦不知所爲，周章回惑，至於視師之奏，援引乖錯而不自知，聞者莫不竊笑而深憂之。幸而一時將卒猶有前日柬拔蒐練之餘，以故關陝、順昌、橐皋之師連戰大捷，虜乃引退，復議講解，而梓宮母后始得南歸，又如公等所論楚漢强弱之勢。然檜遂掩己失而冒以爲功，公奪主權，肆然無復有所忌憚矣。公固不能復爲之屈，遂自請爲祠官，屏居建溪之上，日以討尋舊學爲事，手抄口誦，不懈益虔。蓋玩心於義理之微而放意於塵垢之外，有以自樂澹如也。舊喜賦詩屬文，至是非有故不徒作，乃其文氣則更爲平緩，而詩律亦益閒肆，視諸少作，如出兩手矣。然公自是不復起，年未五十而奄至大故，善人之類，莫不傷之。其後十餘年間，檜遂顓國秉，大作威福，諸與公同時被逐之人，大者削籍投荒，小亦棄置閒散。迄檜死敗，其幸存者乃起復用，或至大官，而公皆已不及見矣。嗚呼，熹尚忍言之哉！

公性至孝，事太夫人左右無違。友愛

諸弟，委曲將就，有人所難能者。與人交，重然諾，不以生死窮達二其心。撫孤甥，教之學，而經理其家事曲有條理，人無間言。接引後進，教誘不怠，聞人之善，推借如不及。至於邪佞嵬瑣、簡賢附勢之流，與己異趣，則鄙而遠之，或不忍正視其面。至其所以施於吏治者，亦皆果決明辨，抑邪與正，無所顧避。顧熹生晚，不及於聞見之詳，故不得而記也。晚既屬疾，自知必不起，而處之泰然，略無憂懼之色。手書告訣所善胡公憲原仲、劉公勉之致中、劉公子翬彦冲，屬以其子，而顧謂熹往受學焉。其志道服膺，死而後已，垂裕後人，不使迷於所鄉者又如此云。所爲文有《韋齋集》十二卷行於世，外集十卷藏於家。始時吏部侍郎徐公度欲爲之序，略言少日多見前輩，而自得從公及正平張定夫遊，始得爲文之法。會病革，不及脱稾，而今序則直祕閣傅公自得之文也。其論以爲公詩高潔而幽遠，其文温婉而典裁。至於表疏書奏，又皆中於理而切事情，亦爲得其趣者。公娶同郡祝氏，封孺人，贈碩人。其父處士確有高行。碩人性慈順孝謹，佐公事太夫人於窮約中，未嘗一日不得其懽心。承接内外姻親，下逮妾媵僮使，曲有恩意，後公二十七年卒。一男子，熹，今以朝奉大夫致仕。一女子，嫁故瀏陽縣丞劉子翔，蚤卒。孫男三：長塾，亦蚤卒；次埜，將仕郎；次在，承務郎。女三，其婿脩職郎劉學古、迪功郎黄榦、進士范元裕。曾孫男五，鉅、鈞、鑑、鐸、銍。女九，長適文林郎趙師夏，餘或許嫁而未行也。公卒之明年，熹奉其柩葬于建寧府崇安縣五夫里之西塔山，而碩人別葬建陽縣崇泰里後山鋪東寒泉塢。然公所藏地勢卑濕，懼非久計，乃卜以慶元某年某月□□日奉而遷于武夷鄉上梅里寂歷山中峰僧舍之北。蓋公之詩嘗有「鄉關落日蒼茫外，尊酒寒花寂歷中」之句。嗚呼，此豈其讖耶！不肖子熹追慕攀號，無所逮及。竊惟納銘幽堂，具著聲烈，以告萬世，蓋自近古以來未之有改。而公贈官通議大夫，正第四品，準格又當立碑，螭首龜趺，其崇九尺，刻辭頌美，以表于神道，用敢追述其平生論議行實之大者如右，以請于當世立言之君子。伏惟幸垂聽而擇焉。謹狀。慶元五年十二月日孤朝奉大夫致仕、婺源縣開國男、食邑三百户賜紫金魚袋熹狀。

延平先生李公行狀❶

先生諱侗，字愿中，姓李氏，南劍州劍浦人。曾祖諱幹，屯田郎中致仕，贈金紫光禄大夫。妣清涼郡太夫人朱氏。祖諱縹，朝散大夫，贈中奉大夫。妣永嘉郡太君胡氏、咸寧郡太君朱氏。父諱渙，朝奉郎，贈右朝議大夫。妣太恭人饒氏。先生朝議公之季子也，生有異稟，幼而穎悟。少長，孝友謹篤，朝議公、太恭人特所鍾愛。既冠，遊鄉校，有聲稱。已而聞郡人羅仲素先生得河洛之學於龜山楊文靖公之門，遂往學焉。羅公清介絕俗，雖里人鮮克知之，見先生從遊受業，或頗非笑。先生若不聞，從之累年，受《春秋》、《中庸》、《語》、《孟》之說，從容潛玩，有會於心，盡得其所傳之奧。羅公少然可，亟稱許焉。於是退而屏居山田，結茅水竹之間，謝絕世故餘四十年，簞瓢屢

❶ 此篇浙本在卷九十八。

空，怡然自適。中間郡將學官聞其名而招致之，或遣子弟從遊受學，州郡士子有以矜式焉。晚以二子舉進士，試吏旁郡，更請迎養。先生不得已，爲一行，自建安如鉛山，訪外家兄弟於昭武，過其門弟子故人于武夷潭溪之上，徜徉而歸。會閩帥玉山汪公以書禮車乘來迎，蓋將相與講所疑焉，先生因往見之。至之日疾作，遂卒于府治之館舍，是年七十有一矣，❶隆興元年十月十有五日也。汪公爲遣參議官王君伯序、觀察推官謝公倣護喪事，❷躬視棺斂，禮意喪具，無不周悉。居數日，諸子畢至，遂以喪歸。

先生娶同郡吳氏，子男三人：友直，左修職郎、信州鉛山縣尉；信甫，左修職郎、建寧府建安縣主簿；友聞，未仕。女一人，早亡。孫男四人，女八人，皆幼。

初，龜山先生唱道東南，士之遊其門者甚衆。然語其潛思力行、任重詣極如羅公，蓋一人而已。先生既從之學，講誦之餘，危坐終日，❸以驗夫喜怒哀樂未發之前氣象爲如何，而求所謂中者。❹若是者蓋久之，❺而知天下之大本真有在乎是也。❻蓋天下之理，無不由是而出，既得其本，則凡出於此者，雖品節萬殊，曲折萬變，莫不該攝洞貫，以次融釋而各有條理，如川流脉絡之不可亂。大而天地之所以高厚，細而品彙之所以化育，以至於經訓之微言，日用之小物，折之于此，無一不得其衷焉。由是操存

❶「是」，《正訛》改作「時」。
❷「公倣」，淳熙本作「君防」。
❸「危」，淳熙本作「兀」。
❹「求」下，淳熙本有「其」字。
❺「蓋」，淳熙本作「既」。
❻「真」，淳熙本作「者其」。

益固，涵養益熟，精明純一，觸處洞然，泛應曲酬，發必中節。故其事親誠孝，左右無違。仲兄性剛多忤，先生事之致誠盡敬，更得其驩心焉。閨門内外夷愉肅穆，若無人聲，而衆事自理。與族婣舊故恩意篤厚，久而不忘。生事素薄，然處之有道，量入爲出，賓祭謹飭，租賦必爲隣里先。親戚或貧不能婚嫁，爲之經理，節衣食以振助之。與鄉人處，食飲言笑，終日油油如也。年長者事之盡禮，少者賤者接之各盡其道，以故鄉人愛敬，❶暴悍化服。其接後學，荅問窮晝夜不倦，隨人淺深，誘之各不同，而要以反身自得而可以入於聖賢之域。故其言曰：「學問之道不在多言，但嘿坐澄心，體認天理，若見雖一毫私欲之發，亦退聽矣。久久用力於此，庶幾漸明，講學始有力耳。」又嘗曰：「學者之病，在於未有洒然冰解凍釋處，縱有力持守，不過苟免顯然悔尤而已。若此者，恐未足道也。」又嘗曰：「今人之學與古人異，如孔門諸子群居終日，交相切磨，又得夫子爲之依歸，日用之間，觀感而化者多矣。恐於融釋而脱落處，❷非言説所及也。不然，子貢何以言『夫子之言性與天道，不可得而聞也』耶？」嘗以黄太史之稱濂溪周夫子胸中灑落，如光風霽月云者，爲善形容有道者氣象，嘗諷誦之而顧謂學者曰：「存此於胸中，庶幾遇事廓然而義理少進矣。」其語《中庸》曰：「聖門之傳是書，其所以開悟後學，無遺策矣。然所謂喜怒哀樂未發謂之中者，又一篇之指要也。若徒記誦而已，則亦奚以爲哉？必也體之於

❶「人」，浙本作「黨」。
❷「脱」，淳熙本作「灑」。

身，實見是理，若顔子之嘆，卓然見其爲一物而不違乎心目之間也，然後擴充而往，無所不通，則庶乎其可以言《中庸》矣。」其語《春秋》曰：「《春秋》一事各是發明一例，如觀山水，徙步而形勢不同，不可拘以一法。然所以難言者，蓋以常人之心推測聖人，未到聖人灑然處，豈能無失耶？」其於《語》、《孟》、他經無不貫達，苟有疑問，❶答之必極其趣，然語之而不惰者或寡矣。蓋嘗曰：「讀書者，知其所言莫非吾事而即吾身以求之，則凡聖賢所至而吾所未至者，皆可勉而進矣。若直以文字求之，悦其詞義以資誦説，其不爲玩物喪志者幾希。」以故未嘗爲講解文書，然其辨析精微，毫釐畢察。嘗語問者曰：「講學切在深潛縝密，然後氣味深長，蹊徑不差。若概以理一而不察乎其分之殊，此學者所以流於疑似亂真之説而不自知也。」其開端示人，大要類此。

先生資禀勁特，氣節豪邁而充養完粹，無復圭角精純之氣達於面目。色温言厲，神定氣和，語默動静，端詳閑泰，自然之中，若有成法。平居恂恂，❷於事若無甚可否。及其酬酢事變，斷以義理，則有截然不可犯者。早歲聞道，即棄場屋，超然遠引，若無意於當世。然憂時論事，感激動人。其語治道，必以明天理、正人心、崇節義、厲廉恥爲先，本末備具，可舉而行，非特空言而已。異端之學，無所入於其心，然一聞其説，則知其詖淫邪遁之所以然者。蓋辨之於錙銖眇忽之間，而儒釋之邪正分矣。熹先君子吏部府君亦從羅公問學，與先生爲同門友，

❶「苟」，淳熙本作「學者」。
❷「恂恂」，淳熙本作「簡淡」。

雅敬重焉。嘗與沙縣鄧迪天啓語及先生，鄧曰：「愿中如冰壺秋月，瑩徹無瑕，非吾曹所及。」先君子深以爲知言，亟稱道之。其後熹獲從先生遊，每一去而復來，則所聞必益超絶。蓋其上達不已，日新如此。

嗚呼！若先生之道德純備，學術通明，求之當世，殆絶倫比。然不求知於世，而亦未嘗輕以語人，故上之人既莫之知，而學者亦莫之識，是以進不獲施之於時，退未及傳之於後，而先生方且玩其所安樂者於畎畝之中，悠然不知老之將至。蓋所謂依乎中庸，遯世不見知而不悔者，先生庶幾焉。比年以來，學者始益親敬，❶而方伯連帥之賢者，又樂聞其道而邀致之，其意豈徒然哉！不幸天喪斯文而先生殁矣，龜山之所聞於程夫子而授之羅公者，至是而不得其傳矣。嗚呼痛哉！諸孤方謀窀穸之事，謂熹承學之久，宜知先生之藴，使具其事以請銘於作者，將勒諸幽堂，以告後世知德者，有以考焉。熹愚不肖，蒙被教育不爲不久，聽其言、觀其行而服膺焉不爲不詳，然未能有以得其遠者、大者，故悉取凡聞見所及一二書之。詞若繁而不敢殺者，蓋有待於筆削云耳。謹狀。❷

朝散郎致仕陳公行狀

本貫泉州同安縣永豐鄉感化里。曾祖珠，故不仕。祖彦嗣，故不仕。考禧，贈右朝請郎。妣吴氏，封安人。公諱汝楫，字濟夫，政和八年上舍出身，補官迪功郎、建州

❶「敬」字，原脱，據淳熙本補。
❷「狀」下，淳熙本有「年月日門人具位狀」八字。

工曹掾。屬官省不行，調南劍州順昌主簿。秩滿，正權漳州司户參軍，行長泰事，代爲漳巖主簿。丁内外憂，終制，陞從政郎，爲汀州司法參軍。未行，改宣教郎，轉奉議郎，知汀州寧化縣丞。追榮其考妣，以承事郎、孺人告第，四加至今官封。而公自寧化罷歸，歷承議、朝奉、朝散郎，凡十年不調，晏如也。年六十一，以紹興二十三年三月二十六日終于家。公自始屬疾，即使其弟爲奏上，請得致仕郎，❶未報。疾革，召親戚、常所往來者告語，屬其子而逝。既尚書下公請事如章，而公不起矣。

公在事以廉勤自約敕，所至有能聲。爲大府部刺史所知，事有他吏所不能辨者，皆以諉公，公爲辨治，日以謹力。在長泰，直歲不收，公力爲言，得蠲田租什之三。在漳巖，尉老病不任事，以公代易。會民余勝、蘇居群黨攘敚爲姦，公悉禽取寘之法，民乃□安。朝廷嘉録其功，改中都官。而龍圖林公遹守南劍，翰林綦公崈禮守漳州，皆嘗論薦之。在寧化興學校，治複屋，聚經子史氏群書以教其人。始，寧化以武爲俗，民不見義，至是學者彬彬焉。公自是歸，杜門里閈，非歲時慶問，未嘗出入閭巷、詣公府，鄉人欽愛而仕者安之。公亦自適，恬不以進趣干其意，可謂善人君子矣。而壽不遐，於公猶爲有憾也。公兩娶黄氏，皆封安人。後安人左宣義郎致仕□之女，亦先公卒。子男一人，忱，以公恩補將仕郎。女一人，未笄。

熹先君子吏部府君，與公同年進士也，熹之來此，不及拜公矣。公嗣子忱將葬公

❶「郎」，《正訛》改作「即」，屬下讀。

於某山之原，以公行事授熹序次，將以求志於作者。熹謝不能，而其請不已。既不得辭，乃取忱所論篹，具著其大者如右。時紹興歲次乙亥人日，左迪功郎、泉州同安縣主簿、主管學事朱熹狀。

承議郎主管台州崇道觀賜緋魚袋羅公行狀

公諱博文，字宗約，一字宗禮，南劍州沙縣人。曾祖安中，贈中奉大夫。妣太恭人鄧氏。祖畸，朝請郎、右文殿脩撰。妣宜人張氏、宜人陳氏。父彦温，右從事郎、知建州甌寧縣事，贈右承議郎。妣太孺人鄧氏、太孺人黄氏。

羅氏世爲豫章人，唐長慶中，有爲沙縣尉以卒者，子孫因家焉。至五世孫覺始舉進士，中其科。再世而得右文公，以懿文清德顯重於世。又再世而得公，復以道學行誼克世其家，有聞於時。然位卑數促，曾不及究其用而死，識者恨之。蓋公幼有異質，生歲始周，家人示以晬盤，公一無所顧，獨扶服前取書之論性理者，展玩久之。右文公歎異，爲文以記其事，且曰：「是兒當復以文學大吾門，且復聞道，而不爲章句之習也。」十餘歲，遭甌寧府君之喪，哀毁如成人。治喪葬又皆必誠信有法度。用右文公奏補將仕郎，授右迪功郎、福州司户參軍。治倉庾謹出納，盡去宿弊，後皆可法。再調静江府觀察支使。桂管爲嶺徼以西一都會，民物繁夥，常時幕府已不勝事。至公爲當路所知，事待公決者尤多。公財處從容，人未嘗見其疾言遽色，而事無不各得其理者。時秦氏用事，士大夫以忤意竄斥，係踵南來，道出府下者，公悉善遇之。至竭廪奉，則鬻衣以濟其乏。用薦者改右宣義郎、知贛州瑞金縣事，轉宣教郎。始至，歲歉。公度民且饑，則先事爲備，多所儲積。及饑，發廩賑贍，事無鉅細必躬臨之，不以勤勞爲憚。其至誠惻怛，雖壹主於惠愛，無所計惜，而厝置纖密，辨察精明，人亦不能有以欺也。邑人既賴以全，而公又請推其餘以及旁縣。縣故多盜，公飭巡徼，設方略，得渠帥數人寘諸法，而境内帖然。在官餘九月，會故丞相魏國張忠獻公都督江淮，雅器重公，請以爲幹辦公事。用上嗣位覃恩轉通直郎，賜五品服。使募兵江西，得數千人以歸。和糴建康以實軍，又以公與其事，未幾得穀亦巨萬計。張公再入相，賓客例出幕府，公得知和州。未上，而吏部侍郎玉山汪公制置全蜀，奏辟公參議官以行，軍府之政必以咨焉。汪公既虛心好問，公亦推誠啓告，反復殫盡，必歸於至當而後已。成都之政遂最天下，公之助爲多也。嘗銜命漢中，勞撫將士，宣撫使以禮致遺，爲錢三百萬。公不欲受，而難於辭卻。還次漢州，州方治貢院不能就，以五十萬予之，餘悉輸成都公帑。取河南程夫子之遺文與他名臣論奏纂述之可以垂世者，募工鋟板，用之略盡。而横渠張夫子之家避地流落，貧不自振，公訪得之，爲言汪公，延置府學，蜀士知所勸焉。東方士大夫遊宦蜀土，貧不能歸，或不幸死不克葬者，公皆出捐俸金以振業之，賴以濟者甚衆。累遷承議郎，秩滿，自請奉祠，得主管台州崇道觀。命下而汪公亦召還，公復從東。至嘉州宿留，與同舍會集笑語如常時。一日，忽語人曰：「吾將逝矣，然幸大事已竟，可無憾也。」遂就寢，❶酬酢從容，了不異平日，獨無一語及其私，俄而遂化。乾道四年四月十有三日也，蓋其年五十有三矣。同舍聚而哭之，解其裝以理喪事，則槖中獨有書數十帙，餘金足以歸其喪而已。相與咨嘆，以爲不可及，遂以柩歸。其年冬十有一月，葬于沙縣嚴地祖塋之旁。公娶陳氏，了齋先生之兄孫女，先公卒。子男二人：曰問，曰闢。孫男八人，女七人，皆幼。

公資禀和粹，沉静寡欲，其處己待人，一主於誠敬，平居怡愉，人莫見其喜愠之色。聞人之善，稱慕如不可及。至其有過，則常若有所隱避而不忍言也。視人患難困乏如切其身，經營周救必盡其力。年未三十，即屏遠聲色，一榻蕭然。惟樂善不倦如嗜慾，聞天下之士有一言一行之幾乎道，至或千里求之。以是凡四方之名山勝概，多所登歷，而於佛、老子之學，亦往往能道其所以然者。或者遂意公誠篤好之，而不知公之所志與其所學有不在是也。蓋嘗從張忠獻公問行己之大方，張公爲手書所爲《敬説》一通以授焉。公受而行之，終身不懈。又從同郡李愿中先生遊，聞河洛所傳之要，多所發明，於是喟然而嘆曰：「儒佛之異亡他，公與私之間耳。」由此沛然自信，其守益堅。在桂州時，汪公蓋方通判州事，知公所爲，日就公語，且亟稱道其爲人，故卒引以自助。而今刑部員外郎劉公芮亦方隱居州之西山，躬耕勵志，人罕識之。公獨以坐曹決事之餘日往從之遊。劉公，名家子，及見前輩，多識前言往行，顧獨恨得公

❶「就」，浙本作「將」。

晚。及聞公卒，哭之慟，爲寢疾不食者數日。此豈勢利之使然哉！抑公才志行業之美，固當有爲於世，而充養有素，神觀清明，人亦不謂其止於此也。嗚呼，其可謂不幸也已！

熹嘗受學李先生之門，先生爲熹道公之爲人甚詳。於其從辟江淮也，喜而言曰：「張公高明闊大有餘，而宗禮以精密詳練佐之，幕府無過事矣。」時熹未識公也。及先生没，乃獲從公遊，而得其志行之美，然後益信先生爲知人。然公自是入蜀，相望數千里，書問歲亦一再至，所以勸勵從臾者殊厚。日夜望公之還，幾得復相與講其舊學，而公乃以喪歸。熹既痛公之不幸，不及大爲時用，又傷吾道之不幸而失此人也，亟往哭焉。諸孤既號哭受弔，則以公從弟頤所叙官閥梗概一通授熹，使狀次之，將以請銘於作者。熹誼不獲辭，既趣以就事矣，惟是從遊之晚，於公之行治有不盡知，大懼闕漏放失，將無以備采擇爲罪。伏惟立言之君子有以財之。謹狀。乾道五年五月日，迪功郎、新差充樞密院編修官朱熹狀。

敷文閣直學士陳公行狀

公諱良翰，字邦彦。早孤，事母孝。遊鄉校，以謹厚莊重爲人所稱，讀書務通大指，爲文恢博有氣。紹興初，舉進士中第，授左迪功郎，調紹興府會稽縣主簿。秩滿，循從事郎、知明州慈溪縣事。歲凶民飢，公喻富室發廩以糴，籍貧民授券以糴，上安下濟，邑人賴之。導德門三鄉之渠，溉田甚廣。改宣教郎，知温州瑞安縣事，轉奉議郎。瑞安俗强梗，號難治。或謂公宜厲威嚴以彈治之，不然不濟。公歎曰：「縣令字民之官，愛之如子，猶懼不莪，况奮其武怒以慴威之，彼亦何所恃耶？」催租不下文符，第揭逋户姓名通衢，爲之期日。民樂於不擾，如期皆集。聽訟多得其情，或問其術，公曰：「吾何術？第公吾心，使如虚堂懸鏡，而物之至者，妍醜自別耳。」❶罹内憂去官，邑人送者皆泣涕而返。免喪，授衢州州學教授。日進諸生，教以修身厲行之意，不專器人於文字語言之間。轉承議郎，用殿中侍御史吴公芾薦，爲御史臺檢法官，擢監察御史。上即位覃恩，轉朝奉郎。時金亮敗盟，既斃而歸，其嗣主新立，復遣使來，約以舊禮修好，而中州遺民又皆相率來歸，詔問所以處之者。公上疏曰：「繦負之民皆吾赤子，去墳墓，離親戚，捐生業而來歸我，其義不可以不納。然若許以舊禮而又納其降人，則異日彼必來索。索而歸之，傷向化心，納之不便。其必定計在我，以自治爲先，而和與不和付之泛應，然後乃可納耳。二者在陛下聖志如何，願熟計之。」尋復有詔，問時務所宜。公復上疏，請明階級以脩軍政，核兵籍以豐財用，禁折變以蘇民力，省堂選以抑奔競。内外之官皆久其任，賞罰輕重務合衆心。上嘉納焉。

隆興元年秋，詔以災異求言。時上用故相張忠獻公軍淮泗以規進取，而議者不一，争獻防江之説。公於是上疏極論，以爲：「備邊之要在固藩籬、專委任而已。今欲捨淮防江，却地奪便，非計也。而朝廷過

❶「自」，原作「目」，據浙本、四庫本改。

聽，使督府不得專任閫外之寄，臣竊以爲誤矣。」上然之。除右正言，入謝，首陳納諫脩德之説，以開上意。會有飛蝗之異，公又勸上以畏天恤民爲心，語益切。於是虜人再移書求復故疆，且邀歲幣，朝議將許之。公入見上，極陳：「前日講和之失，使山陵隔絶，疆埸無備，北方忠臣義士來歸我者，反爲虜用而致怨於我，皆秦檜之罪。今不可以復蹈其失。且中原之地，皆吾祖宗二百年故土，虜盜據屬爾。況唐、鄧、海、泗又逆亮渝盟之後，吾以兵取而得之者，安得以故疆爲言？我亦何説而歸之乎？」既而宰相湯思退力主和議，建遣盧仲賢、李栻持書幣賜虜中大臣主兵者。公爲上言：「仲賢輕儇無恥，栻自北來，其蹤跡不可知。宜罷勿遣，姑報以書，徐觀其變而爲之所。」上鄉公説，而宰相力争，竟遣二人行。公又論：「今廟堂督府議論不同，凡邊奏上聞廟堂，皆陽爲唯諾，無所可否，而陰實百方沮敗其計。萬一爽於事機，督府安得獨任其責。」上矍然稱善，以公語語宰相。時楊存中爲御營使，悉揔殿前諸軍。公言：「存中自太上皇帝時提禁旅二十餘年，權勢極盛，中外憂疑。賴太上聖明威斷，罷使就第。今又無故假以使名，授以兵柄，陰凝冰堅，不可以不戒。願陛下爲宗社計，亟罷存中，使以兵屬三衙如故事，則天下幸甚！」疏三上，論者再，竟罷存中。會仲賢等出疆，虜迎勞如禮，朝廷上下皆喜，以謂和議决可指日而定。公獨抗言曰：「和議於虜人有大利四，而在我有未可必者五。蓋罷兵講和，則彼得以坐守中原，休養民力，威制小種，銷伏群盗，此皆虜之大利。而我欲與爲敵國，請復山陵，又必其不求四郡，不索降人，不疑邊備，此則殊未可必。願陛下毋惑群議，先定久遠之規，以應其變。」上欣然開納。既而李栻竟不敢涉淮，公奏論奪其官。獨仲賢至汴，輒許以疆土歲幣輸虜而還。上大怒，下仲賢吏，欲誅之。宰相叩頭懇請得免，因極言邊備不足恃，和好不可不脩。上不得已，復遣户部侍郎王之望、知閤門事龍大淵使虜。公遂與侍御史周公操請見，力言：「前遣仲賢，已辱國命，而大臣不悔前議之失，又欲肆臆決，卻衆謀，不謂秦檜復見於今。且虜書要我罷四郡屯兵而以其地歸之，如此是彼不折一兵，而坐收數千里要害之地也，臣愚以爲決不可許。若歲幣，則俟得陵寢而後予之，庶幾猶爲有名。今計議未決而之望遽行，恐其辱不止仲賢而已。願先馳一介往議堅決，行未晚也。」上以公奏示宰相，宰相請召侍從臺諫議之，詔可。公上議如前，一時侍從之賢者，亦多附其説，上遂以胡昉、楊由義爲審議官，令專議四郡事，而手詔之望、大淵，使議陵寢、梓宫、降人、邊備四事利害以聞。二人奏上，上燭其姦，凡語之依違轉脱者皆墨識之，以示臺諫。公因復伸前論，上乃從之。時歲十二月也。除左司諫，會長秋宫建官，其内外之屬若干人。公上疏論之，且請節它冗費，始自宫掖，以奉邊軍。詔諸以長秋爲官者損其七人，它亦頗有所減省如公請。既而昉及由義與虜議四郡不合，大爲虜所困辱而歸。思退尚執前議，正言尹穡素以諂事龍大淵得進用，又本仲賢姻黨，陰附思退以撼督府。公因疏論思退姦邪誤國，宜早罷黜，以靖中外；張浚精忠老謀，不宜以小人之言搖之。上曰：「思退前議誠失，然朕愛其警敏，冀可責後效，卿其置之。」至魏公，則今日人材物望孰有出其右者？朕豈容有此意？正使有之，亦豈不謀卿等？此殆言路有異意者，卿爲朕諭之。」公頓首謝曰：「陛下言及此，天下幸甚。然宰相之任，古難其人。正使不得全才，寧取椎頓朴實之人，緩急猶可倚賴。思退庸狡，小黠大癡，恐誤陛下國計。且警敏二字，非明主所以卜相之法也。」退，以上語諭同列。穡勃然變色，❶明日亦請對。於是以王之望爲諫議大夫，罷公言職，以直敷文閣知建寧府。越兩日，而有詔張公罷兵還朝。又兩月，張公竟罷相印去，而和議遂定，如思退等之策矣。時隆興二年六月也。初，公惡穡姦邪，面舉韓魏公「富貴易求，名節難保」之語以警切之。穡大愧恨，至是既得陰結近幸以售其姦，遂連中外之力，先排公去之，然後罷督府，退張公，召還四郡戍兵，毀撤兩淮守備，務以强虜勢，孤上心，而冀其説之必用，不復能爲宗社計也。虜於是乘勢大入，幾不可支。上亦悔悟，而大學諸生數百人前後伏闕，再上疏，請召用公及胡銓、王十朋等，而斬思退、之望、尹穡、洪适以謝天下，謂之四姦。思退等由是始敗，然邊備遂弛，不能遂張，❷天下至今恨之。

公至建寧，一以惠愛撫其民，如爲縣令時。掾史以死囚獄具，至録問，輒不承，請循故例即訊而已。公不可，曰：「録囚于庭，法也，吾何容心哉？」既亦卒無稱冤者。未幾，就除福建路計度轉運副使。聽覽不倦，幽隱畢達。欲行部，輒先移文，所至毋得治道路、飾供張，諸州以例致餽一不受。

❶「穡」，原作「檣」，據浙本、天順本改。
❷「遂」，閩本、浙本、天順本作「復」。

作《觀風七詠》，❶以示敦本厚俗之意。轉朝散郎，除江東路提點刑獄公事。移浙西，轉朝請郎，以宗正少卿召還。五年，權太常少卿、侍立官、給事中，除兵部侍郎。時朝廷欲調沿江數郡民兵列屯江津以備虜，公力爲宰相言：「虜未嘗窺邊，民兵未嘗練習，無故點集，恐徒擾而無益。」語聞，事寢。以足疾求去，不許。會浙東有風水之災，秋稼盡壞，州縣不以聞。公以白上，上即遣漕臣按視，蠲租賦，賑流冗，官吏蔽匿者皆抵其罪。尋詔公同脩國史，轉朝奉大夫，除右諫議大夫。命下之日，中外翕然。時杭帥周淙多創攝局以私親故，秀守徐蔵遣吏持錢買燈都下，聞之恐懼，皆亟罷之。公入謝，陳四事，曰畏天，曰愛民，曰脩政，曰官人。因言：「治效未易遽言，而治象可以立見。陛下誠能盡取天下賢才寘之列位，自然壯觀朝廷，而治象可見。治象見則治效因可卜矣。」上曰善。六年正月戊辰，大雨震電。庚午，大雨雪。公求對，極陳祇畏天戒、飭正庶事之説。時東宮久未建，復奏手疏言之。上皆嘉納。時上已深悟前日和議之失，思欲亟致富强，以爲恢復之漸。而小人乘間争售其説，有王天覺者，以貨結左右，陳聚斂擊刺之術皆狂妄乖刺。上未之察，以爲樞密院編修官，臺諫攻之不能動。公極論之，上始開寤逐去。史正志者，素以傾巧進。至是當帥成都，憚遠役，則使其黨請復置發運使，而以己爲之。上然其説，公入奏曰：「祖宗本建此官，蓋沿唐制，轉東南以餉京師。今已居東南，而衣食其租税

❶「七」，閩本、浙本、天順本作「九」。

矣，❶又頗分給武昌、建康、京口，諸軍應上供者數亦無幾，而虚立此官，甚無謂。况正志反覆小人，誕妄有素，不過欲假此重權割剥州縣，侵牟商賈，以自爲功耳。自今以往，法之既密者不復寛，法之未密者日加密，臣恐數年之間民愁盗起，有以勞聖慮也。」疏三上，且面論之益切。上亦知正志之妄，謂公曰：「吾姑試之耳。」公於是退而求去。上封還所奏，手札喻公若曰：「都俞吁咈，前聖所不免，卿豈可輕去爲高耶？」公復求對，面請益力，上留公亦益至。已而發運司爲公私之病，果皆如公言，正志遂以罪竄，而發運官屬皆罷矣。

公嘗爲上言曰：「蜀漢之兵可以窺關陜，荆襄之衆可以趨韓魏，江淮之師可以擣青徐，三者之勢，相爲掎角，不容有偏。今蜀道既委大臣開府節制，而荆淮之郊東西數千里未有任其責者。願擇重臣分以委之，則久遠萬全之計也。」上曰：「武臣爲之，可乎？」公曰：「文武固無異道，但必得真才宿望，足以服軍民之心者，然後可以濟國事耳。」上曰善。公言曰：「中興之初，諸將領兵者皆别選精鋭數百人自爲一卒，優其廪犒，以故驍勇競勸，所向有功。韓世忠所謂背嵬，張俊所謂親隨，劉光世所謂部落是也。今養兵雖衆，而諸將未聞有能爲陛下拔尤取穎，以生其氣勢者。願陛下之有以詔之也。」上欣然曰：「此朕意也。」即下其書諸將。尋以與脩玉牒成書，轉朝散大夫。再上章求去，不許。七月，除給事中。會節將成閔冒請真俸，事覺，詔罪官吏之出納者而置閔不問。閤門王抃招納妄人謝

❶「祖」，原作「祖」，據浙本、天順本改。

顯，矯稱密旨，出境生事，詔抵顯等罪，而亦不以及抃。公皆處駁議，乞正典刑。章上，翼日除禮部侍郎。公力辭不拜，遂除敷文閣待制、提舉江州太平興國宫以去。七年，詔起公知婺州。辭不獲命，再踰月，始就道。未至，除太子詹事，兩詔趣行，仍令州郡敦遣。公遂入見，上慰藉甚厚，屬以調護之意。公亦竭誠輔翼，凡所以告太子者，無非規戒之言。一日，召對東華門，賜坐，從容訪以治道。公論士大夫苟且欺誕之弊及江湖荒政甚悉，上皆納之。因出手書唐太宗與魏鄭公論德仁功利之語而書其後，俾公極陳今日所未至。公拜謝，退，上疏曰：「臣聞仁德者，治之本也；功利者，治之效也。大有爲之君，務其本而效自至，未有無其本而有其效者也。陛下鑒觀古事，親御神筆，深詔愚臣以求今日所未至，此堯舜之心也。臣敢無辭以對？臣竊觀陛下欲承天意，而比年以來水旱間作，數千里間流殍萬計，是所以承天意者未至也。陛下欲結民心，而營造寨屋，民不聊生，死凍餒者不知其幾，是所以結民心者未至也。陛下欲任賢能，而張栻一言，遽從外補，正直之氣鬱而不伸，是所以任賢能者未至也。陛下欲退小人，而正志方逐，張某繼之，張某適罷，韓玉又進，是所以退小人者未至也。至於欲擇將帥，而内外諸軍朘削士卒，專事交結，不脩軍政；欲恤軍情，而移戍江津，措置失當，使其老幼狼狽失所；欲擇監司，而以祥刑之寄付之武臣；欲吏久任，而或到官旬日即行改易。凡此八者一有未去，則於陛下深仁厚德不爲無累，臣恐功利之效未易可致也。願陛下無以仁德爲難而忘爲治之本，無以功利爲易而速爲治之效，欽崇奉若以承天意，哀矜惻怛以結民心，任君子必盡其才，去小人必絶其本，廣搜智略以司閫外之權，作成武勇以振三軍之氣，罷監司之非人，申久任之良法，自然仁德昭著，功利烜赫，將與唐虞比隆，而視太宗之事有不足爲者矣。」疏奏，上嘉歎再三，出以示輔臣。詔以公兼侍講，公以足疾有加，求去甚苦。上固留之，詔聽五日一參。公力辭，不許。十二月，以病劇請致其事，上始知公果病，除敷文閣直學士、提舉太平宫，遣使賜以告身衣帶。公還家，病間，已而復作，再奏告老，遂以八年四月癸丑卒於正寢。自疾革，即屏醫却藥，湛然無怛化之意，七日而終，享年六十有五。詔轉一官致仕。訃聞，贈太中大夫。

公質實無僞，莊毅有守，而色和氣温，不露節角。人有片善，稱歎不已。小有不善，必面規之。自起寒素，以至通顯，奉養益薄，無所嗜好。不治生産財利，禄賜隨用輒盡，不爲毫髪計留。自罷内艱，不復入私室。誨督子弟，接引後進，孜孜不倦。在州縣勤事愛民，號爲良吏。及登朝廷，直言正色，遭值聖明，開獎納用，抑邪與正，中外倚以爲重。隆興中，協贊廟謨，經營北向之策，尤盡其力。當是時，國勢幾振，不幸爲小人所間以去。比其復來，則事已異於前日，而公亦益老矣。然其氣不少衰，因事獻言，必極其意而後已。蓋公嘗爲人言：「先儒有論爲貧之仕者曰：『俟吾之飢餓不能出門户也而後計之。』此孫言也，而聽者不喻，則其弊將無所不至。夫飢餓而不能出門户，則死而已矣，尚何計之爲哉？」公敬遜誠慤，非欲以大言夸世者，而其語如此，足以見其所存之素定，而所立之非偶然也。

少時聞潘左史良貴廷叱奏事官，竊獨歎曰：「潘公戇矣！曷若退而疏之之爲得體乎？」族父某部侍郎公輔聞而賞之曰：「子少年而議論及此，異日立朝，當必有可觀者。願子自愛。」至是卒如其言。所爲奏議及它文若干卷藏于家。娶朱氏，封碩人。子男四人：元壽，右迪功郎；耆壽，右承務郎；彭壽，太學生；廣壽，敕賜進士出身。女二人，適右迪功郎郭戩、進士吴洎。孫男七人，女三人，皆幼。元壽等將以是年九月壬申，葬公于義城鄉疊石山之原，以熹辱公知待薦寵之厚，俾次其行事，將以求誌於作者，請謚于太常，且備異時史氏採録。熹不得辭，謹第録如右。謹狀。乾道八年八月日前左迪功郎朱熹狀。

南嶽處士吴君行狀

君諱翌，字晦叔，世爲建寧府建陽縣忠孝里人。曾祖惻、祖深、父從周皆不仕。君早孤，踰冠，遊學衡山，師事五峰胡先生。聞其所論學問之方一以明理修身爲要，遂捐科舉之學曰：「此不足爲吾事也。」先生既没，又與先生之從弟廣仲、從子伯逢、門人張敬夫遊。既誦其所聞於先生者，而又上稽前古聖賢之言，中覽前世儒先之論，下引四方朋友之説，參伍辨訂，去短集長。其左右出入，雖不專主於一家，然其大要以胡氏所傳爲宗也。其爲人忠信明決，通微曉事。教撫諸弟曲有恩意，與人交表裏殫竭，心所不安，告語切至而不失其和。以是朋友多賴其益而樂親之，雖或不能從，而亦不厭其言之盡也。衡山人葉公賢君爲人，妻以其女。君因教其子定，使知所趨，又見之敬夫而俾受學焉。定以是爲脩士，鄉鄙稱之。張氏門人在衡湘者甚衆，亦無不往來，從君參決其所疑者。長沙故有嶽麓書院，國初時，郡人周式爲山長，教授數百人。後更變亂，院廢而山長罷。五峰方辭秦氏禮命，時嘗請爲之，不報。乾道初，帥守建安劉公珙始復立焉，猶虚山長不置。至是轉運副使九江蕭侯之敏始以禮聘君請爲之。君曰：「侯之意則美矣，然此吾先師之所不得爲者，豈可以否德忝之哉？」卒辭不能，蕭侯亦高其義，不强致也。時君方買田築室於衡山之下，有竹林水沼之勝，因取程夫子「澄濁求清」之語，牓之曰「澄齋」，日與賓客從容其間，講道讀書。間出詩篇以咏歌其所志，蓋翛然有以自樂。然不數月而病不起矣，淳熙四年八月三日也，享年四十有九。君娶葉氏，生一男，曰傅，纔六歲。一女，亦尚幼。君既没，葉夫人以君遺命請於其父，使弟定與君之外弟游霖、游彰等，以九月三日葬君衡山之東梅橋之原。於是君之外弟游彬居故里，踰月而後聞君之喪，泣而言於熹曰：「吴兄之終，彬獨以遠，不得奔走其葬。今將狀兄之行，而請文於桂州張先生，以表于墓，願吾子之文之也。」熹於晦叔有朋友之誼，不可以辭，乃論其行事始終大者如此，以備采擇。然敬夫與晦叔學同師，居同郡，其遊久於熹，所以知之必將有深於此者，請并列而具刻焉。謹狀。

晦庵先生朱文公文集卷第九十七

侯官縣儒學訓導劉簪校

晦庵先生朱文公文集卷第九十八

行　狀

朝奉大夫直祕閣主管建寧府武夷山冲佑觀傅公行狀

本貫孟州濟源縣。曾祖君俞，故任通直郎，知京兆府奉天縣事，贈正奉大夫。曾祖妣張氏，贈碩人。祖裕之，故任朝議大夫，主管南京鴻慶宫，濟源縣開國男、食邑三百户。祖妣錢氏，封恭人。父察，故任朝散郎、尚書吏部員外郎，贈徽猷閣待制，累贈少師，謚忠肅。妣趙氏，封清源郡太夫人，贈秦國夫人。

公諱自得，字安道，其先鄆州人。自曾伯祖獻簡公以清直仁勇事仁宗、英宗、神宗，歷三朝，皆以諫静有聲。在哲宗時，遂聞國政。蓋始築草堂於濟源之上而家焉。至忠肅公，遭靖康之難，實以忠義死國事，其事皆具國史。公幼穎悟，讀書不數過輒成誦。有至性，生十年而忠肅公薨，哀號思慕若成人。事太夫人，愛敬飭備，一舉動唯恐失其意。遭亂離，轉側兵間，遇父友故參知政事陳公與義於嶺右，陳公奇愛之，坐之膝，撫其頂曰：「長必以文名天下。」因自誦其詩之傑句以詔之。公時雖幼，已悉領解。年十四，賦《玉界尺詩》，語意警拔。故參知政事李公邴大驚異之，因許歸以女。既乃定居于泉州，家貧甚，夜燃薪自照，與兄弟讀書或至達旦。遂博通六經諸史百家之言，下筆爲文輒數千言。初，朝廷以忠肅公死事録其孤，公得補承務郎，三監潭州南嶽廟，乃爲福建路提點刑獄司幹辦公事。使者李公公懋性剛介，好面折僚吏，獨屈意待公。欲試以事，因悉以訟牒委焉。間相見，則摘其事以問。公具條委折，及其姓名爵里，一無所遺。李公喜甚，自是一司之事，無不取決於公。書奏出公手輒報可，他人爲之則多寢不下。李公行部至漳州，會州兵擒漳浦賊華齊及其黨與以獻，而安撫司以便宜指揮檄憲司悉斬之。李公將從之，公争不可，且曰：「便宜指揮安撫司受之朝廷，本司無所預。今迺承之於安撫司，可乎？」李公悟，命悉械繫諸縣分鞫之。獄成，以法誅其首數人，餘悉以畀軍中，蓋全活幾百人。已而丐閑，得主管台州崇道觀。秩滿，通判漳州事。太守劉公才邵始以公年少，未甚相知。及見其處事精明，馭吏嚴整，而文詞敏妙又非流輩所及，乃大歎服，郡事非公不決。間則相與徜徉，以文字相娱樂。每語人曰：「自傅君至，吾始知有爲郡之樂。」時山獠跳踉未已，而太守與統兵官陳敏不相能，餉或不繼，軍幾變。公調護其間甚力，且爲移書轉運判官，得錢二萬緡，❶以贍其軍。敏及軍士皆感泣思奮，群盗竟平。及公代去，敏語其下曰：「傅公成就吾軍如此，而未嘗以一事干吾軍，政可謂真清矣。」故聞公喪偶，欲遣其愛妾挾重貲來奉公，公亦竟不受也。漳浦尉士有申和者，以事爲郡所逮。縣忽告有盗入竟，請兵爲援。公笑曰：「是必非實，特爲申和地

❶「二」，浙本作「三」。

耳。」已而果然。陳敏亦爲和請，公弗從，竟捕寘于法，而後以畀軍中。後十餘歲，公自融徙潮，行荒山大雨中，忽有以卮酒獻者。問其姓名，則申和也。公愕然，詰其所以來之意，則曰：「和日者罪當誅，公用法固無所私，然和獨抵辠而家獲全，是以感恩而來耳。」公爲笑而飲之。臨漳公帑歲時例外致饋守貳甚厚，公獨不以一錢入門，悉儲於外，以給賓客之費。比去，計所不取蓋餘千緡。通判泉州事。公居泉久，及貳郡事，洗手奉公，無毫髮私。且熟知民俗利病，部使者多委以事。轉運司嘗欲榷郡酒酤，公格弗下。吏白恐獲辠，❶公曰：「泉人中産之家仰是以給者十室而五，是決不可行。若輩徒欲行文書，因取賂於酒家耳。」乃私以書條利害于使者，事竟寢。有賈胡建層樓於郡庠之前，士子以爲病，言之郡。賈貲鉅萬，上下俱受賂，莫肯誰何。乃群訴于部使者，請以屬公。使者爲下其書，公曰：「是化外人，法不當城居。」立戒兵官即日撤之，而後以當撤報。使者亦不説，然以公理直，不敢問也。受代造朝，民爭遮道以送。有金户齊氏，探其懷出金十兩，以獻公曰：「某爲金户，郡官買金無藝，且多不償直。獨公未嘗市分星，爲賜厚矣。此乃丹藥所化，爲杯器食飲當益人，故敢以壽公，而非敢以爲獻也。」公笑卻之。差知興化軍事。興化素號難治，前守聽訟或繼以燭，事猶有不決者。公剖決如流，廷無滯訟，發姦擿伏，猾吏束手，日未午，❷棠陰無一迹矣。於是乃以暇日延禮邦人士大夫之賢者，相與

❶「辠」，閩本、浙本、天順本作「罪」。
❷「日未」，浙本作「未日」。

從容賦詩飲酒爲樂，而郡以大治。初，秦丞相檜以公忠臣子，年少能自力學問，有文詞，通吏事，遇之甚厚。然亦疑其剛果負氣，終不爲己用，故雖使之連佐兩郡，然皆銓格所當得。召試博學宏辭科，又已奏名而故黜之。及泉代歸，乃間語公曰：「故事，三丞得通用蔭補人，而丞宗正者例以玉牒奏篇得爲郎。况公之文，今從臣中名能文者所不及，顧公太剛耳。盍亦思少自貶乎？」公默喻其意，然以太夫人春秋高，且樂居閩中，不肯遠適，乃力請便郡歸養。秦丞相以是始怒，而其黨又或陰中公，以爲有顧望持兩端意。以故是時公資序已應典州，而僅得莆陽軍壘以歸。然公亦既朝辭而行有日矣。會通判衢州汪召錫者，告前知泉州趙令衿誹謗，且有及丞相語，臺諫徐嘉等交章論奏，事下廷尉，秦丞相因以上旨命公體究令衿在泉時納賄事。公以嘗同官辭，丞相不可。是時丞相權震天下，一忤其意，家立碎。公念前已有小隙，今又力辭，必重得禍，貽太夫人憂，意不能不少回惑，乃不得已奉命以行。至泉按事，十得一二，即不復窮竟。然猶慮不免爲異時之累，則見故樞密黄公祖舜而問焉。黄公曰：「事端幸不自我，加之以恕可也。」公然其計，❶既上其事，又爲請得毋更置獄。會廷尉獄成，令衿已坐讁，奏上，不過追納所受金而已。方事作時，户部曹泳、刑部韓仲通實主之，兩曹符檄日四五至，督趣甚峻。已而秦丞相死，泳被逐，仲通恐禍及己，乃以體究事劾公。朝廷亦知非公首事，姑下公置對。而仲通章再上，遂罷公郡事。公在郡不半

❶「公」，原作「尉」，據閩本、浙本、天順本改。

歲，罷去之日，父老邀遮涕泣，其賢士大夫有追路越境，持公慟哭而別者。後兩年，諫官挾舊怨，復以前事爲言，遂奪公官，徙融州爲民。公念前日本以愛親故，不敢力辭體究事，今乃反爲親憂，痛自咎責，聞命即卻酒肉，屏媵御，獨與一浮圖人偕行。至融，杜門讀書，益大覃思於文章，融人皆敬愛之。而中州人士官其土者亦皆樂從公游，以文字求指教。蓋居融四年如一日，洎然無復有一豪軒冕意。特一念親闈在遠，不獲日夕左右，則涕泣竟日。會黃公給事東省，知公前事首末，力言於故丞相魯國陳文恭公，魯公亦素知公，遂以上聞，得内徙潮州。未幾，聽自便。主上登極，復故官右通直郎。時魯公猶當國，欲寖用公，乃先除主管崇道觀，以言者罷。乾道初元，始復得申前命。未幾，故樞密林公安宅又力薦於上，且具白公前被枉狀，除知漳州，又爲言者所持，事竟中寢。未數月，今少傅福國陳公入爲吏部尚書，雅知公之爲人，則與侍從官數人露章薦公事親孝，居官廉，博學能文，興化之政庭無留訟，而所坐初非其辜，❶遂再除知興化軍。而陳公章中語，人以爲無一字不實也。陛辭，論尉利捕盜之賞，妄執平民，有至論死而不能自明者。語未竟，上遽曰：「今之儒者例以不殺爲仁，然殺人者死。」公徐對曰：「皋陶稱大舜之德，曰：與其殺不辜，寧失不經。殺人者固應死，而不辜者豈可殺？」上意亦悟，即連稱曰：「不辜則不可，不辜則不可。」公退以語宰相，時朝廷方議重强盜之法，以公言而止。公前治興化有惠愛，去之十有四年而再至，

❶「辜」，閩本、浙本、天順本作「罪」。

且復奉安輿以來，闔郡之民垂髫戴白，争迎車下，歡呼之聲滿道。公治郡如前，時郡有猾民，素以挾持郡縣爲事者數輩，前公未至，盡挈其家以遯。公條教素信於民，不動聲色而郡復大治。民李氏嘗寓白金於其族兄，已而誣以盜，獄更數政不決。公明其誣，且判曰：「銀當羽化，既慙長者之風；金或誤持，又愧同舍之誼。」聞者感歎悚服，且傳誦其語，以爲無愧於唐人甲乙之判，李氏感泣。會太夫人有疾，供佛燃燈以禱。既而太夫人竟不起，郡縣賻金餘千緡。公辭曰：「家雖貧，幸足以葬，豈可以此污吾親？」皆却弗受。而父老犇走闕下，以公治狀白于朝者數十百人，中書爲書于籍。公性至孝，以奉太夫人故，仕宦未嘗出閩中。太夫人小有疾，則憂形于色。在漳時，官舍有池亭，日奉太夫人飲焉。忽有珍禽彩羽數十容與水上，太夫人甚愛之。一旦忽飛去，太夫人不樂，爲不飲者數日。公懼，與其室共禱于神，明日乃復奉太夫人飲池上，則禽亦皆復來集矣，比公去迺已，竟不知其所自來，亦莫有能名之者，時以爲孝誠所感云。至是服喪，毁瘠甚。免喪，言及輒涕下。初造朝，知識見之無不驚愕。

再除知漳州，奏事稱旨，留爲吏部郎中。天官素號劇繁，侍右尤甚。吏舞文爲姦，爲郎者例不可否事。公既入，即召令史而下語之曰：「吾久諳州郡利病，於省曹事體初不熟。今幸蒙恩得備郎選，亦將以治州郡者治之耳。」吏慴伏不敢欺。然公素以吏事自喜，而銓曹守格法，無所施爲，遂請于朝，願竭力外官。上喜其意，❶除直祕閣、

❶「喜」，浙本、天順本作「嘉」。

福建路轉運副使。陛辭，玉音褒諭，且云：「素知卿有風力，閩中多贓吏，故命卿往，行召用卿矣。」公即奏：「治道去泰甚，閩中去朝廷遠，吏不知奉法，然取其甚者一二人治之，亦足以厲其餘。」上首肯之。時閩部上四郡行鈔鹽法，歲入悉輸大農，漕計爲空，而州縣窘匱尤甚，吏兵之給弗供，廩廩然有朝夕憂。公奉命疾馳至部，夙夜詢究利病所在，而參伍其説，大抵皆以爲官不鬻鹽則無以爲歲計，然縱州縣一切科之於民，則民必大病。獨一二近鹽之鄉，若非籍户定數，使民必鬻於官，則私販公行，官鬻不售，豪强得以倚法幸免，而貧弱顧獨受弊。於是乃使縣各以地遠近、利病所宜爲法而奏行之，且寬其宿負，貸以本錢，蠲增鹽錢數十萬緡，州縣之力以寬。而公又爲之樽節用度，一毫不妄取予，漕計亦遂饒足。泉州兩税外，復科宗子米，歲歲增廣，民不堪命。郡太守若周公葵、王公十朋皆嘗請罷之，弗果行。公力必爲言，得旨户部給度牒轉運司，移他郡錢俾之和糴而禁其科擾。泉民感公恩，生祠之。蓋公爲治，大率以愛民爲主而保全下吏，非有民訟不獲已，亦未嘗輕有所按治。其罷軟不勝任者多奏處以祠禄，畧如公前奏語。然其候視極精明，風采可畏愛，吏亦不敢犯也。

建寧闕守，公以郡屢易將，帑廩空乏，且歲頻不登，亟聞于上，乞選能臣以治之。上素知公，即除知府事。建寧當孔道，部使者多寄治，民健訟，爲郡者日不暇給。公談笑以治之，事或累歲不決，壹經公手，無不立辦，且後無能易者。今户部尚書王公佐爲轉運判官，嘗語人曰：「吾與傅公厚，乃因政事間相知耳。」歲小不登，公發廩賑濟。

有嘯聚欲爲寇者，僚屬請出兵以捕。公特以文檄俾鄉官諭之，皆帖伏，不戮一人而定。屬縣有殺人者，方捕治，而他縣獲逃卒，卒於獄中自首嘗殺某人。縣以言府，公疑有姦，命鞫其實，果吏教殺人者重賂逃卒使僞首，則殺人者可不死而卒罪亦止於流。因并論吏如法。

移知寧國府事，寧國民淳，事素簡，公亦以清静治，或累日庭無公事。酒官有爲專知所悖自言者，公召詰之。吏具言監官贓罪，公曰：「是則然，然上下之分不可亂也。」命杖之。吏不伏，公立命械治。獲其流罪，將論決，袒其背則有涅文，爲「皇帝萬歲」四大字，公笑曰：「是固有法。」命呼執箴者雜刺涅，使不成文，乃論如法。明日，闔郡士大夫悉來賀曰：「此素横于鄉者，前太守屢欲治而不能，不謂公談笑間去此一害。」公曰：「法當然，吾非有心者也。」春雨水溢，將決圩田，公力捍之而止。上嘗以手札訪問，公具以實奏。秋大旱，時公將去郡，猶請于朝，蠲租十餘萬斛。既去累年，後守偶閲公帑之籍，見某年齋閤迎新供帳獨無一不存者，怪而問之，則公所留也。因大歎服，每以語人。蓋公平生涖官所至，❶率常如此，此特因事而顯耳。

復爲福建路轉運副使。公所臨郡縣，小有水旱，必以聞。至是，泉州大旱，而守利督租諱之。公奏請募海舟廣糴以助民食，由是米不翔貴。臨安闕帥，上命執政選有風力不阿權貴者爲之。執政擬二人以進，上獨指公以爲可。亟命召之。

先是，公嘗以事過三山，副總管曾覿先

❶「平」，原作「卒」，據閩本、浙本、天順本改。

來謁公曰：「聞公之名久矣。」因自誦其詩數十篇，且請公誦近作。公辭以憂患廢忘，時其亡而往報之。及爲郎，復嘗遇於客次，覿詫數從官曰：「某人某人嘗辱來訪，公獨見鄙，何也？」公遜謝而已，竟不往。及將使閩部，閤門官子弟有使本道而召還者，以職事來謁，公往報之。延公便室，則覿及從官數人皆在。時方置酒，公飲一巵，辭腹疾而退。於是翰林承旨亦以入直辭，諸人皆有赧色，覿大不樂。公退謂諸子曰：「仕宦當自結明天子，其次當由宰相，安能俯首此曹以求進邪？」以故權貴多嫉公，而召命竟不行，改除兩浙西路提點刑獄公事。❶時公年已六十餘矣。

性本剛介疾惡，不能容人之過，以故歷官任事多與物忤。至是，自度不能俯仰俗間，上章丐閑。不允，得移浙東。兩浙今號封畿，多有力者，部使者例不案事。公入竟，受訴牒日數千紙，一一親爲剖決。所至決遣囚徒，臺無留事。至於糾劾愆違，繩治姦墨，或望風解印綬去。常山令爲民所訟，公素不輕案吏，先面戒之，而執法殿中者親黨多在其邑，令事之素謹，亟馳書求援。其人即論公前使閩時推行鹽筴非是，今又欲逐令而使其親黨代之，以此公至治所未十日而賜罷。過建寧，父老捧薰鑪以迎者夾道數里，而浙東人亦至今稱思之。然公益自知果不爲世俗所容，❷乃復求爲祠官，得主管武夷山冲佑觀。秩滿，復除知寧國府事。朝命督行甚峻，公不獲已，單車引道。行未數程，復以言者追論前體究事，且嘗面

❶「提」，原作「得」，據浙本、天順本改。
❷「自」，浙本、天順本作「當」。

折泉守爲罪，則又以冲佑祠官罷歸。

公性高簡，不妄與人交，居泉五十年，杜門自守，讀書奉親外無他爲。中間乘貳車、持使者節亦且十餘年，訖未嘗以一事擾州縣。太守之賢者，如宋公之才、王公十朋、周公葵皆高仰之，待以異禮，而公月不過一詣郡，每留語談説道誼而已。至是居閒，益無事，唯讀書不輟。客至，觴酒論文，道説古今，唱酬詩什，以相娱樂。蒼顔白髪，意氣偉然，未嘗以留落不偶幾微見言面也。前居喪，哀毁得脾疾，至是益侵，然猶日誦書數卷。既病，則屏卻藥餌，獨飲水以待終。一日，忽召所善前昭武守黄君維之、新新安守石君起宗，置酒卧内與訣。既而劇談詼笑，歌呼如常時。翌日遂不起，時淳熙十年秋八月也，年六十有八，積官朝奉大夫。其配李氏，有賢德，先公三十餘年卒，今贈安人。子男五人：伯壽，朝請郎、權知道州軍州事；伯成，宣教郎、新知福州閩清縣事；伯詳，將仕郎，卒；伯瑞，迪功郎、新漳州龍溪縣尉；伯拱，業進士，當以公致仕恩補官。女四人，長適承奉郎、知潮陽縣丞李讜，次適進士李申之，繼室以其季，俱早卒。次適進士黄知白。孫男五人：充，業進士；育、良尚幼；餘未名。孫女六人，長及嫁，餘尚幼。公於書無不讀，少治《春秋》，有聲場屋間。中年讀《詩》，至《鴛鴦》之二章，因悟比興之體，間爲子弟論説，多得詩人本意。故太常丞吴公棫來官泉州，公聞其博通古學，著書甚富，日從之遊，相與博約，往復不倦。吴公悦之，請公序其《論語十説》，今行於世。謫居讀《易》，數日一周。手書《程氏傳》一通，玩繹久之，紙爲之弊。其於子史百氏之書嘗過目者，蓋皆畧成誦也。識慮高遠，機警絶人。少時聞朝廷奪劉光世軍，更遣儒臣代將，歎曰：「是必且敗事矣。」亟移書所知刑部侍郎曾公開，請如唐罷馬燧、郭子儀等故事，擇其偏裨，授以兵柄。曾公然之，將以白宰相，未及而酈瓊等叛書已聞矣。參知政事李安簡公亦忠肅公執友也，罷政居會稽，公往見之。李公初以通家子弟待公，問曰：「子以老夫今日之罷爲何如？」公曰：「得失相半。」公問其故。公曰：「公初附和議，而終以弗合去，豈非得失相半乎？」李公起握公手曰：「公晦爲不亡矣。」虜寇淮甸，公以書抵樞密黄公，論備禦方畧。因策虜有十敗，且言其變必自中起。書至不數日，虜酋完顔亮果爲帳下所殺。❶黄公以示諸公，且報公曰：「何其策之明也！」曾覿自福州召還，公移書丞相陳福公，爲言覿入必留，留必爲善人正論之害，其後亦皆驗。公少從外舅李公學爲文，得其指授之微意。既長，益從當世先達遊，又日求其所未至，刮磨灌溉，以迄有成，則其氣骨雄健而關鍵謹嚴，波瀾浩漾而語意精切，有非當世文士所及者。李公每讀而歎曰：「吾文有傳矣。」故丞相魏國張忠獻公及尚書左丞葉公夢得、翰林汪公藻、中書舍人張公嵲、尚書郎新安朱公得其文，皆愛重之。汪公尤歎賞，每謂公曰：「今世綴文之士雖多，而往往昧於體製。獨吾子爲得之不懈，則古人可及也。」然再試禮部輒不利，三應博學宏詞科，一既人等而黜于中書，遂不復應科舉。而誨諸子甚力，伯壽、伯成皆及太夫人無恙時登進

❶「酋」，原作「酉」，據浙本改。「完」，原作「元」，據四庫本改。

士第。伯壽復中詞科，❶而公晚歲始自次輯其文，定爲三十有二卷，藏于家。今伯壽等將以明年七月丁酉葬公於泉州南安縣唐興鄉田豐里之雲臺山，以熹嘗以先人之舊辱公知顧甚厚，見使狀公行事，以請志銘，圖永久。熹竊惟公孝反之行、潔廉之操、精敏之識、雅健之文皆足以高一世，而其吏事方略亦復過人遠甚，蓋不厲威猛而人自畏服，不爲一時小惠以干虚譽，而其去思遺愛愈久愈深。獨以蚤年未能深自晦匿，不幸見知權臣，辟咎得凶，遂以中廢。然當時識者固有以知其非公所欲，其後誦言於朝，白公無罪者又多一時正人莊士，且明天子亦既起公而任使之矣。而自比年來，殊無他端，乃復重以前事横遭口語，乍起乍仆，以没其身。既不得盡志竭才以布宣仁聖之德澤於遠邇，而其壽命又不得究於高年，是則豈不有命也夫！故既歷叙其世家行事之詳，而復具論其本末大致如此。伏惟當世立言之君子幸賜采擇，以垂永世。❷謹狀。淳熙十年十二月日具位朱熹狀。

奉使直祕閣朱公行狀

公諱弁，字少章。其先吴郡人，中徙歙之黄墩。唐末有諱古僚者爲陶雅偏將，以兵戍婺原，因家焉。其後世有隱德，至奉直公始爲儒，尤以沈默自將，足迹未嘗至城市。生五子，公其次也。幼穎悟，讀書日數千言，十歲能文，既冠，遂通六經百氏之書。遊京師，入太學，補内舍生，客食諸王家。

❶「科」下，浙本有「遂登臺閣」四字。
❷「垂」，原作「乘」，據浙本、天順本改。

會景迂晁公説之爲宫學教授，一見其詩奇之，與歸新鄭，妻以兄女。鄭介汴、洛兩都之中，一時故家遺俗蓋彬彬焉。公游其間，聞見日廣，文章日進，益厭薄舉子事，遂不復有仕進意。靖康之難，家碎賊手。南歸及淮甸，光堯太上皇帝已承大統，駐蹕揚州，議遣使問兩宫安否，而見大夫無敢行者。公聞之慨然，攘袂而起，撫髀太息，即日奮身自獻闕下。宰相以聞，詔補修武郎，借右武大夫、吉州團練使，充河東大金軍前通問副使。且命之曰：「朕方俯同晉國，用魏絳以和戎；爾其遠效侯生，御太公而歸漢。」公受命，即日與使者王公倫張旜誓衆，直犯兵鋒以行，實建炎戊申正月也。行遇虜相黏罕于白水濼，邀説甚切，黏罕不聽，使就館雲中，餽餉如禮而實以兵守之。公復屢與書，具言用兵講和利害甚悉。紹興壬子之歲，虜忽遣宇文虚中來言和議可成，當擇使副一人詣元帥府受書歸報。虚中欲二人探籌以決去留，公正色曰：「此市道之所爲耳。吾之來，固自與以必死，豈今日乃覬幸於先歸者哉！願使長亟詣軍前受書，歸報天子，遂成兩國之好，使吾君得以蚤申四海之養於兩宫，如前日臨遣詔書本指。則吾雖暴骨方外，猶生之年也。」於是王公行有日，公請焉，曰：「古之使者有節以爲信，今無節而有印，則印亦信也。公既還朝，無所事此，願留見授，使某不幸一有意外之辱，得抱以死，死不腐矣。」王公揮涕解以授公。公受而懷之，卧起未嘗不與俱也。是時劉豫盗據京邑，虜迫公仕豫，且訹之曰：「此南歸之漸也。」公曰：「吾受命而北，不受命而南。且豫國賊，吾常恨不食其肉，又忍北面而臣之哉？吾有死耳，不願歸之。」虜人怒，絶其饘遺以困之。公反從中固拒驛門，忍饑待盡，誓不爲屈。於是虜人亦知感動，復慰安之，致禮如故。久之，復迫公換虜官。公曰：「自古兵交，使在其間，言可從從之，不可從則因之、殺之，何必換其官哉！吾官受之本朝，今日有死而已，誓不易以辱吾君也。」且移書虜用事人耶律紹文等曰：「上國之威命朝以至，則使人夕以死；夕以至，則朝以死。」又以書告訣於後使者洪忠宣公曰：「殺行人亦非細事，吾曹不幸遭之，亦命也。命出於天，其可逃哉！要當舍生以全義耳。」一日，具酒食，召雲中被虜士夫常所與往來者飲。半酣，語之曰：「吾已得近郊某寺之地，一旦畢命報國，諸公幸瘞我其處，且識其上曰『有宋通問副使朱公之墓』，於我幸矣。」衆皆涙緣睫，不能仰視，公獨談笑自若曰：「此臣子之常分，諸君何悲也。」虜知公終不可屈，遂不復强。然公以使事未報，憂憤得目疾。其㦤鬱愁歎、無憀不平之氣一於詩發之。歲久成集，號曰《聘游》。虜中名王貴人亦多遣其子弟就學，公以此又得時因文字往來説以和好之利，而碑版篇詠流行北方者亦甚衆，得之者相誇以爲榮焉。王公還朝，太上聞公守節不屈，因其再使賫金銀綾絹爲賜。歲在丁巳，虜諸酋相繼死滅，公陰使從者李發求得河陽人董考祥等，密疏其事及虜中虚實，使間行歸報曰：「此不可失之時也。」其後王公復歸，又以公奉送徽考大行之文爲獻，其詞有曰：「臣等猥以凡庸，誤蒙選擇。茂林豐草，被雨露於當年；絶黨殊鄰，犯風霜於將老。節上之旄盡落，口中之舌徒存。歎馬角之未生，魂消雪窖；攀龍髯而莫逮，涙灑冰天。」太上讀之感涕，詔官公親屬五人如故事，别賜吴興田五頃。顧丞相張忠獻公，喻以密指曰：「歸日當以禁林相處也。」明年虜使烏陵思謀、石慶充至，詔公子栐及司馬倬入館見之，仍許附以家書，且賜黄金三十兩以寄。思謀等見栐稱公忠節，嗟歎久之，至以手加額云。紹興癸亥，約和已定，公乃與洪忠宣公及歷陽張公邵皆得歸。其事見洪公家書《輶軒集》，今行於世。入境，傳旨促行者數輩。至國門，太上命中使梁璋引入便殿，延見勞苦，嘉歎再三。公頓首謝，且言曰：「臣聞人之所難得者，時也，而時之運無已。事之不可失者，幾也，而幾之藏無形。惟無已也，故來遲而難偶；惟無形也，故動微而難見。陛下與金人講和，上則返梓宫，次則迎太母，又其次則憐赤子之無辜，肉白骨於已朽，此皆知時知幾之明驗也。然時運而往，或難固執；幾動有變，宜鑒未兆。盟可守矣，而詭詐之心宜默以待之；兵可息矣，而銷戢之術宜詳以講之。且夷狄君臣上不奉若天道，下不求合民心，人怨神怒，不知修省，以黷武爲至德，以苟安爲太平，虐民而不恤民，廣地而不廣德，此皆天助陛下中興之勢也。若時與幾，陛下既知之於其始，圖惟厥終，願陛下益留神焉。」太上納其言，賜金帛甚厚。公又以虜中所得六朝御容及宣和御集書畫爲獻，并上所著《聘游集》，且述北方所見聞忠臣義士朱昭、史抗、張忠輔、高景平、孫益、孫谷、五臺僧真寶、丁氏、晏氏女、閻進、朱勣等死節事狀，及故官屬姓名以進，請加褒録，以勸來者。太上高其節，壯其志，異其文，俾易文資，且有進用意。詔曰：「朱某奉使歲久，忠義守節，理合優異，特賜券金千緡。」而宰相秦檜方以講和爲功，惡公言虜情，悟上意，奏以初補官換右宣教郎、直祕閣、主管佑神觀。有司校公考十有七年，應遷數官，檜又尼之，僅轉奉議郎。明年四月六日，遂以疾卒於臨安府白龜池之寓舍。遺命歸葬故山，不果，則權厝西湖上智果院，忠義之士莫不哀之。公配晁氏，與其子鄭老皆死于兵，再娶王公倫之女弟，與晁氏皆封孺人。子棶，仕至宣教郎、知撫州崇仁縣以卒。女適里人王仔，以公恩補承信郎。孫勳早卒，照未仕。公之文慕陸宣公之爲者，其氣質雄渾，援據精博，明白疏暢，曲盡事理，識者以爲深得其體。於詩酷嗜李義山，而詞氣雍容，格力閑暇，不蹈其險怪奇澀之弊。《聘游集》凡四十二卷，別有《奏議》一卷，《尚書直解》十卷，《曲洧舊聞》三卷，《續骫骳説》一卷，《雜書》一卷，《風月堂詩話》三卷，《新鄭舊詩》一卷，《南歸詩文》一卷，皆藏於家。

熹先大父於公爲三從兄弟，先子初登第時，嘗往拜公溱洧之上，公送以詩，意寄甚遠。其後先子仕於朝時，公已在北方。比南歸，則先子不幸是歲已棄諸孤矣。後六年，熹始得拜公之殯而讀其遺文。又三十有四年，乃復得官浙中，則公之殯猶在智果院也。方將爲謀葬故，而遽以罪逐。今密院檢詳尤公袤、臨安帥守張公杓聞而悲之，相與悉力經紀其事。而太學録張君體仁又爲得吉卜於□□縣積善峰之下，書來曰：「將以某月某日葬公之柩，而以王氏孺人祔焉。」熹竊惟國家承平百年，所以遇士大夫者不爲不厚。政、宣以來，公卿大臣荷國寵榮殊異優渥，又有非前日比者。一旦狂圖誤國招禍，使君父蒙塵，越在沙漠苦寒無人之地，而一時遺臣賣國降虜之餘，接迹於朝，靦然相視，乃無一人肯奔問官守者。公以草野諸生，平日未嘗沾一命之禄，顧獨奮然出捐軀命，❶請冒鋒鏑斧質之威，以嘗不測之虜，而守死不屈，至于十有六年之久，卒不汙虜僞官爵，竟得復持漢節，歸見天子，其忠義大節，終始凛然。雖竹帛所書，丹青所畫，無以過之。和議之成，雖若不在其身，而風喻從臾，蓋亦與有力焉。而公不肯自以爲功，還朝所建，皆遠謀至計，不欲朝廷遂以目前所就爲安，而必期有以致中興於異日者。此其忠慮之深，又與一時貪天之功以爲己力，而遂宴安江沱，以至於忘讎而辱國者，蓋萬萬不侔矣。上賴太上皇帝深照其衷，前後褒嘉賜賚甚寵，而不幸厄於權臣，使不獲申其志以死，豈非天哉！今葬有日，宜有銘刻以告于幽。因訪其家，得公外孫王炳所記行實一編，參以舊聞，第録如右，而敬以請於尤公，伏惟幸哀而終惠之，以覆賴其後人，且詔太史氏筆削，以爲萬世臣子忠義之勸。謹狀。

濂溪先生事實記

先生世家道州營道縣濂溪之上，姓周氏，名惇實，字茂叔。後避英宗舊名，改惇頤。用舅氏龍圖閣學士鄭公向奏，授洪州分寧縣主簿。縣有獄久不決，先生至，一訊立辨，衆口交稱之。部使者薦以爲南安軍司理參軍，移郴及桂陽令。用薦者改大理寺丞。知洪州南昌縣事，簽書合州判官事、通判虔州事，改永州，權發遣邵州事。熙寧

❶「奮」，浙本作「憤」。

初，用趙清獻公、吕正獻公薦，爲廣南東路轉運判官，改提點刑獄公事。未幾而病，亦會水齧其先墓，遂求南康軍以歸。既葬，上其印綬，分司南京。時趙公再尹成都，復奏起先生，朝命及門而先生卒矣。熙寧六年六月七日也，年五十有七。葬江州德化縣清泉社。

先生博學力行，❶聞道甚蚤，遇事剛果，有古人風。爲政精密嚴恕，務盡道理。嘗作《太極圖》、《易説》、《易通》數十篇，在南安時，年少，不爲守所知。洛人程公珦攝通守事，視其氣貌非常人，與語，知其爲學知道也，因與爲友，且使二子往受學焉。及爲郎，故事當舉代，每一遷授，輒以先生名聞。在郴時，郡守李公初平知其賢，與之語而歎曰：「吾欲讀書，何如？」先生曰：「公老無及矣，某也請得爲公言之。」於是初平日聽先生語，二年果有得，而程公二子即所謂河南二先生也。南安獄有囚，法不當死，轉運使王逵欲深治之。逵苛刻，吏無敢相可否。先生獨力争之，不聽，則置手板，歸取告身委之而去，曰：「如此尚可仕乎？殺人以媚人，吾不爲也。」逵亦感悟，囚得不死。在郴、桂陽，皆有治績。來南昌，縣人迎喜曰：「是能辨分寧獄者，吾屬得所訴矣。」於是更相告語莫違教命。蓋不唯以抵罪爲憂，實以汙善政爲耻也。在合州，事不經先生手，吏不敢決。苟下之，民不肯從。蜀之賢人君子皆喜稱之。趙公時爲使者，人或讒先生，趙公臨之甚威，而先生處之超然。然趙公疑終不釋，及守虔，先生適佐州事，趙公熟視其所爲，乃

❶「博」，原作「傅」，據浙本、天順本改。

寤，執其手曰：「幾失君矣，今日乃知周茂叔也。」於邵州，新學校以教其人。及使嶺表，不憚出入之勤，瘴毒之侵，雖荒崖絶島，人跡所不至者，必緩視徐按，務以洗冤澤物爲己任。施設措置未及盡其所爲而病以歸矣。自少信古好義，以名節自砥礪。奉己甚約，俸禄盡以周宗族、奉賓友，家或無百錢之儲。李初平卒，子幼，護其喪歸葬之。又往來經紀其家，終始不懈。及分司而歸，妻子饘粥或不給，而亦曠然不以爲意也。襟懷飄灑，雅有高趣，尤樂佳山水，遇適意處，或徜徉終日。廬山之麓有溪焉，發源於蓮華峰下，潔清紺寒，下合於湓江。先生濯纓而樂之，因寓以「濂溪」之號，而築書堂於其上。豫章黄太史庭堅詩而序之曰：「茂叔人品甚高，胸中灑落，如光風霽月。」❶知德者亦深有取其言云。淳熙六年六月乙巳，後學朱熹謹記。

伊川先生年譜

先生名頤，字正叔，明道先生之弟也。明道生於明道元年壬申，伊川生於明道二年癸酉。幼有高識，非禮不動。見《語録》。年十四五，與明道同受學於舂陵周茂叔先生。見哲宗、徽宗《實録》。皇祐二年，年十八，上書闕下，勸仁宗以王道爲心、生靈爲念，黜世俗之論，期非常之功。且乞召對，面陳所學，不報。間遊太學，時海陵胡翼之先生方主教導，嘗以《顔子所好何學論》試諸生，得先生所試，大驚，即延見，處以學職。見文集。吕希哲原明與先生鄰齋，首以師禮事焉，既而四方之士

❶「如」字，原脱，據浙本、天順本補。

從游者日益衆。見《呂氏童蒙訓》。舉進士，嘉祐四年，廷試報罷，遂不復試。太中公屢當得任子恩，輒推與族人。見《涪陵記善録》。❶治平、熙寧間，近臣屢薦，自以爲學不足，不願仕也。見文集。又按呂申公《家傳》云：「公判太學，命衆博士即先生之居敦請爲太學正，先生固辭，公即命駕過之。」又《雜記》：「治平三年九月，公知蔡州，將行，言曰：『伏見南省進士程頤年三十有四，特立之操，出群之姿。嘉祐四年已與殿試，自後絶意進取，❷往來太學，諸生願得以爲師。臣方領國子監，親往敦請，卒不能屈。臣嘗與之語，洞明經術，通古今治亂之要，實有經世濟物之才，非同迂士曲儒，❸徒有偏長。使在朝廷，必爲國器。伏望特以不次旌用。』」《明道行狀》云：「神宗嘗使推擇人材，先生擇人材薦數十人，以父表弟張載暨弟頤爲稱首。」元豐八年，哲宗嗣位，門下侍郎司馬公光、尚書左丞呂公公著及西京留守韓公絳上其行義於朝。見哲宗、徽宗《實録》。案《温公集·與呂申公同薦劄子》曰：「臣等竊見河南處士程頤力學好古，家貧守節，言必忠信，動遵禮義。年踰五十，不求仕進，真儒者之高蹈，聖世之逸民。伏望特加召命，擢以不次，足以矜式士類，裨益風化。」又按《胡文定公文集》云：「是時諫官朱光庭又言：『頤道德純備，學問淵博，材資勁正，有中立不倚之風。識慮明徹，至知幾其神之妙。言行相顧而無擇，仁義在躬而不矜。若用斯人，俾當勸講，必能輔養聖德，啓迪天聰，❹一正君心，爲天下福。』又謂：『頤究先王之藴，達當世之務，乃天民之先覺，聖代之真儒。俾之日侍經筵，足以發揚聖訓，兼掌學教，足以丕變斯文。又祖宗時起陳搏、种放，高風素節，聞於天下。揆頤之賢，搏、放未必能過之。頤之道則有搏、放所不及知者。觀其所學，真得聖人之傳，致思力行，非一日之積。有經天緯地之才，有制禮作樂之具。乞訪問其至言正論，❺所以平治天

---

❶「善」，原作「義」，據閩本、浙本、天順本改。

❷「絶意」，浙本作「意絶」。

❸「迂」，浙本、天順本作「拘」。

❹「迪」，原作「道」，據《伊洛淵源録》（文淵閣《四庫全書》本）卷四改。

❺「言」字，原脱，據《伊洛淵源録》卷四補。

下之道。』又謂：『頤以言乎道，則貫徹三才，而無一毫之爲間；以言乎德，則并包衆美，而無一善之或遺；以言乎學，則博通古今，而無一物之不知；以言乎才，則開物成務，而無一理之不總。❶是以聖人之道至此而傳，况當天子進學之初，若俾真儒得專經席，豈不盛哉！』」十一月丁巳，授汝州團練推官、西京國子監教授。見《實録》。先生再辭，尋召赴闕。

元祐元年三月，至京師。王巖叟奏云：「伏見程頤學極聖人之精微，行全君子之純粹，早與其兄顥俱以德名顯於時。陛下復起頤而用之，頤趨召以來，待詔闕下。四方俊乂莫不翹首鄉風，以觀朝廷所以待之者如何，處之者當否，而將議焉，則陛下此舉繫天下之心。臣願陛下加所以待之之禮，擇所以處之之方，而使高賢得爲陛下盡其用，則所得不獨頤一人而已，四海潛光隱德之士，皆將相招而爲朝廷出矣。」除宣德郎、祕書省校書郎。先生辭曰：「祖宗時，布衣被召自有故事，今臣未得入見，未敢祇命。」王巖叟奏云：「臣伏聞聖恩特除程頤京官，仍與校書郎，足以見陛下優禮高賢，而使天下之人歸心於盛德也。然臣區區之誠尚有以爲陛下言者，願陛下一召見之，試以一言問爲國之要，陛下至明，遂可自觀其人。臣以頤抱道養德之日久，而潛神積慮之功深，静而閲天下之義理者多，必有嘉言以新聖聽，此臣所以區區而進頤。然非爲頤也，欲成陛下之美耳。陛下一見而後命之以官，則頤當之而無愧，陛下與之而不悔。授受之間，兩得之矣。」於是召對，太皇太后面喻，將以爲崇政殿説書。先生辭不獲，始受西監之命。且上奏論經筵三事，其一以上富於春秋，輔養爲急，宜選賢德以備講官，因使陪侍宿直，陳説道義，所以涵養氣質，薰陶德性。其二請上左右内侍之人，皆選老成厚重之人，不使侈靡之物、淺俗之言接於耳目。仍置經筵祇應内臣十人，使伺上在宫中動息以語講官，其或小有違失，

❶「總」，原作「聰」，據浙本、天順本、《伊洛淵源録》卷四改。

得以隨事規諫。其三請令講官坐講，❶以養人主尊儒重道之心、寅畏祇懼之德。而曰：「若言可行，敢不就職；如不可用，願聽其辭。」《劄子三道》見《文集》。又按《劉忠肅公文集》有章疏，論先生辭卑居尊，未被命而先論事爲非，是蓋不知先生出處語默之際，其義固已精矣。既而命下，以通直郎充崇政殿説書。見《實録》。先生再辭而後受命。四月，例以暑熱罷講。先生奏言：「輔導少主不宜疏略如此，乞令講官以六參日上殿問起居，因得從容納誨，以輔上德。」見《文集》。五月，差同孫覺、顧臨及國子監長貳看詳國子監條制。見《實録》。先生所定大概以爲學校禮義相先之地，而月使之争，殊非教養之道，請改試爲課。有所未至，則學官召而教之，更不考定高下。制尊賢堂以延天下道德之士，鐫解額以去利誘，省繁文以專委任，勵行檢以厚風教，及置待賓，吏師齋，立觀光法，如是者亦數十條。見《文集》。舊《實録》云：「禮部尚書胡宗愈謂先帝聚士以學，教人以經，三舍科條固已精密，宜一切仍舊。因是深詆先生，謂不宜使在朝廷。」六月，上疏太皇太后，言今日至大至急爲宗社生靈長久之計，惟是輔養上德。而輔養之道非徒涉書史、覽古今而已，要使跬步不離正人，乃可以涵養薰陶，成就聖德。今間日一講，解釋數行，爲益既少，又自四月罷講，直至中秋，不接儒臣，殆非古人旦夕承弼之意。請俟初秋，即令講官輪日入侍，陳説義理。仍選臣僚家十一二歲子弟三人侍上習業。且以邇英迫隘暑熱，恐於上體非宜，而講日宰臣、史官皆入，使上不得舒泰悦懌，請自今一月再講於崇政殿，然後宰臣、史官入侍。餘日講

❶「令」，原作「今」，據浙本、天順本改。

於延和殿，則後楹垂簾，而太皇太后時一臨之。不惟省察主上進業，其於后德未必無補。且使講官欲有所言易以上達，所繫尤大。又講讀官例兼他職，請亦罷之，使得積誠意以感上心。皆不報。八月，差兼判登聞鼓院。先生引前説，且言入談道德，出領訴訟，非用人之體，再辭不受。見《文集》。楊時曰：「仕道與禄仕不同。常夷甫以布衣入朝，神宗欲優其禄，令兼數局，如鼓院、染院之類，❶夷甫一切受之。及伊川先生爲講官，朝廷亦欲使兼他職，則固辭。蓋前日所以不仕者，爲道也；則今日之仕，須其官足以行道乃可受。不然，是苟禄也。然後世道學不明，君子辭受取舍，人鮮知之。故常公之受，人不以爲非，而先生之辭，人亦不以爲是也。」二年，又上疏論延和講讀垂簾事，且乞時召講官至簾前問上進學次第。又奏邇英暑熱，乞就崇政、延和殿或他寬凉處講讀。給事中顧臨以殿上講讀爲不可，有旨修展邇英閣。先生復上疏，以爲「修展邇英，則臣所請遂矣。然祖宗以來，並是殿上坐講，自仁宗始就邇英而講官立侍，蓋從一時之便耳，非若臨之意也。今臨之意不過以尊君爲説，而不知尊君之道。若以其言爲是，則誤主上知見。臣職當輔導，不得不辨」。先生在經筵，每當進講，必宿齋豫戒，潛思存誠，冀以感動上意。見《文集》。而其爲説常於文義之外，反復推明，歸之人主。一日當講「顔子不改其樂」章，門人或疑此章非有人君事也，將何以爲説？及講，既畢文義，乃復言曰：「陋巷之士，仁義在躬，忘其貧賤。人主崇高，奉養備極，苟不知學，安能不爲富貴所移？且顔子，王佐之才也，而簞食瓢飲；季氏，魯國之蠹也，而富於周公，魯君用舍如此，非後世之監乎？」

❶「類」，原作「數」，據《伊洛淵源録》卷四改。

聞者歎服。見胡氏《論語詳説》。而哲宗亦嘗首肯之。見《文集》。不知者或誚其委曲已甚，先生曰：「不於此盡心竭力，而於何所乎？」上或服藥，即日就醫官問起居。見《語録》。然入侍之際，容貌極莊。時文潞公以太師平章重事，或侍立終日不懈，上雖喻以少休，不去也。人或以問先生曰：「君之嚴視潞公之恭，孰爲得失？」先生曰：「潞公四朝大臣，事幼主不得不恭。吾以布衣職輔導，亦不敢不自重也。」見《邵氏見聞録》。嘗聞上在宮中起行漱水必避螻蟻，因請之曰：「有是乎？」上曰：「然，誠恐傷之爾。」先生曰：「願陛下推此心以及四海，則天下幸甚。」見《語録》。一日講罷未退，上忽起憑檻，戲折柳枝。先生進曰：「方春發生，不可無故摧折。」上不悦。見馬永卿所編《劉諫議語録》，且云：「温公聞之亦不悦。」或云恐無此事。所講書有「容」字，中人以黄覆之，曰上藩邸嫌名也。先生講罷進言曰：「人主之勢不患不尊，患臣下尊之過甚而驕心生爾。此皆近習輩養成之，不可以不戒。請自今舊名皆勿復避。」❶見《語録》。時神宗之喪未除，而百官以冬至表賀。先生言：「節序變遷，時思方切，請改賀爲慰。」及除喪，有司又將以開樂置宴。先生又奏請罷宴，曰：「除喪而用吉禮，則因事用樂可矣。今特設宴，是喜之也。」見《文集》。嘗聞後苑以金製水桶，問之，曰「崇慶宮物也」，先生曰：「若上所御，則吾不敢不諫。」在職累月不言禄，吏亦弗致。既而諸公知之，俾户部特給焉。又不爲妻求邑封，或問之，先生曰：「某起於草萊，三辭不獲而後受命，今日乃爲妻求

❶「名」下，浙本有「嫌名」二字。

封乎？」見《語録》。經筵承受張茂則嘗招諸講官啜茶觀畫，先生曰：「吾平生不啜茶，亦不識畫。」竟不往。見《龜山語録》。或云恐無此事。文潞公嘗與呂、范諸公入侍經筵，聞先生講説，退相與歎曰：「真侍講也。」一時人士歸其門者甚盛，而先生亦以天下自任，論議褒貶，無所顧避。由是同朝之士有以文章名世者疾之如讐，與其黨類巧爲謗詆。見《龜山語録》、《王公繫年録》、《吕申公家傳》及先生之子端中所撰《集序》。又按蘇軾奏狀亦自云：「臣素疾程某之姦，未嘗假以辭色。」又按侍御史吕陶言，明堂降赦，臣寮稱賀訖，而兩省官欲往奠司馬光。是時程頤言曰：「子於是日哭，則不歌。豈可賀赦才了，却往弔喪？」坐客有難之曰：「『子於是日哭則不歌』，即不言歌則不哭。今已賀赦了，却往弔喪，於禮無害。」蘇軾遂以鄙語戲程頤，衆皆大笑。結怨之端，蓋自此始。又《語録》云，國忌行香，伊川令供素饌，子瞻詰之曰：「正叔不好佛，胡爲食素？」先生曰：「禮居喪不飲酒、不食肉。忌日，喪之餘也。」子瞻令具肉食，曰：「爲劉氏者左袒。」於是范醇夫輩食素，秦黄輩食肉。又鮮于綽《傳信録》云：「舊例，行香齋筵兩制以上及臺諫官設蔬饌，❶然以麄糲，遂輪爲食會，皆用肉食矣。元祐初，崇政殿説書程正叔以食肉爲非是，議爲素食，衆多不從。一日，門人范醇夫當排食，遂具蔬饌。內翰蘇子瞻因以鄙語戲正叔。正叔門人朱公掞輩銜之，遂立敵矣。是後蔬饌亦不行。」又《語録》云，時吕申公爲相，凡事有疑，必質于伊川。進退人才，二蘇疑伊川有力，故極詆之。又曰，朝廷欲以游酢爲某官，蘇右丞沮止，毁及伊川。宰相蘇子容曰：「公未可如此。頌觀過其門者無不肅也。」又按劉諫議《盡言集》亦有異論。劉非蘇黨，蓋不相知耳。一日赴講會，上瘡疹，不坐已累日。先生退詣宰臣，問：「上不御殿，知否？」曰：「不知。」先生曰：「二聖臨朝，上不御殿，太皇不當獨坐。且人主有疾而大臣不知，可乎？」翌日宰臣以先生言奏請問疾，由是大臣亦多不悦，而諫議大夫孔文仲因奏先生

❶「設」，原作「破」，據《伊洛淵源録》卷四改。

「汙下憸巧，素無鄉行。經筵陳説僭横忘分，遍謁貴臣，歷造臺諫，騰口間亂，以償恩讐，致市井目爲五鬼之魁。請放還田里，以示典刑。」八月，差管勾西京國子監。見舊《實録》。又《文仲傳》載吕申公之言曰，文仲爲蘇軾所誘脅，論事皆用軾意。又《吕申公家傳》亦載其與吕大防、劉摯、王存同駁文仲所論朱光庭事，語甚激切，且云文仲本以伉直稱，然惷不曉事，爲浮薄輩所使，以害忠良。晚乃自知爲小人所給，憤鬱嘔血而死。❶ 按《舊録》固多妄，然此類不爲無據。《新録》皆删之，失其實矣。又《范太史家傳》云，元祐九年奏曰：「臣伏見元祐之初，陛下召程頤對便殿，自布衣除崇政殿説書，天下之士皆謂得人，實爲稀闊之美事。而纔及歲餘，即以人言罷之。頤之經術行誼天下共知，司馬光、吕公著皆與頤相知二十餘年，然後舉之。此二人者，非爲欺罔以誤聖聽也。頤在經筵，切於皇帝陛下進學，故其講説語常繁多。草茅之人一旦入朝，與人相接不爲關防，未習朝廷事體。而言者謂頤大佞大邪，貪黷請求，奔走交結。又謂頤欲以故舊傾大臣，以意氣役臺諫，其言皆誣罔非實也。蓋當時臺諫官王巖叟、朱光庭、賈易皆素推伏頤之經行，故不知者指以爲頤黨，陛下慎擇經筵之官，如頤之賢，乃足以輔導聖學。❷ 至如臣輩叨備講職，實非敢望頤也。臣久欲爲頤一言，懷之累年，猶豫不果，使頤受誣罔之謗於公正之朝，臣每思之，不無愧也。今臣已乞去職，若復召頤勸講，必有補聖明。臣雖終老在外，無所憾矣。」先生既就職，再上奏乞歸田里曰：「臣本布衣，因説書得朝官，今以罪罷，則所授官不當得。」三年，又請，皆不報。乃乞致仕，至再，又不報。五年正月，丁太中公憂，去官。七年，服除，除直祕閣、判西京國子監。《王公繫年録》云：「元祐七年三月四日，延和奏事，三省進呈程頤服除，欲與館職、判檢院。簾中以其不靖，令只與西監，遂除直祕閣、判西京國子監。初，頤在經筵，歸其門者甚盛，而蘇軾在翰林，亦多附之者，遂有洛黨、蜀黨之論。二黨道不同，互相非毁，頤竟爲蜀黨所擠。今又適軾弟轍執政，財進稟便云『但恐不肯靖』，簾中入其

❶ 「憤」，原作「憒」，據浙本、四庫本改。

❷ 「足」，原作「是」，據《伊洛淵源録》卷四改。

說，故頤不復得召。先生再辭，極論儒者進退之道。見《文集》。而監察御史董敦逸奏以爲有怨望輕躁語。❶五月，改授管勾崇福宮。見《舊録》。未拜，以疾尋醫。元祐九年，哲宗初親政，申祕閣西監之命，先生再辭不就。見《文集》。紹聖間，以黨論放歸田里。四年十一月，送涪州編管。見《實録》。門人謝良佐曰：「是行也，良佐知之，乃族子公孫與邢恕之爲爾。」先生曰：「族子至愚不足責，故人情厚不敢疑。孟子既知天，焉用尤臧氏？」見《語録》。元符二年正月，《易傳》成而序之。三年正月，徽宗即位，移峽州。四月，以赦復宣德郎，任便居住，制見《曲阜集》。還洛，《記善録》云，先生歸自涪州，氣貌容色鬢髮皆勝平昔。十月，復通直郎、權西京國子監。先生既受命，即謁告，欲遷延爲尋醫計。既而供職，門人尹焞深疑之。先生曰：「上初即位，首被大恩，不如是則何以仰承德意？然吾之不能仕，蓋已決矣。受一月之俸焉，然後唯吾所欲爾。」見《文集》、《語録》。又劉忠肅公家私記云，此除乃李邦直、范彝叟之意。建中靖國二年五月，追所復官，依舊致仕。前此未嘗致仕，而云依舊致仕，疑西監供職不久，即嘗致仕也。未詳。崇寧二年四月，言者論其本因姦黨論薦得官，雖嘗明正罪罰，而叙復過優，已追所復官，又云叙復過優，亦未詳。今復著書非毁朝政，於是有旨追毁出身以來文字，❷其所著書令監司覺察。《語録》云：范致虚言，程某以邪説詖行惑亂衆聽，而尹焞、❸張繹爲之羽翼。事下河南府體究，盡逐學徒，復隸黨籍。先生於是遷居龍門之南，止四方學者曰：「尊所聞，行所知可矣，不必及

❶「董敦」，原作「重燉」，據閩本、浙本、天順本改。
❷「旨」，原作「者」，據天順本改。
❸「焞」，原作「燉」，據閩本、浙本改。下同。

吾門也。」見《語録》。五年，復宣義郎致仕。見《實録》。時《易傳》成書已久，學者莫得傳授，或以爲請，先生曰：「自量精力未衰，尚覬有少進耳。」其後寢疾，始以授尹焞、張繹。尹焞曰：「先生踐履盡《易》，其作傳只是因而寫成，熟讀玩味即可見矣。」又云：「先生平生用意惟在《易傳》，求先生之學者，觀此足矣。《語録》之類，出於學者所記，所見有淺深，故所記有工拙，蓋未能無失也。」見《語録》。大觀元年九月庚午卒于家，年七十有五。見《實録》。於疾革，門人進曰：「先生平日所學，正今日要用。」先生力疾微視曰：「道著用便不是。」其人未出寢門而先生没。見《語録》。一作門人郭忠孝。尹子云：非也。忠孝自黨事起，不與先生往來，及卒，亦不致奠。初，明道先生嘗謂先生曰：「異日能使尊嚴師道者，吾弟也。若接引後學，隨人材而成就之，則予不得讓焉。」見《語録》。侯仲良曰，朱公掞見明道于汝州，踰月而歸。語人曰：「光庭在春風中坐了一月。」游定夫、楊中立來見伊川，一日，先生坐而瞑目，二子立侍不敢去。久之，先生乃顧曰：「二子猶在此乎？日暮矣，姑就舍。」二子者退，則門外雪深尺餘矣。其嚴厲如此。晚年接學者乃更平易，蓋其學已到至處，但於聖人氣象差少從容爾。明道則已從容，惜其蚤死，不及用也。使及用於元祐間，則不至有今日事矣。先生既没，昔之門人高第多已先亡，無有能形容其德美者。然先生嘗謂張繹曰：「我昔狀明道先生之行，我之道蓋與明道同，異時欲知我者，求之於此文可也。」見《集序》。尹焞曰，先生之學本於至誠，其於言動事爲之間處中有常，疏通簡易，不爲矯異，不爲狷介，寬猛合宜，莊重有體。或説匍匐以弔喪，誦《孝經》以追薦，皆無此事。衣雖紬素，冠襟必整，食雖簡儉，蔬飯必潔。太中年老，左右致養無違。以家事自任，悉力營辦，細事必親。贍給内外親族八十餘口。又曰，先生於書無所不讀，於事無所不能。謝良佐曰，伊川才大，以之處大事，必不動聲色指顧而集矣。或曰，人謂伊川守正則盡，通變不足。子之言若是，何也？謝子曰，陝右錢以鐵舊矣，有議更以銅者。已而會所鑄子不踰母，謂無利也，遂止。伊川先生聞之曰：「此乃國家之大利也。利多費省，私鑄者衆；費多利少，盜鑄者息。民不敢盜鑄，則權歸公上，非國家之大利乎？」又有議增解鹽之直者，伊川曰：「價平則鹽易洩，人人得食，無積而不售者，歲入必倍矣。增價則反是。」已而果然。司馬温公既相，薦伊川而起之。伊川曰：「將累人矣。使韓、富當國時，吾猶可以有行也。」及温公大變熙、豐，復祖宗之舊，伊川曰：「役法當討論，未可輕改也。」公不然之。既改，數年紛紛不能定。由是觀之，亦可以見其梗概矣。

外大父祝公遺事

外家新安祝氏，世以貲力順善聞於州鄉，其邸肆生業幾有郡城之半，因號半州。祝家有諱景先者，號二翁，尤長者。元祐黄太史嘗贊其畫像，廣幅全身，大書百許字，詞甚瓌瑋，經亂而逸。熹少時見外大父猶能頗誦其語，至諸舅，則皆已不復記憶矣。二翁諸子皆讀書，外大父其第二子也，諱確，字永叔，特淳厚孝謹。少時聞父母將爲謀婚，逃避累日。家人驚，索得之，猶涕泣不能已。問其故，則曰：「審爾，則將不得與父母昆弟蚤夜相親矣。」親喪，廬墓下，手植名木以千數。率誦佛書若干過，乃植一本，日有常課，比終制而歸，則所植已鬱然成陰矣。一兄一弟，先後死熙河，皆親往致其喪。往反徒步，不啻萬里。所舍輒悲號上食如禮。夜寢柩旁，不忍跬步離去，路人皆爲歎息。諸弟求析其産，公爲涕泣曉譬，不能奪。時四妹猶未行，而諸弟得財，皆散去，不復顧。公獨罄已貲以遣之。其一歸同郡汪公勃，汪公後登二府，終身德公不能忘，人兩賢之。歲大疫，親舊有盡室病卧者，人莫敢闖其門。

公每清旦輒攜粥藥造之，徧飲食之而後反，日以爲常。其他濟人利物之事不勝計，雖傾貲竭力無吝色，鄉人高其行。學試又多占上列，郡博士請録其學事。時三舍法行，士子無不繇庠序以進。公從容其間，若無所爲，而後生得所矜式，咸敬服焉。熹先君子於時亦爲諸生，年甚少，未爲人所知。公獨器重，以女歸之，後卒以文學致大名，世乃以公爲知人。方臘之亂，郡城爲墟。鄉人有媚事權貴者，挾墨敕徙州治北門外，以便其私。而所徙寙下，潦漲輒平地數尺，衆皆不以爲便。將列其事以訴諸朝者餘二千人，而莫敢爲之首。公奮然以身任之，其人忿疾，復取特旨，坐公以違御筆之罪。公爲變姓名，崎嶇逃遁，猶下諸路迹捕不置，如是累年。時事變更，群小破散，然後得免，而州治亦還故處，鄉人至今賴之。而公之家貲事力不能復如往時矣，然終不以爲悔也。比其晚歲，生理益落，而好施不少衰。年八十三以終。娶同郡喻氏，亦有賢行。生二男一女。伯舅莘娶張氏，其先以治獄有陰功，王宣徽拱辰所傳張佛子者也。次即先夫人，德性持似公，其行事自見家傳。叔舅嶠少敏悟有文，長從先君子遊，聞伊洛之風而悦之，然求舉輒不利。喻夫人及伯舅既先卒，叔舅後公十餘年亦即世。今唯伯舅之子康國居建之崇安，叔舅之孫回居劍之尤溪，而康國二子已總髮，能誦書矣。熹惟外大父之淳德高行，先人後己，其誠心所格，固宜有後，而康國母家所積之遠又如是，天之報施，其將在於此乎！竊感陶公作《孟府君傳》及近世眉山蘇公亦記程公遺事，❶不勝《凱風》寒泉之思，因書此以遺康國，使藏于家，時出而訓習之，以厲其子孫。又記，嘗聞先夫人説第四外叔祖豪俠不羈，蚤從黄太史遊，黄公謫黔中，因以客從。黄公賢之，爲更名林宗，而字之曰有道，與之諷詠書札甚多。今皆不存，獨所爲書《柳如京皇考志》，世或傳其墨本，姓字尚可見耳。先夫人及叔舅少時猶及見其道説黄公言行甚詳。酒酣悲歌，感慨凄切，絶不類世俗音調。問其所以，則曰黄公之遺聲也。此事外家兄弟亦少聞者，因附記于此云。

熹既叙此事，將書以遺濟之弟，未果，而濟之復以疾不起。其二子丙、癸相從於建陽，因書畀之。俯仰今昔，爲之流涕不能已。慶元戊午臘月既望書。

劉子和傳❷

劉子和者，江南人，名某。五世祖式，仕太宗朝爲某官，《國史》有傳。夫人陳氏，有賢行遠識，子孫多爲聞人。海陵胡瑗先生所爲紀墨莊者也。至子和之父某官稍不遂，然亦好學脩飭，能守其家。娶長垣趙氏，實吴興孫侔先生外孫女，讀書能文。生子和。子和爲人廉静寡欲，敦重少言，而和易端粹，不爲崖異之行，其家居，孝友尤篤也。自少即以經學文行知名，中進士第，調吉州户掾、邵武尉，皆能其官。更調贛州教

❶ 「感」，原作「敢」，據浙本、天順本改。「陶公」下，浙本有「所」字。

❷ 按此篇浙本在卷九〇。

授，還家待次，益以諸經自課，日求其所未至者。蓋自音讀訓詁、先儒之説以及近世先生長者之論，無不該貫。及至官，視其學故有趙清獻公祠，後廢，而生祠郡守、部刺史至五六人。子和曰：「趙公與濂溪先生法皆當得祠者，今或廢於已舉，或初未嘗立也，彼紛紛者，果何爲哉？」命悉撤去，而更爲二公之祠。諸生請曰：「趙公則聞耳矣，敢問濂溪何人也？」子和具告之故，且出其書，使之讀之。諸生固已風動，於是子和又益推本其説，以發明六經、《論》、《孟》之遺意。晨入寓直之舍，諸生迭進問事。子和諄諄辨告，如教子弟，至暮乃罷，日以爲常。其教大抵以讀書窮理爲先，持敬脩身爲主，曰此古人爲己之學也。至於學官程課有不可廢者，其命題發端，必依於是而出焉，於是學者益知所向，其言行小不中理，服飾小不中度，必規正之。課試之文，以老、佛論道，以管、商議政，忘讐耻、狥時俗者皆棄不録，於是學者又知所懲。其於有司之事，所以謹出内、窒罅漏者，亦皆精審嚴密。間斥其贏以市圖史，至若干卷。視諸生老者優禮之，貧者周給之，疾病者與之藥，死喪者加之賻，所以恩勤之者甚備。至於進退取舍之間，則必考行能，視次第，稽諸公論，而未嘗有所私也。以故諸生之事子和如事父兄，服習其教而守行之，俗爲一變。其浮惰不事學者，往往引去，或亦悔前所爲而革心自新焉。郡縣吏皆怪，以謂學官弟子比無入官府辯訟請謁者。父老皆喜，以謂吾家子弟比無荒嬉惰游、還家覓錢叫呼犯上者。以至士大夫家，亦争遣子弟來入學。贛之人至咨嗟相與言曰：「吾邦自李先之教官迨今七八十年，乃復得劉君耳。」今翰林承旨周必大聞之，爲記其説於聽事之壁。子和既去，改宣教郎，遭繼母喪以卒。故諸生哭之皆失聲，益相與尊其言，信其道，守其法不變，去而從其弟清之以卒業者亦數人。

子和平日閉户讀書，不甚與人接，雖名士亦不强附，而搢紳先生多慕與交，國子祭酒蕭之敏嘗以經行氣節薦於朝，成都劉焞稱之曰：「國朝鉅人門户，一再世凋落者何可悉數？惟劉氏自太宗時歷嘉祐、元祐盛際，莫不有人。逮子和兄弟，世數益遠而家法益峻，忠厚雍睦之風不墜。求之故家，能如是者少矣。」及卒，丹稜李燾書其墓曰「孝敬劉君」，而廣漢張栻爲刻銘納壙中。是數君子者，蓋或未嘗識子和也。新安朱熹曰：「自周之衰，司徒樂正之官廢，爲士者未嘗知有學也。士未嘗學而强使教焉，則其所以教者可知已。予亦不及識子和，而識其弟，且得贛諸生所記讀之，觀其所以脩於身、行於家者，而知其所以教於學者有餘矣。使得其年、究其施，則其所立豈可勝道哉！」爲之掩卷太息，因剟其大者著于篇。

晦庵先生朱文公文集卷第九十八

侯官縣儒學訓導劉簪校

晦庵先生朱文公文集卷第九十九

公　移

知南康榜文

當職久以疾病退伏里閭，比蒙誤恩，假守茲土，懇辭不獲，扶曳而來。到任之初，伏自惟念聖天子所以搜揚幽隱、付畀民社之意，固將使之宣明教化，寬恤民力，非徒責以簿書期會之最而已。顧雖不能，其敢不勉？今有合行詢訪勸喻事件下項：

一、本軍土瘠民稀，役煩稅重。前後長吏非不欲多方措置，寬恤民力，實緣上供官物既已浩瀚，軍用所資亦復不少，只得逐急了辦目前，更無餘力可以議此。是致民力日困，無復安土樂生之心。深可哀憐，安忍坐視？今恐管下士人父老僧道軍民諸色等人，有能知得利病根原，次第合作如何措置，可以寬恤，並請子細開具著實事狀，不拘早晚，赴軍披陳。切待面加詢問，審實相度，多方措置，庶幾户口歲增，家給人足，有以仰副聖天子愛養元元之意。

一、本軍民俗號稱淳厚，廷少諍訟，獄少係囚。及按圖經，前代有太中大夫司馬暠、司徒從事中郎司馬延義、宜春縣令熊仁贍，皆以孝行顯名。及至國初，又有義門洪氏亦以累世義居，婺婦陳氏守節不嫁，遂蒙太宗皇帝賜以宸翰，寵以官資，旌表門閭，蠲除傜役。此足見其風俗之美，非他郡之所及。又况天性人心不易之理，在昔既有，今豈無之？患在師帥不良，不加敦勸，是致頽靡，日陷偷薄。今請管下士民鄉鄰父老，歲時集會，並加教戒。間或因事反復丁寧，使後生子弟咸知修其孝弟忠信之行，入以事其父兄，出以事其長上，敦厚親族，和睦鄉鄰，有無相通，患難相恤，庶幾風俗之美不愧古人，有以仰副聖天子敦厚風俗之意。

一、本軍背負羗廬，前據彭蠡，地勢雄秀，甲於東南。禹跡所經，太史所遊，有聖賢之遺風。下逮東晉，陶氏則長沙、靖節祖孫相望。爰及聖朝，劉氏則屯田、祕丞父子相繼。皆有德業，著在丹青，宜其風聲氣俗猶有存者。後來之秀，接踵比肩。而比年以來，士風衰弊，而學校養士不過三十人，大比應書，人數亦少。雖講道修身之士或未必肯遊學校、入場屋，然詢於物論，以求物外之英豪，則亦未聞卓然有可稱。良由長民之吏未嘗加意，使里閭後生無所從學，以至於此。今請鄉黨父兄各推擇其子弟之有志於學者，遣來入學，陪厨待補，聽講供課。本軍亦一面多方措置，增置學糧。當職公務之餘，亦當時時詣學，與學官同共講説經旨，多方誘掖，庶幾長材秀民爲時而出，有以仰副聖天子長育人材之意。

右出榜星子、都昌、建昌縣，并市曹曉諭管下士民父老等，請詳前項事理，逐一遵禀，仰副聖朝愛民敦化之美意。并牒三縣照會及別給印榜，每縣各一百道，委巡尉分下鄉村張掛，不得隱匿。并牒軍學教授，請從長相度，合如何增添贍學錢糧，修立課試規矩，開具回報，切待措置施行。

又　牒

頭同南康牓文，但改「寬恤民力」爲「敦厲風俗」，「合行詢訪勸諭」爲「合行詢究」。

一、晉侍中太尉長沙陶威公興建義旗，康復帝室，勤勞忠順，以没其身。今按圖經，公始家鄱陽，後徙尋陽，見有遺跡在本軍都昌縣界，及有廟貌在本軍城内，及都昌縣水旱禱禳，皆有感應。未委上件事迹是與不是詣實？

一、晉太傅廬陵謝文靖公始自隱淪，已推時望，及登宰輔，優有武功。今按圖經，公始封建昌，即本軍之建昌縣。未審本縣曾與不曾建立祠宇？

一、晉靖節徵士陶公先生隱遯高風，可激貪懦，忠義大節，足厚彝倫。今按圖經，先生始自柴桑徙居栗里，其地在本軍近治三十里内。未委本處曾與不曾建立祠宇？

一、按圖經，建昌縣有陳太中大夫司馬暠、司徒從事中郎司馬延義，皆以孝行見於《陳書》，有墓在本縣界。又有唐宜春縣令熊仁贍，亦以孝行旌表門閭。未委其墓及唐朝所表門閭有無損壞？

一、按圖經，白鹿洞學館雖起南唐，至國初時猶存舊額，後乃廢壞。未委本處目今有無屋宇？

一、按圖經，建昌縣義門洪氏本以累世義居，嫠婦守節，嘗蒙太宗皇帝賜以宸翰，寵以官資，旌表門閭，蠲除徭役。未委其家目今有無子孫依舊義居，所藏御書見作如何崇奉？所表門閭曾與不曾修葺？

一、濂溪先生虞部周公心傳道統，爲世先覺。熙寧中，曾知本軍。未委軍學曾與不曾建立祠貌？

一、西澗先生屯田劉公避世清朝，高蹈物表。其子祕丞公亦以博聞勁節見知於故司馬文正公，與修《資治通鑑》，而所著《十國紀年》、《通鑑外紀》又自別行於世。故黄門蘇文定公嘗以「冰清玉剛」比其父子，而鄉人因以冰玉名其所居之堂。今按圖經，西澗舊有劉居士菴，及訪聞城西能仁寺側有劉公墓，及太史范公所撰祕丞墓碣，獨冰玉堂無所登載，未審其墓是與不是的實？菴堂墓碣曾與不曾損壞？

一、訪聞故贈諫議大夫陳忠肅公曾居本軍，未委日前有何遺跡？

一、竊恐本軍更有前代忠臣孝子、義夫節婦，圖經文字有失該載，及目今見有似此之人，或山林之間，科舉之外，别有懷材抱藝、守道晦迹之士，亦合廣行詢訪有無遺逸。

右牒教授楊迪功、司户毛迪功，請詳逐項事理，廣行詢究，取見詣實，逐一子細條具回申，以憑稽考，别行措置。仍榜客位，遍呈寄居過往賢士大夫，恐有知得本軍上件事迹詳細，切幸特賜開諭。及榜示市曹，仰居民知委。如有知得上件事迹詳細之人，仰子細具狀，不拘早晚，赴軍衙申説。切待併行審實，措置施行。淳熙六年四月日牓。

白鹿洞牒

契勘本軍廬山白鹿洞書院於《國朝會要》、本軍圖經、記文、石刻，元係唐朝李賓客渤隱居，舊有臺榭，環以流水，雜植花木，爲一時之勝。南唐昇元中，因建學館，買田以給諸生，學者大集。乃以國子監九經李善道爲洞主，掌其教授。至本朝太平興國二年，知江州周述言，廬山白鹿洞學徒嘗數十百人，望賜《九經》書，使之肄習。詔從其請，俾國子監給以印本，仍傳送之。六年，❶又以洞主明起爲蔡州褒信縣主簿。七年，始置南康軍，遂屬郡境。至祥符初，直史館孫冕請以爲歸老之地。及卒，還葬其所。其子比部郎中琛復置學館十間，書「白鹿洞之書堂」六字揭於楹間，以教子弟。四方之士願就學者，亦給其食。當塗郭祥正實爲之記。後經兵亂，屋宇不存，其記文、石刻遂徙置軍城天慶觀。昨來當職，到任之初，即嘗詢訪，未見的實。近因按視陂塘，❷親到其處，觀其四面山水清邃環合，無市井之喧，有泉石之勝，真群居講學、遯迹著書之所。因復慨念廬山一帶，老、佛之居以百十計，其廢壞無不興葺。至於儒生舊館，只此一處。既是前朝名賢古迹，又蒙太宗皇帝給賜經書，所以教養一方之士，德意甚美。而一廢累年，不復振起。吾道之衰，既可悼懼，而太宗皇帝敦化育材之意，亦不著於此邦，以傳於後世，尤長民之吏所不得不任其責者。其廬山白鹿書院合行修立云云。

示俗

《孝經》云：「用天之道，因地之利，謂依時及節耕種田土。謹身節用，謹身謂不作非違，不犯刑憲；節用謂省使儉用，不妄耗費。以養父母，人能行此三句之事，則身安力足，有以奉養其父母，使其父母安穩快樂。此庶人之孝也。」庶人，謂百姓也。能行此上四句之事，方是孝順。雖是父母不存，亦須如此，方能保守父母産業，不至破壞，乃爲孝順。若父母生存不能

❶「六」，原作「七」，據《白鹿洞賦》改。

❷「按」，原作「接」，據浙本改。

奉養，父母亡歿不能保守，便是不孝，不孝之人，❶天所不容，地所不載，幽爲鬼神所責，明爲官法所誅，不可不深戒也。

以上《孝經》「庶人章」正文五句，係先聖至聖文宣王所説。奉勸民間逐日持誦，依此經解説，早晚思惟，常切遵守，不須更念佛號佛經，無益於身，枉費力也。

曉諭兄弟争財産事

照對《禮經》，凡爲人子，不蓄私財，而律文亦有別籍異財之禁。蓋父母在上，人子一身尚非自己所能專有，豈敢私蓄財貨，擅據田園，以爲己物？此乃天性人心自然之理，先王制禮，後王立法，所以順之而不敢違也。當職昨來到任之初，詢訪民俗，考按圖經，曾以司馬大夫、司馬中郎、熊縣令、洪義門孝行義居事跡勸諭士民，務修孝弟忠信之行，入事父兄，出事長上，敦厚親族，和睦鄉鄰，有無相通，患難相恤，庶幾有以仰副聖天子敦厚風俗之意。今已累月，而誠意不孚，未有顯效。比閲詞訴，有建昌縣劉琉兄弟、都昌縣陳由仁兄弟，並係母親在堂，擅將家産私下指撥分併，互相推託，不納賦税，争論到官，殊駭聞聽。除已行下建昌縣及索到陳由仁等指撥關約，盡行毁抹，當廳説諭，令劉琉、陳由仁與其兄弟依舊同居共財，上奉母親，下率弟姪，協力家務，公共出納，輸送官物外，竊慮管屬更有似此棄違禮法、傷害風教之人，而長吏不能以時教訓糾禁，上負承流宣化之責，内自循省，不勝恐懼。今檢坐條法指揮下項，須至曉

❶「不孝」二字，原脱，據淳熙本、浙本補。

諭者。

準律云云。

右除已出榜市曹并星子縣門、都昌、建昌縣市張掛，曉示人户知委。如有祖父母、父母在堂，子孫擅行違法分割田産析居，別籍異財之人，仰遵依前項條法指揮，日下具狀，將所立鬮約赴官陳首，毁抹改正，侍奉父母，協和兄弟，同管家務，公共出納，輸送官物，不得拖欠。如不遵今來約束，却致違犯到官之人，必定送獄，依法斷罪云云。淳熙六年八月日牓。

勸農文

當職久處田間，習知穡事，兹忝郡寄，職在勸農。竊見本軍已是地瘠税重，民間又不勤力耕種，耘耨鹵莽滅裂，較之他處大段不同。所以土脉疏淺，草盛苗稀，雨澤稍愆，便見荒歉，皆緣長吏勸課不勤，使之至此。深懼無以下固邦本，仰寬顧憂，今有合行勸諭下項：

一、大凡秋間收成之後，須趁冬月以前，便將户下所有田段一例犂翻，凍令酥脆。至正月以後，更多著遍數，節次犂杷，然後布種。自然田泥深熟，土肉肥厚，種禾易長，盛水難乾。

一、耕田之後，春間須是揀選肥好田段，多用糞壤拌和種子，種出秧苗。其造糞壤，亦須秋冬無事之時，預先剗取土面草根，曬曝燒灰，旋用大糞拌和，入種子在内，然後撒種。

一、秧苗既長，便須及時趁早栽插，莫令遲緩，過却時節。

一、禾苗既長，稈草亦生。須是放乾田

水，子細辨認，逐一拔出，踏在泥裏，以培禾根。其塍畔斜生茅草之屬，亦須節次芟削，取令浄盡，免得分耗土力，侵害田苗。將來穀實，必須繁盛堅好。

一、山原陸地，可種粟麥麻豆去處，亦須趁時竭力耕種，務盡地力。庶幾青黄未交之際，有以接續飲食，❶不至飢餓。

一、陂塘之利，農事之本，尤當協力興修。如有怠惰，不趁時工作之人，仰衆列狀申縣，乞行懲戒。如有工力浩瀚去處，私下難以糾集，即仰經縣自陳，官爲修築。如縣司不爲措置，即仰經軍投陳，切待別作行遣。

一、桑麻之利，衣服所資。切須多種桑柘麻苧，婦女勤力養蠶織紡，造成布帛。其桑木每遇秋冬，即將旁生拳曲小枝盡行斬削，務令大枝氣脉全盛，自然生葉厚大，餧蠶有力。

一、大凡農桑之務，不過前項數條。然鄉土風俗亦自有不同去處，尚恐體訪有所未盡，更宜廣詢博訪，謹守力行。只可過於勤勞，不可失之怠惰。傳曰：「民生在勤，勤則不匱。」經曰：「惰農自安，不昏作勞，不服田畝，越其罔有黍稷。」此皆聖賢垂訓明白，凡厥庶民，切宜遵守。

右今印榜勸諭民間，各請體悉前件事理，父兄教誨子弟，子弟遵承教誨，務敦本業，耕耘收斂，以養父母。毋或惰遊，賭博喫酒，妨廢農桑。庶幾衣食給足，禮義興行，感召和平，共躋仁壽。淳熙六年十二月日。

❶「飲」，閩本、浙本作「飯」。

勸農文❶

竊惟民生之本在食，足食之本在農，此自然之理也。若夫農之爲務，用力勤、趨事速者所得多，不用力、不及時者所得少，此亦自然之理也。本軍田地磽埆，土肉厚處不及三五寸，設使人户及時用力，以治農事，猶恐所收不及他處，而土風習俗大率懶惰，耕犂種蒔既不及時，耘耨培糞又不盡力，陂塘灌溉之利廢而不修，桑柘麻苧之功忽而不務，此所以營生足食之計大抵疏略，是以田疇愈見瘦瘠，收拾轉見稀少。加以官物重大，別無資助之術，一有水旱，必至流移，下失祖考傳付之業，上虧國家經常之賦。使民至此，則長民之吏、勸農之官亦安得不任其責哉！當職久在田園，習知農事，到官日久，目覩斯弊。❷恨以符印有守，不得朝夕出入阡陌，與諸父兄率其子弟，從事於耘鋤耒耜之間，使其婦子含哺鼓腹，無復飢凍流移之患，庶幾有以上副聖天子愛養元元、夙夜焦勞惻怛之意。昨去冬嘗印榜勸諭管内人户，其於農畝桑蠶之業，孝弟忠信之方，詳備悉至，諒已聞知。然近以春初出按外郊，道傍之田猶有未破土者。是父兄子弟猶未體當職之意而不能勤力以趨時也。念以教訓未明，未忍遽行笞責。今以中春舉行舊典，奉宣聖天子德意，仍以舊牓并星子知縣王文林種桑等法再行印給。凡我父兄及汝子弟其敬聽之哉！試以其説隨事推行於朝夕之間，必有功效。當職

❶ 此題下淳熙本注「知南康軍日」五小字。

❷ 「目」，原作「自」，據淳熙本、浙本改。

自今以往，更當時出郊野，巡行察視。有不如教，罰亦必行。先此勸諭，各宜知悉。

勸諭築埂岸

今曉示農民，火急趁此未耕種之際，遞相勸率，各將今秋田畝開濬陂塘，修築埂岸，毋至後時，追悔毋及。二月日榜。

勸諭救荒

契勘本軍管内久闕雨澤，祈禱未應，田禾已有乾損去處。皆由長吏不明，政刑乖錯，致此災殃。永念厥愆，實深悼懼。除已具申朝省及諸監司，乞行寬恤賑濟，及檢計軍倉兩縣常平米見管萬數不少，又已多方招邀米舡，日近出糶，仍兑借諸色錢往外州循環收糴，準備賑濟。況朝廷愛民如子，聞此災傷，非晚必有存恤指揮，將來決然不至大段狼狽。今有預行勸諭將來事件下項：

一、本軍日前災傷，人户多致流移，一離鄉土，道路艱辛，往往失所。甚者横有死亡，抛下墳墓、田園、屋宇，便無人爲主，一向狼藉，至今遺迹尚有存者。詢問來歷，令人痛心。況今淮南、湖北等路亦不甚熟，捨此往彼，等是飢餓，有何所益？今勸人户各體州縣多方救恤之意，仰俟朝廷非常寬大之恩，各且安心著業。更切祈禱神明，車戽水漿，救取見存些少禾穀，依限陳訴所傷田段頃畝，聽候官司減放税租，賑濟米斛。不可容易流移，別致後悔。

一、今勸上户有力之家，切須存恤接濟本家地客，務令足食，免致流移，將來田土抛荒，公私受弊。

一、今勸上户接濟佃火之外，所有餘米，即須各發公平廣大仁愛之心，莫增價例，莫減升斗，日逐細民告糴，即與應副。則不惟貧民下户獲免流移飢餓之患，而上户之所保全，亦自不爲不多。其糶米數多之人，官司必當施行保明，❶申奏推賞。其餘措借出放，亦許自依鄉例。將來填還不足，官司當爲根究。如有故違不肯糶米之人，即仰下户經縣陳訴，從官司究實。

一、今勸貧民下户，既是平日仰給於上户，今當此凶荒，又須賴其救接，亦仰各依本分，凡事循理。遇闕食時，只得上門告糴，或乞賒借生穀舉米。如妄行需索，鼓衆作閙，至奪錢米，如有似此之人，定當追捉根勘，重行决配遠惡州軍。其尤重者，又當别作行遣。

一、早禾已多損旱，無可奈何。只得更將早田多種蕎麥及大小麥，接濟食用。

曉諭逃移民户

檢會趙知軍任内訪聞本軍三縣民貧，年穀稍不登熟，往往捨墳墓，離鄉井，轉移之他者，非其本心，逃移未出境而豪右請佃之狀已至縣司，其弊多端。或止押狀而無户帖者，❷或挑請因而冒耕者，或計會鄉司作逃移多年而免科例者，或有户帖而官無簿籍者，❸或免科例限滿而詭名冒請者，或有强占而人不可誰何者，所有都分之内，遞相容蔽，遂至租税皆無稽考。及其陳狀歸

❶「施」，浙本作「别」。
❷「者」字，原脱，據浙本補。
❸「籍」字，原脱，據浙本補。

業，鄉司邀阻及上户强占，百般沮難，淹留歲月，無以自明，又復棄之而去，深可矜恤。已散榜管下縣分，元給曉諭切慮文榜沉匿，合行再給文榜曉諭。

右今印榜曉示逃移民户具狀赴使軍陳訴，切待追人根究施行，各令知委。

減木炭錢曉諭

近據人户陳訴，木炭折錢太重，遂行申請，乞行均減。今準提點鑄錢衙委官考究科敷輕重及水程近遠，特行裁減，自淳熙七年爲始。數内建昌縣每料元科錢貳伯陸拾文省，今裁減錢四十文省，實納錢二百二十文省。除已出榜縣市，曉示人户知委外，竊恐鄉村人户未能通知，須至散榜曉示者。

右出榜建昌縣管下鄉村，❶曉示人户知委。據户下合納木炭斤秤，依今來減定實錢送納。如本縣鄉司人吏輒敢過數催科，即仰人户徑赴本軍陳訴，切待追人根勘斷勒，各令知委。

夏税牌由

契勘人户遞年送納夏税和買本色折帛錢，多是無憑照應合納數目，是致送納或多或少，及有人户在約束前已納之數，當來亦無照憑。兼下户不成端疋之數，依已降指揮，每尺納錢一百文足。已行下星子、都昌、建昌縣，每户置立牌由，分明開説某鄉某都人户，❷合納夏税折帛和買紬絹各若

❶「出」，閩本、浙本、天順本作「印」。
❷「鄉」，原作「圖」，據閩本、浙本、天順本改。

干，給付人户收執。須管於省限内盡數具鈔同牌由赴塲，照數送納。如不賫牌由同鈔前來，定不交受。其有人户在今來約束以前赴所屬送納者，亦仰給付牌由。數内若有少欠，仰人户照牌由數目依數納足，須至曉諭。

受納秋苗曉諭

檢會趙知軍任内契勘星子、都昌、建昌縣每年受納人户秋苗所收水脚、雇舡、起綱、頭子、市例等錢數多是人户輸納，重有所費，深屬不便。使軍今將三縣人户應合納秋苗每正米一石收雇舡、水脚、起綱、頭子并專斗、市例總減作六百七十文足，其勘合促零錢係照鈔收納，除外，並不得多交民户一文。❶竊慮合干人依前例外，非理巧作名目，別行乞覓錢米，已散榜管下縣分曉諭。切慮元給文榜沉匿，合行再給文榜曉諭者。

右除已再牒受納官常切鈐束外，今立賞錢三十貫文，出榜縣管下要鬧處張掛，曉示人户知委。自今後應輸納户下米斛，每正米一碩，除前項立定雇舡、起綱、市例錢六百七十文足，并隨鈔收勘合促零錢外，不許例外乞覓民户一文。如有合干人依前例外非理巧作名目，別作乞錢米之人，不拘多寡，許人户經官陳告，將犯人根究，依條斷勘罪，追賞施行。的不虛示，各令知委。

減秋苗

照對本軍去年交納人户秋苗，每一石正

❶「交」，《正訛》改作「支」。

米連省耗、加耗共計一石七斗六勝。今年冬米許人户從便赴軍倉交納，今於去年所納數上每一石更與減米一斗，合行曉示者。

曉示人户送納秋苗

契勘管屬都昌、建昌縣遞年所納人户秋苗並係起發上供之數，緣是上户攬子等人把持縣道，兜收在己，與公吏通同作弊，拖延不納。竊伺縣道窘束，全無措置，即將下等秈米以應副預借爲名，動欲減饒合數。唯是循良細民，各縣却復倍收加耗，高量斛面，多端邀阻，及勒令折錢，將收到水脚錢等侵移使用。緣此起發綱運大段遲滯，且又欠折不足，事繫利害。今照淳熙六年苗米起催在即，若不預行措置，定致上供轉見拖壓，細民愈受重困。今相度，欲互差都昌、建昌縣官前去各縣受納，與減加耗縻費之類，令人户自行打盪斛面，不得阻節。如有諸鄉人户情願赴軍倉輸納苗米，並聽從便，重與優加裁減，務使樂輸。及行下約束都昌、建昌縣，不許預借官物。如有不遵約束，輒將米斛預借縣道，本軍將來並不理爲納過之數。本軍除已具申諸監司照會外，須至曉示。

曉示科賣民户麴引及抑勒打酒

勘會民間吉凶會聚或修造之類，若用酒，依條聽隨力沽買。如不用，亦從其便，並不得抑勒。今訪聞諸縣并佐官廳，每遇人户吉凶，❶輒以承買麴引爲名，科納人户

❶「吉凶」二字，原脱，據《正訛》依徐樹銘新本補。

錢物，以至坊場違法抑勒人户打酒。切恐良民被害，婚葬造作失時，須至約束。

右今印榜曉示民户知委，今後如遇吉凶聚會或修造之類，官司輒敢科買麴引，或酒務坊場抑勒買酒，並仰指定見證，具狀徑赴使軍陳告，切待拘收犯人根勘，依條施行。

約束科差夫役

訪聞管下諸縣以和雇爲名，科差夫力，應副過往官員修造舡扛諸般役使。以至縣官出入公幹，亦令保正長關喚夫力，荷轎擔擎，有妨農業。甚者至令陪貼錢物，爲害尤甚。除已行下約束外，如更有似此去處，仰被擾人户徑赴本軍投訴，切待依法重作施行。

約束差公人及朱鈔事

應今後本縣違法輒差公人下鄉追擾，許人户赴軍陳訴，定追犯人重斷。

應軍縣倉庫送納過人户錢米，經日不得朱鈔，仰人户赴軍陳訴，定追犯人勘斷，當官給還。

應人户二税如已送納獲鈔，而本縣重疊追擾，許人户執鈔赴軍陳訴，定追承行鄉司等人，重斷勒罷。

社倉事目 敕命并跋語附。

宣教郎、直祕閣、新提舉兩浙東路常平茶鹽公事朱熹，今具社倉事目如後：

一、逐年十二月，分委諸部社首、保正

副將舊保簿重行編排。其間有停藏逃軍及作過無行止之人隱匿在内，仰社首隊長覺察，申報尉司追捉，解縣根究。其引致之家，亦乞一例斷罪。次年三月内，將所排保簿赴鄉官交納。鄉官點檢，如有漏落及妄有增添一户一口不實，即許人告，審實申縣，乞行根治。如無欺弊，即將其簿紐算人口，指定米數，大人若干，小兒減半，候支貸日，將人户請米狀掩對批填，監官依狀支散。

一、逐年五月下旬，新陳未接之際，預於四月上旬申府，乞依例給貸。仍乞選差本縣清强官一員、人吏一名、斗子一名前來，與鄉官同共支貸。

一、申府差官訖，一面出榜排定日分，分都支散。先遠後近，一日一都。曉示人户，產錢六百文以上及自有營運，衣食不闕，不得請貸。各依日限，具狀。狀内開説大人小兒口數。結保，每十人結爲一保，遞相保委。如保内逃亡之人，同保均備取保。十人以下不成保不支。正身赴倉請米。仍仰社首、保正副、隊長、大保長並各赴倉識認面目，照對保簿，如無僞冒重疊，即與簽押保明。其社首、保正等人不保而掌主保明者聽。其日監官同鄉官入倉，據狀依次支散。其保明不實，別有情弊者，許人告首，隨事施行。其餘即不得妄有邀阻。如人户不願請貸，亦不得妄有抑勒。

一、收支米用淳熙七年十二月本府給到新漆黑官桶及官斗，每桶受米五省半。仰斗子依公平量。其監官、鄉官人從，逐廳只許兩人入中門，其餘並在門外，不得近前挨拶，攙奪人户所請米斛。如違，許被擾人當廳告覆，重作施行。

一、豐年如遇人户請貸官米，即開兩

倉，存留一倉。若遇飢歉，則開第三倉，專賑貸深山窮谷耕田之民，庶幾豐荒賑貸有節。

一、人户所貸官米，至冬納還。不得過十一月下旬。先於十月上旬定日申府，乞依例差官將帶吏斗前來公共受納，兩平交量。舊例每石收耗米二斗，今更不收上件耗米。又慮倉敖折閲，無所從出，每石量收三升，準備折閲及支吏斗等人飯米。其米正行附曆收支。

一、申府差官訖，即一面出榜，排定日分，分都交納。先近後遠，一日一都。仰社首、隊長告報保頭，保頭告報人户，遞相糾率，造一色乾硬糙米，具狀同保共爲一狀，未足不得交納。如保内有人逃亡，即同保均備納足。赴倉交納。監官、鄉官、吏斗等人至日赴倉受納，不得妄有阻節，及過數多取。其餘並依給米約束施行。其收米人吏斗子要知首尾，次年夏支貸日不可差換。

一、收支米訖，逐日轉上本縣所給印曆。事畢日，具總數申府縣照會。

一、每遇支散交納日，本縣差到人吏一名，斗子一名，社倉算交司一名，倉子兩名。每名日支飯米一斗，約半月。發遣裹足米二石，共計米一十七石五斗。又貼書一名，貼斗一名，各日支飯米一斗，約半月。發遣裹足米六斗，共計四石二斗。縣官人從七名，鄉官人從共一十名，每名日支飯米五升，十日。共計米八石五斗。已上共計米三十石二斗，一年收支兩次，共用米六十石四斗。逐年蓋牆并買藁薦，修補倉廒約米九石，通計米六十九石四斗。

一、排保式：某里第某都社首某人，今同本都大保長、隊長編排到都内人口數下項：

甲户大人若干口，小兒若干口，居住地名某處。或產户，開説產錢若干，或白煙，耕田、開店買賣，土著、外來，係某年移來，逐户開。

餘開

右某等今編排到都内人户口數在前，即無漏落及增添一户一口不實。如招人户陳首，甘伏解縣斷罪。謹狀。

年月日大保長姓名　押　狀

隊長姓名

保正副姓名

社首姓名

一、請米狀式：某都第某保隊長某人、大保長某人、下某處地名保頭某人等幾人，今遞相保委，就社倉借米，每大人若干，小兒減半，候冬收日，備乾硬糙米，每石量收耗米三升，前來送納。保内一名走失事故，保内人情願均備取足，不敢有違。謹狀。

年月日保頭姓名

甲户開名

大保長姓名

隊長姓名

保長姓名

社首姓名

一、社倉支貸交收米斛，合係社首、保正副告報隊長、保長，隊長、保長告報人户。如闕隊長，許人户就社倉陳説，告報社首，依公差補。如闕社首，即申尉司定差。

一、簿書鎖鑰，鄉官公共分掌。其大項收支，須監監官簽押。其餘零碎出納，即委鄉官公共掌管，務要均平，不得徇私容情，別生姦弊。

一、如遇豐年，人户不願請貸，至七八月而產户願請者聽。

一、倉内屋宇什物仰守倉人常切照管，不得毁損及借出他用。如有損失，鄉官點檢，勒守倉人備償，如些小損壞，逐時修整。大段改造，臨時具因依申府，乞撥米斛。

具位朱熹奏節文：

一、臣所居建寧府崇安縣開耀鄉有社倉一所，其法可以推廣，行之他處。欲望聖慈行下諸路州軍，曉諭人户，有願置立者，州縣量支常平米斛，責付本鄉出等人户主執斂散，隨宜立約，實爲久遠之利。其建寧府社倉見行事目謹録一道進呈，伏望聖慈詳察，特賜施行。

十一月二十八日，三省同奉聖旨，令户部看詳聞奏。

敕命

行在尚書户部準淳熙八年十二月二十八日敕中書、門下省：尚書省送到户部狀，準淳熙八年十一月二十八日尚書省送到宣教郎、直祕閣、新提舉兩浙東路常平茶鹽公事朱熹劄子奏：臣所居建寧府崇安縣開耀鄉有社倉一所，係昨乾道四年鄉民艱食，本府給到常平米六百石，委臣與本鄉土居朝奉郎劉如愚同共賑貸。至冬收到元米，次年夏間，本府復令依舊貸與人户，冬間納還。臣等申府措置，每石量收息米二斗，自後逐年依此斂散。或遇小歉，即蠲其息之半；大饑，即盡蠲之。至今十有四年，量支息米，造成倉厫三間收貯，已將元米六百石納還本府。其見管三千一百石，並是累年人户納到息米。已申本府照會，將來依前斂散，更不收息，每石只收耗米三升。係臣與本鄉土居官及士人數人同共掌管，遇斂散時，即申府差縣官一員監視出納。以此之故，一鄉四五十里之間，雖遇凶年，人不闕食。竊謂其法可以推廣，行之他處。而法令無文，人情難强。妄意欲乞聖慈特依義役體例，行下諸路州軍，曉諭人户，有願依此置立社倉者，州縣量支常平米斛，責與本鄉出等人户主執斂散。每石收息二斗，仍差本鄉土居官員士人有行義者與本縣官同共出納。收到息米十倍本米之數，即送元米還官，却將息米斂散，每石只收耗米三升。其有富家情願出米作本者，亦從其便，息米及數亦與撥還。如有鄉土風俗不同者，更許隨宜立約，申官遵守，實爲久遠之利。其不願置立去處，官司不得抑勒，則亦不至搔擾。此皆今日之言，雖無所濟於目前之急，然實公私儲蓄預備久遠之計。及今歉歲施行，人必願從者衆，伏望聖慈詳察，特賜施行，取進止。三省同奉聖旨，令户部看詳聞奏。本部今檢準紹興重修常平免役令下項：諸州常平錢穀及場務錢不足，申提舉司，通一路之數移用，仍聽互相兑便支撥。諸義倉附常平倉監專兼管，敖屋以轉運司倉充其積藏，而應兑換者準常平法。（無轉運司倉處，撥充常平物。）諸義倉計夏秋正税，（無正税穀處，物帛之類折爲穀者準此。）每一斗别納五合，（應豐熟計一縣九分以上即納一升。）同正税爲一鈔，不收頭子、脚乘錢及耗，限一日先次交入本倉。（出剩通正税，候盤量畢，亦限一日據數紐撥。）即正税不及一斗，并本户放税二分以上，及孤貧不濟者免納，諸義倉穀唯充賑給，不得他用。縣遇災傷，當職官體量自第四等以下闕食户給散。若放税七分以上，通第三等給。並預申提舉司審度，行訖奏。諸災傷計一縣放税七分以上，第四等以下户乏種食者，雖舊有欠閣，不以月分，聽結保貸借。即穀不堪充種子者，紐直以錢，各成貫石，給限一年，隨税納，仍免息。州預以應支數保明申提舉司，行訖申尚書户部。雖計一縣放税不及七分，而本户放税及七分者準此。本部看詳，欲行下諸路提舉司，徧下本路諸州縣曉示，任從民便。如願依上件施行，仰本鄉土居或寄居官員有行義者具狀赴本州縣自陳，量於義倉米內支撥。其斂散之事，與本鄉耆老公共措置，州縣並不須干預抑勒。仍仰提舉司類聚具申，聽候朝廷指揮奏聞事。十二月二十二日，三省同奉聖旨，依户部看詳到事理施行。奉敕如右，牒到奉行。前批十二月二十四日辰時付户部施行，仍關合屬去處，須至指揮。兩浙東路提舉常平司主者，仰一依今來敕命指揮，疾速施行。仍關合屬去處，符到奉行。❶ 淳熙八年十二月日下。

□書令史郭黸 □令史頓圯 □主事全安仁

將作少監兼權户部郎中兼權　押

新除郎官　未上

郎中

跋語

淳熙八年冬十有一月己亥，臣熹以備使浙東，奉行荒政，蒙恩召入延和殿，戒諭臨遣，因得具以所居建寧府崇安縣開糶鄉社倉本末推説條奏。誤蒙開納，即詔頒其法於四方。而臣熹又以使事適獲奉承，仰戴皇仁，頓首幸甚。因竊惟念里社有倉，實隋、唐遺法。往歲里中妄意此舉，所以收恤隱民者，蓋偶合其微指。顧以國家未定著令，是以不能遠及，且懼其弗克久。今乃得蒙上恩徧下郡國，將遂得與闔宇之間含生

❶「符」，原作「待」，據浙本、天順本改。

之類均被仁聖之澤於無窮，固已不勝大幸。而荒陬下里，斗升之積，又得上爲明詔之所稱揚，下爲四方之所取則，抑又有榮耀焉。故敢具刻尚書户部所被敕命下浙東提舉常平司者，厝于故里本倉聽事而記其説如此，俾千萬年含哺鼓腹之儔，❶有以無忘帝力之所自云。淳熙九年四月丙辰宣教郎、直祕閣、提舉兩浙東路常平茶鹽公事、借緋臣朱熹拜手稽首謹言。

勸立社倉榜

當司恭奉聖旨，建立社倉，已行印榜，遍下管内州縣勸諭。尋據紹興府會稽縣鄉官、新嘉興主簿諸葛修職名千能狀，乞請官米置倉給貸。而致政張承務名宗文、新台州司户王迪功名若水、衢州龍游縣袁承節名起予等又乞各出本家米穀置倉給貸。當司契勘前件官員心存惻怛，惠及鄉閭，出力輸財，有足嘉尚。除已遵依所降指揮具申朝廷外，❷須至再行勸勉，量出米穀，恭稟聖旨，建立社倉，庶幾益廣朝廷發政施仁之意，有以養成閭里睦婣任恤之風。❸再此勸諭，各請知委。九年六月八日。

約束侵占田業榜

本司簽廳申，照對本司見行下諸縣根刷没官田産，有下項事件申乞指揮，須至曉示：

❶「儔」，原作「禱」，據浙本改。
❷「申」，原作「由」，據浙本改。
❸「閭里」，浙本、天順本作「里閭」。

一、今來根刷諸司没官户絶等田産并新漲海塗溪漲淤成田地等，多是豪勢等第并官户公吏等人不曾經官請佃，擅收侵占，暗收花利，不納官租。其間雖有經官請佃，止量立些少租課，計囑主行人吏，又且不曾催納入常平倉，上下蒙庇，官司無緣得知。今出榜遍於縣鎮鄉村張掛曉示，限一月經官陳首，與免罪，從公紐立租課，就行給佃，更與免追日前冒占花利。如犯人尚敢恃其豪勢，仍前坐占，限滿不首，如官司覺察得知，或因諸色人告首，定當送所司根究，從條斷罪，追日前花利入官，仍盡給告人租佃。

一、諸司没官田産多是本縣公吏與有蔭人詭名請佃，或與出名人分受花利，上下蒙庇，不曾納租。如此積弊何緣覺察？今來出牓曉示諸色人，如有似此之人，仰經官陳首，當與將所首出田産不拘多寡，盡給告人租契。如詭名人并出名人能在一月内赴官首説，當與免罪，從公紐立租課，就令租賃，仍免追日前花利。如限滿不首，被人陳告，或官司覺察得知，當送所司根勘，依條施行。

約束不得搔擾保正等牓

當職照對在法保正副管幹鄉村盜賊、鬭毆、煙火、橋道公事，大保長催納税租及隨税所納錢數，❶一税一替。今來訪聞管下諸縣縣官不能仰體成法，妄有科擾，致見一經役次，家産遂空，深屬利害。今有約束事件下項：

❶ 下「税」字，原作「租」，據閩本、浙本、天順本改。

一、保正管幹鄉村盜賊、煙火、橋道公事，委是繁重。今一縣之内有令有丞，有簿有尉，號爲四衙，雜出文引，别置木牌，各立程限，盡令趁赴，申展繳押，需索百出，❶多刱名色，立爲定例，分文不可違少。如押到則有到頭錢，繳引則有繳跋錢，展限錢定限、常限所用之錢，復有多寡。又有批朱縫印日齪之類。一引狀之出，乞取動是數項，稍有稽違，則枷錮箠楚，無所不至。且以保正一身，豈能徧受諸衙督責？

一、追催二税，非保正副之責。今來縣道盡以文引勒令拘催，其間有頑慢不肯輸納之人，又有無著落税賦，往往迫以期限，不堪杖責，勒令填納，無所赴愬。豈有既充重役，復兼催科？可謂重困。

一、保正副最爲重役，豈堪復有科擾？今來縣道略不加恤，應干敷買物件，必巧作名目，公然出引，令保正副買辦。如修造廨舍，迎送官員，整葺祠宇，置造軍器，似此之類，其名不一。竹木瓦磚、油漆麻苧等物，❷例以和買爲名，不曾支給分文。又如役使工匠，科差人夫，勒出錢米，陪備供輸，椎剥肌髓，至此爲甚。

一、縣官或遇檢驗定奪、打量體究等事下鄉，多是過數將帶當直。雖公吏輩，亦用轎乘，排備酒饌，需索錢物，動是取辦保正。亦有本官喫食，令保正供買，及所經過都分雖無公事干涉，例有過鄉錢、過水錢。其爲搔擾，非止一端。

一、訪聞縣道差募保正拘催二税，自承認之日，便先期借絹借米，硬令空作人户姓

❶「出」，浙本作「端」。
❷「漆」，原作「添」，據浙本改。

名，投納在官。曾未旬月，分限比較，❶或三五日一次，或五六日一次，人吏鄉司皆有常例。需索稍不如數，雖所催分數已及，却計較毫釐，將多爲少，未免箠楚。一月之内，盡是趁赴比較之日，即不曾得在鄉催税。及至催納次第，則又别出一簿，謂之剗簿，增添改易，不可稽考。有坍溪落江，逃亡死絶，有名無實之税，縣道不與勘會著實，臨期動是勒令填納，以至典賣屋業，無可填備。一次充應，催税至有三四年者。雖所欠尺寸升合些少官物，亦行縲繫，無能得脱。百姓受此抑勒破蕩之苦，而縣道恬不加恤，委是無辜。

右鏤榜示所管鄉分鄉村市鎮張掛，其縣道於前件約束事件如有違戾，許保正副、催科保長徑赴本司陳訴，切待追究著實，即行按奏公吏，依法重行斷治施行。淳熙九年八月□日牓。

減半賞格牓

浙東提舉常平司：

二月二十五日，準尚書省劄子備提舉司奏，今歲災傷條畫賑恤事件，數内一項，去歲上户别納糶濟之人，近已蒙聖旨補受官資，無不感戴。然去歲蒙降減半指揮，止於紹興一府施行。今歲一路皆荒，事體不同。今檢會當來耿延年所乞事理，❷許於浙東一路通行。奉聖旨，令吏部檢坐乾道七年八月一日賞格，節次指揮，行下浙東州縣，勸諭富室上户賑濟賑糶應格之人，保明

❶「比」，原作「完」，據浙本、天順本改。

❷「來」，原作「年」，據閩本、浙本、天順本改。

推賞。如後來檢踏得災傷最重處，許提舉司開具保明，申尚書省取旨，與依減半指揮施行。劄付本司，須至曉諭。

右當司除已恭依聖旨指揮，行下諸州縣勸諭外，今印榜曉示富室上户，仰體朝廷恤民之意，廣出米穀，以拊鄉閭。有欲依募之家，先赴本司自陳。切待摽撥，就比近災傷最重州縣入納，即爲保明申奏朝廷，乞補官資，應得上件減半指揮，不致有胥吏阻抑，故榜。九月七日。

約束糴米及劫掠榜

照對管下州縣中夏以來久不得雨，高低早禾多有旱損，切慮人民不安，理合存恤曉諭。

一、州縣目今米價高貴，止緣早禾旱傷。其中晚之田，自有得雨，足可灌溉成熟去處。兼當司已蒙朝廷給降本錢，及取撥別色官錢，見今廣招廣南、福建、浙西等處客販般運米斛到來投糴，準備闕米州縣般運前去出糶。切恐有米積蓄上户與停塌之家未知前項事因，以謂旱損少米，意圖邀求厚利，閉糴不糶。此項除已牒諸州府請速行遍下屬縣，勸諭有米積蓄上户停塌之家，趁此米穀未登之際，各依時價，自行出糶，應副細民食用。如敢輒有違戾，切待根究，重行斷遣。如是向去民間大段艱食，切待別行申奏朝廷，乞更多撥錢米，前來濟糶。

一、州縣火客佃户耕作主家田土，用力爲多，全仰主家借貸應副。今來旱損，其田主自當優恤，賙給存養，無令失所。訪聞多有坐視火客佃户狼狽失業，恬不介意，切恐因而失所，却致無人布種，荒廢田畝。此項除已牒諸州府，請遍行下諸縣勸諭應有田之家，請以田客平日耕布勤勞爲念，常加優恤，應副存養，勿令失業云云。

一、州縣旱傷去處，慮有無知村民，不務農業，專事扇惑聚衆，輒以借貸爲名，於村疃之間廣張聲勢，亂行逼脅，以至刦掠居民財物米穀。此項當司檢準律：强盗不得財，徒二年。一疋徒三年，二疋加一等，十疋及傷人者絞，殺人者斬。其持杖者雖不得財，流三千里。五匹絞，傷人者斬。今來切慮愚民不曉條法，悮犯刑名，深可憐憫。除已牒諸州府，請遍下諸縣曉諭民户知悉，各自安業，勿致扇惑，輕犯典憲，後悔無及。

右今鏤榜曉諭民户知悉，故榜。

再放苗米分數榜

契勘本路今年旱傷，檢放苗米多有不實去處，曾具奏請。今來當職詢訪，不實最多，未欲按劾施行。今來到任，已是深冬，難以檢勘。須至別行措置，將諸州縣人户災傷苗米等第更行蠲放。除已奏聞及申尚書省外，須至曉諭。

右今將本路州縣人户苗米元檢放五分已上鄉分，全户五斗已下全放。元檢放四分以上鄉分，全户四斗以下全放。元檢放三分以上鄉分，全户三斗以下全放。元檢放二分以上鄉分，全户二斗以下全放。元檢放一分以上鄉分，全户一斗以下全放。其紹興府人户，須有丁之家，方得蠲放。其湖田米，亦依例蠲放施行。今印榜曉示人户知委，如州縣再行催理，仰經本司陳訴，切待追究，按劾施行。

約束檢旱

照對今歲適當旱歉，州縣合差官徧往鄉村檢視。每見差出官員多是過數將帶人從，反行須索，搔動村落。以納圖册爲名，不論人户高低，每畝科配須畝頭性之類。又不親行田畝，從實檢校，反將訴荒人户非理監繫，勒令服熟，殊失救荒恤民之意。今來當職斟酌，每官一員止得帶廳子一名，吏貼一人，當直八名。仰從本州縣陳乞，計日給錢米，各自賫行，並不許分毫搔擾保正副及大小保長。須親行田畝，從實檢放。如有違戾，許人户徑到本司陳訴，切待追治施行。

浙東客次牓

熹叨被臨遣，專以刺舉爲職。自惟昧陋，雖不足以盡知官吏之賢否，然既尸其任，不敢不悉心詢究。故自到任以來，凡所論薦，皆必稽諸公論，考其事實，然後剡奏，不敢狥私容情，以自陷於罔上之誅。凡我同寮，亦望究心職事，律己愛民，以待考察，不必投書獻啓，自陳脚色，挾持勢援，宛轉請求，徒失所以自重之道，而反貽紬辱之羞也。或恐實有賢哲之士，潛晦不耀，而熹之愚不足以知之，則却望相與推揚，具以見教，熹敢不承命加察焉。

除秦檜祠移文

竊見故相秦檜歸自虜庭，久專國柄。內忍事讎之恥，外張震主之威。以恣睢戮善良，銷沮人心忠義剛直之氣；以喜怒爲進退，崇奬天下佞諛偷惰之風。究其設心，何止誤國！岳侯既死於棘寺，魏公復竄於嶺隅。連逮趙汾之獄，蓋將掩衆正而盡誅；徘徊漢鼎之旁，已聞圖九錫而來獻。

天不誅檜，誰其弱秦！今中外之有識，猶皆憤惋而不平；而朝廷於其家，亦且擯絶而不用。況永嘉號禮義之地，學校實風化之源，尚使有祠，無乃未講！雖捐田以示濡沫，恐出市恩；然設像以厠英賢，何以爲訓？

晦庵先生朱文公文集卷第九十九

侯官縣儒學訓導劉簪校

晦庵先生朱文公文集卷第一百

公移

州縣官牒

恭惟朝廷設官分職，等級分明，大小相維，各有承屬。蓋以一人之智不能遍周衆事，所以建立司存，使相總攝。然事有統紀，雖繁而不亂。今覩本州官屬雖具，而從來分職未明，文書散漫，殊無條理。財賦獄訟盡出吏手，而參佐以下官受其成。詳考舊案，亦有不經通判書押處。大綱一紊，衆目立隳。若不更張，積成深弊。今來須至別行措置，如前所陳。又仰諸案呈覆，已得判押，並須以次經由通判職官簽押，方得行遣文字。並須先經職官，次詣通判，方得呈知州，取押用印行下。又準淳熙令，諸縣丞簿尉並日赴長官廳或都廳簽書當日文書。謂應行出者。竊詳立法之意，蓋欲一縣之官同管一縣之事，庶得商量詳審，與決公事，不至留滯，民無冤枉。而比年以來，此法不舉，所謂過廳者，不過茶湯相揖而退。其於縣之財賦獄訟，知縣既不謀之佐官，佐官亦不請於知縣，大率一出於知縣一人、十數胥吏之手而已。設使知縣才術過人，力能獨任，亦非爲治之體，而況爲知縣者有不得人，或見事有不明處，事有不公，則賕賂囑託，變亂是非，淹延囚係，違法害民，其弊又有不可勝言者。今請諸縣知佐詳照條法，逐日聚廳議事。應受接詞訴，理斷公事，催督財賦，並要公共商量，簽押圓備，然後施行。庶幾上合法意，下慰民情，稍革舊弊，都吏具檢，牒通判廳遍下簽廳及諸曹官，自五月一日爲始，依此施行。更有未盡事理，委自逐官比類推究，申請施行。最後一項，仍貼諸縣。請各關牒佐司，同共遵守，先具各知稟狀申。

漳州曉諭詞訟牓

權發遣軍州事：

契勘本州近準提刑行司判下詞狀，計二百四十三道。其間官吏違法擾民事理彰著者，即已遵依送獄根治。其有關繫一方百姓公共利害，而非一旦所能遽革者，亦已廣行咨詢，別行措置訖。其餘詞狀，亦有只是一時争競些少錢米田宅，以致互相誣賴，結成仇讐，遂失鄰里之驩，且虧廉耻之節。甚則忘骨肉之恩，又甚則犯尊卑之分。細民如此，已足傷嗟。間有自稱進士學生、宦族子弟，而其所訴亦不免此。此邦之俗舊稱醇厚，一旦下衰至於如此，長民者安得不任其責？又何忍一切徒以杜後惠文爲事，而不深求所以感發其善心者哉？又况所論或人數衆多，或地里遥遠，或事非干己，而出於把持告訐之私，❶或詞涉虚妄而肆爲詭名匿迹之計。前此未知情由，便行追對。及至得實，善良被擾，已不勝言。慮之不深，徒自悔咎。今已刷出所承判狀，委官置籍，先索案祖，逐旋看詳。然後逐人引問供對，庶幾深審，得見實情，予奪之間，不至差

❶「訐」，原作「計」，據閩本、浙本、天順本改。

誤。若有姦僞，先將詞人重行斷遣。務以上奉公法，下全私恩，不擾良民，不長姦惡。此病守區區深憂吾民、追懷舊俗之本志也。將來斷訖，各給斷由，回申照會，然後逐件勾銷元籍。如未允當，即仰人户自從次第官司翻論。今恐詞人等候日久，未有施行，妄有疑惑，復生詞訴，除已具申提刑司外，須至曉諭者。

右今榜州門張掛曉諭，各令知悉。更請深自思惟，所訴事理或涉虚僞，或無大段利害，可以平和，即仰早生悔悟，降心相從，兩下商量，出官對定。庶幾有以復此邦忠厚醇朴之俗，革比年頑嚚偷薄之風，少安病守閔惻慚懼之心，仰副明使者循行荒遠、宣布詔條之意。如未聽信，別聽指揮，儻觸憲章，決無輕恕。故牓。紹熙元年五月日。

曉諭居喪持服遵禮律事

使州：

今月初九日，有進士吕渭夫狀陳理差役公事，狀有稱見居母喪，而身著襴幞皂紗巾持。❶即已開陳禮法，當廳告戒。尚慮遠近未能遍知，須至曉諭。

右當職竊聞先聖有言：「孝子之喪親，服美不安，聞樂不樂，食旨不甘，此哀戚之情也。」又曰：「子生三年，然後免於父母之懷，故三年之喪，天下之通喪也。予也有三年之愛於其父母乎？」是以昔者先王制爲喪禮，因人之情而節文之，其居處、衣服、飲食之間皆有定制。降及中世，乃有墨衰之

❶「襴」，原作「欄」，據《正譌》改。「持」，《正譌》作「背」。

文，則已不能無失於先王之意矣。然准律文，諸喪制未終，釋服從吉，若忘哀作樂，自作、遣人等。徒三年，雜戲徒一年。即遇樂而聽及參預吉席者，各杖一百。則是世無古今，俗無厚薄，而有國家者所以防範品節之意尚未泯也。又況頃年至尊壽皇聖帝躬服高宗皇帝之喪，素衣素冠，皆用麤布。當職嘗因奏事，親得瞻仰。恭惟天子之孝所以感神明而刑四海者如此其盛，而此邦僻遠，聲教未洽，乃有居父母之喪而全釋衰裳，盡用吉服者。見之駭然，良用悲歎。自惟涼薄，無以瘉人。然幸身際盛時，目覩聖孝，今又得蒙誤恩，使以承流宣化爲職，敢不明布，以喻士民？自今以來，有居父母之喪者，雖或未能盡遵古制全不出入，亦須服麤布黯衫、麤布幓巾，繫麻絰，著布鞋，不飲酒，不食肉，不入房室。如是三年，庶幾少報劬勞，勉遵禮律，仰承聖化。如其不然，國有常憲。今榜曉諭，各令知悉。故榜。

紹熙元年六月日。

勸女道還俗牓

使州：

契勘本州日前官司失於覺察，民間多有違法私創庵舍，又多是女道住持。昨來當職到任之初，爲見事有非便，即已坐條出榜禁止，今後不得私創庵舍居住，丁寧告戒，非不嚴切。近日因引詞狀，見得尚有女道住庵，又有被人論訴與人姦通者，顯是不遵當職約束，故違國家條制，誣上行私，敗亂風俗，須至再行勸諭者。

右今榜勸諭本州軍民男女等：蓋聞人之大倫，夫婦居一，三綱之首，理不可廢。

是以先王之世，男各有分，女各有歸，有媒有娉，以相配偶，是以男正乎外，女正乎內，身脩家齊，風俗嚴整，嗣續分明，人心和平，百物順治。降及後世，禮教不明，佛法魔宗，乘間竊發，唱爲邪説，惑亂人心，使人男大不婚，女長不嫁，謂之出家脩道，妄希來生福報。若使舉世之人，盡從其説，則不過百年，便無人種，天地之間，莽爲禽獸之區；而父子之親，君臣之義，有國家者所以維持綱紀之具，皆無所施矣。幸而從之者少，彝倫得不殄滅。其從之者，又皆庸下之流，雖惑其言，而不能通其意；雖悦其名，而不能踐其實。血氣既盛，情竇日開，中雖悔於出家，外又慚於還俗，於是不昏之男無不盜人之妻，不嫁之女無不肆爲淫行。官司縱而不問，則風俗日敗；悉繩以法，則犯者已多。是雖其人不能自謀，輕信邪説，以至於此，亦其父母不能爲其兒女計慮久遠之罪。究觀本末，情實可哀。此當職前日之榜所以不憚於丁寧也。然昨來告戒未行，只緣區處未廣。今復詳思，與其使之存女道之名以歸父母兄弟之家，亦是未爲了當，終久未免悔吝，豈若使其年齒尚少、容貌未衰者各歸本家，聽從尊長之命，公行媒娉，從便昏嫁，以復先王禮義之教，以遵人道性情之常，息魔佛之妖言，革淫亂之污俗，豈不美哉！如云昏嫁必有聘定賫送之費，則脩道亦有庵舍衣鉢之資。爲父母者隨家豐儉，移此爲彼，亦何不可？豈可私憂過計，苟徇目前，而使其男女孤單愁苦，無所依託，以陷邪僻之行、鞭撻之刑哉！凡我長幼，悉聽此言，反復深思，無貽後悔。故榜。紹熙元年八月日。

揭示古靈先生勸諭文

古靈先生陳公勸諭：爲吾民者，父義，能正其家。兄友，能養其弟。弟敬，能敬其兄。子孝，能事父母。夫婦有恩，貧窮相守爲恩。若棄妻不養，夫喪改嫁，皆是無恩也。男女有別，男有婦，女有夫，分別不亂。子弟有學，能知禮義廉恥。鄉閭有禮，歲時寒暄，皆以恩意，往來燕飲，序老少坐立拜起。貧窮患難，親戚相救；借貸財穀。昏姻死喪，隣保相助。無墮農桑，無作盜賊，無學賭博，無好爭訟，無以惡凌善，無以富吞貧。行者遜路，少避長，賤避貴，輕避重，去避來。耕者遜畔，地有畔，不相爭奪。班白者不負戴於道路。子弟負重執役，不令老者擔擎。則爲禮義之俗矣。

以上同保之人今仰互相勸戒：孝順父母，恭敬長上；和睦宗姻，周恤鄰里；各依本分，脩本業，莫作姦盜，莫縱飲博，莫相鬬打，莫相論訴，莫相侵奪，莫相瞞昧；愛身忍事，畏懼王法。保内如有孝子順孫、義夫節婦，事跡顯著，即仰具申，當依條旌賞。其不率教者，亦仰申舉，依法究治。自餘禁約事件，仍已別作施行。各宜遵守，毋至違犯。

勸諭榜

今具節次施行勸諭事目如後：

一、勸諭保伍互相勸戒事件：仰同保人互相勸戒，孝順父母，恭敬長上；和睦宗姻，周恤鄰里；各依本分，各修本業，莫作姦盜，莫縱飲博，莫相鬬打，莫相論訴。孝子順孫、義夫節婦，事跡顯著，即仰具申，當依條格旌賞。其不率教者，亦仰申舉，依法究治。

一、禁約保伍互相糾察事件：常切停水防火，常切覺察盜賊，常切禁止鬬争。不得販賣私鹽，不得宰殺耕牛，不得賭博財物，不得傳習魔教。保内之人互相覺察，知而不糾，併行坐罪。

一、勸諭士民，當知此身本出於父母，而兄弟同出於父母，是以父母兄弟天性之恩至深至重。而人之所以愛親敬長者，皆生於本心之自然，不是强爲，無有窮盡。今乃有人不孝不弟，於父母則輒違教命，敢闕供承；於兄弟則輕肆忿争，忍相拒絶，逆天悖理，良可歎傷。宜亟自新，毋速大戾。

一、勸諭士民，當知夫婦婚姻，人倫之首，媒妁聘問，禮律甚嚴。而此邦之俗有所謂管顧者，則本非妻妾，而公然同室。有所謂逃叛者，則不待媒娉，而潛相奔誘。犯禮違法，莫甚於斯。宜亟自新，毋陷刑辟。

一、勸諭士民，鄉黨族姻，所宜親睦。或有小忿，宜各深思，更且委曲調和，未可容易論訴。蓋得理亦須傷財廢業，況無理不免坐罪遭刑，終必有凶，切當痛戒。

一、勸諭官户，既稱仕宦之家，即與凡民有異。尤當安分循理，務在克己利人。又况鄉鄰無非親舊，豈可恃强凌弱，以富吞貧？盛衰循環，所宜深念。

一、勸諭遭喪之家，及時安葬，不得停喪在家及殯寄寺院。其有日前停寄棺柩灰函，並限一月安葬。切不須齋僧供佛，廣設威儀，但只隨家豐儉，早令亡人入土。如違，依條科杖一百。官員不得注官，士人不得應舉。鄉里親知來相弔送，但可協力資助，不當責其供備飲食。

一、勸諭男女，不得以修道爲名，私創庵宇。若有如此之人，各仰及時婚嫁。

一、約束寺院，民間不得以禮佛傳經爲名，聚集男女，晝夜混雜。

一、約束城市鄉村，不得以禳災祈福爲名，斂掠錢物，裝弄傀儡。

前件勸諭，只願民間各識道理，自做好人。自知不犯，有司刑憲無緣相及。切須遵守，用保平和。如不聽從，尚敢干犯，國有明法，吏不敢私。宜各深思，無貽後悔。

曉示經界差甲頭榜

漳州：

契勘本州日前經界未及均税，❶遽行住罷，後來一向不復舉行。是以豪家大姓有力之家，包併民田而不受産，則其産虚椿在無業之家；冒占官地而紐租，則其租倖寄於不佃之户。姦胥猾吏寅夜作弊，走弄出入，不可稽考。貧民下户枉被追呼，監繫箠楚，無所告訴。至於官司財計因此失陷，則又巧爲名色，以取於民。雖有慈惠之長，明察之官，欲革舊弊而一新之，亦復無所措手。如是者蓋已有年矣。乃者聖明灼知其弊，深加憐憫，特詔守臣相度經界利害。蓋欲仰遵紹興已行之故典，加惠此邦重困之瘝民，務使田税均平，貧富得實，免致貧民下户困於兼并豪猾之手。雖知應役之人不無少擾，然欲革百年深錮之弊，爲斯民久遠之計，勢有不得已者。本州謹已仰體聖意，條具奏聞去訖。竊恐旦夕或蒙行下，便當舉行。而遠近士民傳聞不審，過有疑慮，合

❶「州」，原作「縣」，據《正訛》改。

行曉諭。及有預行撥置事件，亦須先次遍行告報，曉示下項：

一、今來經界乃是紹興年中已行之法，當時諸路州縣並皆舉行。始初傳聞，人亦驚恐，扇摇眩惑，怨謗紛然。及至打量田土，攢造圖帳，一都不過二十餘人，遠者不過數月之久，即便結局。應役之户雖不免有勞費，然結局之後，田土狹闊、産錢重輕條理粲然，各有歸著，在民無業去産存之弊，在官無逃亡倚閣之欠，豪家大姓不容僥倖隱瞞，貧民下户不至偏受苦楚，至今四五十年，人無智愚，皆知經界之爲利而不以爲害。只是本州推行未畢，遽行住罷，所以民間但知其害而未及知其利之如此。姦民猾吏又皆知其利於貧民而不利於己，往往互相驚恐，妄説事端，欲使聖朝仁政實惠不得下流，而千里之内，貧弱之民依前受弊，無有窮極，實可憐悼。今仰人户詳此事理，仰體聖朝寬恤之意，莫聽浮言，妄有驚擾。

一、經界之法，當依紹興年例，別差大小正副甲頭專一打量，每都大約不過二三十户。本州諸縣從來本都不曾分十大保，無以得見都分闊狹，合差小甲頭之數。今且行下諸縣，仰各告報見役保正副等，先納逐都四至之内圍徑幾里，東至西幾里，南至北幾里。約計田園大概頃畝，大概約度，未要的實細數。具狀申縣，以憑分畫方界，定差大小甲頭。將來定差之後，打量攢造，並委甲頭管幹。其見役保正，若非合充甲頭之人，即依舊只管煙火，不預經界事務。

一、打量紐算，置立土封，樁標界至，分方造帳，畫魚鱗圖，砧基簿及供報官司文字應干式様，見已講究見得次第，旦夕當行鏤版，散下諸縣。庶幾將來經界大小甲頭等人各通曉，免至臨時雇募他人，重有所費。

右今榜先次曉諭本州人户，各仰知悉。如將來所奏事理得蒙聖恩即賜開允，即當別行措置，子細曉諭。務要不擾而辦，以副朝廷綏靖遠方、蠲除民瘼之意。如所措置有未穩便，亦仰及早前來陳説，切待別行講究，改正施行。紹熙元年八月日。

勸農文

契勘生民之本，足食爲先。是以國家務農重穀，使凡州縣守倅皆以勸農爲職，每歲二月，載酒出郊，延見父老，喻以課督子弟，竭力耕田之意。蓋欲吾民衣食足而知榮辱，倉廩實而知禮節，以共趨於富庶仁壽之域，德至渥也。當職幸此承攝，敢墜彝章？今有勸諭事件，開具如後：

一、今來春氣已中，土膏脉起，正是耕農時節，不可遲緩。仰諸父老教訓子弟，遞相勸率，浸種下秧，深耕淺種。趨時早者所得亦早，用力多者所收亦多，無致因循，自取飢餓。

一、陂塘水利，農事之本。今仰同用水人叶力興修，取令多蓄水泉，準備將來灌溉。如事干衆，即時聞官，糾率人功，借貸錢本，日下修築，不管誤事。

一、耘犂之功，全藉牛力，切須照管，及時餧飼，不得輒行宰殺，致妨農務。如有違戾，準敕科決脊杖二十，每頭追償五十貫文，❶錮身監納，的無輕恕。今仰人户遞相告戒，毋致違犯。

一、種田固是本業，然粟豆麻麥、菜蔬

❶「償」，原作「賞」，據《正訛補遺》改。

茄芋之屬，亦是可食之物。若能種植，青黄未交得以接濟，不爲無補。今仰人户更以餘力廣行栽種。

一、蠶桑之務，亦是本業。而本州從來不宜桑柘，蓋緣民間種不得法。今仰人户常於冬月多往外路買置桑栽，相地之宜，逐根相去一二丈間，深開窠窟，多用糞壤，試行栽種。待其稍長，即與削去細碎拳曲枝條，數年之後，必見其利。如未能然，更加多種吉貝麻苧，❶亦可供備衣著，免被寒凍。

一、鄉村小民，其間多是無田之家，須就田主討田耕作。每至耕種耘田時節，又就田主生借穀米。及至秋冬成熟，❷方始一併填還。佃户既賴田主給佃生借以養活家口，田主亦藉佃客耕田納租以供贍家計，二者相須，方能存立。今仰人户遞相告戒，佃户不可侵犯田主，田主不可撓虐佃户。如當耕牛車水之時，仰田主依常年例應副穀米；秋冬收成之後，仰佃户各備所借本息填還。其間若有負頑不還之人，仰田主經官陳論，當爲監納，以警頑慢。

一、本州管内荒田頗多，蓋緣官司有俵寄之擾，象獸有踏食之患，是致人户不敢開墾。今來朝廷推行經界，向去産錢官米各有歸著，自無俵寄之擾。本州又已出榜勸諭人户陷殺象獸，約束官司，不得追取牙齒蹄角。今更别立賞錢三十貫，如有人户殺得象者，前來請賞，即時支給，庶幾去除災害，民樂耕耘。有欲陳請荒田之人，即仰前來陳狀，切待勘會給付，永爲己業。仍依條制，與免三年租税。

❶「貝」，原作「具」，據浙本改。
❷「秋」，原作「終」，據閩本、浙本改。

一、今來朝廷推行經界，本爲富家多置田業，不受租産，貧民業去産存，枉被追擾，所以打量步畝，從實均攤，即無增添分文升合。雖是應役人户日下不免小勞，然實爲子孫永遠無窮之利。其打量紐算之法亦甚簡易，昨來已印行曉示。今日又躬親按試，要使民户人人習熟。秋成之後，依此打量，不過一兩月間，即便了畢。想見貧民無不歡喜，只恐豪富作弊之家見其不利於己，必須撰造語言，妄有扇摇。今仰深思彼此一等，皆是工民，豈可自家買田收穀，却令他人空頭納税？非惟官法不容，亦恐別招陰譴。不須如此計較生事，沮撓良法。

一、本州節次行下諸縣，不得差人下鄉乞覓搔擾，科敷抑配，强買物色，及以補發經總制錢、發納上供銀、罷科茶等爲名，科罰人户錢物。所以上體朝廷寬恤之意，欲使民得安居，不廢農業。今恐諸縣奉行違戾，仰被擾人指定實迹，前來陳訴。切待追究，重作行遣。

一、本州節次印給牓文，勸諭人户，莫非孝弟忠信、禮義廉耻之意。今恐人户未能遍知，別具節畧，連粘在前。請諸父老常爲解説，使後生子弟知所遵守，去惡從善，取是舍非，愛惜體膚，保守家業。子孫或有美質，即遣上學讀書，學道修身，興起門户。

右今出牓散行曉諭外，更請父老各以此意勸率鄉閭，教戒子弟，務令通曉，毋致違犯。紹熙三年二月日牓。

龍巖縣勸諭牓

具官：

當職恭奉敕命，來守此邦。見本州四

縣龍谿諸邑風俗醇厚，少有公事干撓州府，獨有龍巖一縣地僻山深，無海鄉魚鹽之利，其民生理貧薄，作業辛苦。州府既遠，情意不通，縣道公吏又不究心拊摩，躬行教化，往往多差公人下鄉搔擾，及縱吏人因事乞覓，不遵朝制，不恤刑獄，不能分别是非曲直，致使其民不見禮義，惟務兇狠，强者欺弱，壯者凌衰，内則不知有親戚骨肉之恩，外則不知有閭里往來之好，習俗薄惡，已足歎傷。至其甚者，則又輕侮官司，公肆咆哮，把持告訐，無所不至。始則詭名下狀，終則將身藏閃。及至州縣察其欺詐，追捕緊急，則便閉門聚衆，持杖鬭敵。殊不思量既爲王民，便當遵守王法。州縣之官皆是奉行朝廷政令，今既不然，抗拒州縣，便是不遵王法，不畏朝廷。如此所爲，何異盜賊？縱使一時抵敵得過，不知終久作何收殺？雖説本因官吏養成此惡，然却終須自己出頭受罪，小者徒配決罰，大者殺身破家。赤子無知，抵冒至此，良可悲閔。當職既忝父母之官，豈忍坐視，不思有以救其未然？除已行下龍巖縣約束官吏務宣教化，恪守條法，不得似前容縱搔擾外，須至曉諭。

右今榜龍巖縣管下，遍行曉諭上户豪民，各仰知悉。其有細民不識文字，未能通曉，即請鄉曲長上詳此曲折，常切訓誨。要使闔縣之人常切思念，既爲王民，當守王法，自今以後，各脩本業，莫作姦盜，莫恣飲博，莫相鬬打，莫相論訴，莫相侵奪，莫相瞞昧，愛身忍事，畏懼官司，不可似前咆哮告訐，抵拒追呼，倚靠兇狠，❶冒犯刑憲。庶幾

❶「狠」，原作「狼」，據閩本、浙本、天順本改。

一變獷悍之俗，復爲禮義之鄉，子子孫孫，永陶聖化。如更不改，尚習前非，州郡雖欲曲法相容，亦不可得。決當會合巡尉，圍掩搜捉，依條斷罪，的無輕恕。今榜曉諭，各請詳思，趁早革心，無貽後悔。

潭州委教授措置嶽麓書院牒

契勘本州州學之外復置嶽麓書院，本爲有志之士不遠千里求師取友，至於是邦者，無所棲泊，以爲優游肄業之地，故前帥樞密忠肅劉公特因舊基復創新館，延請故左司侍講張公先生往來其間，❶使四方來學之士得以傳道授業解惑焉。此意甚遠，非世俗常見所到也。而比年以來，師道陵夷，講論廢息，士氣不振，議者惜之。當職叨冒假守，蒙被訓詞，深以講學教人之務爲寄。顧恨庸鄙，弗克奉承，到官兩月，又困簿書，未能一往謁殿升堂，延見諸生，詢考所合罷行事件，庶革流弊，以還舊規。除已請到醴陵黎君貢士充講書職事，與學録鄭貢士同行措置外，今議别置額外學生十員，以處四方遊學之士。依州學則例，日破米一升四合，錢六十文，更不補試，聽候當職考察搜訪，徑行撥入者。庶幾有以上廣聖朝教育人才之意，凡使爲學者知所當務不專在於區區課試之間，實非小補。牒教授及帖書院照會施行，仍請一面指揮合干人排備齋舍、几案、床榻之屬，并帖錢糧官於本州贍學料次錢及書院學糧内通融支給，須至行遣。

❶「左」，原作「本」，據閩本、浙本、天順本改。

約束榜

一、契勘諸縣民訟人户自合從條次第經陳，其公事各有條限，民户越訴，亦有斷罪刑名。往往縣道不能結絶，遂至留滯，引惹詞訴。兼又有人不候本縣照限追會圓備予決，便即先行經州，紊煩官府。今立限約束，自截日爲始，應諸縣有人户已訴未獲，盜賊限一月，鬬毆折傷連保辜通五十日，婚田之類限兩月，須管結絶。行下諸縣遵從外，如尚有似此民訟，亦照今來日限予決。若縣道違期不行結絶，方許人户赴州陳訴。切待先追承行人勘斷，再立限驅催。其縣道又不了絶，致人户再有詞訴，定追押録科斷外。今仰民户經由書鋪依式書狀，仍於狀内分明聲説的於某年月日經縣陳訴，已經幾日，本縣不結絶，以憑行遣。如不明注經縣月日，或不候限滿，妄稱已過所立日限陳述，致追承行人到州，見得元經月日未及，其人户連書鋪並行收坐，仍毁劈書鋪名印。若經本州一月未滿，狀詞亦不許再行。

一、官人、進士、僧道、公人謂訴己事無以次人，聽自陳。聽親書狀，自餘民户並各就書鋪寫狀投陳。如書鋪不寫本情，或非理邀阻，許當廳執覆。一本云：「或非理飾説及當廳執覆不同所詞，定行根究書鋪。」

一、狀詞並直述事情，不得繁詞帶論二事，仍言詞不得過二百字。一名不得聽兩狀，並大字依式真謹書寫。如有干照契據并未盡因依，聽録白連粘狀前。

一、如告論不干己事，寫狀書鋪與民户一等科罪。

一、民户詞訴不應爲狀首人，自不當出

名。其應爲狀首人，並要正身。如實有事故，得用以次人，仍聲説因依，年月若干，有無疾蔭，婦人有無疾蔭娠孕，於前從實開具。或有罪應科決，臨時妄行供説，先契勘元寫狀書鋪。

一、書鋪如敢違犯本州約束，或與人户寫狀不用印子，便令經陳，紊煩官司，除科罪外，並追毁所給印子。

一、人户陳狀，本州給印子，面付茶食人開雕，並經茶食人保識，方聽下狀，以備追呼。若人户理涉虚妄，其犯人并書鋪茶食人一例科罪。

一、契勘人户多有不問事節緊慢，不候行押詞狀日分，輒行攔轎下狀，或投白紙。今立約束，攔轎狀詞並不受接。并所投白紙，止是理訴婚田債負，即非緊切利害事件，亦非貧寠、鰥寡、孤獨無告之人，顯無忌憚，紊煩官府。自今後，除貧寠、老病、幼小、寡婦或被劫盜并鬬毆殺傷，事干人命，初詞許於放詞狀日投白紙外，自餘理訴婚田債負或一時互争等事，人户須管經由書鋪依式書狀，聽引狀日分陳理。如有似此違約束之人，定當重行斷罪。

一、引押狀詞日分預批曆請台判輪委職官一員或兩員，就大廳側畔用硃劃號數，監用朱批事因。

一、引押詞狀，除初經州狀外，其有事祖狀並各令案吏貼擇出案祖，用硃批出緊要情由，元詞月日，作如何施行，某處已未結絶事因，請判。

一、本州鼓角樓所有牌二面，内東畔一面係軍州官下馬牌，西面係人户詞訟牌。蒙安撫到任，移西畔詞訟牌於東，自新開雕屈牌一面，安在詞訟牌之上，差使臣一員監當。并置曆一道，付監管官。如有投牌之人，抄上姓名，押赴使府出頭，取候台旨施行。其牌黑漆雕字，具說有實負屈緊急事件之人仰於此牌下跂立，仰監牌使臣即時收領出頭，切待施行。如敢將閑慢事件，不候引狀日分，妄作緊急坐牌，定行勘斷。

一、有日逐諸雜申并省符公牒文字，並置簿子，劃隔眼拘管，遇夜銷。逐旬委官點號。

一、照得日逐所受入匣追索人案文字，置外引開排時刻，❶責鋪兵依限走傳。如違限，委官先追押録重斷。

一、類狀名色：官吏受財枉法，將吏侵尅役使殺人行劫、殺略姦盜，聚衆鬬打或抵拒官司，豪家大姓侵擾占奪細民田業，姦污婦女，鬬打見血，官員、士人、公人、軍人、僧道執狀，已上當使廳引押。訴婚田地，訴分析，訴債負，鬬打不見血，差役陂塘，已上都廳引押。

一、引押詞狀，元係雙日，引押公事，元係隻日。蒙安撫到任，以隻日引押詞狀，雙日引押公事。

一、狀式：某縣某鄉某里姓名；一，年幾歲，有無疾蔭，合爲狀首，堪任杖責，係第幾狀；一，所訴某事，合經潭州；一，即不是代名虛妄，無理越訴，或隱匿前狀，如違，甘伏斷罪號令。右某入事。明注年月，指涉某人某事盡實，限二百字。須至具狀披陳，伏候判府安撫修撰特賜台旨。

一、照對每月長沙等一十二縣合解有無定額月樁等錢，從本司印格目書填錢物，監轄典吏樁辦。限次日各分日限申解，赴

❶「排」，浙本作「牌」。

州交納。近準安撫殿撰侍講到任措置，逐月輪委佐官坐押。内長沙、善化縣輪縣丞、主簿、縣尉，并外十縣輪縣丞、主簿、監當官一員，監轄典押、承行人各一名拘樁，並限次月初十日到州。其錢須要所委官同典吏躬親坐押赴州。如解足，典押免行。到州不足，斷訖，典吏就州監催。或錢違限不到，即追本縣樁錢典吏及拘押錢官下承行廳子，併行勘斷施行。

一項，照應州場日逐受納紹熙五年夏税錢將入中限，未據人户賫納，竊恐有悮裝綱支用。檢準令節文諸税租入中限，聽追户頭或以次家人科較，品官之家追幹人。今曉示人户，❶及早盡數赴州送納。如違，定當從條點追，赴州科較，監納施行。

一項，照應湘潭、衡山、湘鄉、瀏陽、攸縣五縣拖欠紹熙四年秋税，遂將錢差官下縣受納。近緣天時亢旱，祈禱未應，恐人户艱於送納，已自七月初五日帖所委官回州取稟，候小熟日，却去開場受納去訖。竊慮鄉民未能遍知，仍前追擾，合行曉諭。今印小榜下縣鄉村曉諭人户，各宜安心車水，灌漑田畝，準備合納税錢。候得雨水熟日，依舊差官到彼開場，即行送納。各令知委。

一項，照對税務日逐收到牙客人合納河市税錢，並不盡數拘解。竊慮本務合干人作弊，收錢隱瞞入己，合行約束。使司今置板榜務門粘貼，本務日逐申收到牙客人錢數，曉示通知。如本務收税錢多，申到數少不同，隱瞞官錢入己，許牙客人具狀告首。若客人税物多，供申少，亦許同伴人陳首。切待追人送獄根勘，依條斷罪，追賞錢

❶「今」，原作「令」，據浙本、天順本改。

五十貫文。各令知委。

一、訪聞諸司案及倉場、庫務、諸官廳下擅自存留曾經斷罷及私名之人在逐處抄寫文字，合行約束。今立賞錢一百貫文府衙門，許人指實陳告。切待追究，將犯人重斷。每名追賞錢一百貫文。其本處存留人，一例斷罪施行。

一、照對諸縣弓手、土軍係專一教閱，以備彈壓捕盗，本州已節次督責巡尉，依時教閱，務要武藝精熟。仍月具所教人數、姓名、陞加武藝帳狀申州，以憑逐月三分點一，赴州按教。行下諸縣併各縣巡尉，各仰速便先行聲説弓手土軍姓名、年甲、所習武藝文籍供申，仍於籍内便將弓兵分作三番，自今年七月十九日爲始，先要第一番所發弓手齊集到州按教。須是向後月十九日以前解發到州，應期諸縣合教。

一、契勘諸軍武藝最是弓弩可用，近下諸縣點喚弓手土軍赴州按教，❶據各處具到帳籍，多是將不會武藝之人裝作鎗牌手名色解發，委是有悮緩急使喚。行下諸縣巡尉，各日下盡將所管弓手、土軍並令專習弓弩，務要捉親，射射精絶，❷聽候點喚，赴州按教。仍令兼習叉鎗、小牌諸般武藝，不得私役弓兵，妨廢教閱。

一、據客人趙堅等狀，竊見民間行使砂毛錢、鐵錢。朝廷累降指揮，明立法禁，非不嚴切。今牙鋪户不遵約束，依前夾雜砂錢行使，致得客人墜敗財本。乞降賞榜於管下瀏陽、湘潭、醴陵、衡山并下攝櫧州等處約束。使司已立賞錢五十貫文，印給小

❶「土」，原作「上」，據浙本、萬曆本改。

❷上「射」字，《正訛》據徐樹銘新本改作「較」。

榜，發下長沙等一十二縣下張掛曉示外，仍出榜都市并瀏陽、湘潭、醴陵、衡山縣及下攝櫧州等處，❶張掛曉諭。如有前項違犯之人，許諸色人告捉赴官，將犯人送獄，從條勘斷，追給上件賞錢施行。

一、契勘諸廂收領公事多是在廂經日不行申解，却令兩辭和對，更不申官，委是有違條法。遂符行下諸廂兵官，自今後應有公事，即時具狀申解，赴府出頭，不得隔宿及妄作休和申州。如違，將當行人重斷，廂官別有施行。

一、契勘本州累次出榜，立賞錢三十貫文，禁止百姓及軍人賭博，仍拆毀櫃坊，并告報諸營寨廂官，及遍牒在城諸官廳常切覺察，鈐束非不嚴切。今來尚有不畏公法之人，依前開櫃坊停止軍兵百姓，公然賭博，全無忌憚。廂巡容縱，兵官亦不鈐束，深屬不便。出榜都市曉示，如有前項違犯之人，諸色人告捉，押赴使府出頭，切待將犯人斷罪，軍人次第問當，各追上件賞錢與告人充賞。若諸廂、諸廳、諸營寨合干人依前容縱，定一例追斷施行。

一、照應近來委送官員看詳審覆公事文字，其間多有引用繁文。除看詳公案文狀已有狀式曉諭外，今再立委官審覆申到公事式樣，請只就元狀内用小帖子節畧事意，看詳所斷，指定當否，今欲如何施行。大抵直説事理，不須繁文。其狀内緊切事理，別用小貼子摽説。

小貼子式：節略狀内緊切事理云云。某官云云。某今竊詳云云。某官所斷，已得允當，或云未得允當。已開具出

❶「櫧」，原作「儲」，據浙本改。

榜客位訖。

一、訪聞街市逐時有不逞之徒，與軍兵欺壓善良，毆打百姓，生事作鬧。出榜都市，張掛曉示，如有前項違犯之人，斷罪監納，先下拳錢五貫文，每五日一限，納錢三百文入官。內軍兵押下所屬，次第問當。

一、今後遍下諸縣諸官用符，簽廳請判押，檢職官連銜書押行下。專下逐縣逐官用帖，如常式。仍先行下諸縣照會。

一、詞狀當日職官分類呈押。具式呈。

一、詞狀、帖牒下外諸縣者，索案除程一日，追人除程兩日。五人以上，去縣百里以上者，除程三日。案官鑿定日限，案吏朱批某月某日限滿。申展者，都廳先次類聚呈押。一日者不展，兩日者許一展，三日者許再展。再展而不到者，都廳指定帖某巡尉差人追呼，呈押行下。

一、在城差人監追公事，各置印曆。緊限不展，次緊限許一展。再展而不到者，訊承差人。長限日展並簽廳批鑿，不再呈押。內長限每三展一押。長限如監醫之類。

一、當限文字並午牌以前到，午後即是違限，不得收接，如違申舉。

一、符牌申狀到事，有常式事，如盜賊發露當催捕，判回申當催申，抄劄口詞、檢驗屍首當差官，及官員陳乞批書之類，並即時押訖，送所屬案分行遣，請判行下。如無施行事，類聚判照有祖，及施行未到者，❶即簽廳擬呈。

一、簽廳告報諸縣諸官廳，大字書寫文狀，須如中指面大。即擬貼述大概，却於狀內抹出緊要情節，便見曲折。不然，又須書

❶「者」字，原脱，據浙本、天順本補。

寫一過，枉費工夫。

一、三獄直日，開拆司先次呈押，餘案抽牌押文字訖退，不得再上。如有未了文字，都吏次早揀牌入筒，取覆抽押。内户刑案事繁，許次早呈押。

一、都簽廳申四項奉台判，後三項修入見行約束。

一、照對日逐諸案銷生事號簿，蒙約束，遇九日銷對，竊慮積壓。今乞次日委官點對，逐一批銷，書絶乞候九日呈點。

一、照對人户投白紙，❶止爲有緊切事干人命劫盗等。今來受狀，不問事理輕重，有白紙三四十紙。訪聞皆是書鋪邀求，致令投陳，紊煩官司。今乞告示書鋪，如是準前邀阻人户，致使府問得投白紙人曾經書鋪，不爲寫狀之人，乞賜唤上斷治施行。不應受理，即行擇退。

一、準台判索案除程一節，追人除程兩日，五人以上，在縣百里以上者，除程三日，不到，帖巡尉追人。一日者不展，今欲乞再展一限。兩日者許一展，今欲再展一限，通三限。三日者許再展，亦通三限。

一、照應近據諸縣申到人户理訴婚田債負，皆稱目今正是青黄不接之際，告示候務開日施行。使司契勘人户互訴婚田争地，多是有力上户之家，占據他人物業，或是遷延，不肯交錢退贖，或是抗拒，不伏赴官理對，只要拖延，衮入務限，使下户被苦，❷無能結絶。檢準律令，諸婚田入務，若先有文案，交相侵奪者，不在此例。况今本州多是禺田，只有早稻，收成之後，農家便

❶「投」，原作「役」，據浙本改。
❷「被」，原作「彼」，據浙本、天順本改。

自無事，可以出入理對。在田亦少施工耒穫之利，自可退業，以還有理之家。諸縣争論田地詞訴，可以承行理對，不必須候十月。使司已於六月十八日符長沙等一十二縣遵守施行訖。

一、照應本州近於七月十七日準登寳位赦書，内一項應官司房廊白地賃錢並放至紹熙四年終。已出榜都市，曉示去訖。今訪聞得街市有賃屋居民，却有妄稱合從赦書到日之後納起，❶致有争競。州司契勘前項赦書，即無放至紹熙五年正月以後房錢之文。或有屋主自願饒潤，即從其便。若屋主不願饒潤，即其賃屋人自合遵從大赦指揮印還，不得妄有抵負，扇惑生事。使司已於七月二十六日出榜都市曉示訖。

一、契勘本州州學之外復置嶽麓書院云云。並同前委教授牒。

一、照對本州所管上丁釋奠及祭祀社稷三獻官祭服，緣製造年深，各並不如法式，今欲别行製造。初獻六旒冕，亞獻四旒冕，終獻無旒冕，及本等衣裳、大帶、中單、綬佩、蔽膝、革帶、履襪各一副。竊恐只依印本製造，未必盡合禮制，申行在太常寺關借上祭服，每事一件，付進奏官楊思恭，同本州差去客司楊暹就臨安府製造，❷回州行用。

一、伏覩紹熙五年七月七日赦書，内一項：五嶽四瀆、名山大川、歷代帝王、忠臣烈士，載於祀典者，委所在長吏精潔致祭，近祀廟處並禁樵採。如祠廟損壞，令本州

❶「却」，原作「都」，據閩本、浙本補版改。
❷「客」，《正訛》據徐樹銘新本改作「官」。

支係省錢修葺。❶ 謹按《晉書》，南中郎將、湘州刺史、譙國司馬王諱承，當王厚作亂之際，興兵唱義，爲國討賊，功雖不就，志節可嘉。今數百年未有廟貌。又按《長沙圖誌》，故通判州軍事贈直龍圖閣孟公，諱彦卿。通判州事贈直龍圖閣趙公，諱民彦。將官贈武節大夫劉公，諱玠。兵官贈右監門衛將軍趙公，諱聿之。❷ 皆以紹興初年，金虜侵犯，或提兵出戰，或率衆守城，徇國捐軀，忠節顯著。本州從來只於南岳行宮設位祭享，祠象不立，無以慰答忠魂，表勸節義。今準前項赦書，合於城隍廟別置一堂，塑像奉安，永遠崇奉。其譙王，長史虞理，司馬虞望，參軍韓階，主簿周崎、鄧騫，並是當時協謀起義之人，亦各合行塑像，配神從食。牒州委官討論，計度塑造。

一、準紹熙五年七月七日赦書，內一項五岳四瀆、名山大川、歷代帝王、忠臣烈士載於祀典者，委所在長吏精潔致祭，近祠廟處並禁樵牧。如祠廟損壞，令本州支係省錢修葺。州司契勘東晉王厚之亂，湘州刺史譙閔王承起兵討賊，不克而死。及紹興初年，金賊犯順，潭州通判孟彦卿、趙民彦，將官劉玠、兵官趙聿之，皆以忠節没於王事，從前未有廟貌。州司今來遵奉赦書指揮，見行相度創立祠堂，塑造神像。除晉朝冠服別行討論外，所有孟、趙兩通判係贈直龍圖閣，劉將官係贈武節大夫，趙兵官係贈右監門衛將軍，未委本品朝服合作是何法制？申行在太常寺，仍已差人

❶「令」，原作「今」，據浙本、天順本改。

❷「聿」，原作「津」，據浙本、天順本及《宋史》卷四五二改。下同。

前去望塑小樣，照詳典禮，給降制度，以憑製造施行。

一、照應本州管内南嶽衡山係國家火德興隆之地，崇奉之禮，極於嚴肅，合行封植，以壯形勢。近來官司失於守護，致得諸色等人妄行斫伐，林木摧殘，土石破碎，無以保國威靈，停滀雲氣，慰一方瞻仰歸依之望，事屬不便。契勘其地並屬寺觀所管，即與民間無相干涉，理宜措置。今帖合同李修職躬親前去體究相度，勒本縣巡尉責本寺觀主首標識簽押，除深山人所不見之處，許令依舊開墾種植外，其山面瞻望所及，即不得似前更行斫伐開墾。向後逐年深冬，即令寺觀各隨界分，多取小木，連本栽培，以時澆灌，務令青活，庶幾數年之後，山勢崇深，永爲福地。并帖巡尉，仰詳前項事理，須管同合同李修職前去體究相度，逐一準此施行。及出榜嶽山寺張掛，約束諸色等人，不得依前於山内瞻望所及之處斫伐林木，穿毁土石。如有前項違犯之人，許諸色人於所屬陳告根究，從條斷罪施行。

一、契勘目今久闕雨澤，竊慮陂澤湖塘池灤灤正副長專意放養魚鰱之類，不肯泄水注蔭，致田禾乾槁，深屬未便。今曉諭陂塘湖長等人，❶如合承水之田闕水，即仰日下量分數放水注蔭。如占吝不放之人，仰食水人户指實陳論，追犯人重斷施行。

看定文案申狀式

具位：

❶「塘」，原作「塘」，據浙本、天順本改。

準使帖，據某人狀或判狀，即云「使判某人狀」。訴事，備録全文。委某看定，或云看詳之類，並依本文。須至供申者。

一、某年月日某人狀。

一、某人執到某年月日契字，或分開干照。遇多項，須似此開，以年月先後爲次序。

一、檢準敕。令格並同。

右某竊詳上件事，云云，合準某敕，如何定斷，謹具申某處，伏乞照會，詳酌施行。

年月日具位某狀。

報建陽縣審會船狀

右熹承建陽縣公文，取會本家有無占破船户姓名。尋行契勘，日前雖有顧到船隻，日久不曾使用，今來自合衹應官司差使，私家即無執占之理。謹具申建陽縣，伏乞照會。謹狀。

晦庵先生朱文公文集卷第一百

侯官縣儒學訓導劉簪校

黄仲昭跋❶

右《晦庵朱先生文集》一百卷，閩、浙舊皆有刻本。浙本洪武初取置南廱，不知輯於何人。今閩藩所存本則先生季子在所編也，其後又有《續集》若干卷，《别集》若干卷，二本亦併刻之。歷歲既久，刓缺寖多，讀者病焉。成化戊子，仲昭自翰林謫官南都，偶得閩本，公暇因取浙本校之，其間詳略微有不同，如《劾唐仲友》數章，閩本俱不載其所劾事狀，世之鄙儒多以是疑先生，異論紛起，故悉增入，使讀者知仲友蠹政害民之實，而無所惑於異論也。其他無大關繫者，則仍其舊，惟正其亥豕魯魚之訛而已。歲丙申，閩憲使山陰唐公質夫、僉憲蘭溪章公德懋閔舊板磨滅日甚，遂以仲昭所校本補之，未及訖工而二公相繼去任，尋復殘缺。僉憲天台林公一中至，慨然以爲己任，久未暇及。壬寅秋，乃謀於先生九世孫都轉運伯承君，復以仲昭所校本精加讎訂，訛者正之，腐者易之，缺者補之，至是始無遺憾矣。嗚呼！先生不可復作，而是編之存可以見其經國之謀焉，可以見其濟民之政焉，可以見其出處之義焉，可以見其交際之道焉，上而天道之妙，下而物理之微，明而禮樂之文，幽而鬼神之理，大而人倫之常，小而人事之變，無所不該，誠作聖之階梯、入道之門户也。諸公拳拳相與，圖其永久，其嘉惠後學之意不既深乎！工既告成，仲

❶ 此題原無，據篇末題名補。

昭謹識其顛末，且以告於後之君子，俾謹守而嗣修之，以無替諸公之惠也。成化十九年歲在癸卯二月之朔後學莆田黄仲昭謹識。

文公續集序

遂生世不早，不及擔簦躡屩於先生之門；聞道又晚，不克築室反場以從先生于没。既脱場屋，讀四經而心樂焉。顧義理精深，莫造其詣，而先生長者駸駸没矣。歲在癸卯，遂假守建安，從門人弟子之存者而求其議論之極，則王潛齋已刻之方册。間從侍郎之子請，亦無所獲。惟蔡西山之孫覺軒早從之遊，抄録成秩，劉文昌家亦因而抄掇，悉以付友人劉叔忠，刊落其煩而考訂其實。繼是而有得焉，固無所遺棄也。抑是書之作多出於晚年，非嘗與西山講明《易》、曆，則時異事左，與世枘鑿。今聖道昭明，士生其時者惟恐讀其書之晚，安知後之造道者不在於兹乎？此君子所當自力也。觀者尚勉之！淳祐五年正月日後學王遂序。

晦庵先生朱文公續集卷第一

答黃直卿

南軒去冬得疾，亟遣人候之。春中人回，得正月半後書，猶未有他。不數日聞訃，則以二月二日逝去矣。聞之痛悼，不可爲懷。聞其臨終，猶手書遺劄數千言，不數刻而終。劄中大概説親君子、遠小人，甚切當世之弊，此尤可傷痛也。此若得脱，即便道往哭之而後歸耳。庚子。

南軒云亡，吾道益孤，朋友亦難得十分可指擬者，所望於賢者不輕，千萬勉旃！此中文字彦忠皆寫得，已屬令一一呈似矣。鄭台州相見否？更勸其子細講學爲佳。書來，所説殊未端的，可惜只如此，便更不求進步也。

昨收書，報及鄭台州之訃，執書驚愕失聲，何天無意於斯世，而偏禍吾黨如此之酷？痛哉！痛哉！自此每一念，未嘗不酸鼻也。此間今年枯旱可畏，有彌望十數里而無一穗之可收者。政惡所招，無可言者。然不敢不究心措置，但勢亦有不得行者，未知終能不得罪於斯人否耳。

力請丐歸，計亦未必可得，但恐自以罪戾罷逐耳。世態不佳，老病益厭俯仰，但思歸卧林間，與如直卿者一二人相與講論，以終素業耳。

諸經舊説皆看得一過，其間亦有改定處。「自慊」却須用舊説，方見得自家有力。

緊要是從本原上説來，比前日尤親切。

所諭羞惡未亡者，此乃真是當得「僞學」二字。朋友中只此一番拍試，揀汰僞冒，大段得力。但此道之傳不絶如綫，深使人憂懼也。來歲聚徒，勢所不免。但此間屋子空虚多時，不知如何處置也。本領分明，義利明白，閑時都如此説，及至臨小利害，便靠不得，此則尤可慮也。

《禮》書想已有次第，吴伯豐已寄得《祭禮》來。渠以職事，無暇及此，只是李寶之編集，又不能盡依此中寫去條例。其甚者如《祭法》、《祭義》等篇，已送還令其重修，《特牲》等篇，亦有未入例處。旦夕更取《家鄉禮》參校令歸一，却附去，煩看過。《王朝禮》已送與子約，令附音疏。但恐渠亦難得人寫，不能得耳。

近報誤舉僞學人許令首正，觀此頭勢，恐子合受得王漕文字，亦不穩當。人生仕宦聊爾隨緣，亦何必須改官而包羞忍恥，處此危疑之地乎？

伯豐書云，其所厚者以其無所私禱，寄聲欲繩治之，子約亦甚稱其所守之固。但世路如此，所可憂者不但道學而已。任尉甚不易得，然不欲深與之交，恐復累渠入僞黨也。季通家爲鄉人陵擾百端，幾不可存立，因書囑其陰護之爲佳。

時事大概，此亦聞之。但諸人狼狽，殊非所望耳。子約終是好，不知已行遣未？此事未開口，斷置已定，多少快活。可爲致意，未及奉慶也。

黄商伯事，殊不聞首末，子約書亦言其舉措有未善處。不知救荒何所關於近習，而惡之若是耶？駭機飛語殊可憂畏，疏遠遁藏，然猶不敢不跼蹐也。

揆路曾相見否？其説果何如？邸報中見外間事賴諸賢維持，且爾無大疏失。但定省一節，都不見人説著，此甚可懼，非小故也。彼中親所見聞，有何節目？因便煩子細報來。

彼中且如來喻亦善。世道如此，吾人幸得竊聞聖賢遺教，安可不推所聞以拯斯人之溺？政使不得行於當年，亦須有補於後也。常教整頓學校，亦甚不易。可與晦伯説，渠家有兩世奏議，煩晦伯爲借録得一本見寄爲幸。辛卿鬻鹽，得便且罷却爲佳。

《中庸》不暇看，但所改「物之終始」處殊未安，可更思之。近却改得《論語》中兩三段，如葉公、子路、曾晳之志，如「知我其天」之類，頗勝舊本，旦夕録去。子約除官可喜，今固未有大段擔負，且看歲寒如何耳。

此間數日來整頓《綱目》，事却甚簡，乃知日前覺得繁，只是局生。要之天下事一一身親歷過，更就其中屢省而深察之，方是真實窮理，自然不費心力也。趙帥所云前官事不須理會，亦是一説，未可便以爲非。然只此便見合得顯榮通達處，如今世路未論邪正，只剛强底便是八九分不得便宜了也。

《大學》向所寫者自謂已是定本，近因與諸人講論，覺得「絜矩」一章尚有未細密處。文字元來直是難看。彼才得一説，終身不移者，若非上智，即是下愚也。此番出來，更歷鍛煉，儘覺有長進處。向來未免有疑處，今皆不疑矣。

《中庸》三紙已細看，但元本不在此，記得不子細。然大概看得，恐是《或問》簡徑而《章句》反成繁冗。如「鳶魚」下添解説之類。又

《集解》逐段下駁諸先生説，亦恐大迫，不穩便，試更思之。或只如舊而添《集解》、《或問》以載注中之説，如何？

爲學直是先要立本，文義却可且與説出正意，令其寬心玩味，未可便令考校同異，研究纖密，恐其意思促迫，難得長進。將來見得大意，略舉一二節目漸次理會，蓋未晚也。此是向來定本之誤，今幸見得，却煩勇革，不可苟避譏笑，却誤人也。

陳君舉門人曹器遠來此，不免極力爲言其學之非，又生一秦矣。所謂艱窘之狀，令人惻然。不知何故前此都不説着，今乃一旦驟至此也？自困涸轍，無力相賙，深負愧歎也。然於此患難之際，正當有以自處，不至大段爲彼所動，乃見學力，不然，即與世俗戚戚於貧賤者何以異耶？

辭免文字至今未得遣去，蓋封事字數頗多，昨日方寫得了，更須裝三兩日方得發也。所欲言者，不論大小淺深，皆已説盡，明主可爲忠言，想不至有行遣，但能寢罷召命，即爲幸耳。萬一不遂，不免一行，更不能做得文字，只是面奏乞歸也。或更要略説道學。《大學》《中庸集注》中及《大學或問》改字處附去，可子細看過，依此改定令寫。但《中庸或問》改未得了爲撓耳。今年早晚禾皆損，州縣官員不足恃賴，未知明年復如何。此外可深慮者不止一端，亦非獨爲一身一家慮也。時論未平，不謂閑廢無能之人，每煩君大夫旰食之憂如此。比讀邸報，不勝恐懼。今章中所及，如泉相者已行遣，湖守疏中亦及彭子壽，田子真以蠱毒事又下漕司究治，其勢駸駸，恐未容飽食而安坐也。

《禮》書緣遷徙擾擾，又城中人事終日

汩没，不得功夫點對。所編甚詳，想多費心力。但以王侯之禮雜於士禮之中，不相干涉，此爲大病。又所分篇目頗多，亦是一病。今已拆去大夫以上，别爲《喪大記》一篇。其間有未及填寫處可一面令人補足，更照别紙條目整頓諸篇，務令簡潔而無漏落，乃爲佳耳。修定之後，可旋寄來看過，仍一面附入音疏，速於歲前了却，亦是一事。蓋衰老疾病旦暮不可保，而罪戾之蹤又未知所税駕。兼亦弄了多時，人人知有此書，若被此曹切害，胡寫兩句取去燒了，則前功俱廢，終爲千載之恨矣。明州書來，亦説前數卷已一面附疏。《王朝禮》初欲自整頓，今無心力看得，已送子約，託其□定，❶仍令一面附疏。彼中更有《祭禮》，工夫想亦不多。若伯豐、寶之能便下手，亦只須數月可也。但《儀禮》只有士大夫祭法，不可更以王侯之禮雜於其中。須如前來所定門目，别作《廟制》、《九獻》及《郊社》諸篇，乃爲盡善。已再條具寄之矣。幸亦時爲促之，并得歲前了當爲佳。榮雷之説，别紙奉報。可更詳考，便中報及也。近日眼病，全看文字不得。但因講論，見得此理愈見分明，門路愈見徑直。前日答吉州王峴書中有數句，頗甚簡當，今謾録去，可以示甘吉父也。峴乃鄉來子約所館之家，因子約來通問也。子約又入王南强章疏，只此數人，東湧西没，到處出見，甚可笑也。周樸甚可念，一書并信煩因便寄與，勿令浮湛爲佳。趙恭父竟坐其事，部中行下取索，不知意欲坐以何罪。州郡知其無辜，欲爲回申，而恭父不顧也，已發去矣。此却差强人意也。

❶「□」，原爲空格，萬曆本作「更」，康熙本作「校」。

孫之、李和卿甚不易，因書或相見，煩各爲致區區。當暑目昏，不及拜書也。楊子直甚入時宜，不知亦只避得可避底，枉了做許模樣也。

僞學之章首辨張非僞學，蓋前此劉元秀力薦王炎作察官，而韓以受知張門爲疑，故此章着意如此分別。非獨欺天，亦欺韓也。故其後復申炎所陳薦舉之説，乃是首尾專爲王地，冷眼旁觀，手足俱露，甚可笑也。且看此人終必得志。蓋此事中間已似稍緩，却緣近日一繳，其徒得以藉口，復肆沸騰，已行遣人勢必從頭再有行遣。張乃孟遠之弟，本依韓、劉，今此以官滿欲差遣之故上書，外爲直言而中實删去，又以未删之本示劉，而劉以示沈，故及於禍。此乃以邪攻邪，自貽伊戚。然遂死於道路，亦可傷也，又可懼也。今冬上饒、括蒼、興國學者近十餘人到此，新書院已可居矣。逐日幸有講論，足以自警。其間亦頗有可説話者，所恨直卿不在此，不得與之琢磨也。

初七日方遣得辭免近四十紙，奏劄所欲言者，略已盡之。但猶有記不起者，不奈何耳。今必已到彼多日，不知聖意如何。若得遂退藏，千萬之幸。如其不然，到彼亦别無話可説，只是乞歸耳。直卿來歲之計果何所定？此人回幸見報。若在後山，此間諸生亦有能往者，老拙亦時可一到也。近日朋友來者頗多，萬正淳與黄子耕、吴伯豐皆在此。諸人皆見陸子静來，甚有議論。此間近亦有與之答問論太極書，未及寫去，大率其論與林明州不相遠也。

《儀禮疏義》已附得《冠義》一篇，今附去看。家、鄉、邦、國四類已付明州諸人，依此編入。其《喪》《祭禮》可便依此抄節寫人。只《覲禮》一篇在此，須自理會。《祭禮》亦草編得數紙，不知所編如何？今并附去，可更斟酌。如已別有規摹，則亦不須用此也。可早爲之，趁今年秋冬前了却，從頭點對，并寫得十數本分朋友，藏在名山，即此身便是無事人。不妨閉門静坐，作粥飯僧，過此殘年也。

今日吾輩只有此事是着緊處，若打不過，即上蔡所謂能言空如鸚鵡者爲不虛矣。❶伯豐劉五哥説已得諸司文字，以彼之才，固有以取之。但正用此時得之，亦不能使人無疑耳。目前朋友思索明快未有其比，心甚惜之。然於事有難言者。因與之語，要當有以警之，救得此人，亦非細事。若此處打不過了，更説甚操存涵養耶？輔漢卿、萬正淳皆留此兩月而後去，其他朋友數人亦將去矣。諸人皆爲外間浮論攻擊，不敢自安而去。其實欲見害者，亦何必實有事迹與之相違？但引筆行墨數十行，便可使過嶺矣。此亦何地可避耶？世人見處淺狹例如此，令人慨歎。又來學者亦未見卓然可恃以屬此道之傳者，今更有此間隔，益難收拾，不謂吾道之否一至此也。思慮及此，又使人深惜伯豐之不能自立，曷嘗見有顔子而爲桓司馬家臣耶？子約却是着實，但又有一種不通透處激惱人。時魚多骨，金橘太酸，天下事極難得如人意也。《禮》書如何？此已了得《王朝禮》通前幾三十卷矣。但欲將《冠禮》一篇附疏，以爲諸篇之式，分與四明、永嘉并子約與劉用之諸人，依式附之，庶幾易了。適已報與子約，或就令編此一篇，或直卿自爲編定此一

❶「空」，《正訛》據徐樹銘新本作「真」。

篇，并以見寄，當擇其精者用之。此本已定，即伯豐、寶之輩皆可分委也。病軀脚氣未動，但目益昏，恐更數月，遂不復見物。以此急欲了此書，及未盲間讀得一過，粗償平生心願也。得曾致虛書云，江東漕司行下南康毁《語》、《孟》板，劉四哥却云被學官回申不可，遂已。此其勢决難久存，只此《禮書》，傳者未廣，若被索去燒了，便成枉費許多工夫，亦不可多向人前説着也。謝表謾録去看，勿以示人。初時更有數語，後爲元善所删。然亦無甚緊要，若謂取禍，則只此亦足以發其機也。

子約頗愛泰兒，亦已囑令隨諸生程課督察之矣。但婺州近日一種議論愈可惡，大抵名宗吕氏而實主同父。潘家所招館客往往皆此類，深可憂歎。亦是伯恭有以啓之，令人不無可恨耳。近日郡事浸簡，歲事亦可望。但經界指揮不下，恐復爲浮議所摇。前此留、葛報書皆謂可行，獨王不報書。疑此間受漳浦之廛者或與當路厚善，必實爲此謀耳。若果如此，乃漳人之不幸而老守之幸，歲裏即可丐歸矣。寄來算法已收，只此一事，其説數端，信知義理之難窮也。

知與劉、潘諸人相聚甚樂，恨不在近，資講論之益。但《春秋》難看，尤非病後所宜。且讀他經《論》、《孟》之屬，如不食馬肝，亦未爲不知味也。所以答子約者甚佳，但恐亦不必如此。今所慮者，獨恐物不格、知不至耳。知至則自見得義利公私之下毫髮不放過也。

伯豐絶交之事，渠必不能辦，只韜藏避謗，逡巡引却，似亦不爲甚難。如游誠之，但以誤受舉削之故，至今不爲改秩，計已近十年。彼其人固多可議，而爲學又非伯豐比。且其親年已高，而身亦五十餘歲矣，乃能斷置如此，則其長處亦不可誣也。若與之交淺言深，但微與説及此意，勸之以晦迹避謗，當無不可也。好朋友難得，近日數爲人所誤，令人意緒不佳。深恐又失此人，故不能不關念耳。

《大學或問》「齊家治國章」，「令善好惡」改作「令反其好」，❶《中庸章句》「素隱」下添「隱謂卑陋也」，在「本來也」之下。「本無可稱」改作「本來卑陋」。得江西書，吴伯豐果以去冬得疾不起。見其思索通曉，氣象開闊，朋友中少能及之。又子約、元德書來，皆言其自樹立之意，尤不可及。法門衰敗之秋，又適喪如此等人，尤可痛悼也。子約累書來，辨《中庸》首章「戒謹恐懼」與「謹其獨」不是兩事，又須説心有指未發而言者，方説得「心」字，未説得「性」字，又須説是耳無聞、目無見、心無知覺時，方是未發之中，其説愈多，愈見紛拏。又争「配義與道」是將道義來配此氣。如何有人讀許多書，胸中乃如此黑暗？彭子壽初亦疑《中庸》首章，近得書，却云已釋然矣，方知《章句》之説爲有功也。張元德説得頗勝子約，而其兄元瞻看得尤好。若得伯豐且在，與之切磨，可使江西一帶路徑不差。今既不如所望，而子約輩湛滯膠固，不可救拔，每得其書，輒爲之數日作惡也。

病中看得《孟子要略》章章分明，覺得從前多是衍説。已略修正，異日寫去。此書似有益於學者，但不合顛倒却聖賢成書，此爲未安耳。《大學》諸生看者多無入處，

❶ 二「令」字，原皆作「今」，據《四書或問·大學》（文淵閣《四庫全書》本）改。

不知病在甚處。似是規摹太廣，令人心量包羅不得也。不如看《語》、《孟》者，漸見次第。季通比已得其到道州書，地主頗寬假之。計渠亦能自處，不知赦後還可得量移否。周純夫甚可念，欲寄一書問勞之，亦復不暇，亦恐彼中難得便耳。謝表爲衆人改壞了，彼猶有語，是直令人不得出氣也。此輩略不自思自家是何等物類，乃敢如此，殊可憫笑也。書院中只古田林子武及婺州傅君定在此，讀書頗有緒。傅尤刻苦，前此亦多讀書，但未有端的用心處。近方令其專一，漸次讀書，覺得却有立作，將來或可望也。孫丈書已收，書中盛稱仁卿政事之美，恨不得聞其詳也。

親舊皆勸謝絶賓客，散遣學徒，然其既來，即無可絶之理，姑復任之。若合過嶺，亦是前定，非關門閉户所能避也。

晦伯人來，得近問，知山中讀書之樂，甚慰。但不應舉之説終所未曉，朋友之賢者，亦莫不深以爲疑，可更思之。固知試未必得，然以未必得之心隨例一試，亦未爲害也。痰嗽已向安否？亦不可不早治也。牒試中間辛憲、湯倅過此，皆欲爲問，既而皆自有客，不復可開口。其僞冒者固不容復動念，知却劉倅之請，甚善。宗官衡陽之嫌，固亦所當避也。吾人所處，着个「道理」二字，便自是隨衆不得。此是不可易之理，但看處之安與否。

前書所論鬼神之説，後來看得如何？程書中説此話處數條，《東見録》中尤多。可類聚看，須自見諦當處也。遷居擾擾中，亦有一二學者在此，雖不得子細討論，然大抵未有擔荷得者，此甚可慮。陳正已來自建昌，實亦明爽，但全别是一般説話。所謂伯恭之學，一傳到此，甚可懼耳。

近有臨江軍張洽秀才來，資質甚好，可喜可喜。書院方蓋屋，未得成就，度須更兩月方可居耳。

此女得歸德門事賢者，固爲甚幸。但早年失母，闕於禮教，而貧家資遣不能豐備，深用愧恨。想太夫人慈念，必能闊略。然婦禮不可缺者，亦更賴直卿早晚詳細與說，使不至曠敗乃善。輅孫骨相精神，長當有立。輔亦漸覺長進，可好看之。

所喻先天之說，後來看得如何？若如所論，即天人各是一般義理，不相統攝矣，恐更當子細玩索也。近見朋友殊少長進，深可憂慮。任伯起到此，昨夕方與痛說，覺得上面更無去處了，未知渠能領略否耳。廣西寄得《語》、《孟》說來，細看亦多合改。以醫藥之擾，未得專心，方略改得數段。甚恨相去之遠，不得子細商量也。

伯起說去年見陸子靜說游、夏之徒自是一家學問，不能盡棄其說，以從夫子之教，唯有琴張、曾晳、牧皮乃是真有得於夫子者。其言怪僻乃至於此，更如何與商量討是處也？可歎可歎！浙中旱甚，當宁憂勞，聞之令人恐懼，奈何奈何！

江西除命緣上封事云云。上感其言，故有是命。諸公初只欲與郡，上命與此。更有少曲折，甚可疑怪。大抵此番盡出聖命，❶或者以爲不當力辭，其說亦是。但衰悴如此，孤危如此，勢豈可出？初欲且受而臨期請祠，明年四月缺。又思不可不先做張本，已申省辭免矣。得請甚幸，不然，却用前說，以必得爲期耳。

❶「番」，原作「者」，據浙本、四庫本改。

子澄得書，問直卿動静。南紀在長沙，與同官不協求去，未知如何。《愛直堂記》一本謾往，子澄此文勝它篇也。近看《外書》有一段伊川答王信伯之問曰：「勿信某言，但信取理。」不知曾見此話否？前書所論伊川先生語甚善。聖賢之教固不一端，然專執僻見，不信人言，又豈信理之謂乎？此處似更有商量，要非面見不能盡也。

子澄乃令副端章疏言其以道學自負，不曉民事，與監司不和，而不言所争之曲直，又言其修造勞民而已。聞之趙倉，已嘗按之，而復中輟，必是畏此惡名，而陰往臺諫處納之耳。韜仲事甚可笑，今之君子無以大相過者，大率如此，直是使人煩惱也。彼中新宰已交印否？觀其舉措，又似了不得。然今日若無變通，便是管葛之才亦了不得，况於常人？近嘗因書説與兩漕，而林漕才到延平，便以威勢迫脅小官，使之爲縣，是全然不曉會人説話矣，可怪可怪。楊元禮亦爲漕司不取願狀迫换長汀。渠乞來稟議，又不許，却欲以倉檄來辨其事，不知又如何。今時做官，不論大小，直是全然睹是不得。子澄冬至書云已遣家歸廬陵，只與一姪子在彼俟命，則是此消息來得已多時矣。若道一例如是，他人又却無是，只是吾黨便有許多椞磕，亦可笑。豈亦大家行着一个不好底運氣耶？抑亦老子命薄，帶累諸朋友也？

被旨一行，不免一出。但上恩如此，不得不竭其愚。聖德寬洪，必不深罪言者，然亦不能不以爲慮。若便得罷逐還家，乃爲厚幸。

所喻學業大概甚善。此間之約，諸人不見説着，次第不成頭緒。但季通、韜仲説欲相約來後山，若得在彼，亦易相見，衰老之幸也。

轄孫不知記得外翁否？渠愛壁間獅子，今畫一本與之，可背起與看，勿令揉壞却也。此是陸探微畫，東坡集中有贊。願他似此獅子，奮迅哮吼，令百獸腦裂也。

居廬讀《禮》，學者自來，甚善甚善。但亦不易彼中後生乃能如此。前此嘗患來學之徒真僞難辨，今却得朝廷如此開大爐鞴煅煉一番，一等渾殽夾雜之流，不須大段比磨勘辨，而自無所遁其情矣。

日暮塗遠，心力疲耗，不復更堪討論矣。日者多言今年運氣不好，不知得見此書之成否？萬一不遂，千萬與諸同志更相勉勵，究此大業也。

此間朋友間有一箇半箇，然不甚濟事，但不易。其敢來，亦可憐耳。彼中朋友真肯用力者名姓謂何？因書報及，仍略品目之，慰此窮寂之望也。學古、魯叔相繼逝者，可傷。吴伯豐尤可惜，朋友間似渠曉得人説話者極少。始者猶疑其守之未固，後來得子約、張元德、劉季章書，又知其所立如此。不幸早死，亦是吾道之衰，念之未嘗不慘然也。季章書語録去，切勿示人，足令同時輩流負愧入地也。

吴元士曾相識否？昨看王伯照《雜説》，中間有一段理會不得。或云渠嘗學於王公，恐能知其説。試爲宛轉託人扣之，却見報也。

齋中諸友，甚不易相信得及。年來此道爲世排斥，其勢愈甚，而後生鄉之者曾不少衰，自非天意，何以及此？老拙以此衰病之極而不敢少懈，但精力不逮，日月無多，無以副其遠來之意，深愧懼耳。前日鄭齊卿去彼如此，聞後來亦有一二如此者，初甚慮之，近亦漸漸開明，甚悔當昨不且留之也。

所説論致仕文字，其大概止爲一二人。如減年，乃指沈正卿而言。初亦疑此語迂回無下落，以「宗師」之語推之，意其爲沈。而近得元善書，乃云果爾，則此自無可疑。而城中諸人苦相沮抑，不令剡奏，爲可罪也。然此文字三月半間已得之，後來節次有便，而游宰以爲渠有專人，又便有回信，不若令帶去爲便，遂以付之。渠乃遷延至此，不知今文字在何處留滯。若今尚未到，則便遭論列，亦是本分，怪他不得矣。然此如破甑，若不打破做兩片，亦須打做兩截，不復能顧慮也。詔旨正爲戒敕僞黨不得自比元祐，想已見之。器數命題却已寢罷，然此等事亦有士人合理會者。前日之弊乃爲泛濫細碎，徒擾擾而無益。今遽罷之，又不究其弊之所自來。大抵此輩用心豈復更有是處？自不須論也。林正卿歸自湖外，少留兩夕，亦頗長進。但恐將來流成釋、老耳。其弟學履安卿中間到此，近寄得疑問來，亦看得好，甚不易。一書報之，可分付入試朋友，俟其到城日付之也。題壁揭牓者，正不足怪。但不易諸生能自安於是，賢於子合矣。初見渠時，聞其説曾子寢大夫之簀，以爲不欲咈季孫之意，便疑其意趣之不高。後來講磨，尚庶幾其有改，不謂止是舊來見識也。

想聞子約之亡，重爲吾道傷歎也。近事似稍寧息，而求進者納忠不已，復有蘇轍、任伯雨之奏，想已見之，大率是徐、葉耳。然似此紛紛，何時是了？兩日無事，閑讀《長編》，崇、觀以來率是如此，甚可懼也。

子約之亡，傷痛未定，而季通八月九日又已物故。朋友間豈復有此人；尤足爲痛哭也。但其家至今未得的信，只魏才仲自桂林寫來。前日李彦中歸道長沙，見子蒙及趙澧説得分明矣。今年不知是何厄會，死了許多好人。老拙尤覺衰憊，非昔時比。藏府不秘即滑，脚弱殊甚，杖而後能行，恐亦非復久於此世也。

季通之柩已歸，陳坂上對面一寺中。蓋先買得一小地在其前，只今冬便葬也。萬事盡矣，尚何言哉！一慟之餘，行自病也。

向留丞相來討《詩傳》，今年印得寄之。近得書來云，日讀數板，秋來方畢，甚稱其間好處，枚舉甚詳。不易渠信得及，肯如此子細讀。如趙子直，却未必肯如此。渠前此見《中庸説》，極稱序中危微精一之論，以爲至到。亦是曾入思量，以此見其資質之表。惜乎前此無以此理謦欬於其側者，而今日聞之之晚也。所論曾皙事甚佳，但云道體虚静而無累，恐鈍滯了道體耳。吴元士説六十律爲京房之謬，亦是。但前此所扣，乃是只以十二律旋相爲宫而生六十調，非爲六十律也。

二孫隨衆讀書供課，早晚教誨之爲幸。鄭齊卿亦要去相從，渠此幾日却稍得。然以病倦，不能聽其講解。念其志趣堅苦，亦不易得。可因其資而善道之，度却不枉費人心力也。致仕文字爲衆楚所咻，費了無限口頰，今方得州府判押。但求保官，更無人肯作，只有伯崇一員。或者以爲俞山甫必肯，近以書扣之，乃漠然不應。今不免專人去問田子真，想不至有他詞也。

禮書便可下手抄寫，此中却得用之相助，亦頗有益。南康李敬子與一胡君同來，見在書院。敬子甚卓立，然未細密。胡君堅苦，讀《喪禮》甚子細，亦不易得。永嘉林補字退思者亦暫來，其人甚敏，然都不曾讀聖賢書，只一味胡走作，甚可惜也。彼中學者今年有幾人可更精切，自做功夫，勤於接引爲佳。

收近問，知齋館既開，慕從者衆，尤以爲喜。規繩既定，更且耐煩勉力，使後生輩稍知以讀書脩己爲務，少變前日淺陋儇浮之習，非細事也。

益公每得一書，必問昆仲動静，且云嘗附書，不知已達否？此便回，能以數字報之亦佳。仁卿不殊此也。

致仕文字州府只爲申省，不肯保奏。此亦但得粗伸己志，不暇求十全矣。旦夕當附人去，成敗得失一切任之，不能以爲念也。通老來未？志仁能與俱否？病倦，不暇作書，煩爲致意，春暖一過此爲幸。公度必已至，亦未及書。謙之數字，可付之。此間朋友不多，亦未見大有進者。然早晚略得舉揚一番，亦不爲無補也。試後江浙間必更有故舊來，恨直卿不在此，不得與之商量耳。此理要處無多説話，不知如何人自不曉？以此追念伯豐，愈深傷惜。如子約輩，亦不謂其所造只到此處，❶便死却也。李公晦《禹貢集解》編得稍詳，今附去試看，如可用，可令人抄下一本，别發此册回來爲佳。

二孫切煩嚴教督之，聞外邊搜羅鼎沸，如今便得解，亦不敢赴省，况於其他？只

❶「造」，原爲墨丁，據康熙本補。

可着力學做好人，是自家本分事。平時所望於兒孫者不過如此，初不曾説要入太學、取科第也。致仕文字近方發得去，度今尚未到，聞已有臺章指目矣。此却是城中諸賢牽挽之力，他人不足責。曹晉叔老大隱約，號爲有思慮者，前日聞有此章，尚以不及見止爲恨，不知此是何等見識？處事不問義理，只顧利害，已爲卑鄙，況今利害又已曉然，猶作是論，真是不可曉也。彭子壽行遣想已聞之，此事是放了徐子宜，又要个人填窠子，圖得舊話加色，❶一番光鮮，不知如此有何了期也。渠前日有一書，今附去。似亦是去年秋間附來，近方到，不知有何語也。書社甚盛，以善及人而信從者衆，亦非細事。可且勉力講論，令其反己，着實用功爲佳。然此外亦須防俗眼讒口横生浮議也。禮書附疏須節略爲佳，但勿大略。

彭子壽、劉德脩二事想已聞之，楊憚之説何言歟？吁！可畏也！

借得黄先之數册陸農師説，初意全是穿鑿，細看亦有以訂鄭注之失者，信開卷之有益，俟用之行，附去看也。

所喻惺惺之説甚善。但見説講授亦稍勞，似當節省并合，令其簡約，庶可久也。

二孫在彼如何？書社諸事既有條理，想自不容其違犯。更望痛加鞭策，少寬暮年却顧之憂，千萬千萬！小四郎與劉五哥莫須常來咨問否？雖不在齋中宿食，亦望有以遥制之也。

致仕文字雖已得之，但諸賢切齒怒目之意殊不能平，不知更欲如何搏噬，姑亦任之耳。

❶「話」，原文後小注云：「話」疑當作「畫」。

用之去時所附書想已達，所帶去文字想皆見之，今則此等功夫全做不得矣。精舍相聚不甚成條理，蓋緣來有先後，人有少長，鄉有南北，才有利鈍，看文字者不看大意正脉，而却泥着零碎，錯亂纏繞，病中每與之酬酢，輒添了三四分病。以此每念吴伯豐，未嘗不愴然也。履之兄弟却差勝，若更加功，或恐可望耳。伯崇已赴官番陽，留其季子在李敬子處，姿質亦淳謹，但未有奮迅拔出之意耳。

人家禍患重復如此，可畏。此又豈章子厚之所能爲耶？

古之禪宿有慮其學之無傳而至於感泣流涕者，不謂今日乃親見此境界也。前書所説常惺惺，此是最切要處。諸朋友行持亦頗見功效否？向來學者得此一番試過，虚實遂可辨，殊非小補。王子合前日過此，觀其俯仰，亦可憐也。

普之却能如此，甚不易得。《禮》書病起亦怕看，却只看得少閑文字。元來世間文字被人錯注解者，只前人做下，才隔一手，便看得别，而況此道之廣大精微也耶。諸生相從者，亦頗能有志否？近報時學小變，舉子輩往往相賀，然此豈足爲重輕耶？

致仕且是己分一事粗了，然外面攻擊之意殊未已，不知更待如何，可付一笑。但前日得劉季章書云，孫從之得郡，非其自請，乃復被繳，適病牙癰，已逝去矣。看此亦是吾黨同一氣運，不得不然，非但虎食其外也。季章又云，彭子壽相見亦甚衰悴，題目不小，想見憂懼，然亦正自不必如此也。所説大規摹、細功夫者甚善，諸朋友中必有向進者，恨未得從容其間耳。

精舍諸友講論頗有緒，通老果如所論，

甚慰人意。得渠如此，所助非細，非他人比也。但渠到此，適以病倦，又以諸幼疾患爲撓，不得甚與之款曲。以此知人之學所以不進，只緣從初無入處，不見其有可嗜之味。而所以無入處，又只是不肯虚心遜志，耐煩理會，更無他病也。所論犖仲至兩句，切中其病。前日與語，正怪其如此。渠苦心欲作詩，而所謂詩者又只如此。大抵人若不透得上頭一關，則萬事皆低，此話卒乍説不得也。二孫久煩教誨，固不敢以向上望之。但得其漸次貼律，做得依本分舉業秀才，不至大段狼狽猖獗足矣。

伯謨自去秋病不能食，中間一再到此，甚悴。前月晦日，竟不能起。以其胸懷趨操，不謂乃止於此，深可傷悼。而母老家貧，未有可以爲後日之計，又深可慮。想聞之亦爲一愴然也。

伯崇之子見留精舍，隨敬子作舉業，亦淳謹朴實可喜也。仙遊不成舉措，然與今之受「不係僞學」舉狀者，分數亦不多争。前日得致道書云，鄭明州臨行欲薦潘恭叔，恭叔對以必於章中刊去此説，然後敢受，鄭亦從之。此亦差强人意，而在鄭尤不易。聞楊敬仲乃大不以爲然，不知今竟作如何出場也。

外間汹汹未已，樓大防亦不免。聞林采訴冤於朝，已下本路究實。先所委官見其案牘駭異，不敢下筆，已改送他官，如其所請，此諸人擣剥已盡，或須作語頭來相料理。老朽寧復計此，一聽諸天而已。伯謨不幸，前書報去。未去時，亦安静明了。但可惜後來一向廢學，身後但有詩數篇耳。然亦足遠過今日詩流也。

通老到彼，住得幾日？講論莫須更有

進否？已勸渠莫便以所得者爲是，且更鄉前更進一步，不知後來意思如何也。渠説冬間更欲來訪，但恐迫於赴官，不能款曲耳。

諸生仍舊相聚否？此間朋友只南康節次有人來，甚不易得肯向此來。如盧陵處，即全未有轉動意思也。知彼中誨誘稍有次弟，甚慰所望。諸人誰是最精進者？因來喻及爲佳。

齋中朋友終年相聚，當有極精進者。此間諸人來去不常，然氣習偏蔽，各任己私，亦難盡責一人不是。大率江鄉人太的確而失之固執，此間人太平易而流於苟簡，此古人所以有矯性齊美之戒也。今敬子已歸，臨行又與安卿不足，只恐向後精舍規繩又曠闊耳。安卿將來却須移出舊齋，自不與精舍諸人相干也。《禮》書須直卿與二劉到此并手料理，方有汗青之日。老拙衰病日甚於前，目前外事悉已棄置，只此事未了爲念。向使只如余正父所爲，則已絶筆久矣。不知至後果便能踐言否？予日望之也。

病日益衰，甚望賢者之來，了却《禮》書。前書所説且從閩宰借人，先送定本及諸書來，如可，用之歲前能上否？渠送得《冠禮》來，因得再看一過，其間有合脩處尚多，已略改定，如前書入《名器篇》者，却移不得。及重編得《冠義》一篇頗穩當。然病衰，精力少，又日短，窮日之力，只看得三五段。如此若非儹促功夫，未來了絶也。❶以此急欲直卿與用之上來，庶可并力，❷此外無他説也。

---

❶「來」，《正訛》改作「便」。

❷「力」，原作「以」，據康熙本改。

鉅鈞到彼，煩直卿鈐束之，勿令私自出入及請謁知舊。有合去處，亦須令隨行，不可令自去。早晚在齋隨衆讀書供課之外，更煩時與提撕，痛加鐫戒，勿令怠惰放逸，乃幸之甚。

子澄遂以憂歸，聞之驚駭。渠素體羸，能堪此苦否？今有一縑，煩爲貨之，置少酒果食物，往致奠禮。鄙文一通，并煩令人讀之也。直卿向留東陽之久，做得何功夫？《詩》及《論語》看到甚處？因便喻及。

所示《論語》疑義，足見別後進學之勤，甚慰所懷。已各奉報矣。

喻及讀書次第意思，甚善甚善。且更勉力，以俟後會。但未知幾時能復來？此間少人講論，殊憒憒也。

見謀於屋後園中作精舍，規摹甚廣，他時歸來，便可請直卿挂牌秉拂也。作此之後，並爲直卿作小屋，亦不難矣。

道間看得格物意思稍覺通透，日前元未曾説着緊要處也。講學不可不熟如此，可懼可懼！

目疾不觀書，緣此看得道理亦漸省約。不成不讀書後，便都無道理也。所論氣稟之病固然，然亦大段着力，乃能去之。近日爲朋友説「滕文公」首章，有些意思，他日相見面論之也。

膚仲寄此來云，陳是陸學，王是吕學。以今觀之，王是矮子。渠乃疑爲直卿之文，不知前日所試果如何？

歲晚矣，何時定可來？前日因書，亦以直卿昆仲告鄭帥。此公厚德，能一見之否？來時恐亦須人，便中報及，當爲作諸公書去也。書會此中無有，已囑子約，但殊未可必。旦夕更囑祝汝玉，若得在衢，尤便也。此中已爲圖得一小屋基，但未有錢物造得耳。

示喻讀書次第甚善。但所論先天太極之義，覺得大段局促。日用之間只教此心常明，而隨事觀理以培養之，自當有進，才覺如此狹隘拘迫，却恐不能得展拓也。

聞有奏事之命，前月廿五日，方被省劄。見已寫書，只一兩日，須可遣人。得請固幸，萬一不得，即不免再入文字，而往前路衢、信以來聽命，又看如何。似聞上意頗相念，而士大夫亦多有以爲言者。此亦似一機會，但覺得事有難得盡如人意者，脚甚澀，懶向前。道之興廢，只此一念間亦可卜得八九分，不必勞蓍龜也。

所遣去辭免人病久未還，昨日便中方被告劄，但又忽有召命，云是謝坡所薦。旦夕申省辭免，萬一未允，即欲再辭，而以封事并進。前日者太草草，已別草定甚詳。到彼亦不過是許多説話，况口説未必得如此之詳，又免再出頭面一番。若其可取，徐出未晚。不然，則魏主奚少於一夫耶？省狀稿録去，❶只呈二公，勿示他人。試爲思之，并與仁卿、景思商量，度亦無以易此也。

聞欲還居此來，甚慰，不知定在何日也。但授徒之計復何如？此中甚欲直卿來相聚，然恐此一事未便，不知曾入計度否耶？

覺得歲月晚，病痛深，恐不了此一事，夢寐爲之不寧也。近又得正父書目，亦有好處。其長處是詞語嚴簡近古，其短處是粗率不精緻，無分別也。

辭免人度今已到，不知所請如何。頭

❶「去」，原作「云」，據天順本、四庫本改。

勢如此，又非前日之比，只得力辭。鄙意更欲乘此一有所言，亦爲餵鷹飼虎之計，又度得無益於事，亦未必中於語默之宜，且更籌之。若其不可，但只力辭，亦無害於義也。若已得請，便不須説，只恐未允，故有此念。蓋猶是從官，不應默默也。

泰兒挈其婦歸，粗慰老懷。衰遲至此，無復他念。但更得數年整頓，了却諸書。此兒粗知向學，它時稍堪直卿諸人提挈足矣。

此間番陽近有一二朋友來，頗佳。恨直卿不在此，無人與商量文字耳。

湖南初且以私計不便，未可往。今緣經界住罷，遂不可往矣。已草自劾之章，旦夕遣人。若且得祠禄，亦已幸矣。生計逼迫非常，但義命如此，只得堅忍耳。聞欲相訪，千萬速來，所欲言者非一。知彼中學徒甚盛，學業外，亦須説令知有端的合用心處及功夫次第乃佳。徐、葉至此已久，終是脱去舊習未得。近日看得後生，且是教他依本子認得訓詁文義分明爲急。自此反復不厭，日久月深，自然心與理熟，有得力處。今人多是躐等妄作，誑誤後生，輾轉相欺，其實都曉不得也。此風永嘉爲甚。

書來，知甚長進，可喜。近得漳州陳淳書，亦甚進也。今老病無它念，只得朋友多見得此道理，即異時必須有立得住者，萬一其庶幾耳。

聞今歲便欲不應科舉，何其勇也。然親闈責望，此事恐未得自專。更入思慮，如何？通老過此，留三日，已過去矣。誠實可敬，但業未甚修耳，亦非細事。

晦庵先生朱文公續集卷之一

福州府儒學訓導舒鏊校

晦庵先生朱文公續集卷第二

答蔡季通

所喻已悉。但區區方持此戒，不欲輒破之，故不敢承命。亦爲賢者慮之，恐只中甚自愧，便是病根。不若從此痛自斬絶，毋以此等爲愧而深求可愧之實，不必更爲月攘之計，以俟來年，庶乎於遷善改過有日新之功，而胸中之浩然者無所不慊而日充矣。如其不然，則平日講論徒爲虚語，臨事之際，依舊只是平日氣習、世俗常情，某實懼焉。三復來書，竊意方當落筆之時，天下之義理皆小，而此事獨大也。不然，何其與平日講論之言殊不相似也？以左右之高明，區區常竊愛慕，深不欲其如此，故竭底藴。幸熟察而深思之，則不惟某之幸，實朋友之幸，吾道之幸也。昨日讀《通鑑》，至班固論郭解有温良泛愛絶異之資而不入於道德，以至於殺身亡宗處，方爲之掩卷太息，以爲天理人欲之間毫釐一差，其爲禍福之不同乃至於此。今日晨卧未起，得昨日戌刻所貽書，於此心復有戚戚焉，姑遣來人草草奉報。蓋所欲言猶有未及究者，千萬察之。《王公濟所舉似皆古人語，蓋是其入處耳。《王通贊》必是康節所爲，向以爲明道之文，誤矣。若明道，須别有判斷，不止如此也。林氏見思之説，昔所未見。它日携來，恐更有合入别録者耳。《師説》「才」字似作「方」字爲是，此類尚多，今亦未暇細考耳。《樂説》

甚分明，前日因希聖書嘗附幅紙奉扣《通典》子聲之説，不知如何？不能布算，無以見五聲損益與此廿四律同異如何也。陳圖亦未曉來喻，須面論乃究耳。薛説固未知其如何，然觀古人布陳，箕張翼舒等説不一，似亦與今人不相遠。但其分合出入、奇正相生之變，自在主將一時心術之妙計，亦非圖書所能傳耳。《綱目》竟無心力整頓得，恐爲棄井矣。韜仲相聚，想互有滋益。近日《章句集注》四書却看得一過，其間多所是正，深懼向來日用之疏略也。

別後兩日，稍得觀書，多所欲論者。幸會期不遠，此只八九間下寒泉，十一二間定望臨顧也。

《易》欲如此寫一本，彼有後生曉文理者，令寫過。只六十四卦亦得。覺得如此儘好看，此亦《綱目》中生出也。

律管分數甚荷見示，自疑不能皆全分也。前日所看圖子如可傳，煩録一通見寄。❶雖無心力，亦欲略知大概也。《祭儀》《深衣》納去，録畢却示及也。

《大學》改處，他日面呈。權量所未學，豈敢輕議？但以冪寸計之，范説恐非是耳。更告熟考之也。

《律説》幸早爲寄。❷但以聲定律及均絃用聲之説，非面莫扣爲可恨，不知幾時可相會？寒泉精舍才到即賓客滿坐，説話不成。不如只來山間，却無此擾。公濟亦每以此爲言也。曆法恐亦只可略論大概規模，蓋欲其詳，即須仰觀俯察乃可驗。今無其器，殆亦難盡究也。

❶「煩」，原作「頌」，據四庫本改。
❷「爲」，閩本、天順本作「寫」。

精舍數日紛紛，無意思，只得應接酒食，説閑話而已。亦緣屋舍未就，不成規矩，它時須共議條約，乃可久遠往來耳。律書緩寫不妨，曆法莫亦可草定一梗概否？若用先天分數，不知日月五星之屬，遲速進退，皆可於此取齊否？若得此二書成，亦不爲無補於世也。某今歸山間，懶未欲出，意欲從月末間一到雲谷度暑，未知果能動否。恐不能動，即奉約一來家中，相聚數日，殊勝它處惹客生事也。

《程集》近復借得蜀本，初恐有所是正，然看一兩處，乃是長沙初刊時印本。流傳誤人如此，可恨。今謾納去，試爲勘一過。有不同處，只以紙蘸糊帖出，或恐有可取也。蓋陳明仲云亦嘗校定耳。

近看《遺書目録序》「時有先後」以下一節説道理不出，欲更之云：「先生之學，其大要則可知已。讀是書者誠能主敬以立其本，窮理以進其知，兩者交相爲用而不已焉，則日用之間且將有以默契乎先生之心，而於疑信之傳可坐判矣。」

伯諫相見，懸知必論此事。但向來攻之未嘗不屈，喻之未嘗不稱善，而終爲陷溺，不能自解免，恐所謂亦甚然之者，亦未可保。近覺與此一等朋友説話殊敗人意思，不如緘口内脩之爲愈也。

前書所喻公濟論難反復之語，不謂其所見乃如此。初欲歸塗過之，今日已迫矣，恐未能。但恐終亦難説話也，金聲玉振之説皆未盡。

《孟子解》看得兩篇，改易數處頗有功。但塗抹難看，無人寫得一草本。不知彼有後生醇謹曉文理、快筆札者否？俟某復來此，倩得一兩人來，草寫出一本，大家商量爲佳。倉司程書已了，有一本在此，俟來日觀之也。

《綱目》有疑，無問大小，告便筆之。但未知何日可會議耳。

律尺之喻，不謂蜀公差誤乃爾，成書幸早見示。程文《三器圖》中引宋景文說，不知見於何書？說李照黄鍾乃南吕倍聲，即是倍平之法，前輩已用之，不知與今所論者有相犯處否也。《五代會要》納去，看畢并前所携去文字示及爲幸。

昨日已到芹溪，今日略走寒泉，晚即還此，治《淵源》、《言行録》等書。意欲老兄一來，相聚旬日，伯諫之意亦然。《綱目》草册併告帶來，有餘力便欲下手刊修也。

《歐公疑〈周禮〉説》荷録示。荆公必嘗親見其説，但今集中無所見，只有策問一二條，亦略見不能無疑之意耳。新史是紹聖所作，荆公既有此語，史官自是不敢不書也。華詞固無益，然專貴吏材而不及行義，乃當時之深蔽也。時論又大變，旦夕必見及，其兆已見矣。《星經》、《參同》甚願早見之，只恐竄謫，不得共講評耳。

《參同契》尚多誤字，可早作考異示及。納甲之説，《屯》、《蒙》皆用上下卦初爻，何耶？《潁傳》云其先明視，佐禹治東方，吐養萬物。又云吾子孫當吐而生，恐兔之得名以吐之故，但吐養云云，未知所出耳。昨看《周禮·磬氏》疏中引「案《樂》云磬前長三律，二尺七寸，後長二律，尺八寸」，不知所謂樂者是何書？亦告批喻。

石磬，聞平江不難得，欲託人作小者數枚，但不能得合新律。幸爲思之，合用幾枚？其長短厚薄之度如何？幸悉批喻也。

《丹經》甚煩讎正，然亦尚有一二處可疑，當俟面請。《磬説》更無可疑，幸少黜先入之言，而以公共之心度之，則知鄙意之不繆。如《周髀經》，雖區區所未讀，然試以前書所論勾股兩弦之説考之，恐賢者未免錯解古經也。使還，奉報草草。已與諸友約開正同登西山矣。

猿鶴事更煩一哥兄弟子細爲檢。所云雜書，不知是何書？

又韓詩「挈提陬維」，其義云何？上文角根既是辰卯，則此當爲寅位，孟陬東□之維，不知是否？又恐是總言四維也。

「兔者吐生光」，昨日閑思此語，忽記《毛穎傳》有「吐養萬物有功」之句，意此等語必先有出處，故二書各用之耳。或知其説，幸以見教。十二相屬起於何時？首見何書？亦望并及之也。

諸説苟垂示，但《本草》亦止説吐生，而不言其得名之自此也。相屬之説，若以廿八宿之象言之，則唯龍與牛爲合，而它皆不類。至於虎當在西而反居寅，鷄爲鳥屬而反居酉，則又舛之甚者。今亦未敢論此，只欲見得本來出處，更望詳考見報也。

《通典》中説十二律子聲，莫便是清聲否？若如所言，即是廿四律，不用六十律矣。

莆田徐君來，説曆如此。理會不得，今以納呈，渠旦夕須自去求見。但某自曉不得，却爲老兄所累，被人上門，反倒旦夕不免逐旋請教，要略理會得一大概規模，免被人如此熱謾也。

平江磬材，聞不難致，此見有的便告，考定格式，剪紙作樣，一兩日間示及，當往屬相識求之。但觸其弦之説，須依公指定乃佳，不可徇偏説也。

磬式謹領，但求觸弦是兩節事。必如來喻，則既以兩矩齊等求弦，而又以矩之博益一矩之長而觸其弦，亦無害於所謂來歷者。必若勾短而股長，則其一矩爲股者，今雖未長而終必長。其曰股者，蓋即今之短，而以其終之長命之也。又如兩端相望然後爲弦，則來喻固兩端相望，而某説亦未嘗不兩端相望也。但季通欲裁股博之下以觸弦，而某則裁其上爲小異耳，然亦未嘗不合也。但如某説，則簡而通，如來喻，則煩而窒，多所遷就而後合耳。

樂書已就否？因便奉寄示。❶ 近讀《長編》，説魏漢津、劉炳作大晟樂，云依太史公黄鐘八寸七分之管作正聲之律，❷依班固黄鐘九寸之管作中聲之律。正聲於十二月初氣奏之，中聲即於中氣奏之，❸故有廿四氣鐘之説。初看甚駭其説，細看乃知是讀著錯字《史記》，又破句讀了。試檢律書一觀，可發一笑也。一代制作乃如此，令人惋歎。可早就此書，亦不是小事也。

《春秋》無理會處，不須枉費心力。吾人晚年只合愛養精神，做有益身心工夫。如此等事，便可一筆勾斷，不須起念。儘教它是魯史舊文、聖人筆削，又干我何事耶？《易》説俟取得即納去，然亦政自非急務也。

極星出地之度，趙君云福州只廿四度，不知何故自福州至此已差四度，而自此至岳臺，却只差八度也。子半之説尤可疑，豈

❶ 「奉」，《正譌》改作「幸」。
❷ 「七」，《記疑》云：疑當作「十」。
❸ 「氣」，原作「聲」，據四庫本、《正譌》改。

非天旋地轉，閩浙却是天地之中也耶？《雅》、《鄭》二書皆欲得之，律管并望携至，不知何時得來？

郭公《易》書全無倫理，若兵書、曆書亦只如此，即無可觀，但恐偏有所長耳。子直亦是闇中摸索，不知如何見得好處也。《史記》律數源遠，七分爲寸之説亦深疑之，❶但自算不得，不敢堅決去取。今承來喻推析，洞然無復疑論矣。古人文字精密如此，而後人讀之鹵莽如此，甚可歎也。然不能布算，其精細尚未盡曉，更容子細别奉扣也。《啓蒙》所改是否？又「天一地二」一節與天數五、地數五相連，此是程子改定，當時不曾説破，今恐亦當添程説乃明也。林侍郎所論太極，不知是對何人言之？來喻似有闕文，讀者皆莫曉也。

所喻蓍數少參多兩之説甚善，然所積之數，則少陰反多於少陽者八，不知此意又是如何。更須契勘，恐不堪駁雜也。此近得林潭州《易説》，甚可笑。書多重滯，不可寄去，無事可一來觀之也。

律書本子却幸寄示。樂書如何？若能入山，可一并帶草本及俗樂文字來，得以面究其説，幸甚。律管、樂書已領，更容細看，續奉扣也。方分竟如何？若果如此，即空徑三分之説遂不可用矣。以琴爲準，果可定否？恐絲聲緩急亦隨律高下，則不容其自相和耳。前日因書亦略扣湯簿，尚未得報。只恐渠亦未必理會到此耳。《律吕書》舊本莫只在否？便中亦望示及。開通錢小大自不等，不知用何者爲正耶？

廟議亦不盡記，若士大夫以下，自有定

❶ 「七」，《記疑》云：疑當作「十」。

制。但今廟不成廟，即且依程夫子説，自高祖而下，亦未爲僭也。

《易》中七八九六之數，向來只從揲蓍處推起。雖亦吻合，然終覺曲折太多，不甚簡易，疑非所以得數之原。近因看四象次第，偶得其説，極爲徑捷。不審亦嘗如此推尋否？亦幸語及也。

《儀象法要》一册納上。但歸來方得細看，其運轉之機全在河車，而河車須入乃轉，恐未盡古法。試者之如何也。❶

監糴之擾，誠如所喻。今日事無不如此，求學道愛人之君子，殆未之見。斯人之不幸，可勝嘆哉！

某自寺溪入長澗，由楊村以出，所過不堪舉目。有小詩云：「阡陌縱横不可尋，死傷狼籍正悲吟。若知赤子元無罪，合有人間父母心。」區區於此深有所不能自已者，然出位犯分之愧，蓋不勝言矣。

某數日整頓得《四書》頗就緒，皆爲集注，其餘議論，别爲《或問》一篇，諸家説已見《精義》者皆删去。但《中庸》更作《集略》一篇，以其集解太繁故耳。

初欲專人，今但付三八。節中多事，更不别奉問也。來歲之計如何？若作書社，亦宜早有定論。小僧素蒙印可，當遣前受業耳。《淵源録》未成文字，劉子澄又録得數事來，云汪書處似此文字甚多，俟寄去足成乃可傳，毋枉費筆札也。《大學》本敬付來人，看畢早寄及。《論語》方有六篇，亦未成次第，未可寄也。

叔京前夕方行，嘗勸渠日用加持敬之功。渠云能存其心是之謂敬，而某以爲惟

❶「者」，原文後小注云：「者」，疑當作「看」。

敬所以能存其心。論此兩日，竟未能合。觀其主意，又似老兄所論克己之目一般，以此見議論易差。若不實下日用功夫，動加防檢，殆無以驗其是非也。諸友相聚，作何功夫？一日之間，須着一兩時辰作科舉外功夫爲佳。

邑中水禍至此，極可傷憫。此中幸亦無它，兩日後方聞之耳。所喻截米，適有便，已爲言之，未知復如何。但恐藉此以賑被災之民，則不當奪之。府中亦有米來，可就撥也。《語録》已領，餘未暇尋。且此數編玩而繹之，自有餘味，貪多務得，恐却非所宜也。龜山所論諸疑，皆中其病。大概亦只是此一格次第，當時見得都不曾透徹耳。然二先生語中亦間有如此處，必是記者之失。如明道論釋氏下學上達處，則無滲漏矣。其下文説盡心知性，語亦不完也。道義固一事，然體用之殊亦不可不辨。但云義即是道，恐未可也。又性固無不善，其所以有不善，有過，有不及，却從氣禀中來。只如所論，亦未子細。造次顛沛必於是，乃知仁而用力焉之事。若知之未明，則所謂是者，恐亦未端的。此亦須更察之日用之間卓然實見仁體可也。觀過當以「觀」字爲重，蓋觀處用力，則天理人欲賓主分明，而仁體在我者益昭著矣。若但知之而已，則恐未必端的實見也。聖賢指人求仁之方。多是於下學處指示。蓋用力於此而自得之，則安然便爲己得，非若令人縣揣暗料，窺見彷佛，便以爲得也。愚見如此，重蒙下問，不敢隱其固陋，敢率易言之，以求反復。如其未當，更得痛爲鐫磨，復以下喻，誠孤陋莫大之幸。不爾，則自此不復敢致其愚矣。聞又從平甫借《語録》，此殊非所宜汲汲。况温陵已下手刊刻，不數月當成，昨日已寄得十餘板樣來矣。册不甚大，便於齎挈，真學者之幸也。俟其寄來，首當奉去。然文字之外，要當有用心處，乃爲究竟耳。

「觀過」終無定論，如所喻亦未安。愚意却欲只用古説。和靖推説伊川之意甚分明，蓋諸説皆有病，惟是此説獨不費力，但義差緩耳。聖人之言自有如此處，更以上文「苟至於仁矣，無惡也」及《表記》「仁者之過易辭也」者反復證之，則其理亦甚精。晦叔所説比欽夫差直截，但終是迫切，不類聖人語意耳。

伯諫相見，所談何事？其精進固可尚，而賢者之自咎，亦不爲過。前此相聚兩日，固疑近日多事，心志不一，浮躁之習又復發見，此亦不可不速掃除也。《太極説》近看儘有未精密處，已略刊正。其大者如乾男坤女，當爲氣化之人物，不知曾有人如此説否？其下化生萬物，乃爲形化者耳。又主義是指正與義而言，❶蓋此是不易之定理，《大學》所謂至善是也。

子直欲且留此爲踰月之計，俟某後來。❷今欲煩藏用月初下來，就此寫却一兩卷《孟子》，更得一朋友同來尤佳。不煩俟某下，只開月便可來。諸事知已子細，此子直薪米之屬，亦已一一措置矣。此兩日亦只因《孟子》理會得一兩條義理頗分明，如《盡心》之説，舊來不曾下語，覺得諸説無綱領。如《知言》所發明，又别是人意思，試檢會一觀即見也。六君子盡心者也，所以求盡其心也。

❶ 上「義」字，《正訛》改作「静」。
❷ 「後」，閩本、天順本作「復」。

孔子從心所欲，心不盡用。試更求之，便□見喻爲幸。❶「東山」一章全類《詩》之比興，蓋言聖人之道人「人」字恐当作「大」。而無窮進之當有漸耳，❷熟味之可見。可欲之善，誠如所喻，但「行法俟命」一章，前日草草言之，不能無失。更爲參酌見告，幸幸。《文中子》論聖人憂疑處，又作一論題，不知合如何立語？只云聖人憂疑如何，不知可否？若可作，即令諸生試爲之也。伯崇之僕説到官之初儘爲人理會事，至於興作水利，種種躬親，若此不倦，真副朋友之望也。

廣之到彼，有何議論？叔京文字曾論著其得失否？此人回，可示及也。觀過説依舊未安，蓋此二字與《中庸》「致曲」文一同。致曲者，非致夫曲，乃因曲而加功。觀過者，非觀夫過，乃因過而觀理耳。前日之説，尋當改定，却得寄去。《史記》、《武夷集》内上。但《史記》舊點多誤，不可憑耳。《大學》想不輟看，「誠意」兩段，竟尋舊稿不見，別補去如此。可令兒輩剪去舊字，別寫此入其間。明道説「人須自知，知自慊之道」「止有外之心不足以合天地之心」，恐或舊本不載，今可檢寫入。因補此兩段，覺得舊説儘有合整頓處，又是一番功夫耳。《孟》説更煩爲契勘，辭意或小未安，一字不遺，乃所幸願。自覺語意蹇拙，終不快利也。

《答擇之書》并《觀過説》納去，幸爲訂之。始終條理居敬行簡之説則得之矣。昨答書中亦有始終一段，今不復録去也。但所論小人共事之説，則鄙意未能無疑。蓋

❶「□」，原爲空格，康熙本作「中」。
❷下大字「人」字，康熙本作「大」。

君子隨時救世，無必待學至聖人然後有爲之理。又不可强其力之所不足，挾私任智而僥倖於有成。竊意惟循常守正爲可以無悔，顧其間屈伸變化，則自有斟酌，不可至於已甚耳。《易》中論此等處，當無所不盡，更煩考之經傳，令兒輩抄出，它日共詳之爲佳。得叔京書，所論如此。内去一觀，或能爲反復之几幸。

《通書》、《西銘》各一本上内，又一角致兼善處。數日爲渠思講究不精之弊，恐是未能勇革世俗之學，有以陷溺其心而然。不及別書，幸爲致此意也。不得於言，如某之説，則見其强勇迫切氣象，正如釋氏所謂「直取無上菩提，一切是非莫管」之意。如季通所論，則於不動心處取義殊緩，兼文理亦自不通，須作「不」字，乃説得行耳。

所謂一劍兩段者，改過之勇固當如此。然改過貴勇而防患貴怯，二者相須，然後真可以修慝辨惑而成徙義崇德之功矣。不然，則向來竊聆悔過之言非不切至，而前日之書頓至於禮，亦可驗也。自今以往，設使真能一劍兩段，亦不可以此而自恃，而平居無事，常存祗畏警懼之心，以防其源，則庶乎其可耳。《易》説三條，昨亦思之。此上下文本自通貫，前此求其説而不得，故各自爲義而不能相通耳。洗心齋戒，特觀象玩辭、觀變玩占之大者，但方其退藏，而與民同患之用已具。及其應變，則又所以齋戒而神明其德。此則非聖人不能，與精義致用，利用崇德亦頗相類。此下所言「闔闢往來」，乃易之道。「易有太極」，則承上文而言所以往來闔闢而無窮者，以其有定理耳。有是理，則天地設位而易行乎其中矣。兩而生四，四而生八，至於八，則三變相因而三才可見。故聖人因之，畫爲八卦，以形變易之妙，而定吉凶。至此然後可以言盡耳。前所謂「易有太極」者，恐未可以書言也。

《綱目》凡例脩立略定，極有條理意義矣。俟到此，更商榷之。但脩書功緒尚廣，若得數月全似此兩月無事，則可以小成矣。

《九章》之目與《周禮》注不同，盈朒恐是贏不足，勾股恐是旁要，幸更考之見喻也。《小學》册子向時携去，今告早附來，添注此數項，便可上納付匠家也。子澄寄得鄂州本來，今往一本，并《唐鑑》如喻遺上。編懸文字，亦幸早示及。前日因看《孟子》説，覺得「金聲玉振」一義舊説未安，即已改定。其説於樂之節頗有發明，未暇寫去也。大抵八音，金石爲衆音之綱領，絲竹匏土包括於中，而革木二音無當於五聲十二律，故居最後而但爲衆樂之節。不知古人已作如此看否耶？又前日説宫懸用十二律，一懸用七律，判懸以下無鎛鍾特磬之説，不知與古法合否？幸并考之也。

示喻創艾之意甚善，但密切常存戒懼之意，不必如此發作，却未得歇滅，舊病依然只在也。《詩傳》不曾脩，近看《論語》，却儘有合改處。候脩畢，試整頓《詩》説看如何。但精力短，甚畏開卷也。

前書所云，甚恨忠告之晚。常時鄙笑莊周「爲惡無近刑」之説，自今觀之，亦自不易也。月末專望枉顧，餘得面言。

所喻自省之意甚善，然恐病不在此，只合且於存心處事上痛自省察矯革也。某求去未獲，然賤迹終不能安，度更不報，即以罪譴逐矣。此間詞訴近日却絶少，漸可讀書。但直卿既歸，復之又病，數日羸甚，無人商量，文字都不得下筆。此事未知終竟如何，萬一不就，恐爲千載之恨也。

季通可早來，或未歸，得共究此業。或已束裝，亦得道間相伴，遊山玩水也。希聖要來，甚善，有朋友性静向學，能思索檢討者，携一二人來尤佳。其不能此者無益，徒累人也。

《樂説》已領，尚未有深解處，須面扣乃悉耳。《雅樂説》後便幸示及。聞有安定《鹿鳴譜》，亦望録寄。偶得新都八陳石刻本納呈，看畢却告附還。其説與薛士龍者同異如何？并告喻及。需《通鑑》，方此修改未定，舊本太略，不成文字也。近覺讀書損耗心目，不如静坐省察自己爲有功。幸試爲之，當覺其效也。

古樂之説，尤荷意勤，及今見之，殊勝蜀公之方響也。但諸説中頗有未甚解處，及《新書》内論古錢處，前後頗有相牴牾者，又不見今是以聲定律，爲與此尺合之意耳。此皆俟相見面論。今日寒甚，寫字不成也。

《啓蒙》之名，本以爲謙，而反近於不遜，不知別有何字可改？幸更爲思。「費隱」之説，若有所見，須子細寫出，逐句逐字商量，如何？見得上下察是隱處，須著力説教分明，方見歸著。若只如此含糊約度説得不濟事，不惟人曉不得，自家亦曉不得也。且若果如此子細，當時便合引「上天之載無聲無臭」以明至隱之義，不應却引「鳶飛魚躍」至顯之事而爲言，却説翻了也。請更思之。前日已嘗疑此，後來子細反復，逐一寫出比較，見得説不行，此無可疑也。只管如此疑無了時，只費頃刻功夫寫出了，到寫不行處，便釋然矣。

昨日見報，有因奏對極言太極之罪者，累數百言，大率皆攻鄙説。其説甚猷可笑，不知何人所發也。竊恐流布諸書，亦不甚便，更思之如何？

二變之説，甚荷見教。比因修《禮》，編得《鍾律》一篇，頗簡約可觀。大抵盡用本原之書，旦夕當奉呈也。糴米事適間趙簿來問，不知爲請此錢分付晦伯兄弟如何？幸度其可否，速見喻，當以囑趙及元善作書也。但吾輩時運不好，不可自犯脚手，然又不可不爲鄉里計也。

平江人欲遣行，磬式幸裁定示及。黄鍾一均六律，各隨大小畫樣，以所定古尺爲準，各餘半寸以上，以備磨錯乃佳。仍告早示下也。前日所説磨崖刻《河》、《洛》、《先天》諸圖，適見甘君説閤皂山中新營精舍處有石如削，似可鎸刻，亦告以一本付之。《先天》須刻卦印印之乃佳，但篆隸碑子字畫皆不滿人意，未有可寫之人爲撓耳。令伯謨篆，如何？

三圖須作篆，乃有古意，便當遣人送伯謨處也。但磬式股鼓俱大，似是誤筆。今别考《禮》注，畫黄鍾一枚去，幸細考之。若合如此，即别爲作六枚，併此付來也。其厚亦有等差耶？或但長短不同而博厚如一也？并告依此界一側面，使有定論。老兄平時於此極精密，不知何故今此殊草草也。龜兆之説，未曉所謂。不知當近界弦處耶？當遠之也？又不知界弦是龜中直紋耶？是四外邊界也？幸更批喻。

磬式已定，但恐石璞不必太大，四邊只各留半寸許可也。博厚之制，前書誤謂諸律一等，後來細讀，始知其繆耳。《參同》寫得一本稍分明，俟皆了納去，更煩一看，便可刊刻矣。藍家牆界未得消息，築者停手以待。幸早寄信去，得遣一親信人來乃佳。

不然，即且依界築矣。切望留念。省劄至今不到，昨夕忽夢得餘干，想今日必到也。鈞孫在鋪下，切煩三哥誨督之，不可待以朋友之禮也。切祝切祝！南遊去住，當已有決計矣。

公濟「山頭日用功夫」之問，見季通未有端的應答。彼説雖偏，然吾輩之所以自治者如此之鹵莽，幾何其不爲不如稊稗之五穀耶？兩日欲奉扣，因循不暇，亦苦疲憊，無好意思，遂不能及。今請試加省察，果以何地爲進德之基也。歸來又得伯恭書，云學者須是專心致志，絶利一源，凝聚停蓄，方始收拾得上。此言甚當，不敢不以告也。

某衰晚强顔，力不勝事。今又有經界之役，此實一郡利病，所繫不淺，義不當辭，已上奏懇請。今更欲得晦伯一來相助，不知渠肯來否。已有書與之，更告爲勉其行，并爲遊説老丈，得不挽留之，千萬之幸也。向所懇者，曾爲留意否？今偶遣人送劉婿歸，有一二十人。昨承老兄有意見訪，莫若就此同晦伯同途尤便。過此，則州郡遣人又費力矣。《春秋》之説，當俟面請。或未成行，千萬便録大概見示爲幸。

所喻希真事，已語劉戎矣。偶欲出縣，匆匆奉報。别有一二事，令埜專人奉扣，幸垂喻。《中庸》闕板，并望早示及。聞前日談天甚快，恨不參聽其旁耳。

三日來發熱昏冒，不識何證。藥物雜進，殊未見效，良以爲撓。所喻朝聞夕死之意，不勝歎服。然老人之學要當有要約處，恐非《儀禮》之所及也。費隱之説，非不欲剖析言之，但終覺費力，强説不行，不免且仍舊耳。二書脩改處想已了，幸早寄及。

項平父、劉公度同日遭章，必是理會道學公事。項罷新任，劉補外也。

聞到黄蘗，想遍遊一帶名山，多得勝概。然遂欲盡發天地之藏，則癰痔果蓏之不能無憾於見傷。因便寓此，敬問還期。

諸書已領，劄子又略脩改，説得稍平。人亦多説恐有此嫌，鄙意獨謂此乃實情，無可疑者，事定乃知其不誤也。

某杜門如昨，無足言。請祠人未歸，若得如此占，幸甚，但恐消詳未盡耳。三聖必不我欺也。聞林又請對，乞與論者廷辨，且攻横渠甚急。上皆不領，慚沮而退，未知竟如何。

某所遣請祠人竟未歸，不審何説。利往之亨，竊恐未可必也。又爲部中送磨勘告來，今日又不免遣人辭之。此又是别一頭項，費分疏，然亦無甚利害也。别紙所示，詞雖迂緩而意實詆忤，却恐未便。所與元善書，則今早所遣人方行，須後便方得附去。某書中只如初議，萬一不及救止，則此亦無甚利害，與某事體自不同，不必過疑也。《儀象法要》昨因子莊過此再看，向來不相接處，今已得之。元來文字只要熟看，本義已略具備。覺取象之説不明，不甚快人意耳。今文之誤，先儒舊説可證驗處甚多，所欲改更，皆非今日之臆説也。俟月末携去看，恐人多看不得耳。因其人還附此，不知便得達否？

方才仲文字正尋不見，疑智夫借去，乃在書府，幸甚，因便示及也。渠深爲□壽皇所知，自今觀之，不爲不遇，猶復齟齬如此，是可歎也。

味道歸來，説曆書就篇，伏惟歡慶。恨未得窺藩籬也。

《律圖》想甚可觀，然其聲須細考之，令有定論乃佳。切在虚心平氣，不可有毫髮偏滯之私也。

病之復作，次第亦是出謁太早所致。前日固嘗奉告，且勿出入，不惟可養疾，亦且避得招呼之煩。今須且切守此戒也。此外只得寬以處之，平日學問，正要此等處得力也。前書所扣一哥之行，來喻如此，是決不可行矣。直卿只可往來相伴，決不能終歲守諸幼童。謙之聞欲赴補，又未必可挽，而行期已迫。思之，只有鉛山徐子融老成有守，常作小學，已往招之，又未知其能遠適與否耳。

辭免文字甚遜，然不至全然無骨，甚荷憂念也。元善書旦夕遣人即付去。律曆乃千古事，數日細思伊川上富公書，此事亦使人不能忘。但今日月已迫，元善之計亦未必行。近日得其書，云議禮正冗，未暇言政，恐雖言亦不效。蓋覆按使還，又附前議。若果如元善前書之云，令人痛心。但不容效力，無可奈何耳。直卿前日有人來，書中都不説及《通書》注，答書亦忘督之。若有便往，可問之。《太極》、《西銘》前日忘記附去，今付此人，幸視至。郭頤正編《射法》及《馮侯》者可并刊行，恐力不足，即因見夢傳爲言。在渠爲之不難，亦是適用文字，殊勝時文也。

徐貢父兄弟又遣人來奉邀，計須歸來，方得赴其約。然自此亦當重然諾，庶得安居，爲著書養性之計。只管如此衝寒冒熱，東西游走，似非老大所宜，尤非所以學安樂祖師之所行也。

適見小報，元善已得浙西提舉，計是見闕，就彼便赴上矣。曆事當且悠悠，然及此成書，以俟來者，亦非細事也。但疑其不可就者非特趙君，一祛此惑，亦快事耳。它日過此，略帶草本來，及新製律管及書俱來爲佳。俗樂文字亦欲就借。

鴻羽可用爲儀，不知如何解。先儒所謂進退可法者，不知本文有此意否耶？若如鄙意所釋，則不如曳尾於泥中也。眩運之疾，若得静以養之，自當安定。今乃汩汩應接如此，何由可已？如某目疾，亦是如此。今乃終日寫書，不得一舉首，勢必雙瞽而後已耳。《集注》事前日已失究治，今當爲料理，可便作一狀來，送邑中行遣也。來春欲一到精舍，或能俱行，即同往觀尤佳。然須有所託以爲詞，乃爲便也。

《啓蒙》中欲改數處，今籤出奉呈，幸更審之，可改即改爲佳，免令舊本流布太廣也。但恐不好看，亦無奈何耳。

「費隱」儘有説，但日間稍得閑坐，又貪温卷工夫，不暇安排文義耳。

廟記已領，極荷指誨。初欲詳記其本末守禦計謀，後覺字數太多，稍稍□□□□此，然已覺繁冗矣。却是台人□得説□□□□節，費却言語也。其《守城録》台□□□□□□流傳，今但如此提起，有眼目者自應□□□報狀，《岳麓圖》已附去矣。❶

前日所扣竟當如何？幸早見教，以解煩惑，幸甚幸甚！諸事却未聞焚滅之命，《中庸》必已了矣，早得數本爲惠，幸甚幸甚！

得履之書如此，亟以奉呈，恐欲預有所處也。然不必匆匆，但當有以待之耳。葉

❶ 此段十九「□」，原爲空格。

正則遭論，鐫兩秩罷去，并毁其書板。章中已見及，名次甚高，與履之所云相表裏。勢只旬月間，須有處分。又聞前日寒泉會哭，已有告言路者。周元興聞之城下吴生，赴省歸者云然，當非妄傳，亦可略語韜仲也。

昨日亦嘗上狀，不知何故未達。今早又以《中庸集略》附劉醫，乃昨日遺書時所遺也，今想皆已到矣。雨勢如此，豈登山之時乎？需藥遣去，然恐不若安樂師翁所云病前自防也。專門之誚，正卞公所謂「執鄙吝者，非壼而誰？」然今日聞公試之日，諸生簾前一語尤可絶倒，它日當自聞之也。近報十五日車駕已與中宫同詣重華，終日乃歸，軍民相慶，恐欲知也。

長沙之行，幾日可歸？益公相見，亦何言耶？閣記不敢辭，但恐病中意思昏憒，未必能及許教未替前了得耳。向見薛象先盛稱其人，今讀其書，乃知講於陸氏之學者。近年此説流行，後生好資質者，皆爲所擔閣壞了，甚可歎也。

某病軀粗健，但自春夏來一向闕雨，五月以前祈禱猶有應，農功已粗可觀。而六月半後，遂不復雨。聞得數里間一兩刻沾洒，殊不周足。今早禾損及八九，晚田亦未可知。初欲此月丐祠，而事勢如此，如何敢求去？只得盡力救荒耳。楊簽又以憂去，新官未到，今只有星子老令相與同憂，更無分毫好况也。然諸司已有不相容者，旦夕或以劾去不可知，但自不敢求耳。

二書并碑却告因便示及。索詩當時做得數語，後來多事，今已忘之矣。白鹿春卿必能言曲折，田已撥得些小，然亦非久。計要之此等興廢有時，若無人主張讀書，即有田亦無益耳。諸刻今附去一角，雲谷、大隱兩處如何？得馬道士書，云已開堂基，招得一道人在彼。計須量與口食，告就雲谷支也。

細看《啓蒙》，已不必改，只如前日所説改定一句足矣。《通書·樂》上章「萬物咸若」下添解三綱名件，想已有矣。又欲於「齊肅之意」下添「故希簡而寂寥耳」。《刑》章「十二」當作「十一」，「以象再閏」欲添「五歲之象，掛一一也，揲左二也，扐左三也，揲右四也，扐右五也」。只作注字亦得。

《易圖》甚精，但發例中恐不能盡述，當略提破而藉圖以傳耳。《陳法》大略亦可見，當如近日所説，但未能洞曉其曲折耳。《樂圖》煩更問子本，此只有十二樣，而調名之多，何耶？《琴説》亦告尋便示及，千萬！

因山之日已迫，而未有定議，有□詔集議，尋復中輟。昨日不免入狀議之，未知如何也。《大學》後來道中又改「齊家治國」章兩處，不知曾爲刊否？

前日所論，非欲求容，正爲當靈者不靈，恐造物者亦將無以爲造物耳。然此事如此，似已多時。戰國只孟子是理會得底，餘人如醉如夢也。

北方之傳果爾，趙已罷去，蓋新用李兼濟爲諫官，一章便行，未知誰代其任，此可深慮。某辭免未允，而趙已見諸令復如此，更當費力耳。相知者且如此，況新來者情意不通，未必以爲事也。

某昨日冒雨登龍湖，幸無它，但路滑狼狽耳。書堂高敞，遠勝雲谷、武夷，亦多容得人，他時儘可相聚也。

求放之説，其妙無窮，須實用功，乃見之耳。

養正來辱書，乃聞閤中之疾未已，未能此來，殊以悵惘。某此無它，但爲《通鑑》課程所迫，無復優游潛玩之功，甚思講論耳。已看到「後漢章帝」處，只三四日當畢，向後功夫却不多矣。不免且那功夫了却《易》説，未能審思，不知能中理否。南軒已過上饒，得書，書中一紙上呈，幸爲訂之。并昨所説嘗論著者携以見示，幸甚幸甚！遺文上納。二録已領，昨伯崇借《遺書》三册寄還，乃不知分付何人，至今根究未得，極以爲撓。蓋此本最精，比老兄本後來又正了數字也。

伯諫書中説託料理《孟子集解》，今納去舊本兩册，更《拾遺》、《外書》、《記善録》、龜山、上蔡《録》，游氏《妙旨》、《庭聞稿録》、《五臣解》取范吕二説。各自抄出，每段空一行，未要寫經文，且以細書起止寫之，俟畢集，却剪下粘聚也。每章只作一段，章内諸説只依次序列之，不必重出經文矣。兩匠在此，略刊得數行矣。字畫頗可觀，未可印，未得寄去也。但此間獨力，深恐校讎不精，爲後日之累耳。向來見它人刊書重於改補，今乃知其非所樂。大抵非身處之，則利害不及而心乃公耳。

前書所喻「公濟論難反復」之語，不謂其所見乃如此。初欲歸塗過之，今日已迫矣，恐未能。但恐終亦難話也。金聲玉振之説皆未盡，數日客冗，撥忙次得數語如此，今以上呈，可否俟報。某來晚定歸，亦帶過呈伯諫也。《孟子解》看得兩篇，改易數處頗有功。但塗抹難看，無人寫得一草本，大家商量爲佳。倉司程書已了，有本在此，俟來日觀之也。濟之同且在天然，果如何耶？《律説》幸爲寄，但以聲定律及均絃用聲之説，非面莫扣爲可恨，不知幾時可相會？寒泉精舍才到即賀客滿坐，説話不成，不如只來山間，却無此擾。公濟亦每以此爲言也。曆法恐亦只可略説大概規模，蓋欲其詳，即須仰觀俯察乃可驗。今無其器，殆亦難盡究也。《大學》等已令進之料理矣，或入大源，告爲致問。公濟既平心和氣以觀義理之所在，則不患無鄰矣。草絶交之書，似於禪學亦未得力也。觀過之説竟未安，嘗思之矣。

《禮記》納去，歸來未暇子細再看。恐可抄出，逐段空行剪開，以類相從。蓋所取之類不一故也。四十九篇昨來分成七類，《曲禮》、《冠義》、《王制》、《禮運》、《大學》、《經解》、《喪大記》。試用推排喻及，以參得失如何？《大學》亦脩成一書，適詳略之中，細看舊本，乃大有不滿意處，又當脩改也。

欲買《淳熙編類》一本，煩爲問，不知直幾何？便批報，當遣人齎錢去取。臨老旋學做官，甚可笑也。或有可取處，得便令此人取帶歸，却納錢去還之，尤便耳。

「鴻羽爲儀」，恐只是可爲旌旄之屬，無進退以禮之意也。如何？若然，則誠不如曳尾泥也矣。

《中庸》首章更欲改數處，第二版恐須换却，第三版却只刊補亦可。然想亦只是此處如此，後來未必皆然也。且催令補了此數版，并《詩傳》示及也。來日取得來教，却别上狀。

《中庸》所改皆是切要處，前日却慢看了，所以切己功夫多不得力，甚恨其覺之晚也。《大學》亦儘有整頓處，亂道誤人，可懼可懼！

《啓蒙》前日所改尚欠數字，頗覺之

否？《通書》注頗佳，當携往觀也。

東行有日，幸早見過，爲兩夕之留也。北風未聞，想只是虛聲，或其境内自擾擾耳。

所議可善處之，毋至過甚爲佳。遽忘其怒而觀理之是非，此前賢大公順應之要法也。

數日相聚，頗覺兼善有怠緩駁雜之病，而季通責善傷於急迫，又雜以嘲玩，似非以文會友之道。臨行匆匆忘説，顧各矯所偏，以副所望，幸甚幸甚！

子仁留此數日，稍欵。已勸令不如且讀書，理會義理，無爲苦用力於文字間也。

《太極説》脩定，削去後語，只作一統論，意似亦無不盡也。《西銘説》在後，煩爲細看，携過見喻。

伯謙書所説功夫甚善，但所以見推者過當，使人慚怍，不知所措耳。時學波蕩至此，雖細故，亦可驚歎，奈何奈何！《克己贊》所疑不知云何，因便見示。

自覺浸有寬平氣象，甚善甚善。涵泳不已，意味當益深長耳。二友講論不廢，然未值大節目也。

《盡心説》録呈，并呈兼善參詳，有未當處。却以見喻，且勿令齋中諸生傳寫也。前日所寄諸説，有便并望反復。

公濟、伯謙得書否？某歸塗過伯謙，見收公濟書，大段手忙脚亂也。《大學》「誠意」之説以再觀之，果如所論。想它書似此處多，須一一整頓也。

《通鑑》節只名《綱目》，取「舉一綱、衆目張」之義，條例亦已定矣。三國竟須以蜀漢爲正統，方得心安耳。

適已奉狀，尋《大學章句》詳本不見，不

知在書府否？如在告帶來，《參同契》并携來看也。

猶有《歸藏》否？❶有即借來校。此間所藏者，似恐□只是僞書也。❷

前日匆匆，忘記面扣。《大予樂》是後漢樂名，本史《志》必有之。王朴之云，亦是以一爲正，以一爲變。但當時未知變律之説，故以其半爲清耳。要之終不是也。來書且留篋中，以俟面質。

日邊人尚未還，未知行止之決。所示卦象，恐當以《復》卦爲主，則「揚庭孚號」更不着矣。「有攸往夙吉」，而今不可以夙，則有復而已，恐終當用此占也。

《祠堂記》及韜仲書付去人，更一書與劉公度，託渠寫，彼中相去不遠也。克己課程，只是《語録》中説，常有簿子記言動之得失者是也。惺惺語亦是其持敬法耳。

季通無事更能一來否？游誠之得書，方自武昌趨長沙矣。分韻詩當時做不成，今已忘記。若能再來，當爲補亡也。

法器都未見，都昌一二士人好資質，然亦無意於此。蓋是蕭果卿親戚念得蘇文熟了，壞了見識也。可惜可惜！都昌黄氏向來見喻減價糶米，人甚賴之。今出穀萬斛賑糶，已牒請與縣官同措置救恤矣。

旋運只是勞心之所致，小試參同之萬一，當如牛刀割雞也。至之兩日在此，察其意，必不校此，當更委曲曉之耳。

李將若得此人之力，真是笑啼俱不敢矣，可付一笑也。曆議必有所付，但今思之，不得其説，久當自出也。宿逋令埜具

❶「猶」，原爲空格，據《正訛》依朱玉祠堂本補。

❷「□」，原爲空格。

稟，甚愧遲緩，幸更少寬也。

建陽事竟如何？緩急之間，切宜善處爲佳耳。某前月晦日已交郡事，以常情論之，亦不至甚費料理。但衰晚自不當出，又閑散之久，不能堪此煩碎。又不能似衆人漶漫不省事，初到甚覺勞弊。此兩日方少紓，更看旬日又如何也。大抵是不可久住，夏末須力請而歸耳。昨日至學中，爲諸生説《大學》，自此二七日即一到。見謀作濂溪祠堂，廬山有陶淵明、劉凝之遺迹，亦漸次表章之。比罷歸日，須皆可畢事也。但恐迂繆伉拙，時論不見容，即又未知如何耳。山水之勝，目所未覩，埜歸必能略言之。意欲老兄一來，又不能辨人去取，已屬平父，恐可借僕馬一來，甚簡便也。

一出又半月，臨出城，值石宰與順之、擇之更一二朋友來，遂留北巖兩日，同途至建陽而別。匆匆急欲歸奉祀事，故不及遣人相報。然數日相聚，亦苦人多，不得子細講論，未覺有深益也。寒泉拜掃，須在後月五六後，事畢即上廬山，遣人相報，幸爲一來。前嘗有書與小僧説令奉白，及此春雨，種植少竹木，亦道欲遊之意，胡爲乃不達此意耶？更有一小詩謾録呈。山頭如有功役，可及吾人在彼，指撥了之爲佳。小僧稍知向前否？更望提耳痛教告之也。作文之病，時偶論及此耳。欲稍加潤縟亦不難，但亦使急性不得，恐愈草率耳。

《横渠集》告付下婺州，用川本刊成，欲寄此，令補所無也。僧兒云，伯恭説所選之文取其備衆體，或疏通，或典重，或寬，或緊，或反復曲折耳。

陳法雖精，而旗鼓如此，得無有誤三軍耳目耶？甚可笑也。《或問》寫本已檢得，今納上。❶告令寫訖便附下，恐又有差互，要此作底也。

到三山，見膚仲煩致意，所囑文字昨在五夫已爲具草，歸來一向擾擾，又緣卜葬未定，心緒紛亂，不暇整頓，幸且體悉。向後若得功夫，即爲改定寄去。不然，不須等候，送終是大事，此是浮文，自古未聞有無銘而不葬者，切不須等候也。見趙南紀亦煩致意。

所喻謹悉，恨未得登山，以觀瀲灔深碧之地，它非所及也。《太極》文字儲宰云已録寄，并某書及《中庸或問》下册小簡皆往，何爲今尚未到？一哥所寄《集略》，便令對讀，旦夕納去，不及別作答也。封牌所喻得之，但不見三書之意，不知改之爲「三」如何？留疏僞學，以上下文考之，正謂永嘉耳。

《中庸章句》比略脩定，不知可旋開否？如欲之，煩二哥帶寫白人來。

《詩傳》中欲改數行，乃馬莊父來説，當時看得不子細，只見一字不同，便爲此説。今詳看，乃知誤也。幸付匠者正之，便中印一紙來。《中庸》必已了矣。

後山米事若爲鄉里之計，實爲利便。但爲身謀，則吾人今日是何等時節運氣，而可爲此耶？若必欲爲之，亦須先踏逐得能負荷得底人，一以付之，而吾無預焉，乃爲庶幾。不然，則徒使呫呫者得動其喙。區區相愛之深，不敢以此奉贊也。

示喻筮法如此，甚平正簡便，不知何故本法却不如此？恐別有意指也。試更推之，如何？恐在老者陽多陰少，則終爲陽者少；在少者陰多陽少，則定爲陽者亦少。乃陽貴陰賤、吉少凶多之意，不知如何？《小學》誤字再納去數紙，封面

❶「今」，原作「令」，據四庫本改。

只作《武夷精舍小學之書》可也。

旋暈之疾，正當靜養。所需《儀禮》，殊非急務。且其本只兩卷餘是先人點，其後乃某續點。比更欲詳考，則已憚其字小而不敢讀矣。恐亦不能無誤，不足傳後也。細民艱食焦熬，奈何？氣象不佳，令人不知措身之所，❶不謂事勢急迫至此也。

王朴不知變律之法，而自中吕再生黄鍾，則固不得不爲黄鍾之半以爲清聲矣。❷但今變半等律亦生於極，其本則十三弦者皆黄鍾耳。薛宣等事，取其一切果斷爲賢於今之謬政耳，豈以其爲可法哉？

某見治再祠之疏，未能得了，更三五日方得遣人。此請度必可遂，憂世之心、報主之願雖不敢忘，然綿力薄材，了得甚事？不如且跧伏過此殘生也。

印書之舉，不謂末流之弊一至於此。但當速去，無可疑者。必不可轉，則直捐之耳。平生無所不捨，而眷眷於此耶？要之范六丈真聖人也。

章丈敦勸之意甚厚，得伯恭書亦云爾。但冒恩重疊，前後相妨，如擔子輕重，他人不覺，惟擔不起者自知之耳。若辭不得，勢須別作出場，不可又似前年暗默而冒受也。

晦庵先生朱文公續集卷之二

福州府儒學訓導舒鍪校

❶「令」、「措」，原作「今」、「惜」，原文下注云：「今」恐當作「令」、「惜」恐當作「措」。現據改。

❷「固」，原作「圓」，據閩本、天順本改。「清」，原作「情」，原文後注云：「情」恐當作「清」。現據改。

晦庵先生朱文公續集卷第三

答蔡季通

昨日之别，令人黯然。然觀賢者處之裕如，又足强人意也。不審晚間便發程否？前途千萬加意調節，言語諸事，更宜謹密，飲酒戲笑，皆宜切戒。歸來便覺有相窺伺者，次第恐亦不免，久當自知之。一書至直卿，亦煩爲託周幹附去或遞去。前日亦忘此，可見昏罔也。昨日二尺，短者是周尺，長者是何尺耶？是景表尺否？皆望批喻。

自奉别後，惘惘至今，不能忘于懷。計行已過杉嶺，不審道間爲況如何？武陽曾少留否？既不登車，只得緩行，無傷吾足乃佳耳。一路皆有知舊，必不落寞，但恐却有應接之煩耳。某幸無它，諸生既來，遣之不去，亦姑任之。若有禍害，亦非此可免也。但極難得人講究文字，義理深處，便無人可告語。殊憒憒，益懷仰耳。至舂陵，煩爲問學中濂溪祠堂無恙否。某向有一祝版，亦不知在與不在，因風語及也。

别後只得到豐城及宜春書，知途中諸況，足以爲慰。但至今尚未聞到舂陵信，深以爲念。每至讀書講學無可咨扣，無可告語，尤覺仰德之深也。三哥子陵一一安佳。某足疾前日幾作，今又少定，❶未知竟如何。

❶「少」，閩本、天順本作「小」。

但精神日耗，血氣日衰，舊學荒蕪，有退無進，恐遂没没無聞而死耳。《樂》書非敢忘之，但方此齰舌，豈敢更妄作耶？此書決然泯没不得。近看他人所說，更無堪入耳者，不知老兄平日與元善相處曾說到子細處否？但恐子期不曾聽得，便只似不曾說也。近因諸人論琴，就一哥借得所畫圖子，適合鄙意，乃知朝瑞只說得黄鍾一均内最上一弦，而遽欲以論琴之全體，宜乎膠固偏執而無所合也。學不欲陋，豈不信哉！

昨州兵之歸得書，知已到彼，足以爲慰。僦居寬廣，物價廉平，足以度日。此外想無他撓，高懷所處，亦無適而不安也。趙守得書甚留意，寺居雖有約束，然遠郡荒僻，舍此則無以待賓旅，往往亦不能一一遵守。頃在南康，此寺常爲客館。若自遠嫌，不欲居之，則亦無害。更託人宛轉白之，使知曲折可也。翁丞便是德功丈之孫否耶？渠向來坐事，乃尊來見囑，力不能及之，想未必不見訝也。

《禮》書附疏未到，已與一哥說，不若俟斷手後抄之。今只寫得一截，無疏，尤不濟事也。三哥爲況如何？想不廢讀書作文，此間比之家居，更省應接，當日有新功也。此間塊處，有疑無所講，殊覺憒憒。

昨因見人說琴無歸著，謾疏所疑，得數千字。欲寫奉寄，而昨晚一哥方報，今日便有人行，遂不暇及，當俟後便也。或有鄭尚明《琴史》十餘卷，緊要處都不曾說著，只是閑話耳。其書亦是集古今人所說，乃止如此，是凡事不曾有人理會到底也。以法言之，亦當用旋宫法。但恐以諸短律爲宫，則弦不惟不可彈，亦不可上矣。故或說琴只用黄鍾一均，似有此理。然又只成隋文帝、何妥之樂，可笑耳。可預考之，俟寄所草去求正也。頃奉記後辱惠書，❶具聞動息，足以爲慰。居夷當已成趣，但能素位而行，亦何入而不自得也？但聞三哥不快，甚以爲念。計今當已向安矣。覺得渠書中語意似放未下，更當有以開曉之也。《琴説》納呈，幸爲訂其繆，子細見喻。更有一圖，無人畫得。大率與候氣淺深同是一法，第一弦尤可見。其下諸弦乃遞儹向上取聲耳。精舍已空，眼前朋友亦不長進，只前日永嘉一二人來，稍可告語，今已去矣。《參同契》史無縫罅，❷亦無心力思量得他，但望它日爲劉安之雞犬耳。

　到此，見人説趙守家人歸，云自始至投館光孝，而寺僧自言於官，云此人長大，恐不能制，遂移它處。此必戲語，可發一笑也。

「素患難行乎患難」，吾人平日講之熟矣。今日正要得力。想爲日既久，處之愈安，不以彼此遲速貳其心也。趙守易地，後來者不相識，元善必已報去矣。賤迹復挂彈之，❸繼此須更有行遣，只得静以俟之。若得在湖嶺之間，庶得聲問易通，亦一幸也。《律書序》客中不暇檢尋，須俟還家，即爲整葺，後便奉寄也。

　三哥所苦痁疾，想已向平復。千萬寬心將護，着頭緒讀書，涵泳義理，久之有味，自不見得世間利害榮辱之有異也。

　閑中些小疾疢，所不能無。但在我者已看得破，把得定，則外物之來終不能爲吾

❶「辱」，原作「厚」，據閩本、天順本改。
❷「史」，康熙本作「更」。
❸「之」，原文後小注云：「彈之」恐當作「彈文」。

患矣。所喻雖知已放得下，然亦不必大段安排也。趙守長厚，乃遽它適，新侯聞是黄門之後，但無人識之，不知又如何。若得其有家法，思舊事，必能善視遷客也。

所需《律序》，乍歸未暇檢尋舊本，旦夕得之，即寫本寄去。鄙意但能説得有所據依而非蹈襲之意，它不能有所發明也。《禮書》未附疏，本未可寫，以見喻再三，恐亟欲見其梗概，已取《家禮》四卷并已附疏者一卷納一哥矣。其後更須年歲間方了。直卿又以憂歸，前日到順昌弔之，渠云歸安葬畢，却可與履之兄弟大家整頓也。《琴説》向寄去者尚有説不透處，今別改定一條録呈，比舊似差明白。

近至政和，見陳廷臣。朝老。崇寧間以布衣上書論事，謫居春陵，作詩甚多，亦有佳句。陳乃政和人，議論鯁切，不易得也。不知彼中尚有其踪跡否？昨附去《琴説》，有一圖説逐弦五聲者，此却失了元本，煩三哥爲檢録來。只依元本闊狹界行填注，不須更寫前後説也。

精舍闃然，時有一二，亦不能久。法器固不敢望，其能依人口説，着實讀書者，亦自殊少，甚可歎也。間亦自思，此理人人有分，不應今日獨如此難啓發。恐亦是自家未有爲人手段，無以副其遠來之意，甚自愧懼耳。吴伯豐在後生中最爲警敏，肯着實用功，近年説得儘有條理，乃不幸而蚤死。死後聞其立志守節，不爲利害移奪，尤使人痛惜也。汝玉、彦中乃能相念如此，甚不易得。得楊子直書，亦奉問，但似云不敢相聞。前日答之，不曾入題，只云小時見趙忠簡、李參政諸公在海上，門人親舊歲時問訊不絶，如胡澹菴猶日與知識唱和往來，無所不道，秦檜亦不能掩捕而盡殺之，蓋自有天也。以此知人之度量相越，其不啻九牛毛。既可歎惜，又可深爲平生眼不識人之愧也。周純臣頃有一書，託直卿寄之而不能達，却持以歸。今再作數字，并附去奉浼，能爲轉寄幸甚。然須有的便，乃可遣也。陳廷臣在營道不久，故人少識之。然見其詩亦頗跌宕，想亦以此不爲人所敬耳。别幅所示郡中諸賢，聞之不勝悚歎。趙守篤老静退，子弟皆賢，誠不易得。其名謂何？幸批喻也。歐陽君回書幸達之，楊、安諸公恨亦未之識，幸各爲致意也。張舶似亦略曾相識。王參政早歲休官，泊然無求於世，而晚爲秦檜所用，傷害忠賢，助成凶虐，以此得罪於清議。朱衣道士諄諄之誨，豈無意耶？此語密之。《陰君丹訣》見濂溪有詩及之，當是此書。彼之行此而壽考，乃喫豬肉而飽者。吾人所知，蓋不止此，乃不免於衰病，豈坐談龍肉而實未得嘗之比耶？《魏書》一哥已刻就，前日寄來，此必寄去矣。校得頗精，字義音韻皆頗有據依，遠勝世俗傳本，只欠「教外别傳」一句耳。前書亦嘗奉扣弦望之説，❶不知然否？近因再看，又覺主驗明白，新本「金本是日生」，恐誤作「月」字。因來更望詳以見告也。若來喻所謂非入静不能見者，此實至要之訣。但人省爲擾擾，❷不能一意向裏涵泳。《三琴圖》此亦失却舊所畫本，旦夕得暇，當令在子更依候氣説畫出，續寄去也。《禮書》前卷已有次第，但收拾未聚。後卷則儘欠功夫，未知能守等得見

❶「奉扣」，原作「泰和」，原文後小注云：「泰和」恐當作「奉扣」。據改。

❷「省」，原文後小注云：「人省」之「省」字恐誤。《正訛》改作「自」。

此定本全編否耶。楊簿竟如何？江西士人不患不慷慨，但於本領上多欠功夫耳。湯宰所編《黨人遺事》，若曾傳得，幸略見示。

前日丘仲高行後，尋得《律書序》草，今略序定。❶又適有彥中處便人過門，因附以行，度必先丘子到也。年來精力衰退，文字重滯無氣焰。此又是三五年前者，今日亦做不得矣。它所欲言，略具前書，其不能盡者，亦非此所能盡也。序中恐有未是處，更告詳細點檢，一一見喻，不敢憚改也。自餘千萬自愛爲禱。

客中得一二同志早晚講論，想亦不覺度日也。近報令臺諫侍從集議赦條，前此未嘗有此，豈欲大施沛宥，盡釋纍囚也耶？但在我者，只得爲久駐之基耳。諸朋友所讀何書？其所講論亦有可示及者否？此自城歸後，學館一空，亦自省事。閑中却自看得少文字，但昏忘日甚，過眼輒不復記。覺得不是讀書時節，只好閉目静坐耳。《琴説》前已寄去，後又寄改定數字，不知已到未？《律書序》亦已附草本去，因有回便，幸喻及可否也。

周南仲竟不免，近日方見報行章疏，甚可笑也。蘇守已屬計臺矣。三哥不及別書，想閑暇儘得讀書作文也。《參同契》一哥已下手刻版矣，轉看轉曉不得。

霈恩曠蕩，未聞施行，而留趙四公存没之恩皆格不下，未知賢者去住復何如。計高懷必有以處。顧舊山朋遊未得遽承晤，徒爲恨耳。諸喻已悉。偶連日脚氣上攻，今方少下，而右拇緩弱，不能握筆，又亟欲

❶「序」，閩本、天順本作「修」。

上五夫，力疾撥冗，附此數字。似聞有類聚討論之旨，仍有期限。然則不過中春，亦須見得果決。若便歸得，何其快也！

似聞從游之士日衆，其間當有可與晤語者，則爲況亦當不至落寞。旬呈免與不免，本非所較。康節先生所謂打乖，正謂此也。一哥兄弟亦自識道理，曉事勢，凡百忍耐，不至有他。此間如封贈奏薦皆不敢陳乞，元善遣使請祠，已至都下。聞劉、趙、徐、吕之報，❶亦復縮手。平生謾説隨時之義，只是傳聞想象。今日始是身親歷過，與口説不同，想亦深得此味也。

答蔡伯静

《啓蒙》已爲看畢，錯誤數處已正之。又欲添兩句，想亦不難。但注中尊丈兩句不甚分明，不免且印出，俟其歸却商量，今不能久俟也。《筮儀》内前日補去者更錯兩字，今亦并注，可正之。亟遣人還，草此。但看得不甚子細，可更自看一兩過爲佳也。事了能見過，爲數日款，幸甚！

或於《啓蒙》上卷之末添數句云：「卷内蔡氏説爲奇者三，爲偶者二。蓋凡初揲，左手餘一餘二餘三皆奇，餘四爲偶。至再揲三揲，則餘三者亦爲偶，故曰奇三偶二也。」如何？

《天經》之説，今日所論乃中其病，然亦未盡。彼論之失，正坐以天形爲可低昂反覆耳。不知天形一定，其間隨人所望固有少不同處，而其南北高下自有定位，政使人能入於彈圓之下以望之，南極雖高，而北極

❶「劉」，據下《答蔡伯静》當作「留」，留正也。

之在北方，只有更高於南極，決不至反入地下而移過南方也。但入彈圓下者自不看見耳。蓋圖雖古所創，然終不似天體，孰若一大圓象，鑽穴爲星，而虛其當隱之規，以爲甕口，乃設短軸於北極之外，以綴而運之，又設短柱於南極之北，以承甕口，遂自甕口設四柱，小梯以入其中，而於梯未架空北入，❶以爲地平，使可仰窺而不失渾體耶？古人未有此法，杜撰可笑。試一思之，恐或爲即著其説，以示後人，亦不爲無補也。

《天經》已領，其論撰詳悉，亦甚不易。但回互蓋天頗費力，只是近年一般見識，❷不欲惡着古今一个人耳，其心則固深知渾蓋之是非也。然則孰若據實而論之省詞説乎？又況二極交互一説，理似不然。別紙附去，可爲詳之，不知是如此否？尊丈許録示《參同》火候，向見已寫得多了，今必已竟，幸即檢示。前日尊丈書中已云與一哥説，更煩留念也。《步天歌》聞亦有定本，今并就借，校畢即納還也。

《參同》定本納去，可便寫白，并元本寄來，更看一過，然後刻本乃佳。簽貼處已改補矣，一兩處無利害，又灼然是錯誤，即不須改也。玄溝害氣，恐未是説人身内事，方是設譬之詞，緩讀可見也。肝、肺、腎是三物，脾是戊己，無可疑者。定本亦已添入矣。渾象之説，古人已慮及此，但不説如何運轉。今當作一小者，粗見其形製，但難得車匠耳。

《參同契考異》方寫得了，亦未暇再看過。今附壽朋納去，并此中寫本一册、袁本

❶「未」，原文後小注云：「梯未」之「未」疑當作「末」。
❷「近」，閩本作「舊」。

一册、濟本二册，煩逐一對過，有合改處，並貼出，子細批注寄來，容再看修定，方可寫白刊行。丘本不甚佳，然《五相類》篇首却得删了四字遂可讀，❶改得一字遂叶韻，亦不爲無助，可試檢看。以此知讀書不可不博考也。

《參同考異》今以附納，其間合改定處各已標注其上矣。《鼎器歌》中「七聚」，「聚」一作「竅」，恐合改「竅」爲正，而以「聚」爲一作，不知如何？可更審之。若改，即正文此句亦合改也。

自尊丈行後，惘惘至今不能平。適得晦伯報云得近書，又不言已到何處，殊增悵想也。尊堂不審處之何如？不能不以爲念。然當有以寬譬之，此亦無它害，只是如前年遠出一番耳。《輿地志》納還，《皇極經世》及《樂府集》却望檢付去人。

臨川曾景憲書云，尊丈已過彼，有以驢爲贈者，可免徒步之勞也。昨看《史記·曆書》，大餘之數第二年即差，小餘之數第三年即差，以後皆算不合，不知是如何。尊丈必曾説夾，❷幸批喻。尊丈得近書否？此久不聞信息，必是已過莆中矣。《啓蒙》上册三十六版注中「圍一」，「圍」當作「徑」。下册第二版前十卦「占貞」、後十卦「占悔」，兩「占」字。並當作「主」。可便改却此三字，更子細看過爲佳。

鄉見尊丈有琴律吕律圖，欲略借一觀。得檢尋，付去人爲幸。

營道有歸信否？數日與人講論，有得無可告，有疑無可質，始覺尊丈之遠爲可

❶「五」，原作「豈」，據閩本、天順本改。

❷「夾」，原文後小注云：「夾」恐當作「來」。

恨也。

奉告乃知所苦脾疾乃爾。赤土之約，固宜少緩，别俟一信也。公晦之説極可笑，其曲折須面論。尊丈千里遠書，戒賢者兄弟勿爲人所誤，正爲此耳。

尊丈要琴絃，今欲寄去，不知何時有便？須得有信掩或籠箱之屬，置之其中，乃免壓摺損折之患，亦俟一報也。伯謨説尊丈有《素問運氣》節略，欲借一觀。比略編得些小，其間不曉處多，問伯謨，渠亦茫然，未嘗措意。以此知尊丈事事不容易放過，不可及也。

書白字畫不方正，努胸垤肚，甚刺人眼。然已寫了，無如之何。不知鄉里如何似此一向不識好字？豈不見浙中書册，只如時文省榜，雖極草草，然其字體亦不至如此得人憎也。《復》卦處空缺不好看，移在《臨》卦上亦何以異？其勢須着儹帖盡此以後二十餘版。蓋雖只争一字，而篇末一行只有一字，又須儹動後篇，直到册尾也。《考異》俟更子細看，且令刻正經，此更一兩日納去未晚也。浙中字樣，宅上書籍中須多有之。如古本《廣韻》寫得最好，相傳是唐時仙女吴彩鸞日寫十本者。雖未必然，要可法也。

仲撫相見否？聞留衛公得旨自便，而謝給事繳之，以爲恐徐誼之徒援例有請，遂止得量移南劍。儲宰復官，亦是爲謝所駁，乃在銓曹時也。向若用李公晦之策，又須頭撞。然今尚何言哉！

數日探問，未有近信，方以爲慮，得書，知今日可到麻沙，不勝傷痛。想感事興哀，何可堪也！

前日八哥來訪，辱書具悉。此事不族

見屬，但適此痞默，不容發口，已嘗託八哥奉報矣。本欲今日往助墓下之役，因得面言，而累日洩瀉，氣痛攻刺，畏寒愈甚，遂不敢出，其事它日言之未晚。人至承書，知所苦向平，深以爲慰。不知見服何藥？切宜更加將護也。蔬食久亦不便，若不欲食肉，醫家多以藥和肉爲丸啖之，亦助胃氣。既無滋味，自無所妨。況在《禮經》自有權制耶。

昨聞留、趙、徐、呂之報，已令劉二哥奉聞矣。事勢如此，不知尊丈歸期竟如何。當此歲莫，令人慨念不能平也。

《律書證辨》中論周徑處，自「十一其長之分」至「二釐八毫者是也」，此一節未曉，恐有誤字或重複處，幸更考之。

算學文字素所不曉，惟賢者之聽耳。然須得差簡約爲佳，更望留意也。三哥用藥見效，甚慰。先訓尚未得下筆，日困賓客，一事做不得，甚可厭也。

答蔡仲默

周純臣書荷留念。景建書已領，却欲附數字報之，今納去。若春陵人未行，猶可及也。《冠義》曾尋得否？幸因便寄及。

《洪範傳》已領，俟更詳看，然不敢率易改動。如餘子書一面寫，後日早來取。昨日有臨川便，已略報仲憮頗詳。此無益而有害，何苦委身以犯其鋒也？

謝誠之《書說》六卷、陳器之《書說》二卷今謾附去，想未暇看，且煩爲收起，鄉後商量也。漳州陳安卿在此，其學甚進。

星室之説，俟更詳看。但云天繞地左旋，一日一周，此句下恐欠一兩字。說地處却似亦説得有病。蓋天繞地一周了，更過一度。日之繞地比天雖退，然却一日只一周，而無餘也。岐梁恐須兼存衆説，而以晁氏爲斷，但梁山證據不甚明白耳。《禹貢》有程尚書説，册大難送，俟到此可見。稍暇能早下來爲佳。

年來病勢交攻，困悴日甚，要是根本已衰，不復能與病爲敵。看此氣象，豈是久於人世者？諸書且隨分如此整頓一番，《禮書》大段未了，最是《書説》未有分付處。因思向日喻及《尚書》文義通貫猶是第二義，直須見得二帝三王之心而通其所可通，毋强通其所難通，即此數語，便已參到七八分。千萬便撥置此來，議定綱領，早與下手爲佳。諸説此間亦有之，但蘇氏傷於簡，林氏傷於繁，王氏傷於鑿，吕氏傷於巧。然其間儘有好處，如制度之屬，祇以疏文爲本。若其間有未穩處，更與挑剔令分明耳。

示喻《書説》數條皆是，但《康誥》「外事」與「肆汝小子封」等處自不可曉，只合闕疑。某嘗謂《尚書》有不必解者，有須着意解者，有略須解者，有不可解者。其不可解者，正謂此等處耳。

「弗辟」之説，只從鄭氏爲是。向董叔重得書，亦辨此條，一時信筆答之，謂當從古注説。後來思之不然，是時三叔方流言於國，周公處兄弟骨肉之間，豈應以片言半語便遽然興師以誅之？聖人氣象，大不如此。又成王方疑周公，周公固不應不請而自誅之。若請之於王，王亦未必見從，則當時事勢亦未必然。雖曰聖人之心公平正大，區區嫌疑自不必避，但舜避堯之子於南河之南，禹避舜之子於陽城，自是合如此。若居堯之宮，逼堯之子，即爲簒矣。或又謂成王疑周公，故周公居東。不幸成王終不悟，不知周公又如何處。愚謂周公亦惟盡其忠誠而已矣。胡氏《家録》有一段論此，極有意味。

晦庵先生朱文公續集卷之三

福州府儒學訓導舒鏊校

晦庵先生朱文公續集卷第四上

答劉晦伯

示喻文字，非有所愛，顧恐晦伯方欲讀書，則其序不應始於此耳。如何如何？韜仲向語及，欲來春與居厚同爲此來，不知果否？更早得一報，則兒輩不復别爲招客之計。不爾，却須早有定論也。

到此半年，百術俱試，而不足以出餓殍於溝中，不敢罪歲，徒自咎耳。鬻麥既收，船米輻湊，民食幸少寬。而疫氣大作，死者紛然。見此醫救埋瘞，又慮夏末尚須闕米，亦一面措置。若幸過此一厄，則亦且告歸矣。精力凋耗，又非昔時之比。兼離家日久，百事不便，此間俯仰費人心力，易得言語，不容久居也。

浙東學者脩潔可喜者多，楊敬仲、孫季和皆已薦之，諸葛誠之兄弟亦時來相處。但心地不虚，我見太重，恐亦爲學道之障也。彼中亦有朋友過從如此間否？

渠論度量權衡之制甚精，若相見，煩爲求其樣，製造古升古尺古秤各一枚，便中示及爲幸。

仕宦遲速，要有時命。正唯盡心職業，安以俟之，庶幾不失所守。張憲到未？向在浙東同官，甚好士，某所薦楊敬仲、孫季和、項平公，❶渠皆薦之。

❶「公」，原文後小注云：「公」疑當作「父」。

度量素不曾講究，今有書扣之。然此是千古未結絶底公案，恐終未易以一言定也。書煩遺去，并趙憲、程正思、曹挺之書爲一一致之爲幸。程在沙隨寓居處不遠，可并遣也。知趙憲已相薦，甚善。此等物合得終是得，正不須汲汲也。

某以按發贓吏之故，諸公相害不遺餘力。獨賴聖主保全，未至斥逐耳，其勢豈可復出？到官之後，或更有一唐仲友，又作如何處置耶？只得力辭，得罪亦無如之何。但兩脚不可過分水嶺一步耳。

武夷精舍已成，近與諸生往留旬日甚適，但屋宇未備耳。立之墓文已爲作矣，而爲陸學者以爲病己，頗不能平。鄙意則初無適莫，但據實直書耳。余君書來，詞義甚可觀。今有書報之，可就取觀也。

經界事目荷留念，打量法中間劉子禮寫來正如此，以其無奇煩費而忽之。近日較量，此法雖拙而易曉，亦一面雕印下諸邑矣。但今孟冬已盡而指揮未下，恐有陰沮之者。某又見病，旦夕不免上奏爲歸田計矣。讀韜仲書，爲之慨然。此雖作郡，反不若彼得行其志也。此間因不經界，失陷省計以大萬數，故爲不法擾民之計以補之。若不經界，真無下手處也。只漳浦一項官米錢，貳萬二千餘緡，今實催五千餘緡而已。凡事如此，令人大息。昨聞交代有日，適詢劍浦人，乃云來春方歸，不知何故尚爾遲遲也。韜仲書報經界復行，不知却作如何措置，第恐復爲諸司所敗耳。

鹽筴欲行於一州，尚不能勝衆説之排沮，況欲通行四郡，其間豈無見行之法自不爲害之處，而何必爲此紛紛乎？若必爲此，恐其説尤易沮而難行也。應倉自江浙間乍來，固不諳此利病。然當時若一到汀州，親訪民言，更廣詢有識，以審其是然後回奏，亦未爲晚。不知何故忽忽如此？便欲入城見之，以此行蓋難開口説話也。來書所喻，固皆一方永久之至計。然度今之君子決不能用，徒自譊譊耳。趙帥在此，所爲不無未滿人意處。然自今觀之，又豈易得也。學中教養人數頗多，甚不易。既難得人可招致，只可撥忙自到彼中與之講説，就他卑陋處雖劄喚省，庶幾猶不爲無益也。

林帥政事近年已甚艱得，聞其雖嚴而簡，此自爲得體。如鄭溥之，却似傷煩碎，然亦不易得也。

某復得祠，只用省劄令還舊任，更不曾别出敕也。

此間竟未得雨，田之有水者亦有螟螣之災，歲事甚可慮。且是熱氣可畏，日甚一日，未知終如何也。小兒極荷留念，不知作文竟能入律否？看得只合小做規模，庶幾净潔緊巧，❶易照管。渠却泛濫胡説，不勒字數，令人看得心煩。切望痛與鐫切塗抹，令其自改，立限再呈，勿令懶惰，推托放過，乃幸耳。謝公之去，傳者不一。昨日得元善書，乃云以不言罪之。此蓋只爲不協力攻周揆耳，誠甫之傳妄也。輪對文字亦正當，但不甚切。然亦不問那下次第，亦爲所疾。蓋首論正心，近似道學也。自除一黄掄，不知是何人也。密訪往往有之，然重華却照知諸奸朋結之狀時有聖語云：「周有甚黨？却是王黨盛耳。」此語儘鎮壓了，怪事也。聞於中外且得如此，亦是幸事。尤丈本無向背，似與婺尤厚。今亦不免，尚未

❶「巧」，《正譌》改作「切」。

見章疏，不知坐何事也。

某衰病之餘，支吾郡事甚覺費力。諸邑惟漳浦最狼狽，諸事如鬻鹽、子斗、折豆皆非法，子斗者，廢寺之田租也。坐視半年，未有可下手處。近方因有旨條具，輒以一二事爲請。若蒙施行，則科罰之類可以盡禁。經界若行，則子斗之弊亦可革去。折豆見與同官商量，雖或未能盡去，亦可去其太甚。但鬻鹽一事最爲非法，而未敢遽議。蓋郡計所行，萬數不少，一旦失之，便恐狼狽也。經界已得旨相度，奏檢謾録呈。此亦已一面訪問區處，以俟命下，即便施行。意欲及此農隙并力打量田産，攢造文字，夏料便行新税，未知力能辨否。同官中亦有一二人可仗，但四縣須得六七人分頭勾當，郡中須得一兩人總統大綱，乃可集事。意欲奉煩賢者一來，只就郡中檢校，或以時循行諸縣，指教督趣。元禮亦許來，旦夕到矣。不知能爲一來否？可禀知判官丈，如許相助，此有數卒送劉婿歸，得便就之以行爲幸。更欲并邀季通、伯崇一處，可得六七人也。

韜仲近得書否？養士訓兵，想已有條理。此間兩事都做不得，深以愧耳。蓋作郡之勢不如作縣之親也。

經界之議，此間同官商量，正如來喻。但漕司便欲施行，其意甚美，故或初欲先量城市及山坂無田去處。又深計之，亦有未便，不免回申，乞且先分保界、立土封，以俟秋成，而後併手行之。今鉏草子去一觀，若得前期一到此間，與一二同官預定規模尤幸，不必俟臨時也。漕使書又云，開正即欲到此，恐未有益。不若賢者先來議定，却請漕使親臨，以察其當否之爲便也。要是秋中乃來，方有益耳。

經界爲鄰邦陰沮，久已絶望，今日忽得一信，却恐且令此州先行。此是何等處置？廟堂無人，乃使一統之中國有異政，甚可笑也。然今已向春，田功方起，如何更可下手？萬一行下，亦須回申，且俟農隙也。復業之榜不妨早出，但此間田荒已是三十餘年，目下却無逃移，更俟詢訪也。諸論皆切當，紙札之費，諸司或不肯認，此亦可自備。見有一項閑錢，若不因此用却，亦須别作一有利益事，不然，徒爲後人妄費竊取之資也。萬一求去未遂，來年秋冬間當舉此役。是時恐晦伯已赴官，不知更有何人相助。幸爲籌之，便中報及。趙帥之來，留意愈切。但所下約束全無檢察姦欺、督趣逋負之意。因其來問，已力言之。仍爲之言，若更如此數年，鄉官徒守空倉，舉子之家無復得米之望矣。不知渠能信否。大率其政尚寬，未免有要人道好之意，此亦通人之一蔽也。仲宣自連城遣盛僕來此云，提宫丈俸錢尚未得，已爲作書懇趙守，未知能應副否也。季通欲來，不知已起離未？恐其已行，更不作書。或未行，且煩致意也。應城書信已領，手痛未及作答。渠要學記、堂額，當俟後便也。

所論經界利害極爲明白。向見何叔京每持此論，趙若海陛辭日，亦嘗以爲請。但説者多以爲不可行，私固疑之。而楊子直近日過此，亦以爲汀州民力大困，❶如人大病虛羸，未堪汗下，當且厚加調養，然後可以節次調治，其説亦似有理。所與諸司劄子事理甚明，但諸公何嘗以此等事經意？

❶「汀」，原作「河」，據天順本改。

想亦只是虚發耳，未敢望其思量到子直所憂處也。韜仲相度鈔鹽利害何如？兩司之議不協，恐亦終無益也。世間萬事類皆如此，令人慨歎。但吾力所可及者，不可不勉，庶幾隨事有補，救得兩三分也。

向承寄及沙隨古鐵尺，置之几上，忽然失之，不知彼中見有此樣否？如有之，幸爲别造一枚，較令精審，勿令一頭長短乃佳。仍不必鑿苟最名字可惡，只云「温公周漢尺」可也。

經界中間更有無限不好意思，不得不力辭。今决此計，一以明田賦之不可不均，一以使秉權者知士大夫之不可以美官好語牢籠。然此意難以語人，以來喻者默契，故輒及之耳。人來往者傳聞政聲甚美，足以慰所懷，正惟不倦以終之耳。林帥入境，具知吏治美惡，嚴毅有體，甚彊人意，想必能相知也。

韜仲亦得書，説彼中事甚有條理，讀之快人也。如來書簡約，不惹閑事，又自是一種好意思也。

饒廷老歸，聞諸公相許，已有成説。而辛卿適至，以某嘗扣其廣右事宜，疑其可以彊起，乃復宿留。然近又有書懇尤延之，計必從初議矣。萬一不允，不敢憚遠畏瘴。但恐伉拙無補於事，而徒失家居講學、接引後來之益。歲月愈無多愈可惜耳。

薛漕之來，方議所以寬民力者，未得要領，而遽有他除。雖諸公意不苟，然失之此爲可恨耳。直卿罷舉，不復可勸，殊不可曉。書信及諸處書悉煩達之。向令渠奉煩根究笛材，乃欲以驗季通之律者，不知曾根究得否？幸更留念也。

林帥遽至此，可駭可惜！昨夕趙丞

至，方得其書。人生浮脆如此，而某又與之同庚得病，尤覺可懼可懼！章掾事已爲言之，但今年緣與憲車相款，大得罪於鄉人。其實不曾開口説一字，渠問亦不深應，不謂乃得此謗。今此事雖不同，然此亦不可廣也。林帥固賢，然近聞其與憲司不協，亦大有行不得處。豈其神明將去而不思至此耶？抑爲州者固得以捍制使，而使者果不可以察縣耶？大抵范忠宣所謂「恕己則昏」者，甚不可不戒。使渠自作監司，能堪此耶？

長坂鼠輩之擾，兩日未平。縣中得黄德威申狀，云已過羅溪、范坑，屬吉陽界。縣宰昨日親行，募以重賞，計必得之。不爾，亦不過深入山林，四散奔逸，或無所得食，縊死而已，無能爲也。但蔡一哥簡來，乃云後山傳聞賊入石溪，市中驚疑，此決是虛傳。此間亦虛傳賊到大田，即是此一路也。但市中群小却不可不防，鎮官無權，不足恃。此是晦伯當爲鄉里任責，且静以撫之，爲一往，❶使別無變動爲佳。若論長坂之賊，只有七人，尉司申來，已獲兩人矣，決不能來，不須爲備也。

昨日得報，君舉以謝章奉祠而去。未見文字，不曉其由，亦可駭也。少意欲招一同人教諸孫，❷而未有便近可招者，不知知識間有此人否？須得兼通經義聲律，嚴毅通曉，奈煩善誨諭人者乃佳。必不得已，只能作義亦得，其餘則不可闕也。

所喻南安韓文，久已得之，舛訛殊甚。

❶「往」，《正訛》改作「主」。
❷「少」，原文後小注云：「少意」之「少」字疑。《正訛》改作「某」。

蓋方季申尊信閣本及舊本，反將後來諸家所校定者妄行改易。世俗傳訛，競稱善本，誤人多矣。昨爲《考異》一書，專爲此本發也。近日潮州取去，隱其名以鏤板，異時自當見之。今不必寄來，但細讀數篇，便見紕繆矣。

年及告老，乃禮之常，而異議鄉評横爲沮抑，若非臺章催促，幾不得遂。今幸得之，而一二要津亦肯放過，亦是一事結抹，如來喻所謂結五十年之公案者。然閲邸報，猶未免有旁及之詞。只恐諸賢更欲子細看詳，未肯放過來哲手中也。

所喻泉司事體乃爾，亦是地理太遠，事權太輕，其勢不得不然。比見王南卿在番昜本司時，以涔水不辦，親自到彼料理數月，其課遂登。渠精敏過人，其事距今未遠，想尚可訪問稽考也。孫、薛二守一章繳罷，孫又長往，尤可傷惜。大抵時論洶洶，殊未定也。

晦庵先生朱文公續集卷第四上

福州府儒學訓導舒鏊校

晦庵先生朱文公續集卷第四下

答劉韜仲

某還家粗遣，但心耗目昏，老相頓見，雖看書亦不能復如舊日矣。得子澄書，盛稱韜仲居官不苟。前日晦伯一再相聚，亦甚進益。得後來朋友向前如此，老朽無復恨矣。子澄樂於訓誘，知數相見，甚善甚善。伯恭竟不起疾，令人痛恨，非但朋舊之私情而已。

示喻數條，皆切中其病。然迫當去，恐不及改耳。拂衣之舉，尤所未能。比遣人持書入都，兩月未還，計此遲緩，是必將從其請矣。若得脱此，且當恣意遊山，不能聽得世間許多是非毁譽也。

尤川之行，初甚駭聽，亟以書報趙帥，趙帥報書云已奏，俟鈔法定，行差韜仲添充漕司屬官，專一奉行。諸人必未敢動，當已聞之矣。尤川今竟差何人？只此一事，已足見鹽法之弊，漕司何乃全不覺悟耶？所論鹽法皆善，曾與應倉説否？若未，即及早詳告之，恐其爲漕司所惑，誤申却文字也。上四州誠不必盡改，但建寧以東兩邑利害亦與尤劍無異。此等縣道，須别立一法乃佳。若其他有利無害處一例改却，又却害事，反爲汀州及諸邑之累耳。如何如何？《山記》乃煩重刻，愧甚。不知所費幾何？今却勝前本矣。《龜山别録》刊行甚善，跋語今往，幸附之。

又得尊丈書，知莆田未行，已被尤川之檄，朋友深以爲慮。昨日得居晦書云，沙隨已爲宛轉，想必無他，不知竟如何。但鄙意終是不能無疑耳。今雖不攝邑事，而往督賦，正是索千金於乞丐之夫，亦自無下脚手處。若椎敲不恤，則得罪於民；若事不辦，則又得罪於上官。兩者之間，亦須勇决斷置，此恐無好出場也。

鹽筴已悉聞之，帥説王漕亦頗有意相招奉扣，不知定如何。此君累歷州縣，理事亦甚詳細。向來正緣兩下情意不通，所以擔閣至今。若果相問，詳爲言之，得其幡然，一方之幸也。

鹽法利害，曉然無可疑者。王漕不知曾去相招否？此是趙帥從初不與漕司通情之患。若早以規模大概語之，當不至此齟齬也。林守事某既不成入府，閑人又不欲以書懇之，但見趙帥説嘗爲言之，彼雖領略，然未知其果誠實否。與其坐待汰斥，不若先事請祠。且以此意懇二漕少緩其事，渠亦嘗相聽也。❶某答林守書不欲盡言，因見煩爲宛轉，亦所以答其不見鄙外之惓惓也。

讀書既有程課，想日有趣。季通思索甚精，但恐有太過處耳。諸書恐有所疑，疏示一二大者爲幸。

《社倉條目》適平父攜以見過，已商量一一奉報矣。大體最是關防隨行人减尅乞覓之弊，此爲最急。向來某在倉中，專治此一事，其他亦無甚事也。

社倉交足甚善，此足以破浮説之紛紛矣。建陽措置官居晦無以易，收支官恐不

❶「嘗」，四庫本作「當」。

免煩居厚，不知渠肎就否。兩倉闕米，只得且那融。然亦須申請，使知支遣不足之故。蓋此消息不可斷絶也。

示喻社倉已畢，甚善。所差官吏事且循春間例可也。五六月附籍榜，不知平父如何處置？恐可會崇安已如何施行，若未行，即且俟帥司報應，亦未晚也。闕支一節，却須早申，免至臨時費力。建陽火災異常，今時官吏例是如此，不容深責，但可歎喟而已。

道之屈伸，自關時運，區區人謀豈能爲力？但其所論紹聖之事，却錯認了對頭，甚可笑耳。右揆求去復留，殊未知所以。或云只緣何疏有及赦文差互處，係同擬定，或云何別有疏攻之，或云何已補外，皆未審也。葛顔之報亦未聞。元善求滁已諾，緣范有疏禁朝士之求去者，乃且宿留，廟堂亦留此闕俟之。月初輪對，或云已除檢詳，恐未應如此之峻，皆不得端的也。二記當作，但時論正如此，豈是作文字、刻金石之時？近王子合、陳膚仲來求記，皆卻之矣，不復得偏爲韜仲作也，千萬諒之。李簿所説甚善，但此事近亦多弊。今建議者意亦闌珊，未知將作如何收殺也。

晦庵先生朱文公續集卷之四下

福州府儒學訓導舒鏊校

晦庵先生朱文公續集卷第五

答呂東萊

康節恐是打乖法門，非辭受之正。❶伊川再受西監，止是敘復元官，還莅舊職，又可逡巡解去，即與今日事體全不相似，皆未敢援以爲比。欽夫書來，亦云豈可逆料後患而先汩所守之義，此語甚直截。但渠却不曾爲思量如何避免得脱，若只如此厮崖，恐亦非臣子敢安也。千萬便爲盡以此意達之韓丈，得早爲解紛爲幸。

昨嘗奉懇一言於韓丈，又專書禱之，幸早爲贊成，使得速如所志，幸甚。區區所以不得不力辭者，實以無功受爵，求退得進，於心有所不安。若一請不遂，勢必再三，以得請爲期而後已。然又不敢肆然直遂，漠然不以爲意者，則以君臣之義平昔講聞不爲不熟，今此除授，雖未必直由中出，而名爲君命，在臣子之心，亦何敢傲然以不受爲高哉？此所以不免委曲懇祈，宛轉調護，計誠欲兩全公私，不使交病而已。區區此心，非特世俗所疑，雖平生知友，其不哂笑者幾希。度惟忠厚惻怛如吾伯恭者，乃有以亮此心耳。前日申狀及與韓沈書不能盡述此意，幸請爲言之，有以發明某所不能言者。

❶「受」，原作「免」，據閩本、天順本改。

與王尚書 佐

始來不爲久計，不欲多挈孥累。今只一十歲小兒、一孤甥及學者一二人在此，天寒歲暮，官舍蕭然，兀然如一老頭陀，時一自笑且自歎也。廬阜山水之勝，粗快野心。然非休務不敢出，出又不得留，愈覺拘悶。行亦力懇諸公，以必去爲期耳。

某之族祖奉使直閣諱弁，早從中州士大夫遊，文學甚高。建炎初，銜命虜營，見留十七年，全節而歸。又以忤時宰，不及用而死，藁殯西湖之智果院三十年矣。其孫照者貧悴亡聊，不能歸葬故里。今欲只就左近卜地以葬，竊意欲丐台旨，以重其事，庶可必得。今悉令取稟，倘蒙矜許，却令踏逐，別具申請也。

向乞通理夏税，側聞甚蒙尚書同右司文維持之力。但廟堂既無果決，版曹又巧爲沮抑，至今未決，甚可恨也。竊聞檢放文字體式許以見示，久未及請。今願得以爲法，專此拜請，幸即付去人。此事自屬漕司，更告因二漕語次及之，及早行下州縣，令受狀檢踏爲佳。蓋早禾已刈，至八九月不復可辦豐凶。官司但欲罔民多取，而不知僥幸姦民反乘此以欺有司也。

區區按事噬腊遇毒，極爲可笑。然公正之朝不宜有此，亦姑任之。但若竟如此，則荒政亦不復可料理，亦即引去矣。

答趙都運 善譽

向來所呈《啓蒙》，不審已蒙過目否？近覺得有説未透處，頗加改定，旦夕修成，別寄上也。

理財之説，尤切時病。今之所謂理財者，豈復有義？正是豪奪耳。聞蜀中亦苦賦重民貧，不審何術以惠綏之？

與田侍郎子真

引飲想良已，生果安能發渴？却是渴後喜食生冷。此須究其根原，深加保養，不可歸咎求節、諱疾忌醫也。❶比來陰雨過多，氣候不正，元氣不固者多是立脚不住，平地喫交。此一種病尤當過意隄防，莫教隨例倒却也。

吾輩今日事事做不得，只有向裏存心窮理，□外人無交涉。❷然亦不免違條礙貫，看來無着力處。只有更攢近裏面，安身立命耳。不審比日何所用心？因書及之，

深所欲聞也。看前日報行章疏，便要回面汙行，首身投免亦不可得，只得守吾大玄也。

所喻不平者何事？此等大抵無足深怪，所謂漸平者，今乃激而愈偏。大率天下只有一是一非，是者須還他是，非者須還他非，方是自然之平。若不分邪正、不別是非而但欲其平，决無可平之理。此元祐之調亭、元符之建中所以敗也。時事至此，拱手坐視，無着力處，病根豈有窮耶？所得水石，知在何許？恨不敢去一觀耳。閒中所讀何書？天下事既有所不得爲，顧此一事尚屬自己。若又因循放棄，日月真可惜也。

---

❶「求」，原文後小注云：「求」疑當作「末」。康熙本作「末」。

❷「□」，原爲空格，萬曆本、康熙本作「與」。

某一病兩月，將行未果。所上告老之章近聞亦已見卻，勢不免復小紛紜。或恐遂抵譴訶，不可知也。陰邪表裏欺天罔人，方此之時，不能仰首一鳴，以期開悟，而徒爲蓄縮自全之計，永負臣子之責矣。奈何奈何！今從黄守借人專致此書，幸以數字見報。凡鄉來見聞所及，告悉及之。亦懇黄守尋的便附來，必不至浮沉也。聞道學鉤黨已有名籍，而拙者辱在其間，頗居前列，不知何者爲之？及所指餘人謂誰？皆望一一條示也。

昨日季通説舊居山水甚勝，棄之可惜。新居近城，以此間事體料之，必不能免人事之擾。只如使節經由，不容不見，便成一迎送行户。應接言語之間，久遠豈無悔吝？今年尤覺不便，始悟東遷之失計。賢者異時亦當信此言也。片紙所喻，非有疑於二君。但聞是時坐間亦有它客，恐致傳播不便耳。時論日新，于越章、彭、徐、薛諸人必續有行遣，未知輕重遠近如何耳。薛竟不免，枉道果何益乎？某以議陵自劾，恐亦觸諸新貴之怒。然已判斷，不能關念也。

休致文字已申本府，尚未得保明申發。萬一有遲疑，即不免徑申省陳乞矣。比來論議似稍寧息，未知竟如何，正却不削亦反耳。❶衛公計時相見，聞欲徙居盤澗，若爾，即尤相近也。開正晴暖，欲挈舟南下，又憚經由富沙，不免見諸人一番，露頭面可厭，更俟計度。若幸無疾病，即當扶曳，冒昧一行，兼欲見石佛懸泉之勝也。

士子之賢如施、林諸人已相見，皆如來喻。但陳、鄭未見，旦夕訪問之，當肯顧也。

❶「却」，天順本作「恐」。

五日一延見諸生，力爲普説，今頗覺有風動之意。少假旬月，亦當有以少變前日之陋也。聞同官多得同志，甚慰鄙懷。其間亦有相識相聞者，恨無由相會聚切磋耳。近觀時論日就卑鄙，而吾黨之士相繼而出，似猶未艾。天意儻遂悔禍，則亦不爲無可用之人矣。願相與勉旃！荀卿子云：「皓天不復，憂無疆也。千秋必反，古之常也。弟子勉學，天不忘也。」此正區區今日之意也。

某氣痞筋攣，日以益甚。休致文字州府已爲施行，但舉城知舊無一人肯爲作保，不免遠求左右，想無不可。得與僉圓付去人，仍借一得力可託人自持印紙隨之，令俟批上，却將以還，免致失墜，尤幸也。來書前後不同，東閣郎君之説，蓋出老丈。向得其書，亦自言此意甚勤懇。然事始已行，不可復收矣，只得向前，旁人指點一切不能管得。楊子直、黄商伯乞宫觀而遭繳，豈有某却望復職致仕而求恩澤之理？雖至愚者，知其必不然矣。況今不作奏，不通廟堂書劄，而陳乞狀内亦不敢叙歷任年月，其意亦自可見也。昨日又得黄仲本書云，得親戚書，議者方欲申嚴謝事條制。渠是謝胡姻家，語必非妄，此亦似是有爲而發。若但驅逐，不容更在仕路，猶是善意。萬一或是以此速其必來而因以治之，亦無可避之策，只得依經據禮，冒昧向前，看他如何區處。若幸得一章，痛加排詆，置之竄斥不容休致之地，即在我者，亦有辭矣。不審明者以爲如何？昨日作誡父書，託其致意，不知曾相見否？或未見，可借取一觀。然其説亦大概與此相表裏也。欲作衛公書，道此曲折，數日又苦目昏，不能謹書。或因便問及，亦告及之。演山觀瀑之約，夢寐不忘。然須病軀稍堪扶持，及此一事結斷了絶，始可出入，以此反增煩懣耳。渤海方繳陳益之宜春之命，去冬所傳上饒，亦恐是浪語耳。中間議論稍平，僕便疑不久。諸人豈坐受縛者？勢必多方遊談，脅持恐赫，以必勝爲效，自此當漸見之。繳詞未報，其間必有大開闔可想也。

與章侍郎茂獻

頃幸同僚，實深慰喜。雖趣尚之同，彼此默喻，然未嘗得從容傾倒，以圖事變之所終極，而遂匆匆去國，至今以爲恨也。昨聞忠言正論愠于群小，遂以口語翩然西歸。嘗附一書於上饒，少致區區高仰之意，而車騎已遠，遂不可及。但有懷想，不能爲情。近得張元德書，竊聞還家爲況甚適。吾人私計固應隨處而安，但國論大變，日甚一日，令人憂懼，便覺無頓身處。不知上天至仁，何故生此等輩，使能譸張幻惑，以敗人之國家也。昨在經筵，不能上爲明主預陳此説，吾輩亦不得爲無罪矣。於今尚何言哉！尚何言哉！婺女既罷，江陵恐亦難安，得其近書否？念之不能忘也。吕子約經由，曾相見否？諸賢盡去，幾於空國矣，樓、孫獨未知。所謂國是之論，初甚駭聽，徐觀其間，意實微婉，不知還是從之文字否？果爾，亦足以去也。適聞乃是南牀語，亦可見打不過處，恐亦不爲同列所容矣。良齋謝丈奄忽云亡，後進失所尊仰。欲附一書弔其子，而未有以將之，須例後便。❶恐或相見，幸爲及之也。誠齋久不得

❶ 「例」，《正訛》改作「俟」。

信，不知成行否？九級浮圖八級已了，只欠此一級，固當爲天下惜之也。某自四月初大病至今，中間危急，已爲納禄之請。近報未允，前此辭職亦未果決。適聞有疏其名字，牽連四十餘人，以白于上者，如此，則非久勢，須別有行遣。然數日前嘗以《周易》筮之，偶得「遯尾」之占。見乎蓍龜者如此，則亦非彼之所能爲矣，將安避之哉？

解袂之後，亦知世路漸艱，然不謂乃爾之遽也。久欲致一書，以病不能，引領鄉風，徒切歎仰。近得宜春袁推書，具道有問之意，亦知雅眷之不我忘也。

向來從游不款，至今抱恨。顧此衰朽，疾病日侵，恐不復有承晤之期矣。世道反覆，已足流涕，而握其事者怒猶未怠，未知終安所至極耶？然宗社有靈，公論未泯，異日必有任是責者，非左右吾誰望耶？子壽想時相聞，近亦得書，衡陽之櫬當已過彼久矣。初意但恐不得久於零陵，不謂造物者亦復隨俗抵巇也。需及廟議，便欲寫呈，以來使不能俟，當尋的便別寄也。當時不知何故直爾匆匆，更不暇博盡同異，而遽爲毁撤之計，甚可驚惋。豈於是時已有撞壞之徵耶？

廟議固可恨，然自有櫬之，❶乃有大於此者，令人痛心。子壽竟不免，推遷至此，乃是無人肯受惡名。今遂决之，其勇亦可尚也。

昨幸同朝列，雖不得日夕從容，然荷相予之意甚勤。而襟期所屬，以爲可同天下之憂者，如門下亦不過三四人耳。今不幾日而風流雲散，恍然一夢，嫠不恤緯，毋深

❶ 原文後小注云：「然自有櫬之」一句恐有誤字。

此懷，❶而生死契闊，未暇論也。不審次舍即今已次何許？想徑歸清江舊第矣。頃歲經由，見其登臨有江山之勝，交遊中有老成可敬，有士友可親，甚可樂，想爲況亦不落莫，恨不得往從杖屨之遊耳。子壽當已赴江陵，見袁機仲，説彼中形勢事體亦甚可慮，不知子壽何以處之。聞北風殊惡，計恐不可爲久留計也。

德脩得祠，私計亦甚便。但其去日遠，尤使人不能忘懷。補之事勢恐亦難久留，若更去却，真空國而無人矣。昨晚得去相内口書，今想已到于越矣。

答尤尚書 袤

示喻程門諸人行事附見甚善。龜山靖康間論事頗多，今《長編》中全不載，蓋緣汪丈當時編集之際，楊家子弟以避禍爲説，懇請删去，故雍傳即不見其章疏。後來延平重刊《龜山集》，方始收入。他時或作楊傳，不可不細考也。尹和靖被召時，適有臣寮陳公輔論毀程學，尹公在道懇辭，甚可觀。又嘗論講和甚力，皆不可不載者也。《南軒集》誤字有是元本脱誤者，如「召閑」處，則拙者蓋有罪焉。然亦曾寫與定叟，恐其欲有回互，不妨報及。今承疏示，當以示刊者，有姓字處且令鑱滅，後人亦須自曉得也。

奉三月四日手教一通，三復慰喜，不可具言。又蒙封送差敕及所撰族祖銘文，尤切感荷。衰病之餘，復叨祠禄，已爲優幸，而雲臺改命又如私請，便得仰止希夷之高

❶「毋」，四庫本作「每」。

躅，以激衰懦，則又報事者不言之教也。幸甚！誌銘之作雄健高古，曲盡事情，雖或節用行狀之詞，而一經點化，精神迥出。正襟伏讀，使人魄動神悚，知君臣之義與生俱生，果非從外得也。竊謂此文實天下名教之指南，寒鄉冷族，何幸而獨得之！然亦非可得專有之矣，幸甚幸甚！屬以一至城府，歸憩武夷，繚繞還家，賓客書問疾病之擾無一日暇，以故久不得致謝意。然此心未嘗一日忘也。

沙隨程丈忽見過，留止旬日，得款餘論，啓發爲多。如此等人老於州縣，深爲可惜。趙帥招之，折衷奏議之編，功夫亦殊浩渺也。項平父向來紹興，❶同官中極不易得，來教所謂可用之才，誠不易之論。得書知欲此來，未知能自拔否耳。蔡君《律書》已成，簡役精密，❷悉有據依。乃知前人大是草率，恨不令年兄見之。其《曆書》則未就，然大略規模亦與《律書》相似。所謂無零分者，非如來教所疑也。

金陵之喪，中外有識，同切傷痛，而况於交舊之私乎？遠承弔問，凡所以爲之深謀遠慮者，一皆切中事情，無所回避，感歎不已。某昨聞其還，即走紫溪，又聞以柩重難行，恐平父道間少人商議，遂至弋陽候之。幸却不甚費力，一慟之餘，細間密折，❸盡凡令尊兄之所慮者，無不已有其端。今當密與平父協力區處，庶幾不至甚乖剌耳。所幸延哥似却長進，若得數年扶持教養，當成令器。顧恐疾病衰頽，不得終任此責也。

❶「向」，原作「白」，據四庫本改。《正訛》改作「自」。
❷原文後小注云：「役」疑當作「徑」。
❸原文後小注云：「細間密折」等語必有誤字。

彦叙遽止此，可傷。人生危脆如此，又可歎也。圭父爲况如何？連得一書，頗不安跡，似亦不必如此。人生各以時行耳，豈必有挾，然後可以仕哉？聞尊兄亦嘗寬曉之，甚善。平父遭此禍故，初恐其心疾發動，却因此不暇及營造無益之事，反覺安穩。若常如此，可無他慮。幸因書力勸其清心省事以持門户爲佳。

某衰病杜門，苟安祠禄，方竊自幸，上恩不棄，忽復收用。感激雖深，然資淺材疏，詎復堪此？此外曲折又復多端，已力懇辭。諸公哀憐，當爲開陳，使得請也。承問之及感愧良深。陳公必已到闕，不知去住如何？此事自繫天意，豈人力之所及哉？江陵計今已赴，久不得書，不知爲况如何？吴邕州求免遠使，不知得出何策？直以親老丐祠，恐無不得之理。但恐別求任使，則難必耳。羅倅兄弟恐未參識，自江西來者多能道其賢也。程侍郎《禹貢》文字曾傳得否？若有本，便中幸借及。每讀此篇，常恨讀《書》不多，無以考見古今之同異。計其所述必甚精博，所願見也。吴監丞輪對文字亦願得之，不知可以并垂示否？

尚書程公垂問曲折，尤感其意。因見幸爲致謝悃，區區之意，蓋不殊前也。羅兄亦告致鄙懷，皆未敢拜書也。益恭得祠甚善，材業如此，何患不達？政須恬養，以厚本根耳。《禹貢論》得之，開豁甚多，歎服無已。但恨未見畫圖，得爲求之，便中寄示，幸甚。傳畢，當并此論歸納也。伯駿劄子亦幸垂示，它有可見教，不吝及之，尤所望也。

某不孝禍深，早歲孤露，提携教育，實

賴母慈。不幸迂愚不堪世用，不能少伸烏烏之報，而奄忽至此，冤痛割裂，不能自存。幸以今春粗畢大事，音容永隔，痛苦終天。伏承惠弔，并以香茶果實遠致奠儀，仰感勤眷之誠，俯念疇昔之好，拜領號絶，不知所言。襄陽之除，必是見闕，正此哀苦，不敢奉慶。惟是益遠誨晤，而殘息奄奄，不保朝夕，引領西望，徒切悵然。

鄉邦得人之盛，魁選復出其中，甚爲可喜。但所陳取士之策，於人物取舍之際，不免祖襲蘇氏浮薄之餘論。此議肆行，非天下之福，殊使人不滿意。自此脱去場屋，想當別作規橅耳，衰陋何足取置齒頰間耶？汪樞之孫遂進而立於三人之列，想老丈慰意也。荆州之行，寄任增重，今當入境矣。

答郭察院 邦瑞

副封垂示，尤荷不鄙。使任事者於事之幾微每每如此，則尚何朝綱不振之足憂哉？甚善甚善！甚盛甚盛！某衰晚多難，懇辭恩除，未遂私計之便，今不敢復以前請爲説矣。惟是前仕有妄乞施行經界一事，今已住罷，自合抵罪。而反冒褒擢，實無面目可將使指，不免自劾，以俟嚴譴。

忽聞抗疏觸邪，遂去言職，此於賢業爲有光，顧在治朝爲可恨耳。偶在病中，聞之增氣，與士友言，亦未嘗不俯而歎、仰而賀也。鄉黨交遊與有光寵，其何幸如之！

録示諫草，三復永歎，知忠賢得志之難，而吾道果未易行也。然清名直節，足爲里閭光寵，而去一凶人，亦足少折陰邪之氣，於正論不爲無助，此又皆可賀者。

答郭邦逸

吾人之學，要當以明理治身爲本，世間得失正不足深計也。某衰病屏居，尚叨稍食，不復有與世俗較曲直之心矣。聞以前事頗累鄭君，爲之踧踖。尚賴寬恩，不終抵罪也。

志父中秘之除，此却未之聞。泉州之命亦然，山間真如井底也。某昨遣人請祠，今已竟月，杳無還耗。方以爲慮，承喻廟堂已有領略之意。若是監丞兄書中所報，想必得其實。兼林既去，亦須兩下有施行，乃見平平蕩蕩之意也。

奏函必已關乙覽，殊未聞宣召之旨，何耶？承當俯就臺選，來歲發策大廷，始當披腹呈琅玕耳。

答羅參議

時得欽夫書，聞其進德之勇，益使人歎息。郴寇掩擊官軍，反爲官軍所蹙，勢已小衄，但未知終當如何耳。閩中人情却甚安帖，時和歲豐，天所賜也。第州縣以催發上供餽虜之故，頗行刻急裒斂之政，此爲可慮耳。建陽鄉人李秉義□舊嘗從寶學劉丈入蜀，❶今老且病，往投舊識諸將，因來求書，得以附此。渠不敢有所求，但得一顧之寵，亦足以爲重也。元履來山間相訪，適值此便，亦有一書附之。

九月廿日至豫章，及魏公之舟而哭之。

❶「□」，原爲空格。

云亡之歎，豈特吾人共之，海内有識之所同也。自豫章送之豐城，舟中與欽夫得三日之款。❶其名質甚敏，❷學問甚正，若充養不置，何可量也！但云頃在富陽，與尊兄辨論甚苦。是時左右似未以外學爲不然，却與前此相聚時所聞小異，何耶？汪丈日相聚，所講論者何事？當有可見語者。某頃以書論數事，似皆未以爲然者，未敢苟已，復以此書扣之。《論語序》一篇欲寫呈之，書中已言之，而便速寫札不謹，只納左右，幸因語呈似，幸甚幸甚！先生埋銘，頃欲只求汪丈寫，不知見許不。想嘗懇之，不待言也。前書所欲更易數處，欽夫又欲删去一句，乃行狀中本語，不知汪丈以爲如何？乘間試爲扣之。所寄彦豐處書未到，今此便過餘干，却令往取矣。

竊承幕府無事，得以儉游，❸坐進此道，而所以與謀贊畫者，莫非便民聲勞之事，甚休甚休！

示及汪丈書，知已爲《緣况虛志銘》，幸甚幸甚！容附書端父兄弟，借來一觀也。端父兄弟已祥祭，先生德容日遠，益使人痛心耳。《記善録》荷傳示，甚慰所望。亟作書遣人，未及細觀。然其大致可見，於此始得聞和靖言行之詳。蓋其見道極明白，故其言之極平易，似淺近而實深遠，卓乎義不可及也。❹祁居之相見，其議論云何？有可以見示者否？龜山《論語序》本爲世學膠固，學者類多以分文析字、執辭泥迹爲

❶「與欽夫」，原作「真欣天」，原文下小注云：「真欣天」疑是「與欽夫」。據改。
❷「名」，四庫本作「天」。《記疑》云：「名」，疑有誤。
❸「儉」，《正訛》引徐樹銘新本作「優」。
❹《記疑》云：「義」，疑有誤。

務，故有視其所視、遺其所不視之說。但所引用之事，從《莊》、《列》中說作太過，遂致微失本意，却似精粗本末真有二致，所以中間竊以爲疑。非疑其意，特疑其語耳。後見張欽夫、吴晦叔，乃知文定亦嘗疑之，不審尊意以爲如何？幸有以見教。胡仁仲所著《知言》一册内呈，其語道極精切，有實用處。暇日試熟看，有會心處却望垂喻。某於汪丈書中已說及，恐欲見，即爲呈似也。欽夫嘗收安問，警益甚多。大抵衡山之學，只就日用處操存辨察，本末一致，尤易見功。某近乃覺知如此，非面未易究也。明仲兄不及別拜狀，想旦夕從容，有講道之樂。中間說看《易傳》，不知後來所得如何？某亦欲讀此書，如有可以見教者，因來及之，幸甚幸甚！元履、晋叔近皆相見，亦甚瞻仰也。前書懇求書籍碑刻等，不知曾辱留意否？

先生諸書，想熟觀之矣。平日講論甚是，如此奇論，所未及者。別後始作書請之，故其說止此，然其大概可知矣。老兄既知外學之非，而欲留意於此，恐於《論》、《孟》、《中庸》、《大學》之書不可不熟讀而詳味。章句之間，雖若淺近，不足用心，然聖賢之言無不造極，學之不博，則約不可守。今於六經未能遍考，而止以《論》、《孟》、《中庸》、《大學》爲務，則已未爲博矣。況又從而忽略之，無乃太約乎？

某塊坐窮山，絶無師友之助，惟時得欽夫書問往來，講究此道，近方覺有脫然處。潛味之久，益覺日前所聞於西林而未之契者，皆不我欺矣。幸甚幸甚！恨未得質之高明也。元來此事與禪學十分相似，所争毫末耳。然此毫末却甚占地位，今學者既不知禪，而禪者又不知學，互相排擊，都不劄著痛處，亦可笑耳。何叔京秋間相過少款，相與懷想高致者，俱不自勝也。

《知言》後來必已熟看，其說如何？汪丈曾説及否？可否之間，必有定論，因來及之，幸幸！《記善録》細看，却似馮公所見未透，記得無精彩。長者所見莫亦是如此否？

極感留意，以耳目之玩煩長者，愧愧。向附還三書已領矣，書中忘記稟知也。汪丈寄横渠三書來，此爲校補甚多，勢須刊作一本乃佳，蓋補綴不好看也。大抵集中脱誤盡在第二至第五卷中，只換却此四卷亦得也。第七卷中有一論邊事狀，却只於卷末添版便得。恐汪丈事多，告請出爲點對，付之工人，幸甚幸甚！此道既寂寥，而諸先賢之子孫亦復流落不振。自幕府之西，訪其書、恤其人不遺餘力，此亦一時節因緣耶。校書極難，共父刻程集於長沙，欽夫爲校，比送得來，乃無板不錯字。方盡寫寄之，不知今改正未也。張家事已於共父書中言之，不知其人已來未也。人家僮僕乃有如此者，可尚可尚！今士大夫食君之禄不爲不厚，而臨事面謾，辭難就利，無所不至，亦有愧此僕也哉！此書轉託欽夫尋便，亦方索然，無一物可伴書者，可笑可笑。

與羅師孟師舜兄弟

某昨承面喻，將以先公行實見委。始者徒感知遇之深，不自知其不可。既而思之先公平日交游，皆海内老成賢雋之士，其間相處之久、相知之深而文字言語足以發揚潛德者，尚多有之。某之不才，豈宜進越輒任此責？若昆仲以先公嘗一顧之，不欲鄙棄，它時草定行事本末，因使得預討論而致之諸公，則某雖愚，不敢不勉竭駑頓以承命，萬望裁之。又向蒙示教，於輩行間自貶過甚，亦不敢當。自此枉書，幸刊正之。

先公銘文已爲題額，并託上饒程丈書之。字畫淳古可愛，想便刻石也。其間有少曲折，已爲四哥言之矣。

答羅縣尉 南劍沙縣人

讀書治病之説，誠如所喻，但古人之學以莊敬持守爲先，而讀書窮理以發其趣。至於讀書之法，則又當循序專一，反復玩味，一日之課，不可過三五條。譬如良藥，雖無劫病之功，而積日累月，自當漸覺四大輕安矣。

與林安撫 名枅字子方

竊聞開府以來，蠲除逋負以大萬計，號令所下，至簡而嚴，是以舉措不苛而人自不犯。方地數千里，吏畏民安，近歲所未有也。區區仰德，爲日固久，而究觀規摹，斂衽心服，則自今始。乃蒙垂問見聞所及，又有以見高明之度不自賢智乃如此，尤以歎仰。苟有所懷，安敢不盡？顧實未有以塞訪逮之勤耳。又承詢及所知，別紙具禀。恨所識不多，未足以副好賢樂善之意也。

晦庵先生朱文公續集卷第五

福州府儒學訓導舒鏊校

晦庵先生朱文公續集卷第六

與趙昌甫

罪戾之餘，物色未已，不知何以見惡如此之深？甚可笑也。近讀經書不得，却看些古文章，識得古人用意處。然亦覺轉喉觸諱，不敢下筆注解，但時發一笑耳。

來書所喻，似皆未切事情。已細與長孺言之，後有的便，渠必一一奉報。要之今日只可謹之又謹，畏之又畏，不可以目下少寬，便自舒肆。况所謂少寬者，又已激而更甚乎？黄乃以力贊建中而去。前已去者，將有復來之漸，其繼之者與儲以待次者，又不令人入，若非上心慨然開悟發明，善類未有少安之望也。千萬與諸伯仲深察此意，敬恭朝夕，安以俟之，區區不勝真切之望也。昨日得王謙仲書，亦如履常所料，蓋遠方未見近報耳。向讀《學易集》，見其當紹聖、元符之際愁居懾處之狀，令人傷歎。不意今日乃見此境界，宛在目前。試取一觀，亦足以爲法也。

少時見吕紫微與人書，説交遊中時復抽了一兩人，令人驚懼。當時不理會得，今乃親見此境界也。斯遠聞其喪偶，不知果然否？經年不得渠書，想亦畏僞學污染也。

李白詩多説此事，惜不能盡曉。粗窺端緒，亦不暇入静行持。但玩其言，猶是漢末文字，可愛。其言存神内照者，亦隨時隨處可下功夫，未必無益於養病也。

已草拄冠之牘，開歲即上。計較平生，已爲優幸。獨恨爲學不力，有愧初心；著書未成，不無遺憾耳。因便寓此，少致問訊之意。政遠，千萬戒詩止酒，以時自愛。眷集均慶。

答江隱君

每承諄切之誨，若將挈而置諸聖賢之域。顧愚昧未知所以仰稱期待教督之意，而又未得親奉指畫於前，其爲向仰，不勝此心之拳拳！

別紙所喻汪洋博大，不可涯涘，仰見所造之深，所養之備，縱橫貫穿，上下馳騁，無所窮竭底滯。雖若某之蒙昧，誠不足以語此，亦已昭然若發蒙矣。幸甚幸甚！然竊以平生所聞於師友者驗之，其大致規模不能有異。獨於其間語夫進脩節序之緩急先後，則或未同。蓋某之所聞，以爲天下之物，無一物不具天理，所謂「寂然不動，感而遂通」者，舉目無不在焉。是以聖門之學，下學之序，始於格物以致其知，不離乎日用事物之間，別其是非，究其可否，由是精義入神，以致其用。其間曲折纖悉容有次序，而一理貫通，無分段，無時節，無方所。以爲精也而不離乎粗，以爲末也而不離乎本。必也優游潛玩，饜飫而自得之，然後爲至，固不可自畫而緩，亦不可以欲速而急。譬如草木，自萌芽生長以至於支葉生實，不至其日至之時，而揠焉以助之長，豈不無益而反害之哉？凡此與來教所謂傷時痛俗，急於自反，且欲會通其旨要，以爲駐足之地者，其本末指意似若不同。故前後反復之言率多違異，而語其所詣之極，則又不敢以爲不同也。姑論其大概異同之端，以爲求教之目。其他曲折，不敢執着言語，❶以取再三之瀆。要之非得面承，不能究此心之所欲言也。

伏辱墜教，所以訓督孜孜不倦，有加於昔。顧惟庸昧，重勞提耳，既感且愧，不知所以爲謝也。

始者獻疑，亦非敢以所示大旨爲不然。但疑「精義入神」一句文義或不如此，恐如所論，則日用方外之一節，似少功用耳。及蒙垂喻再三，每加精密，讀之怳然自失，於直截根源處更無纖芥可疑。只是「精義入神」一句，依前未免扭捏。愚謂大體已是正當，即不須强以此句説合，費多少心力言語，於道體無所發明，於文理反有所累。某竊終疑之，願平心以觀聖人立言之意，當信某非敢妄言，而此句工夫自有所謂，不但如來喻所指而已。拙於文詞，又迫私冗，來使不能久駐，然此非難知，以吾丈高明，尤不難見。若無「義以方外」一節，即儒者與異端又何異乎？此似未易以内外隔截看也。前書别紙變化、機要二者之分，亦非愚妄所曉。竊意聖賢之言則一，而見之淺深在學者所證，本非有預如此分别也。昔有人見龜山先生請教，先生令讀《論語》。其人復問《論語》中要切是何語，先生云皆要切，且熟讀可也。此語甚有味，乍看似平淡，没可説，只平淡中有味，所以其味無窮。今人説得來驚天動地，非無捷徑可喜，只是味短，與此殊不倫矣。且看《論語》中一句一字，

❶「着」，原作「普」，原文後小注云：「普」疑當作「着」。萬曆本、康熙本作「着」，現據改。

孰有非要切之言者？若學者體會履踐得，皆是性分內緊切慤實事，便從此反本還源，心與理一去，❶豈有剩法哉？若如吾丈所謂變化者，則聖賢之門無有是也，其莊、老、竺學之緒餘乎？反復以思，未見其可。大抵聖門立言制行自有規矩，非意所造，乃義理之本然也。故日用之間，內主於敬而行於義。義不擇則不精，不精則雖其大體不離於道，而言行或流於詭妄，則亦與道離而不自知矣。故曰和順於道德而理於義，而孟子養浩然之氣，亦必曰是集義所生者。不識此爲對仁之義乎？爲精微之義，若來喻所云乎？且對仁之義，亦何以知其不精微也？但《大傳》中「精」字之義不如此耳。

前幅所陳，謬妄不中理之言必多，蓋未敢以爲是而求正於左右，切望指教。區區之病，正坐執滯於文字言語之間，未能脱然有貫通處。其於道體，固患夫若存若亡而未有約卓之見耳。但「精義」二字，聞諸長者，所謂義者，宜而已矣。物之有宜有不宜，事之有可有不可，所謂義也。精義者，精諸此而已矣。所謂精云者，猶曰察之云爾。精之之至而入於神，則於事物所宜，毫釐委曲之間無所不悉，有不可容言之妙矣。此所以致用而用無不利也。來教之云，似於名言之間小有可疑。雖非大指所係，然亦學者發端下手處，恐不可略，故復陳之。

與鄭景實栗

示喻曲折，亦是時態之常。頃聞仙遊故相葉公之爲縣，月計所須，令民以漸輸

❶「去」，原文後小注云：「一去」之「去」字疑。

送,故縣帑無餘積而月解無餘欠,人甚便之。竊計郡計既寬,正當法此,稍寬縣道之輸,亦公私之利也。但恐縣道難託,别生它患,此在高明必又有以制之耳。儲宰既去,爲怨家所誣,亦寓公者爲之先後。臺評所指遷學一事,乃與賤跡相連。士子有初不預謀者,亦被流竄,其事甚可笑。或傳不止流竄,於爾又可痛也。蓋舊學基不佳,衆欲遷之久矣。儲宰一日自與邑中士子定議,而某亦預焉。其人則初不及知,而其地亦不堪以葬也。它時經由,當自知之。其可浩歎,又不止如今所諭也。

與饒廷老

此間虞士朋與王阮同赴東府飯會,乃其鄰郡鄉人,必不使人攻之也。姑少徐之,當見底裏歸宿也。游誠之或云參選不得,已歸臨海,不知然否? 能碎千金之璧而眷眷於破釜,何耶?

伯啓聞已西去。昨日得浙中書云,子約之逝,親戚有爲旁郡守者,遂不復相聞。末俗益偷,乃至如此,亦可歎也。

所喻極當。初亦疑之,後聞所得只是庶官恩例,故不自慊。今既不安,不如且已。止於未形,尤爲深慮。保狀已納還仲本,印紙今并附其人持歸,幸檢入。元不曾發封,但别用紙護之也。三衢已差替人,正則恐亦不成赴上矣。丁生頃年代君舉,於桂陽自刻其詩集,而屬君舉序之。是時蓋求入社而不可得,今日乃爲此言,固小人之常態也。

示及報狀,只坡疏未見。此其闗捩雖未易窺,然其手勢規模亦不難見。蓋已排黃子由之説而退之，不久必別有勝負也。元善已如雪川，其子假日至此，見養子之説，愕然曰：「大人到彼，又頭撞矣！」此語亦有味。因見仲本，可閑及之。世間所傳坡文，亦未必皆出其手，可更詳之也。某病起，方得旬日無事，比又苦傷風，證候雖淺，然服藥發散出汗多，倦乏不可言。屋下濕潤坐不得，閣上又熱，無着身處，頗以爲苦耳。誠之進退不決，何乃至此？渠年幾與老拙只争十來歲，前塗事亦可知，若時運來時，又自非人力所及也。

換闕竟如何？人生凡百信緣，禍福之來，豈計較所能免？見説賢者慮患過深，幾至成疾，何必爾耶？伯起想已赴班引矣。中間「道學」二字標榜不親切，又不曾經官審驗，多容僞濫。近蒙易以僞號，又責保任虛實，於是真贋始判矣。

與張孟遠

老益衰，百病交作，處世能復幾時？而季通、子約凶問沓來，令人感愴，不能爲懷。天之蒼蒼，其果有所愛憎耶？抑都無之而直聽其自爾耶？曆説恨未得請餘誨，康節之學固非止於爲曆，然亦不專爲知來，如後世讖緯之言也。幸深考之，復以見教，幸甚。

歸來之後，叨冒重疊，已深愧仄，不意又蒙收召之恩。顧念本末，不應復有仕進之計。而懇辭未獲，比不得已，輒緣面奏封事之請，妄陳瞽言。政使至前，所論不過如此。計此愚誠當蒙矜允，得遂退藏也。然語默之間，政爾難得中節。此舉却是以語爲默，差之毫釐，則是反速其禍，未知竟何似耳。子充當已改秩，亦久不得渠消息也。

季路之除甚慰物論，供職當已久矣。

衰病益侵，自去冬來，脚弱拘攣，心腹痞痛，日甚一日，服藥略無效驗。懸車年及，已言於郡，丐上告老之章。而有司疑之，交舊亦多以爲不可，未知竟如何。然此意已決，不復能顧利害得失也。友人游子蒙趨試南宮，行期偶緩，過衢欲買舟，而無知識可託，欲丐指麾幹事人相導之。此公定夫先生從孫，論議文學皆有餘，在此爲可與晤語者，計當自識之也。

記得杲老初謫衡陽，有以詩送之者曰：「逢人深閉口，無事學梳頭。」此語有味，可發一笑，然亦不得只作笑會也。

答劉德脩

似聞祠官秩滿，不知亦爲再請之計否耶？東方之事，想日聞之。某竟不免吏議，然已晚矣，正使苟安，亦何足爲輕重？顧未知世道終何如耳。餘干時有人往來，履常兄弟且如此。昨得其書，具道所教戒，令人感歎。但觀時勢恐未有補，徒促禍耳。子宜機仲、元善各已爲致盛意，皆屬道謝。子宜在宜春時得書，其母年高，不肯來就養，甚可念。子直罷廬陵後，去之章貢，外邑寓居，亦不甚安。子壽間亦得書，平父聞亦歸江陵，却不得近書也。季章必已到閬中，文叔寓居，不知爲况定何如，亦已託君亮附書問訊矣。東溪志銘高古峻潔，法度深嚴，而渾然不見刻琱之迹，三復歎仰，以得見爲幸。老先生學行之懿，遂託此文以不朽矣。傳春間當已就窆，恨不得陪素車之會也。傳之計亦已襄事，其子弟幾人，當能世其學也。天雄、鐵杖、石刻之況，荷意甚厚，第顧衰懦，有不能堪，重以爲愧耳。今年脚氣幸未大作，但耳聵目昏，日以益甚。舊書不復可讀，而頃年整頓《儀禮》一書，私居乏人抄寫，學徒又多在遠，不能脱稿，深慮一旦無以下見古人。又恨地遠，不得就明者而正之也。

方念久不聞動静，忽閲邸報，有房陵之行，爲之悵然，寢食俱廢，累日不能自釋。不審彼以何日就道？自簡至房，道里幾何？取道何州？閲幾日而後至？風土氣候不至甚異否？居處飲食能便安否？官吏士民頗知相尊敬否？吾道之窮，一至於此！然亦久知會有此事，但不謂便在目前耳。偶有鄂便，託劉公度轉致。此間如有的便，亦望得一字之報，使知動静，少慰遠懷，千萬之幸。馮、李亦復不容，李章得郡而名見乃弟疏中，恐亦非久安者。李良仲鴻飛冥冥，使人深羡，第恨不得扣其玄中之趣。范文叔却幸未見物色，想亦深自晦也。某足弱氣痛已半年矣，杖策人扶，僅能略移跬步，而腹脇脹滿，不能俯案，觀書作字一切皆廢，獨於長者未敢依例口占耳。數日又加右臂作痛，寫字不成，衰憊至此，無復久存之理。承教無期，尚冀以時深爲世道自愛耳。某隨例納禄，幸已得請。中間蓋亦少有紛紛，後雖粗定，然猶不免爲從之之累，亦可歎也。

盡室游山，大是一段奇事。衰病窮蹙，不復能出門户矣。引領高風，徒切歎仰。李良仲恨未參識，聞其養生頗有奇效，恨不得一扣玄旨。《參同契》絶無善本，近校得一通，令人刊行方就，尚有紕謬處。今納一册，或因書煩爲扣之，渠必於此深有得。恐其有錯誤，得筆示幸甚也。屈平以「往者不及，「來者未聞」，而有長生度世之願，亦是不堪時人之妄作，而欲見其末稍作如何出場耳。每讀至此，未嘗不發一大笑也。

與方耕道

問禮之意甚善，顧淺陋何足以議此？舊所遵守者，温公《書儀》、程氏《新禮》耳。兩書想皆見之，擇其善者可也。嘉禮有日，本合遣人致區區，適此期慘，不得如願，想能亮之。承許改月來訪，幸甚幸甚！

所喻南軒病證，極令人憂念。旦夕專人候之，當并拜狀也。幕客正要蚤晚從容，密罄忠益，來喻乃欲公廳揩笏，納劄誦言，殊不成舉措，聞之駭歎。如是乃是專欲引善歸己，明曲在人，非主人所以千里相招之意也。又況如此，則必大激同官之怒，亦使主人難處。區區愚慮，深爲老兄憂之。方念正論衰息，吾黨甚孤，正當凡百詳審，委曲調護，使人無可指議，乃爲盡善。若以小故先自乖離，外激衆怒，内致群議，殊非策之得也。況向來所辟兩人，游已望風引却，今老兄若更做去就，豈不大損主人聲望？至來喻所謂官吏縱弛，此亦當以漸整頓，豈容一旦遽行商君之令乎？居上以寬，恐南軒自有規模。若一向糾之以猛，恐非吾輩平日所講之意。更請裁之，勿爲過舉，幸甚幸甚！

回劉知縣 諱君房

嘗念兒時侍立先君之側，見其每得杍山侍郎公書，未嘗不把玩歎息而善藏之。是時雖幼，無所識知，然竊其詞意筆蹟之妙，亦意其超然非當世之士也。其後僅三四年，先君即棄諸孤，蓋已不及見更化之日矣。是以一時去國諸賢次第收用，侍郎公亦再登近班。而某跧伏窮山，不得一拜牀下，以脩子弟之恭，至今以爲恨也。不意垂老，得其賢孫而與之游，幸亦甚矣！三復來誨，俯仰今昔，甲子殆將一周，又自歎其老而無聞也。

與蔡權郡 南康

丐祠之請，前月半間已專人入郡，度諸公見憐，必已俯從所欲矣。昨慮便郡虛有勞費，❶亦已預戒邸吏關白，想徹台聽也。近聞已除石寺簿爲代，與之亦有雅故。其人豈弟，達於從政，真足以惠一方矣。

答盧提幹

承問及爲學之意，足見志尚之遠，甚慰甚慰。蓋嘗聞之，人之一身，應事接物無非義理之所在。人雖不能盡知，然其大端宜亦無不聞者。要在力行其所已知而勉求其所未至，則自近及遠，由粗至精，循循有序而日有可見之效矣。幸試思而勉之，幸甚幸甚！

此有樂静李公文集，謾納一本。其《後序》所云，深可以爲干名求進之戒。幸試觀之，區區奉寄，意不在於文字也。令兄寺簿詞翰兩絶，把玩不能去手。然豈敢輒以無

❶「便郡」，原文後小注云：「便郡」恐當作「使郡」。康熙本作「使郡」。

能之詞，妄取僭越之譏？回書幸爲遣行，李集并往，亦足以見區區也。

答儲行之

所喻縷縷，殊可駭歎。此其意不在左右，計必又須醖釀播揚，成一大事，亦不可知。然區區之心，有可以質於神明者，以救民而獲罪，亦所不敢辭也。批書遲緩，亦且得寬心忍耐爲佳。聞建安亦未得去，崇安却已得好消息矣。縣中近日大概幸已無它，但西路之窘日迫，官司要已再輪上户至八月初。然無人監督，以明者行之，尚且不免爲虚文，况今日耶？

適得蔡倉書，尚有挽留之意。若能領其悃款，皤然一來，千萬幸甚！昨日劉居之相訪，具言麻沙事體，云一種貧民至有餓而死者，聞之惻然。今日文卿相過，亦説諸處輪糶已足，上户便謂事畢，雖有米者，亦不復糶，最是崇化一鄉可慮。梁文叔亦言長平一帶小民般運崇安早穀，日不下百人，或恐彼中土人争占攔截，亦能生事，此皆可深慮者。竊意左右聞此，亦不必待其劍戟如林、流血成川，然後爲復來計矣。且是目今便覺上下人情不通，有話便難出口。適因蔡倉見問，已告之云，不若便關諸司，再煩左右一來，權領一職，帶取印杖，從間道直趨崇化、麻沙，往來監糶，并措置救荒事目，付之簿尉，以俟事之略定而歸，似亦無不可者。不知雅意如何？文卿亦説縣中士民盛傳舊尹復來，其意似亦可憐，不應便翛然棄之也。適又與文卿説，自今以往，境内有一夫不得其死，一夫身被刀創，則左右皆不得辭其責。切幸察此苦言，少回必去之志，勿信庸人徇己忘物之説，以誤遠圖。恐異日思之，不能無追悔也。

向來此間行事得失，當亦有可自警省者。或謂却是欠些僞學，其言雖可笑，然恐有理，不審於意云何也。

閑中讀書奉親，足以自樂。外物之來，聖賢所不能必，况吾人乎。但新學一旦措手而委之庸髡，數日前已互遷象設，令人憤歎不能已。而一縣下人，若貴若賤，若賢若愚，無有以爲意者。惟曾堅伯相見新帥來，以爲士子當相率訴之，范仲宣深以爲然，而漠然無有應者。此亦見人之識見分量之不同也。季通之行，浩然無幾微不適意，丘子服獨爲之涕泣流漣而不能已。處事變、恤窮交，亦兩得其理也。

張、鄭、黄、鄧相繼物故，吕子約前月亦不起疾，殊可傷悼。亦是氣運使然，豈可專咎章子厚耶？元善到霅後，一再得書，殊恨失計。初亦有所迫而然，失之不能斷決耳。季通在湖南耳根却静，然諸遷客聞高安之報，想亦不免打草蛇驚也。人生由命非由他，此言雖淺，誠有味也。

偶有自江西來者，得東坡與何人手簡墨刻，適與意會。今往一通，可銘坐右也。

東坡帖附見

示及數書，皆有遠別惘然之意。雖兄之愛我厚，然僕本以鐵心石腸望公，何乃爾耶？吾儕雖老且窮，而道理貫心肝，忠義填骨髓，直須談笑於死生之際。若見僕困窮，便相爲邑邑，則與不學道者不大相遠矣。凡造道深至，中必不爾，出於相好之篤而已。然朋友之義專務規諫，故輒以狂言廣兄意耳。兄雖壈坎於時，遇事有可尊主澤民者，便忘軀爲之，禍福得喪，付與造物，非兄，僕豈發此？看訖便可火之，不知者以爲訴病也。某皇恐。

吾人不合偶得一官，遂以官爲業，一日投閑，便有食不足之歎，彼此皆然。然在此則身自當之，無所怨悔，亦知賢者以親養之故，不能不介念也。來春之行，不知都下報者云何？若非以鈎黨之故，則不，❶雖重坐，但經赦宥，便是無事人。只是一墮此城，却恐未有出期。雖然只是參選，然亦須臺參，出人而前，恐又重遭指目。須更審而後道。❷告詞傳聞數聯，不曾見全篇。尋常此等只拂略説過，今乃鋪叙，如行遣禁從帥臣之體，不知果是誰筆？因便幸略批喻也。某却至今不曾受告，亦不見報行詞命。喫俸半年，未曾立案，殊不可曉也。避地蓋出於不得已，其他却無説。但後愛兩司對移之命，❸既行，彼乃深怨，以爲自此發之，不知二公經年不通問也。時論率兩三月須有一番引作，近報集議赦條，不知意果如何。恐亦只爲諸已行遣人，❹恐死灰之復然耳。

張帥到未？此公遽去朝廷，不省所謂，議者蓋深惜之。彼當已得其説矣。來使方今還自府中，適此兩日所苦大作，力疾草此，不能究所欲言。然前書計亦非晚當至矣。《獨樂園圖》恐司馬守便之官，未暇

❶ 原題下小注云：「則不」字疑。「不」，四庫本作「疑」。

❷ 原題下小注云：「後道」，「道」字恐誤。《正訛》引朱玉祠堂本作「遣」。

❸ 原題下小注云：「後愛」，「愛」字恐誤。《正訛》改作「受」。四庫本作「受」。

❹ 「恐」，《正訛》改作「想」。

刻得，與之議，爲辨一互刻之亦佳，❶但其詩頗有誤字，《見山臺》詩中，「陶通明」乃陶隱居之別號，今作「淵明」，當改正耳。前賢遺迹正爾，何關人事？而使人想象愛慕不能忘，雖不得復至其處，而猶欲見之圖畫之間，使其流傳之廣且遠而未至於泯滅，然則爲士君子者，其可不力於爲善哉。

所喻批滿今始得之，萬事遲速自有時節，固非人力所能爲也。代人上書者，不知得之何人？此人固非佳士，然恐亦未應遽至於此，當更察之。若其果然，則誠爲狗彘不食其餘矣。彼挾怨妄言者，固自不足責也。前日亦料從人不欲復過此，亟折簡呼文卿，令其往見，固欲寄聲。昨日得報，乃云冬收方冗，未能自拔。今承喻及有問道過門之意，似亦未便，幸更審之。大抵欲面言者無它，但欲每事詳審持重耳。觀人之失，亦坐自處未能深静之故。若處晦觀明，處静觀動，則無不察矣。

前日廖子晦歸，説新闕已爲人所受，想已聞之，理勢自應爾也。詞命已行，乃東山之筆，有「鹽課入己」之語。渠自對人誦之，不知已被受否？聞某亦有之，渠却云是同官作，其勢不應如此。但至今不下，亦不見人傳誦，必是醜詆以媚用事者，而深藏以蓋其迹，甚可笑也。

帥幕無事，可以讀書。而西山、南浦號爲天下勝處，公餘徙倚，亦有足樂。然亦更須擇交，勿忘前事之師，乃所望耳。小坡一著高似一著，此甚不易。必是裏面説得轉了，方下得此手脚。然此亦至危之機，更須

❶ 原題下小注云：「一互」字上下必有誤。「互」，《記疑》云：朱玉祠堂本、徐樹銘新本皆作「旦」。

深自防衛，一種細故，得放過且放過，勿令人疑事事皆出於己，乃爲佳耳。鄒公亦有安静之説，次第善類須少安也。王巽伯未能去否？向語渠尋《獨樂園圖》摹刻流布，不知曾爲之否？不及作書，因見幸爲扣之也。景初素守，於此可驗。世路升沉，何足深計？但得此心無愧，所得多矣。衛公近得書，寄《梅巖圖》來。初欲令作記，俄聞溪城之報，且罷休矣。甚愧不得一遊其間，并以文字結緣也。至之且得如此，亦是一事。大抵吾黨例多困窮，只得存活得過，但是十分亨泰矣。❶後之晚娶，深入瘴地，似不善便。此邦之侯一再通問，亦依樣畫胡盧答之，不爲難也。

晦庵先生朱文公續集卷第六

閩縣學訓導何器校

❶「但」，天順本作「便」，四庫本作「俱」。

晦庵先生朱文公續集卷第七

答黄子厚 銖

罪戾之蹤不容掩覆，竟蒙臺劾，褫職罷祠。昨日已被省劄，而季通遂有舂陵之行，已入府聽命矣。

示喻縷縷，極感勤念。然此何足置意中耶？季通只是編置，無他刑名。正緣有司欲秘其事，却致傳聞張皇。前日就道，臨老遠謫，殊可念耳。告訐之門既啓，世間群小無非敵國，便能因樹爲屋，目同傭人，亦已晚矣，况不能耶？死生禍福，正當付之造物耳。

所説賑貸事，想已蒙留念矣。今日復有數人來，云是六十二都人户，不知與昨日狀子是同都否？不免并煩契勘，令社首保正等人結保具狀來請。恐亦只有三百來石，勢亦不能廣及也。社首輩或自呼唤不得，今一書至伯起，託其唤集，幸爲付此輩自持去。又恐去建陽遠，俟見人數，即報彼縣般載來黄亭東岸，等候人來請貸也。老兄閑中無事，不合相擾，然想閔此疲民，不憚少勞也。

答丘子服 膺

昨晚又承簡，爲慰。「謝」字初不曉，將謂有何異事。豕亥之訛乃爾可笑也。唐人詩云：「昨夜秋風還入户，登山臨水興如何？」閑咏此句，甚覺塊處之憒憒。而力未能出，奈何奈何！《詩譜》已得之未耶？御書閣已裝了龕子，恐官司未暇及，意欲自出薄少，而率諸朋舊共爲之，似亦不妨。已略説與通理所，欲議定喻及，仍令匠氏畫圖來看也。

《老子》荷留念。「載營魄」之義，説者皆失本意。前日因此偶思揚子説「月未望則載魄于西」，與此字義頗相似。檢看諸家，亦無一人説得是，嘗草定數語以辯之。未暇録去，俟到此日可看也。《對禹問》以私意窺聖人，崎嶇反仄，不成説話。而反譏孟子爲求其説而不得者，其言之失，非獨如來喻所指也。

前晚聞春陵信不佳，昨日亟走後山，渠家亦不得的信。但所傳甚子細，恐必不妄。志業精深，今豈復有此朋友？爲之悼歎，不但爲平生交好之情而已也。

示喻有科舉之累，愚意非科舉之累人，人自累耳。所示論昨在寶幢曾聞此説，渠已嘗輒語其非，試更思之。得失有命，似不必太徇時好也。

前書問《責沈》，時正擾擾，不及報，不知平父曾寄去否？此中無本。沈是葉公之姓，向來敬夫在桂林刻本跋語中解此字義。舊有本，亦已盡矣。

周子《通書》近時到處有本，此本頃自刊定，比它本爲完，可試讀之。此近世道學之源也，而其言簡質若此，與世之指天畫地、喝風罵雨者氣象不侔矣。更有《二先生集》本，皆爲人乞去，俟他時別寄也。

與劉平父

承示及行在諸書已領，今納胡丈書及陳賀二公祭狀、葉樞與沈倉書、共甫與黄守劄子去。平父至彼，可與伯脩昆仲熟議居止處。如有意東來，即遣人持沈黄二緘授元履，令見二公，面道曲折。蓋共甫書中之説如此。但前此某嘗妄發卜居之議，未有定論。既而聞居泰寧之意甚決，且謂勸居建陽者皆挾黨徇私，其説乖悖，不知誰主倡此説，真賊伯脩昆仲者也。夫范丈素志不欲居泰寧，見於書札者非一。况啓手足之際，又有道學失傳之歎，不屬意可知矣。今纊息未定而異議紛然，不顧義理之所安，妄言同異，雖其意謂范丈爲不復有知，其如義理，有出於人心之所同然者，不可幽明而殊觀也。胡丈之旨不約而同，幸持以示脩崇，老僕之言今可思未？二公賻金尚在胡丈許，某不曉求田事，諸公已屬元履矣。當於建陽近墓買田，則建陽不憂食不足，斷然可居無疑。况近三世之墳墓，而范丈之門人子弟布滿左右，伯脩兄弟動息必聞，小有過失，必有交謁而更諫之者，其於范氏門户久長之計，豈不優於入泰寧范丈所不欲居之地，去墳墓、背朋友而自肆其心乎？然則伯脩兄弟今日之計不患於食之不足，而患乎身之不脩，爲前人羞辱而已。平父至彼，便宜論此。某月末至麻沙，或扶曳一至邵武不可知。然此議之責，今在平父。向者某已不復有意啓口，偶因胡丈之言，復發其狂。

《琴志》已領，看畢即納上。亦方是五七十年來文字，非古書也。小報却納還，言者聽者皆不易得，但欠一行字耳。草澤中却有此等人，使人益深素餐之愧也。

《二南》説未編次，可及今爲之，他日相聚裁之也。《論語》向看四篇，似未浹熟，可兼新舊看爲佳。去歲所治，大抵未熟者，今悉温尋之爲善。向數奉語，可録出所作工夫次第作一紙，時復省察了與未了分數，此最善，可便爲之。蓋雖相聚一年，所進業殊少，所當爲而未爲者殊多。今又疾病，如此羸頓，❶勢未能出與兄相聚，相聚亦思索講究未得，恐負太碩人與共甫兄相責望之意，特復奉白，惟思之。無事勿出入，蓋共甫兄不在，宅中别無子弟，門户深闊，事有不可勝虞者。不惟惰遊廢業爲不可，且賓客至者，談説戲笑，度無益於身事家事者，少酬酢之，則彼自不來矣。切祝且温習勿廢，使有常業而此心不放，則異日復相聚，亦易收拾。試思自去冬以來，已過之日多少？其間用心處放蕩幾何？存在幾何？則亦可以自警矣。病倦，不勝思慮。

答王樞使

使中忽拜手札之賜，伏讀感慰，不可具言。蒙喻干越之故，悼歎閔惻見於詞旨。前此亦聞首爲力伸歸葬之請，固已深歎服風詣之高，足厲頽俗矣，及此重太息也。浮議洶洶，至今未息，嘯儔命侶，日以益衆，不知更欲何所爲者。清源既不免，而信安已擯去。近見所上纂述之書，卒章頗有苦口之言，亦不易也。當今舊弼宿望，中外所倚以開上心、正國論者，惟明公與益公而已。

❶「羸」，萬曆本作「罷」。

竊計所以處此，當有定論也。此間親舊有自干越會葬而歸者，亦得其長子書，聞其動息頗詳。然亦無可言者，但令人隕涕而已。如某賤迹，固不足言，而終歲力辭，僅免近職。初意自此可以少安，而後咎餘責侵陵未已，亦未知終安所稅駕也。舊有足疾，歲須一發，旬月以來，正此爲苦。加以目盲日甚，重聽有加，終日憒憒，如土偶人，已無復有生意矣。彼何見疑之過耶？湘西扁榜，饒宰寄示，得以仰觀，非惟健筆縱横，勢若飛動，而心畫之正、結體之全，足使觀者魄動神竦，甚大惠也。某前此妄意偶及於此，而不敢容易以請，輒因饒宰言之。不謂便蒙開可，遂得彈壓江山，垂示永久，湘中學者一何幸耶！趙機宜得趨幕下，書來極感知遇之意。醴陵亦説甚荷容察，窃以見門下愛惜人材、隨能器使之妙，❶固無一物之遺也。

自邇以來，衰病沈綿，日就羸頓。此凋隕澌盡之常，無足爲門下言者。今因鄉人李正通朝散祇役部下，復此附稟。其人明敏有才，緩急之際可備繁使之末。聞亦嘗得出入門牆，竊計不待區區之言，久已有以處之矣。

又蒙不鄙，俯垂訪逮，此見高明之度，不以爵位之崇、名譽之顯、才業之偉、氣節之高自謂絶人，而謙虚下問至於如此，甚盛甚盛！顧某至愚，本無知識，加以疾病之餘，思慮昏塞，其何以辱嘉命？然竊以謂知院參政平日尊主芘民之心，其素所蓄積者固有定論，蓋不特士大夫知之，而兒童走卒亦皆知之矣。今日得其位而施之，其先

❶「窃」，原文後小注云：「窃」字恐誤。

後緩急，固宜自有次第。但能益以天下之重自任而勉焉以固其志，則天下受賜已不貲矣。至於主張公論，扶植善人，抉去陰邪，不使得乘間隙，則願高明於此益加意焉，實天下幸甚，幸甚！老生常談，迂闊無取，僭易塵瀆，伏深愧懼。

與方伯謨

閑中不能無爲，而所讀書又不能隨衆備禮看過，日間趕趁程限，甚覺辛苦。偶記楊敬仲答人書云：「恭惟某官讀聖人書，既飽而嬉。」甚可笑，然亦多着題也。

答俞壽翁

輿國盜鑄曲折，不知如何？近聞淮上以此頗洶洶，朝廷深以爲憂，遂以其事屬之葉正則，不知今果如何也。所示《周禮復古》之書，其間數處向亦深以爲疑。今得如此區别，極爲明白。但素讀此書不熟，未有以見其必然。聞陳君舉講究頗詳，不知曾與之商量否？欲破千古之疑，正當不憚子細討論，必使無復纖毫間隙，乃爲佳耳。某衰晚不天，長子夭折忽已踰年，念之痛割，無復生意。以卜地未定，尚未克葬。初被湖南之命，即以此辭。未報之間，忽聞臨漳所請經界議格不行，不免自劾。廟堂已許復備祠官，而不欲以此爲名，雖已降旨促行，却令别入文字。月初已遣人行，計此月中必可拜命。六十老翁，餘年無幾，自此杜門，當不復出矣。

示喻剛氣未能自克之病，此正區區所深患，方當相與同謹佩書之戒耳。大抵最要平時講學持養，使此心常存，義理常勝，始有用力之地也。此間銅儀見説只一平環，一側環，一望筒，只用手轉。想見當時草創，未盡得元祐舊制也。奉告，且知條教已孚，物情風動，士勸民安，姦凶屏息，此亦足以小試儒者之效矣。更冀勉旃，區區又將於其大者觀之也。誠齋歸袖翩然，令人慨想。所寄石刻，某偶在山間爲大兒治葬，兒輩留在家間，未及快覩也。武夷之會，乃所深願而未可得者，他時踐言，何幸如之！但恐功名迫逐，不暇赴此寂寞之期耳。因書誠齋，多爲致謝。屬此悲冗，未能占布也。建陽新居粗有溪山之樂，然心緒不佳，又多俗冗，苦未得舒放懷抱也。《周官復古》正以此經不熟，未得深考。異時得面扣其説，庶幾了然無疑，乃敢下語耳。永嘉諸人説此，甚有與先儒不同處，然頗祕其説，亦未得扣擊之也。

示及先丈所著《周禮復古編》，極荷不鄙。往時先丈固嘗以見寄矣，某於此書素所不熟，未敢容易下語。然當是時，猶意其可一見而决也。不謂後來不遂此願，至今遺恨。況今方以僞學獲罪聖朝，杜門齰舌，猶懼不免，又安敢作爲文字，以觸禍機乎？

答曾景建

季通、子約相逐而逝，不謂天之無意於善人乃如此，每一念之，輒爲悲愴，不能爲懷也。昨聞吉甫之歸，方竊疑之，伯豐之子乃如此，尤可歎息耳。道夫久不得書，爲況如何？因見致意，便遽未及書也。方遣人探子約之櫬何日過上饒，欲遣季子往哭之。近得玉山書，則已過矣。前日僅能扶病一撫季通之柩也。盧陵子一書，煩爲附的便。其人乃子約嘗寓其舍者也，得不浮湛爲幸。

答余景思

朱、趙相繼淪没，深爲可念。聞宜春人欲留學古卜葬於彼，遂爲留居之計，不知果然否？魯叔子弟幾人？今皆年幾何？莫亦能自卓立否？欲作書慰之，以病未能，當俟後便也。

作縣固非易事，然盡心力而爲之，必無不濟。今人多是自放懶了，所以一綱弛而衆目紊也。承喻立蘇忠勇祠於故居，甚善甚善。但某自今夏一病至重，今已累月，尚未復常，心力尤衰，日前欠人文字，且辭之未得盡脱，豈敢更承當此事耶？兼近日已辭林子方家墓碑之請，亦恐不能無嫌也。

閒中益得觀書，當有深趣。日月易得，願益勉旃。若但如拙者既老而後有聞，則享用已不能久，而無復可行之望矣。直卿既歸，想時得從容。恐講論不能無異同，正當力究。有未決者，因來諭及，不敢不盡鄙懷也。

與陳同父

某扣首再拜：訴哀叙謝，略具前幅，而痛苦之懷，終有不能以言語自見者。三復來教及所示奠文，則已略盡之矣。尚何言哉！尚何言哉！自聞意外之患既解而益急，地遠，無從詷知動息。親舊書來，亦不能言其詳，第切憂嘆而已。數日前得沈應先書，乃報云云，自是必可伸雪。今日忽見使人，得所惠書，乃知盲料亦誤中也。急拆疾讀，悲喜交懷。又念常年此時常蒙惠問，不謂今歲彼此况味乃如此，又益以悼嘆也。觀望既息，黑白自分，千萬更且寬以處之。天日在上，豈容有此冤枉事也！亡子卜葬已得地，但陰陽家説須明年夏乃可窆，今且殯在墳庵。其婦子却且同在建陽寓舍。小孫壯實粗厚，近小小不安，然觀其意氣横逸，却似可望，賴有此少寬懷抱。然每抱撫之，悲緒觸心，殆不可爲懷也。五夫所居，眼界殊惡，不敢復歸，已就此卜居矣。然囊中纔有數百千，工役未十一二，已掃而空矣。將來更須做債，方可了辦，甚悔始謀之率爾也。但其處溪山却儘可觀，亡子素亦愛之，今乃不及見此營築，念之又不勝痛也。奠文説盡事情，已爲宣白。哀慟之餘，哽咽不能自已。此兒素知尊慕兄之文，此足以少慰之矣。更有少懇，將來葬處，欲得數語識之。此子自幼秀慧，生一兩月，見文書即喜笑咿嗚，如誦讀狀。小兒戲事，見必學，學必能，然已能輒棄去。後來得親師友，意甚望之。既而雖稍懶廢，然見其時道言語，亦有可喜者。但恐其騖於浮華，不欲以此獎之。去年到婺，以書歸云，異時還家，决當盡捐他習，刻意爲己之學。私竊喜之，日望其歸，不意其至此也，痛哉痛哉，尚忍言之？此語未嘗爲他人道，以老兄素有教誨獎就之意，輒以不朽爲託。伏惟憐而許之，千萬幸甚！更一兩月，當遣人就請也。奠禮有狀拜謝，但來人至江山遇盗，頗有所失亡。今賫到兩縑，云是他人所償。此不敢留，却封納，却可送官，給還本主也。無以伴書，白毛布一端，往奉冬裘之須，幸視至。未有承教之期，惟千萬自愛爲禱。某扣首再拜。

答李繼善 孝述

熹頓首：便中辱書爲慰。信後初寒，侍奉佳慶。所示疑義，各以所見附于左方矣。來喻甚精到，但思之過苦，恐心勞而生疾，折之太繁，恐氣薄而少味，皆有害乎涵養踐行之功耳。其餘曲折，敬子、元思必能言。今日疾作，執筆甚難，不容盡布，惟冀以時自重。不宣。熹再拜。

晦庵先生朱文公續集卷第七

閩縣學訓導何器校

晦庵先生朱文公續集卷第八

答折憲 名知常

示及先正樞密端明少師家傳一通，拜受伏讀，得以仰窺精忠壯烈始終大致，少慰生平尊慕鄉往之心，甚大幸也。顧又重勤台喻，必使次輯，以記埏道之碑，則區區所以不敢僭易以承嘉命者，已悉具前書矣。今雖鐫戒益勤，孝思愈切，然在某私計利害之實，則不能有加於前也。伏惟矜憐，反復前説而改圖之，使得免於不韙之罪、衆多之怨，則某不勝千萬之幸！

與黃知府

輒有不獲已之懇，事涉鄉閭利病，勢甚迫切，敢忘分守，已具公劄，干冒公聽。幸賜采覽，斟酌行下，千萬幸甚！前日迎候之初，便蒙誨諭，仰見仁人之心，視斯人之不獲，真不啻若癢疴疾痛之切其身。竊意樂聞斯言，不以爲罪，是以敢布其愚。

撥米曲折，固知仁民之切，無所吝於此。况又使府自認脚費，此尤出於望外。下邑饑民荷更生之賜，感戴宜如何耶！儲宰行已數日，縣郭近封，可保無虞。但崇化、麻沙以西一帶素少早田，唐石乃全無之，只此數十里間，尚爾嗸嗸。私居杜門，亦不知其詳細爲如何。

聞有臺劾，亦既施行，而未有被受，亦

未見章疏，遣書著銜，頗有所礙，幸辱情照。或章疏已報行，得賜指撝録示爲幸。昨蒙垂示報狀，極荷眷念，區區尋亦已拜恩命矣。罪戾彰徹，固不可逃，然縣宰批罷一事，至乃上玷清重，尤切愧恐而不敢自明，竊計高明固已洞照其實矣。至於友生連坐，亦蒙矜念，委曲周至，益見仁人之用心爲不可及，感歎亡已。

但既鐫罷，名書罪籍，不知寄禄餘俸合與不合幫勘？已戒幹人計會所司，更乞台旨稽考法令，然後施行。恐不應得，免貽後日之紛紛也。

答江清卿

蒙喻湖北書，極荷不外。但年來藏拙，不敢復與外事。又伯升書言周憲於麟之自有薦論之意，而麟之不欲爲自銜鬻者，此意皆甚美。竊謂寧少忍之，以遂麟之之高，不當共爲喣濡之態，以虧其一簣之功也。

先夫人高識懿行，宜得當世大賢紀述，以詔後世，而尊兄過聽，誤以見屬。自顧淺陋，何以稱此？然以委重之勤、慕仰之素，勉竭其愚，以承尊命，謹繕寫納呈。幸賜裁訂而取舍之，乃所願望。即不可用，不必過存形迹，以累先德之美也。向來所苦何疾，今想已脱然矣。細觀妙畫，知目疾之向平，爲可喜也。然中年氣血非前日之比，服藥亦難見效，惟有虚心調氣，静以養之，庶或少可補助耳。

答滕誠夫

部綱之役，不辭而行，甚善甚善。親闈

慈念固當眷戀，然亦可更以「王事靡盬」之義，反復寬譬，乃爲兩全也。

與葉彦忠

《易傳》且留是正不妨。《易》自伏羲始畫八卦，三畫。文王重爲六十四，六畫。作繫卦彖辭，周公作繫爻辭，孔子作《彖》、乃釋文王之彖，通謂之《彖》。《象》、《文言》、《繫辭》、《説卦》、《序卦》、《雜卦》，而《彖》、《象》、《繫辭》各分上下，是爲《十翼》。舊説如此，承問及之。

示喻爲學有緒，尤以爲慰。且只如此用功，旦夕相見，却得面論也。《大學》近脩得稍平正，前本亦不能無所偏耳。

《詩傳》兩本，煩爲以新本校舊本，其不同者，依新本改正。有紙卅副在内，恐要帖换也。校時須兩人對看，一聽一讀乃佳。着旬日功夫，當可畢也。

答李伯諫

某陸陸如昨，無可言者。兩月來修得數書，亦有一二論説文字，甚思與老兄評之。而相望邈然，又無人抄得，徒此鬱鬱，想聞之亦不無歎恨也。比來觀書進學、誘掖後進次第如何？深所欲聞，因書詳及之爲幸。《通鑑綱目》三國以後草稿之屬，臨行忘記説及。今想隨行有的便，旋付及，幸甚。唐事已了，但欲東漢之末接三國修之，庶幾有緒，易爲力耳。然伯起者亦尚悠悠，近游誠之伯鈞之子。相過，開爽可喜。渠南北事甚熟，或取過伯起者，託渠料理也。

某碌碌之况，已具前書。《通鑑》文字

近方得暇修得數卷，南北朝者伯起不承當，已託元善矣，度渠必能成之。但見修者已殊費功夫，蓋舊看正史不熟，倉卒無討頭處。計今秋可了見到者，餘者望早付及。此間杜門山中，尚不能免賓客書問之擾，想官下少暇也。壁記已在前書中，但齋記未成耳。惡札不堪用，不若别託善書者書之也。周翰書詞傾倒相與甚至，恨未識面耳。子禮兄金，渠已認還七月以後息錢矣。但書肆狼狽日甚，深用負愧。要之，此等自非吾曹所當爲，宜其至此。但恨收拾得又不好，愈使人意不滿耳。揚州書已别付遞去，彼此各是破戒，甚覺難措辭也。此事長沙必能爲辨吾人徒自擾擾，未必有益，第好笑耳。因書亦當督之也。

《通鑑》諸書全不得下功，前此却修得晉事，粗定條例，因事參考，亦頗詳密。但晉事最末兩三卷未到，故前書奉速。今承喻已寄少輿處，必是少輿遺下不曾送來也。此亦不難，俟卒成之耳。宋以後事分屬張元善，已修得大字數卷來，尚未得點勘。若得年歲間無出入，有人抄寫，此甚不難了，但恐不得如人意耳。六象似亦送少輿，不知何故未到，俟别摹去。近得曲江《濂溪象》，比舊傳南安本殊豐厚精彩，亦當改正也。讀《易》想有味，有可論者，便中語及爲幸。

欽夫此數時常得書，論述甚多。《言仁》及江西所刊《太極解》，蓋屢勸其收起印板，似未甚以爲然，不能深論也。大抵近日議論《〈語〉〈孟〉解》已見一二篇，雖無鄉時過高之失，而寬縱草率，絶難點檢，不知何故如此。無由相見，殊使人憂之。長沙書來，説又分門編本朝事及作《論篤》一書，雖盗跖之言，有可取者，亦載其中。不知作此等文字是何意思？使人都理會不下。因書蓋略諷之，不知又以爲然否也。書肆之敗，始謀不臧，理必至此，無可言者。既敗之後，紛紛口語，互相排擊，更不可理會。幸已自脱去，不能復問。晦伯必自報去，某於此却似放得下，但馬謖未易根究耳。一笑。所示近文甚佳，但似太高，不着題。大凡立言，要須因人變化而無包含不盡處乃爲善言耳。向見欽夫文字病痛正是如此也。近有文字數篇，及與伯恭問答數條，偶當入城，未能寄往。少慤欲煩爲尋訪龐安常《難經説》，及聞别有論醫文字頗多，得并爲訪問，傳得一本示及爲幸。

答趙景昭

減税文字不知已遣行未？今再遣此人去漕司取申省狀，恐未遣，可就付也。今日風色甚佳，而情思益憒憒，臨風永歎，不知所言。

答毛朋壽

向見季通説甚俊敏，更能勉力操修，以世家學爲佳耳。

《大學》文字，季通者尚未爲定本，旦夕當取來，更爲改正，乃可傳也。場屋之文，固知賢者未能免俗。然先有以立乎其大者，然後出而應之，則得失榮枯不能爲吾累矣。不識高明以爲如何？

就補遠行，爲榮親計，此意甚美。然古人亦有所謂不以得於外者爲親榮者，亦不可不知也。

答馮奇之椅❶

某衰晚疾病，待盡朝夕，無足言者。細讀來示，備詳別後進學不倦之意。世間萬事須臾變滅，不足置胸中。惟有致知力行、修身俟死爲究竟法耳。余正父博學强志，亦不易得。禮書中間商量多未合處，近方見其成編，比舊無甚改易。所謂獨至無助者，❷誠然。然渠亦豈容它人之助也？此間所集諸家雜説，未能如彼之好，然《儀禮》正經段落注疏却差明白。但功力頗多而衰病耗昏，朋友星散，不能得了耳。商伯時時得書，講論精密，誠可嘉尚。李敬子堅苦有志，尤不易得。近與諸人皆已歸，只有建昌二吕在此，蚤晚講論，粗有條理，足慰岑寂也。

與王撫州阮字南卿

南北形象，雖在遠方無由究悉，然大概亦可意料。目前固非危機交急之時，其爲長慮却顧，亦豈一無可施設者？竊計方規素定，其所區畫必有次第。幸蒙見告，乃荷不鄙也。某今年公私之年皆七十矣，疾病益衰，氣痞滿腹，足弱筋攣，不能轉動，跬步之間，亦須人扶乃能自致。閑廢之餘，固無職事可效，但尚忝階官，義當納禄，又不敢自通牋奏，懇求州郡累月，僅得一申省狀。方此發去，而聞臺評已及此事，其間詞語不

❶「馮」，原作「馬」，據天順本并《别集》卷六《馮儀之》改。

❷「獨至」，原題下小注云：「獨至」，「至」字疑。「至」，康熙本作「立」。

無深意矣，未知所請竟復如何。然幸已少伸己志，即此外一切不復計也。老兄氣體從來清健，今尚只如舊時否？宣布之餘，何以爲樂？想見彎弓盤馬、横槊賦詩，正自不減當年湖海之氣也。此人趙雯，相隨頗久，今因其省親江淮間，附此問訊。其人恐有可驅使處，得隸戲下，幸甚。

與長子受之

早晚授業請益隨衆例，不得怠慢。日間思索有疑，用册子隨手劄記，候見質問，不得放過。所聞誨語，歸安下處思省。要切之言，逐日劄記，歸日要看。見好文字，亦録取歸來。

不得自擅出入，與人往還。初到，問先生有合見者見之，不令見則不必往。人來相見亦啓稟，然後往報之，此外不得出入一步。居處須是居敬，不得倨肆惰慢。言語須要諦當，不得戲笑喧譁。

凡事謙恭，不得尚氣凌人，自取耻辱。不得飲酒，荒思廢業。亦恐言語差錯，失己忤人，尤當深戒。

不可言人過惡，及説人家長短是非。有來告者，亦勿酬答。於先生之前尤不可説同學之短。

交遊之間，尤當審擇，雖是同學，亦不可無親疏之辨。此皆當請於先生，聽其所教。大凡敦厚忠信、能攻吾過者，益友也。其諂諛輕薄、傲慢褻狎，導人爲惡者，損友也。推此求之，亦自合見得五七分，更問以審之，百無所失矣。但恐志趣卑凡，不能克己從善，則益者不期疏而日遠，損者不期近而日親。此須痛加檢點而矯革之，不可荏苒漸習，自趨小人之域。如此，則雖有賢師長，亦無救拔自家處矣。

見人嘉言善行，則敬慕而紀録之。見人好文字勝己者，則借來熟看，或傳録之而咨問之，思與之齊而後已。不拘長少，惟善是取。

以上數條，切宜謹守。其所未及，亦可據此推廣。大抵只是勤謹二字，循之而上，有無限好事，吾雖未敢言，而竊爲汝願之。反之而下，□□□□□□有無限不好事，❶吾雖不欲言，而未免爲汝憂之也。蓋汝若好學，在家足可讀書作文，講明義理，不待遠離膝下，千里從師。汝既不能如此，即是自不好學，已無可望之理。然今遣汝者，恐汝在家汩於俗務，不得專意，又父子之間不欲晝夜督責，及無朋友聞見，故令汝一行。汝若到彼能奮然勇爲，力改故習，一味勤謹，則吾猶有望。不然，則徒勞費，只與在家一般。他日歸來，又只是舊時伎倆人物，不知汝將何面目歸見父母親戚、鄉黨故舊耶？念之念之！夙興夜寐，無忝爾所生，在此一行，千萬努力！

到婺州先討店權歇泊定，即盥櫛具刺，去見吕正字。初見便稟：「某以大人之命遠來，親依先生講席之下，禮合展拜。儻蒙收留，伏乞端受。」便拜兩拜。如未受，即再致懇云：「未蒙納拜，不勝皇恐。更望先生尊慈特賜容納。況某於門下，自先祖父以來，事契深厚，切望垂允。」又再拜起，問寒暄畢，又進言：「某晚學小生，久聞先生德義道學之盛，今日幸得瞻拜，不勝慰幸。」坐定，茶畢再起，敘晚學無知，大人遣來從學之意：「竊聞先生至誠樂育，願賜開允，使

❶ 六「□」，原爲空格。

某得早晚親炙，不勝幸甚。」又云：「來時大人拜意，有書投納。」即出書投之。又進説：「大人再令拜禀，限以地遠，不得瞻拜郎中公几筵。今有香一炷，令某拜獻。今參拜之初，未敢遽請，容來日再詣門下。令弟宣教大人亦有書，并俟來日請見面納。」揖退，略就坐，又揖而起。如問它事，即隨事應答。如將來宿食，即云：「大人書中已具禀，更聽尊旨。」次日，將香再去，仍具刺，并以刺謁其弟。問看同居有幾子弟，皆見之，只問門下人可知也。見其兄弟皆拜。茶罷，便起禀：「某昨日禀知，乞詣靈筵瞻拜，更俟尊命。」如引入，即詣靈前再拜焚香，又再拜訖，拜其兄弟兩拜，進説：「大人致問，昨聞郎中丈丈奄棄明時，限以地遠，不獲奔慰，不勝慘愴之私。令某拜禀，切望以時節哀，爲道自愛。」又再拜，趍出。如問就學宿食去處，即説：「昨蒙喻潘丈教授許借安泊，大人之意，不敢以某久累其家，恐兩不穩便。已自有書與之，只欲就其家借一空閑房舍，或近宅屋宇安下，不知尊意如何？」看説如何。如令相見，❶即借人出去，併問其兄弟幾人，并見之。如不問，即且去，俟午間再去見問此事。見潘丈亦如此説。大抵禮數務要恭謹詳緩，不要張皇顛錯。

何丈托問婺州寄居前輩有姜子方者，是李中書之甥，在婺州住，建炎間曾從馬殿院伸辟，爲撫喻司屬官，今其家有何子弟？

問見先生，説吾問宗留守家子弟，聞多有在婺州者，其家記録留守公事頗詳，不知可託借傳一本否？墓誌亦是曾侍中作，呂家必有本也。

韋齋與祝公書跋

松奉孃子幸安。小五娘九月十五日

❶「令」，原作「今」，據浙本改。

午時免娠，生男子，幸皆安樂。自去年十二月初在建州權職官，聞有虜騎自江西入邵武者，遂棄所攝，携家上政和，寓壟寺。五月初間，龔儀叛兵燒處州，入龍泉，買舟倉皇携家下南劍，入尤溪，而某自以單車下福唐見程帥。在福唐，聞賊兵破松溪隘，駸駸東下，已入建州，攻南劍甚急。又匆匆自間道還尤溪。六月十四日早到縣，而賊兵已在十數里外矣。幸二舍弟已般家深遯，是日即刻與縣官同走至家間所遁處。賊在延平爲官軍所破，倉皇自山路欲遁下漳泉，至此非其本心也，過縣更不駐，不甚害人，亦不縱火。家中上下幸皆無恙，而隨行及留寓舍中衣服文字之類，皆無所損失，比他人爲尤幸也。七月間方還縣，而甌寧土寇范汝爲者出没建、劍之間，其衆數千，官軍遇之輒潰。諸司不免請官招安，已還狀受犒設，將散其衆。無何，大兵自會稽來，必欲進討。❶昨日方報，大兵冒昧入賊巢，喪失數千人，賊勢又震。大略自今夏以來，未嘗有一枕之安，此懷如何！得程壽隆近書云，鄉里頗擾擾，不詳言其故。度切近江浙，其可憂當不啻此。惟聚糧深遯，勿以一毫珍幣自隨，乃爲上策。此中雖城居，但日夕爲遁入深山之計，生意草草，凡事苟且，不知百年未滿之間，如此者更幾時而後定邪？來書謂某懶於從仕，非也。中世士大夫以官爲家，如農夫之於田，其敢惰邪？但未能赴行在間，閩中所有，不過權局，遠不過三五月，道里有遠近便不便，携家即厚

❶「討」，原作「計」，據天順本、四庫本改。

費，獨行又非便，是以且此跧藏，意亦欲俟來春無事，一走會稽，别當奉報。晉道帥福，辟得一員屬官，須京朝官，大年又未曾參部，一切差遣皆礙，是以皆參差也。裘四久此，頗忠戇可任。既忤逢年，當擾攘中，遂不告而去，情理不復可耐。今此復來，察其意色，不復可制蓄。每日來就食，而夜宿客舍。然地遠，難得人力來往，彼此資以通耗，且羈縻不絶，猶冀尚可鞭策耳。方賊至，六月間在村中，裘四亦在彼，數使人呼之不至，却妄云某在福唐未還，又云賊破福州，皆妄言也。婺源先廬所在，興寐未嘗忘也。❶ 來書相勸以歸，當俟國家克復中州，南北大定，歸未晚也。

内弟祝康國出示先君子與外大父書，熹之不肖，於是始生，故書中及之。今六十有四年，捧玩手澤，涕血交零，敬書其後而歸之。紹熙癸丑十二月七日，孤朝散郎、秘閣脩撰主管南京鴻慶宫熹謹書。

跋韋齋書昆陽賦

爲兒甥讀《光武紀》，至昆陽之戰，熹問何以能若是，爲道梗概，欣然領解，故書蘇子瞻《昆陽賦》畀之。子瞻作此賦時，方二十一二歲耳，筆力豪壯，不減司馬相如也。韋齋。

紹興庚申，熹年十一歲，先君罷官行朝，來寓建陽登高丘氏之居。暇日，手書此賦以授熹，爲説古今成敗興亡大致，慨然久之。於今忽忽五十有九年矣，病中

❶「興」，天順本作「夢」。

因覽蘇集，追念疇昔，如昨日事。而孤露之餘，霜露永感，爲之泫然流涕，不能自已，復書此以示兒輩云。慶元戊午四月朔旦。

跋陸務觀詩

漠漠炊煙村遠近，鼕鼕儺鼓埭西東。三叉古路殘蕪裏，一曲清江淡靄中。外物已忘如敝屣，此身無伴等羈鴻。天寒寂寞籬門晚，又見浮生一歲窮。

季札聞歌《小雅》，而識其思而不貳、怨而不傷者。近世東坡公讀柳子厚《南澗中題》，乃得其憂中有樂、樂中有憂者而深悲之。放翁之詩如此，後之君子，其必有以處之矣。慶元己未七月二十日雲谷老人觀陳希真所藏爲記其後。

跋魏丞相使虜帖

內修政事，外攘夷狄，復文武之境土，會諸侯于東都，此壽皇帝當日之本心也。屈己和戎，豈其獲已？然非丞相壽春公之深謀壯節，猶幾不足以成之，豈興事造功之果爲不易耶？公之子熊夢出此宸翰以示臣熹，適當奉諱之後，捧玩摧裂，涕泗交零，謹拜手稽首而識其下方云。

晦庵先生朱文公續集卷第八

閩縣學訓導何器校

晦庵先生朱文公續集卷第九

答劉韜仲問目

「無求生以害仁，有殺身以成仁」，炳以爲理當死而求生，是悖理以偷生，失其心之德也，故曰害仁。理當死而不顧其身，是舍生而取義，全其心之德也，故足以成仁。若比干諫而死，夫子稱其仁，所謂殺身以成仁也。雖死不顧，只是成就一個是而已。使比干當諫不諫而苟免於難，則求生以害仁矣，未知是否？

此説得之。然更要見得失其心之德、全其心之德各是如何氣象，方見端的。君子義以爲質，禮以行之，孫以出之，信以成之，何故不及仁？

更思之。

「有一言可以終身行之者，其恕乎」，「己所不欲，勿施於人」，今之人多以姑息爲恕。且自居官者言之，爲州縣則不敢擊豪彊，爲監司則不敢按贓吏，爲臺諫則不敢排姦慝，爲宰相則不敢退小人，皆自以爲恕。而不知恕者，如心之謂也。所惡於上毋以使下，所惡於下毋以事上，豈姑息之謂乎？夫仁者，謂之「能好人」可也，而孔子兼「能惡人」言之。炳謂恕字亦當如此體認，未知是否？

此説固善，然被排擊、遭按退，決非己心之所欲。今乃欲施於人，又何以爲如心乎？請更推之。

「莊以涖之，動之不以禮」，莊敬者，禮之容也，兩句意疑相重。炳謂端莊不慢者，敬心之發，躬行之事也。所謂禮者，化民成俗之具，若爲之冠昏喪祭之品節，以教民孝弟者是也。未知是否？

動，猶「動民以行不以言」之動，禮只是在己者。

「民之於仁也，甚於水火。水火吾見蹈而死者矣，未見蹈仁而死者也。」《集注》之説曲折雖多，然詞意精密，發明聖人勉人爲仁之意，最爲緊切有功。《或問》節取范氏之説，詞雖平而意則緩，且未見「蹈仁而死」一句，與上文不相應。如范氏「仁不傷人」之説，則與上句不合。如程子「殺身成仁」之説，與上句合矣，而地位不侔。炳謂不如《集注》之説，未知是否？

殺身成仁、蹈仁而死同異如何？更思之。

陽貨之惡如此，聖人恐無不終絶之意。時其亡而往者，亦非欲其稱，蓋終不欲見之耳。遇諸塗者，乃不期而會，不可得而避，非得已也。未知是否？

恐未然。

伊川先生云「性即是理」，炳謂所謂理者，仁、義、禮、智是也。未知是否？

四者固性之綱維，然其中無所不包，更詳味之。

子曰「性相近也」，又曰「惟上智與下愚不移」。夫人之氣質雖有偏正昏明、純駁厚薄之不齊，然禀生之初，未甚相遠也，故謂之相近。至於上智之所以爲智，下愚之所以爲愚，亦皆其氣質使然。既謂之相近矣，何故又有上智下愚如是之懸絶也。

氣象雖相近，然亦有如是懸絶者。蓋既

曰氣矣，便有此不同，不足怪也。

「吾豈匏瓜也哉，焉能繫而不食」，《集注》云：「匏瓜繫於一處而不食物。」古注云：「言匏瓜得繫一處者，不食故也。吾自食物，當東西南北，不得如不食之物，繫滯一處。」然匏瓜未嘗不可食，而謂之不食物，何也？

不食謂不求食，非謂不可食也。今俗猶言「無口匏」，亦此類。

公山、佛肸之召，諸家之説善矣，愚必以楊氏解「佛肸」章爲得其要。蓋公山之召而子路不悦，夫子雖以東周之意諭之，而子路之意似有所未安也，故於佛肸之召，又舉其所聞以爲問，其自信不苟如此。學者未至聖人地位，且當以子路爲法，庶乎不失其親，不可以聖人體道之權藉口，恐有學步邯鄲之患也。未知是否？

得之。

「人而不爲《周南》、《召南》」，橫渠先生之説所以與諸家不同者何故？若曰告之教之則是爲之也，説得「爲」字太重，經意恐不然也。未知是否？

爲，猶學也。

「今之愚者，詐而已矣」，智則能詐，愚者本無智巧也，何故能詐？

如狂不直、侗不愿之類。

「予欲無言」，蓋夫子以子貢專求之於言語之間，告之此以發之。子貢未能無疑，故夫子曰：「天何言哉？四時行焉，百物生焉。」蓋欲其察之於踐履事爲之實也。程子所論「孔子之道如日星」一段，雖引「無言」之文，然其大意却似説無隱之義。至其言，猶患門人未能盡曉，故曰：「予欲無言。」夫恐其不能盡曉，當更告之，而曰「予欲無言」，何也？或曰「予欲無言」一章實兼「無隱乎爾」之義，蓋四時行，百物生，所謂無隱也。程子之説蓋推明夫子啓發子貢之意，欲其求之於踐履事爲之實者。未知是否？

恐人不能盡曉而反欲無言，疑得甚好。更熟玩之，當自見得分明也。

「四時行，百物生」兩句自爲體用，蓋陰陽之理運行不息，故百物各遂其生。聖人之心純亦不已，故動容周旋自然中禮。未知是否？

有此意。

宰我遊聖人之門而有短喪之問，不類學者氣象。諸家之説或謂至親以期斷，而宰我欲質其所知，有疑而不敢隱，所以爲宰我，蓋欲聞其過也。炳以爲宰我在聖門雖列於言語之科，然哀公問社，而有使民戰栗之對；方晝而寢，夫子有朽木糞土之譏。觀其地位如此，則宜有短喪之問也。未知是否？

短喪固是不仁，然其不隱不害爲忠信。此一事而兼有得失，又有重輕。❶

「年四十而見惡焉，其終也已」，聖人立言之意，固是勉人及時進德，然鄉人之善者好之，其不善者惡之，苟有特立獨行之士，不徇流俗，衆必群嘲共罵，何爲而不見惡？學者亦不可不知也。未知是否？

見惡亦謂有可惡之實，而得罪於能惡人者，非不善者惡之之謂也。

柳下惠三黜而不去，其言若曰：「苟以直道事人，雖適他國，終未免三黜。若肯枉道事人，自不至三黜，又何必去父母之邦？」觀其意，蓋自信其直道而行，不以三黜爲辱

❶「又」上，閩本、天順本有「得失」二字。

也。此其所以爲和而介歟！若徒知其不去之爲和，而不知其所以三黜者之爲有守，未足以議柳下惠也。未知是否？

得之。

接輿歌而過孔子，蓋欲以諷切孔子。孔子欲與言之，則趨而避之。孔子使子路問津於長沮、桀溺，固將有以發之，而二人不答所問，傲然有非笑孔子之意。至於荷蓧丈人知子路之賢，則止子路宿，殺鷄爲黍而食之，見其二子焉，其親之厚之如此。孔子使子路反見之，則先去而不願見矣。數子者若謂其無德而隱，則佯狂耕耘以避亂世，澹然不以富貴利達動其心，而確然自信不移，若有所得者。若謂其無故而隱，則危邦濁世，道既不行，亦未見其必可以仕也。特其道止於歸潔其身，而不知聖人所謂仕止久速者，知所謂可無者矣，❶而未知所謂無不可者也。故其規模氣象不若聖人之正大。若以素隱行怪視之，愚意未知是否。

無道而隱，如蘧伯玉、柳下惠可也。被髮佯狂，則行怪矣。沮、溺、荷蓧亦非中行之士也。

「柳下惠爲士師，三黜而不去。」所謂降志，如不去之類；所謂辱身，如三黜之類。然聖人列之於逸民者，不知於何處見得柳下惠遺逸處？

見上。

「君子不施其親」，謝氏曰：「對報之謂施。如親黨，特無失其爲親而已，豈有施報來往之意也？」謝氏之意不明。竊意其説若曰，君子所以厚於親黨者，特欲不失其親親之義而已，豈有施報來往之意？猶吉其豈望

❶「可無」，康熙本作「無可」。

施報來往也，❶其説與經文不通。❷炳所録《或問》解此段内有兩句云：「人之所以害其親親之恩者，其失在於望報而不在於施。」炳謂「施」字上漏却「不」字，未知是否？

謝説不通，故《或問》中辨之，文意分明，不脱字也。

明道先生云：「人生而静以上不容説，才説性時便已不是性。」人生而静以上，何故不容説？才説性時，何故已不是性？未明其旨。

「不容説」者，未有性之可言。「不是性」者，已不能無氣質之雜矣。

晦庵先生朱文公續集卷第九

閩縣學訓導何器校

❶「猶吉」，原文後小注云：「猶吉」之「吉」疑「言」字之誤。「吉」，康熙本作「言」。

❷「其」，原作「具」，據閩本、天順本改。

晦庵先生朱文公續集卷第十

答李孝述繼善問目 燔之姪

孝述嘗求夫心之爲物，竊見《大學或問》中論心處每每言虛言靈，或言虛明，或言神明。《孟子·盡心》注云：「心，人之神明。」竊以爲此等專指心之本體而言。又見孟子舉心之存亡出入，《集注》以爲心之神明不測，竊以爲此兼言心之體用，而盡其始終反覆變態之全。夫其本體之通靈如此，而其變態之神妙又如此，則所以爲是物者，必不囿於形體，而非粗淺血氣之爲。竊疑是人之一身神氣所聚，所以謂之神舍。人而無此，則身與偶人相似，必有此而後有精神知覺，做得個活物，恐心又是身上精靈底物事。不知可以如此看否？孝述又嘗求所以存是心者，竊見伊川言人心作主不定，如破屋中禦寇，又云如一個翻車，每每教學者做個主，或云立個心。又云人心須要定，使他思時方思乃是。明道亦云「人有四百四病，皆不由自家」，則是心須教由自家。以此似見得心雖是活物，神明不測，然是自家身上物事，所主在我，收住後放去，放去後又復收回，自家可以自作主宰。但患不自做主，若自家主張着便在，不主張着便走去，及才尋求着又在，故學者須自爲之主，使此心常有管攝方得。又嘗求所以爲主之實，竊見伊川論如何爲主，敬而已矣，又似見得要自做主宰須是敬。蓋敬便收束得來謹密，正是着力做主處，不敬便掉放疏散，不復做主了。孝述於存心功夫又粗見如此，不知是否？

先生批云：「理固如此，然須用其力，不可只做好話説過。又當有以培養之，然後積漸純熟，向上有進步處。」

孝述按《大學章句》云：「明德者，人之所得乎天而虚靈不昧，以具衆理而應萬事者也。」竊疑人得正且通之氣，故心體中虚，虚則靈。如水之清，火之明，鑑之光，皆是體虚，所以透明。心亦然。濂溪云「静虚則明，明則通」，似亦可見。近驗之於心，則日用間覺得一事累心，便有滯礙，更不通快。是以竊恐虚故靈，心惟虚靈，所以方寸之内體無不包，用無不通，能具衆理而應萬事。但以氣禀物欲之私有以昏之，而不得全其虚靈之本體，故理之在是者遂有所蔽，而應事接物亦皆雜以私欲，不盡出於義理之正，是無以具衆理而應萬事矣。學者之學，恐只是求去其氣禀物欲之昏，以復其虚靈之全體。蓋心既虚靈，則「寂然不動，感而遂通」，於所謂具衆理而應萬事者得矣。是以《大學》之教以「明明德」爲主，《章句》、《或問》之言明德，必以虚靈爲質。其言明德功夫，又不過欲全其虚靈之體。言存養，則曰「聖人設教」，使人嘿識此心之靈而存之於端莊静一之中；言格物致知，則曰「人心之靈莫不有知」，而欲其表裏洞然，無所不盡；言誠意，則曰「人之本心至虚至靈，衆理畢具」，而欲其應物皆由此心以發而無所雜；言正心，則曰「心之本體湛然虚明」，而欲其順應事物而無所動；言修身，則曰「隨事省察之，以審其當然之則」，似亦主虛靈者爲說。徹頭徹尾許多功夫，皆欲全此心之虛靈，以融會衆理、酬酢萬事而已。以此觀之，恐虛靈不昧，乃心之所以爲心而聖學之基本也。不知是否？

先生批云：「同上。」

孝述覺得間嘗心存時，神氣清爽，是時視必明，聽必聰，言則有倫，動則有序，有思慮則必專一。若身無所事，則一身之內，如鼻息出入之粗細緩急，血脉流行間或凝滯者而有纖微疾癢之處無不分明，覺得當時別是一般精神，如醉醒寐覺。不知可以言心存否？

先生批云：「理固如此，然亦不可如此屑屑計功效也。」

孝述自覺心放時精神出外，更不自知如夢然。才知得放時，即是心便不放了。如知得夢時，即是夢覺。孔子言我欲仁便是仁至，似亦此意。故日用間覺得直須謹操持、勤檢點，蓋操持容有懈時，若不測地猛省起來，則其懈時之放自不得遠去，且不得久去。如此維繫之久，恐此心只得住裏面。如欲睡底人，須自家打起精神，不可放倒。間或精神倦時，不覺坐睡，又自家擺灑起來，不容睡著。每每如此，自是睡不得。愚見如此，不知是否？

先生批云：「是是，但說太多了。」

孝述謂健有爲，順無爲，二者陰陽動靜之分。仁禮之爲健，義智之爲順。竊疑仁之發，即有怵惕惻隱之意動於中；頑然不動，即爲不仁。禮之仁，即有恭敬辭遜之容著於外。故仁恐爲動之始，動静恐皆以漸致。

猶春之生物，萌芽甲拆方動而微。禮恐爲動之極，猶夏之長物，而長短小大莫不盡見。義則所以制仁禮之宜，蓋即其中而爲之裁制，使隆殺厚薄各適其分，似有裁節，又收斂之意，雖略有所爲，其亦嚴且約矣。智但分别是非當否，略無作爲，又所以爲動之本，而仁禮之所由發也。故義恐爲静之始，猶秋之收而去華就實；智恐爲静之極，猶冬之藏而歸根復命。妄意推測如此，不知是否？

先生批云：「此元、亨、利、貞所以如循環之無端也。横渠先生曰『虚静者仁之本』，亦此意。」

孝述又見先生答黄寺丞健順仁義禮智之問云：「有分而言之者，有合而言之者。」孝述於分而言者，已隨愚見陳於上矣，復以合而言者求之。竊意仁義禮智若以用言，則有有爲者，有無爲者，故仁禮爲健，義智爲順。若論其所以爲是四者之實，則仁是人之不忍之心，似有柔順之意；禮之品節一定而不可易，似有陰静之意，二者恐是健中有順。義之裁制方嚴，似有剛斷之意；智之周流不滯，似有陽動之意，二者恐是順中有健。於此可見陰陽本不相離之意。不知是否？

先生批云：「當時之意，恐謂分則爲四，合則爲二耳。然如所説，又自是一意，即所謂水陰根陽、火陽根陰者。」

孝述又謂木火之爲陽動，金之爲陰静，皆可言。若水當爲陰静之極，然水流而不息，未見所以爲至静處，不知當於何處觀之？

先生批云：「水寒火熱，水下火上，其爲動静之分者明矣。」

孝述妄謂五常是五行之德。五行之氣其行於天者固未易見，若質之在地者，竊疑與德之在人者無往而不相配。今隨愚陋所見言之。五常之未發，則本體中存，恐如木之在山，火之在燧，金之在礦，水之在地，土之未動。及其既發，而有惻隱、羞惡、恭敬、是非、誠實之情，恐如火之出而炎上，水之流而潤下。及由其情充積成行，如仁之爲孝爲弟、爲睦爲婣之類，恐如木之爲棟梁榱桷，火之爲燈燭炬燎，金之爲刀斧盤盞，水之爲池沼江海，土之爲塼瓦牆壁。故五常之未發，只可謂之五常，而不可以萬行名。及其發而成行，隨在不同，則各隨其所成之行名之，而不得復以五常名矣。恐如五行之未動，只可謂之五行，而不可以它物名。及其動而爲物，有萬不同，則各隨其所成之物名之，而不得復以五行名矣。但方其爲五常之性也，❶而萬行之理已無不包。及其爲萬殊之行也，而五常之體亦未嘗不存。恐如五行之方具，而萬用之質已無不全。及其爲萬殊之用，而五行之體亦未嘗不立。極而言之，則人道周乎四海，無非五常之爲，如物充乎地上，而無非五行之爲。凡此雖未知是否，似皆説得去。但木之曲直，金之從革，土之稼穡，皆待人爲，而仁之惻隱，義之羞惡，信之誠實，皆發於性之自然，相配不得。又土之稼穡與孝述所謂爲瓦塼之類，又説不上。不知五行之與五常，本不可如此牽合耶？爲復可以配説而未得其説耶？仁之行固有可言，若義、禮、智、信之行，皆未見

❶「方」，原作「十」，據萬曆本改。

其實然可指之目。得非四者之行無往不在，而不可一一强名耶？區區求之，而未得其說。

先生批云：「萬物雖不可以五行名，然其分各有所屬，則亦未離其類也。萬行之於五常亦然，從革、曲直、稼穡是其本性之發，非人之所能爲也。若曰人爲，則胡不能使木從革而金曲直乎？」

孝述妄謂仁義禮智之施恐皆自吾身始，次親，次民，次物。仁恐始於愛身，禮恐始於敬身，義恐始於制此身之宜，智恐始於明此身之理。蓋不愛其身則是自絶，故必不愛親而亦無以愛親。不敬其身則是自賤，故必不敬親而亦無以敬親。至於義智皆然，妄意如此，不知是否？

先生批云：「身者，仁義禮智之主，不可書「書」字疑當作「言」。施由此始。以有子、孟子之言爲仁之本、仁義之實者觀之，其當自親始可見矣。」

孝述妄謂仁義禮智合而成行，其發也，竊疑先智，次仁，次禮，次義。且就身言之，恐必知此身受形所自，而四肢百骸血氣皆相貫屬，吾所當愛，然後有自愛之心。知愛之而不忍傷，則必敬之而不敢忽。愛敬既生，方可裁制其宜，以全愛敬之道。若獨指心而言，亦恐必先知此心至靈至貴，爲一身之主，然後自愛。既愛之而不肯甘心放棄，則必嚴敬自持，而惟恐以慢易失之。既愛既敬，然後有可得而裁制者。蓋愛而失宜，則或至枯守不用而爲虛無寂滅，或只知養護而不能痛自克治，反非所以爲愛。敬而失宜，則恐持之太甚，而有把捉不定之患，反不得其所以爲敬。此愛敬各有其宜，而必有斷制之者。然未愛未敬，則恐無所施其裁制之道；自暴自棄，則又爲復莊敬自重之心；❶不知身心之當愛，則恐雖可之而頑然不省，❷豈復有自愛之意？區區之愚，所以疑是四者之發，必有次第而不可棄也。若未發之前，則四者之體渾然在中，不可謂先有此而後有彼。但方發之際，勢必必相示，❸無雜然並發之理。然知識一開，則餘三者踵乎其後，自有不容已者。是以既發之後，則即其一行之中而四者之實無一不在，以其本一理故也。若以四時言之，則恐智爲冬藏，仁爲春生，禮爲夏長，義爲秋成。歸藏者，發生之本；發生者，長養之漸；而生長又所以爲收成之體也。夫四時者，五氣之布，五氣之生定於其初，恐非至此而序生。但氣之流布，則其序必如是而後可。然冬令既行，則三時之斷起亦有不容遏者。是以造化既成之後，則即其一物之微而五氣之功無一不在，以其本一氣故也。以此觀之，則仁義禮智合而成行，其發之先後亦有可言者。妄意如此，不知是否？

先生批云：「此即前循環之説，然説得太破碎，又不好，且静以養之可也。」

《大學或問》云：「以理而言之，則萬物一原，固無人物貴賤之殊。以其氣而言之云云，是則所謂明德者也。」孝述竊疑人物之性有偏全之異者，不知是受得本同，但做處不同？爲復是受得本不同乎？

❶「爲」，《正訛》改作「無」。

❷「之」，《正訛》改作「愛」。

❸《記疑》云：此句疑有誤。天順本删一「必」字。

按伊川云：「天所賦爲命，物所受爲性。」恐是受得已不同。蓋理之在天，本只是一個渾然全體，但人物隨形而受，故受得來别。人得形氣之正，故承當得盡；物得形氣之偏，故承當不盡。偏底物事，難爲有全底道理。《孟子集注》論生之謂性處云：「以理言之，則仁義禮智之稟，豈物之所得而全？」似亦此意。人之形體受盡得這道理，所以亦做得這道理盡；物之形體受不盡這道理，所以亦只隨其所受做得。更就其做處言之，人得形氣之正，故心虚而體全，心之知覺便周流貫徹，在處通得去，形之運動便千變萬化，是般做得去。是以於其理之精微，知亦知得盡，做亦做得盡。人之所以可爲堯舜，可參天地，皆爲有此體質，儘做得。但患不爲，或爲之而有不充，却無不能之理。孟子謂「王之不王，非不能，是不爲」與所謂「有是四端而自謂不能，吾身不能居仁由義」，恐皆是安於不爲者。物得形氣之偏，故心塞而體拘，心之知覺便拘礙而不能通，形之運動便短狹而不能周。是以於此理之本體，知亦知得淺狹，做亦做得淺狹，被形氣局定，更開不來，所以求爲人之所爲不得。如慈烏父子、螻蟻君臣之類，若論父子君臣之道，豈止如慈烏、螻蟻之爲？但此二物所知只止此，所能亦止此，更去不得了。就其所得之分言之如此，恐又是人與物做得别處。然又有可疑者，蓋物雖受此理不盡，若隨其所受而發，則仁義禮智須皆做得出來。然所舉二物，又每物只做得一般道理出，不能相兼以通其全。如此者恐是物所得之理既不能盡其全體，又爲氣昏隔在裏面，發處復不能充其所得之分劑，是則容有得爲而未爲者。此二物又是昏塞中各有一點明處，所以各發得一般道理，特特著見，於其他道理便全微了。至其餘物，又或不能爾。此可見物之氣稟又自有不齊處。此等性命之説，固不當妄意揣量，然須略識其梗概方得。隨所見寫呈，乞賜開示大端，使知所向而求之，庶乎其略識矣。

先生批云：「既是不曾受得，自是不能做得，更不須説。然横渠先生亦説人有近物之性，物有近人之性者，又是一理。如猫相乳之類，温公集中亦説有一猫如此而加異焉。此其賦性之近人而或過之，但爲形所拘耳，亦可悲也。」

又云：「然於其正且通之中，又或不無清濁善惡之異，故其所賦之質又有智愚賢不肖之殊。」孝述竊謂陰陽五行總其大全而言之，則恐同出一本，而人物均稟焉。所謂人物之生，必得是氣然後有以爲百骸九竅五藏之身是也。若別其體，則恐一氣之中有偏正兩等，而爲人物貴賤之分。所謂得其正且通者爲人，得其偏且塞者爲物是也。至極其變，則恐偏正之中又自萬殊，而爲人品物品之分。所謂於其正且通之中，又不無清濁美惡之異，故其所賦之質又有智愚賢不肖之殊者，是言人品之異也。蓋體之既分，則固一定而不可易矣。然恐是氣之運一息不留，所以俄頃之間，變爲萬狀。彼人物之生，各隨其所值以爲體，是固不能齊也。但用變而體不變，故人之所稟雖或至濁至惡，而所謂正且通者未嘗不在。而其爲濁惡又自是一般，與餘氣之濁惡不同。

以其是正且通之濁惡，故其濁惡澄之爲清，其惡可易之爲美。既清既美，則所謂正且通者，即得其本然之正矣。鳥獸草木各以類分，而每類中又有等色不同。然其形聲臭味各不能變其本體，則亦與人相似。但人能自化，物不能自化耳。妄意推測如此，不知是否？

先生批云：「此大概然矣，亦宜并以上章之意推之。」

孝述謂美惡恐即《通書》所謂剛柔善惡。竊疑清濁以氣言，剛柔美惡以氣之爲質言。清濁恐屬天，剛柔美惡恐屬地。清濁屬知，美惡屬才。清濁分智愚，美惡分賢不肖。上智則清之純而無不美，大賢則美之全而無不清。上智恐以清言，大賢恐以美言，其實未嘗有偏。若《中庸》稱舜知回賢是也。下此則所謂智者，是得清之多，而或不足於美；所謂賢者，是得剛柔一偏之善，而或不足於清。於是始有賢智之偏。故其智不得爲上智，其賢不得爲大賢。雖愚不肖，恐亦自有等差。蓋清濁美惡似爲氣質中陰陽之分，陽清陰濁，陽善陰惡。故其氣錯揉□變，而大要不過此四者。但分數參互不齊，遂有萬殊。不知是否？

先生批云：「陳了翁云，天氣而地質，前輩已有此説矣。」

孝述又疑氣之始有清無濁，有美無惡。濁者清之變，惡者美之變。以其本清本美，故可易之，以反其本。然則所謂變化氣質者，似亦所以復其初也。不知是否？

先生批云：「氣之始固無不善，然騰倒到今日，則其雜也久矣。但其運行交錯，則其美惡却各自有會處。此上智下愚之所以分也。」

又云：「然而本明之體得之於天，終有不可得而昧者云云，所以使之即其所養之中，因其所發而啓其明之之端也。」孝述竊謂覺是人之本心不容泯没，故乘間發見之時，直是昭著，不與物雜。於此而自識，則本心之體即得其真矣。上蔡謂人須是識其真心，竊恐謂此。然此恐亦隨在而有，蓋此心或昭著於燕閒静一之時，如孟子言「平旦之氣」。或發見於事物感動之際，如孟子言「人乍見孺子將入井，皆有怵惕惻隱之心」。或求之文字而怡然有得，如伊川先生所謂有讀《論》了後，❶其中得一兩句喜者。或索之講論而恍然有悟，如夷子聞孟子極論一本之説，遂憮然爲間而受命。凡此恐皆是覺處。若素未有覺之前，但以爲已有是心而求以存之，恐昏隔在此，不知實爲何物。必至覺時，方始識其所以爲心者。既嘗識之，則恐不肯甘心以其虛明不昧之體迷溺於卑汙苟賤之中。此所以汲汲求明，益不能已，而其心路已開，亦自有可進步處。與夫茫然未識指趣者，❷大不侔矣。故孝述竊疑覺爲小學、大學相承之機，不知是否？先生批云：「所論甚精，但覺似少渾厚之意。」

「知止而后有定，定而后能静，静而后能安，安而后能慮，慮而后能得。」孝述謹按《章句》以物格知至爲知止，意誠以下爲得所止。又《或問》以定、静、安爲知之所以得之。故孝述竊疑定、静、安在物格知

❶「論」下，閩本、天順本有「語」字。

❷「指」字，原脱，據天順本、萬曆本補。

至之後，意誠以下六事未然之前，慮則在意誠以下六事將然之際。如此言之，則定、静、安、慮在知止、得止之間，似皆有可實之處。不知是否？

先生批云：「解中似已有此意矣。」

孝述又按《或問》云：「不有以知其所當止之地，則不能有以得其所當止者而止之。」又云：「知是知其至善之所在，得是得其所止之地而止之。」孝述竊疑知是知之在彼，得是得之在我。得則心理俱融，理爲我有。得恐亦只是知，不可便指爲已止其處。但恐知虚而得實，才得之則身亦隨之矣。妄意如此，不知是否？

先生批云：「知與得兩事，經文可見。」

孝述竊疑既知之後，復有所謂慮而後得者，恐知是知之至，慮是審之詳。夫物格知至，則萬理貫通，固無不知其至善之所在。然恐身有未接，則其義理精微容有毫釐之未察。或所接之際事復異宜，故必於此精加審慮，然後始無纖微滲漏之處。此知後必慮，然後爲審。不知是否？

先生批云：「定、静、安是未有事時胸次洒然，慮是正與事接處對同勘合也。」

「致知在格物」。孝述竊謂人之本心至虚至靈，無所不照，但以氣稟物欲有以蔽之，是以其明不能不昏。欲開其明，須藉事物之實以運其知思，然後其明有可通之理。蓋心既有蔽，無從下手以開之。所以窮究物理者，恐是因窮究其所未知而將此心戛刮擦磨，治其粗鄙而反覆往來，求出其明。是以研窮之深，其明必將穿漏而出，而物之理亦無所遁矣。此其所以能格也。伊川先生曰：「思曰睿，思慮久後，睿自然生。」又曰：「致思如掘井，初有渾水，久後稍引動得清者出來，久自明快。」其説似皆以爲人心之明既有所蔽，須即事致思，然後其明自出。孝述恐所謂致知在格物者，亦有此意。蓋窮至事物之理，即所以推極吾之知識也。不知是否？

先生批云：「理有未明，則見物而不見理；理無不盡，則見理而不見物。不見理，故心爲物蔽而知有不極；不見物，故知無所蔽而心得其全。」

孝述竊疑心具衆理，心雖昏蔽，而所具之理未嘗不在。但當其蔽隔之時，心自爲心，理自爲理，不相贅屬。如二物未格，❶便覺此一物之理與二不恨入，❷似爲心外之理，而吾心邈然無之。❸及既格之，便覺彼物之理爲吾心素有之物。夫理在吾心，不以未知而無，不以既知而有。然則所以若内若外者，豈其見之異耶？抑亦本無此事，而孝述所見之謬耶？

先生批云：「極是。」

《或問》云：「或考之事爲之著，或察之念慮之微。」孝述竊謂，事爲是身之所履善行之著處，念慮是心之所發善端之萌處，於此考察，則心迹不遺，❹可以得理之真實。然當事爲念慮之時，又欲着心考察，則是一心二用，互有妨礙，似難於着力。然《或問》又云：「人之明德，全體大用，無時不發見於日用之間。人惟不察乎

❶「二」，《正訛》改作「一」。
❷「二」，《正訛》改作「心」；「恨」，《正訛》改作「相」，天順本作「根」。
❸「邈」，原作「邀」，據閩本、天順本改。
❹「迹」，原作「亦」，據閩本、天順本改。

此，是以汩於人欲而不知所以自明。」《孟子集注》云：「衆人雖有不忍人之心，然物欲害之，存焉者寡，故不能察識。而推之政事之間，則又似必着意體察，然後有見。」孝述恐所謂考察，是此心常常反求，不教外馳。心存而不外馳，則精神知覺常只照管自家，步步不離，所以事爲之形，念慮之起自然默有所見。若此心尋常逐外，不自管顧，則雖間或真心見前，亦不知其所發。非是臨時以此心爲之，而又以此心察之也。若齊王愛牛，孟子屢發之，使反求其所以然，却在既發之後，儘可着力追求，意不相妨，恐又與當事體察不同。以此觀之，則此所謂考察，既以當事言，則似不可重看。孝述愚見如此，不知是否？

先生批云：「不必如此説，只是隨處理會是與不是，以爲取舍向背之決耳。」

又云：「昔聞延平先生之教云云，雖其規模之大、條理之密，若不逮於程子。」孝述竊謂，規模之大、條理之密，恐如序所論經文外有以極其規模之大，而内有以盡其節目之詳者。規模之大，恐自「積習既多，然後脱然有貫通處」以下四段即是，蓋舉其始終全體而言。條理之密，恐自「物必有理，皆所當窮」以下六段，與前所謂讀書論人應事數端即是，蓋備夫功夫項目而言之。先生謂其爲説遠近虛實、大小精粗無不兼盡，而復分先後緩急，恐亦言其條理之密。不知是否？

先生批云：「只是如此。」

「誠意」。孝述妄謂人之本心得之於天，初無不善，所以有不善者，恐是人爲逆之也。試以動静驗之：❶静者天，動者人，是以静則無不善，動則常有不善。使其如伊川所謂動以天焉，則恐仍只是善。奈何其不全以天而必雜以人，遂流於不善。今求其實而言之，人心未發，無爲思，則其本然之體渾然在此，人更不曾動着，似即南軒所謂天心者。是時安得有不善來？《中庸》所謂「喜怒哀樂未發謂之中」，《樂記》所謂「人生而静，天之性」，伊川所謂其本真而静，五性具焉。又云喜怒哀樂未發，何嘗不善，又云心本善，恐皆指此心而言也。及其既發，有思有爲，即屬之人。既屬之人，即是氣質爲之。若質純粹，則惟其所發，無往不與理俱，故本然之性得以順達而無害。若有偏駁，則其偏駁之發即與理相違。至其知思嗜好感物而生者，又多求快血氣之私，而不由義理之節。故本具焉，又每每爲所拂害，不得沛然順發。曩時之善，至是遂流於惡矣。甚則窮人欲，滅天理，曩時之善盡反而純於惡。《中庸》所謂發而皆中節謂之和，《樂記》所謂感物而動性之欲，以及夫好惡無節而天理滅，孟子所謂人性之善，猶水之就下，其可使爲不善，猶水可使過顙在山，濂溪所謂五性感動而善惡分，明道所謂性善猶水之清，其繼猶水之流，有流至海而終不濁，其次有遠近，有多少，清濁雖不同，然非善與惡在性中爲兩物相對，各自出來，伊川所謂其中動而七情出，情蕩而性鑿，又云發而中節，則無往而不善，又云發於思慮，則有善有不善。先生所謂心體本静，然亦

❶「試」，原作「誠」，據閩本、天順本改。

不能不動，其用固本無不善，然亦能流而入不善，見印行文集。恐皆指心之動處言也。夫静則善，動則有不善，是心本善而人每拂之爲不善。聖人之所以有教，衆人之所以有學，恐只爲此。濂溪云：「聖人立教，俾人自易其惡，自至其中而止。」伊川云：「學問之道無他，唯知其不善，則速改以從善而已。」横渠云：「領惡而全好必由學。」又云：「爲學大益在自求變化氣質。」則所謂教，所謂學，只是去其惡以全其善耳。若其緊切着力處，只在此心發動之初。蓋私欲之根既埋伏在内，不動則已，才動便牽引起來，勢之所必然者。真心之發，其間常有私欲夾雜，不能得純一。此處雜了，前面便流行不去。是以必於此處清本正源，使人欲净盡，查滓不留，則自此以往，天理流行，更無梗拂，而於其本然者得矣。學必以誠意爲要，竊恐謂此。妄以《或問》之意如此推測，是否？

先生批云：「説得太多，然却未見誠字之意。」

孝述按孟子言上世有見親暴露者，其顙有泚，而非爲人泚，中心達於面目。又云，人乍見孺子將入井，皆有怵惕惻隱之心，非爲内交要譽，惡其聲而然。竊以爲此等是惻隱之心發得實處。楊震莫夜遺之金而不受，上蔡自負記問，聞明道玩物喪志之譏，遂汗流浹背，面發赤，竊以爲此等是羞惡之心發得實處。張湛居幽室必整，遇妻子若嚴君，竊以爲此是恭敬之心發得實處。孔子誨子路知之爲知之，不知爲不知，范氏云，是曰是，非曰非，爲直，竊以爲此是是非之心發得實處。人心之發，每每如此而無所雜，方是意誠。若見賢而不能舉，舉而不能先，見不善而不能退，退而不能遠，與第五倫兄子嘗病，一夜十往，退而安寢。子有疾，雖不視而竟夕不眠，竊以爲此等是意未誠處。不知是否？

先生批云：「未親切。」

孝述妄謂顔子之樂，恐在克復之後。已過此關，克盡己私，故日用間是這道理在胸中平鋪地順流將去，無分毫私欲爲之梗拂，故不待勉强作爲，自無往而不與此理相周旋，所以觸處皆樂。雖行乎窮途逆境，亦只如此，曾不改吾樂焉。曾皙之志，恐是其胸中脱洒，略無繫累，遐想其動静語默之節，了覆其所陳之志，似把這道理做家常茶飯相似。日用間只如此平平地順行將去，似將使萬事萬物各止其所，而吾心蕭然，略不用意作爲於其間。亦見夫此理所在，天然自有，觸目皆然，自可坦然順適，不假作爲故也。如孝述自覺是初學，不曾窺見一分半分道理，便妄自驚喜，把來擡夯。行時本不自在，間只是分付着意，似要於道理上加添些做，與這氣象天淵不侔。若曾皙，可謂真知其爲天理。但伊川則謂其雖知之，而未必實能爲耳。漆雕開之未能自信，恐是正在此處着力，過關未得。竊疑其雖未盡見是理自然流行之妙，而於本然實體固已識之。但恐識認未至真的，又自度此心了他未下，然亦可見其直要於打鬬處下死功夫勝過去，不但及此而遂已也。孝述妄意揣料如此，不知是否？

先生批云：「漆雕開恐不止如此。」

孝述近來自覺此心分明如有物蒙蔽在

內。若以存養言，當其放時，固是紛紛擾擾，全無是處。其知把捉時，覺得此心在此，不曾從他處去。但依舊蕩漾糊塗，❶蒙蒙然要光不能得光。及至忽然清明時，方是襟懷開爽，耳目聰明，氣象迥別。若以窮格言，當其求而不得時，固是茫然無入處，昏憒之極。至反覆尋求，以揣約得大意，又依舊覺得隔了一重，更發不破。又至暫時看得發時，方識認稍明，心地方開。若以誠意言，則日用間身雖物接，❷而此心頑然不動時，是全然昏隔了。有隨接便動時，亦有徐徐略省而後動時。動如在親前有愛心，在長上之側有敬心。但其愛敬意就間發得些，又只據見在休了，雖欲勉進，自是做得來無意味，是時心依舊昏。有時忽地感悟，動得别時，其愛直是真切，其敬直是嚴畏，非有所强而自不能已，是時心方大明。故存養而至於心地明爽，窮理而至於識認分明，誠意而至於真心發見，如此者極是少。三者之中，意誠時尤少，每日省來，覺得白日在夢。明道先生所謂醉生夢死，伊川先生所謂未知道者如醉人，恐可説此。雖知得是夢，要教省只是不能得省。如此者豈非質昏之甚而難開，汙染之深而難滌耶？仰惟先覺憐而教之，無使終陷，則不勝願幸！

先生批云：「但且着實持守，不須如此想象計較作弄，恐思慮過當，别生病痛。」

孝述又自覺質弱，心極易動，日用間才有小小得失，便過喜過懼，此心全體動了。雖欲自家做主，更做不住，以至在喧雜繁

❶「糊」，原作「湖」，據四庫本改。
❷「物接」，《正訛》改作「接物」。

擾之地，多處置不下，甚至於亂。大概覺是氣怯，而志復無以帥之。不知治此病痛，孰爲要切？

先生批云：「只此便是病根，前説正慮其如此耳。」

孝述曩以先兄在嫡，未及有子而没，疑於所主。蒙賜教云：「若已立後，則無此疑。」但復有曲折，先兄嘗收一襁褓之子爲嗣，既没，孝述以其未勝喪，又别無同居長上，遂自主喪。才兩月，而此子卒。曩時之問，正此子已卒之後，孝述遂不曾言及。先兄將葬，孝述復求從兄之子爲之後，亦在襁褓。孝述仍前自主，祠板之題，只從弟稱。及領尊教，始悟其非，猶有不能勝喪之疑。聞之伯量，亦云嘗以此問先生，先生答云有攝主。又按《喪大記》云：「子幼則以衰抱之人爲之拜。」是當以所立之子主喪，而孝述爲之攝。自是即欲俟練祭换栗板時易題所稱，復有他慮。先兄之後，固爲宗子之子，今既收立，不知亦謂之嫡孫否？若可謂嫡孫，則廟祭當使之主。又未知襁褓之子即可主祭，爲復待其成人或稍長方可？若即可主祭，則今日祠板之變，固合異日遷廟之稱矣。如或未可，則今日易從子稱，異日復易從弟稱，有瀆慢之嫌。又按《喪服小記》云：「婦之喪，虞、卒哭，其夫若子主之，祔則舅主之。」所主不同而各有所宜。既不嫌數更，則異日再易祠板所稱，恐亦無害。又衆議以爲必從幼子主之，理勢方順。孝述於换栗板日已更稱矣，不知是否？

先生批云：「攝主但主其事，名則宗子主之，不可易也。細考《曾子問》諸説可見。」

孝述又疑，幼子若即可嗣主宗祀，則異時納主，恐即據主祀之子祧遠祖矣。若未可主祀，且從孝述主之，則異時所納之主即爲旁親。不知旁親當别設位而有祧，爲復只祔于祖而無祧？

先生批云：「納主旁親之説未曉所謂，可更詳之。」

孝述議親十年，展轉牽制，尚未成畢。老母欲令今冬畢親，但先兄几筵未徹，老母乃齊衰三年之服，復有妨礙。然主婚却是叔父，欲姑從鄉俗就親，不知可否？若就畢挈歸，凡百從殺，衣服皆從素淡，不知可否？

先生批云：「若叔父主婚，即可娶婦無嫌，禮律皆可考也。但母在而叔父主婚，恐亦未安，可更詳考也。」

孝述謹按，《禮》，婿將親迎，父醮而命之。今孝述父兄俱没，上惟母在，旁尊有叔父，不知往迎之時，當受母命耶？爲復受叔父之命耶？

先生批云：「當受命於母。然母既有服，又似難行。記得《春秋》隱二年《公羊傳》有母命其諸父兄，而諸父兄以命使者之説，恐可檢看，爲叔父稱母之命以命之否？更詳之。更以上條并考之。」

孝述又按，《禮》，婦盥饋舅姑。若舅已没，不知可以叔父受盥饋禮否？

先生批云：「叔父無盥饋之文。蓋與姑受禮，禮相妨也。母若有服，則亦難行此禮。要是本領未正，百事俱礙耳。」

晦庵先生朱文公續集卷之十

閩縣學訓導何器校

晦庵先生朱文公續集卷第十一

與劉德華允迪。❶

某聞風甚久，屏跡丘樊，無由瞻奉。茲焉假守，密邇治封，政化流聞，益勤傾跂。謹因致問，布此腹心，諒辱深照。

某衰病餘生，不堪吏事，茲蒙聖恩，强畀民社，扶曳至此，不敢爲久居計，顧念未有以仰報使令之意者。❷訪聞管下諸縣有與貴邑地勢交錯、稅籍猥并之處，所以賦重民貧，凋殘特甚。向來貴邑得賢守令力爲申請，已蒙蠲減之恩，而此間獨仍其舊。念欲以此哀告朝廷，仰祈寸澤，輒擬就借貴邑當來申請一宗文字以爲楷式，諒仁人之心無間彼此，得檢示去人，令就抄録以歸，實爲厚幸！

某久不奉問，鄉往馳情。比以郡境枯旱異常，夙夜憂勞，不知所以爲計。意者君子所臨，當不至是也。備災之具，經營似頗有緒，但檢放一事未有長策。蓋太詳則民有勞費，太略則又恐有不均之歎。竊恐貴邑施行規模次第必有可見教者，專人咨請，切幸毋吝。法曹經由，曾請見否？已囑其歸塗面扣詳細矣。引領以俟，至懇至懇！

❶「允」，原作「充」，據《正集》卷八〇《玉山劉氏義學記》改。

❷「令」，原作「人」，據閩本改。

建昌利病恐有所聞，幸以見警，千萬至禱！

某承示及公文，已行下通放矣。聞貴邑所勸未甚多，恐不可不早爲之所。諸司未必可指準，此間多是兑那合起官錢，遣人收糴，將來糶畢還錢，蓋未晚也。奉新臨川聞頗有米，市井販鬻之家，亦可勸諭使往糴也。但陳法還自建昌，聞元檢放分數過多，今又不可失信。王星子與毛掾遍行其境還，亦言僅可得一分耳。民窮固可哀，而官司之計將如之何？積憂熏心，百病交作，求去不得，未知所以爲計也。

某數日爲江西船粟不下，憂窘不可言。今聞始得少通，然財賦有經而饑民猥衆，雖竭所有以糴，不能爲旬月之備。今再遣陳掾走建昌，更令請教。陳謹實勤懇，同官中不多得。建昌諸人既難深託，百里之命，正在此人耳。切告推誠毋隱，使鄰道之人均被惠澤，而守官者賴以不得罪於其民，固仁人所樂爲者。是以忘其再三之瀆而敬以爲請，當辱垂念也。

昨見三榜，懇惻之心形於文墨，讀之令人感歎不能自已。貴境放及幾分？別作如何措畫？皆望見教。中間小報言者有謂州官檢放但憂郡計之不足，不恤民力之已困者，可謂平論。❶ 聞聖心極焦勞，但無如有司出内之吝耳。

某又聞檢放得實，州家悉已施行，此見懇惻之誠孚于上下，尤深喜慰。

某示喻，仰見憂民之切，不勝感慨。但此雖號鄰邦，然情意素不相通，豈敢輒爾干預？恐或徒爲紛紛而無益也。向來嘗爲

❶「平」，閩本作「至」。

錢漕僭道賢德，今一書禱之，幸試達之。然須更得民户自言，乃相應耳。吾人相求而不相值，彼亦果何心哉？ 可歎可歎！

某衰病多故，久不得附致問訊。然采聽道塗，竊知救荒之政究心悉力，不勝歎仰。恨有封壤之拘，不得少佐下風也。某昨移建昌之粟於都昌，此兩日給散方畢，遂可上奏，與之丐賞，庶不失信於此人，幸甚幸甚。孫僉適到此，首談長者救荒之意，相與歎息。錢漕前日通書，已道區區，然政不須此也。敝郡兩邑月解千緡，自去夏之供，至今不得一文。郡中獨力支吾，幸不至大段曠闕。前日猶恐將來爲縣道之累，已悉與削其籍矣。今日爲縣誠難，若郡不恤縣，則亦何以責縣之不恤其民乎？ 顧上供給餉種種有不可闕者，未知朝廷終何以惠綏之耳。

某孤拙亡庸，不自揆度，妄意一出，竟速顛隮。尚賴聖明照知本末，假寵從欲，所以矜憐慰藉之者甚厚。顧無涓塵可以伏伸報效，感之多不若愧之甚也。

某復蒙垂喻《義學記》文，❶極荷不鄙，謹已略述數語，具道雅意。但卒章之意，不欲但以勢榮禄利爲言，故不復叙植桂之名。將來入石，只用今所寫去八字書額足矣。文字荒淺，指意闊疏，不審尊意以爲如何？不知當屬何人書之？ 更告詳酌也。

某昨蒙不鄙，委撰《義學記》文，不敢固違，草具求教。兹辱垂示，乃知已便刊石。未加指摘，遽爾流播，愧懼多矣。記中第十行「周」字下元有「澹」字，今似脱去，恐寫去時脱了。問兒子，乃云寫時亦嘗疑之，曾來

❶「復」，閩本作「伏」。

請問，乃知是古「贍」字，不應遺忘，恐或刻時失之耳。此於大義無妨，但細讀之，覺比上句少一字，想無害也。其文雖鄙，然所叙契、丈二事皆可以爲世法。更欲多得數十本散施知舊，庶有能勉慕其萬分者。

右得之劉侯之孫觀光，今爲浦城尉。尉始來，過書院祠謁甚敬，言乃祖參議公嘗受知文公先生，出所藏帖數十，皆集所不載。幾敬讀之，其間格言至論真有補世道，遂刻以附于集。因嘆文公之筆流落世間不傳者凡幾，又嘆前輩流風遺韻日遠日亡，其存者幾？能嗣守家訓，不替祖風如尉者又寧有幾？賢矣哉！劉侯，玉山人，文公嘗爲之記義學云。淳祐庚戌二月甲子後學徐幾謹識。

《義學記》載前集，其間誤字觀此可證，抑重有感於聖人古史闕文之嘆云。

晦庵先生朱文公續集卷第十一終

晦庵先生朱文公别集序❶

昔我文公會稡程氏門人所録之語以爲《遺書》，且謂其於二先生之語不能無所遺，復取諸家集録，參伍相除，得十有一篇，以爲《外書》，誠不忍儒先片言隻字湮没無傳，而天下之理有所欠闕也。文公先生之文，《正集》、《續集》，潛齋、實齋二公已鏤板書院，蓋家有而人誦之矣。建通守余君師魯好古博雅，一翁二季，自爲師友，搜訪先生遺文，又得十卷，以爲《别集》。其標目則一倣乎前，而每篇之下必書其所從得，且無《外書》不能審所自來之恨，真斯文之大幸也。鏞於君之長子謙一爲同舍郎，亦嘗預聞蒐輯之意。兹來冒居長席，而余君適將美解，始刊兩卷，餘以見屬。於是節縮浮費，以供兹役，蓋又二年而始克有成。後之學者，能於是書句句字字深思而熟翫之，庶有以知其無非精義密理之所存。毋使摹刻既多，束書不觀，乃貽或者之誚云。咸淳元年六月朔迪功郎、建寧府建安書院山長黄鏞謹書。

晦庵先生朱文公别集序

侯官縣儒學訓導劉簹校

❶ 此題原無，據篇末題名補。

晦庵先生朱文公文别集卷第一

書 時事出處

劉共甫 珙 以下建陽胡德方家藏

伏奉教帖，甚慰。久不聞問瞻仰之意，然此書之後，傳聞動静千條萬端，皆非村落所得詳。此兩日忽聞有全蜀之命，意其是乎？未得其真，未敢遽奉慶也。行期定何如？若果西去，能略歸鄉曲否？此却未須遽行，但亦當求對。向來聖錫正如此也。若所傳非的，當奉行前詔，則交印後似却不必迂路來歸，只令平父來臨川上下迎侍以歸足矣。二姦雖去，氣象全未迴。蓋上心猶以向來所爲爲是，未有敢乘此痛言其非者。昨告邦彦，以所當論者惟「獨斷」二字，頗以爲然。又未知果能發之否？間讀《陸宣公奏議》，一一切中今日之病。試取一讀，從容前席爲上一一談之，當有助耳。若果造朝，以亟行爲上，早得一日是一日事。然今已似太遲，若更過此，則又無可説矣。惟近臣愛君體國之義，想又非畎畝縷縷之比，固不當以私計之安便爲先而後圖之也。聞欽夫亦勸行，果爾又無疑矣。程集及諸書拜領厚意，但誤字處更不吝修改爲善。略讀所改數處，似少吝矣。如何如何？李先生碑額試煩問子駒，不知可爲别寫數字示及否？比及宗禮歸到，又須數月。其家早欲成就，已先刻銘文，只俟此字耳。駃病之説，不記前書拜稟云何。誨諭之及，乃知僭率之爲咎。然所自比乃爾，豈故人之望耶？

劉共甫

竊承延登廟堂，參貳樞筦，君子之仕至此，亦可謂得時得位，可以不負其所學矣。遡聞明命，贊喜亡涯。某去月六日始得離長沙，與敬夫同行，謁魏公墓下，遂登祝融絶頂，已乃東歸。至櫧洲始分手。蓋講論之樂尚未曾有，别去殊惘然也。至醴陵，始微聞兄有此拜。至清江，始得其真。然伏讀十一月五日詔書，奴詬大臣，豕視庶位，甚矣其間而不然也。不知出兄筆否？當時何不略開諫耶？自見此詔，連三日寢食不安，其曲折未易以一言盡。大抵自此人主心益肆，勢益孤，賢人君子日益消縮，不願立於其朝，而讒諂面諛、持禄保位之士益聚而肆然其無所不爲矣。反復念此，惻然寒心，中夜以興，不覺歎咤。此殆聖主思之未熟，而奉令承教之臣與有責也。不知比來訏謨之際，頗亦及此語否？失之於前，尚可救之於後，願益思所以矯正之術而亟諫之。某嘗譬之人子事親之道不至，其於父母之顔色不和，❶爲子者當左右承順，以祈悦適耶？當詬詈妻孥，毆擊僮隸，以快己之忿耶？此閭巷之人知之，不待曾參、孝己而後委也。至於人主事天之道，何獨不然？今日之爲，其亦異乎吾所聞矣。

比至豫章，見蔣參政文字，慨然有出身任事之意，所以告吾君者粗亦可觀。但不

❶「其」，原爲墨丁，據四庫本補。

知渠本領如何？若只是如此説得，亦不濟事。况本領若不甚正，則所謂是者非，所謂賢者否，又如何其可恃耶？聞奏請令卿監郎曹舉士，限五日奏，又不得發照牒，此是何措置？只此一事，可見風采，奈何奈何？陳公少進，有何處畫？觀今日氣象，雖非有危機交急之慮，然大根大本處被群小壞得八九分以上了，日往月來，不是小事。苦痛苦痛！兄與陳公素有物望，非它人比。今日雖未爲宰相，然實斷國論。若只似常人遷延歲月，保持禄位，以俟人主厭棄而擊逐之，則非惟大失人望，隤隕家聲，亦豈吾平日讀書問學之意邪？亦豈吾平日致身事國之意耶？在長沙時，未睹近詔，但已不勝憂慮，日與欽夫語此，幾至隕涕。不知當其任者視以爲何如耳。願亟與陳公謀之。

某至豫章，宿上籃寺，❶偶復感此，通夕不眠。夜漏未盡，呼燭作此，不能既所懷之萬一。欲作陳公書，不暇，然作亦不過如此。只老兄語次達此懷足矣，何以書爲哉。然今日之事，政須爲其大者，論薦人材，亦有次第。今日遠則益州，近則吴興，皆第一義諦，而敬夫尤不可後。如某輩草野之臣，則雖有憂歎之心，然以義分觀之，似未當出。兄果相念，當且徐之，不須抑迫，恐一旦大發狂疾，彼此爲不利。俟兩公有成，則彈冠群彦之後，殊未爲晚。某許多年過了，豈計此年歲間事耶？此是實情相告，某豈不欲及今一見明主，極陳胸中之憤懣？但思之言語必有太甚處，恐却誤兩公協贊彌縫之意，所以斷然自誓，決未敢出。不獨爲

❶「籃」，閩本、天順本作「藍」。

身，亦以爲親、爲二公、爲國計也。千萬幸督！

彭子壽 龜年　止堂之孫沚家藏

請違後一兩日，即被斥遣之命。出關恰一月，始能達里門。奉祠幸已得請，而詞職未盡允，勢須更加控免耳。❶區區梟鴈，不足爲重輕。忽聞門下亦此論事去國，❷而德修、德夫相繼亦去，爲之駭然。此其間必有曲折，恨未得聞。不審從人今何所鄉？若遂赴鎮，亦須暫還江西，經由上饒。偶便，託其教官林君致此，丐以數字，見報比來議論本末與諸人繼逐之由。林君佳士，時有人往來，不至浮沉也。

程允夫 洵　洪正學刊允夫家藏❸

□職幸已如願，❹而忌之者以爲僭瀆，睥睨愈甚。近日葉總章中已有姓名，旦夕必有行遣矣。改正恩數，實無此例，前此但以衆論紛紛，故於奏狀中言之。後來得請而復不説分明致此事，故又申省陳乞。近又只得省劄檢會申明已降指揮行下。蓋諸公不敢將上，而群小因此又益紛紛，細思此舉，實有未安。今且未令泰兒赴銓，其它姑置勿問，看數月間如何，又别相度也。餘干寃痛，莫能爲申理者，區區於此尤不能無

❶「加」，閩本作「力」。
❷「此」，四庫本作「以」。
❸「藏」下，閩本、天順本有「帖」字。
❹「□」，康熙本、四庫本作「詞」。

愧也。

魏元履 掞之 以下胡德方家藏

寇日深矣，爲之奈何？諸報想自聞之。此聞事甚遲，方傳古藤之命，未知果否？誤國至此，某之肉其足食乎？❶小譴何益？黿齡既起，不知復作何計？今日正懼狐鼠之妖蠹蝕君心，此爲本根之禍。不去此物，國勢無自而張，邊備無自而立，賢才無由而見任，直言無由而上聞矣。老兄以爲如何？成都全不聞近報，不知到何許？胡邦衡痛哭之書見之否？説病證甚危急，而無甚治法。但顯言西帥跋扈，欲誅沈介，取其首，其機事不密乃爾，可怪。久不聞問，念念不忘。適有均亭便，晨起手凍，作字不成，幾不可讀，亦所以效顰耳。

一笑。逐湯相陳，豈非賞魏無知之功乎？可笑可笑。

魏元履

早稻既登，救恤之勞計亦少緩矣。但州郡以使節將臨，大爲文具，所至騷然而無毫髮之補，此爲可慮耳。今歲之事偶然無大敗闕，真出天幸。若只賴有位措置，則今無鄉井久矣。此非面未易道也。近日逐去洪邁，稍快公論。得劉澂父書云，邂逅汪養源丈，聞益州已出峽，非晚到玉山矣。上以其留行討賊，始甚知之，不知到闕相見又如何也。此事繫消長，非人力所及。無咎得此邦，初聞甚以爲喜，聞邦人亦深自幸。既而聞之，乃不疾而速之人，其殆禍吾州乎，

❶「某」，原爲墨丁，據四庫本補。

又非徐老之比也。芮漕通書否？不相怪否？此諸公只好閑處説葛藤，緩急實難仗也。此三五日來始無閑擾，稍可近書册矣。老兄比復作何功夫？可見教否？今歲不爲場屋計乎？諸公薦賢之舉，不知如何？比扣芮語，頗悠悠，不知今已發奏未也。

魏元履

邊報如所示，乃可慮。此傳聞復不然，云已破虹縣、靈壁兩城，禽其魁帥，得其積穀十餘萬斛，不知孰是。前日得先生書云，鉛山見報亦如此所聞也。史去而辛、洪皆還，國論未知所定，非草茅所得憂。但願天意悔禍，有以發悟聖心耳。諫垣南榻素有直聲，未聞有以大慰人望者，何哉？有所聞續以見示，幸甚。令子爲學，督之不敢怠，但良亦費檢束耳。因書更切教戒，令稍尊重爲佳。

魏元履

共甫書與子飛云，李顯忠聞殿帥之除，知爲奪兵罷黜之漸，有尹機者説之曰：「今魏公鋭志恢復，而諸將莫敢前者，姑以是自薦，公必喜而見留。然計其財力，未能舉事，是我以空言而獲實利也。」顯忠悦，言於公，如機指意，公果然之，而不復計其力之未能大舉也。上疏出師，廷議莫以爲可，而上意向之不可奪，詔報公即行。顯忠與邵宏淵合兵入宿州，宏淵欲散府庫以賚將士而全軍以歸，李不可，遣宏淵出城措置，而盡有其金帛，以馬載還其家。已而置酒高會，官妓人予白金一兩，士卒人予錢三百，軍士大怒。會虜騎至城下，衆莫肯戰，揚言虜盛不可當，且欲圖之。顯忠惶遽，遂走，失亡七八千人，七萬人出寨，還者六萬餘。而軍資器械盡没。幸是日大霧，虜人不知我師之遁，故無他，不然幾殆。然虜人冒火暑奔馳赴救，人馬踣於道者相望也。入宿州後事，寬甫書所報也。書亦云上意猶向魏公，但不知相湯公，遣楊存中，罷王龜齡，又何意耳。平甫云，家書中言，初聞宿州之潰，不得其由，朝廷震駭，疑二將降北。德壽以二將皆楊舊部曲，遣往招之，故有此命。後省初欲論駁，而亦不知所以爲他計者，遂止，不知果然否。邵宏淵、劉寶分護淮東、西，不知復如何。守險之説未爲不然，但不知所以爲自治之計如何耳。但守與和二字相似，不知爲是説者於此能别異之否？愚謂今日之憂不在邊境，正惟廟堂議論弛張黜陟，乃折衝制勝根本。魏公績用不成，正坐此耳。吕許公謂范文正公言欲經略西事，不如且在朝廷，此言深有味。老兄以爲如何？

魏元履

徐嘉已罷，共甫復改命三衢，而朱新仲來爲泉守，殊不可曉也。二小使已還，魏公復出江上，廿八日已行矣。查元章夔漕，馮方以太府少卿參議，從魏請也。任元受以祕閣參議，亦必魏薦耳。無咎除户部郎，張安國以掖垣兼直詞禁，王慶長閩憲，想次第聞之矣。但文云王瞻叔已回，此又何耶？陳君此間過時，無尋問處。渠欲陸尉書，已作數字授之，不知有效否。觀其失業狼狽，殊可憐，恨不能有以處之耳。《孟子》説向嘗編集，雖已終篇，但苦無人商量。間因人或來問，檢視之，輒有不滿意處，未欲傳出，以誤後生也。或彼中有人看此書，講説有疑處，令逐條抄出疑問之意，便中寄示，容撿鄙論爲答。有不當處，却告駁難，即彼此有益。若全部寫得，未必講習，却無所用耳。

呂子約 祖儉

某向來杜門，本無一事，而恭兄誤使此來，以爲到郡引疾，便可得去。今乃不然，不意德人亦時出此蘇、張之計也。近復冒昧以書懇左司曾丈，意其有以察此而力言之。因通家問，幸啓恭兄同爲一言，以助其請，幸甚。累書求恭兄爲記五賢祠堂，未蒙見報。亦告侍次語及，但得數語略記事實爲幸。仍須及早得之，乘某未去刻石尤佳也。豫章欲刻《精義》大字版，意欲令并刻老兄所增横渠諸説。此間傳録未及數篇，專作此數字，今後遣人就借，得以付之爲幸。彼有教授黄君者，此邦人，甚向學。令寫了即送來，此轉寄還不妨也。

向伯元 以下伯元之孫公永家藏

衰病之餘，勉强試吏，遭此旱歎，四顧茫然。不免控告朝廷，幸亦略蒙應副。目今雖似可以支吾，未知來春事體又如何。比及終更，亦當麥熟，遺此凋瘵之民以付後人耳。過蒙稱許，何以當之？祇益慙懼。然緣此一事，心勦形瘵，精力全衰，百病交攻，求去未得，殊無好懷也。子卿一見傾倒，留款三日而行，識趣議論今亦少得也。聞臨江沈守留意荒政甚悉，恨未得其條目而師法之。今遣此人告羅其境，或恐吏民有持閉遏之計者，願得一言以解其紛，是亦仁人之惠也。

向伯元

到官踰年，初亦粗健。自秋冬來，足疾發動，不免廢事。經界初不敢請，適會議者及之，被旨相度，不敢不盡其愚。而事久不決，浮議紛然，遂力求去，又竟不得。今雖得旨，而農事已起，不可復爲。正當少候秋成，又未知賤跡能復幾時於此也。世路如此，唯得早去，乃爲幸耳。劉薦論事不阿，近所未有，亦恨太疏，果墮語阱耳。周南之策亦粗聞之，然不能如來喻之詳。邪説肆行而士氣不衰，此乃爲可賀者。然前輩清議在下之説，又爲可慮，奈何？

向伯元

到官半歲，前月忽苦脚氣，手足俱痛，至今未平。郡計不足，循例措畫，無非殃民害物之事。初謂經界若行，欺隱自露，則可以供歲費而罷去諸色無名之賦，今乃聞有陰沮之者，至今未有成命，次第且中輟矣。在此既無所爲，衰病復爾交攻，鬱鬱度日，殊無聊賴。已上歸田之奏矣，未知進止如何。萬一未遂，須再請也。

向伯元

某之賤體，自四月初感風濕之氣，足疾發動，一卧兩月，屢至危殆。亟上告休之請，近聞未得可報。今雖未死，然衰頹日甚，自度不能復有補於縣官，勢須再請耳。辭職亦竟未允，當并力懇，庶必遂也。時論一變，非復意慮所及。忠賢奔播，幾於空國而無君子矣。吕子約經由曾進謁否？江陵近收書否？章茂獻聞欲徙居城中，必時相見。子卿想歸久矣。楊丈書已領，不知其已趨召否？今日之事，凡曾在趙子直處喫一呷湯水者，都開口不得，只有此老尚可極言，以冀主之一悟。不知其有意否？已作書力勸之。萬一肯出，經由更望一言，此宗社生靈之計，非小故也。

林井伯成季　言以下井伯之外孫方之泰家藏刊帖❶

餘干久不得書，日月愈遠，令人傷歎。山谷語云：「歸來兮逍遥，西江波浪何時平？」真可以泣鬼神也！

林井伯

某向來一出，略無補報，罷逐而歸，祗以自愧。還家初亦粗遣，至此夏初，痼疾復動，遂大狼狽。意必不全，亟遣告老人行，已五六十日，尚未有處分。然病軀却幸少蘇，未知竟何如也。餘干屢得書，處之甚安，亦殊不易。擇之昨日自彼歸過此，尤能道其曲折。始者風波，甚可駭愕，今却少定，不知事且止於此耶？或更未已也？相看狼狽，不能仰首一鳴，深負憂愧。子約一舉却甚奇特，令人歎服也。

❶「言」，疑衍。

林井伯

衡陽之報，令人悲痛。所幸便蒙歸骨之恩，今當次第在道矣。前日走寒泉，與韜仲父子聚哭之，極不能爲懷也。既無廷試，從者歸期想亦不遠，莫須更爲過餘干否？子欽後來相見否？幾道亦當赴部，今或已到，必相見也。某詞職得請，私義粗安。若命懸庖厨，則非人力所能避矣。鄉樞相見，有何言句耶？因遣人上謝表附此，草草。

方耕道末

某來此已八閱月，自覺得不成行止，亦不成政事，徒然坐食俸禄，使人慚愧。然累求去不獲，近又再請，未知如何。來喻云云，極感忠愛。然此意已決，雖欲自强而不能，又安能承命而改轍耶？其曲折之詳，已具南軒書中，此不能多及。想燕談之際，當必及之耳。皇甫路分意趣極不易得，想同僚必相好也。

陳子真莆陽方楷家藏❶

休致文字已申本郡，尚未得保明申發。萬一更有遲疑，即不免徑申省陳乞矣。比來論議似稍寧息，未知竟如何，正恐不削者以耳。衛公計時相見，聞欲徙居盤澗，若不得去，相近也。開正晴暖，欲拏舟南下，又憚經由富沙，不免見諸人一番，露頭面可厭，更俟計度。若幸無疾病，即當扶曳冒昧

❶ 此篇又見《續集》卷五，「陳」作「田」，文字有異。

一行，思欲見石佛懸泉之勝也。

劉德脩 光祖　以下後溪之曾孫曾元家藏

欽聞德義，有年於此。中間入都，雖嘗蒙枉顧，然稠人中不暇交一語，至今爲恨，如未始得見顔色也。前年竊聞進登言路，有識相慶。繼讀邸狀，又得所上章疏，分别邪正，明白剴切，三復慺然，爲之汗下。蓋久矣莫有以此謦欬吾君之側者矣。然於是時，竊已深爲執事者憂之。顧前此未嘗得通聲問，無從效其區區。且又意其駭機之發近在旦暮，雖欲言之，亦已無及。然猶懷不能已，竊竊私爲同志一二君子道之。蓋不唯欲以少效慕用之誠，亦冀轉以聞於左右而求所以善其後也。曾未幾時，果聞去國。時在臨漳，無可與話此心者。燕居深念，撫几浩歎而已。嗚呼！此豈吾人一身之休戚？而造物者之意乃不可測知如此哉！兹承不鄙，遠貽教墨，所以撫存之意甚厚。自視卑薄，何以克堪？因便布謝，適有土木之擾，言不盡意，伏紙增跂。❶

劉德脩

今春既辭桂林之役，幸復續食祠廪。而自夏初一病，迄今未愈，中間幾致委頓者數矣，幸而獲免。然今餘息奄奄，未能復常。呻吟少間，謾讀舊書，姑以繫思遺老耳，❷不足爲左右道也。昨聞諸公於門下數

❶「跂」，原作「跋」，據閩本改。
❷「繫」，原爲空格，據四庫本、《正訛》補。「遺」，《正訛》作「遣」。

有裏言，而群賢亦有彙進之勢，作鎮夔門，是爲東來之兆。而問者所聞乃若小異。❶雖賢者所居而安，無適不樂，然當典戎斡方之任，以蕃衛王室爲心，亦豈能恝然於今日之事乎？相望數千里，無由一見，傾倒此心，引領鄉風，浩歎而已。

某所爲《大學論孟説》，近有爲刻板南康者，後頗復有所刊正。今内一通，暇日一觀，爲訂其謬，并以質於東溪翁，因風見教，千萬幸也。

劉德脩

相望數千里，既無會面之期，而聲問亦不得數往來，每懷道義，馳想亡已。不審比來爲況果何如？統内軍民計自寧謐。但前此時事傳聞多端，想不能不深根本之慮。今雖小定，然諸公書來，似已便謂無事，未知果便無事否耳。所幸仁賢萃集，未至空虛，朋來彙征，猶有可望。如門下者，恐終不得辭此責也。某多難餘生，近日復有季婦之戚。長沙除目，未之敢承。其間蓋有小小曲折，非敢决然忘此世也。因風寓音，不究懷抱，伏紙悵悵。

鄉人江泰分教大府，得親誨範，甚以自幸。其人明敏，有志於善。嘗爲邑宰，以平易惻怛，甚得民和。不幸遭讒，遂至罷免。竊意高明當自有以察之，收拾教誨，亦或可以備使令也。

劉德脩

某衰晚廢學，守藩亡狀，忽蒙收召，已

❶「問」，《正訛》作「間」。

不知所以然，旋被除書，尤非所據。力辭未獲，冒昧以來，則承門下到闕已久，且拜螭坳之命矣。正人得路，群議交慶，此不待説而委也。區區只一兩日便當入門，對罷方得修敬，諸容面敘，以罄鄙懷。

劉德脩

生平慕用，昨幸爲僚，荷相與傾倒之深，蓋同世道之憂而非爾汝之私情也。別去恰一月矣，每懷德義，鄉往不忘。某扶曳驅馳，幸已税駕。道間忽拜江陵之命，罪疾如此，豈堪復出？不免上奏力辭，計必可得。自此杜門，當日有趣。但恨虛辱招延，無所裨補，猶不能忘懷於吾君進學之淺深也。因人往記，目盲愈甚，不能多及正遠，唯冀以時珍衛，勿忘致君行道之本懷，緝熙光明，以扶廟社，區區至懇。

老先生必且宿留，後便拜狀。子壽千里，茂獻想時相會。前幅之云，僕於二三公亦不能無後望。幸密爲言之，勿以語他人也。遠近人材，必更有可與共贊王業者，不知爲誰？亦望并見告也。文叔行後時得書否？北關之集風流雲散，甚可歎也。

劉德脩

忽聞去國，深爲悵然。蓋有識之士無不同此歎息，而昨日機仲經由，相與仰德，尤不能忘懷也。今日之勢，政使群賢悉力交輔，猶懼不濟，顧乃爲是以速之耶！不審能便歸蜀耶？或且宿留江湖間耶？即今已到何許也？某前日始拜祠命，不免復辭近職，小贖前日失職之罪耳。因便寓此，托季章致之。目昏，不能多作字，要亦無可言者。但祝眠食之間千萬自愛耳。天若祚宋，彼將如我何哉！

東溪先生久欲寓書，今復未暇，附此致瞻仰意。文叔郎中前途必相見，亦告爲道鄙懷也。集賢益孤，勢難復久，然亦有以自取也。

劉德脩

兩辱惠書，承且暫寓京口，諸况便安，足以爲慰。但比來時事大變，❶殊駭聽聞。流竄斥逐，下及韋布，近年以來所未有也。國事至此，是豈細故？而身遠病衰，不能一言以悟主聽，愧恨悲痛，不知所言。伏惟執事愛君憂國，當同此懷也。比日不審台候何似？❷神相正直，起居當益輕健也。某前月之初曾約機仲會於一山寺中，❸爲兩日之款，時未有近日事也。然已不勝憂歎，懷抱抑鬱，又感風濕，歸來舊疾發動，證候輕於往時，而氣體積衰，遂不能當。藥未有效，而傳聞愈甚，病勢遂進，不可支吾。今雖未死，然必無復全理。已上告老之章，只從本州保明，別無陳乞文字。次第諸公見之，意其已死，必遂其請也。因定叟有人在此，得附此書。臂痛不能作字，口占亦覺氣乏，不得盡所欲言。自度此生決無再見之期，千萬爲天下國家厚自愛重，乃所深望。東溪先生體候何如？得季章書，聞亦不快，深以爲念。文叔已別附書，欲作傳之數字，而建康人留此已久，不能復俟。異時相

❶「事」，原爲墨丁，據萬曆本、康熙本、四庫本補。
❷「何」，原爲墨丁，據康熙本、四庫本補。
❸「曾」，原爲墨丁，據康熙本、四庫本補。

見，幸爲深道此意也。

劉德脩

昨大病中奉狀告訣，今未成行，且復宿留，亦可笑也。然病亦氣衰，終難扶持，未知復有後會之期否耳。單守人還，奉告之辱，乃聞賢兄東溪先生遽啓手足，而令女亦不起疾，爲之怛然。此在德門固爲不淑，然前輩淪没，使一方學者失所依歸，所繫尤不細也。區區鄉慕之久，去冬尚幸一見，雖不及款承教約，然亦足以粗慰平生矣。遡峽定在何日？相望益遠，非獨吾黨無以慰離索之懷，未知世事終何所底止耳。病中痊發狂疾，❶欲舒憤懣，一訴穹蒼。既復自疑，因以《易》筮之，得遯之家人，爲「遯尾好遯」之占，遂亟焚稿齰舌，然胸中猶勃勃不能已也。餘干數日前得書，處之甚適，亦甚不易。只去歲忙亂中得其書，字畫言語皆晏然如平日，固已服其有定力矣。□相恩禮一新，❷季章超遷甚美，論功第賞，固自有次序耶。正則請祠竟如何？相見煩爲致鄙意。此兩日來，右臂方能屈伸，未暇奉記也。向見焦山《瘞鶴銘》側，有謫丹楊工曹掾王瓚題詩，詩詞甚佳，字亦絶類《鶴銘》，疑出一手。瓚字已闕，但據趙德夫《金石録》云爾。而《文選》詩中亦有此人名姓，不知便是一人否。然詩□□□□□疑耳。近年乃絶不見，不知今尚存否。暇日試爲訪之，屬正則摹數本寄及爲幸。某挂冠之請，人尚未還，而小報已不允，勢須再請。

❶「痊」，天順本作「婁」，《記疑》云：此字疑「旋」之訛。
❷「□」，原爲墨丁，康熙本、四庫本作「時」。

但得冷撰舊秩，❶亦可以已矣，不敢必其悉從也。定叟人來，因得寓此。殘暑未衰，萬萬以時自重。不浸近而愈疏，臨風惘惘。

王瓚詩首句云「江外水不凍，今年寒復遲」者是也。或正則已得請，即以屬陳安行可也。

劉德脩

昨聞當有房陵之役，蓋嘗因便拜狀，不審得達几下否？但一向不聞聲問，馳仰不自勝耳。不審比日台候何似？竊惟以道自勝，無適不安，神相忠賢，起居萬福。某衰晚疾病，去秋以來，足弱氣痞，遂爲廢人。然而罪戾至深，幾亦不能自脱。茲幸告休得請，人謂庶幾少安，自料則亦未敢保也。東方事宜計悉聞之，子壽近亦通書，自云頗安。然士友見之，多云亦覺衰瘁也。從之遂爲古人，尤足傷歎。干越得書，寄示涪刻，亦能道示衆語。不審比來閑中何以可日？❷老來始覺讀《書》有味，所恨來日無多，光陰真可惜也。建昌陳剛正己，舊見吕伯恭稱之，實奇士也，不知曾相識否？因其便人寓以此書，所欲言者，非幅紙可既。

聞房州山水自佳，向見張巨山集説有微王峽，❸乃「微盧」之「微」，不知有傳記可考否？因風幸筆示，聊爲廣異聞耳。文叔、季章想時通問，聞馮校書極佳士，遽爾殂殞，深可惜也。

❶「冷」，天順本作「令」。
❷「可」，四庫本作「閲」。
❸「微」，原作「徵」，據閩本、天順本、康熙本、四庫本改。

劉德脩

某自去冬得氣痛足弱之疾，涉春以來，益以筋攣，不能轉動。懸車年及，不敢自草奏，又懶作群公書，只從州府申乞騰上，乃無人肯爲作保官者。近方得黄仲本投名入社，亦不知州郡意如何。萬一未遂，即不免徑自申省矣。機阱冥茫，不容顧避，姑亦聽之而已。去歲數月之間，朋舊凋落，類足關於時運氣脉之盛衰，下至布衣之士，亦不能免，令人愴恨，無復生意。然此豈人力之所能爲也哉！

劉德脩

某屛處如昨，近以鄉邑不静，挈家入城，擾擾踰月，今且歸矣。間讀邸報，幸復聯名，而賤迹區區乃先衆賢，爲不稱耳。側聽久之，未有行遣，勢不能免，姑静以俟之耳。度君周卿來訪，志趣不凡。知嘗出入門牆，固應如此。雖已不敢隱其固陋，然磨礱浸潤之功，尚不能無望於終教之也。

劉德脩

張子真轉致去冬十一月十一日所惠書，乃聞涂中患難曲折，爲之太息。吾人運數如此，向來乃欲妄意以扶顛持危爲己任，豈不誤哉。比日伏想税駕里門，休息神觀久矣。某辭職終年，幸蒙聽許，而諸人睥睨，其勢愈急。前日正則之疏已行，旦夕必當次及矣。餘干竟以柩還，卜以此十日葬矣。寃哉痛哉！聞有爲之賦詩，摹印揭之都市而匿其名者，不知亦傳到蜀中否？得其子壻書云，道間渴甚，誤服涼劑，遂不能食。又感風寒，遂至大故。臨行亦甚了了，然向更不死，今必已度嶺矣。前日聞訃，因就其壻家哭之。聞要路已有切齒者，亦且得行止分明也。

傳之云亡，深可傷歎。文叔竟成之郡否？平父比亦得書，去住無策，甚可念也。季章得書，每以丐外爲言，而未有聞，恐是求之不力。如王興之、雷孝友，亦何嘗有人苦留之耶？

晦庵先生朱文公文别集卷第一

侯官縣儒學訓導劉簪校

晦庵先生朱文公文别集卷第二

書時事出處

李端甫以下見蔡久軒所刊《慶元書帖》

聞小豸既逐，零陵即將次及，亦欲置之叛逆之科，不知如何又却中輟？不免命也，臧氏其如予何！

劉季章❶

近日樓大防又已行遣，一時流輩芟夷略盡，其勢必從頭别尋題目整頓一番。聞鄉日湖南所按吏有訴冤於朝者，已下本路體量改正，次第首見及矣。

黄直卿❷

外間洶洶未已，樓大防亦不免。聞林采訴冤於朝，已下本路究實。先所委官見其案牘駭異，不敢下筆，已改送他官，如其所請。比諸人擣剥已盡，或須作話頭來相料理。老朽寧復計此？一聽諸天而已。

❶ 此篇又見正集卷二九《答劉季章書》。

❷ 此篇又見《續集》卷一。

祝汝玉

某罪戾所積，久知不免，不謂尚爾推遷，以至今日。孤豚之蹤，初亦何足言？顧乃重貽有識之憂，四方朋遊蓋皆有謝絶生徒之誨。然鄙性於此却有所不安，姑復任之。若禍害之來，未遽止此，計亦非闔門塞竇所能避也。季通徒步上道，令人愧嘆。昨日又聞有毁鄉校以還僧坊之請，事亦施行。彼巍然當坐者，豈亦不謝客而遭此耶？可付一大笑也。

劉公度

承書，聞爲況之適，足以爲慰。患難如此，乃是玉汝於成。切宜强自振拔，勿令頹墮爲佳。向來長沙時，已覺意思不似南康時，後來尤覺不長進。今已議親，爲誰氏？此尤不可不謹。❶ 季通聲問殊不佳，而其家未得油□。❷ 其季子沉，字仲默，第三。在侍旁，不知何故不□命之？❸ 如所傳今已兩月矣。交游四十年，於學無所不講，所賴以祛蒙蔽者爲多。不謂晚年乃以無狀之迹株連及禍，遂至於此。聞之痛怛，不知涕泗之流落也。

蔡季通

某月日某頓首，已經長至，恭惟君子履

❶「可不」，原脱，據康熙本補。
❷「油□」，康熙本作「的□」，四庫本作「的耗」。
❸「□」，四庫本、康熙本作「以」。

之，多納福祐。未及奉慶，乃辱貽書，良以愧感。又聞服藥見功，又深所慰。❶時論如此，未見陽復之驗。自劾之章又復不效，然聞論者頗喧，勢必不免。然命已下，又不容不盡所懷。見此章奏，旦夕發行，即束裝俟譴矣。《黨錮傳》何必讀？行且親見之矣。某只俟此文字了，更一兩日，泰兒行，即上唐石。過門當得求見，餘留面盡。尊嫂孺人萬福，一哥、八哥、三哥以次一一佳侍，兒輩悉附拜問之禮。養正丹再納十粒，服之有效，却徐納去。不宣。某頓首再拜季通老兄。❷

某聞以臺察文字，已有褫職罷祠之命。祠禄恰滿，餘未被受，亦未見章疏云何。儲行之書來，説渠亦遭章説移學，切恐亦不能不被及賢者，❸亦可笑也。

昨日歸來，意緒不佳，幾成大病。向晚擁裘附火，幸得少定。方念未聞經夕動静，忽辱手示，忻慰。律準已領，圖志先納上，諸書及藥容來晚上去面納次。此間書册在書几者，一哥必知。次第恐或要用，即就請幸預戒之也。里中恐有留委，幸見喻。既欲歸長沙，想只取劉原路。初欲先走莒口奉别，今只宿市中，以俟發程矣。

彼中風土氣候果如何？地主既鄉曲，想必有以相處，居止亦便安否？乍到，未甚定疊，亦是常事，少須當自妥帖矣。一哥前日到此，云尊嫂曾少不安，亦只是舊疾，尋亦向安矣。居晦來日就道，某季子挈婦

❶「某月」至「又深所慰」四十二字，原缺，據南宋劉應禮撰《翰墨大全·甲集》卷三補。

❷「某只俟此」至「季通老兄」八十字原缺，據《翰墨大全·甲集》卷三補。

❸「被」，閩本作「波」。

來歸，不免小冗。漫附數字，所欲扣者，非遠書所能致，所可言者，亦不暇究悉也。唯千萬自愛爲禱。居晦適相別，因語之云，賤迹不可知，若得在嶺右，當得託餘芘。此非戲語，已十分作此準擬矣。景建詩甚佳，顧鄙拙不足當耳。書中甚知敬服，後生亦不易得似此會得人説話者也。向曾説區淳者否？似只是全、道間人，可試物色收拾之也。知舊相勸杜門謝客者多，鄙性不耐如此，又已作如此斷置，固不復能顧慮也。居晦必有回便，幸子細作報章，欲詳知彼中動息也。

章茂獻穎　先生之孫主簿□□□□□□家藏❶

所需廟議，以乏人使令，兩日方寫得了。適有長沙便兵，却託虞推轉致，幸視至。但再讀之，頗覺當時匆匆，詞不足以達意，不能無遺恨耳。

某拜鐫罷之命，罪大責輕，唯知感戴，尚復何説？第恨詿誤旁人，及遭重貶耳。

劉智夫崇之　先生之曾孫市轄濬家藏刊帖

某方辭命召，遽被恩除，控免踰月，未聞賜報，益重憂恐。來書縷縷，備悉至意。區區本懷，亦豈恝然於此世？但恐陰盛陽微，未容措手而已墮機阱耳。反復諄喻，蓋已慮之。袁丈前日相見於大湖，恨其發之太輕，反爲群枉之助也。以近事一二參較，已是什八九分不可復出。但所遺人未還，未知端的耳。

❶「□□□□□□」，原爲空格。

劉智夫

某前月望日遣人入都，至今未還，必是值祥祭一番禮數，未得將上，不知竟可得請否耳。□間邸報遲緩，❶近亦殊無異聞，但編類奏劄一事，恐有深意，不知出於何人。或恐偶然妄發，未必思慮到此，亦不可知耳。聞近到城中，恐有所聞，幸子細喻及也。機仲相見必款，或云集賢曾於榻前及前日事，如此恐須得一州郡，但不知所傳端的否耳。周貴卿來相訪，云當赴省，無力可辦行計。某不能如之何，因其歸謾附此。恐鄉里或前路有可周旋處，得與留念，幸甚！

劉智夫

新除未厭士友之望，然以足以優游，徐爲請外之計。❷但有江湖佳闕，不可蹉過耳。不然，則自此一向直前，捐身爲國，亦無不可。但恐未得當此地矣，做得未甚有益，則又不若初計平平之爲善耳。某懇辭未獲，不敢固必。但欲换得一小小軍壘，或謀議官之屬，爲三徑資，不知諸公能許之否。聞長沙頗費力，得免，幸也。

❶「□」，四庫本作「日」。
❷「徐」，原作「除」，據閩本改。

劉智夫

某茲聞時事曲折，差慰人意。最是北内康復，尤爲莫大之慶，宗社幸甚！某再辭不獲，無可奈何，只得勉强一行。但心力短耗，目昏尤甚，未知果能勝此重寄否耳。

劉智夫

某扶病此來，已交郡事。破壞空乏，不可支吾，皆未暇言，而嫠不恤緯之憂，有不勝言者，奈何奈何！版築之計直當罷休，但陶甓之費已六七萬，散積曠野之中，若不收拾結抹，則此皆爲棄物矣，正自未有處也。

劉智夫

某涕泣再拜：恭聞至尊壽皇聖帝奄棄萬方，❶痛纏普率。况以孤賤蒙被恩私，悲痛崩摧，豈勝號訴！想在朝之久，尤當同此情也。比來物情事勢復如何？人還，千萬悉以所聞見告。濫叨藩守，不能有以匡衛王室，永負臣子之責，爲萬世之罪人矣。

劉智夫

某衰晚闊疏，守藩亡狀，已不堪收召之恩矣。忽於道間又被除目，超躐殊甚，豈所敢當？已上免章，却於上饒俟命。若便得

❶「至」上，原衍「十」字，據閩本删。

請，即自彼而歸，亦不難也。

劉智夫

再詞未允，勢須一行，已入文字，乞許且以舊官入對，面辭新命矣。若得改授次等講官，使得效其尺寸，亦萬幸也。但事體已如此，捧土以塞孟津，恐未必能有益耳。

劉智夫

某二十日已到家，疲憊雖劇，然溪山之樂，足以自慰。精舍功夫漸見次第，遠方朋友亦已漸有來者。江陵勢必難赴，今遣人上奏懇辭，計必得之。或别有行遣，亦且得免作帥也。機仲竟不免，不知何自而發？卒章所論江陵暴政，則將軍都郎屬耳，燕王何自知之耶？近事大者都無所聞，徙宫、祧廟、改服諸議，後竟如何？皆幸詳報。長沙廟額已得之否？趙主事如何？渠更旬月須復往，且得少須，勿令觸罷爲幸。吴、彭二文學到都，吴已年及，只可得祠禄，已託平父語南强，早發遣之，并煩道及尤幸。聞又須關儀曹，亦已爲作季路書，亦告爲督之。士老而貧，尤可念也。

劉智夫

近報所見，至臘月六日矣，未聞所喻之説。但仲本書亦云然，殊不可曉。泰亨之世，庸瑣自當處外，顧乃爲此，則其爲慮亦過矣。且使人如何可受邪？小報沙世堅自請於朝，得僧牒以治邊防，今具支遣之數申省，如此則帥復安用？此等事若整頓著便成痕迹，只得力辭耳。鄭溥之遣人來，亦有近事未有異於前日之歎。豈惟不異，正恐有不如矣。

劉智夫

都下久不得書，但聞未御常朝，臣子之心殊不自安耳。蜀相之召，想已聞之，不知何意也。廷老歸塗必相見，所慮大概不相遠也。身在遠外，無從效尺寸，但知勉修在我，敬俟天命耳。

劉智夫

得子約書，聞已御延和，非久當出視外朝也。又云揆亦久以小事積累忤意，近有隨龍□姓名人守楚者差除，遂致不安。中間有投匿名於省中專斥之，復有客自王信州處來，云聞已出六和，復入居僧坊，不知此數日又如何也。境外傳聞亦不一，識者憂之，不知果如何耳。得書，却殊不及昨來除命中曲折也。此既不是爲時勢重輕，而衰晚且得休息，亦良幸爾。

劉智夫

郭丈得上饒附來書，昨日答之，略言泉相舉措雖不無可議，然其向正之意亦多。或當言路，不可令以罪去，不知渠以爲如何。縱未必盡以爲然，亦須少減分數也，渠却云因從官夜對及臺諫之去國者，故特問之。然不問孫、劉而獨問此，恐亦不能無說也。

劉智夫

所喻行止之計，誠爲難處。且看所遣人還消息如何，若勇猛直前，便以頭目腦髓布施，亦無不可也。邑中之事，不知所聞如何？其人見事明快，頗分曲直，不樂者衆，恐傳聞或過當，然亦不能無少失。要之，善良自安，强猾者不便耳。

劉智夫

近報相君已參告，復給朝假，馬會叔竟以林和叔文字除職守潤，却召趙德老爲版曹，而趙俊臣移温陵，恐顔當改除或得祠也。林擇之書云，天官此一二宣對，❶言語頗契合。而得其書與其壻書，乃皆有丏外之意，不知何也。前日以書勸其勿深論細事，如舍法之類，得報殊不謂然，方欲再論甚力。其不知務如此，亦可怪耳。

劉智夫

疏近方見之。昨日見張宰云，大坡親戚過者能□，由婺女報復而然，遂使前日之言不幸而偶中。□此紛紛，❷又未知所底止也。

劉智夫

時事後來復如何？竟已清明堅定

❶「此」，閩本作「比」。
❷「□」，原爲墨丁，萬曆本作「自」。

否？諸公似欲便以無事處之，何慮之淺！乘此正當力爲久遠計耳。諸公誰爲可告語者？想已不憚力言之也。

劉智夫

外間諸傳聞虚實相半，要是大勢已定，其間小小變動，彼其斟酌分數蓋不草草，政未足爲吾道欣戚也。

劉智夫

祠請度未必遂，見元善説建議之人雖有睥睨之意，而集議者僉不謂然。或者又謂劉公碩年，於狀中塗去數字，其人雖甚不樂而不能止。今又徙官，計且迤邐矣。某中聞亦甚杌隉，此數日却無所聞。然後生可畏，各欲奮其才力以赴事功，麋鹿雖走山林，其命固亦有所懸矣。如復從之，不能預以爲慮也。陳、彭、楊、項竟又不免，子直數日前得書，方引孔子微服事見教。今乃懸鶉百結而不能自免，亦可笑也。里中今歲艱食，一番紛擾，今猶未定。想諸人自能報去矣。所幸早稻極佳，公私亦多方救恤，或可不至狼狽。杜門待盡，且願如此，它皆有所不暇問也。

劉智夫

湖湘聞亦得中熟，諸事想不至甚費力。然今時勢如此，亦豈吾人展布四體之秋耶？官閑讀書，益進德業，所可勉者惟在此耳。一路官吏向在任不久，不能遍知，所知者略已舉之矣。但零陵丞彭銓者，子壽之姪，人多稱之，深以不及爲恨耳。潭幕支使王棨、善化令張維、寧鄉簿劉正學皆有才可使，今嘗薦之。長沙丞管姓者忘其名。亦可使，善化尉吾姓浦城人者，修學斷事亦可觀，未及薦也。潘叔昌在全州老矣，方用得闕陞狀，亦嘗薦之，方謀率諸司列言之而未及。近聞林和叔舉自代，舉主無氣，恐未必可賴。今將滿矣，甚可念也。李衡陽亦甚佳，近見諸司薦之，不知已滿未也。其代者即趙希漢，却有才，但當裁其過甚耳。諸郡惟武岡是姨弟，明敏有素，政必可觀。亦幸察之，勿以厥弟爲累也。廷老法應相避，何以處之？渠爲作湘西精舍已成，恐有合求助處，幸留念也。元善、益之、德夫相繼罷逐，搜羅抉剔，無遺力矣，吾徒皆不可保。道學文字鈎連隅落，如武侯營壘，非華宗浪戰之比也。辭職告老再上未報，今必已有處分。勢須鐫職罷祠，但恐向上更有行遣耳。山谷説吴畫《佛入滅圖》中大魔王舉措，可發一笑。

劉智夫

邑中數日争戰報復，洶洶未定，而罷書已至，絶不見邸報。所喻文字，得城中相識書云有之。雖未見全文，然意其必借此美名以行私意也。德夫之説，以此所聞參之，亦有此理。然殊非所望於蕭傅，亦可歎息耳。南昌昨聞已移汪宣城，而沈維祖者代之。今此副樞之傳，又何謂耶？然則三山果誰得之？金陵聞尚前却未定，計未必能力辭也。叔通事竟不得所起，或云即向來起事之人，又云嘗入城遊説，不效而歸，不知果然否也。

劉智夫

鄉里一番荒擾，今方小定。又苦雷風，虐損秋稼，嗣歲尚可慮。想治下當不至此，聞衢、信亦自寬裕，不知何獨困我里也。

劉智夫

忽聞季通聲問殊惡，令人傷怛，不能爲懷。聞彦中、居晦、正之諸人皆已薄周之，恐不能給歸塗之費，不知能爲作江西、湖南兩趙漕書否？其它沿路有可囑者，并丐垂念，乃幸之甚。

劉智夫

適報機仲諸人檢舉奉祠，宋臣得竟陵而復繳罷，張巖復入臺，想皆已見之，不知其間一二曲折果何謂也。除目未頒，然想已有定議，旦晚當有聞也。仲本得書否？計自此未必遽敢越竟而東也。

劉智夫

某前日走後山，聞季通之柩已過翠嵐，遂過彼哭之，悲不能自勝。然人生會如此，亦將不暇悲彼而自悲矣。昨夕方歸，疲憊殊甚。外事未有所聞，但歲儉可憂，所至皆然。崇安山間有絶收處，細民不易，可憐也。嘗以書語機仲，令達此意於有位，大蒙痛詆，以爲所損未見分數，公私莫以爲慮，不當遽言。又謂今夏緣官司勸喻樁米，致上户發糶不得，無以自存。緩急之際，官司自有常平義倉之積，足以爲備，不當求細民之譽，斂上户之怨。此皆其來語，如上户無以自存者，尤可怪也。不謂賢者亦爲此言，他尚何望耶？

劉智夫

季通之傳浸密，而其家問竟不至，不知何故如此。必是遣人在道阻滯也。諸書荷留念，但歸期恐亦難料。蓋所屬官司有擔負，未必容其自便耳。

劉智夫

近報荷垂示。比得機仲書，今録呈。

但邑中不逞又作詭名，訴儲宰遷學於儀曹，叔通亦爲所指。邑宰乃不敢唤上詞人供對，數日擾擾，未知作何出場。大抵所訴無一詞之實，詞人乃學長卓定等。彼固非學長，然亦未嘗出門也。然官司諸生無一人敢正其妄者，可歎可歎！

與長兒書

吾昨日過遂昌，今日方深追遠之痛，忽得汝書，知與婦子俱安，稍寬吾意。吾昨日方被進職之命，今日遣人下辭免文字。江西指揮至今未到，已據部吏狀揭榜謝絶詞訴，便作閑人調度矣。但印記尚在身，未得十分蕭散。只候命下，便發遣回去。台越之事不足深怪，吾平生爲學不得力，只是先辨得此一着。如今衆人扼腕時節，吾心却是閒暇。君恩民病雖不敢忘，然亦有時節，固非伯寮、臧倉之所能爲也。陳了翁説人當自試，以觀己之力量，今日真試一過矣。叔昌得書，却似未悉此意也。吾已約子約來玉山相聚，不知渠能來否。渠書中説汪、潘、康、葉諸公相問訊，欲相見，答書時冗甚，忘記謝之。可寫報子約，煩致意，或能同來尤幸。吾又欲一見潘丈及叔昌，不敢坐邀。汝可爲稟看，能來即又大幸也。高、劉二君亦爲致意，想便來相聚矣，不及别書也。汝想未能來，且省出入。彼人凶猾，吾甚爲汝憂之，切宜深自防也。渠豈能改過？不可錯準擬，只當益加戒心耳。至祝至祝！吾後七日可過衢州城外，重九日次第可到界上，住三日。諸公若成來，固幸，若不成，亦可早遣一介相報也。

林擇之 用中　文公之曾孫濬家藏録稿

古田亦小荒窘，今年到處如此，可□。平父歸，説信州恐有剽掠者。建陽江墩邵武之境。近一夕爲盜所焚，氣象如此，而浦城渠魁，州府止從配隸，又聞中道而逸矣。姦民愈無忌憚，未知所以爲善後之計也。元履近日議論多如此，如論人材尤要一種穩當不任事之人，此不可曉。要是本原不正，更事之多，愈見畏縮耳。

晦庵先生朱文公文别集卷第二

侯官縣儒學訓導劉簪校

晦庵先生朱文公文别集卷第三

書以下講學及雜往來帖❶

胡籍溪先生以下胡德方家藏

昨日節略禮儀，尚有二節可疑，敢以求教。《書儀》中云：「婿揖婦，降自西階，至婦轎所立，舉簾以俟。」前日見先生云古人用車，不可升階，乃就階下置車，故有降自西階之禮。今既用轎子，不知只就廳上否？如此則婦先入轎，然後降自西階以出矣。又婦既入婿之家，婿導婦以入，不見有舉蒙首之禮，未知今如何？乞批以見教。

文　叔❷

婦既用轎子，則只就廳上，婿却須就廳前上馬。舉蒙首之禮，温公不説，少間檢《伊川集》，續報去也。

舉蒙首之禮，適檢《伊川集》有之，乃未就坐飲食時行之。今想已不及矣。

程沙隨可久迥　以下沙隨之孫仲熊家藏

示及《古韻通式》，簡約通貫，警發爲多。四聲互用，無可疑者。但「切響」二字，

❶「以下講學及雜往來帖」九字，據目録補。

❷《記疑》云：「『文叔』兩條疑上篇答語。」

不審義例如何？幸望詳賜指喻。又其間如「積」、「劭」、「植」、「囿」、「淺」、「昧」、「晰」七字，恐合入四聲互用例中，不知何故却入此門？亦乞見教。「麒」之爲「極」，「十」之爲「諶」，似亦是四聲例也。近因推考，見吴才老功夫儘多，但亦有未盡處。汎考古書及今方言，此類蓋不勝舉也。《詩説》見此抄寫未畢，畢即拜呈求教矣。聞人丈頃年見之三山，扣以《詩》中數事，甚蒙知奬。但恨不得款盡其説耳。《豳詩》之説，則恐未然，蓋《破斧》以後諸詩，未必是周大夫刺朝廷之詩，此自《小序》之誤耳。它日繆説得徹尊聽，當爲印證其可而掊擊其不然，乃所願也。所喻《詩》論十篇，便中幸早見教爲望。汀鹽之弊已極，子直之策未爲不然，❶横爲諸司所排，使不得伸，一方之民可謂重不幸矣。晦伯書來，所欲更張者尤廣。觀此事勢，如何行得？近聞諸司於舊法中減落一二小小縻費，便謂可革宿弊。以一盃水救一車薪之火，無以異於小兒之戲論，甚可笑也。《孝經》妄意所疑，不謂汪丈亦有此説。近亦條具數處，并俟後便拜呈也。「四營成易」，正爲「易」字即是「變」字，故其下文便以十有八變承之。「再扐後掛」，即所謂再揲三揲者，是又一四營也。凡爲四營者三，乃成一爻，爲四營者十八，乃爲一卦。此以積數文義求之，皆無所礙，不審尊意以爲如何也？月椿條對，亦乞頤指，録以見教。此事從來只是得於耳學，竟未知其端的也。廣西鹽法，近得詹丈書，極以爲便。亦録得中間解析范容州劄子畫一來，而自彼來者無不以州郡窘乏爲言，不知的

❶「子」，原作「手」，據天順本改。

是如何？地遠難遥度，傳聞亦難盡信。大抵近世作事利民者，常苦於掣肘而不得行，其爲民害者則因循苟且，上下尊守，以爲不可易。設使便有姚元崇，真有濟世之術，亦未必得如其意，此可歎也。又蒙别紙垂喻俞廣文立二公祠之意，使爲記文，尤荷不鄙。但此事今日老丈在彼，晚學小生豈當僭取而妄爲之？此決不敢承命。若廣文有請於門下，它日文成，區區得以題額，附名左方，亦云幸矣。幸達此意於廣文，敬泚筆以俟命也。前浦城主簿任希夷經由請見，幸與其進而教誨之。其人有志於學，守官不苟，王漕亦令去請教也。

程可久

附子爲近世通用常藥，它人服之，未見其熱，老丈乃獨覺其偏有所助，致生它疾，此見平時所養之厚，而所謂無妄之藥者真不可試之驗也。《二賢祠記》前書已拜禀矣，豈有大師在是而晚生小子敢肆妄言於其側者乎？况陳公平生只得一見，若汪公，則老丈游從之久、投分之深，又非小生之比，恐不得而辭也。因便寓此，偶數日禱雨倦甚，又積書問頗多，未暇罄所欲言。

向蒙喻及《詩》論，前書拜請，幸早寄示。謬説已寫就，然尚有誤字。旦夕校畢拜呈，以求教誨也。《易》中七、八、九、六之數何自而起，説者雖衆，終未甚安。不審尊意以爲如何？州縣祈水旱，《政和新禮》所不載，而《通典》、《開元禮》尚有可依放者。唯鄉村所禱全無所據，苟且從俗，於心有未安者，亦幸有以教之也。

鄭尚書惠叔僑　見莆陽所刊《稽古録》後

匆匆去國，深荷眷存。既行之後，又知榻前開陳之力，固知高明非私於某者，然不能不以爲媿也。區區舟行，冒寒阻風，昨夕始到三衢，更一二日，始遂南去。病軀幸可支吾，皆餘芘之及也。鄉在長沙，嘗得温公《稽古録》正本，别爲刊刻，殊勝今越中本。欲俟成書奏御，未竟而來。又欲面奏行下取索，則又未及而去。每念此書温公所以願忠君父之志，更歷三朝然後成就，其論人君之德有三而材有五者，尤爲懇切，不可不使聖主聞之。不知可以一言及之，行下本州取索投進否？然不必及某姓名，恐罪累之跡延及先賢，反致忠言不得聞達也。聞中司已兼讀官，幸更與議之，同君舉、子壽諸公共白之也。

程允夫洵　以下洪正學刊允夫家藏帖

先集無人寫得，亦多是應用文字，非吾弟今日問學所急，故不送。前書已詳言，何不見悉耶？墓刻不敢忘，幸且少寬之。《譙傳》非病翁所作，乃原仲、致中二丈見之。❶其説亦有病，非學問正脉也。《遺書》中李端伯、劉質夫所録極精，可熟味之，便見學問正當用力處矣。

程允夫

某重念先世南來，八人度嶺，今無一人

❶「二」，原作「一」，據閩本、天順本改。

在者。而老人暮年窮約，以不肖子與世不諧之故，憂窘萬狀，無一日舒泰，遂以至此，尤重不孝之罪。每一念至此，心肝如抽裂也。

某家中自先人以來，不用浮屠法，今謹用。但卜地未能免俗，然亦只求一平穩處，尚未有定論，計不出今冬也。

所喻立户事無不可，但先人已立户，某又自立一户，恐於理未安，更詳度示喻。

程允夫

示喻爲學之意，此正克己功夫所當用力，然猶是至粗淺處。若不痛加懲窒，非惟無以仰窺聖賢閫域，恐亦無以自立於州里之間矣。此甚可懼，不可視爲常事而緩於檢制也。上蔡之言警切至到，真當朝夕提撕。然論其細微，則區區所愧亦已多矣，尚何以爲賢者觀省之助乎？今當彼此各致其功，庶異時相見，無所愧於今日之言耳。觀書或有所疑，❶因便疏示，閑時寫得，便可旋寄德和處，此中時有便人往還也。所論向來解紛之意，固是如此，然亦平日持己不嚴，故擇交不審，而責善之道又有所不至，故其末流之弊至於如此。此當深自悔責而速改之。詳味來辭，似未有此意。恐更當反復鄙言，毋以前説自恕也。所要文字，正冗未暇致思。齋銘亦已忘記，又無草本。要不必爾，但得識之於心而見諸行事，則爲有以發於愚言矣。祠閣二記皆不成文字，但欲略見此義理，故不得而辭。來喻之云，非所望於親友間也。《近思》已成，尚未寄

❶「所」，閩本、天順本作「可」。

到，到即附去。《中庸》無人寫得，只有一本，不敢遠寄。且亦未定，不欲廣傳也。《定性書解》在别紙，亦勿示人爲佳。《雲谷記》已寫寄李文矣。❶

程欽國 後更字允夫　以下新安汪逄龍刊允夫家藏帖

往年誤欲作文，近年頗覺非力所及，遂已罷去，不復留情其間，頗覺省事。講學近見延平李先生，始略窺門户。而疾病乘之，未知終得從事於斯否耳。大概此事以涵養本原爲先，講論經旨特以輔此而已。向來泛濫出入，無所適從，名爲學問，而實何有？亦可笑耳。示喻蘇、程之學，愚意二家之説不可同日而語。黄門議論所守，僅賢其兄，以爲顔子以來一人而已，恐未然。頃因讀《孟子》，見其所説到緊要處便差了，「養氣」一章，尤無倫理。觀此，想淵源來歷不甚深也。《正蒙》建陽舊有本，近來久不曾見，俟病少間，當爲尋問也。然此書精深難窺測，要其本原，則不出六經、《語》、《孟》。且熟讀《語》、《孟》，以程門諸公之説求之，涵泳其間，當自有得。然後此等文字可循次而及，方見好處。如今不須雜博，却不濟事，無收拾也。若果於此有味，則世間一種無緊要文字皆是妄言綺語，自無功夫看得矣。近集諸公《孟子》説爲一書，已就稿。又爲《詩集傳》，方了《國風》、《小雅》。二書皆頗可觀，或有益於初學，恨不令吾弟見之。又恨相去稍遠，不能得吾弟來相助成之也。

❶「李」，《正訛》改作「季」。

程允夫

表叔墓刻不敢忘，重煩督趣，愧恐。然此尚有少曲折，異時得面論而後下手，乃爲穩當。先集亦難於出之，正亦有所疑耳。吾弟近所爲詩文，有可寄示者否？某向到湘中，□語甚多，❶然皆草率，不足觀。謾令大兒寫《拜魏公墓》一篇去。此等閑言語正使絶出，亦何所用？況又不能佳乎。然姑以寄意焉可耳。

程允夫

「觀志」、「觀行」，此章上蔡謝先生言之最詳盡。大抵聖人本意只論孝子之心耳。至於事有不得不改者，又出於不得已，非其心本然也。此義亦通上下而言，不必專指人君也。

「天命之謂性」，則通天下一性耳，何相近之有？言相近者，是指氣質之性而言。孟子所謂犬牛人性之殊者，亦指此而言也。

自聖人言之，忠恕即道也，曾子之言是也。自學者言之，則由忠恕可以至道也，子思之言是也。二先生及上蔡論此詳矣，宜深體味之，不可只恁麽説過。

浩然之氣大剛直，當從伊川之説，更宜深思□。「必有事焉而勿正，心勿忘，勿助長」，此固是下功夫處。然於此須識得箇本體始得。明道舉「鳶飛魚躍」、「活潑潑地」，以爲與此意同，須要識得，方有下功夫處。不然，才着意便是正，才不着意便是忘，無

❶「□」，四庫本作「所」，同治本作「言」。

有是處。

聖人之於天道，詳來問，似看此章大意未分明。摘句理會，宜其不通。

心性一段，❶語皆有病。心固未嘗亡，但人舍之，則有時而不自見耳。所謂道心惟微者，此也。

程允夫

聞以職事忤上官，暫移他局，不知所争何事？若所當争，乃見所守，此外榮辱不足道也。昨誤聞劉智夫得江西倉臺，即以書道吾弟及一二知友姓名。得其書，乃云雖出妄傳，然已爲轉語王南強矣，計必能相知。但未知新憲爲誰耳。此辭職、告老皆未允，而向來阜陵異議之人，趙詹皆已行遣，此獨漏網，有所未安，已上自劾之章矣。上意必無他，但勢必不免於何、劉之口，亦已判然於心，不復爲求全計矣。

程允夫

某病脚恰一月矣，尚未能履地。而時論又攻之於外，因知語默之有時。然□語已在前矣，❷今欲默之，□能有所及乎？❸學徒不欲一旦盡遣，恐或反致張皇。然已不多，自此來者勿受可也。紙尾之喻已悉，然皐陶宥之而堯曰殺之，毋乃兩失其職耶？

❶「性」，原作「往」，據閩本改。
❷「□」，萬曆本作「發」，同治本作「其」。
❸「□」，萬曆本作「豈」，同治本作「其」。

彭子壽 龜年　以下止堂之孫沚家藏

中間傳有召節，固疑其非美意，已乃不然，方以爲喜。及承惠書，又知開府以來經理次第，尤以爲慰。然以時勢料之，亦决知其不能久。既而果聞已有奉祠之命矣，却不見有文字，想又從中而下也。此在高明無所輕重，但嗚吠狺狺，❶日甚一日，其勢必須大有處分，其禍不止於縉紳而已也。想以此故，亦未能釋然，奈何奈何！某今夏一病幾死，亟上掛冠之請，并辭近職。蒙上厚恩，未即聽許。將欲受之，而去歲曾議莪陵者例皆獲罪，自惟狂妄不應獨免，遂以自劾章上。計今已有行遣，顧地遠未即聞耳。閑中讀書却有味，但目已偏盲，其未盲者亦日益昏，披閱頗艱耳。緣此閑坐，却有恬養功夫。始知前此文字上用力太多，亦是一病。蓋欲應事，先須窮理，而欲窮理，又須養得心地本原虛静明澈，方能察見幾微、剖析煩亂而無所差□。❷若只如此終日馳騖，何緣見得事理分明？程夫子所謂學莫先於致知，又未有致知而不在敬者，正爲此也。濂溪諸書，亦多是發此意。下問之意，但以此説推之，則其受病之原與夫用藥之方，皆可見矣。

雄附遠寄，良荷扶衰之意。茶五十餅漫附回使，以供粗用。背時可笑，大率如此也。薌林逝去，在渠高年固無憾，但後輩失此典刑，亦自可恨也。舟御不經于越否？

❶「狺狺」，原作「啽啽」，據四庫本改。
❷「□」，康熙本、四庫本作「錯」。

亦聞□否？❶度不免一南轅，得免踰嶠幸也。❷茂獻必相會，賤迹既不自保，又深爲諸賢憂之。夏中之病，由此增劇。中間幸小定，今又復作。人謀不□可及矣，奈何奈何？

彭子壽

得張元德書，竊聞大旆已次豫章，今當税駕里門矣。乍歸，想一番應接，有不能免者。然自此杜門，少休神觀，益得玩心，卒究大業，❸安知天意不以是玉汝於成乎？願益勉旃，以慰期望。零陵經由，頗得從容否？復有一書，幸爲遺致，得不浮沈乃幸。

孫季和 應時　以下季和之子祖開家藏

某到此，緣所請未報，邦人恐虎兕復出於柙，邀留不得去。已申省且留此矣。黃巖糴濟，得伯和諸公在此商量，雖未有定論，然亦當不至疏脱。但水利一事，諸公以爲非得一見任官主持不可下手。某已撥萬緡，今使與食利人户興役矣。諸人欲得賢者復來，見欲差出縣丞，却煩吾友攝其事，主此工役，不知可來否？專令此人奉問，幸子細籌度見報。若不穩當，則當别爲申奏，專差措置水利，亦無不可。但在賢者之來與否耳。如不可來，幸爲計度見任官中有何人可委。謝户如何？欲煩詢之，不知渠肯來否？此事非小，若得黃巖無水旱，則□□□無飢饉之憂。❹向後乞得錢，更增益之耳。度本路水利

❶「□」，四庫本、康熙本作「之」。
❷「踰」，原作「喻」，據四庫本改。
❸「卒」，原作「率」，據四庫本改。
❹「□□□」，四庫本作「鄰邑俱」。

未有大於此者。

餘姚之早與上虞分數如何？幸博詢見諭。

孫季和

燭溪蕭寺頃歲蓋嘗一至其間，今聞挾書過彼，亦有學子相從，不勝遐想也。精舍諸題悉煩着語，屬意皆不淺。三復歎想，恨不即同晤言也。比來觀書日用必有程度，及所得所疑，有可見告者，因來及一二，以發講論之端爲幸。

孫季和

來喻諄悉，備詳爲學次第，甚慰所懷。大抵學者專務持守者見理多不明，專務講學者又無地以爲之本，能如賢者兼集衆善，不倚於一偏者，或寡矣。更望虛心玩理，寬以居之，卒究遠大之業，幸甚！

武夷佳句，足見雅懷。更求小詩數篇，暇日見寄。

孫季和

先志不敢忘，但以家居困賓客，無緣得就。今既之官，却恐應接稍希，可以具稿，便并送崇禮處，令轉致也。但書石須更屬人，蓋目昏殊甚，不堪此役。一破例之後，求者繼至，無詞可以却之。朋友間如楊子直書儘有法，如不識之，當爲轉求也。

孫季和

示及《易説》，意甚精密。但近世言《易》者直棄卜筮而虚談義理，致文義牽强無歸宿，此弊久矣。要須先以卜筮占决之意求經文本意，而復以傳釋之，則其命詞之意與其所自來之故，皆可漸次而見矣。舊讀此書，嘗有私記，未定而爲人傳出摹印。近雖收毁，而傳布已多，不知曾見之否？其説雖未定，然大概可見。循此求之，庶不爲鑿空强説也。如元亨利正，只是以卜得此卦者大亨而利於正耳。《乾》卦《彖傳》、《文言》乃孔子推説，非文王本意也。又嘗作《啓蒙》一書，亦已板行，不知曾見之否？今往一通，試看如何。《書》小序又可考，❶但如《康誥》等篇，决是武王時書，却因「周公初基」以下錯出數簡，遂誤以爲成王時書。然其詞以康叔爲弟而自稱寡兄，追誦文王而不及武王，其非周公、成王時語的甚。吴材老、胡明仲皆嘗言之。至於《梓材》半篇，全是臣下告君之詞，而亦誤以爲周公誥康叔而不之正也。其可疑處類此非一，太史公雖用其體，而不全取其文，如《商紀》中所載《湯誥》，全非今孔氏《書》也。雖其詞厖亂，不若今《書》之懿，然亦見遷書之體，或未必全是師法《書》序也。《漢書》，遷嘗從孔安國受《書》。大抵古書多此體，如《易・序卦》亦是此類。若便斷爲孔子之筆，恐無是理也。先墓志文不敢忘，但爲歸來悲冗中，未暇落筆。今當少暇，旦夕得成，當并寄□叔度轉達也。❷記序諸篇大意皆正當，而詞指清婉

❶「又」，四庫本作「不」。

❷「□」，萬曆本作「與」。

可喜。此雖餘事，然亦見游藝之不苟也。入蜀不過荆門否？近得劉德脩一書，今有報章，并書册一匣寄之，煩爲帶行達之。此公未識面，而書來極勤懇。前日之舉，全類東漢諸賢。計雖甚疏，而其意則甚誠切矣，亦可敬也。恐帥君以姻家之故，不能無嫌，須調護之。此非爲劉，乃爲丘計也。可嘆可嘆！

孫季和

某衰老多病，益甚於前。今兩足拘重，不復能動，已兩三月矣。度氣血已衰，無復完健之理。只得未死，且爾引日，已爲幸矣。然世道如此，臭味凋落，日見稀少，亦何用久生爲也。久欲告老，今方及格。不敢自請，而外郡不爲保奏，只得一申省狀，亦且發去。或者恐觸禍機，然不暇顧也。向承喻及祠記碣文，以例不敢爲人作文字，遂不復曾致思。所示行實諸書，亦已卷藏，不在目前。自此或有便，别爲寫一通來，暇日試爲整齊，看如何。然必三年然後出之。時運固叵量，但恐壽非金石，不能俟耳。祠記亦然，但子游之封在唐爲吴侯，在政和爲丹陽公，而淳熙所頒祀禮乃爲吴公。蓋十子皆因唐之舊自侯而公，然不知何時所加。頃年曾爲申請禮寺行下，亦無的文。今納長沙所刻一通去，可試考之也。紙尾無可講説之云，可爲慨歎。此固無復可以及人，但不知年來自己分上功夫又如何。似聞頗留意於詩文，此亦恐虚度光陰也。有如衰朽至於今日，乃始追恨向來之懶惰。今欲加功，而日子鋪排已不遍矣。此當以爲戒而不可學也。

孫季和

昨需祠記本不敢作，以題目稍新，不能自已，略爲草定數語，謾録去。度未可刻，以速涪城之禍，幸且深藏之也。

孫季和

史公入覲，不知復何所處？禮畢亟歸，亦佳事也。某去秋以病請祠不遂，此間亦可少安。而忽有長子之喪，悲痛慘怛，無復生意。請祠諸公已相諾而未被命，計旦夕即去此矣。久欲遣人至越中而未暇，及今始能作書。而迫行匆匆，又不暇詳悉，所委文字亦未能遂就。然不敢忘，異時未死，終當如志也。新刻數書各往一本。崇禮兄弟欲各寄一本，而偶盡，遂不能及。亦不暇作書，只煩爲道意也。寧海僧竟如何？秉彝好德，豈容泯滅？於此可驗。試寄語招呼之，若其意堅，可率朋友合力助之，以成其志，亦非細事也。

劉子澄清之　以下盧陵胡翼龍刊静春家藏帖

昨承有召命，深以爲喜，然亦不知行止之計。偶到城中，黄子來相尋，具言近況，爲慰。但求教竟不之領，又以爲恨。比日伏惟于役有相，今或已至在所矣。奏對得以伸吐所學，甚慰士友之望。正學以言而不失淺深緩急之宜，在賢者必已講之熟矣。黄子又説頗欲多所論白，此恐徒取草野倨侮之譏。而匆匆晷刻之間，勢必不容詳細反復，則是無故偏觸衆事之機，紛冗錯雜而終無感痦之理。不若略舉大體切於上心者，專指而極言之。幸而開納，固爲莫大之幸；萬一未即聽從，亦足以爲之兆，異日猶可尋繹其端緒而終其説也。它則非閑人遠書可以一二指陳者，在明者熟慮而徐應之，毋爲匆匆，以致後日之悔也。黄子又説見問人材之意，此等事度非吾輩事力所及，正不須太遽也。

劉子澄

某幸如昨，但伯恭逝去，令人悲痛不可言。昨嘗以子約訃告作書，宛轉托子静送去相報。近聞渠已入浙，此書恐未即達。然訃報中必已見之，傷悼之懷，相與同之也。去年方哭敬夫，今伯恭又如許，吾道之衰一至於此，不知天意如何？吾人不可不自勉，未死已前，協力支撑也。

某在家應接，隨分擾擾。偷閑脩得《中庸》及《孟子》下册。《孟子》得公度卷子，甚濟事也。今且修此經書，《通鑑》看將來如何。恐心目俱昏，未必了得，終遺恨於身後耳。西山長句及還家四言，意象蕭散，吟玩不能去心。欲作數語奉答，自覺意思局迫，恐不能佳。此是膏肓之病，不知如何醫治得寬平閒暇些子，庶晚年身心稍安樂也。沅倅令兄墓表草定納呈，❶不知可用否。公度何爲至今未歸？報中亦未見所擬官，何耶？《曾子》跋語并往。歸來方得細看，雖《雜篇》所收不如前，意思終是好。本子見録，未得附還，更有一二處當略脩耳。《近思續録》俟旦夕看畢奉報。第三録亦佳，但

❶「倅」，原作「淬」，據閩本、康熙本改。

如此編録，得無勞心否？ 因看書所得，隨手抄録不妨。 若作意收拾，搜尋布置，即費心力，亦須且省節爲佳也。 蓋中年精力非少日之比，不可不愛惜耳。 諸葛「學須静也」全文告因便録示，千萬。 荆州《論語》甚改得好，比舊本大不干事。 若不死，更長進，深可痛惜。 伯恭詳審穩當有餘，却不及此公俊偉明快也。 韜仲不苟如此，不易。 其兄晦伯亦甚好，它日皆未可量也。 子玉不聞問，旦夕有尤川便，當寄書與之。 擇之何爲至今不見歸？ 直卿近遣人來納幣，甥女不成，却是某女子也。 渠來春同爲金華之行，今既聞伯恭訃，决當如約。 某當一與俱往哭伯恭，亦不欲爽前約也。 鄭景望亦殊可傷，前書當報去矣。 陳正已今在甚處？ 公度當已歸，來春之約，不知竟如何也。

某忽隨例沾誤恩，念有罪無功，不敢受。 又昨奏與獻米人推賞，諸公不爲施行，前日不免於詞免狀中極論其事。 遞中得周參書，亦於報書中懇之，未知竟如何。 聞江湖間水旱螟蟲，民已薦饑，不知州縣有無措置？ 然今年比之去年，事體尤不易也。 廬陵當不至此，此間却差稔。 但剽掠公行，甚於常歲，州縣坐視，不復介意，此亦殊可慮耳。 眷集中外俱安，諸郎一一佳茂。 愛女夭折，可傷。 平父次女與泰兒同歲，向許議昏，近亦不育。 其女幼而解事，甚可惜。 今此兒未有親，不能不掛懷抱耳。 向丈得書，却來説及《薌林集》要序，甚恨未得見也。 序文豈敢僭易？ 然此却好題目。 但恨晚輩不當作，又苦心力衰，畏作文字耳。 景陽明年且在致遠家否？ 向見其説話意趣儘好，恨不得款曲講論。 今既相遠，又無由得相聚耳。向得書，朱君岑何字？偶不記憶，更告批喻。彼中交遊學生，并爲一一品題以來尤幸。史老所薦，皆浙東知名士，亦不易。但陸子静亦入此保社，不知果已行未耳。惠况紙墨筆帖，良以愧感。無物可寄，《祭禮》及二小書謾往，幸收之。昨得延之處《祭禮》三家，方屬鄭丈補入，而渠已物故，旦夕更屬新將也。《弟子職》、《女戒》本各爲册，而皆以《雜儀》附之。令人家小兒女各取一本讀誦爲便也。今此册爲印者所并，又缺《雜儀》一本，不容復改。然此無多字，致遠更能鋟版流行，亦教化善俗之一事也。但《女戒》向見伯恭説欲删修一兩處，忘記問之，不知向來曾説及否？吕氏二書，似亦可刻，并廣之也。

劉子澄

某還自莆中，道間大病，幾不能支。卧家月餘，幸未即死。然神氣衰憊，比之春中又什四五矣。雲臺將滿，方欲俟批書畢，遣人宛轉致懇，復求舊秩，忽尤延之送敕來，乃蒙朝廷檢舉直差。雖似小小行遣，聞新揆却甚以爲恩意，亦爲一番勞擾。但去冬案後收坐，未曾決遣，不知此又折得過否耳。只恐反露綫索，觸着駭機，亦復任之，不能深以爲憂也。王漕送示二月十一日手書，三復喜慰不自勝。但趙南紀云長沙中冬已見報，而老兄正初始得知之，何其晚耶？今自劾之章復久未報，不知何以處之。要當極力再請，以得爲期。得朝士書皆云爾，其相鄉慕而未相識，如張元善者，尤拳拳也。先聖象荷寄示，然此乃湖學所藏昭陵賜安定本，向見陳明仲有之，因託定叟傳得。其温良恭遜之容，比此又精善，恨未得令兄見之也。所謂顔子者，相傳是伯魚，薛士龍亦云恐湖學當有所傳也。偶有便人，草率附此，不知書到時朱轓皂蓋已在甚處。所欲言甚衆，例不敢出。自覺近日意思，頗似向來所甚惡者喻玉泉之論矣。❶年力頹侵，志不勝氣，至於如此，可懼可懼！

愛直記文甚佳，昨日拜鴻慶敕，偶得一絶云：「舊京原廟久烟塵，白髮祠官感慨新。北望千門空引籍，不知何日去朝真？」年衰易感，不覺涕泗之横集也。

劉子澄

吴大年附到春間所予書，足以爲慰。比想經暑涉秋，尊體益佳健。但不知求去不遂之後，諸事又當如何，想亦不以此而改其度也。細讀來書，似於此未能忘懷。「獨蒙記憶」之語，又似戲謔病根依然故在也。克己功夫不是易事，願益加意而勉焉，則區區之幸也。

王子合遇

子合之姪孫鎔家藏

前書所喻祭禮之位，昨因嘗以爲疑。但不如此，又難區處。若只祭三世，猶可以曾祖考妣居中，而祖東考西。然東位考妣之坐已自難設。祖考東而妣西，則妣坐迫近曾祖不便。考西妣東，又與今人坐次相反。若祭四世，則一位居中，一位居東，一位居西，殊不齊整。兩

❶「玉」，原作「王」，據閩本、天順本改。

兩對設，又似敵體，不分尊卑。況左昭右穆，亦是異廟，而廟皆南向，即與今人相向設位不同。又相向設位，則舅婦之坐東西相見，亦甚不便。似不若只以南向西上爲定之爲愈也。

晦庵先生朱文公文别集卷第三

侯官縣儒學訓導劉簪校

晦庵先生朱文公别集卷第四

書

劉共甫 以下胡德方家藏

自領鄂渚所賜書後，一向不聞問。或云體候嘗小不快，不知所苦何恙？淺深如何？遠方無由得的信，徒有懸情耳。比日秋凉，伏惟忠勤有相，鈞候萬福。向來微恙，失去久矣。宰路虚席，國論一新，幾微之間，安危所係。衆謂明公宜還鈞軸，尚此遲遲，不無觖望。然上流之重，當此之際，寄任亦不爲輕。更願進德愛身，審於舉措，毋使中外窺覘，有所竊議。此爲增崇望實，填服夷夏之本，甚恨相望之遠，不獲以時密罄所懷。雖在荒迷，不忘憂歎耳。區區過計，以爲萬一氣體小或未復故常，則塞垣高秋，不宜久處。伏惟深以家國大慮爲心，勿爲目前華靡細娱牽制回奪，則於此不難處矣。孔明擇婦，正得醜女，奉身調度，人所不堪。彼其正大之氣、經綸之藴固已得於天資，□然竊意其智慮之所以日益精明，威望之所以日益隆重者，則寡欲養心之助與爲多焉。某自罹禍罰，號慕之餘無復外事，稍得温習舊學。苦淡寂寥之中，時有絲髪之見，乃知前日所□學問者極爲草草，❶而欲以此仰希聖賢，下脱塵俗，亦已難矣。

❶「□」，萬曆本作「謂」。

方作書爲欽夫言之，想其未免於此也。然此事自古聖賢、近代先覺言之已詳，病在學者自立意見，别作一般主張耳。其詳非面莫能究，顧所謂寡欲養心者，其大端也，不識高明亦有意乎？荆州聞極荒凉，無賢士大夫可奉談燕。人心至危，恐久流放，難復收拾。願日取古聖賢書熟讀深思，以祛物欲之蔽，幸甚。欽夫造朝後，至今未得書，不知所論如何，想彼却時得書也。

劉共甫

歲前嘗以書附族叔司理，除夕得書云，開正方得行，今不審已達未也。此叔年已礙選格，今該慶恩，恐可參部。得少垂念幸甚，渠亦非敢有過望也。舊甌寧宰劉元升者，不知曾識之否？其人潔廉曉事，再爲甌寧，事辦而民安之，前後莫能及。近宰新喻，無故爲程泰之按罷，客於臨江，貧甚，幾不能自食。江西人士皆稱而憐之。如此人者，苟未有所歸，亦可召而使也。前書所稟孫教授者果何如？近復細讀其文，❶必自重而不苟合者。若俟其僕僕以求己，則終不可以得求之。似此一等人，恐又當降意求之矣。此有邵武守楊獬、浦城宰吴㷇，政皆可觀。近以事涉其境，見其士民交口稱頌。浦城之政，細民尤安樂之。兩人皆有文學，非俗吏，它時恐亦可備使令，幸略記之也。安道此來，未及相見。浦城爲守倅所窘，渠來始安跡。建陽科斂煩獿，首劾治之，此兩事甚佳也。欽夫歲前得書，爲

❶「讀」，原作「續」，據閩本改。

政之意甚美。但所請與諸司均節一路財賦者，不知者必以爲侵官，不知終能協濟否？所論鹽法利害，頗與閩中相似。渠但深排鈔法而以官般爲善，不知官般果能無弊否？其求訪人才之意孜孜不倦，不自以其才爲可恃而留意於此，此尤可敬者。使當世王公大人一皆以此爲心，不俟人之求己而汲汲於求人，則天下豈有遺才廢事乎？甚可歎也。

劉共甫

私門不幸，老婦自去夏得疾，荏苒踰年，療治無瘳，此至後一日，遂至不起。痛悼悽切，不能自堪。加以幼累滿前，將來百緒便有不能不關心者，尤非衰懶所宜，未知所以爲計也。昨聞尊體微不安，深以憂念。及此奉告，乃始釋然。請祠未遂，又聞繼有勞賜之寵，此蓋事功較著，聖明深知，雖有讒邪，無間可入，或者不復久勞于外矣。然想亦未免再請也。某祠敕已下，適此衰粗，尚未及拜受。聞昨來諸公將上辭免文字，上復有除職之命。幸諸公白其不可，遂止，不爾，則愈見顛沛。然聖恩深厚，何以論報？唯有脩身守道，以求無負寵嘉之意而已。欽夫得書，云長沙傳聞某病，消息殊惡。此雖非實，然亦竟遭凶禍，可怪也。又具道其經理財賦之詳，此足以惠一方矣。但趙漕去時，意象甚不平，不知今相見後復如何也。昨蒙喻及徽絹文字，不知曾爲剡奏否？更得留念幸甚。蓋雖已有爲之者，更得一言之助，則尤有力也。近時鄭鑑對策事，想悉聞之。明主可爲忠言，自是士大夫顧望蓄縮，委曲避就，養成今日之勢。今又自彼上言之後，❶寂然無復繼者，消長之幾，正在此毫釐頃刻之間，益可寒心。計高明雖在外服，未忘根本之憂，亦當拳拳於此。況望實益隆，眷禮益厚，則圖所以收拾人才、紀綱政體者，其本末先後必有一定不易之論。區區於此更望勉旃，千萬幸甚！

《祠記》、❷《責沈》二刻，拜賜甚厚。但記中「默契於中者矣」悮作「也」字，不知尚可改否？繆文本不足以發揮崇德尚賢之意，讀之既久，愈覺紕漏，益增愧耳。《責沈》之義，昨已報平父，正爲子高沈姓耳。承許續致，只得未背者尤便也。別紙垂喻永隆葬事，具悉尊旨。但彥集於此正自憂勞，唯恐不足以集事。但素不更事，凡百過於憂惴急迫而已。不審高明所慮何自得之？自此竊恐聽言之際更當每加審諦，使忠實日親、讒慝日遠，則久大之業粹然無疵，不獨施於州里親族之間者，其愛憎賢否各得其當而已。僭易皇恐。余隱之事，前日已嘗具稟。二孫之禾，恐止可撥四百秤。蓋宋家所收自不多，若可少增，恐亦不可過百秤也。唯是隱之父子不解事，來此干預宋家產業，出言不遜，其子尤甚。恐將引惹方氏復來生事。已令陳、吴二婦作狀，經府告示之矣。此非得已，不審尊意以爲如何？

劉共甫

過崇安日，首詣三里，視彥集所開地，岡巒形勢目前無大虧缺，而水泉湧溢，殊不可曉。問之邑人，亦無一人能言其所以爲

❶「上」，原作「七」，據四庫本改。
❷「記」，原作「祀」，據《正訛》改。

病者，但謂間壙太深使然。❶ 今若移穴近高而淺其壙，則無患矣。此語使人不敢信，因語彥集，莫若更呼術人別卜它處。此數日亦未聞有定議，政恐不易得耳。然留彼三日，三往諦觀，亦覺形勢有可疑處。所以致水，蓋非偶然。顧高明未必信，故不復白，直論日前所處曲折耳。想聞此亦深軫念也。

劉共甫

杜門如昨，無足道者。但傳聞淮北音問不一，心竊憂之。及問平父，云屢得近書，初不及此，則彼爲妄傳矣。然事之可憂者，正亦不在是也。近一二士大夫斥言近習，無所隱避，上亦嘉納，但崇信如初，略無變改之效。不知又是何人陳此祕計，❷欲以柔道不戰而屈天下忠義之兵。彼自爲謀則巧矣，而爲國患日深，奈何？昨承委撰王公集序，已嘗具稟，恐不能事，以病高明。前日偶與平父諸人小飲醉卧，中夜少甦，因不復能寐。感慨俯仰之間，若有開其意者，忽得數十百言，蹶然起坐，取火書之。竊意以是爲王公集序，若可無愧，但未知尊意如何耳。聞莫子齊所作行狀甚詳，故序文中及之。得求一本見寄爲幸。今屬平父附便拜呈，恐不中用，却乞示下，當略改入題處，別作跋語，爲某之自言者授其子，以見區區。或粗可用而有當改處，亦告垂喻曲折，當如所戒也。平父昨令與伯謨説招致之意，近聞復當少緩，亦已報之矣。渠既未成詣門下，欲邀來此

❶「間」，閩本作「開」。
❷「此」，原作「北」，據天順本改。

相聚。而鄉人子弟不可率，貧家又不能有以資之，度其邵武亦未必有相聚處，貧悴日侵，殊可念耳。

元履之弟誠之者，中間得所予賻金，數年質易，稍有資聚。今秋因索債毆人，❶邂逅致死，遂盡索所賫，又舉貸以繼之，然後得脱。今一房四五口立見狼狽，殊可憐。然無術以救之。往時元履病中亦以此弟見屬，今無如之何。親舊向來干擾殆徧，又不容復有請。不審樞密或有不費之惠，得賜哀憐，千萬之幸。然渠初不敢有此望，更在裁處也。

何叔京 鎬

「持敬」之説甚善，但如所喻，則須是天資儘高底人，不甚假修爲之力，方能如此。若顔、曾以下，尤須就視聽言動、容貌辭氣上做工夫。蓋人心無形，出入不定，須就規矩繩墨上守定，便自内外帖然。豈曰放僻邪侈於内，而姑正容謹節於外乎？且放僻邪侈正與莊整齊肅相反，誠能莊整齊肅，則放僻邪侈決知其無所容矣。既無放僻邪侈，然後到得自然莊整齊肅地位，豈容易可及哉？此日用工夫至要約處，亦不能多談。但請尊兄以一事驗之，儼然端莊、執事恭恪時，此心如何？怠惰頹靡、涣然不收時，此心如何？試於此審之，則知内外未始相離，而所謂莊整齊肅者，正所以存其心也。

廖子晦 德明　槎溪刻於韶州州學

去冬嘗苦臂痛，累月不能詘伸。今幸少

❶「因」，原作「困」，據閩本改。

安，又以武夷精舍初成，不免與諸友朋來集。甚恨賢者之不在是，其溪山之勝，言有不能喻也。祠記見屬，所不敢辭。但此間擾擾，俟還家草定，尋便寄去。只恐子晦官滿，不及刻耳。朱舍人進用正當秦、范之時，畫策事却未聞。説者必有來歷可考也。向見濂溪家本畫象服紫，當是提憲所借。明道廟象服緋，但伊川不知所服。向來南康只用野服，蓋伊川晚年已休致，可不用朝服也。二先生朝服當時未有履，只合用韡了。❶《鄉飲酒禮》石刻本所未見也。所寄文字碑刻留家問未見，而來書不及其名件，不知果何書也。《近思録》字大，甚便老眼，有便幸寄一二本。

魏□□❷元履弟　胡德方家藏

病革時，顧念君親，處理家事，無一語謬。其母視之，不巾不見也。戒其子云云，去「命其學者」云云。以右「有之」一節。所爲文章若論議訓説合數十卷。卷數既未定，不若只以此句包之，如何？元履於學無不講，而尤長於云云，識其大者，平居論説，聽者悚然，在學者止周遺之。除此一條，蓋前已有恤親舊字，可包舉也。泣拜，奉嚴君士敦之狀，以銘文爲請。

志文所改，大者如此，其它悉如來喻填補矣。愛君憂國，已云有志於當世，足以見之。此等事太切切言之，又似出位也。奉親，人之常行，若一一紀載，則日用百事皆當悉書矣。興利除害、賙人之急，如所載請移粟、恤親舊之事便是，更不必重出矣。隆興、乾道時政議，不知是何書？頃所未見。

❶「了」，萬曆本作「子」。
❷「□□」，四庫本作「誠之」。

大抵此等皆非草茅所當言者，表而出之，恐益坐病，❶不如爲泛辭以包之也。俚俗謂「坂」爲「富」，如此間「大富」「藉富」，皆「坂」字也。向見荆南田官説營田處地名長富，即劉先主爲曹操追及處，史所謂當陽長坂也。然則以「坂」爲「富」，南北通語。要之，見於文字，當作「坂」字也。

汪時法 大度　婺州有刊帖

七月十六日熹頓首啓：去冬遠承訪及，得以少款，爲慰爲感。❷别後不能一奉問，但聞裂裳裹足，遠送遷客，爲數千里之行，意氣偉然，不勝歎服。未及致書，忽辱手示，獲聞比日劇暑，❸客裏殊勝，尤以爲喜。子約此行，無愧臣人之義，而學士大夫粗知廉恥如僕等輩，有愧於彼者多矣。聞廬陵寓舍有園亭江山之勝，又得賢者俱行，相與講貫，亦足以忘其遷謫之懷也。便中寓此，病倦草略。餘惟自愛，不宣。❹

向伯元 浯　以下伯元之孫公永家藏

承乏半年，了無善狀，求去不獲，又未敢遽復有請，凛凛然日惟得罪於民是懼，它無可言也。至此刻得周子象、圖、書、説、賦凡五種，并《叙古千文》、《重立直節堂記跋尾》等，率易各納一本。敬夫爲記濂溪祠堂，子澄所書，亦并納呈。更立陶靖節、劉

❶「坐」，天順本作「生」。
❷「七月十六日」至「爲慰爲感」二十三字原缺，據元吴師道輯《敬鄉録》（文淵閣《四庫全書》本）卷七補。
❸「劇暑」，《敬鄉録》作「動履」。
❹「便中」至「不宣」十四字原缺，據《敬鄉録》卷七補。

凝之、道原、李公擇、陳了翁堂，方求記於尤延之，尚未到也。得子澄書云，書府有康節先生墨蹟，甚奇，輒欲就請摹刻，以垂學者。□□去卒，只一兩月可了，即專人還納也。

向伯元

春老夏初，伏想林居幽勝，有足樂者。承喻玩意《論》、《孟》之書，尤覺有味，恨不得從容侍教於前也。某不量疏拙，輕出從事，無以補報縣官而乖忤貴臣，幾蹈不測。賴上聖明，保全至此，且幸未至顛隮，然殊未敢自保也。去冬病臂，近方小愈，然猶未至脱體。呻吟之暇，紬閱舊書，亦有一二學者相與討論，足以自樂。獨念遠去長者之側，不得講去所疑、消釋鄙吝爲恨耳。

向見子澄説書府有康節書、陶公詩，地遠，不敢借觀。但時時想象此題目，已覺清氣逼人也。

向伯元

紙尾批誨飲食必祭之説，旨意深厚，不勝歎服。蓋所開警爲已多矣。君祭先飯，先儒舊説蓋本如此，近世乃有以爲君祭必先黍稷者。若然，則其音讀亦自不同。蓋如先儒之説，則「飯」音上聲而爲食之之義；如近世之説，則「飯」爲去聲而指所食之物。二説雖若皆通，然細推之，則恐先儒之説爲長。蓋爲賓主之禮，則主人□客祭，❶然後客祭，主人食而後客食。今既侍食於君，則不敢當此禮。而子之於父，臣之

❶「□」，萬曆本、康熙本、四庫本作「先」。

於君，飲食必先品嘗之而後敢進，亦禮之所當然也。故謂侍食者於君之祭也，而已先食之，其義各得。若如近世之説，則君祭之先後有非己之所得與者。且祭之先後，自有常禮，上下同之，不必專言君祭乃先飯也。鄙見如此，不審尊意以爲如何？昨承喻及嘗見《大學》鄙説，近有修定本，張君抄得，幸試取觀，有以見教，千萬幸甚！

向伯元

某頃叨除用，出於意外，懇辭幸免，然猶復忝郡□寄，上恩厚矣。但年來目疾殊甚，恐不復堪吏責。免章再上，諒必得之也。子澄去秋以書來告别，方此憂念，繼得公度書，乃知遺書之後，不六七日遂至大故。發書一慟，痛不可言。然至今未能遣人奠之，日以愧恨也。交遊凋落，如晨星矣，復失此人，吾道亦殊失助也。

向伯元

三數年來無日不病，而今年爲尤甚。神思疲憊，筋骸縱弛，飲食不至大減，而肌膚消削，日就枯槁。蒲柳之姿，望秋先殞。每聞老友聰明輕健，❶過絶於人，未嘗不歎衛生之有經，而愧謹疾之無術也。祠禄將滿，未敢再請。而朝廷記憶，遂有鴻慶之命。杜門竊食，雖若可以終身，然舊京原廟隔在異域，每視新銜，不勝悲憤之填膺也。臨江張洽秀才迂道相訪，後生有志，甚不易得。因其行，附以此書，并令請見，幸予其

❶「友」，閩本作「丈」。

進而教誨之。

向伯元

蒙寄示先正遺文，斂衽警誦，❶不覺終篇。竊惟忠義之操，高尚之風，生平之所想象鄉往而不得見者，今乃得窺其一二大者於翰墨文字之餘，何其幸耶！蒙需跋語，晚生豈敢僭越？然不敢不有以見區區慕用之私也。胡公、汪公皆人物標準，名論一定，誰得改評？時事傳聞有足憂者，每念扶持三綱之語，益令人感慨也。

蒙誨諭格物之説，不勝悚仄。前輩立言，豈敢輕議？但以河南夫子所謂物我一理，才明彼即曉此者觀之，即宛轉歸己者，似稍費力耳。兼窮理功夫亦是且要識得事物當然之理，積久貫通之後，自然所行不疑而實理在我，隱微之間亦無私念。河南所論條目甚明，恐亦不必事事比擬然後爲得也。又反身而誠，乃躬行之至，無一理不實有於吾身，非爲一時見處發也。鄙見如此，不審高明以爲如何？無由面請，因風不吝垂教，千萬之幸。然張君所傳《大學》本子，近日又多所更定，稍覺平實。恨未有人寫得拜呈也。

向伯元

山間少得過從，目昏不敢讀書，舊學寖隳，深以自歎。然閒静從容，却覺意味亦深長也。昨得子澄書，具道昨寄武夷佳句，深有教督之意。再加紬繹，乃悟微指，不勝感

❶「警」，閩本作「擎」。

佩之至。近聞汀、劍之境有嘯亂者，官軍挫衄，勢甚可憂。貧病支離，彷徨瞻顧，未知稅駕之所，奈何奈何！

御書古文《孝經》有墨本□否？欲求一通。此書無善本，欲得此讎正也。

向伯元

某祠官秩滿，比已再請，聞諸公已相許，旦夕必得之。又且藏拙，休息病軀，何幸如之。尚恨貧窶，未能即挂衣冠，景行高風耳。昨蒙委撰先集後語，不揆荒拙，率爾草成。今附便拜呈，恐有未當，幸却垂喻，容改定也。晚學不當僭易，迫於嘉命，不敢辭耳。

向伯元

昨以所撰先公文集序稿本拜呈，未蒙鐫改，方此悚仄，今奉教帖，反得褒賞之詞，此豈所望也。子澄相愛，又素多可其言，恐亦未爲不易之論。更望詳之，有未安處，却幸指示，乃可傳遠耳。子澄新除，知識多以爲疑。聞吾丈亦有「着甚來由」之語，此至論也。然尚幸闕期未到，得且從容耳。子卿官期必不遠，未及爲書，極懷想也。景陽得時親几杖，甚幸，真足以銷鄙吝之萌矣。

向伯元

周公去相，尚留義興，豈過婦家少駐

耶？近方寄得一書問訊之，勸其速歸，不知今已出江上未？經由必相見，當能道所以然者。某不恨其不蚤去，恨其不勇爲也。天下豈有兼行正道邪術，雜用君子小人而可以有爲者？去歲入都時，已知其必有今日之禍無疑矣。

令子知丞歸來，文字竟足未耶？今時諸司文字多爲有力者所取，至或同僚數人同署一紙而脅取之者，此與法令所謂恐喝取財者何異？大色如此，平進者何自得之？正當量分自安。想賢郎熟聞廉靖之教，其必有以處此矣。

向伯元

某向來妄意作一二小書，初不敢以示人。近年自覺昏憒，不復更有長進，有欲傳者，因以付之。今納四書五册，仰塵燕几。恐有悖理，幸望指教，尚及鐫改也。

向伯元

子澄竟以薦賢遭論，與某去冬波及之章正相先後。但渠在郡，與閑居不同。昨聞俟罪丐祠未許，此恐當力請而歸乃佳，不審尊意以爲如何？近得其書，甚恨不能早追長者之後塵也。景陽何故却歸廬陵？久不相見，不知後來學業如何也。

向伯元

某衰病之餘，去秋復有哭女之悲，支離凋耗，益已甚矣。昨叨除命，一辭不獲，方欲春深闕近力申前請，而代者忽以章罷，便有奏事指揮。聞命彷徨，不知所以爲計。已專人致懇，不過旬日，當有決語。萬一未遂，即不免一行，祈哀君父，庶遂本懷耳。江右之行，勢必難勉强也。子澄去替不遠，醜正之人又以憂去，意其可以善罷，從容而歸。今乃竟不得免，又且便着「道學」兩字結正罪名，世路如此，豈復更容着脚？不如且杜門讀書，只作殘年飽飯之計，庶無後悔耳。所恨相去之遠，不得時扣函丈，日奉誨言，以滌塵襟，銷滯吝，此爲恨恨耳。

黄婿已歸三山，赴馬帥之招，爲今秋漕試計也。後生輩未忘進取，爲此計較，亦復可笑耳。前所納諸書，有不當理處，切幸指教。《易》數比之諸家已極簡易，要非侍坐從容，不能究其説也。寵惠鐵鏡、川墨拜領。鐵鏡謹置之對坐，常以自照，如長者儼然臨之，不敢不起敬也。

林井伯 成季　以下井伯外孫方之泰家藏

某碌碌如昔，近旬日來，訟牒頓希，可以藏拙。但經界指揮未下，不知竟如何。昨夕地再震，不知彼中如此否？趙帥有來期未？此但聞帥司已發牌印去，它則無所聞也。經界若行，欲挽退翁、仲則一來。但其地皆煙瘴之鄉，不知二君肯一來否。煩爲微扣之，别有有精神、耐勞苦、肯任事而能戢吏愛民者，不妨更爲尋訪喻及。此或亦專人去約□誠之。此不厭人多，分頭勾當，庶事易集也。

林井伯

示喻福公令孫好學之意，甚慰鄙懷。

昨擇之書來，亦嘗及此。□書中間編得草本，❶未曾寫净。兼亦止是記得諸公行事大略，若欲究其學問根源，則不如讀其所著之書爲有益也。伊川先生多令學者先看《大學》，此誠學者入德門户。某向有《集解》兩册，納呈福公。其間多是集諸先生説，不若且看此書。其間亦有少未安處，後來多改動，旦夕别寫得，當寄去换舊本也。

陳公令孫之字謂何？幸批報。《近思録》亦好看，煩并爲説達之也。

林井伯

承喻諸賢肯來之意，尤以愧荷。但指揮至今未下，聞有陽操兩可而陰實力沮之者。此雖兩郡貧民之不幸，然使區區之願不讎，則亦拙者無窮之恨也。蔡、周諸君雖未識之，❷然既爲賢者所稱，已筆之於簡矣。惠安文字，此正以臬事之故，不敢數與之通問，無由可致力也。某前月脚氣大作，兩旬然後愈。又苦臂痛，中間小愈，今復大作，作字如此，它况可知。它不可意者甚多，已專人求去矣。

林井伯

某衰病發歇不常，醫者以爲風氣，非脚氣，似亦有理。此數日來却幸小定，然亦未敢自保也。經界之命雖下，然已後時，恐妨農功，未敢下手，又不免費分疏。尚恐有避事飾詞之責，然亦無可奈何也。學古之薦，

❶「□」，康熙本、四庫本作「遺」。

❷「周」，原作「用」，據四庫本改。

昨得帥書，嘗語及此。公論所在，人無異詞也。簡卿文字極荷不外，但某平生畏人來奪文字，❶亦自守不敢求知之戒，不敢以其所賤者施之於人，故未嘗敢作此等書。如學古亦只是自首薦之，未嘗爲轉求也，千萬見亮爲幸。

林井伯

某去秋今春兩次大病，今夏第三女子得疾，療治驚憂，凡百餘日，竟不可救。老懷傷痛，不可堪忍，病軀緣此愈見衰弱，奄奄度日，無復生意。江西之除，雖感聖恩，然形神如此，豈復更堪仕宦？已申省懇辭矣。萬一未遂，臨期須力請，以得爲期也。通老所言極荷留念，成都事已報過，未知果如何。若真有此，可謂疏脱，幕府諸人亦不得爲無過矣。擇之去住不知如何，正恐子直亦不自安也。

林井伯

録示《氣訣》，極荷留念，不知曾試如此行持否？效驗果如其説否？然尚有一二處未盡曉，異時須面扣也。福公書來，亦説不成爲三山之行，可見審重之意。又蒙寄惠《武夷》長句，平易宏深，真有德者之言也。欲作書和韻，附此便致謝，以「雩」字韻險，捏合未成，且俟後便。恐因見次問及，幸爲道此意也。

趙帥進職因任可喜。但聞開湖事都下亦頗紛紛，人之多言，真可畏也。

❶「奪」，四庫本作「討」。

林井伯

某憂苦杜門，卜葬未定，忽叨收用之恩。顧此私計，實有未便，已力懇辭，勢必得之。此間築室之□作未及一，❶已覺費支吾，甚悔始謀之不審也。薄德繆政，累及僚友，深以自愧。不止此。臨漳紛紛，後來又師中必已歸到，前日便人尚未回也。彼中諸朋友喜各安佳，便遽事冗，未及上狀，各煩致意。趙卿文字未得下筆，前日被潘恭叔來守乃翁志銘，略爲草得一兩紙，便覺便旋白濁，夢寐不寧，此豈治筆硯之時哉！永嘉林復以墨來見，觀其所製，頗似可用。求書南遊，因附以此。朋舊間恐有可爲可譽處，幸略道意，已深喻之，不敢有望於賢者矣。郡侯好事，或使知之亦佳。

林井伯

閑中何以閲日？想不廢探討之功。伏臘之計，不至入思慮否？來春當復爲一出計否？風波渺然，未知所止泊也。某去年不甚病，今春乃大作，幾不能起。廖子晦到此見之，經由相見，必當語及也。今幸且能喫飯讀書，然明年便七十矣，來日能復幾何？不知不覺輥到此窮極處，亦可笑也。餘干久不得書，今年爲黄子由、徐子宜觸動機關，又復翻騰一上，未知何時得平静也。仁里諸賢想各安佳，草堂想論著不輟。今年病中，看性理文字不得，僅繙得一二小小文書。有未識來歷處，欲質所疑而不可得，

❶「□」，康熙本、四庫本作「舉」。「作」，天順本作「什」。

殊鄉往也。師是兄弟爲况如何？師中想非久赴官矣。履之亦相聚否？别後所進何業也？

林井伯

某今年頓覺衰憊異於常時，百病交攻，支吾不暇，服藥更不見效，只得一兩日静坐不讀書，則便覺差勝。但魔障未除，不容如此。兩日偶看《長編》，至燕雲事，便覺胸次擾擾，如在當時廟堂邊境之人，甚可笑也。閩中一歲而喪三儁，皆未老而遽化。近又聞子約之喪，貶死異鄉，尤足傷悼，想聞之亦爲悵然也。鄭公得請奉祠，歸享甲第之勝，想不復以當世爲念矣。自其開府之初，得一通問，後恐蹤跡累人，不敢再遣。今却不可不致書，輒有一緘，外題只納左右處，幸携見面納之，免思憂慮。渠向書來，亦只封與詹元善，蓋恐人之知之也。

趙子欽 彦肅

友人林井伯，文軒之從子也，今往赴省，因過餘干，勞苦故人之在難者，其義甚高。到都下不欲參學，以避時論。欲得一僧舍安泊數月，不審能與致力否？渠知識自多，但難於見人，故欲且得僻處潛伏耳。

方若水 壬

承喻深悉。賢者才業如此，及此未爲世用之時，加意講學，勉力職事，以脩其在我者。至如士民薦舉之類，亦當有以禁之，勿令復出。不知它人如何，如某久居閑處，見此等無非迎合，以是心常惡之。當官處遇有此等，或察其情有姦弊，即繫治之，不少貸也。別紙所喻三先生祠記，多事不暇作。兼長泰設此，似亦無謂也。縣學文字適此擾擾，未暇詳閱。要之此等粗合有司程度足矣。學者須令此外識得一用心處，乃有益耳。舊課新詩及啓皆善，但四六須更看前輩歐、王、曾、蘇所爲乃佳，然亦不足深留意也。《大學》近改兩處，及未印間改之爲善。其它民間利害，當就州府理會。龍溪事亦不足深計，渠固未嘗喻及也。程帖已領，白杜本後跋有記明道一二事，并附入亦佳。

大率諸義皆傷淺短，❶鋪陳略盡，便無可説，不見反復論辨、節次發明工夫。讀之未終，已無餘味矣。此學不講之過也。大率鬭揍己字太多，反失正意。據題意則治己字輕，以仲尼字重，輕處只消拂掠説過，不必如此裝得太重也。

晦庵先生朱文公文別集卷第四

侯官縣儒學訓導劉簪校

❶「淺」，原作「殘」，據閩本改。

晦庵先生朱文公文别集卷第五

書

方耕道末

所示劄稿，備見勤懇之意。至誠感動，理必可伸。但未曉其名色，不知所論爲已明白與未耳。寇事亦不審其曲折，若如前書所喻，欲以不加桎梏之類爲感動之術，則在我者誠亦有以取之矣。大率天下事循理守法，平心處之，便是正當。如盜賊入獄而加以桎梏箠楚，乃是正理。今欲廢此以誘其心，欲其歸恩於我，便是挾私任術，不行衆人公共道理。況恩既歸己，怨必歸於他人，彼亦安得無忿疾於我耶？此等事病根不淺，須它時面見，❶更於源頭理會耳。明道先生記彭中丞語云：「吾不爲它學，但自幼即學平心以待物耳。」此言可念也。信筆及此，深愧率易。然以老兄樂於聞過，勇於徙義，必不以爲怪也。桂林春來未得書，不知爲況如何。求歸不獲，甚可念。程簿得安其職，幸甚。許宰書已領矣，所喻不敢爲久安計，在邑一日且料理一日事甚善。然所謂不爲久計者，亦須決定去得，如其不然，即此言反爲害矣。

❶「須」，原作「頊」，據天順本改。

方耕道

前書所布，當蒙深察。既不欲密之，又不欲公言而發之盃酒之餘，恐尤未安。以愚意觀之，既爲辟客，即非泛泛屬官之比，有所見聞，正當密言之耳。但亦當斟酌是否，量度時宜，使有益於主人而無傷於事體，乃爲盡善。若一言不契，即欲忿然引去以爲高，則吾不知其説矣。千萬幸聽此言。蓋非獨老兄一身之得失，實吾道興衰所繫，切告詳思此言有深味，不可草草看過也。暇日讀何書？《易傳》恐宜熟觀。且虛心玩味，未可便容易領略。亦不須更立新説，且只看他聖賢處事詳緩曲折處，❶不要作書讀，且只作事看也。皇甫文仲甚不易得，老兄所以箴之者甚善。聞渠亦嘗相勸，真得朋友之道矣。吾人之意，豈是欲耕道爲容説媕阿之計？只是要得是當耳。寬猛之説，前書已具言之，更告留念。令弟書來甚佳，大慰久别之懷。欲别上狀，雪中手凍，不能辦。又急欲遣人候南軒安信，只附此見區區。凡百且勸賢兄寬以耐事，遠方既難得朋友，兄弟便兼切偲之責，凡事仔細商量爲佳也。

方耕道

昨承書，知所苦增進，不勝驚憂。既稍甦惺，莫已旋向安矣？偶按事天台，奏久不報。此必有掩蔽聰明、黨護奸惡者，以此留滯多日，欲討少錢物奉助醫藥而不可得。

❶「曲」，原作「申」，據四庫本改。

今逐急那得五十千遺去，老兄且加意寬心將息，不必過慮。令兄伯華不及别書，想且相照管。恐耕道病倦，遺去錢物幸爲檢入也。

方耕道

昨日遣書，匆匆不盡意，比想體中益佳健矣。人參三兩，恐客中或闕用，今遣致之，幸視至。迫遽，不及詳布。

鄭景明 昭先 以下景明之孫至家藏

某老懶不堪，比復大病，今雖小愈，猶未復常。已上投閑之請，度歲交或可歸卧故山矣。承以職業頗爲當路所知，甚善甚善。更在勉力講學，使知益明而行益修，則固不患人之不己知矣。

鄭景明

示喻讀書未能無疑，固應如此。然且漸就易曉處求一入頭下手功夫，且讀且行，則久之自有見矣。

鄭景明

大湖保伍施行有緒，乃爲强豪所撓敗，深可歎惜。官府不足倚賴如此，子厚之不能安居固宜。然遷徙重事，不可草草，已屢作書勸之矣。小人凌上之風漸不可長，能爲風曉邑大夫有以正之，乃縣道政事所當然，非獨爲子厚計也。

鄭景明

往來頗談佳譽，更宜勉力，隨事及人，亦遠大之基也。破賊受賞，果應功令，亦復何嫌？府公寬厚，想不至有沮難。但恐吏輩過有邀求，爲可憎耳。某懇詞除命，候畢喪葬，已不得請。但臨漳經界報罷，已引愆俟罪，勢必不成行也。

楊生道夫鄉居托芘，甚幸。聞其懦弱，頗爲人侵侮。或有不得已之懇，幸稍左右之。今時外縣例以無訟爲美政，善良不無受弊，此不可不知也。

朱魯叔 以下莆陽方楷家藏

薦書不知竟可得否？彼中諸公都無書來，固不容效力。然亦知自信之篤，想不以此切切也。向所附去文字，官事之餘，一日豈不看得一兩段？未説要得十分通徹，但時時得此澆灌心胸，亦須有得力處也。《南海樂章》乃今廟中祭享時所用之樂，或云其譜乃唐朝所頒，與今世俗之樂不同，故欲得之耳。只問尋常主行祭事吏人，便可得之。只録其譜與其篇章名號次第，便中寄及，幸也。聞説曲名皆連□也。❶

□學古❷

某忽被鐫免之命，想已見報矣。罪大責輕，固無足言。而累及知友，殊使人愧

❶「□」，原爲空格，四庫本作「環」。

❷「□」，原作「○」，《正訛》據徐樹銘新本作「葉」。下同。

恨。蔡季通經由治下，恐道間不免有所煩浼，幸以某故，少加照矚。渠於此事本無所預，殊可念也。士俊推官想以鄉里之舊，自能周旋，更不致書。然語次亦幸密喻之也。

□學古

聞郡中此來紛紜殊甚，繆政致此，夫復何言？但累及諸賢，例爲群小所辱，令人不平耳。新史君到，事當自定，但不知龍溪事竟如何耳。少懇，有紙萬張，欲印經子及《近思》、《小學》、二《儀》。然比板樣，爲經子則不足，爲四書則有餘。❶意欲先取印經子分數，以其幅之太半印之，而以其餘少半者印它書，似亦差便。但紙尚有四千未到，今先發六千幅，便煩一面印造，仍點對，勿令脱版乃佳。餘者亦不過三五日可遣也。工墨之費，有諸卒借請，已懇高丈送左右，可就支給，仍别借兩人送至此爲幸。借請餘錢却還，盡數爲買吉貝，并附來。然須得一的當人乃佳，不然又作周昇矣。昨亦已懇高丈爲根究此人，不知如何？庫中墨刻亦各煩支錢買紙，打十數本。內《獻壽儀》及《永城學記》多得數本不妨，《獻壽儀》要者更多也。恐印不辦，即續發來不妨。但吉貝早得禦冬爲幸耳。

所印書但以萬幅之太半印經子，其餘分印諸書，平分看得幾本。此無版數，見不得多少也。臨行時令庫中刻一書目，如已了，幸寄來也。

❶「四」，原作「回」，據四庫本改。

方耕叟禾　方之泰家藏

禾敬問改過行己之方，願先生賜之一二言，使禾自此得朝夕從事於斯，口誦心惟，知所敬畏，庶幾前姦之不復邇，其亦古人盤銘書紳之義云。禾拜禀。

夫子有言，弟子入則孝，出則弟，謹而信，泛愛衆而親仁，行有餘力則以學文。其言雖約，然在耕叟今日改過修己之方，莫切於此。耕叟勉旃，它未有以告也。五月十四日某書。

皇甫文仲斌　以下文仲之孫撝家藏

因遣人至九江市省馬，恐爲駔者所欺，令一禀指揮，幸與留意，千萬之望。又有一事，軍中請給條例，合支細色者，每碩只支六斗，不審軍府見作如何施行？幸子細批喻。

皇甫文仲

辟書已下否？行之遲速，若有嚴君之命，不必遷延。《賁》之初九，其義甚明，此不足爲笑，而適足以見高誼耳。然行日千萬更遣一報，欲附書也。四九姪專去請見，非有素約，亦不敢令輒往，幸早遣其歸也。

皇甫文仲

鞠會向熱，想未可來。此中見治一教場，甚闊，亦未竟，竟即可試馳射，容續奉報也。

皇甫文仲

示喻淮上新田偶有水患，此天意更欲太尉且爲國家立功立事，未許就此閑適耳。《大學或問》今付來介，看畢幸示及。《易傳》跋語未敢容易，更容擬定，續奉報也。荊州之行果在何日？未即承晤，臨風依然。

皇甫文仲

某昨來求去不獲，近復有請，其詳具南軒書中，此不備言也。左右到彼既久，南軒必朝夕相見，講論當有深趣。所喻恢復規模，誠不可易之論。然今日亦惟南軒實做得此功夫。某輩衰懶，只思縮頭，豈可夢想此事也？龍山佳句，可見一時賓主之勝，恨不得爲坐上客也。所喻《易》説，實未成書，非敢有所吝於賢者。然其義理不能出《程傳》，但節得差簡略耳。大抵讀書且當盡心於一家之説，不可如此貪慕疑惑。况在今日，老兄讀書便要道理受用，又與章句儒生事體不同。但子細反復，看教《程傳》浹洽，或更就上自節出緊要處看，尤當得力也。因見南軒，試以此説扣之，亦必以爲然耳。

皇甫文仲

人至辱書，知還侍安穩，即爲荊渚之行，甚慰所望。大丈夫所爲，正應如是耳。張帥書煩致之，暇日從容，更可詳扣立身行道之曲折也。但秋風已高，衝冒良勞，千萬加愛爲禱。弓弩甚荷留念，已別具數呈稟太尉。但斗力太强，非羸卒所能發，須少損

之耳。復之尤感深念，但藥材之屬，又不免爲賢者之費，甚以爲愧。幸早遣還，此姪子亦不須□久慁館人也。❶

皇甫文仲

朋友數人往遊山北，因欲請見太尉公，以觀軍容之盛。諸君皆有志者，而蔡君嘗欲講於刑名分數奇正之學，幸爲通之，使得聞其所未聞者。因與俱來，爲數日之款，千萬幸甚！

皇甫帥 倜

某頃者星江密邇聲光，不獲一見，至今爲恨。年來奔走，疾病多故，又不得以時致問起居，尤切瞻鄉之勤。茲辱惠書，且承喻及有以知賤迹之不敢爲江右之行，足見高明相知之深，相信之篤。三復感慰，不知所言。又聞謀居□筠陽極爲得策。但太尉丈忠誠勇略，上所深知，而公廉之功見於今日者又如此，竊計不日浮謗自消，亦不容久此閒退矣。某疏拙自信，仇怨□朝，❷幸上聖明，未忍誅斥。今又叨竊祠禄，安處田間，戴此厚恩，豈有涯量？亦不復敢有當世之念矣。無由會面，罄此心曲，引領齋閣，臨風拳拳。

林子方 枅 莆陽余師魯家藏

伏奉賜教，恭審即日春和，吏部郎中節

❶「□」，原爲空格。
❷「□」，康熙本、四庫本作「滿」。

傳所臨，神相台候，起居萬福，至感至慰。但區區本欲一走前路謁見，少償夙昔之願，已托徐丞遣人見報。日今未至，而來使及門，則云台斾已從東路而上矣。此亦有山路可至大湖，但衰病之軀，兩三日來飲食失節，氣痞腹痛，似是所服脚氣之藥多有凉性，以致如此。復此山雨，陰寒薄人，勢不容進。引領旌纛，徒切馳情。失此一見之便，台坐徑躋華要，而賤跡跧伏窮山，出處不齊，何由復遂鄙願？所冀益懋德業，有以振起末俗衰懦之氣，使吾黨之士與有光焉，則亦不必同堂合席然後爲相見也。頒惠茶藥，極感厚意。方意極佳，服之有效，別當致謝也。

林子方以下子方之孫友聞家藏

伏見大禮赦書有薦士之文，而鄉人之議，欲以布衣曹南升爲請。如熊左史諸長者，皆已列名具狀，而某亦已書其後矣。某與之遊爲最久，知其人爲最深。蓋其學問不爲空言，舉動必循正理，識慮精審，才氣老成。雖自中年即謝場屋，而安常務實，不爲激發過中之行，本實當世有用之才，非但狷介一節之士也。昨陳正獻公作帥之日，嘗欲論薦，會以移鎮不果，論者至今惜之。上若蒙台慈參考衆言，察其行實以時列。上使得稍被朝廷招徠之選，足以見明使者爲國薦賢，不遺草澤之意，下使學士諸生有所矜式，興於廉遜，誠非小補。東臺王丈亦知其人，語次扣之，足以知鄙言之不妄也。

林子方

比嘗顯使拜書，伏承誨答，所懇榜文，亦蒙留念，感幸不可言。區區此來所苦萬狀，僅了今春荒政，即欲丐祠以歸。而所部皆以旱告，蓋去歲之災所不及處無不病者，而衢婺薦凶，公私匱竭，尤未知所以爲計。獨念貴境猶可告糴，已請於朝，降本收糴。且散榜自廣以東諸州，以招誘之矣。恐番禺以西更有出米通販去處，謹復具公移，并以榜文三百道仰累頤指，散下曉諭，不勝幸甚。此米到得四明，尚須般運，方得至衢、婺，正自不易爲力。鼠伎已窮，日夕憂懼。高明有可以見教者，深所欲聞。切望因風指示一二，幸甚！

劉德脩 光祖　以下後溪之曾孫曾元家藏❶

《東溪語説》拜賜甚寵，伏讀再三，乃知師友淵源所自深遠如此。士不知經，果不足用，信矣如韓子之言也。地遠無從親扣餘論，又以歎恨耳。嘗患今世學者不見古經，而詩書《小序》之害爲尤甚。頃在臨漳刊定經子，粗有補於學者。前此欲寄傳之及宋子淵家，而便人不爲帶行。今内一通，幸爲過目，還以一語，訂其是非，幸甚。《大學》鄙説一通并往，所懇不殊前也。此書附制司幹官孫應時，頃在浙東時所舉吏也。後生好學，志趣不凡，經由必得進見，儻辱延納而教誨之，幸也。趙天官所得書，尚滯

❶「孫」，原作「之」，據閩本、天順本改。

從班，未厭人望。中間進對，陳説甚苦。有識雖益歸心，然似已不爲上下所安矣。消長之决，諒已非遠。嫠不恤緯之憂，伏想同之也。傳之爲况如何？未及寓書，并深馳仰耳。

劉德脩

竊聞榮被除書，進參講席，輔導得人，善類同慶。某幸得爲僚，尤切忻幸。姑此布聞，餘容面慶。

劉德脩

昨承載酒訪别，情誼繾綣，豈勝感歎。恨坐遠，不得款承餘論，而遽爲數千里之别也。今晚或來早即行，無由詣違，亦不及一見東溪先生，重以悵惘。又不敢拜簡以勤誨答也。小史汪致明頗謹，欲事左右，不審可容留否？謹此遣前，可否唯命。它冀以時節宣，訖致格君定國之效，千萬幸望！❶

丁仲澄 見《臨漳語録》

來書深以其學侵畔爲憂，自是而憂之，則有不勝其憂者。惟能於講學體驗處加工，使吾胸中洞然無疑，則彼自不能爲吾疾矣。若不求衆理之明而徒恃片言之守，則雖蚤夜憂虞，僅能不爲所奪，而吾之胸中終未免於憒憒，則是亦何足道？願老兄專以聖賢之言反求諸身，一一曉然無

❶「幸」，閩本、天順本作「甚」。

疑，積日既久，自當有見。但恐用意不精，或貪多務廣，或得少爲足，則無由明耳。某比來温習，略見日前所未到一二大節，自頗覺省力。但昏弱之資，執之不固，尤悔日積，計有甚於吾友之所患者。乃承訪以所疑，使將何辭以對邪？然以所聞質之，則似不可不兩進也。程子曰：「涵養須是敬，進學則在致知。」此二言者，體用本末無不該備。誠用一日之功，當得其趣。不然，空抱疑悔，不惟無益，反有害矣。夫涵養之功，則非他人所得與，在賢者加之意而已。若致知事，則正須友朋講習之助，庶有發明。不知今見讀何書？作何究索？與人論辨，惟無欲速，又無蓄疑，先後疾徐適當其可，則日進而不窮矣。因書或有以見教，勿憚辭費，某亦不敢不盡愚也。向見前輩有志於學而性猶豫者，❶其内省甚深，下問甚切。然不肯沛然用力於日用間，是以終身抱不決之疑，此爲可戒而不可爲法也。

詹尚賓觀 見《南溪祠志》

孟子曰：「人有不爲也而後可以有爲。」又曰：「狷者有所不爲。」不爲之言則同，不爲之意似有別矣。切疑狷者之病全在於「有所」二字，於所當爲者而不爲，則非知所決擇之人矣。狷者之所以不爲者，病在何處？苟自知其偏，加篤學力行、審思明辨之功，便可至中耶？抑氣質之偏自有定量，終不足與有爲耶？

❶「性」，原作「往」，據《正集》卷三五《答劉子澄》之二改。

狷者但能不爲而不能有爲，亦其氣質習尚之偏耳。❶知其偏而反之，豈有終不足與有爲之理？

孔子曰：「鄉原，德之賊也。」所謂鄉原者，言不顧行，行不顧言，閹然媚世，與夫同流合汙，似忠信，似廉潔，所以爲德之賊也。嘗究鄉原之用心，全在於「衆皆悦之」之一句，所以動他許多不正當底事出來。若夫狷者之病，只在於獨善其身，非若鄉原之病，於用心處有不正矣。使知學問，亦可以變其氣習耶？抑亦受病之深，藥力之所不及耶？不則夫子何以云過門不入室爲無憾，其待斯人可知矣。

鄉原患在求悦於人，與狂狷正相反，故夫子深惡之。然亦無不可變之理，但恐其陷溺已深，不肯變耳。

志南上人見《寒山子詩集》後

使至，特辱惠書，獲審比日住山安穩爲慰。天台之勝，夙所願遊，往歲僅得一過山下，而以方有公事，不能登覽，每以爲恨。今又聞故人掛錫其間，想見行住坐卧不離泉聲山色之中，尤以不得往同此樂爲念也。新詩筆勢超精，又非往時所見之比。但稱説之過不敢當耳。二刻亦佳作也，但攙行奪市，恐不免去故步耳。《寒山子詩》彼中有好本否？如未有，能爲讎校刊刻，令字畫稍大，便於觀覽，亦佳也。寄惠黄精、筍乾、紫菜多品，尤荷厚意。偶得安樂茶，分上廿餅，并雜碑刻及唐詩三册謾附回便，幸

❶ 「耳」，原作「其」，據天順本改。

視至。

《出師表》未暇寫，俟寫得，轉寄去未晚也。《寒山詩》刻成，幸早見寄。

西原崔嘉彦 以下見《南康集》

前日詣見，重有喧聒，愧不可言。奉告，獲審經宿道體佳勝，爲慰。某前日出山，至上京陂頭遇雨，巾屨沾濕，狼狽可笑。喜幸之深，但恨已差晚耳。承問之及，感感。餘俟入城，得面布也。

昨承枉顧棲賢，得款餘論，爲慰，即刻伏惟動止佳勝。昨日之雨，城中不能斂塵，高隱必多得之也。米資少許，别紙送上，幸視至。魏甥恪即向來病甥之兄，到此病作，自有手簡求藥。幸審其證報之，當爲修製服餌也。

昨日裴回三峽，奉候久之。既以日莫，遂東走楞伽折桂。失此一見，□張想也。❶奉告，欣審即日殘暑，道體佳勝。庵屋□媿仰勤神用，方丈牕牖只於兩旁爲之，大小隨意可也。

承誨示并□竹萌，❷良荷厚意。知煩親斸，尤珍感也。卧龍亭子已下手否？向説栽竹木處，恐亦可便令施工也。人還布謝，草草，復未有一物爲報。引領雲山，第增愧仰。

承手示，聞還自德安，體用冲勝，良慰。昨夕聞山間雨頗沾足，城中殊少，未敢廢禱祠也。所喻當爲立之庵中，什器俟一面措辦，旦夕得雨後，須一出郊，諸容面道。或

❶「□」，康熙本、四庫本作「殊」；「張」，四庫本作「悵」。
❷「□」，萬曆本作「惠」，四庫本、同治本作「寄」。

因入城，幸左顧也。

奉告，承乍寒道體增勝，爲慰。卧龍新庵主入庵，未得一往視之，承其寄筍，感感。人還草草，少問別奉問次。

林師魯 以下先生之曾孫沂藏録稿

某自幼年侍立先君子之側，則聞先芸齋公之名，而知其相與遊之善矣。不幸既遭大禍，來居深山窮谷中，與世絶不相聞。雖先君子之執友如芸齋公者，亦無由一望其顔色而受教誨焉。孤陋塊處，徒有嚮往之誠而無以自致也。比年鼎山蔣丈來尉兹邑，因得從容請問，以訪先君子之舊遊，然後知芸齋公之没亦既久矣。私心方竊自悲，既又聞其有賢子者，問學行義克世其家，則又以自慰也。去年林擇之不鄙過門，以講學爲事，怪其温厚警敏，知所用心，皆如老於學者。因扣其師友淵源所自，而得三人者焉，曰程深父、曰林熙之，而其一人則向者所聞吾芸齋公之子也，於是始恨向者所聞之未盡。既而擇之又出送行序引讀之，蓋所以見屬之意甚厚。雖竊自知其庸妄，無以堪之，而愛其文，悦其義，不覺其三復而不能已也。以是益知擇之之賢，其來果若有自，而願見賢者之心日以切切。方其歸時，適在城府，不能爲書，而徒屬以問訊，蓋亦憑恃事契之重而不自外焉。兹者乃承捐惠長牋，副以劄目，情義周渥，足以見不忘舊故之厚。而其禮與詞，則惴惴然若後進之於先達，是豈所望於通家之舊哉！不敢當，不敢當！自是以往，行李往來，幅紙之書有以警誨，則爲賜大矣。若復爲是使人不敢當之禮，而又告之曰先知覺後知、先覺覺後覺而已，則非某之所敢聞也。《大學集傳》雖原於先賢之舊，然去取之間，決於私臆。比復思省，未當理者尚多。暇日觀之，必有以見其淺陋之失。因來告語，勿憚諄切，豈勝幸甚！擇之此來，得日夕聚首，啓其不逮，實有望焉。社中兩賢，亦未獲見，敢煩寄聲，以爲異時承教之地爲幸。

林熙之

去冬枉顧，幸得數日款奉名理，❶感慰之深，所恨空疏，無以少助潛思之妙耳。奉告，承別來春暖，德履萬福，爲慰爲慰。第聞師魯遽不起疾，深爲悲惋。美才高志，未克有成，既足深惜，而朋從零落，道學寡助，此尤深可憂也。想惟平日切磋義重，有不易處者，奈何奈何！喻及仁説，大概得之。但所謂三者皆心，似便指作仁體，此似不安。又謂推而上之，尤覺間隔有病。❷莫若只於敬字加功，久之自然當處見得，不用如此臆度，轉見汗漫支離，不精切也。《詩》之比興，舊來以《關雎》之類爲興，《鶴鳴》之類爲比，嘗爲之説甚詳。今此本偶爲人借去，未及録呈。大概興詩不甚取義，特以上句引起下句，亦有取義者。比詩則全以彼物譬喻此物，有都不説破者，有下文却結在所比之事上者，其體蓋不同也。上蔡言學《詩》要先識六義而諷詠以得之，此學《詩》之要。若迂迴穿鑿，則便不濟事矣。不識高明以爲何如？

❶「款」字，原缺，據閩本、天順本改。四庫本作「數」。
❷「間」，原作「聞」，據天順本改。

朱魯叔 仙遊朱堂甫家藏

去歲歸來，計度不審，妄意作一小屋，至今方得遷居。然所費百出，假貸殆遍，今尚未能結裹圓備。❶甚悔始慮之不精也。所喻今方具曉本末，記之不難，但年來多事，精力益衰，日間應接不得少休，纔得頃刻無事，即須就寢，俟其寧息，然後可以復起應接，更無暇看文字矣。所欠人家誌銘之屬積壓無數，擺撥不行，恐未暇爲吾弟記此也。然亦未敢不爲，俟定居後看如何。齋記大字或人事稍簡，試即爲思之也。亦然。

余景思 以下仙遊洪震夫家藏

彼中學校如何？亦頗有士人否？聞南方風俗淳樸，不汲汲於進取，正當勸以讀書講學，開發其聰明，不當啓以趍時干禄之技也。暇日亦當有觀書味道之樂，但僻遠難得師友，此正在自著。❷

晦庵先生朱文公文别集卷五

侯官縣儒學訓導劉簹校

❶「今」，原作「人」，據四庫本改。

❷「著」下，《正訛》引徐樹銘新本有「缺」字。

晦庵先生朱文公文集別集卷第六

書

林擇之用中 以下文公之曾孫濬家藏録藁

某侍旁粗安。早稻既登，民饑亦少瘳矣。然朝廷所遣使者方來，所至揭榜，施米十日，市井游手及近縣之人得之，深山窮谷尚有飢民，却不沾及。然所謂十日，亦只虚文，只軺車過後，便不施矣，其實亦無許多米給得也。世衰俗薄，上下相蒙，無一事真實，可歎可歎！長沙人來，得南軒兄弟、湘西朋友書，有吾友書四封一角。來人云自經由古田，今并附此，令自往相尋也。書中所論疑義，如論浩然之氣處極好。蓋餒則便是缺了此正氣而氣之本體常浩浩然也，但自家身上自間隔了耳。不知賢者以爲如何？其他不能遍論，以去人立索書，不能子細也。書來并爲詳論之。《文定祠記》、《知言序》、《遺書》二序並録呈，和章想書中自有，更不寫去。祠記渠令爲看未穩處，讀之數過，但見叢雜難整頓。煩子細僉出，及注合作如何改易，附遞來漕司東廳，令轉致。此南軒甚欲速得之，語張帥改定，寫來芮漕處也。三序并告參詳喻及，幸更呈諸同志議之。既欲行遠，不厭詳熟也。千萬并祠記發來。

林擇之

已經新歲，學不加進而年歲日侵，甚可懼也。承昏期在歲裏，想慰老人之意。又聞葺居奉祀，并講盛禮，想營治不無少勞。適此涸轍，不能少奉助爲愧耳。文王之事考之《詩》、《書》，誠如所疑。然此馬肝之論也，不若姑闕之，以俟來者，不必身質之也。問答方得草草一閲，俟徐看，有疑即報去。偶此歲首多事，未暇也。南軒一書，比亦附致尤川，不知達否？聞欲來延平別石丈，能與擴之乘興一來，❶相聚數日否？及諸朋友在此，得一講論，亦快事也。擴之不及別書，承書并寄元禮、耕老書信已領，所欲言者不過如前，更不及別狀。樓名既犯朋友尊長名，則亦難用。況稠乃木稠，非雲稠也，更可□得一二見報，❷當爲擇其安者。

林擇之

某憂苦如昨，至節復不遠，痛割不自堪。幸朋友不鄙棄，責以講習，忽忽度日，且復支持耳。擴之來此相聚，極有益。其專志苦學，非流輩所及。但於展拓處終未甚滿人意耳。昨欲往臨安，以資用不饒，又南軒蹤跡不定，且令中輟。今却欲且歸而歲暮復來，再三留之，以其歸省之意甚堅，不免聽之。此間事渠必能一一言之，不復縷縷。但元履適過此，云得其子九月末書，南軒求去不獲，數日甚撓。此極知其必然，

❶「乘」，原作「垂」，據四庫本改。
❷「□」，康熙本、四庫本作「擬」。

不知渠又何以處之？尚幸擴之之輟行也。來書所論數條，有未合處，別紙具之。但覺大概氣象有粗疏處，不知何故如此？似更宜警省也。某近覺向來乖謬處不可縷數，方惕然思所以自新者，而日用之間，悔吝潛積又已甚多，朝夕惴懼，不知所以爲計。若擇之能一來，輔此不逮，幸甚。然講學之功比舊却覺稍有寸進，以此知初學得些靜中功夫，亦爲助不小。尚恨未免泛然應接，不得專一於此耳。

林擇之

《經説》依後書所定甚善，但止謂之《經説》，不同諸字尤好。❶ 又「春秋傳序」四字不須別出，但序文次行不須放低，則自然可見。《論語説》下不須注《孟子》附字，又欲移《禮記》作第七卷，而第一行下著「二先生」三字，其後却題「明道先生改正大學」，「伊川先生改正大學」。其小序則仍舊附於第六卷尾《論孟説》後，蓋此六卷乃其本書，而後一卷今所附者，使不相亂乃佳也。更白鄭丈看如何。向借劉子駒本，改字多是胡家改定者，非先生本書。今不必用，然恐有合參考者。偶此本在家中，今令此人去取納上，更仔細商量爲佳。《外書》既未備，不欲遽出。此事正不須忙，今草草做了，將來有不如意，又不免更易，傳者人人殊異，無復可信天下後世，非所以爲久遠計也。并白鄭丈看如何，示及爲幸。❷《孟子解》此亦見從頭看起，未容寄去，更俟幾日也。

❶「同」，《正訛》改作「用」。

❷「示」上，閩本、天順本有「却」字。

林擇之

某竟不免爲此來，初到事多，殊不堪，今漸定疊矣。但野性危蹤，皆非宜久於此者。見爲此邦料理減税事，旦夕剡奏列上，即繼以奉祠之請矣。得否未可期，但若不去，必無好出場。蓋已有氣類不同、望風相疾者，此要爲不足恤。然亦何苦將身博彈射耶？云云。來此間，非□案牘即有賓客之擾，❶比於退食，則形神俱憊，只得瞑目危坐，收拾魂魄，以待事之復來，殊不得看一字。平生論著，用盡心力，皆已有緒，今乃墮此紛擾中，不得卒其業，精力又已衰耗如此，大以爲懼。朋友中有知識者，亦皆爲某危之。乃知伊川先生做得《易傳》，却是得涪州一行氣力也。擇之彼中相從者有可與進於此者乎？此中一旬兩到學中，然殊未有慰人意處。未去之間，亦且試撈摸看，若幸指撥得一二人，亦是一方久遠利害也。

林擇之

某所請竟未報。元履傳聞有添差台學之除，此不待其自請而擊逐之，當路聽言待士之意可見矣。所示諸説皆甚精，然鄙意有未安者，别紙具之。擴之亦有説，當自封去。因來幸反復之，以歸至當。計此所校亦不多，但却是不容小差處，望速垂報也。見喻太着之病，此不能無。但與其浮泛無根，不如脚踏實地爲有進步處耳。《祭儀》稿本納呈，未可示人，且煩仔細考究喻及。

❶「□」，萬曆本作「苦」。

《日曆》中事雖不多，然可以補事實之缺，此書異時要須别刊乃佳耳。知與諸賢遊從，日有直諒多聞之益，甚善甚善。數詩皆佳，率易和去，不成言語，勿示人也。伯山家事如何？晞之似亦曾相見來，❶今不記仔細也。伯山質實可愛敬，但亦染禪學耳。向與深卿書乃附劒浦劉親，不謂留滯至今。欲撿稿本再録去，又思擇之所以告語之者，必已甚悉而不能迴，則此書雖達，亦未必有效耳。今且煩致意，但信得孔、孟、程子説話，及時試將許多詖淫邪遁説話權衡倚閣一兩年，却就自家這下實做工夫，看須有些巴鼻也。今只管狐惑，不肯放捨，又引明道少時出入釋、老之事以飾其説，何不將它平生説話仔細思惟，看他所以出入釋、老處與自家只今全身陷溺處是如何，而直爲此倀倀也。又如前書所論馮道、吕舜徒事，此尤害理。曾與之劇論否？此等處不理會，則朋友之職廢矣。發明義理，此亦有之，向來何故不曾見？渠家似此文字固自有好處尚多，向見汪書，甚珍秘之。然便只向這死水裏滰殺，則更無超脱處矣。不知世間見有六經《語》《孟》程子文字，既有志於學，因甚不向裏面做工夫？而收拾此等以爲奇特，枉却身心，可歎可恨也。《静勝軒録》却未見之，如文字不多，幸爲録寄此。近於蔡季通處見《庭聞稿録》一篇，乃楊昭遠記龜山所舉二先生語，殊無精神，悶人，看不得。不知《静勝》之説又如何耳。前日劉子澄寄得滎陽公家傳即吕原明也。中數段來，一段説吕初學於伊川，後與明道、横渠、李公擇、孫莘老遊，所見日益廣大。然公亦未嘗專主

❶「曾」，天順本作「皆」。

一說，晚更從高僧宗本脩顒遊。觀此，則吕家學問更不須理會，直是可以爲戒。亦不可不使深卿知，若不信，則無如之何也。拙齋有何說？數詩幸早示及。籍溪行狀更爲促深卿早寫寄來。舜臣相見未？向遞中亦附書矣。項掾果如何？若果有志，當痛與說，恐頽波之中救得一箇半箇，亦非細事也。前書説有一賢宗室，從來復相從否？❶福州有一同年趙彦德，任丈之甥。氣質亦甚好。但一向習詞科，頃嘗略勸之。近聞今年又往試，可惜錯了路陌也。近聞張安國消息極不佳，果如所傳，亦可惜耳。南軒久不得書，不知爲況復何如？所論異同處亦未報，不知後來看得又如何也。

深卿詩「市廛差可隱，未暇泛滄洲」，此兩句便是箇因循猶豫底意思，宜其不能勇猛自奮於異學之中也。擇之押此韻處正中其膏肓，不知渠還覺否？此亦是偏處。然吾儕中人之質若無這箇意思，定是埋没了，出頭不得也。

林擇之

深父遂死客中，深爲悲歎。其弟已爲了後事過此，無以助之。又此數時艱窘不可言，向來府中之餽自正月以來辭之矣。百事節省，尚無以給旦暮，欲致薄禮，比亦出手不得。已與其弟説，擇之處有文字錢，可就彼兑錢一千官省。并已有狀及香茶在其弟處，煩爲於其靈前焚香點茶，致此微意。纍年相聞而不得一見，甚可恨也。林宰興學之意如何。可尚可尚。但聞其非久受代，

❶ 上「從」字，四庫本作「後」。

亦須得後人信得及乃佳。不然，恐徒費力，而爲主其事，亦難爲進退耳。擇之已辭尤川耶？彼學中今復何人料理？欽之、寬中諸人能左右提挈否？石宰久不得信，不知其子病如何。文字錢除前日發來者外，更有幾何在彼？擇之爲帶得幾□過古田？❶千萬早示一數於建寧城下，轉托晉叔寄來爲幸。或已去手，能爲收拾，專雇一穩當人送來尤便。此中束手以俟此物之來，然後可以接續印造。不然，便成間斷費力也。千萬早留意爲妙。

《須知》昨已修定，送伯諫處未取。大率事體亦只如所示，但條目差分明耳。欽夫屢得書，有少反復議論，未及録去。其大概曲折，亦非面未易布也。力行固不易，而講論要得是當亦復如此之難，可歎可懼！渠所論如云《論》《孟》序中不當言漢儒得其言而不得其意，蓋漢儒雖言亦不得也，不知擇之以爲如何？某則絶不愛此等説話。前輩議論氣象寬宏，而其中自有截然不容透漏處，豈若是之迫切耶？近又得《皇王大紀》諸論，其間大有合商量處，不但小小可疑而已。此間朋友亦無甚進益，不知擇之比來功夫如何？甚欲一見而相去益遠，無由會面，此情鄉往，殆不自勝□也。向來召命屢下，既懇辭之，又託人宛轉，近得諸公消息，似已許其辭矣。此事只得如此，而貧病殊迫，亦只得萬事減節，看如何。欽夫頗以刊書爲不然，却云别爲小小生計却無害，此殊不可曉。别營生計，顧恐益猥下耳。

❶「□」，萬曆本作「何」，四庫本作「千」。

林擇之

歸自政和，住家十餘日，祭祀、賓客、書問之擾，不得少暇，固無暇讀一字書。今又當出崇安，見新守令石宰相招，極欲往觀盛禮，及與朋友相聚講論。而日月匆卒如此，無緣去得，甚以爲恨。不知擇之能撥忙一行否？昏期既在後月，度尚可一行也。擴之寄來文字皆已領，前便承寄海物，尤愧感也。《中庸》因論致曲而能有誠，❶然自明能動人以下，已是誠之成功，孟子所謂「至誠而不動者未之有也」，亦可見矣。蓋生知、學知雖異，然及其知之成功，則一而已。《通書》正用此意，然下文擬議便是致曲之事，亦若無異處也。無所不用其極之説甚巧，然恐其本意未必果出於此。必不可通，闕之可也。《大學》正經云云，亦以意言耳。傳中引「曾子曰」，知曾氏門人成之也。南軒《語解》在尤川未到，所論大概甚當，鄙意正如此。又《言行録》流布甚廣，其間多合商量處。中間以書告之，然不勝毛舉。近得報云欲改數處，亦未妥帖。要之此書自不必作，既作而遽刻之，此尤非便。昨日得伯諫書，亦深議此事也。近與伯恭往返議論稍多，此人却向進未已。今日臨行，無暇録寄，俟後便也。

林擇之

聞學中已成次第，甚善。但尤川學者不無恨於遽去耳。更能到彼少留，以慰其

❶「因」，閩本、天順本作「固」。

意否？若能因遂過此，小款旬月，尤所望也。某此如常，所欲言者前書已具之矣。游誠之來訪，❶其人開爽，有用之才也，極可喜可喜。然更能加沈潛義理工夫，所就當益可觀耳。渠到此之日，擴之亦來，得數日遊談，少快幽鬱之懷。但聞浙中學者議論多端，亦殊使人憂悶耳。以此深欲早就前書之志，庶幾小補於世，不爲天地間一蠹物者。而理義未精，日力不足，爲之奈何！

林擇之

辱書，知講學有緒，深以爲慰。是日偶與元履及諸朋友在鑪峰新庵，共增懷想也。《縣學須知》甚精密，但寫得未有倫理。方欲爲略整頓，會少冗未暇也。所論仁恕之說，恐不必如此立說，只當以《語解》爲正。《遺書》所云，或是一時之說，不必如此牽合補綴也。午節在近，想須歸省。古田既未可必，即不若且來尤溪耳。《精義》印造未辦，辦即如所喻也。游誠之甚欲一見之，恨相去稍遠耳。彪德美赴省回，過此相見，得一夕款，只是舊時議論。且云欽夫見大本未明，所以被人轉却。亦聞擇之所在，恨不一見也。

林擇之

某此碌碌如昨，無足言。但獨學□不長進，❷而遠近朋友亦未見超然有所造詣

❶「誠」，原作「成」，據正集卷四五《答游誠之》及《正訛》改。下同。

❷「□」，萬曆本作「既」。

者。歲月如流，良可憂懼耳。擇之、尤川留幾何時？所論何事？此亦久不得書矣，因便仔細報來。還家已來，爲况又何如？日下作何功夫？亦可一一報及。相去既遠，難得相聚，相聚往往又不能盡所懷，别後令人常有耿耿不滿之意。後會不知復在何時？又不知便得相見，果能彼此廓然，無許多遮障隔礙否？它人固難語此，而於擇之猶不能無遺恨，不知擇之又自以爲如何也。二余在此日久，占之警敏，彝孫淳静，皆可喜。但亦未敢與説向上去，恐别生病。然又似太冷淡。今其告歸，云過邑中，須爲一兩日留，可更與切磋也。熙之不及別書，相見煩致意，擴之亦然。得婺州報，云薛士龍物故，甚可傷。而不及識之，尤可恨也。

《尤溪學記》及《克齋記》近復改定，及改去歲《仁説》答欽夫數書。本欲寫去，而二公行速不暇。且寄欽夫《語解》去，看畢寄還，并論其説。

林擇之

某哀苦之悰，秋來增劇。顧念日月易得而音容邈然，發於夢寐，尤痛切不能堪也。此間諸人相聚，自五月以後，以季通大病，無甚倫理。近又以事歸，旬日間復來，便爲入城計，亦無復講論之暇矣。南軒竟不免去國，道之難行乃如此，可歎可歎！初意其自上饒歸，可以一見。今却由浙中水路還湖外，又聞少留吴興避暑，不知果如何。渠在榻前儘説得透，初謂可以轉得事機，要是彼衆我寡，難支撑耳。

林擇之

聞縣庠始教，閭里鄉風之盛，足以爲慰。所示文字皆甚佳，深父埋銘讀之，使人惻然興於朋友之義。答問後便多寄，使得反復爲佳。恐有建寧便，只寄晉叔處可也。承許見訪，因往尤川，甚善。但經營創始之勞如此，未能數月，而林宰解官，擇之辭職，晝一之規，又將安所付授耶？須及此物色得可相繼者，庶幾不虚費賢宰許多心力商量爲佳。近看《中庸》，於章句文義間窺見聖賢述作傳授之意，極有條理，如繩貫棋局之不可亂。因出己意，去取諸家，定爲一書，與向來《大學章句》相似。❶未有別本可寄，只前日略抄出節目，今謾寄去，亦可見其梗概矣。《論語》「未知焉得仁」，後來竟如何説？因來幸詳及。然此須與「雍也仁而不佞」、「孟武伯問三子」、「原憲問克伐怨欲不行」、「夫子不爲衛君」、「殷有三仁」、「管仲如其仁」數章相貫推説，方見指意耳。「吾斯之未能信」，「斯」字何所指而言？或云自指其心，然否？晝寢之義孰安？凡皆望思之見報。

林擇之

師魯、深父皆有書來，相屬勤甚。吾友相聚之久，視此凡陋，寧堪諸賢許與之過耶？師魯寄來論解數篇，極佳，未暇細讀，已覺儘有合商量處。旦夕因書相與評之，又看如何。擇之所造想日深，曩日不聞益

❶「學」，原作「字」，據《正訛》改。

論，塵土滿襟矣。

林擇之

得欽夫書，論太極之説，竟主前論，殊不可曉。伯恭亦得書，講論頗詳，然尤鶻突。問答曲折，謾録去一觀。遣人遽，不能盡録，其大概是如此。欽夫云已得擇之前書，亦殊不以爲然也。拙齋、深卿近有何議論？某向答深卿書，渠以爲如何？前日方答此書了，李伯間來訪，❶劇論兩三日，舊疑釋去，遂肯盡棄所學而從事於此。乃知此理卒不可得而殄滅，彼迷溺而不返者亦可憐矣。近何叔京過此，少留未去，伯問、季通皆來集，講論甚衆，恨擇之不在此耳。適因舉「滿腔子是惻隱之心」，江民表云：「腔子外是甚底？請諸公下語。」已各有説，更請擇之亦下一語，便中早見喻也。石子重得書，云來年赴官，欲約擇之相聚，不知能赴其約否。某意甚欲相挽一來，而卒不可得，爲恨耳。擴之得安信否？比年氣體如何？❷前欲此來，今極暑，未可動。秋冬間能同一來慰此哀苦否？墳所已略就緒，儘可相聚矣。

陸崇安相會否？渠今冬必來赴官。某表兄丘子野欲求一依託書館處，不知渠請人否？告爲託朋友宛轉問之，便中見報。此兄近日爲況益牢落，欲此甚急，幸千萬留意。或託拙齋、深卿問之尤佳。

❶「間」，《正訛》改作「諫」。下同。
❷「年」，閩本、天順本作「來」。

林擇之

得失既往不足言，正惟立身行道，是乃榮親之大耳。比來少得通問，而纍書無所講論，不知進學功夫如何？深以爲念也。此間朋友亦無與薦者，但邵武饒克明赴省，前日過此耳。季通、伯謨皆苦貧，極無憀也。某不敢受俸，乃以無太府曆頭，於法有礙，非敢以爲高。而時俗已不相察，况其大者？可歎可歎！遊山開正即行，承有偕行之意，甚善。但恐來已不相及。然某過衢、信，到婺女須少留，能來彼相及亦佳耳。欽夫書適有便，已發去。渠得疾之由，説者多端，似亦非一朝一夕之故，所由來遠矣。近數得書，云安健勝前，此必病起過意將護之力也。今日聞有静江之除，蓋近日群小屢有敗露，上意必是開寤，思向日之言，故龔實之入參，時事似欲小變，未知竟何如耳。此間文字亦未有緒，《通鑑》功夫浩博，甚悔始謀之太鋭，今甚費心力。然業已爲之，不容中輟，須來年春夏間近入山僧寺，謝絶人事，作一兩月期，畢力了之乃可。蓋心力不强，其間稍似間斷，便覺條例不貫，故須如此耳。

林擇之

某杜門如昨，無足言者。但吾人罪戾蹤跡顯不可揜，只得屏跡念咎，切不可多與人往來。至如時官及其子弟賓客之屬，尤當遠避，勿與交涉，乃可自安。此不惟擇之當深戒之，如充之亦不可不知此意也。

林擇之

某區區粗遣，無足言者。但齒髮日衰，德不加進，日負憂愧耳。潘丈處人已歸，欲俟秋冬遣人相取想所報書，自言其詳矣。如此却得且從容家居，區處庶務，亦是一事。但郡中之約，恐又不得不應。切須審處，使久遠無悔吝乃佳耳。必不得已，入學亦不妨。只要自處得是當，此更在子細也。趙帥久不得書，湖事想已畢。自此宜且安静，勿興功役爲佳。相見亦可力勸之也。渠昨許草堂之貲，因話爲扣之。然不可破官錢，恐又作鄭景望也。

林擇之

福公爲賦武夷詩，押「舞雩」字，更和不得，遂至今未得報謝其書。兩日前方和得成，亦不免只躡故迹。欲作書煩附達之，恐已歸，旦夕自別寄去也。❶造屋事得帥且止之，甚善。昨闢自思量，❷許多紛紛，都從《十二詠》首篇中一「我」字生出□。❸此字真是百病之根，若斫不倒，觸處作災怪也。

❶「寄」，原作「宅」，據《正訛》改。

❷「自」，四庫本作「目」。

❸「□」，原爲空格，四庫本作「來」。

黃商伯 以下見《南康集》

某俯仰塵俗，日負初心，率意妄行，無所聞過。自決其不可久於此，但以向議陳請一二事計論未備，牽留至今。此數日來，奏牘始具，一二日遣行，即并上請祠之章矣。姚泉近方歸番陽，木炭之請亦未果往，亦三五日間中行也。❶ 老兄下車已久，學中規範計當一新。所以爲教，□之聞之諸生，❷莫亦有可與進於此者否？此中課程不敢□，❸然亦未大有益，爲可懼耳。□門不遠，計常通問，恐於鄙繆中政或有所聞，❹人還，□禹批誨，❺至懇至懇。愚頓見事極遲，非面命提耳，反復諄悉不能諭，切幸不惜痛言之也。

某欲借盛府祭器祭服，依倣製造。有牒上幕府書懇府公，更望一言之助，使必得之爲幸。或恐有大不可携者，得令人畫圖，詳識其尺度之廣狹高下淺深以見授，亦幸也。

祭器尤荷垂念，但期日已迫，未及製造，亦有事力所未及者，且復專人納還，幸付主者。然亦疑其未便盡如古制度也。

木炭事申泉司果見却，未知所以爲計。幸復思其説，以見教也。

某再上祠請，皆未報。日夕思歸，而兩縣破壞，姦民亂政，不得不有所更革鉏治。似聞傳者以爲不恕，然亦只此數日間決遣

❶「中」，《正訛》改作「申」。
❷「□」，康熙本、四庫本作「使」。
❸「□」，康熙本、四庫本作「懈」。
❹「中」，四庫本作「之」。
❺「□禹」，康熙本、四庫本作「幸賜」，同治本作「千萬」。

事竟，亦當少息矣。蓋大慝既懲，小者自當退聽耳。但木炭事泉司不從，又以蠲租未報，未敢再列上前請。若遂臨行，須更上此奏，以償夙心也。

某衰病支離，求去未得，日惟得罪於士民是懼。然近日兩邑得同官叶力，詞訴却粗衰少。但賦租之弊未能有以寬之，殊不自安耳。學中講説不敢廢，近亦頗有能問者。兩邑亦令整葺教養，庶幾有嚮風者。敝政恐有所聞，切告垂諭，至懇至懇！

示諭，極感愛念之意。此亦近方聞之，惕然内懼，即已行下戒約，及令住催下户它負之可寬者矣。又得鐫諭，益信所聞之不妄，更當申儆之。自此有所聞，更望子細批誨，直截譬曉。今者來教似已未委曲矣，切懇切懇！

前兩月配一作過寨兵於隆興，中間忽爲彼府押回，公文中備坐判府安撫龍圖待制台判押回本寨，殊不可曉，已回牒復押去矣。煩閑爲詢之，想是忘記是外路外州配來，誤以爲所部，不則別有他意也。彼中幙府僉書滿紙，此等事不能覺其繆，甚可笑也。

此幸無他，但建昌之事聞之不早見，告者又皆不得其真，僅若爲强豪遊説，使人愈疑惑。近不免煩僉判自往調護，始得其真，乃知此郎不長厚，誤事如此。然縣小無官，未有可遣代之者，甚以爲撓耳。山野之人不堪吏職，此亦可見。旦夕遣冬書，更當力請，庶不久爲吏民患苦也。

某衰病如昨，緣建昌事憂撓不可言。雖已遣官檢旱，且以後期申省自劾，勢須略減得分數，但此縣官吏無一人能爲百姓分別黑白，自此之後，凌弱暴寡，將有不勝其弊者。未知所以爲計，令人曉夕不皇。都昌亦甚費力，二十年無事之身心一旦至此，深以自歎，他無可言也。

警誨諄復，敢不銘佩。但區區每見淩弱暴寡之徒，心誠疾之，故其發每有過當。今當承命而改之，然恐終不能盡去也。

某昨嘗專以建昌事自劾求去，昨日人歸，諸公又不將上。勢當復請耳。

勝私書來，説此間受租米事，初疑其過，徐究之，果然。雖已究治，然人生精力能有幾何？若事事如此索關防，則無復閑泰之時矣。其所論弊政非一，已封呈廟堂，冀必得去。萬一如欲，此助爲不小也。所懷萬端，無由面論。但日來愈覺歸思浩然不可遏耳。

某月初已專人丐祠，後得臨安相識書，速令來請，云諸公已有許意。至今尚未歸，必是適值四明訃至，未敢將上，度不過旬日，必可得矣。建昌納苗，實有照管不到處，然與抑强似不相干。税務依法收税，亦非州郡所得與。況士大夫下争商賈之利，無恥至此，亦何足恤？近日曾編管建昌一健訟假儒，傳者必又喧沸。此事自信甚篤，絶無可疑。是非毁譽，付之衆口。少忍旬日，則吾已在汶上矣。

强盗三人配隸嶺海，乃向來驚恐都昌之人。昨以其情重法輕，稍加毒手。經由隆興，恐有司以爲疑。幸爲白錢丈一言於帥座，交管傳押爲望。此輩吾人所共疾，想二公不以爲過也。

喻及帥座下喻之意，已悉。此是兩路三州利害，如此理會，甚善。向來亦欲申請而未暇，安得謂之侵官？本軍今方欲援例有請也。然謙德之盛，不敢不承，幸語及之。

此間白鹿洞已畢功，前日往釋菜開講矣。延合肥吴君爲職事，但渠爲書社所拘，恐未必能往，却有楊學録者與一二後生欲往也。

某請祠先遣人昨夕已歸，後輩尚未到。周子充、曾厚伯極爲致力，而竟不效。且更看後信如何，恐亦且悠悠也。初來不爲久計，近復動却歸心，在此殊不便。今既如此，便再請得之，亦是一兩月事，不免又且整頓此破落家計，以俟譴逐耳。昨緣收江溥親戚船税，幾爲所論。當時得此一章，亦是草草出場也。

此間楊僉忽丁憂，郡中事愈費力。萬一不得去，狼狽不可言也。奈何，木炭却已得減免矣。

白鹿洞成，未有藏書。欲干兩漕，求江西諸郡文字，已有劄子懇之，及前此亦嘗求之陸倉矣。度諸公必見許，然見已有數册，恐致重復。若以呈二丈，托并報陸倉，三司合力爲之，已有者不别致，則亦易爲力也。書辦，乞以公牒發來，當與收附。或刻之金石，以示久遠，計二公必樂爲之也。旦夕遣人至金陵，亦當偏干本路諸使者也。

某請祠不得，比復狂妄，輒有所陳。計程三五日間，當以罪去，已盡遣書册冗長還家。此數日來，翹足俟命，但未知何所向耳。此間諸縣狼狽，税務絶無南來舟楫，勢亦不可復爲矣。比復苦旱，近始得雨，然亦未能沾足也。日間雖無事，然意思不佳，絶不得近書册，懶困即思睡耳。《白鹿洞記》納去一本，又一本寄梁文叔，煩遣致之，不及作書也。《五賢祠記》楊廣文自納去矣。

某無狀，❶居此一年有餘，率意直前，不能違道干譽，得罪於士民多矣。請祠雖已報聞，然旦夕自當以他罪行遣，不至久爲仁里之害也。示喻曲折，深荷愛念。然必欲使某餒陷虎狼，保養蛇蝎，使姦猾肆行無所畏憚，而得歌頌之聲洋溢遠近，則亦平生素心所不爲也。姓高人事，文叔在此備見首尾，此而可恕，則亦無以官吏爲矣。至如木炭錢事，亦是州郡所當爲，而幸上司之見聽。方恨不能推類盡蠲苛擾，初不以是而求歌頌於斯人也。此錢都昌所減獨多，乃是毛掾攷究之力。此人固有過當處，然細詢田野之言，而攷之案牘以求其實，則前日銷骨之毀亦云甚矣。此舉枉錯直之間所以難明，非有道以照之，則自謂公心者，未必非私意之尤也。區區不喜自辨，又於老兄不可有隱情，故又不知所以爲報。今偶有便，信筆及之。非欲較此是非，乃欲老兄深察於公私名實之間，❷則真得其所謂本心之正耳。

此邦圖經不齊整，而都昌爲甚。數日來，欲略爲條整而不得功夫，❸又無人能爲物色圖畫，諸邑供來皆不可曉，甚覺費力也。楊僉之去甚失助，新來兩掾，似亦可使也。少凂：西山有徐騎省篆書「游帷觀」大字，及許真人井銘，❹煩爲致一二本，便中示及。《五賢祠記》納去一本，更有一兩刻續致也。都昌恐有合入圖經事，望垂諭，它委勿外。某鄉辱誨諭，奉報疏率。既而思之，殆無以答愛我之㤂，深以愧仄。自此有聞，

❶ 按，此段又見《正集》卷二六《答黄教授書》。
❷ 「公」，原作「名」，據閩本、天順本改。
❸ 「條」，閩本、天順本作「修」。
❹ 「井」，原作「并」，據四庫本改。

不以虛實，尚望不替前日之念，乃幸之甚。

旱甚不雨，禱祀未有以感格，日夕憂懼。隆興不至此否？家貧願隣富，若亦似此間，則更無可仰矣。奈何奈何！

此間爲旱災所撓，都昌縣官稍解事，又請得盛族黄省幹同措置，必可無慮。但建昌官員皆不足倚仗，又遍詢彼邑寄居士人，無有能分此憂者。意欲懇南卿爲同邑官區處，庶幾下情稍通，吏不敢肆其姦罔，不知渠肯俯聽否。渠雖德安人，而建昌亦有産業，知彼民情，故欲倚以爲重耳。敢煩語次試爲叩之，若許幸早見報，當專致書禮請也。

歸見張帥，更勸其通放米船，濟此艱阸，千萬千萬！

某比日懍懍丐祠，得知舊報云恐可得，果爾甚幸。然救荒之備什已七八成矣。旱苗約須放及八分，勸諭發廩，得盛族倡率，三縣共得穀十萬斛矣。但前書所扣王南卿事，不知曾爲偵之否？幸早報及也。得子澄書云，廬陵發策持論甚正，甚慰甚慰。小録求一本，便中早寄，幸甚！此間中選者數人，甚厭物論。白鹿諸生文字老成，其次曹生秀發可喜，但尚欠琢磨。小榜之首，彭君尤佳，惜不與薦書也。已約兩榜之士來白鹿相聚，未知皆能來否爾。此間事未去間，不敢一日少弛。恐得鄉間有所聞，望一一見諭也。

某力疾救荒，未見涯涘，而傳聞遽云云，聞之甚懼，未知將何以副其實也。南卿已到此，相處甚款。但渠欲入浙，不敢邀留之。度其歸程，正是急時，當賴其出一隻手。又恐其到闕，或爲諸公所留耳。告羅荷帥漕留念，然縣下或更作難。此乃軍糧所須，若賑糶則已有備矣。軍糧尤不可闕者，更得從容一言，得二公喻意屬縣，無爲阻節，幸甚！

張帥寄《鹽鐵論》來，末卷前少却一板，告爲印寄。更煩於《太宗實録》中檢白鹿洞一事，在太平興國五年《會要》作六年，更詳之。六月，以洞主明起爲褒信主簿，其下有少本末？並告録示。此已有之，但不知是《實録》語否耳。恐此人等候回文，告只付前日送崔子虛人回尤便，千萬千萬！更問看何人來速，即付之也。賑糶減半價乃得推賞，乃朝廷之命。方欲論其不可，乞只減二分五釐，而建昌乃有願賑濟者。已令邑官敦勸盛族，若以穀二萬碩省賑濟，可得兩名霑賞也。因書更告及之，亦美事也。

稅錢事荷留念。都昌納米分數，方兩日有定論，已減八分以上。亦已申奏，乞截留上供。若得之，即只納占米，無不可者。只恐未必如人意耳。

石守以憂不來，殊失所望。亦已遣人速後政吴守矣。儻得如期解去，幸甚。比益昏倦，不堪支吾矣。

某在此不久，又子重不來，後日之計未有所付，須及此自了也。其子弟能來亦佳，但濡沫不能多，須預令知此意耳。得都昌諸人書，已復苦旱，奈何奈何！今年公私之積蕩然一空，萬一復旱，便無着手處矣。

某無似，復叨除目，恐愧不自勝。尚幸遠次，得以從容進退。還家數月，當申祠吏之請也。前月之晦已書二考，代者度此月中旬可到，今日復遣人速之矣。老兄許來，固願少款，但恐文法有拘，亦非細事，更冀審度之也。

示喻趙宗丞田，極感留意。已撰得四

百千省，半是糶米剩錢，半是某所得諸處饋送。前日錢丈所惠，亦在其中。今即移文庫中，令項椿管，以俟其報，告爲發書扣之。路運幹不是彦豐否？若是，即某已識之。并煩爲致意，早得一報爲幸。雖某去此，後人亦當能成此勝緣也。來書已付案中爲事祖矣。

辛帥之客舟販牛皮過此，掛新江西安撫占牌，以帟幙蒙蔽船窗甚密，而守卒僅三數輩，初不肯令搜撿。既得此物，遂持帥引來，云發赴淮東總所。見其不成行徑，已令拘没入官。昨得辛書，却云軍中收買，勢不爲已甚，當給還之。然亦殊不便也。因筆及之，恐傳聞又有過當耳。

前書奉叩白鹿買田事如何？幸早示報，及某未去間有定論爲佳。此錢已送庫寄收以俟矣，千萬留念。

某代者已到二十七日定交郡事，即略轉山北，迤邐東歸矣。脱此樊籠，欣快無量。但念相見未有近期，不能無愴恨耳。白鹿田錢已撥，正牒教授，候彼回文，即可支付也。

禮器之失，不但一爵。今朝廷所用宣和禮制局樣，雖未必皆合古，然庶幾近之。不知當時禮部印本何故只用舊制？向來南康亦無力，但以爵形太醜而句容有新鑄者，故易之耳。其實皆當遣人問於禮寺而盡易之，乃爲盡善。但恐其費不貲，州郡之力不能辦耳。福州余丞相家有當時所賜，甚精，然今亦莫能用也。

黄南康之政如何？渠向在昭武甚佳，爲人所擠而罷。今能不改其舊，則三邑之幸也。

永卿主簿老兄尚留齋館否？昨承惠

書，此便又遽，未能别狀。但所問《先天圖》曲折甚善，細詳圖意，若自《乾》一横排至《坤》八，此則全是自然。故《説卦》云《易》逆數也，皆自已生以得未生之卦也。若如圓圖，則須如此，方見陰陽消長次第。震一陽，離、兑二陽，乾三陽，巽一陰，坎、艮二陰，坤三陰。雖似稍涉安排，然亦莫非自然之理。自冬至至夏至爲順，皆自未生而反得已生之卦，蓋與前逆數者相反。自夏至至冬至爲逆，蓋與前逆數者同。其曰左右，與今天文家説左右不同。蓋從中而分，自北至東爲左，❶自南而西爲右，其初若有左右之勢耳。鄙見如此，更冀詳之。《啓蒙》改本未成，後便寄去。近塑得伏羲象，欲奉之武夷精舍，恨賢者不能一來觀之耳。此紙煩商伯兄呈似，更同爲訂之也。

新泉之勝，聞之爽然自失。安得復理杖屨，扶此病軀，一至其下，仰觀俯濯，如昔年時？或有善畫者，得爲使畫以來，幸甚。

向見楊伯起有《切韻》書，只三四十板而聲形略備，亦嘗傳得，而爲人借失之。今欲得一本，敢煩爲借，抄録一本，校令審諦，便中見寄，幸甚。或語趙守刻得一板流行亦佳。此非僞學，想亦不至生事也。五老新瀑曾往觀否？夢寐不忘也。

某竟以無狀自致人言，上累師傅，下及朋友，愧負憂惕，如何可言！傳聞賢者亦有里巷侵侮之虞，不知云何？今日惟可凡事省縮，豈復更與此輩争是非、較曲直也。彼中諸書板本聞幾有焚滅之禍，又云下官有持不可者，遂已，不知果然否耶？然計此恐終不免。向來得本甚多，皆爲人取去。

❶ 「至」，閩本作「而」。

今欲復得一兩本，不知能及未爲煨燼之間印以見寄否？《洪韻》當已抄畢，幸早示及。此間付之書坊鏤板，甚不費力。況非僞學，亦無嫌也。新泉圖子和成既爲定稿，必已能盡寫其佳處。只就覓此草本，不必重摹，俗工或能反敗人意也。自聞此泉新出，恨未能一遊其下，以快心目。濺雷噴雪，發夢寐也。

《瀑圖》、《韻譜》近方得之。圖張屋壁，坐起對之，恨不身到其下也。

定叟終於落星，何不就館城中耶？鄭溥之、黄伯耆相繼物故，皆盛年也，亦是一時氣數。然張、鄭尤可惜耳。

楊伯起

新年幾歲？精神筋力想未至衰憊如某也。白鹿舊遊恍然夢寐，但聞五老峰下新泉三疊，頗爲奇勝。計此生無由得至其下，嘗託黄商伯、陳和成摹畫以來，摩莎素墨，徒以慨歎也。江德之甚好説《易》，嘗與講論否？且看程先生傳亦佳。某謬説不足觀，然欲觀之，須破開肚腸，洗却五辛查滓，乃能信得及耳。又印本多錯誤，恐難會了。無由面談，聊發一笑。

將來官滿，復歸廬阜耶？劉婿得依餘芘，幸甚。時有以警誨之乃佳。外孫聞尚附學，想蒙憐撫。

某衰朽益甚，已上告老之章，它蓋無足言者。劉婿幸得托芘，今將滿矣，不知已離彼未耶？李敬子得襄陽教官，見在此相聚。或傳其闕已到，未知然否？幸因便報及也。

讀《易》想亦有味，此經自有規模格局，

若看得破，則精粗巨細無處不可受用。如其未然，即且將其間旨意分明處反覆玩味，亦自可樂，不必深求幽遠，枉費心力也。某之謬説本未成書，往時爲人竊出印賣，更加錯誤，殊不可讀。不謂流傳已到几間，更自不足觀也。劉婿相見未豁然，亦差覺老成，此皆教誨之力也。某年來衰憊殊甚，兩足拘攣，不能移步猶是小故，而心腹之疾猶爲可慮，服藥無效，拱手俟命而已。

葉永卿吴唐卿周得之李深子

某還家，方幸休息，得以輯理舊書，忽被恩除，不勝憂懼。初欲力辭，又聞彼道薦饑，已有流移户口，恐辭或不免，而失可爲之時，遂不免申奏對之請。更旬日間，必有進止之命。若得罷遣，且守東岡之陂，即大幸也。

除職初不敢辭，但以賑濟四家未被賞，因此爲伸理耳。聞彼又苦饑，想不至如去年之甚。然在今日，處置當倍費力也。

深、甫所喻減税事，不知後來如何？某若得對，當且乞減徐守所增中上等税錢。此數不多，當必可得。其它恐亦難料理也。

白鹿田已就緒，甚善。又聞今侯能枉駕臨之，尤幸。伯起、廷彦爲況如何？聞永卿諸公亦嘗入山觀書，遐想山林之勝，它處真未易得，令人悵然興懷也。但聞或者乃欲畫某形象置之其間，令人駭然。不知誰實爲此？向欲作李賓客、李九經及三先生祠於其間，以未有大成殿，遂不敢議。今乃遽然如此，於義殊不安。而諸人所以相期者，乃復如是之淺，尤非區區之所望也。幸以此示諸人，亟爲毁撤爲佳。不然，須别作區處也。

舜弢所云白鹿之説，當時亦謾及之，豈有輒敢號令州郡之理？渠自張皇，亦不曉事之過也。

白鹿買田聞已就緒，吴丈又許買牛，此尤永遠之利也。諸事更賴衆賢左右維持之，其必有濟矣。

朱守書來，示及新編圖經，乃知其郡政從容，綽有餘力如此。大凡區區向所欲爲而不暇者，今皆備矣。又承喻及禁止白鹿葬地一節，尤快人意。但不知曾追毁其買契否？不爾，恐尚有後患也。

白鹿知亦嘗一到，甚善甚善。每念疇昔相與登臨遊從之樂，未嘗不發於夢寐。然亦恨當時所以相切磋者猶有所未盡也。

張廣文别後遽至此，深可悲悼。某或得至浙東，亦遣人視其家也。

永卿所喻可欲之説恐不然。但以《詩》所謂「天生蒸民，有物有則。民之秉彝，好是懿德」者觀之，則知欲惡之正固有不易之定理矣。彼以所當惡者爲所當欲，豈其性情之本然者哉？《孟子集注》近方修得一過，未及再看。更俟少定，寫得別本，即附去。然大凡讀書，且徐讀正文，虚心涵泳，切己省察，亦當自見大體意味，其間曲折，却續求之未晚也。

唐卿比來爲況如何？書來，不及菖蒲平安之報，何耶？

去歲災蹇異常，病既日侵，秋間又哭一女，悲傷無聊，屢至危殆。忽蒙除用，懇祠未獲，近乃見次，又已有奏事之命，不免遣人復申前請。行一月矣，至今未還，不知事竟如何。或不得已，即須到彼面懇力辭，庶幾可脱。江西决是不成行也。向承録示藥方，極感留念。今脚氣已漸輕，祕結却變成滑洩矣。大率氣血漸衰，自是如此也。《啓蒙》近復修改一兩處未畢，俟印得即奉寄。《易》之象數初甚簡易，今人不得其説，遂至支離，使人不曉，反遂詆以爲淫巫瞽史之學，其亦誤矣。

馮儀之

細讀來示，備詳別後進學不倦之意。世間萬事須臾變滅，不足置胸中。惟有致知力行、脩身俟死爲究竟法耳。余正父博學强志，亦不易得。《禮書》中間商量多未合處，近方見其成編，比舊無甚改易。所論「獨志無助」者誠然，然渠亦豈容他人之助也？此間所集諸家雜説，未能如彼之富，然《儀禮》正經段落注疏却差明白。但功力頗多，而衰病耗昏，朋友星散，不能得了耳。商伯時時得書，講論精密，誠可嘉尚。李敬子堅苦有志，尤不易得。近與諸人皆已歸，只有建昌二吕在此，早晚講論，粗有條理，足慰岑寂也。

晦庵先生朱文公文別集卷第六

侯官縣儒學訓導劉簹校

晦庵先生朱文公文别集卷第七

詩

與一維那 以下見陳利用編《大同集》

老親比苦重聽，服上人藥遂良已。上人索詩，久廢無次，聊復此，殊不佳也。紹興癸酉九月晦日紫陽朱仲晦書。

當年事幽討，結友窮名山。曾逢許斧子，去採玉芝還。歸來坐空房，神清骨毛寒。起視塵中人，一見了肺肝。探囊出刀圭，生死毫釐間。相逢瘴海秋，遺我黄金丹。高堂得聽瑩，班衣有餘歡。謝師無言説，古井生波瀾。

上廣文

廣文何事創樓居？收拾家藏理蠹餘。尚有簡編充棟宇，擬陳車馬大門閭。❶移床客去邀明月，送酒人來遮異書。縱使清貧無長物，猶勝四壁似相如。

考試感事戲作

海邑三年吏，勤勞不爲身。但令官事了，從遺黠兒嗔。

❶「大」，閩本、四庫本作「次」。

題米倉壁

度量無私本至公，寸心貪得意何窮？
若教老子莊周見，剖斗除衡付一空。

題安隱壁

征車少憩林間寺，試問南枝開未開？
日暮天寒無酒飲，不須空喚莫愁來。

題梵天方丈壁

輸盡王租生理微，野僧行乞暮還歸。
山空日落無鐘鼓，只有虛堂蝙蝠飛。

五月五日海上遇風雨作

疾風吹雨滿征衫，陸走川行兩不堪。
塵事縈人心事遠，濯纓何必在江潭？

兩絶句送順之南歸

門前三徑長蒿萊，愧予慇懃千里來。❶
校罷遺書却歸去，此心元自不曾灰。

幾年江海事幽尋，偏與雲僧話此心。
今日肯來論舊學，歲寒猶恐雪霜侵。

❶ 「予」，天順本及《正集》卷六作「子」。

寄陳講師以下見别編《臨江集》

聞道山中客，年來鬢欲皤。静便三徑小，貧覺一身多。且喜詩無病，從教睡作魔。故人今領衆，猶足慰蹉跎。

别陳講師

幾年勞夢想，今日慰登臨。况入芝蘭室，又聞金玉音。與君連夜語，盡我一生心。此外成華髮，無因得重尋。

登閤皂山

疊疊層巒鎖閟宫，我來舊地訪靈蹤。❶葛仙去後無丹竈，弟子今成白髮翁。

一派泠泠臺下水，半空漠漠嶺頭雲。祖師成道沖天去，只有無窮受籙人。

送單應之往閤山

杖頭挑月入煙籮，城郭塵埃奈爾何？若到名山高着眼，洞天深處異人多。

回首名山我舊遊，曾將風袂挹浮丘。如今不及臺邊水，❷長向山前山後流。

送李道士歸玉笥三首

偶隨雲去伴雲歸，❸笑指清都在翠微。

❶「舊」，閩本、天順本作「特」。
❷「今」，四庫本作「何」。
❸「去」，閩本、天順本作「出」。

爲我中間留一榻，他年去著薜蘿衣。

玉笥山連郁水坑，❶拂雲樓殿對崢嶸。君歸後夜無餘事，卧聽寒泉落磵聲。

莫惜臨行酒一杯，看君上馬古城隈。相望兩地無多遠，頻寄音書與鴈來。

題赤城觀

落日空山秋氣清，泠泠古木亂蟬鳴。僊人一去鶴不返，劒客重來丹已成。静對竹爐煙縷直，細看月窟桂華生。此身舊有蓬瀛約，玉簡歸來問姓名。

尤溪縣學觀大閣

見《尤川志》及《南溪祠堂志》

令尹絃歌不下堂，叱嗟層觀麗扶桑。朱甍碧瓦臨無地，散帙投壺樂未央。得意溪山供徙倚，忘情魚鳥共徜徉。應觀物我同根處，剖破藩籬即大方。

十月上休日遊卧龍玉淵三峽用山谷驚鹿要須野學盟鷗本願秋江分韻得鷗字❷

按《大全集》但有「秋」字韻，不載此「鷗」字韻。馮本有之，或云先生命門人所作，而後不用。或又云得兩韻而集軼之。　以下見《南康集》。

匡廬霜天後，不見雲氣浮。木葉紅已疏，山顔轉清幽。向聞有絶壑，乃在卧龍湫。及此遂一往，幸無煙景愁。躋攀欲其深，泉石固所求。况有百尺崖，噴雪飛寒

❶「郁」，原作「都」，據閩本、天順本改。

❷「要須」，原作「須要」，據閩本、天順本改。「學」、「盟」，黄庭堅原詩作「草」、「鳴」。

流。幽岑自回抱，直下鳴青璆。便可洗我耳，枕石忘所憂。精神共虛廓，方物皆悠悠。所恨非獨往，不能恣夷猶。仰歎雲間鶴，❶俯羡谷中鷗。先生先我來，結屋陽岡頭。虛名付忠武，滅迹慕巢由。是間頗足居，不田亦平疇。野人種椒橘，崖蜜易歲收。西源有老翁，卷舌藏戈矛。似學辟世士，乃欲邀聖丘。先生且無然，但作一月留。俟我有決計，它時卜從游。

次周師温遊書堂韻兼簡坐上諸同志

疇昔因來行水餘，依依唯認昔人居。新堂已幸經重構，舊事難追更特書。所願絃歌聞十室，休誇文字賦三都。同來況有濂溪裔，心印相傳儘未疏。

西源居士斸寄秋蘭小詩爲謝

知有幽芳近水開，故攀危磴斸蒼苔。却憐病客空齋冷，帶雨和煙遠寄來。

記

至樂齋記 以下見《大同集》

盤谷傅公客於泉州城東之佛寺，間即其寓舍之西偏治一室，達其南北，以爲軒窗，極爽塏。左右圖史，自六經而下，百家諸子、史氏之記籍與夫騷人墨客之文章，外至浮屠、老子之書，荒虛譎詭，詼諧之說，種

❶「歎」，四庫本作「慚」，《正訛》改作「觀」。

植方藥，卜相博弈之數，皆以列置，無外求者。公於是日俯仰盤礴於其間，繙群書而誦之，蚤夜不厭。人蓋莫窺其所用心，而公自以爲天下之樂無易此者。故嘗取歐陽子之詩以名其室曰「至樂之齋」，而顧謂某曰：「爲我記之。」某辭謝不敏，不媢於文字，且不敢爲庸人誦説，而况敢爲是耶？既公命之不置，某不得終辭，乃承命而退，推公意所以然者而書之曰：人之所以神明其德，應物而不窮者，心而已。古之君子自其始學，則盡力於洒掃應對進退之間而内事其心，既久且熟矣，則心平而氣和，冲融暢適，與物無際。其觀於一世事物之變，蓋無往而非吾樂也。而况載籍所傳，上超羲農，下至于兹，其間聖賢之行事，問學之源奥，是非得失，理亂存亡廢興之故，包括籠絡，靡不畢具。苟涉其辭義而心必契焉，則其可樂而玩也，豈不亦至矣哉！惟世之學者或不足以知此，而勞於記誦佔畢之間以爲事，是以語之至者既扞格而不入於心，惟其粗厲而不平者感而入焉，則其間勃然而鬬而怒矣，亦何樂之云哉？某惟歐陽子之詩與公之所以取焉者，蓋其指略如此，因序次以爲公齋記云。紹興二十六年閏月癸卯新安朱某記。

恕齋記

温陵陳君養正讀書之堂，同郡吕君少衛榜之曰「恕齋」，而陳君有謁於予曰：「願有記也。」予故以是往而觀焉，則其垣屋位置與夫几案圖書花藥之列，無不合其宜，得其所。蓋飾不過侈而簡不至陋，起居便適而視聽無邪，真若幽人逸士之居者，雖予亦樂之。將爲之記，而問其作興端原，則曰：

「此吾居第之東榮也。凡兹棟宇，皆亡所改於其舊，惟鑿窗牖以候明晦焉。而爲是室也，此亦何所可記？顧吾之所以望於夫子者，願聞恕之説而盡心焉耳。」予聞之憮然曰：「子之志則善矣，而非予所敢當也。予不佞，少從先生長者游，嘗竊聞夫恕之説，以爲不過推己之心以及人而已。勉而行之，又以爲無難也。然克己之功未加而蔽於有我之私勝則非此未嘗不病焉，❶而何敢易言之，以重得罪於聖人之門也？」用此辭謝不敢有者幾纍月。❷陳君請之不置，而吕君亦以爲言，予不得以終辭也，則歷誦前語而謂之曰：「以是爲記，足以不没乎爲齋之實，而亦可見强恕之難矣。惟吕君幸以爲不悖於所以名之意，則庶乎其施也。」二君皆曰善，遂書寘齋屋壁間以視陳君，且自警也。紹興二十七年十二月五日新安朱某記。

祝文

鄉飲舍菜二先師祝文　見《大同集》

敢昭告于先師兖國公、先師鄒國公：朝廷舉遺興禮，使郡縣三歲一行鄉飲酒之禮，以迪其士子，俾莫不精白，以祗承明詔。某爲縣長吏，敢不以時奉行。即事之初，以禮舍菜于先聖至聖文宣王，以公等配。

赦後祭□□祝文❸　見《南康集》

乃季秋辛未，天子有事于合宫。樂備

❶「非」，四庫本作「於」。
❷「有」，四庫本作「爲」。
❸「□□」，原爲空格。

禮成，放祭澤于宇内。凡諸祀壇宇之有功於民者，悉詔有司潔嚴報享。惟王聖德神功賴及萬世，至今天下生人有一日之安者，皆王之德也。邦有彝典，敢或不虔？仰惟明靈，尚其昭鑒。

祭文

祭芸谷文 先生之曾孫沂藏録藁

維乾道五年歲次己丑三月丁巳朔十有四日庚午，迪功郎、差充樞密院編修官朱某敢以香茶酒果之奠，託友人林用中致祭于亡友林君師魯之靈：惟昔先君與芸齋先生遊，而吾師魯又不鄙某愚，嘗不遠數百里，過我潭溪之上，蓋將從容講學，以共進於斯道也。顧以姻喪，欲留不可，自是一別，遂訣終天。嗚呼痛哉！志長命短，如師魯之才之敏，乃不克究其業而止於斯，吾徒二三子失良友之助，能不隕涕相吊？而況高堂垂白，又何以堪此愁苦耶？某形疲道遠，不能往哭，香茗之奠，以累同志。遵承先志，收拾遺文，并以囑之，庶可無憾。嗟嗟師魯，尚克鑒此而享之耶？嗚呼哀哉！

祭□□文❶ 先生之孫濬家藏

維淳熙三年歲次丙申九月癸卯朔十六日戊午，宣教郎朱某敢以酒肴之奠，告于□太夫人□氏靈筵曰：❷我昔貧病，掩關自

❶「□□」，原爲空格。
❷二「□」，四庫本作「某」、「某」。

休。有來自東，而辱與遊。既往既來，十年頓久。義篤情親，謂我昆友。我相其流，以必其源。曰是世德，抑母之賢。惟母之賢，聘□名族。❶婉德清門，慈祥雍睦。成其二子，學古行脩。左右致孝，色思其柔。顧我者誰？曰寔其季。適騫以翔，遽以憂躓。我聞其憂，驚歎失聲。孰勤斯誨，弗俾其榮？往吊不能，且悲且愧。千里緘辭，相此一酹。嗚呼哀哉！

題跋

芸齋遺文跋 先生之曾孫沂藏録藁

先君子志尚高潔，不妄與人交。蓋嘗避地福之古田，得芸齋先生林公而與之遊，愛其學識行誼有以過人，而惜其且將湮没無聞於世也。及仕於朝，爲之延譽甚力。然竟不及試用，識者恨之。某自幼侍立先君子之側，則已聞先生爲人之大略。近乃得其臨終手筆數十百言，戒其家治喪無用浮屠法者，讀之然後知先生所學之純，所養之固，見於死生之際者又如此，宜乎先君子之所甚厚而不忘也。三復至言，惟念先志，追慕哽絶，不知所言。既而先生之子魯山不遠數百里過某於潭溪之上，道語舊故，泫然久之。因謂某曰：「先人絶筆之書，將刻諸石，以傳學者，子爲我識之。」某惟先生於此，特示人以變俗由禮之大端耳。若夫反躬格物，以明先王制作之本，使其情文義數粲然大備，盡祛千載習俗之陋而壹反之於正，豈不猶有望於後人哉？師魯篤志好

❶「□」，萬曆本作「兹」，康熙本、四庫本作「于」。

學，其果能進此以成先生之志，則豈惟某與一二友朋之願，抑先君子實寵嘉之。因敬書以附其後云。乾道戊子四月丁酉新安朱某敬書。

書李巽伯所跋石鼓文後先生之曾孫濬家藏

唐貞觀中，吏部侍郎蘇勗著論岐陽獵鼓，引歐陽、虞、褚並稱墨妙爲據。三君體法爲世楷式，賞好爲物軒輊，在當時已爾。今其故蹟僅存，隋珠和璧不足喻其珍也。❶予避地來南，一日料檢行庋，得岐鼓及《孔廟》、《醴泉》、《化度》、《孟師》、《丹州》諸碑。流徙之餘，偶無散落，爲之驚喜過望，書其事以示子孫。建炎己酉夾鍾五日雒人李處權巽伯。

余年十八九時，邂逅李卿於衢守張紫微坐上。二公皆一時名勝，揮麈論文，❷意象超逸，令人傾竦。今觀此卷，怳然若將復見其人。而追數歲月，忽已四十寒暑矣。不惟前輩零落殆盡，而及見之者亦無幾人，可爲大息。淳熙戊申五月既望朱某仲晦父書。

跋訛傳龜山列子解後先生之曾孫主簿□家藏

龜山之見二先生，在元豐之初。此書作於其前，固不足怪。跋語則出於其後，而有非所宜言者矣。豈其後人有惜是書而不忍棄者，託爲是語以重之歟？噫！是書

❶「璧」，原作「壁」，據四庫本改。
❷「麈」，原作「塵」，據閩本改。

則傳，而其爲龜山之累也甚矣。向見沈公雅説有此書，初不敢信。淳熙己酉夏，將樂鄧綯爲寫寄來，因得記其所疑於後。且細讀跋語中用字下語多不中律令，與龜山他文不類，其僞妄不疑。但不知何人所作耳。七月三日某書。❶

跋郭忠恕説文字源 仙遊洪震夫家藏

楊文公、蘇文忠公皆言郭忠恕先尸解而逝，❷今觀此卷，非斯人之仙而誰仙耶？淳熙癸卯晦翁。

題折桂院行記 以下見《南康集》

始予至折桂院之西軒，愛其江山之勝。道人雲公爲予言，此未足觀，少上當益奇，因道予行深竹中。竹盡，得大阜，背負五老，面直江湖，東西數百里，雲山煙水，渺莽縈帶，勝絶不可名狀。乃規作亭其處，取李翰林《廬山謠》中語，命以爲「黄雲觀」。會雲公去，不果爲。今年春乃克爲之，未訖工而余代去。閏月晦日，與清江劉子澄、長樂林擇之、開封趙子明、温陵許景陽、建安王春卿、長樂余占之、陳彦忠、臨淮張致遠、長樂黄直卿俱來，因記其事。雲公諸王孫，棄官學浮圖法，今客大洪山云。❸淳熙八年辛丑歲朱某仲晦父題。

❶「三」，閩本、天順本作「五」。
❷下「忠」字，原缺，據題及四庫本補。
❸「今」，原作「令」，據四庫本改。

題星子縣尉廨射亭

淳熙己亥季秋廿日，新安朱某仲晦父奉同高州蘇史君、❶莆陽詹別駕、零陵陳推官、會稽方丞公、盱江史版掾、永新潘丞公、善化陳明府、南康卜隱君、邯鄲段議郎、同寮楊子美元範、王之才、董恭父奠故屯田劉公墓，退飲尉廨射亭，盡醉，書此以志。

題落星寺

朱公永、仲晦、蔡季通、汪清卿、程正思、鄧邦老、陳彦忠、萬正淳、俞季清來，朱氏子在侍。淳熙庚子三月丁卯。

題落星寺張于湖題字後

朱某奉處士叔父同王南卿、俞子壽、吴唐卿、李秉文、陳勝私、趙南紀及表姪俞潔己、甥魏愉、季子在俱來，觀故張紫薇安國題字，爲之太息。淳熙庚子十月十三日也。

題尋真觀

新安朱某仲晦、永嘉薛洪持志、永嘉張揚卿清叟、縉雲王仲傑之才、會稽陳祖永慶長、臨江劉清之子澄、長樂林用中擇之、樂陽趙希漢南紀、宜春彭樓子應、宜春彭鳳子

❶「州」，原作「川」，據正集卷七《九日奉陪高州史君》詩改。下《題樓賢磨崖》篇同。

儀、温陵許子春景陽、廬陵郭植廷植、❶長樂余隅占之、臨淮張彥先致遠，淳熙辛丑後三月丙戌至此。❷ 莆田傅公弼夢良、長樂陳士直彥忠先歸。

題石乳寺

淳熙庚子重五日，晦翁與程正思、陳彥忠、俞季清來，翁子在、甥魏愉從。

題棲賢磨崖

新安朱某奉陪高州蘇史君、閬中錢別駕、簽書楊子美、博士楊元範、星子王之才、武寧楊子直、邯鄲段仲衡、濂溪周師温因遊卧龍，遂至玉淵三峽。門人丁克、王翰、甥魏愉、幼子在從。淳熙己亥四月上休日。

題疊石菴

晦翁與程正思、丁復之、黄直卿俱來，覽觀江山之勝，樂忘歸。時淳熙己亥重午日，翁子在、甥魏愉侍行。

題折桂院

晦翁、通叟送張襄陽至此，痛飲而別。

跋所刻和靖帖

右和靖先生帖，得之祈君之子真卿。

❶ 下「植」字，《正訛》據祠堂本、徐樹銘新本改作「碩」。
❷ 「戌」，原作「戍」，據四庫本改。

淳熙庚子夏五月丙戌，刻之白鹿洞書院。新安朱某記。

跋所刻包孝肅詩

此包孝肅公布衣時詩，❶蔡廷彥得之吴唐卿，以語晦翁。翁敬書之，俾刻于白鹿洞。

跋王太初所題

後十年，朱仲晦甫賞識此詞，後之人當勿毁也。

書武侯草廬語遺張以道

張以道將之荆襄，寫以送之。慶元己未十一月十九日晦翁。

題所書古栢行

右杜子美《古栢行》，朱仲晦爲王之才書。

晦庵先生朱文公文別集卷第七

侯官縣儒學訓導劉簪校

❶「詩」，原作「語」，據《正訛》改。

晦庵先生朱文公文别集卷第八

雜著

釋氏論上

建安吴應櫄家藏，湯東潤跋。

或問：「孟子言盡心知性，存心養性，而釋氏之學亦以識心見性爲本，其道豈不亦有偶同者耶？」朱子曰：「儒佛之所以不同，正以是一言耳。」曰：「何也？」曰：「性也者，天之所以命乎人而具乎心者也。情也者，性之所以應乎物而出乎心者也。心也者，人之所以主乎身而以統性情者也。故仁、義、禮、智者，性也，而心之所以爲體也。惻隱、羞惡、恭敬、辭讓者，情也，而心之所以爲用也。蓋所謂『降衷于民，有物有則』者，儒□□□□也。故其所以盡心知性者，以其窮理而極乎心之所□□□之所有者，無不識也。所謂□□養性□□□□已而不失其本□則性□□□□□□□□□，是則情之所發亦無不□□正，而可以應物□□餘矣。□□□□□□□□□性不見其分□□别□□□□給之□□□□與□□其□指□□□□□者實在精神魂魄之聚，而吾儒所謂形而下者耳。至其所以識心者，則必别立一心以識此心，而其所謂見性者，又未嘗睹夫民之衷、物之則也。既不睹夫性之本然，則物之所感、情之所發皆不得其道理，於是概以爲己累而盡絶之，雖至於反易天常、殄滅人理而不顧也。然則儒術之所以異其本，豈不在此一言之間乎？」曰：「釋氏之不得爲見性，則聞命矣。至於心，則吾曰盡之存之，而彼曰識之，何以不同，而又何以見其别立一心耶？」曰：「心也者，人之所以主於身而統性情者也，一而不二者也，爲主而不爲客者也，命物而不命於物者也。惟其理有未窮而物或蔽之，故其明有所不照；私有未克而物或累之，故其體有所不存。是以聖人之教，使人窮理以極其量之所包，勝私以去其體之所害。是其所以盡心而存心者，雖其用力有所不同，然皆因其一者以應夫萬，因其主者以待夫客，因其命物者以命夫物，而未嘗曰反而識乎此心、存乎此心也。若釋氏之云識心，則必收視反聽，以求識其體於恍惚之中。如人以目視目，以口齕口，雖無可得之理，其勢必不能不相汝爾於其間也。此非别立一心而何哉？夫别立一心，則一者二而主者客，□□□□□□□□□□□□□分矣，而又塊然自守、滅情廢事，以自棄君臣父子之間，則心之用亦息矣。夫□□□□□□□所指以爲心性與其所以從事焉者乃如此，然則不謂之異端耶説而何哉？」曰：「然則其徒蓋有實能恍然若有所睹而樂之不厭，至於遺外形骸，而死生之變不足動之者，此又何邪？」曰：「是其心之用既不交於外矣，而其體之分於内者，乃自相同而不舍焉。❶其志專而切，其機危而迫，是以精神之極，而一旦惘然若有失也。❷

❶「自」，閩本作「日」；「同」，閩本作「伺」。
❷「惘」、「失」，《正訛》據唐荆川本改作「恍」、「識」。

近世所謂看□之法，❶又其所以至此之捷徑，蓋皆原於莊周承蜩削鐻之論而又加巧密焉爾。然昧於天理而特爲是以自私焉，則亦何足稱於君子之門哉！

釋氏論下

或問：「子之言釋氏之術原於莊子承蜩削鐻之論，其有稽乎？」朱子曰：「何獨此哉，凡彼言之精者，皆竊取莊列之説以爲之。宋景文公於《唐書》李蔚等傳既言之矣。蓋佛之所生，去中國絶遠，其書來者，文字、音讀皆纍數譯而後通。而其所謂禪者，則又出於口耳之傳，而無文字之可據，以故人人得竄其説以附益之，而不復有所考驗。今其所以或可見者，獨賴其割裂裝綴之迹猶有隱然於文字之間而不可揜者耳。蓋凡佛之書，其始來者，如《四十二章》《遺教》《法華》《金剛》《光明》之類，其所言者不過清虛緣業之論、神通變見之術而已。及其中間，爲其學者如惠遠、僧肇之流，乃始稍竊莊、列之言以相之，然尚未敢正以爲出於佛之口也。及其久而恥於假借，則遂顯然篡取其意，而文以浮屠之言。如《楞嚴》所謂自聞，即莊子之意，而《圓覺》所謂『四大各離，今者妄身當在何處』即列子所謂『精神入其門，骨骸反其根，我尚何存者』也。凡若此類，不可勝舉。然其説皆萃於書首，其□□無以繼之，❷然後佛之本真乃□。❸如結壇誦呪、二十五輪之類，以至於

❶「□」，《正訛》作「話」，四庫本作「心」。
❷「□□」，萬曆本、康熙本、四庫本作「玄妙」。
❸「□」，萬曆本、康熙本、四庫本作「見」。

大力金剛、吉盤荼鬼之屬，則其粗鄙俗惡之狀，校之首章重玄極妙之指，蓋水火之不相入矣。至於禪者之言，則其始也，蓋亦出於晉宋清談論議之餘習，而稍務反求静養以默證之，或能頗出神怪，以衒流俗而已。如一葉五花之讖，隻履西歸之説，雖未必實有是事，然亦可見當時所尚者止於如此也。其後傳之既久，聰明才智之士或頗出於其間而自覺其陋，於是更出己意，益求前人之所不及者以陰佐之，而盡諱其怪幻鄙俚之談。於是其説一旦超然真若出乎道德性命之上，而惑之者遂以爲果非堯、舜、周、孔之所能及矣。然其虚夸詭譎之情，險巧儇浮之態，展轉相高，日以益甚，則又反不若其初清虚静默之説猶爲彼善於此也。以是觀之，則凡釋氏之本末真僞可知。而其所竊，豈獨承蜩削鐻之一言而已哉！且又有一説焉，夫佛書本皆胡語，譯而通之，則或以數字爲中國之一字，或以一字而爲中國之數字。而今其所謂偈者，句齊字偶，了無餘欠。至於所謂二十八祖傳法之所爲者，則又頗協中國音韻，或用唐詩聲律。自其唐之稍黠如惠洪輩者，❶則已能知其謬，而强爲説以文之。顧服衣冠、通今古，號爲士大夫，如楊大年、蘇子由者，反不悟而筆之於書也。嗚呼！以是推之，則亦不必問其理之是非，而其增加之僞迹狀明白，益無所逃矣。宋公之論信而有證，世之惑者於此其亦可以少悟也哉！」

❶「唐」，同治本作「黨」。

陳　請

釋奠申禮部檢狀

見《臨漳語録》

伏覩淳熙六年尚書禮部頒降《淳熙編類祭祀儀式》内有合行申請事件，須至申聞。

一、神位。某近得禮部侍郎王普所著《釋奠儀式》，考其位次爵號，皆與此本不同。大抵此圖自東而西，兩兩相對，而王氏本自東序一至五，次西序一至五，又次東廊一至卅六，又次西廊一至卅五，次西廊泗水侯孔鯉，次東廊沂水侯孔伋，遂連中都伯左丘明以下至賈逵，又次西廊杜子春以下至王安石。詳此次序，固不如今圖之善，但此圖十哲次序亦有小誤。蓋以《論語》考之，當以閔損爲第一，在東序；冉耕爲第二，在西序；冉雍爲第三，在東序；宰予爲第四，在西序；端木賜爲第五，在東序；仲由爲第六，在西序；冉求爲第七，在東序；言偃爲第八，在西序；卜商爲第九，在東序；曾參爲第十，在西序。今乃以冉雍爲第一，閔損爲第三，冉求爲第六，仲由爲第七，則亦誤矣。又其爵號，王氏本費公爲琅琊公，鄭公爲東平公，薛公爲下邳公，齊公爲臨淄公，黎公爲黎陽公，徐公爲彭城公，衛公爲河内公，吴公爲丹陽公，魏公爲河東公，成侯爲武成侯，未知孰是。又按《國朝會要》，政和間沂水侯與泗水侯俱封，仍同從祀，則王氏本爲得之，而此圖獨闕泗水，委是脱誤。其左丘明以下，當從此圖兩兩相對。但左丘明當在西廊，對孔伋，而荀况以下當在東廊，公羊高以下當在西廊，兩兩相對，與此相反，乃爲得之耳。伏乞更賜詳考，改正行下。

一、祭器並依聶崇義之《禮圖》樣式。某伏見政和年中議禮局鑄造祭器，皆考三代器物遺法，制度精密，氣象淳古，足見一時文物之盛，可以爲後世法。故紹興十五年曾有聖旨，以其樣制開説印造，頒付州縣遵用。今州縣既無此本，而所頒降儀式印本尚仍聶氏舊圖之陋，恐未爲得。欲乞行下所屬，别行圖畫，鏤板頒行，令州縣依準製造。其用銅者許以鉛錫雜鑄，收還舊本，悉行毁棄，更不行用。

一、釋奠時日，注云：「仲春上丁，仲秋下丁。」某檢準紹興、乾道、淳熙令，並云「二月、八月上丁釋奠文宣王」，即無「下丁」之文。又嘗竊見《五禮》申明册内有當時州郡申請，禮局已改「下丁」爲「上丁」訖，其後又見故敷文閣待制薛弼任杭州教授日所申。今到本州檢尋頒降舊本，却無此條。恐是前後節次頒降，致有漏落。將來如蒙别行鏤板，即乞先於儀内改「下丁」作「上丁」字。仍檢申明册内，備録此條全文，附載篇末，以證元本之失。仍下州郡有舊本處並行批鑿改正，庶使州縣奉行有所依據。

一、元本陳設條内「著尊四，犧尊四」，「著」當作「犧」，「犧」當作「象」。❶今來頒降新本已行改正，而政和年中頒降舊本尚仍其舊，州縣奉行，不無疑惑。將來如蒙别行鏤板，即乞附載後來改正因依於篇後，或只將某此狀全文附載，仍下州郡，合將舊本批鑿，庶幾明白，不至疑誤。

❶「犧」字，原缺，據四庫本及《文集》卷二〇《乞增修禮書狀》補。

一、釋奠儀舊本「鄒國公」下並有「舒王」字，今已删去，而不著其所以然者，亦與舊本牴牾。將來如蒙别行鏤板，即乞檢會靖康年中罷王安石配享先聖章疏指揮，並行附載，仍下州郡，並將舊本批鑿。

啓

回余衡州 秀實　衡州之孫師魯家藏

賦禄真祠，方遂燕居之適；承流巨屏，莫回成命之頒。顧修問之未遑，辱移書之先及。恭惟某官受材宏偉，涵德粹温。問學有原，盡得傳家之奧要；文詞甚蔚，坐觀作者之典刑。盍升臺閣之聯，猶屈江湖之守。方慕先賢之治，❶益觀美化之成。鈴閣少留，姑慰遠民之意；璽書亟下，遂還近侍之班。某久仰英猷，未諧良覿。同寅有望，儻分南服之憂；歸賦可期，即返東皐之樂。

回王正臣 見《大同集》

伏念行能無取，藝業不脩。學不足以見古人之用心，徒極鑽研之力；仕不足以行平日之所志，第勞刀筆之間。至於典禮義文學之官，首誦説講論之事。聖言高遠，雖莫究於指歸；絶業光明，庶有開於來者。過勤厚意，貺以華牋。仰褒飾之過宜，顧省循而何有？謹奉啓上謝。

❶「先」，閩本作「昔」。

回衆解元　以下見《南康集》

竊審待問澤宮，登名天府，方幸究宣於明詔，敢期誤枉於華牋？披味以還，感藏難喻。解元先輩學推庠序，行著州閭。出膺續食之求，足爲勸駕之重。顧念朝家設科以取士，本務得賢；然而學者挾策以讀書，但期干禄。伊欲一新於敝俗，不能無望於群公。輒誦淺聞，少酬盛禮。惟窮理脩身之要，當有志於古人；則尊主庇民之功，庶無慚於當世。

回待補生

竊審待問澤宮，登名槐市，方幸究宣於明詔，敢期誤枉於華牋？披味以還，感藏難喻。然朝家建學養士之意，正爲育材；而諸生辭家射策之心，但期干禄。伊欲一新於敝俗，不能無望於群公。輒誦淺聞，少酬盛禮。惟古人爲己之志，當有餘師；則《大學》新民之功，庶無違教。

晦庵先生朱文公文别集卷第八

侯官縣儒學訓導劉簪校

晦庵先生朱文公文别集卷第九

公　移

漳州延郡士入學牒　見《臨漳語録》

契勘州縣兩學講説課程，近日以來，漸有倫緒，但以州郡尊賢尚德之心有所未至，致使諸生無所薰陶涵養，以發其向道入德之趣，不敏之咎，何以自文？今覩新汀州知録黄從事器資渾厚，操履端方，杜門讀書，不交權利，鄉閭有識，莫不推高。若以禮請，屈居州學正録之任，兼同主管縣學教導，必能使諸生觀感而化，有所興起。前州學施學正允壽、石學正洪慶。皆以耆艾之年，進學不倦，强毅方正，衆所嚴憚。林貢士易簡、李進士唐咨。❶或究索精微，或持循雅飭，察其志行，久益可觀。貢士陳淳、太學生楊士訓齒雖尚少，學已知方。永嘉學生徐寓務學求師，志尚堅確。凡此數士，當職所知。若悉招延，異其禮際，則凡學之子弟，藏修遊息，無適而不得良師畏友之益，庶幾理義開明，德業成就，仰副聖朝教養作成之意。其在外士人，竊恐尚有年高德劭，閭里推尊，經明行修，流輩歸重，而藏器自珍不求聞達者，更當廣行咨訪，續議延請。紹熙二年正月初二日牒。❷

❶「咨」，原作「次」，據閩本、天順本改。

❷「二」，原作「三」，據閩本改。

南康軍請洞學堂長帖 以下見《南康集》

謹按《國朝會要》，修復白鹿洞書院，已差補職事學生入洞管幹訖。今按《江南野史》，本洞舊制，洞主之外，更有堂長名目。今覩學録楊日新年德老成，在洞供職，紀綱庶事，表率生徒，績效可觀，合行敦請，須至給帖者。右給帖付貢士楊日新，準此充白鹿洞書院堂長職事。淳熙七年九月日帖。

洞學榜

契勘本軍廬山白鹿洞書院元係唐朝太子賓客李公遺迹，經歷五代，號爲國庠。及至本朝太平興國中，嘗蒙太宗皇帝賜以官書。咸平年，又蒙真宗皇帝重加修葺。中間廢壞，殆且百年。今者本軍鼎新建立，教養生徒，漸有倫緒。又承本路諸司及四方賢士大夫發到文籍收藏，應副學者看讀。以至山林田土，亦已標簽界至，措置撥買，規模一新，可垂久遠。已具事狀奏聞，乞賜敕額去訖。竊慮向後諸色等人不知上件事理，輒有毀壞，以至偷盜文籍，侵占田土，及過往之人妄有搔擾，事屬不便，須至曉示者。右出榜白鹿洞書院張掛，各請知悉。淳熙八年閏三月日榜。

申諭耕桑榜

當職二月十五日依準近降指揮，守令出郊勸農。已印給勸農文榜，并先來勸諭耕種田土、勸課農桑及星子知縣王文林種桑等法文榜，發下三縣貼掛，曉諭民間通知去訖。續據王文林申到勸諭種田方法，尤爲詳細。竊慮都、建昌縣人户未能通知，今分下兩縣，曉示鄉村人户，仰遞相勸諭，依此方法及時耕種。用力既勤，必有豐年之報。再此勸諭，各宜知悉。淳熙七年二月。

辛丑勸農文

當職昨爲本軍民間農事滅裂，累曾出榜，反復勸諭。自從去歲以來，凡吾父兄子弟似亦稍相聽信。方欲從事於深耕疾耘之務，以冀一飽，而當職不德，刑政失中，侵迫陰陽，招致旱虐，使吾父兄子弟終歲勤動而不獲有秋之望。永思厥咎，愧負何言！尚幸一二父兄皆能率其子弟，當此荒歉之中，種麥耕田，及時盡力，不爲輕去墳墓之計。而又賴天之靈，宗社之福，雨雪應候，土潤泉通。麥既可期，稻又可種，嗣歲之功，似已有可觀者。而當職亦幸免於罪戾，且將受代而歸矣。今以中春之月，祗率典常，躬載酒食，出郊行田，延見一二父兄，同舉此觴，以告將别。父兄其强食自愛，謹身循理，以教子弟，使之孝敬父母，慈愛骨肉，和睦鄉鄰，救恤災患，輸納苗税，畏懼公法，專心致力於農桑之務，如前此勸諭之云者，而勿爲飲博遊惰、争鬬論訟一切非理違法之事，以陷刑辟。其子孫之敏秀者，則又教令讀書講學，使知先王禮義之教。既以上副國家長育人才之意，而爾之門户亦將與有榮焉。其前年舊榜及星子知縣王文林耕田種桑法，今亦再行給散。并此勸諭，各宜體悉。淳熙八年二月。

招學者入郡學榜

惟此邦江山奇秀如此，俊茂宜倍於他郡。而誦絃之聲寥寥曠絶，此長吏教化不明之責也。今敦請新臨江軍新淦縣尉□□就軍學傳道堂主盟文社教授，❶總司教條。每日講書，次日覆，三八出題，四九日納課。擇精勤者書考以示勸，無籍者給食，有籍者以次差補職事。其不率教者，則有規請賢父老勉其子弟，努力從事於學，尚庶幾以見其成焉。

招舉人入白鹿咨目

恭惟國家以科舉取士，蓋循前代之舊規，非以經義、詩賦、策論之區區者爲足以盡得天下之士也。然則士之所以講學修身以待上之選擇者，豈當自謂止於記誦，綴緝無根之語，足以應有司一旦之求而遂已乎？今歲科場解發赴省待補之士二十有八人，❷文行彬彬，識者蓋稱之，郡亦與有榮焉。然惟國家之所以取士，與士之所以爲學待用之意，有如前所謂者，是以更欲與諸君評之。今白鹿諸生各已散歸，山林閴寂，正學者潛思進學之所。諸君肯來，當戒都養給館致食以俟。專此咨白，可否須報。

勸農民耘草糞田榜

雨水調匀，田苗茂盛，仰人户及時耘

❶「□□」，四庫本作「某人」。
❷「人」，原作「又」，據閩本、天順本改。

苗，拔去草根，多用土糞，如法培加。已帖知佐，月半以後不測下鄉點檢，將田中有草無糞之人量行決罰，的無輕恕。六月六日。

勸諭趁時請地種麥榜

契勘秋來久旱，晚田失收，茲幸得雨，可種二麥。今勸人户趁此天時，多耕闊種，接濟口食。其有無地可耕之人，及有力多而地少者，仰自踏逐空閑官地，具出字號，四至畝角，經縣陳請布種，當與判狀執照，免料權給一年。其有情願永遠請佃之人，亦仰分明聲説，即與給據管業，特免五年税料。即不得因而侵占他人見耕田地，及廣行包占狀外官地頃畝。如有違犯，許人陳告，當以狀内所請地及見種子利充賞，本人仍別科罪。除已行下三縣照應施行外，須至曉諭約束者。

右榜勸諭人户，請詳此事理，趁時多種二麥，量力請佃官地，務盡人力，以相天功，庶幾來年不至闕食。淳熙六年九月。

放官私房廊白地錢約束

照對目今天色亢陽，見行禁止屠殺，祈求雨澤，未獲感應。竊慮細民不易，所有官私房廊白地錢自七月初二日爲頭，五十文以上放五日，五十文以下放十日。

措置賑恤糶糴事件

竊見軍境久闕雨澤，深慮細民將來艱食，合預行招誘客販米船，就軍出糶。并勸誘上户停蓄，以備饑急。措置事件下項：

如遇客販米到岸，欲就軍出糶，仰赴務陳狀。看驗税物訖，令就石寨内捎泊出糶，即與免在城税錢三分。或有糶不盡之數，欲載往它處，須再經本務出給關引，方得起離前去，庶可關防欺隱透漏之弊。今帖城下税務遵依施行。

尋常客人糶米，必經由牙人，方敢糶。常被邀阻，多抽牙錢，是致不肯住糶。合嚴立榜賞止約，許從民旅之便，情願交易，庶得牙人不敢騷擾。使軍今立賞錢一千貫文，榜市曹張掛曉示。如遇客旅興販米斛到軍，聽從民旅之便，自行糶糴。如牙人不遵今來約束，輒敢邀阻，解落牙錢，許被擾人畫時具狀，經使軍陳訴。切待勾收犯人，重行勘斷，追納賞錢入官施行。

米船到岸，雖欲出糶，然貧民下户不過斗糴，卒難轉變錢物，未免留滯。須當勸諭上户及時收糴，不惟他時可濟荒歉，於停蓄之家豈無宜利？可謂兩便。合帖委官敦請上户説諭。

措置兩縣到岸米船事

照對旱傷，細民闕食，合行出糶常平米斛，應接細民食用。切慮向去日久有誤不測賑濟，况今鄰郡州縣收成，正是客旅興販米斛之際，本軍已行措置，不行收税，仍放免本船雜物税錢，招納米船住岸出糶，接濟民户日食。其兩縣務亦合依此措置，招誘米船，候有米船到岸，即將常平米斛住糶，準備將來支用。七月十一日帖都昌縣。

招誘客販米斛免收力勝雜物税曉諭

照對本軍并管屬縣日近以來闕少雨澤，見今祈禱未獲感應，米價漸高。本軍已行下城下税務、都、建昌縣招誘客販米斛前來，從便住糶，免收力勝雜物税錢，不得邀阻，減尅牙錢之類外，竊慮客人未能通知，須至曉諭，并帖縣依此施行。七月十五日。

再勸修築陂塘

契勘今歲旱傷，蓋緣人户不修築陂塘。積水灌溉田禾，致令乾死。使軍已節次行下三縣，及散榜、給印榜曉示人户，陂塘淺漏處，亦合併力開掘修築。如有欠闕工料支費，并詣軍縣借米喫用修築，❶次年送納。如陂塘廣闊，費用工力數多，亦當計料工食申軍，切待具申提舉衙撥米借貸。

措置客米到岸民户收糴不盡曉諭

照對管内田禾多有旱損，切恐民間闕食，已措置合税務多方招誘客人米船住岸出糶，接濟民間收糴食用，與免收納雜物税錢。今來漸有客旅興販米斛到來。如有民户收糴不盡之數，許令牙人并有力之家收糴停頓，準備接濟，合行出榜曉示。

曉示鄉民物貨減饒市税

照對近城鄉民全藉將些小係税之物入

❶「詣」，原作「諸」，據《正訛》改。

城貨賣，辦糴口食。若依遞年收税，切慮無從所出。合將客旅步擔興販紗帛、藥草、絲綿雜物依舊收税外，其餘鄉民應有些小土産物貨入城轉變，並與減饒三分之一。合行約束，不得因而作弊。

約束不許偷竊禾穀

照對三縣管下田禾雖是旱損，其間有水源及可車戽去處，今來漸次成熟。切慮有不守行止之人聚集，偷竊禾穀，合行下巡尉司嚴行禁約。

約束諸縣泛催官物各給憑由

訪聞逐縣尋常文引勾追欠户，更不於引內批鑿少欠是何年分官物名色，若干數目，泛稱積年拖欠。及追人户到官，多是人吏作弊，不問所欠多寡，例將斷罪，是致小民憂疑，不能安迹。合行下諸縣約束，如有人户少欠官物，各給憑由，明言批鑿所欠是何年分官物，立限給付少欠之人，依限赴官送納。

免流移民船力勝

照對有流移之民船至軍岸，合行下税務審實並與蠲免力勝放行。

禁旅店不許遞傳單獨

訪聞管下旅店遇有單獨困病或流移之人到店，多是慮其死亡，更不容留，遂行遞傳，驅逐出界，因此喪命。合行下諸縣，❶多印榜文於旅店約束，遇有過往單獨飢餓困病之人，即仰所到店户不得遞傳扛擡，送出外界。許就便米場驗實，量給口食，臨安痊日遣去。萬一有死亡之人，即時報都保審實，申縣行下，如法埋葬。（以上七月十五日。）

取會管下都分富家及闕食之家

契勘管界久闕雨澤，田禾旱損，使軍已行委官措置，招誘客人興販米斛，蠲免力勝雜物稅錢，禁戢減尅牙錢之弊，勸諭前來出糶。目今日逐有米不闕，軍司亦已行帖都、建昌縣及委官依使軍所行措置，招誘客米赴縣住糶，及勸諭上户將所有米斛相各逐鄉村開倉，依時價出糶，應接民間食用去訖。切慮向去富實户將米斛停頓，不行出糶，使細民闕食不便。合行立式，預先委官取會管下都分蓄積米穀上户及闕食之家如後。七月十六日。

某都共幾家：

一、富家有米可糶者幾家，除逐家口食支用、供贍地客外，有米幾石可糶，（鄉例糶數即依鄉例。）開客户姓名米數。❷（併佃客、地客姓名。）

一、富家無餘米可糶者計幾家，而僅能自給其地客、佃客不闕，仍各開户姓。（并佃客、地客姓名。）

一、中産僅能自足，而未能盡贍其佃客、地客者計幾家。（開户名，取見佃客、地客姓名所闕之數。）

一、下户合要糴米者幾家：

❶「諸」，原作「請」，據閩本、天順本改。

❷「客」，《正訛》改作「各」。

作田幾家，各開户名，大人幾口，小人幾口。別經營甚業次。

不作田幾家，各開户名，大人幾口，小人幾口。經營甚業次。

作他人田幾家，各開户名，係作某人家田，大人幾口，小人幾口。兼經營甚業次。

右件如前，並是着實，即無隱漏，其闕食之家亦無詐冒重疊。仍五家結一保，如將來使軍委官審實挑覆，却有不實去處，甘伏重罪不詞。

施行旱傷委官驗視

照會本軍并管屬星子、都昌、建昌三縣，自六月以來天色亢陽，闕少雨澤，田禾乾枯。本軍恭依御筆處分，嚴禁屠宰，精意祈禱，及行下諸縣精加祈禱去處。今據星子、都昌、建昌三縣申，依應遍詣寺觀神祠及諸潭洞建壇，祭祀請水，精加祈禱，雨澤並無感應，今來諸鄉旱禾多有乾損。及備據税户陳德祥等狀披訴，所佈田禾緣雨水失時，早禾多有乾槁，不通收刈，申乞委官檢視。本軍今檢準淳熙令，諸官私田災傷，秋田以七月聽經縣陳訴，至月終止。本軍除已依條施行及具奏聞申省、部、監司外，須至出榜三縣管屬鄉村都保，各仰通知。以上七月十六日。

施行旱傷住催官物一月❶

契勘本軍三縣遭此旱災，旱禾乾損，已

❶「催」字，原爲空缺，據目録及萬曆本、四庫本補。

出榜曉諭人户，依□投訴旱狀。❶將來檢踏，奏減秋税外，有去年秋□零少□多，❷及今年夏税全未納及分數。緣其所欠並係起發上供及本軍軍糧之數，雖是今年旱田不熟，在法無緣免放。然而訪聞諸縣催□無術，❸不免決撻保長，騷擾人户。當此闕雨之□，❹深慮重困民力，除已行下各住追催一月，色□保長人户奔走期限，❺例遭刑責，費去車水工夫。今仰人户各體此意，遞相告報，於住催一月限内，自備所欠□□，❻各赴倉送納，上以應副官司起發綱運，供贍軍兵，下亦使本户不□□物，不被追呼，得以一意車水救田，别作營求，□備將來闕食之患。❼公私兩便，各仰知悉。

諭上户承認賑糶米數目

契勘本軍管下今歲旱傷田禾，切慮細民闕食，使司已行下三縣，推舉管下富實有米上户，并自能贍給地、佃客富家姓名，各家見蓄米穀數目，或有田産而不多，或無田産，却有營運蓄積米穀錢物之家，敦請赴

❶「□」，原爲空格，萬曆本、康熙本、四庫本作「期」。

❷上「□」，原爲空格，萬曆本作「税」，康熙本、四庫本作「糧」；下「□」，原爲空格，康熙本、四庫本作「甚」。

❸「□」，原爲空格，萬曆本作「徵」，康熙本、四庫本作「科」。

❹「□」，原爲空格，萬曆本作「秋」，康熙本、四庫本作「時」。

❺「色□」，四庫本作「免致」。

❻「□□」，原爲空格，萬曆本、康熙本、四庫本作「錢糧」。

❼「□」，萬曆本、四庫本作「用」，康熙本作「準」。

官，以禮勸諭，承認賑糶米穀數目申軍。所委官并三縣勸諭到上户承認賑糶米共七萬三千二百六十八碩五斗，已檢準前項條令，出給公據，付人户收糶米斛，回軍賑糶。

在城上户二十五名，共認賑糶米一萬一千六百三十五碩，每升價錢一十七文足。

星子縣勸諭到上户三十一名，共認賑糶米一萬一千九百三十五碩，每升價錢一十七文足。

都昌縣勸諭到上户五十九名，共認賑糶米二萬八千九百八碩五升，每升價錢一十四文足。

建昌縣勸諭到上户九十一名，共認賑糶米二萬八百碩，每升價錢一十二文足。以上七月十七日。

約束鋪兵

本軍蓋緣旱傷，遂置曆及黄旗緑匣，急速前去兩縣，追會旱傷事件。須管遵依台判日限時刻，仰鋪兵連夜走傳至縣。仍仰本縣於曆内批鑿承受日時，手分姓名，即時依限回報。亦仰批發離縣日時，責付鋪兵，連夜依限赴軍投下，以憑稽考違滯去處，根究重作施行。

檢坐乾道指揮檢視旱傷

使軍照對管屬星子、都、建昌縣人户陳訴秋田旱傷，使軍已立式出榜三縣，曉示人户赴縣投帳繳申，使軍切待依條差官檢視，減放苗米。所有近水鄉分，可以車戽注蔭得熟田段，切慮人户將旱傷田段衮同得熟之田，影帶披訴。今檢準乾道六年六月二十七日敕，户部曾尚書劄子奏：「契勘州縣每遇災傷，依法聽人户經官陳訴，差官檢視，蠲放税租。訪聞近來往往多被豪户計囑鄉司，將豐熟去處一例减放。其實被旱澇去處，所委官憚於往來檢視，則貧乏下户不得蠲減。臣愚欲望聖慈特降睿旨，委諸路漕臣散出文榜於鄉村，曉諭應有災傷去處，仰民户依條式於限内陳狀。仍録白本户砧基、田産數目、四至投連狀前，委自縣官將砧基點對坐落鄉村、四至畝步，差官覈實檢放。如輒敢妄移豐熟鄉分在旱傷地分，僥幸減免，許諸色人陳告，依條斷罪。仍將妄訴田畝並拘没入官，以一半給告人充賞施行。若州縣奉行滅裂，從漕臣按治，重寘典憲，取進止。」六月二十七日，三省同奉聖旨，依兼照檢踏災傷，在法差官同合佐詣田所，先檢見存苗畝，次檢災傷田段。合委官前去三縣鄉村，究實得熟田段，具帳申軍。已行帖出榜星子、都、建昌縣，約束人户從實投帳，以備差官檢放。如有將得熟田段影帶披訴，却致被人户陳告，定依條斷罪，追賞施行。七月二十四日。

施行下諸縣躬親遍詣田段相視

使軍契勘今歲三縣田禾旱傷，間有邊臨山源溪澗，或有得雨去處自熟田段，其税賦合全行輸納。又有邊臨大港。❶并有積水陂塘，可以車戽接救田段，皆是人户自入夏一乾之後，合家老幼舉債辛勤、用工車水

❶「又」，閩本作「及」。

救得其禾稻，十中只有三五分熟者，即行比倣自熟之田，❶究見其數，斟量輕重，別作一等優恤。兼有無水車戽、全然旱死田段，切慮人户將來一概投訴旱傷，欲將各縣鄉分分委縣官，趁此未曾收刈之際，躬親下鄉，遍詣田段地頭，親自相視。仍關叫耆保并人户指證，供結罪賞，攢類開具供申。

禁戢人從不許乞覓

使軍照對所委官下鄉，切慮將帶合干等人，因而生事，乞覓搔擾，事屬不便，合令縣給口食與隨行人，不得搔擾保正寺觀等人。仍立賞，降給文榜，付檢旱官隨行張掛約束。

放免官私房廊白地

照對星子、都、建昌縣□軍自六月以來，天色亢陽，闕少雨澤，見不住據人户經軍縣陳訴旱傷，切慮細民不易，理宜寬恤。所有人户承賃官私房廊白地錢，自八月初一日爲頭，以十分爲率，權行減免二分，候至來年麥熟日仍舊。以上七月二十九日。

諭人户種蕎麥大小麥

仰人户趁此雨潤，多種蕎麥及大小麥，接濟食用。

❶「行」，閩本、天順本作「合」。

施行人户訴狀乞覓

據學生馮椅劄子述，照對今歲旱荒，民户已是投詞星子，見行委官檢踏。其在都昌，舊來踏旱之弊名色非一，不敢不以告者。凡押旱狀，官中所收，則謂之醋息錢；直日司乞覓，則謂之接狀錢；已下案，案吏乞覓，則謂之買紙錢；及投旱帳，則謂之投帳錢；官員下鄉檢踏供帳，民户着押，社司乞覓，則謂之着字錢；檢踏官員隨從人吏於保正名下乞覓，則謂之俵付錢；官司行下蠲放所納米斛，社司隨斗敷數乞覓，則謂之苗頭錢。凡此之類，皆蠹民之尤者。官中所放，本以裕民，而民之縻費乃至於是，人户既已困窮，坐受其弊，無力赴愬，委實切害。合行下星子、都、建昌縣，嚴行約束。及出榜各縣門，并撿踏官隨行張掛，曉示人户知委。如合干人依前乞覓前項逐色錢數，仰人户不以早晚具狀經縣陳訴，從本縣拘收犯人，申解軍。切待根勘，依條施行。各令知委。八月初一日。

施行專欄牙人不許妄收力勝等錢

照對本軍近出榜於上江州軍，曉諭客販米斛前來從便住糶，免收力勝雜物税錢，及約束不得邀減牙錢之類外，切慮牙人并税務專欄不依先來約束，仍前收納力勝等税錢，及牙人妄有邀阻減尅牙錢之類。今立賞錢三十貫文省，榜市曹并税務檢税亭張掛，曉示客人知委，廣行興販米斛，前來出糶。嬴落利息，如税務專欄等人并米牙人輒敢收納力勝等税錢，及邀阻減尅牙錢之類，仰各人不以早晚具狀赴軍陳論。切待追收犯人，斷罪追賞施行。八月初四日。

禁豪户不許盡行收糴❶

照對本軍管下今歲旱傷，訪聞目今外郡客人興販米穀到星子、都、建昌縣管下諸處口岸出糶，多是豪强上户拘占，盡數收糴，以待來年穀價騰踴之時，倚收厚利，更不容細民收糴，事屬未便。如遇客人販到穀米，仰上户不得獨行拘占，盡數收糴，許細民皆得從便食用。八月初八日。❷

管下縣相視約束及開三項田段

使軍契勘在法檢視災傷，先檢見存苗畝，次檢災傷田段，蓋欲趁得人户未及收刈之際，略見荒熟大概的實分數，然後豁出熟田，細檢荒旱去處，不致猾吏姦民通同作弊。本軍近緣荒旱，檢坐上項條法，行下諸縣遵依施行。除星子知縣王文林躬親下鄉，兩日之内，多歷都分，見得荒熟田段分明，民間咸樂其來，不以爲擾。都昌權縣孫迪功亦已申到躬親行視，所見災傷等第、人情苦樂皆有條理。獨有建昌一縣，地理稍遠，未據申到，却訪聞得本縣官吏誤認法意，欲將熟田一坵一角逐一看視，委是繁碎。不惟重擾災傷人户，亦恐枉費日月，不能了辦，合行約束。

且如一坂之田，大約百坵，内有三五十坵成熟，即指定是何人田段，約計畝角，抄

❶「糴」，原作「糶」，據《正訛》及正文改。
❷「八月初八日」五字，原脱，據閩本補。

入熟田數内，不在將來檢放之限。如一坂百畝，只有一二十畝稍稍成熟，即不須逐畝抄劄，留與人户充收牛藁口食。仍令人户一面收刈，犁翻種麥，量留根查，聽候檢放。

或有田面大概黄熟，而其中有未出者，有出而青空者，有出而白死者，並係荒損。然其根查却與熟田無異，切恐將來收刈之後，誤被抄入熟田數内，不得檢放，尤爲不便。今請便行貌約多少，定下荒熟分數，令人户一面犁翻種麥。如今來所檢熟田數内將來續有死損，即仰人户量留穗穡，候檢旱官到，别行陳訴，續與檢放。

乞行下江西從便客旅興販米穀

契勘本軍并管屬諸縣今歲旱傷，全籍江西豐熟州軍客旅興販米斛出糶，接濟細民。本軍已行散出文榜，招誘興販前來，與免附載雜物税錢。行下城下税務約束，及出榜曉示米牙人，不得減尅分文牙錢，令客人自行出糶。切慮向上州軍阻節，不令穀米下河，致使客旅不通，及間有興販米穀舟船，州軍妄以雜物爲名倚收税錢，是致商賈不肯搬販米穀前來出糶，細民失望，爲害非輕。欲望鈞慈速賜行下江西豐熟州軍，許令商賈從便興販米穀，向下以來出糶，應接民間食用。仍乞嚴行禁戢場務，不得妄作名色，收納税錢，庶得客旅通行，米價不致騰踴。

約束米牙不得兜攬搬米入市等事❶

契勘諸縣鄉村人户搬米入市出糶，多

❶「得」，閩本作「許」。

被米牙人兜攬，拘截在店，入水拌和，增擡價直，用小升斗出糶，贏落厚利，遂致細民艱食。情實切害，合行約束。

約束質庫不許關閉等事

契勘質庫户平時開張庫店，典質錢物，利息所入，不爲不多。纔值旱傷歲時，輒以闕錢關閉邀阻，遂致細民急切闕用，無處質當。兼目今闕雨澤，城市古井多被有錢之家拘占夾欄，❶不令衆人汲運，情理切害，合行告示，約束施行。

戒約上户體認本軍寬恤小民

契勘本軍並諸縣今歲旱傷，民間理宜寬恤。今訪聞乾道七年放債，豪强之家爲緣旱傷，人無以償，多被强取去猪羊，以至入其家搜奪種子、豆麥之類，及抑令將見住屋宇并桑園田地抵價折還，人無所歸，遂致流移，有至今尚未能歸業之人。本軍雖行下三縣，曉諭上户體認本軍寬恤之意，量度欠債人户，如粗有收成，有力可還之人，隨宜取索外，其貧乏之人，見闕口食，委實無可償還，仰上户且與寬容，俟民力少蘇，❷却行取索。如將來人户恃頑不還，官司即爲理索外，上户乘此旱傷，細民闕食之際，强以些小錢作合子文字借貸，遂空頭年月價貫立契字，未及踰時，即行填揬預先月日，經官投印，及有吞圖婦女顧充奴婢，致細民受苦不一，理合禁約。以上八月初八日。

❶「錢」，閩本作「力」。
❷「俟」，閩本作「候」。

施行張廷諫訴旱傷事

據學生張廷諫劄子述：「夫旱暵之歲，朝廷檢放秋苗成法具在，而上中等户無不力陳，必求其放免而後已。縱使官吏有弊，亦須及半。下户無力陳告，憚於所費，故皆不投帳。守令慮不及此，則有帳者次第減放，無帳者多至全催。糧食之儲既絶望於其前，追租之吏又驅迫於其後，回視屋宇，器皿布帛不可食者皆不可售，進退皇皇，朝暮不能相保。今若不待投陳檢視，凡下等之苗，先此全免放，則見存者其志益堅，而已逃者各思反其鄉里矣。」遂行下當縣，取會五斗以下米單名申軍，不待檢視，先次並與除放施行。八月十二日。

施行邵艮陳訴踏旱利害

使軍今照，近據管屬星子、都昌、建昌三縣人户陳訴田禾旱傷，已帖委縣官躬親下鄉，先次檢視熟田，具帳供申。去後據進士邵艮劄子：「竊見官吏下鄉檢視田段，略不問及人户旱傷去處，惟於每户帳狀供具所熟田畝，亦不問所熟分數，但勒令供作全熟田段。鄉民不知官吏深意，皆相顧駭惑。夫都昌田禾例宜早秈，非若星子，早田十居七八，安有五月中旬一雨至今而有全熟之理？雖陂塘脚下及近容水去處間有熟者，然賴車戽之勤，所得不償所費。而又如此便利去處其實無幾，且以所居一都言之，惟麥坊、劉坊、大寧、余干之旱爲尤慘，雖或一二分熟者，然大概顆粒不收。然則熟田實不能當旱田二十分之一。誠恐官司它日以所供熟田多少而定通放秋苗分數，則些少熟處適所以累及旱傷之家，有大不均之病。聞之鄉老，皆以爲今歲之旱酷於辛卯。蓋彼時人家尚有歲備，自夫一旱之後，加以連年暗折入間，例無蓋藏。自前月來，鄉曲上户小民流離，已覺相踵。且今此正收刈之際，人家尚有一二分早禾可恃而已，如此者雖亦糊口迫之，誠以催科之窘，且深爲後日慮，而畫此至無賴計耳。比年以來，都昌上户多爲小人誣賴，故闕乏之際，有力之家至不敢與交易，由是貧乏下户愈覺坐困而無告。今鄉曲猶未雨，油麻粟豆並烏有，赤地未耕，二麥且有失時之慮，嗣歲之計，彼將何措？此蠲租之惠，尤鄉民之所深望也。昔唐制，旱七分，租庸調皆免。被三分之收，非不知取，捐之蓋有深望也。」本軍遂作訪聞，行帖三縣檢視官約束。八月十七日。

委官置場循環收糴米斛

照得本軍管界久闕雨澤，旱死田禾，目今在市闕米出糶。切慮細民闕食，合行借撥官錢，委官就軍置場，措置循環收糴米斛出糶，應接細民食用。八月十九日。

約束遊手不許脅持良民

契勘今歲旱傷，委官下鄉檢踏成熟田段外，有旱田人户一面犂翻種麥，量留根查，聽候別有官前來檢收。❶切慮遊手脅持之人，見人户旱田已經犂翻耕種，妄作鄉

❶「收」，《正訛》改作「放」。

村，虛聲首熟，欺詐乞覓，使善良人户不敢犂翻，以至種麥失時，不能安業。今仰人户知委，若實有旱田，即依條量留根查，以備檢放，一面犂翻種麥，免致失時。如有似此脅持，妄稱陳訴欺詐之人，仰被擾人户經官陳理。切待追取，送獄根勘，斷罪施行。

援例乞撥錢米

照對本軍今歲旱傷，細民闕食，已行下星子、都昌、建昌縣，委官抄劄合賑糶、賑濟户口人數申軍。及照得乾道七年旱傷，係蒙提舉常平使司支撥到池州、太平州、蕪湖、繁昌等縣常平米五萬碩，差官管押前來本軍，分撥下三縣賑糶、賑濟，遂具申常平提舉使司，乞支撥米斛，差官管押前來本軍賑糶賑濟。續蒙提舉使司支撥信州貴溪縣常平米五千碩，差人前去搬取，及支撥池州常平錢五千貫省，付軍收糴米斛賑糶。❶以上八月二十七日。

再諭人户種二麥

使軍累行勸諭人户耕種二麥，蓋爲今年荒旱不比常年，須是併力加工，救濟性命。今訪聞多有未施工處，顯是頑慢。已帖檢旱官并行催趣，將頑慢惰農之人量行決罰。先此曉諭，各仰知悉。

行下三縣抄劄賑糶人户

照對近委官抄劄三縣管下賑糶人户姓

❶「糴」，原作「糶」，據四庫本改。

名、大小口數申軍，尋將已申到帳拖照得合賑糶人户，並不見聲説見住地名去處，恐有漏落增添情弊，難以稽考。合行下逐縣，將逐都塌畫地圖，畫出山川水陸路徑，人户住止去處。數内不合賑糶人户，用紅筆圈欄；合賑糶人户，用青筆圈欄；合賑濟人户，黄筆圈欄。逐一仔細填寫姓名、大小口數，令本都保正長等參考詣實繳申，切待差官點摘管實。六月初十日。

行下三縣置場

照對見委官抄劄三縣賑糶、賑濟人户大小口數，畫圖結甲，務要實惠及民，無致妄冒。所有置場去處，委官斟量地里遠近，分定置場去處，各縣水陸地里若干。其勸諭到上户賑糶米斛，亦合撥隸近便赴場去處，以憑施行。續據三縣申，置場共三十五處。

星子縣置場七處，都昌縣置場十一處，建昌縣置場一十七處。九月十五日。

約束許下户就上户借貸

契勘今歲旱傷非常，得熟處少。本軍已節次行下三縣，散榜曉諭人户，趁此土脉未乾，并力耕墾，廣種二麥，接濟將來食用。如有惰農耕種失時之人，即請照已行榜示行遣。其貧乏無種糧之家，請諭上户借貸。如要官司文曆，即印給，令上户收執。遇有下户借貸麥種糧食，即令就曆批領，將來還足，對行勾銷。如有不還，官爲理索。

再諭上户恤下户借貸

契勘今年荒旱非常，得熟處少，本軍多方救恤，務使人户不至飢餓流移，及行勸諭人户多種二麥，接濟喫用，非不叮嚀。當職近因出郊，相視陂塘，見得麥田多有未施工處。蓋緣人户打穀未了，亦是官司勸諭未至。其得熟處不闕種糧，可以佈種，然其人既無飢餓之憂，便乃懶惰；其荒旱處合更勤苦，又以難得糧種，遂致因循。今仰人户速將所收禾穀日下打持，趁此土脉未乾，并力耕墾。其高田堪種麥處，即仰一面種麥。其水田不堪種麥處，亦仰趁早耕翻，多着遍數，務要均熟，庶得久遠耐旱宜禾。其得熟人户，當念幸得收成，常生慚愧，不可便致惰怠，趁此餘力，多種二麥，將來可以博得他處物貨。其遭旱人户，當念既遭此難，尤當勤力，多種食物，方可養贍老小，不致飢餓流移。其下户無種糧者，上户當興憫惻之心，廣加借貸。目今施惠，既可以結鄰里之驩，將來收成，亦自不失收息之利。庶幾過此荒年，各保安業。今恐前來勸諭未明，再此榜示，仰人户知委。九月十二日。

革住米船隱瞞情弊

契勘賑糶場收糴米斛，如遇米船到岸，内過税船隻收糴三分，住糴米船止糴一分。其住糴米船法格並與免收税錢外，訪聞客旅多生奸猾，動是數隻到岸，於内却將一兩隻作住糴，結計在市米牙人，令其虚解牙錢，稱就市糴訖，却將在船住糴米斛夤夜搬傳往過税船内，隱瞞官司，合行出榜約束。

九月二十日。

行下場所革住米船隱瞞

照得賑糶場近緣住糶米船客人結計牙人，虚解牙錢，夤夜搬傳米斛往過税米船之內，隱瞞官司，有此欺弊，遂出榜河岸約束。今來尚慮住糶客人雖依曉示，在市出糶，切慮關防不盡，合行下本場，自今後遇有住糶米船，即令城下税務看驗，具數關報賑糶場。本場權住出糶，令客人搬米赴場，從本場差人，監用本場升斗，自行出糶，接濟細民。日報糶過米數，糶足，爲給關子放行，庶幾杜絶隱瞞官司之弊。九月二十四日。❶

申提舉司將常平米出糶

契勘本軍今歲旱傷，細民闕食，遂行下三縣，抄劄到合賑糶、賑濟户口人數，已行措置賑糶、賑濟。所有本軍城下常平倉見樁管□□米八千八百九十三碩二斗六升五合二勺，❷除今年八月内盤量，欠折米一千六十碩三斗二升四合外，實管見在米七千八百三十二碩九斗四升一合二勺。❸係是乾道八年以後逐年收糴到數目，價錢不一。其米經年在敖，内有結冒陳損。兼照今年七月内，管屬建昌縣闕少米斛出糶，所支撥

❶「九」字，原脱，據閩本補。
❷「□□」，萬曆本作「義倉」，康熙本、四庫本作「在倉」。
❸「一合二勺」，原作「四合八勺」，據同治本改。

義倉米估價應接民間食用，每升計價錢一十文足，已具收報提舉使衙照會去訖。所有見管和糴米，本軍今追到牙人沈先等供具，其米經年陳損，與受納到人户義倉米陳損色樣一同，依市價每一升估計價錢一十文足。本軍照得上件米係是當來委官和糴到數目，切慮虧損元價，未敢擅便出糶。具狀申提舉使衙照會，依目今所估價直賑糶，應接民間食用，庶幾飢民不致流移。十月初五日。

行下置場不許留滯客旅

契勘本軍今歲旱傷，細民闕食，雖移文江西州縣通放到客米舟船，又慮牙鋪解落，及市民日糴數少，阻滯客旅不便，遂行委官置場，支撥官錢，依市價兩平交量，收糴客米，以備賑糶，應接細民食用。今訪聞得本場每遇客米到場中糶，❶更不即時交量。及至交量，又不即時支還價錢。切慮合干人因而作弊留滯，乞覓錢物，合行約束，限當日交量，即時當官支給價錢。如違，將犯人勘斷。十月十九日。

行下兩縣委官捉人户糴米減尅

契勘管下今歲旱傷，細民闕食，使軍遂措置支撥官錢，差人前往外州縣收糴到米，分撥兩縣出糶。訪聞合干人將人户所糴米並不依實支量，公然作弊減尅。今委逐縣知縣、縣尉，每日不測捉人户所糴米三兩户，當官覆量，如有少數，即根究解人赴軍。

❶「中」，《正訛》改作「出」。

十月二十日。

申諸司乞行下江西不許遏糴

契勘本軍并管屬諸縣今歲旱傷最甚，細民闕食，及無米支遣軍糧，遂多方借兑官錢，差撥公吏前去江西得熟處州縣收糴米數，回軍賑糶支遣。及檢準淳熙令，災傷官司不得禁止搬販。及近降指揮，州縣不許閉糴。如有遏糴州軍，許鄰州越訴。及準今年八月十九日聖旨節文，江東安撫使陳少保奏，今歲災傷，先合措置通放米斛。州縣有遏糴去處，許行越訴。本軍遂節次備坐，移文隆興府，照會收糴。去後已承回報，行下諸縣，許令本軍所差人收糴米穀放行。今却據差去公吏呂棋狀申，在本軍建昌縣管下三陂山田等處，❶四散收糴靖安、新建縣鄉人米斛，欲裝上船，覩奉新縣尉司弓手五十餘人，各持鎗棒，沿江巡綽，不容裝發米斛。又被奉新縣差人越界釘斷建昌縣管下三陂、潭德、爻口陂水，把截不放船隻上下往來。已申建昌縣差保正隅官防護。所糴米船今於十月二十四日被奉新縣差弓級徐成等部領弓手保正等於要路把截，不容鄉人搬糴米穀，申乞施行。本軍今照差去公吏呂祺，係在本軍建昌縣界收糴靖安、新建縣管下米穀，其奉新縣官吏公然違戾見行條法，及不遵今年八月十九日專降聖旨指揮，輒差弓手持鎗棒沿河巡綽，不容收糴，又差人越界前來建昌縣管下三陂，把截釘斷水口，不惟本軍所糴米穀百端攔

❶「三」，原作「二」，據閩本、天順本改。

遏，不行通放，有誤賑糶支遣，❶至於客販米穀舟船，亦不得往來，公私利害至重。移文隆興府并江西轉運司，照詳前項條法指揮，請將奉新官吏按劾，仍通放米船。并申諸司行下隆興府，通放本軍所糴米船。并申御史臺，乞依近降指揮彈奏施行。十月初五日。

晦庵先生朱文公文别集卷第九

侯官縣儒學訓導劉簮校

❶「糶」，原作「糴」，據四庫本改。

晦庵先生朱文公文别集卷第十

公移

申倉部及運司檢放三縣苗米數

本軍照對管屬星子、都昌、建昌三縣，自六月以來，天色亢陽，闕少雨澤，田禾乾枯，本軍恭依御筆處分，嚴禁屠宰，精意祈禳，及行下諸縣，精加祈禱。去後續據星子、都、建昌三縣申，依應遍詣寺觀神祠及諸潭洞建壇，祭祀請水，精加祈禱，雨澤並無感應，今來諸鄉早禾多有乾損。及備據税户陳德祥等披訴，所布田禾緣雨水失時，早禾多有乾槁，不通收刈，申乞委官檢視，除放苗米。本軍除已依條行下諸縣，令人户供投土段文帳，差官檢視，及於七月十六日具録奏聞，❶并申朝省及諸監司照會施行，遂選差委迪功郎、司户參軍毛大年前去星子縣，及委迪功郎、星子縣主簿李如晦前去都昌縣，及委從政郎、司法參軍陳祖永前去建昌縣，同逐縣知縣躬親詣旱傷田段地頭，逐一對帳檢視。續據所委官具到已檢放過人户災傷田段，共放過米三萬七千四百五十碩一斗二升三合一勺申軍。本軍今照星子、都昌、建昌三縣淳熙七年分管催人户苗米四萬六千五百一十九碩六斗五升四合五勺四抄七撮，數内除豁所委官檢放過

❶「奏」，原作「奉」，據閩本、天順本改。

米共三萬七千四百五十碩一斗二升三合一勺，統均計放八分以上外，實催米九千六十九碩五斗三升一合四勺四抄七撮。本軍已具奏聞，乞存留上件米支遣官兵外，今開具諸縣檢放實催米數下項，合具狀供申行在尚書倉部及申轉運司使衙照會。

星子縣管催米六千五百三十石七斗三升二合六勺，已委司户毛迪功同知縣王文林下鄉檢視。

檢放米五千三百六十八石七斗二合一勺，檢放計八分二釐二毫。

先放五斗以下四百石三升二合七勺，所委官檢踏放四千九百六十八石六斗九合四勺。

實催米一千一百六十二石六斗六升五勺。

都昌縣管催米一萬九千七百七十五石五升一合四勺八抄七撮，已委星子縣主簿李迪功同權縣孫迪功下鄉檢視。

檢放米一萬六千八百四十四石二斗七升一合，放八分一釐三毫四絲。先放五斗以下一千八百六十四石八斗七升七合。

所委官檢踏放一萬四千二百一十九石三斗九升四合，實催米三千六百九十石七斗八升四勺八抄七撮。

建昌縣管催米二萬二百一十三石八斗七升四勺六抄，已委司法陳從政同知縣林宣教下鄉檢視。

檢放米一萬五千九百九十七石七斗八升，放七分九釐一毫五絲。先放五斗以下米五百四十一石六斗七升。

所委官檢踏放一萬五千四百五十六石一斗一升。

實催米四千二百一十六石九升四勺

四抄。

糶場印式

入門訖監　押。

交錢訖監　押。

支米訖監　押。　不到監　押。係糶米人不到，於簿曆上用此印。

交錢若干訖監　押。

依數支米訖監　押。

號式用青絹印

某場監官，隨行人吏某人，斗子某人，入門

使押。

夾截糶場交錢量米處

窗　交錢處　量米處

門　裏門

總簿式

使軍：

今給總簿一面，付某縣某場，照給賑糶曆頭、賑濟牌子。仰照此字號批鑿牌曆，對填米數，給付人户。今就此簿交領，逐次糶濟訖，用支訖印於本日窠眼内。其糶不足者實填所糶米數，候結局日繳申。　年

月　日給。

天字牌曆某都某保某人逐次請糶米若干訖，

姓名押。

正月一日　六日　十一日　十六日　廿一日　廿六日

二月一日　六日　十一日　十六日　廿一日　廿六日

三月一日　六日　十一日　十六日　廿一日　廿六日

牌面印紙式

某縣某鄉第都人户

正月一日　六日　十一日　十六日　廿一日　廿六日

二月一日　六日　十一日　十六日　廿一日　廿六日

五日一次赴場請賑濟米

三月一日　六日　十一日　十六日　廿一日　廿六日

閏月一日　六日　十一日　十六日　廿一日　廿六日

使　押。

牌背題字式

縣給付　都　官　押用縣印。

字號監　押

賑糶曆頭樣

使軍：所給曆頭即不得質當及借賣與不係

今賑糶之人，如覺察得或外人陳告，

其與者、受者並定行斷罪。

今給曆付　縣　鄉　都人户

大人　口、小兒　口。每五日賫錢赴　收糶。

如糶米，大人一升，小兒半升。

如糶穀，大人二升，小兒一升。　並五日并

給，閏三月終止。

右給曆頭照會。　淳熙八年正月　日給。

使　　　押。

正月初一日

正月初六日

正月十一日

措置賑糶場合行事件

照對管屬今歲旱傷尤甚，細民闕食，使司已措置，委官抄劄到闕食户口及勸諭上户承認賑糶米斛，并支常平倉見管米斛，合自淳熙八年正月一日爲頭賑糶賑濟，至閏月終住。

糶支外令施行下項

一、差寄居、見任指使、添差、酒税監押、監廟官三十五員前去各縣，逐縣監轄賑濟。及要各縣當職官分場巡察，不得容令隨行人并保正長作弊。并監轄糶官每月支見任官食錢二貫文，米六斗，寄居官錢三貫，❶米一石。并逐場差撥人吏共三十五名，每月支食錢一貫五百文，米三斗。

一、使軍置造入門并交錢訖、支米訖、不到、交錢若干訖、依數支米訖印子各六枚，各三十五箇。并合干人青絹號，云某處監官、隨行人吏某，❷斗子某人使押。并置造升斗，委官較量，及簿曆，給下逐場，交管行使。

一、印給賑濟户曆頭并賑濟人口牌面，❸發下三縣交管。於賑糶賑濟前一月出

❶「貫」下，《正訛》補「文」字。
❷「某」下，《正訛》補「人」字。
❸「濟」，《正訛》作「糶」。

榜曉示人户，定某日前來本場請領曆頭牌子。出榜後半月，委各場監官就本場當官審實，依總簿内千字文號批鑿牌曆，給付人户，附簿交領。

一、見置場賑糶米穀，合於賑糶賑濟前十日勒逐都保正將置場處用棘刺夾截作兩門，兩重極小，只通一人來往。外門之内、裏門之外須極寬，可容一場賑糶賑濟人。外門之側爲一窗，後夾截交錢位子一間，依使軍立去樣式，告示保正夾截。

一、見措置下場賑糶濟米穀，所有般運及支破擔脚，仍鈐束合干人不得減刻斛面。

官司米穀並前一日般赴場監官交足。上户米令各家自用客津般，每石三十里外支米三升，三十里内二升，十里内一升。其米就所糶内支，官給價錢還上户。如米去場五里内，即就各家見安頓監糶。

官米陸路即仰保正輪差能擔擎糴米人户般送，每石依上項計里數支雇米。水路即本縣和雇人船，裝錢比陸路減半支。其人船食米，並於官錢内支使。賑糶米穀，一月分六次出糶常平米。切慮内有去置場處稍遠，般運艱辛，即令本場上户一面兑米出糶，即令監轄官具糶過賑濟米穀報縣，本縣以常平米糶錢依市價給還元兑糶米上户交領。其縣市去置場相近，即般運米斛前去置場處糶濟，依已立定船脚支破。

施行置場賑糶濟所約束事

契勘賑糶賑濟人户米穀已下場，差官及合干人監轄外，逐場先出榜分定都分先後，仍於外門外及裏門外各依先後資次，排定都分上户坐處。近都先交錢，後請米；遠都後交錢，先請米。

至日天未明，監官入場，隅官入交錢位子，隨行人非有號不得入門。保正、大保長各將旗號，引本都保下輪糶濟人赴場外門，依資次旗下座定。以監官逐隊叫名，保正以旗引保長，保長以旗先行，賑濟人户以次詣窗前呈牌，隅官以「入門」印印其左手訖，撥入門。監官逐隊叫名，保正長引賑濟人以次請米訖，監官用「支米訖」印於牌下日子之左，以濕布拭去手印，即時出門。次引賑糶人户詣窗交錢，上户米錢自行交外，更不附曆。常平米錢縣司差人吏當廳交納。交訖，用紅印於曆内本日合糶米數下之右。如錢數不足，分明批上實糶之數，却付人户，以「入門」印印其左手。入門，監官逐隊叫名，保正長引賑糶人以次糶米訖，監官用「糶米訖」青印印其曆内交錢印之左，❶仍用濕布拭去手印，即時出門。一保畢又引一保，如前一賑糶人户。逐都各置絹旗一面，止用小絹一幅，約長二尺，各書第幾都字。逐保各置小旗一面，或絹或紙，從便。各書第幾都第幾保字。逐場都各各異色，保各如其都之色。以上十一月二十九日。

委官往各場究見元認米數樁管實數

契勘先據星子等三縣官勸諭到管下有力上户承認賑糶米穀，接濟民間食用，軍司已籍定姓名，認糶數目，及行下各令樁管，準備將來賑糶。切慮其中有樁不及所認之數，有誤指準，合行委官前去，究見各户見今的實樁管米穀數目。如有闕少，即請嚴責近限，計置樁管數足。十二月十一日。

❶「糶」，《正訛》改作「支」。

再措置場所賑濟孤老人等約束

照對今歲旱傷，軍司已行措置賑濟賑糶事件，立日式行下三縣遵守，一例施行，自來年正月初一日爲頭賑糶賑濟去訖。數内合賑糶事件，切慮軍司有所未盡，兼賑濟孤老殘疾等人，若依每月作六次支給，又恐冬寒，趁日分赴場請米不及，合行下三縣，如所行賑糶事件未盡，請畫條具申軍。所是賑濟孤老殘疾等人，所請米次數可改作每月初一日、十六日作兩次預行支給，庶幾不至失所。十二月十二日。

取會諸縣知縣下鄉勸諭佈種如何施行事

使軍契勘先印給文榜，發下三縣，曉諭鄉民，將田土趁時犁翻，多種二麥。今詢問得除種麥田地外，尚有未犁田地去處稍多。及已耕翻田，鄉民又不趁時壅事。❶兼相去交春日逼，切慮農事失時，委自知縣躬親下鄉，勸諭鄉民遍行翻犁田土，以備來春佈種。如使軍不測差官前去點檢得再有未翻犁去處，必定勾追有違約束之人，重行斷罪。先具已如何施行狀申。十二月十七日。

再行下三縣勸諭到上户賑糶不許抵拒事

契勘今歲旱傷，細民闕食。已行下都昌縣，勸諭到上户承認賑濟米穀數目申軍。使司亦已行下本縣，將勸諭到上户米穀數目照應置場處户口多寡，分撥付逐場出糶，

❶「事」，四庫本作「殖」。

務要均平。切慮其間上户抵拒官司,不即依從分撥,有誤賑糶不便,合行下三縣,如有上户不遵從官司分撥,即仰具姓名申軍。

行下米場人户不到者於總簿用印

照對今歲本軍管屬旱傷,已行關防約束,行下三縣,自來年正月爲頭賑糶賑濟去訖。所有賑糶米日分,人户赴場糴米不及,仰監糴官即時用「不到」印子於總簿姓名下印訖爲照。合行下,仍關報逐場。十二月二十六日。

行下米場具糴過米式

照對本軍管屬今歲旱傷,已據星子、都、建昌縣勸諭到上户承認賑糶米穀數目申軍,使司亦已措置關防置場,差官下縣監轄,自今年正月爲頭賑糶賑濟去訖。所有各縣合五日一次,遇糶米日分,具糶過米數文帳二本申縣,本縣繳連一本申軍。今立式下項:

某處賑糶場

今具某月某日糶過米數下項:

一、本場本日合糴人户計若干,共糴米若干。

大人若干,合糴若干。

小兒若干,合糴若干。

一、本日實到糴米人户若干,共糴過上户某人米若干。如是糶官米,即説官米。大人若干,糴過米若干。

小兒若干,糴過米若干。

一、比合糴米數不到人户若干,少糴米若干。

大人若干，合糴米若干。

小兒若干，合糴米若干。

右謹具申　聞。淳熙八年正月初二日。

施行場所未盡抄劄户

照對本軍管屬星子、都昌、建昌縣旱傷，已行下各縣，委官抄劄到闕食户口人數，自今年正月爲頭賑糶賑濟。近據人户前來投陳，係漏落抄劄不盡。本軍未見着實，難便施行。今出榜賑糶濟場曉示，❶如有不濟户當來漏落，未曾抄劄，即仰具狀，經本場巡察官陳理，從本官見着實。如委係闕食，即仰一面賑糶，具姓名保明申軍。其間或有税産得過人户，以乞賑濟爲名，意在避免賦役，輒敢妄冒，煩紊官司，罪當追治。

措置行下各場關防上户用濕惡糙米

照對本軍旱傷，已行下三縣，勸諭管下上户承認米穀賑糶。軍司已行措置關防約束，置場差官下縣監轄賑糶外，切慮其間有上户却將濕惡麄糙米穀赴場出糶，有誤民間食用，合行下三縣，如有上户津般到濕惡粗糙穀米，即仰退回，令上户津般堪好米穀出糶，不得容令作弊，并即榜曉示。以上正月初六日。

續置曆下場五日一次開具糶過米

照對本軍管屬旱傷，細民闕食，已行下

❶「糶」，原作「糴」，據四庫本改。

三縣，勸諭到上户承認賑糶米穀數目申軍。使司已關防措置約束事件，置場給曆下縣付人户，差官監轄，自今年正月爲頭，每五日一次賑糶。切慮其間尚有人户不能措辦五日錢一頓收糶，合續添賑糶曆一本，立式行下三縣，關報逐場，如有人户願日赴場收糴米斛者，即仰賫元立曆頭赴巡察官，粘連印押付人户，逐日收糴。其有人户願依前五日一次赴場收糴者，即仰依已行事件施行。仍五日一次，開具糶過米穀文帳供申。正月八日。

行下普作賑濟兩日

契勘本軍管屬旱傷尤甚，細民闕食，已行下三縣，抄劄到闕食户口人數申軍。及勸諭到上户張世亨等四名，依格承認賑濟米共一萬九千石。及依條取撥常平義倉米。自淳熙八年正月以後，緣管屬寒雪，本軍行下屬縣，將賑糶人户一例賑濟兩日。正月八日帖都、建昌縣。

再諭上户借貸米穀事

契勘本軍管屬去歲旱傷，已行下星子等三縣，勸諭上户以所收米穀賑糶。除認數外，有餘剩米穀，並不係勸諭賑糶米穀人家，遞年多是春間將米穀等生放下户，秋冬隨例收息。今來上户以旱傷之故，慮恐下户將來負欠不還，官司不爲受理，仍以官司勸諭爲詞，不肯生放，使下户用乏失業不便。使司今準淳熙四年十二月初三日指揮節文，諸人户賒糶米，令欠户還米本外，每石收息五升。❶其生放約秋成計本息還錢，亦合一體施行。如有拖欠不還，官爲理索，所貴兩無虧損。合行下三縣，散榜勸諭，約束施行。正月十九日。

再委官體訪場所合干人減尅等事

契勘本軍管下去歲旱傷，已行下三縣，勸諭到上户賑糶米穀，使司遂措置差官下縣，分場監轄賑糶濟，及帖縣官分定地頭巡察去訖。切慮各縣逐場監糶濟官容縱合干等人減尅升斗，及容上户將砂土碎截、濕惡空殼米穀赴場中糶濟，及巡察官不即前去巡察，事屬不便，就委官前去體訪。如有似此違戾去處，即具狀供申。正月廿二日。

申監司爲賑糶場利害事件

契勘本軍并管屬諸縣去歲旱傷至甚，細民闕食，切慮人户逃移失業，遂多方勸諭上户賑糶米穀。并將見管常平米數行下，分定置場去處，官吏監轄糶濟，應接細民食用。今有下項利害事件合申諸監司：正月廿九日。

除本軍勸諭上户樁管米數，并於外州和糴及常平米糶濟，應接管内細民食用外，近來續據人户陳訴，當來抄劄漏落姓名及鄰路州軍流民前來逐食。又不免行下管屬，多方存恤。相度賑濟所費米斛比之元來計度數目大改增添。而向去小熟日子尚

❶「石」，原作「斗」，據《正訛》改。

遠，切慮所椿米穀不能周給，無可接續糶濟，却致民間缺食，事屬不便，乞即撥米二三萬石應副接續糶濟。如蒙允許，即乞早賜行下取撥去處，以憑差撥人船前去搬取。

本軍昨準淳熙七年九月十三日敕中書門下省檢會：「昨準乾道七年八月一日指揮，立定勸諭上户賑糶濟格目，給降付身，補授名目。內無官人一千五百石補進義校尉，願補不理選限將仕郎者聽。二千石補進武校尉，如係進士，免文解一次；不係進士，候到部與免短使一次。四千石補承信郎，如係進士，與補上州文學。五千石補承節郎，如係進士，補迪功郎。如是賑糶，依此減半推賞。」又準淳熙七年十月八日指揮節文：「賑糶米於市價減半錢數，即照已降指揮推賞。」

本軍即已備坐行下管屬勸諭，只據上户張世亨、張邦獻、劉師輿、❶黃澄四名承認依格賑濟。本軍已行具奏，及申諸監司照會。賑糶一項，至今尚未有申到承認應格之人。蓋緣本軍地瘠民貧，除上項四家賑濟之外，未有出得上件米穀減半出糶之人。是到所認米穀數目不多，❷有闕賑糶。欲乞詳酌所申，特賜敷奏，乞將上户承認賑糶米價止令量減四分之一，便與依格推賞。却於所得官資比折錢數，量展磨勘之類，早賜行下，勸諭增認，庶使上户樂於就賞，細民不致闕食。

今照管屬近來不住有外州縣飢民流移入界，本軍已行下諸縣存恤，及委自當職官勸諭上力收充佃客，借與空閑屋宇，許令請佃係官田土，給與種糧，趁春開耕。如向去豐熟，外州縣税户前來識認，官司不得受

❶「輿」，原作「與」，據閩本改。
❷「到」，《正訛》改作「致」。

理。如今來所招佃客，將來衷私搬走回鄉，即許元贍養税户經所屬陳理，官爲差人前去追取押回，斷罪交還。及散榜鄉村，遍行曉示外，欲乞詳酌，更申朝省，明降指揮行下。庶幾州縣有所遵守，不惟安集流民，免致失所，亦使開闢曠土，供納税賦，實爲利便。二月一日。

申提舉司借米付人户築陂塘

照對管屬星子等三縣去歲旱傷尤甚，緣田段多是高仰，見管陂塘多是穿漏，是致旱死。不住據管屬星子、都昌、建昌人户經官陳乞，借口糧修築陂塘。本軍行下逐縣，委自知縣躬親前去管下，逐一驗視所管陂塘。如有穿漏及開掘，即仰一面計度合用工數，供報提舉司，乞支撥米斛。已蒙提舉衙回牒指揮，支撥保借常平司六百五十四石。正月廿九日。

施行闕食未盡抄劄人等事

照對本軍管下三縣諸鄉保正當來受情，不行依公抄劄闕食人户，多將得過隱實之人抄作闕食，其實是闕食人户却不抄劄。未欲便行追究，合行約束。

仰隅官、保正照應本縣巡察官所行事理，須管從實隨門再行審實，抄劄闕食人户。若保正依前滅裂，不即同隅官抄劄，及將元冒濫人蓋庇，或在鄉乞覓人户分文錢物，仰隅官具狀陳訴，切待追究，重作施行。

有當來不應抄劄隱實有營運物業之家，及上户自能贍給地客，見執使軍曆頭之人，仰隅官、保正追收繳納。若顔情蓋庇，不即追納，別致人户陳訴，或覺察得知，必定重作行遣。

有委是闕食人户，隅官、保正不爲抄劄，或保正等乞覓騷擾，仰被擾人户不拘早晚赴本軍陳告，切待重作行遣。

有得過人户，妄稱闕食，陳乞給曆，紊煩官司之人，定當追收，赴軍重斷。

有合追收元給文曆人户，輒敢倚恃猾，健訟把持，不伏追收，仰隅官、保正具狀陳訴，切待重作行遣。

仰屬縣逐鄉隅官、保正從實再行審實抄劄到闕食人户，切待委官躬親下鄉，隨門審實。如再有不實，仍前泛濫去處，必定追收犯人赴軍，定送獄根勘情弊施行。以上二月十八日。

審實糶濟約束

照對已行帖逐縣審實糶濟事件，切慮各鄉隅官、保正不依所行約束，別致引惹詞訴，事屬不便，合帖屬縣再行約束，開具供申。

各鄉有營運店業興盛之家，其元給曆頭合行追取。若雖有些小店業，買賣微細，不能贍給，已請曆頭不合追回。如有似此未係抄劄之人，亦請令隅官、保正從實根括施行，毋至泛濫。

各鄉上户地客如主家自能贍給，其元給曆頭合行追收。如主家見自闕食，不能贍給，雖是地客，亦合給曆。如有似此之人，即請隅官、保正從實根括，毋致泛濫。

各鄉人户如將户名及第行重賫，請去

曆頭，合行追回。如是只用第行，雖不用户名，實非重疊，其已請曆不合追取。人户已請曆頭，如有虚增口數，今來覆實，合行減退，即請於曆頭并總簿内分明改正。

縣市

一、上等：有店業，日逐買賣營運興盛，及自有税産贍給，不合請給曆頭人户若干。開具坊巷、逐户姓名、大小口數。

一、中等：得過之家并公人等，合赴縣倉糴米人若干。開具坊巷、逐户姓名、大小口數。

一、下等：貧乏小經紀人，及雖有些小店業，買賣不多，并極貧秀才，合請曆頭人户若干。開具坊巷、逐户姓名、大小口數。

以上二月十八日。

施行權免和糴令客米從便往來

本軍旱傷，遂支撥官錢，委官在軍置場，和糴客人米斛，循環糶糴，應接民間食用。及本軍勸諭到上户承認糶米斛，并差公吏前去收糴到米斛樁管，賑糶濟不闕。所有元置和糴賑糶場，合權行住糴客人米斛。及出榜曉示，從便上下出糶。

免糴客米三分榜文❶

照對本軍去歲旱傷，細民闕食，遂行措置場，和糴客旅米斛三分，應接食用。今來賑糶濟米數不闕，已行住糴。合行散榜上

❶「榜文」二字，原缺，據目録及《正訛》補。

流州軍客旅通知。

施行許令人户借貸官司米穀充種子佈種❶

照對管下三縣去歲旱傷至重，本軍已行措置賑糶賑濟。近來節次據人户經軍陳狀，因旱傷，目今佈種是時，闕少種糧，乞行借貸常平米斛佈田。軍司已行下各縣相度，依條施行去訖，未據申到。今檢準常平免役令，諸災傷計一縣放税七分以上，❷第四等以下户乏種食者，□雖舊有欠閣，不以月分，聽結保貸借。米穀不堪充種子，紐直以錢各二貫石給。限半年隨税納，仍免息利。❸豫以應支數保明申提舉司，行訖申尚書户部。雖計一縣放税不及七分，而本户税及七分者準此。

今來除星子知縣一面究實相度，依條借貸外，所有都、建昌縣合委官同各縣知佐相度，究見管下第四等以下户委實闕乏種食之人，各令結保，依條施行。二月廿七日。❹

不係賑濟人一例賑濟

契勘去歲旱傷，細民闕食，使軍已行勸諭到上户承認糶濟米穀，及有上户自能贍給佃地客户口外，使軍已印牌曆付闕食人，赴場賑糶濟。除將見有牌曆合糶濟人户普行賑濟外，其上户贍給地佃等日前除豁，不係賑糶之人，亦行抄劄，一例賑濟一十三日。自三月十一日爲頭，將張世亨等所認

❶「施」，原作「旅」，據文義及《正譌》改。

❷「放」，原作「板」，據文義及《正譌》改。

❸「利」，閩本、天順本作「州」，則當屬下。

❹「日」下，原衍「刊」字，據閩本删。

米及取撥常平米普行賑濟，務要實惠。二月三日。❶

行下各縣抄劄户口并立支米穀正數

契勘所支賑糶米緣三縣各鄉間有數户抄劄口數太多，恐未盡實。合委官與縣官評議，豫將所支米穀立定正數，賑濟施行。

二十口以上，每户支穀止於五石。

二十口以下，十五口以上，每户支穀止於四石。二十五口以下，計口計日支給。如管穀四石以上，所支亦止於四石。三月十六日。

都昌縣撥張劉二家米等事

照對都昌縣止勸諭到黄澄一名承認賑濟米五千石，湊所管義倉米，會計賑濟不周。本軍遂行下建昌縣，於張世亨、劉師輿賑濟米内取撥四千石，付都昌縣賑濟。其合用顧舟水脚錢，每石支錢三十五文省，并每石支搬脚錢四十文足。今張劉二家差人搬擔，就官請領雇錢，並經都昌縣所管常平米錢内支破。三月十七日。

諸縣得米人户依時佈種等事

使軍近行下諸縣，但係元給牌曆賑糶賑濟民户，並以勸諭到張世亨、黄澄、劉將仕米及義倉米並行賑濟半月。仰得米人户併力及時耕種田土，如合干人減尅，不行盡實給數，即仰人户徑赴使軍陳訴，切待根

❶「二」，天順本作「三」。

究，重作施行。二月二十三日。❶

行下各場普濟半月外照約束接續

照對使軍近將勸諭到上户黄澄、張世亨等賑濟米斛自今年三月一日爲頭，普行賑濟，通作一十五日。今來相次了畢，所有元勸諭到上户承認賑糶米斛，❷合行依使軍先來約束，接續賑糶，應接細民食用。閏三月三日。

委官覈實四户賑濟米數縣官保明事

照對去歲旱傷，細民闕食，勸諭到都昌、建昌縣上户張世亨等四名共賑濟米一萬九千石。本軍遂行措置，相度地里遠近，分作三十五場，委官監轄賑濟，及委官巡察。近準尚書省劄子，檢會淳熙八年正月二十三日敕中書門下省勘會兩浙、江東、西、湖北、淮西州軍去年間有旱傷去處，檢坐乾道七年内立定勸諭富室上户賑濟賑糶米斛賞格已降指揮，❸行下逐路施行。近來逐路州軍雖有開具已勸諭到賑濟賑糶數目，緣無逐司保明，是致推賞未得。切慮因而滯留，未稱勸賞之意，正月二十三日，三省同奉聖旨，令逐路安撫、轉運、提舉司各行下所部州縣，將願出穀賑濟賑糶之家，如有見得數目應格，合行推賞，即日下縣，結罪保明申州，州結罪保明申逐司。仍仰逐司疾速連銜保明申尚書省，不得少有稽滯。今有張世亨等所認賑濟米斛已行普濟管下

❶ 上「二」字，天順本作「三」。
❷ 「糶」，原作「糴」，據四庫本改。
❸ 「糶」，原作「糴」，據四庫本改。

闕食人户，相次了畢，未見逐縣知縣結罪保明，申軍施行。今帖委司法前去建昌、都昌縣覈實的確賑濟米穀數目，結罪保明供申，切待再行稽考施行。閏三月三日。

移文江西通放客米及本軍糴米船事

契勘本軍管屬去歲旱傷，細民闕食，及無軍糧支遣，本軍節次借撥官錢五萬三百四十四貫三百七十九文，差撥公吏前去江西得熟州軍，收糴到米共二萬三千五百二石二斗四升五合，回軍賑糶及支遣軍糧。❶并檢準淳熙令，諸米穀遇災傷，官司不得禁止搬販。及近降指揮，州縣不許閉糴。如有遏糴州軍，許隣州越訴。又準今年八月十九日聖旨指揮節文，江東安撫使陳少保奏，今歲災傷，先合措置通放米斛。州縣遏糴去處，許人户經本司越訴。遂移文江西轉運司、安撫司并奉新縣等，通放米船回軍，賑糶支遣軍糧施行。❷

節次差公吏收糴并撥錢下賑糶場❸

軍資庫錢共二萬一千三百六十二貫八百九十六文。

四千貫文省，差劉京手分盧文彬管押，於去年七月十六日前去隆興府管下常池市收糴到米二千三百一十六石九斗六升，於八月二十一日到建昌縣交卸賑糶。

四千貫文省，差衙前楊發手分朱浸於

❶「糴」，原作「糶」，據四庫本改。
❷「糴」，原作「糶」，據四庫本改。
❸「場」下，《正訛》據徐樹銘新本補「賑濟户口」四字。「糶」，原作「糴」，據目録改。

去年七月十八日前去隆興府管下進賢縣收糴到米一千九百二十一石八斗一升，并穀一百五十八石五斗。至十月初九日回軍，城下省倉交量米七百九十石。

都昌縣交量米八百二十一石三斗一升。

星子縣交量米二百一十石五斗，穀一百五十八石五斗。

一百七十一貫二百文省，揍依折帛錢共四千貫，差衙前吕祺手分熊瑜管押，於去年七月二十九日管押前去收糴。

二千貫省，差衙前吕棋往隆興府管下奉新縣收糴到米七百四十九石六斗，於三月十一日回軍。

九千八十二貫一百一十九文省，於去年八月二十五日已後，節次支付在賑糴場收糴米，係在後項聲説。

正支錢二千七百一十二貫文。

轉支收到公吏糴米剩到錢共六千二百七十貫一百一十九文。

四百八十貫七十七文省，係轉支糴米回納錢，付楊發收糴，其米在後項聲説。

一千貫文省，支付朱彦俊糴米，其米在後項聲説。

一千六百二十九貫五百文省，❶揍折帛錢共四千貫，付衙前謝安道，職級高宗選管押，於去年七月二十九日往下項去處收糴，共一千八百二十六石一升五合，於十一月初八日回軍。隆興府奉新縣糴到米一千一百六十九石五斗六升五合，淮南、蘄州糴到米六百五十六石四斗五升。折帛錢共二萬八千九貫二百一十文省，係淳熙五年六

❶「一」，天順本作「二」。

年錢。

一千三百七十貫五百文省，係六年分支付謝安道、高宗選收糴米。其共糴到米已在前項聲説。

三千八百二十八貫八百文省，係六年分錢，付吕祺、熊瑜收糴米。其米已在前項聲説。

四千八百八十九貫九百一十文省，付在軍賑糶場收糴米，係在後項聲説。

五千貫，係七年分錢，差衙前孫燾、職級江彦和管押，於十一月二十五日往隆興府拏湖收糴到米二千二百九十七石一斗六升，於今年正月二十三日回軍。

五千貫文省，差職級朱彦俊管押，揍前項共六千貫文省，於十一月二十三日往江西吉州收糴共二千八百五十石，於今年三月二十九日回軍。

差撥乳香、度牒、糯米本錢共八千八百九十二貫二百七十三文省。❶

四千貫，差衙前王邦翰、手分蔣安禮管押，於八月十五日往隆興府管下常湖收糴米一千九百三十二石八斗九升，至十一月二十四日回軍。

四千四百二十九貫二百七十三文省，揍作前項錢共四千九百九貫三百五十文省，管押於十二月初一日往隆興府奉新縣收糴二千三百□□□□□□□□□□□□□□□□□□□□□□□□□□□□□□□□□□□□□□□賑濟孤老殘疾不能自存□□□□□□□□大人二百三十五口，□小兒一十。□□□□□□。

❶「七」下，原脱「十」字，據四庫本補。

奏乞推賞賑濟上户❶

照會本軍去歲旱傷至重，細民闕食，□□□□，及撥到常平米斛，數目不多，深恐□□□□□行勸諭到管屬上户承認米數，賑□□□□□食用。續於去年十月十一日準行□□□□□符，九月十六日辰時，準淳熙七年□□□□□敕中書門下省檢準乾道七年□□□□□□文，訪聞湖南以下同十二月廿八日約束，止符□□□□□□本軍恭稟行下管屬，再行勸諭□□□□□□之人，如願將來賑濟，切待審究□□□□□□今來所降指揮格法推賞。去後□□□□□□申。數内勸諭到元認賑糶米税户張世亨、劉師輿、進士張邦獻、黄澄四名，各情□□□□□□法賑濟。内建昌縣税户張世亨五千石，乞補承節郎；進士張邦獻五千石，乞補迪功郎；税户劉師輿四千石，乞補承信郎；并都昌縣待補太學生黄澄五千石，乞補迪功郎。□□□□□□□奏施行。本軍遂行下告示張□□□□□□□伺候，給曆付飢民，及差官監轄賑濟。已於去年十二月二十八日先具奏聞，及申本路諸監司照會去訖。續據管屬星子、都昌、建昌三縣共抄劄闕食飢民二萬九千五百七十八户，數内大人一十三萬七千六百七口，小兒九萬二百七十六口。本軍各仰給曆頭牌面，置簿曆發送逐縣當職官給散付人户。預於縣市及諸鄉均定去處，共置三十五場，

❶ 此篇又見正集卷一六《繳納南康任滿合奏稟事件狀》事目之二，此處所載文字多有遺脱。

分差見任、❶寄居、指使、添差、監押酒稅、監廟等大小使臣共三十五員，監轄賑糶賑濟，及委縣官分場巡察，嚴戢減尅乞覓之弊，❷自淳熙八年正月初一日爲始，今抄劄到闕食人户赴場賑糶，其鰥寡孤獨之人，即以常平米斛依法賑濟。至正月内，又緣雪寒，行下屬縣，將元係賑糶飢民用上件張世亨、黄澄等及常平義倉米一例賑濟兩日。至三月内，又慮飢民難得錢收糴米斛，再自十一日爲頭，行下諸縣，將已給曆賑糶飢民一例普行賑濟一十三日，通作半月。又照約都昌縣止有黄澄一名承認賑濟五千石，湊所管義倉米，會計賑濟不周，本軍遂於建昌縣張世亨等賑濟米内撥半四千石，❸本軍措置官錢，和雇夫脚舟船裝發，送都昌縣交管，分於置場去處，責令監轄賑濟。至閏三月十五日終。節次據都昌縣、建昌縣申到張世亨、張邦獻、劉師輿、黄澄賑濟過米撮算共計一萬九千石。❹星子縣元無勸諭到上户賑濟米斛，即以常平義倉米斛依例普行賑濟外，本軍節次行下都昌、建昌知縣，逐旋審究的實賑濟過張世亨、黄澄等米數，保明申軍去後。據迪功郎、監城下酒稅、權都昌縣事孫僑，通直郎、知建昌縣事林叔坦狀，保明到張世亨、張邦獻、劉師輿、黄澄賑濟過米一萬九千石，委是節次賑濟飢民食用之數，即無冒濫。本軍一面委差從政郎、本軍司法參軍陳祖永前去都、建昌縣，覈實得張世亨、張邦獻、劉師輿、黄澄賑濟米一萬九千石，委是賑濟過的實之數。本軍再行

❶「差」，原作「見」，據正集卷一六改。
❷「嚴」，原作「年」，據正集卷一六改。
❸「半」，原作「未」，據閩本、天順本改。
❹「算」，原作「等」，據正集卷一六改。

稽考，别無冒濫，保明是實。本軍勘會得張世亨、劉師輿各係税户，張邦獻係應舉習詩賦終場士人，并黄澄係於淳熙四年秋試應舉習詩賦，取中待補太學生第十五名是實。其張世亨、張邦獻、劉師輿、黄澄賑濟過米數各應得近降指揮賞格，數内税户張世亨賑濟過米五千石，合補承節郎；税户劉師輿賑濟過米四千石，合補承信郎；進士張邦獻賑濟過米五千石，❶合補迪功郎；待補太學生黄澄賑濟過米五千石，合補迪功郎。除已具申本路安撫司、轉運司、提舉司、提刑司照會，依條保奏推賞外，欲望聖慈下所屬給降合得付身發下，以憑給付張世亨等祇受，謹録奏聞。

晦庵先生朱文公文别集卷之十終

侯官縣儒學訓導劉簪校

❶「米」，原作「未」，據四庫本别集卷七同篇改。

余師魯跋❶

文公先生之師長沙也，先大父衡陽史君寔以小侯事大國，辱知焉。先生所與書帖毋慮數十，巾襲惟謹，爲子孫藏。往歲偷兒入室，意其爲寶也，竊之。交訊一啟，直當時吏牘，以故雜庋書中，今存此紙耳。每一思之，輒使人愧恨不能已。其後隨牒四方，多獲與乾、淳故家子弟游，暇日視以先生真帖，則曰六丁下取之餘，是特一毫芒耳。因道前事，相顧嗜嗜歎息，以爲距先生没未幾何歲，而散失遺落已如此，况後千百年之久且遠乎！先生一言一話，門人弟子必録以傳，然得其言而有不得其意者。若翰墨真蹟，即先生實心之所寓、精義之所存，使毫芒之僅不失者而復失之，謂非通家子弟之罪，不可也。乃視集中所缺者，俾兒曹筆藏之，以俟成編而壽諸梓。揭來丞郡，適在先生里，而所得者益多，釐爲十卷。噫！富矣！先生之曾孫市轄見之，慨然曰：「建安精舍有所謂《大全集》矣，是書當成一家言。且鈎考贏餘，猶足共鋟費，而敢廑吾子乎？」於是精加讎校，楷書送似，而致餐錢薄少以相兹役云。先大父諱秀實，字穎叔，治衡之政，前帥周益公論薦甚力。其受先生知，蓋亦曰益公之所與者。景定癸亥三月朔孫朝奉大夫、通判建寧軍府兼管內勸農事余師魯謹書。

❶ 按此跋據上海圖書館藏元刻明修本《晦庵先生朱文公文集别集》(閩本)後跋補。題目爲整理者拟加。

鳴謝

《儒藏》精華編惠蒙善助，共襄斯文；謹列如左，用伸謝忱。

本焕法師　壹佰萬元

智海企業集團董事長　馮建新先生　壹佰萬元

NE・TIGER時裝有限公司董事長　張志峰先生　壹佰萬元

張貞書女士　壹佰萬元

北京大學《儒藏》編纂與研究中心

本册审稿人　陈　新

本册责任编委　杨韶蓉

圖書在版編目(CIP)數據

儒藏.精華編.二三二/北京大學《儒藏》編纂與研究中心編.—北京：北京大學出版社，2020.7

ISBN 978-7-301-11950-1

Ⅰ.①儒…　Ⅱ.①北…　Ⅲ.①儒家　Ⅳ.①B222

中國版本圖書館CIP數據核字（2020）第027572號

書　　名	儒藏（精華編二三二） RUZANG（JINGHUABIAN ERSANER）
著作責任者	北京大學《儒藏》編纂與研究中心　編
責任編輯	王　應
標準書號	ISBN 978-7-301-11950-1
出版發行	北京大學出版社
地　　址	北京市海淀區成府路205號　100871
網　　址	http://www.pup.cn　　新浪微博：@北京大學出版社
電子信箱	dianjiwenhua@126.com
電　　話	郵購部 010-62752015　發行部 010-62750672　編輯部 010-62756449
印 刷 者	北京中科印刷有限公司
經 銷 者	新華書店
	787毫米×1092毫米　16開本　48.5印張　523千字
	2020年7月第1版　2020年7月第1次印刷
定　　價	1200.00元

ISBN 978-7-301-11950-1

定價：1200.00元